中華書局校刊

聚珍仿宋版

十三經注疏

六

周禮注疏

中華書局

周禮注疏

四部備要

經部

上海中華書局據阮刻本

校刊

桐鄉 陸費逵 總勘

杭縣 高時顯 吳汝霖 輯校

杭縣 丁輔之 監造

欽定四庫全書總目周禮注疏四十二卷

漢鄭玄注唐賈公彦疏玄有易注已著錄公彦洺州永年人永徽中官至太學博士事蹟具舊唐書儒學傳周禮一書上自河閒獻王於諸經之中其出最晚其真僞亦紛如聚訟不可縷舉惟橫渠語錄曰周禮是的當之書然其閒必有末世增入者鄭樵通志引孫處之言曰周公居攝六年之後書成歸豐而實未嘗行蓋周公之爲周禮亦猶唐之顯慶開元禮預爲之以待他日之用其實未嘗行也惟其未經行故僅述大略俟其臨事而損益之故建都之制不與召誥洛誥合封國之制不與武成孟子合設官之制不與周官合九畿之制不與禹貢合云云（案此條所云惟召誥洛誥孟子顯相舛異至禹貢乃唐虞之制武成周官乃梅賾古文尚書王制乃漢文帝博士所追述皆不足以爲難其說蓋離合參半）其說差爲近之然亦未盡也夫周禮作於周初而周事之可考者不過春秋以後其東遷以前三百餘年官制之沿革政典之損益除舊布新不知凡幾其初去成康未遠不過因其舊章稍爲改易而改易之人不皆周公也於是以後世之法

竄入之其書遂雜其後去之愈遠時移勢變不可行者漸多其書遂廢此亦如後世律令條格率數十年而一脩脩則必有所附益特世近者可考年遠者無徵其增删之迹遂靡所稽統以爲周公之舊耳迨乎法制既更簡編猶在好古者留爲文獻故其書閱久而仍存此又如開元六典政和五禮在當代已不行用而今日尚有傳本不足異也使其作僞何不全僞六官而必闕其一至以千金購之不得哉且作僞者必剽取舊文借真者以實其贋古文尚書是也劉歆宗左傳而左傳所云禮經皆不見於周禮儀禮十七篇皆在七略所載古經七十篇中禮記四十九篇亦在劉向所錄二百十四篇中而儀禮聘禮賓行饔餼之物禾米芻薪之數籩豆簠簋之實鉶壺鼎甕之列與掌客之文不同又大射禮天子諸侯侯數侯制與司射之文不同禮記雜記載子男執圭與典瑞之文不同禮器天子諸侯席數與司几筵之文不同如斯之類與二禮多相矛盾歆果贋託周公爲此書又何難牽就其文使與經傳相合以相證驗而必留此異同以啓後

人之攻擊然則周禮一書不盡原文而非出依託可概睹矣考工記稱鄭之刀又稱秦無廬鄭封於宣王時秦封於孝王時其非周公之舊典已無疑義南齊書稱文惠太子鎭雍州有盜發楚王冢獲竹簡書青絲編簡廣數分長二尺有奇得十餘簡以示王僧虔僧虔曰是科斗書考工記則其爲秦以前書亦灼然可知雖不足以當冬官然百工爲九經之一共工爲九官之一先王原以制器爲大事存之尚稍見古制俞庭椿以下紛紛割裂五官均無知妄作耳鄭注隋志作十二卷賈疏文繁乃析爲五十卷新舊唐志並同今本四十二卷不知何人所併玄於三禮之學本爲專門故所釋特精惟好引緯書是其一短歐陽脩集有請校正五經劄子欲删削其書然緯書不盡可據亦非盡不可據在審别其是非而已不必竄易古書也又好改經字亦其一失然所注但曰當作某耳尚不似北宋以後連篇累牘動稱錯簡則亦不必苛責於玄矣公彦之疏亦極博核足以發揮鄭學朱子語錄稱五經疏中周禮疏最好蓋宋儒惟朱子深於禮故能知

鄭賈之善云

周禮正義序

唐朝散大夫行太學博士弘文館學士臣賈公彦等奉勑撰

夫天育蒸民無主則亂立君治亂事資賢輔但天皇地皇之日無事安民降自燧皇方有臣矣是以易通卦驗云天地成位君臣道生君有五期輔有三名注云三名公卿大夫又云燧皇始出握機矩表計寘其刻。曰蒼牙通靈昌之成。孔演命明道經注云拒。燧皇謂人皇在伏羲前風姓始王天下者斗。機云。所謂人皇九頭兄弟九人別長九州者也是政教君臣起自人皇之世至伏羲因之故文燿鉤云伏羲作易名官者也又案論語撰考云黃帝受地形象天文以制官伏羲已前雖有三名未必具立官位至黃帝名位乃具是以春秋緯命曆序云有九頭紀時有臣無官位尊卑之別燧皇伏羲既有官則其間九皇六十四民。有官明矣但無文字以知其官號也案左傳昭十七年云秋郯子來朝公與之宴昭子問焉曰少皡氏鳥名官何故也杜氏注云少皡金天氏黃帝之子已姓之祖也郯子曰吾祖也我知之昔者黃帝氏以雲紀故爲雲師而雲名注云黃帝軒轅氏姬姓之祖也黄帝受命有雲瑞故以雲紀事百官師長皆以雲爲名號縉雲氏蓋其一官也炎帝氏以火紀故爲火師而火名注云炎帝神農氏姜姓之祖也亦有火瑞以火紀事名百官也共工氏以水紀故爲水師而水名注云共工以諸侯霸有九州者在神農前大皞後亦受水瑞以水名官也大皞氏以龍紀故爲龍師而龍名注云大皞伏羲氏風姓之祖也有龍瑞故以龍命官也我高祖少皞摯之立也鳳鳥適至故紀於鳥爲鳥師而鳥名又云鳳鳥氏曆正之類又以五鳥五鳩九扈五雉並爲官長亦皆有屬官但無文以言之若然則自上以來所云官者皆是官長故皆云師以目之又云自顓頊以來不能紀遠乃紀於近是以少皞以前天下之號象其德百官之號象其徵顓頊以來天下之號因其地百官之號因其事事即司徒司馬之類是也若然前少皞氏言祝鳩氏爲司徒者本名祝鳩言司徒者以後代官況之自少皞以上官數略如上說顓頊及堯官數雖無明說可略而言之矣案昭二十九年魏獻子曰社稷五祀誰氏之五官蔡墨對曰少皞氏有四叔曰重曰該曰脩曰熙實能金木及

水使重爲句芒該爲蓐收脩及熙爲玄冥世不失職遂濟窮桑此其三祀也注云窮桑帝。少皞之號也顓頊氏有子曰犂爲祝融共工氏有子曰句龍爲后土此其二祀也后土爲社稷田正也有烈山氏之子曰柱爲稷自夏以上祀之周棄亦爲稷自商以來祀之故外傳犂爲高辛氏之火正此皆顓頊時之官也案鄭語云重犂爲高辛氏火正故堯典注高辛氏之世命重爲南正司天犂爲火正司地以高辛與顓頊相繼無隔故重犂事顓頊又事高辛若稷契與禹事堯又事舜是以昭十七年服注顓頊之下云春官爲木正夏官爲火正秋官爲金正冬官爲水正中官爲土正高辛氏因之故傳云遂濟窮桑窮桑顓頊所居是度顓頊至高辛也若然高辛時之官唯有重犂及春之木正之等不見更有餘官也至於堯舜官號稍改楚語云堯復育重犂之後重犂之後卽羲和也是以堯典云乃命羲和注云高辛之世命重爲南正司天犂爲火正司地堯育重犂之後羲氏和氏之子賢者使掌舊職天地之官亦紀於近命以民事其時官名蓋曰稷司徒是天官稷也地官司徒也又云分命羲仲申命羲叔分命和仲申

命和叔使分主四方注仲叔亦羲和之子堯既分陰陽四時又命四子爲之官
掌四時者字曰仲叔則掌天地者其曰伯乎是有六官案下驩兜曰共工注共
工水官也至下舜求百揆禹讓稷契暨咎繇帝曰棄黎民阻饑汝后稷播時百
穀注稷棄也初堯天官爲稷又云帝曰契百姓不親汝作司徒又云帝曰咎繇
汝作士此三官是堯時事舜因禹讓述其前功下文云舜命伯夷爲秩宗舜時
官也以先後參之唯無夏官之名以餘官約之夏傳云司馬在前又後代況之
則羲叔爲夏官是司馬也故分命仲叔注云官名蓋春爲秩宗夏爲司馬秋爲
士冬爲共工通稷與司徒是六官之名見也鄭玄分陰陽爲四時者非謂時無
四時官始分陰陽爲四時但分高辛時重黎之天地官使兼主四時耳而云仲
叔故云掌天地者其曰伯乎若然堯典云伯禹作司空四時官不數之者鄭云
初堯冬官爲共工舜舉禹治水堯知其有聖德必成功故改命司空以官名寵
異之非常官也至禹登百揆之任捨司空之職爲共工與虞故曰垂作共工益
作朕虞是也案堯典又云帝曰疇咨若時登庸鄭注云堯末時羲和之子皆死

庶績多闕而官廢當此之時驩兜共工更相薦舉下又云帝曰四岳湯湯洪水有能俾乂鄭云四岳四時之官主四岳之事始羲和之時主四岳者謂之四伯至其死分岳事置八伯皆王官其八伯唯驩兜共工放齊鯀四人而已其餘四人無文可知案周官云唐虞稽古建官惟百內有百揆四岳則四岳之外更有百揆之官者但堯初天官爲稷至堯試舜天官之任謂之百揆舜即真之後命禹爲之即天官也案尚書傳云惟元祀巡狩四岳八伯注云舜格文祖之年堯始以羲和爲六卿春夏秋冬者幷掌方岳之事是爲四岳出則爲伯其後稍死驩兜共工求代乃置八伯元祀者除堯喪舜即真之年九州言八伯者據畿外八州鄭云畿內不置伯鄉遂之吏主之案明堂位云有虞氏官五十夏后氏官百殷二百周三百鄭注云有虞氏官蓋六十夏百二十殷二百四十周三百六十不得如此記也昏義云三公九卿二十七大夫八十一元士鄭云蓋夏制依此差限故不從記文但虞官六十唐則未聞堯舜道同或皆六十幷屬官言之則皆有百故成王周官云唐虞建官惟百也若然自高陽已前官名略言於上

至於帝嚳官號略依高陽不可具悉其唐虞之官惟四岳百揆與六卿又堯典有典樂納言之職至於餘官未聞其號夏官百有二十公卿大夫元士具列其數殷官二百四十雖未具顯案下曲禮云六大五官六府六工之等鄭皆云殷法至於屬官之號亦蔑云焉案昏義云三公九卿者六卿并三孤而言九其三公又下兼六卿故書傳云司徒公司馬公司空公各兼二卿案顧命太保領冢宰畢公領司馬毛公領司空别有芮伯爲司徒彤伯爲宗伯衞侯爲司寇則周時三公各兼一卿之職與古異矣但周監二代郁郁乎文所以象天立官而官益備此即官號沿革粗而言也

序周禮廢興

周公制禮之曰禮教興行後至幽王禮儀紛亂故孔子云諸侯專行征伐十世希不失鄭注云亦謂幽王之後也故晉侯趙簡子見儀皆謂之禮孟僖子又不識其儀也至於孔子更脩而定之時已不具故儀禮注云後世衰微幽厲尤甚禮樂之書稍稍廢棄孔子曰吾自衞反於魯然後樂正雅頌各得其所謂當時在者而復重雜亂者也惡能存其亡者乎至孔子卒後復更散亂故藝文志云昔仲尼沒微言絶七十二弟子喪而大義乖諸子之書紛然散亂至秦患之乃燔滅文章以愚黔首又云禮經三百威儀三千及周之衰諸侯將踰法度惡其周亡滅去其籍自孔子時而不具至秦大壞漢興至高堂生博士傳十七篇孝宣世后倉最明禮戴德戴聖慶普皆其弟子三家立于學官案儒林傳漢興高堂生傳禮十七篇而魯徐生善爲容孝文時徐生以容爲禮官大夫而瑕丘蕭奮以禮至淮陽太守孟卿東海人也事蕭奮以授后倉后倉說禮數萬言號曰后氏曲臺記授戴德戴聖鄭云五傳弟子則高堂生蕭奮孟卿后倉戴德戴聖

是爲五也此所傳者謂十七篇卽儀禮也周官孝武之時始出祕而不傳周禮後出者以其始皇特惡之故也是以馬融傳云秦自孝公已下用商君之法其政酷烈與周官相反故始皇禁挾書特疾惡欲絶滅之搜求焚燒之獨悉是以隱藏百年孝武帝始除挾書之律開獻書之路既出於山巖屋壁復入于祕府五家之儒莫得見焉至孝成皇帝達才通人劉向子歆校理祕書始得列序著于錄略然亡其冬官一篇以考工記足之時衆儒並出共排以爲非是唯歆獨識其年尙幼務在廣覽博觀又多銳精于春秋末年乃知其周公致太平之迹迹具在斯奈遭天下倉卒兵革並起疾疫喪荒弟子死喪徒有里人河南緱氏杜子春尙在永平之初年且九十家于南山能通其讀頗識其說鄭衆賈逵往受業焉衆逵洪雅博聞又以經書記轉。相證明爲解逵解行於世衆解不行兼攬二家爲備多所遺闕然衆時所解說近得其實獨以書序言成王既黜殷命還歸在豐作周官則此周官也失之矣逵以爲六鄉大夫則冢宰以下及六遂爲十五萬家絙千里之地甚謬焉此比多多吾甚閔之久矣六鄉之人實居四同地故云絙千里之地者誤矣又六鄉大夫冢宰以下所非者不著又云多多者如此解不著者多又云至六十爲武都守郡小少事乃述平生之志著易尙書詩禮傳皆訖惟念前業未畢者唯周官年六十有六目瞑意倦自力補之謂之周官傳也案藝文志云成帝時以書頗散亡使謁者陳農求遺書于天下詔光祿大夫劉向校書經傳諸子詩賦向輒條其篇目撮其指意錄而奏之會向卒哀帝復使向子歆卒父業歆於是總羣書奏其七略故有六藝七略之屬歆之錄在於哀帝之時不審馬融何云至孝成皇帝命劉向子歆考理祕書始得列序著於錄略者成帝之時蓋劉向父子並被帝命至向卒哀帝命歆卒父所脩者故今文乖理則是也故鄭玄序云世祖以來通人達士大中大夫鄭少贛名興及子大司農仲師名衆故議郎衛次仲侍中賈君景伯南郡太守馬季長皆作周禮解詁又云玄竊觀二三君子之文章顧省竹帛之浮辭其所變易灼然如晦之見明其所彌縫奄然如合符復析斯可謂雅達廣攬者也然猶有參錯同事相違則就其原文字之聲類考訓詁捃祕逸謂二鄭者同宗之大儒明

理于典籍觕識皇祖大經周官之義存古字發疑正讀亦信多善徒寡且約用不顯傳于世今讚而辨之庶成此家世所訓也○其名周禮爲尚書周官者周天子之官也書序曰成王既黜殷命滅淮夷還歸在豐作周官是言蓋失之矣案尚書盤庚康誥說命泰誓之屬三篇序皆云某作若干篇今多者不過三千言又書之所作據時事爲辭君臣相誥命之語作周官之時周公又作立政上下之別正有一篇周禮乃六篇文異數萬終始辭句非書之類難以屬之時有若玆焉得從諸又云斯道也文武所以綱紀周國君臨天下周公定之致隆平龍鳳之瑞然則周禮起於成帝劉歆而成于鄭玄附離之者大半故林孝存以爲武帝知周官末世瀆亂不驗之書故作十論七難以排棄之何休亦以爲六國陰謀之書唯有鄭玄徧覽羣經知周禮者乃周公致太平之迹故能答林碩之論難使周禮義得條通故鄭氏傳曰玄以爲括囊大典網羅衆家是以周禮大行後王之法易曰神而化之存乎其人此之謂也

周禮注疏序校勘記

阮元撰盧宣旬摘錄

其刻日　浦鏜云曰誤日○按緯書古奧其刻日三字未得其注解未必爲王伐切之字也今本易緯通卦驗日作白

昌之成　禮記禮運正義引易緯作昌之成運○按此用靈成經爲韻語運乃衍文也

拒燧皇　浦鏜云拒衍

斗機云　浦鏜云疑作運斗樞

則其閒九皇六十四民　案小學紺珠氏族類作六十四氏○按民是也春宮都宗人注九皇六十四民古本皆作民俗本作氏者誤都宗人疏云按史九皇六十四民並是上古無名號之君既無名號則古史謂之民宜也

以後代官況之　閩監毛本況改况非下準此

帝少皞之號也　案杜注無帝字此衍

序周禮廢與　所見閩本闕此篇

又以經書記轉相證明爲解　案轉當作傳

庶成此家世所訓也　盧文弨云舊本此下皆圈隔非此段皆康成序

周禮注疏序校勘記

周禮注疏校勘記序

阮元撰盧宣旬敬錄

有杜子春之周禮有二鄭之周禮有後鄭之周禮周禮出山巖屋壁間劉歆始知爲周公之書而讀之其徒杜子春乃能略識其字建武以後大中大夫鄭與大司農鄭衆皆以周禮解詁著而大司農鄭康成乃集諸儒之成爲周禮注蓋經文古字不可讀故四家之學皆主於正字其云故書者謂初獻於祕府所藏之本也其民閒傳寫不同者則爲今書有云讀如者比擬其音也有云讀爲者就其音以易其字也有云當爲者定其字之誤也三例既定而大義乃可言矣說皆在後鄭之注唐賈公彥等作疏發揮殊未得其冐槩元於此經舊有校本且合經注疏讀之時闚見其一二因通校經注疏之譌字更屬武進監生臧庸蒐校各本幷及陸氏釋文元復定其是非凡言周制言漢學者容有藉於此其目錄列於左方阮元記

引據各本目錄

單經本

唐石經周禮十二卷每官分下篇醫師起爲天官下載師起爲地官下大司樂起爲春官下司士起爲夏官下布憲起爲秋官下玉人起爲冬官下

石經考文提要周禮一卷

經注本

經典釋文周禮音義二卷

錢孫保所藏宋本周禮注十二卷宋槧小字本附載音義春官夏官冬官余仁仲本天地二官別一宋本秋官以俗本抄補非佳者藏庸據宋刻大字本秋官二卷校補

嘉靖本周禮注十二卷分卷及款式悉與唐石經同每頁十六行每行十七字卷一末記經四千二百五十九字注八千五百一十二字卷二經三千六百八十八字注一萬三千三百五十七字卷三經五千五十六字注八千四百一十四字卷四經四千五百一十八字注一萬二千字卷五經四千七百七十九字注一萬二千三百三十六字卷六經四千五百五十四字注一萬七千九百九十一字卷七經三千六百一十五字注七千四百三十二字卷八經三千五百二十八字注七千三百八十三字卷九經四千二百六十二字注七千五百二十字卷十經三千九百八十七字注八千七百三十二字卷十一經三千五百六十二字注七千六百十三字卷十二經三千五百七十四字注七千二十四字按此不附音義而勝於宋槧余氏岳氏等本當是依北宋所傳古本也

注疏本

惠校本周禮注疏四十二卷盧文弨曰東吳惠士奇暨子棟以宋注疏本挍疏以余氏萬卷堂本挍經注音義書於毛氏本何焯云康熙丙戌見內府宋板元修注疏本粗挍一過惠棟云盧見曾嘗得宋槧余仁仲周禮經注挍閱一過書共十二卷卷一之末記肆阡貳伯伍拾陸字注捌阡伍伯肆拾叁字音義叁阡陸拾壹字余氏刊于萬卷堂卷二經叁阡陸伯捌拾字注壹萬叁伯伍拾壹字音義叁阡貳伯叁拾貳字仁仲比校記卷三記經伍阡伍拾伍字注捌阡肆伯貳拾捌字音義壹阡玖伯廿壹字余仁仲刊于家塾卷四記經肆阡柒伯貳拾柒字注壹萬貳伯肆拾貳字音義貳阡柒伯伍拾捌字卷五記經肆阡柒伯柒拾陸字注壹萬貳阡叁伯捌拾叁字音義叁阡肆拾壹字卷六記經肆阡伍伯伍拾伍字注壹萬捌阡叁拾伍字音義肆阡壹伯捌拾伍字余氏刊于萬卷堂卷七記經叁阡陸伯壹拾貳字注柒阡肆伯叁拾捌字音義貳阡貳伯捌拾陸字卷八記經叁阡伍伯貳拾伍字注柒阡肆伯玖拾字音義貳阡伍伯伍拾字余氏刊於萬卷堂卷九卷十卷十一字數闕卷十二記經叁阡伍伯柒拾字注柒阡叁拾口字音義口阡叁拾壹字余仁仲刊于家塾

附釋音周禮注疏四十二卷每頁二十行經每行十七字注疏夾行每行二十三字因兼載釋文故稱附釋音因每半頁十行故今稱十行本以別於閩監毛注疏本每半頁皆九行也內補刻者極惡劣凡閩監毛本所不誤者補刻多誤

閩本周禮注疏四十二卷

監本周禮注疏四十二卷

毛本周禮注疏四十二卷

引用諸家

周禮注疏正誤十卷嘉善浦鏜撰

禮說十四卷東吳惠士奇撰天官二卷地官三卷春官四卷夏官二卷秋官二卷考工記一卷

周禮漢讀考六卷金壇段玉裁撰每官爲一卷

附釋音周禮注疏卷第一

朝散大夫行太學博士弘文館學士臣賈公彦等奉勑撰

國子博士兼太子中允贈齊州刺史吳縣開國男臣陸德明釋文

天官冢宰第一

○陸德明音義曰本或作冢宰上非餘卷放此

疏 天官冢宰鄭目錄云象天所立之官冢大也宰者官也天者統理萬物天子立冢宰使掌邦治亦所以總御衆官使不失職不言司者大宰總御衆官不主一官之事也○釋曰鄭云象天者周天有三百六十餘度天官亦總攝三百六十官故云象天也云官者亦是管攝爲號故題曰天官也鄭又云冢大宰官也者下注對大宰則云冢者大之上此不對大宰故云冢大也宰者調和膳羞之名此冢宰亦能調和衆官故號大宰之官鄭又云不言司者大宰總御衆官不主一官之事者此官不言司對司徒司馬司寇司空皆云司以其各主一官不兼攝羣職故言司此天官則兼攝羣職故不言司也若然則春官亦不言司者以其祭祀鬼神鬼神非人所主故亦不言司也其地官鄭云象地所立之官彼言象地實主地事此天官言天直取總攝爲言全無天事天事又並入於春官者言象天自取總攝爲名象地自取掌物爲號各取一邊爲義理無嫌也○第一者第次也一者數之始也次第之中處一故云第一也鄭氏者漢大司農北海郡鄭冲之孫名玄字康成注者於經之下自注己意使經義可申故云注也孔君王肅之等則言傳傳者使可傳述若然或云注或言傳不同者立意有異無義例也

周禮　　　鄭氏注

惟王建國 建立也周公居攝而作六典之職謂之周禮營邑於土中七年致政成王以此禮授之使居雒邑治天下司徒職曰日至之景尺有五寸

謂之地中天地之所合也四時之所交也風雨之所會也陰陽之所和也然則百物阜安乃建王國焉○王如字干寶云王天子之號三代所稱雒音洛水名也本作洛後漢都洛之陽改爲雒景京領反下皆同【疏】惟王建國○釋曰自此以下至以爲民極五句六官之首同此序者以其建國設官爲民不異故也王者臨統無邊故首稱惟王明事皆統之於王王既位矣當釋吉土以建國爲先故次言建國於中。辯四方正宮廟之位復體國經野自近及遠也於是設官分職助理天工衆人取中以爲治體列文先後次第應然其實建國之初豈未設官分職也直以作序之意主在設官分職爲民極耳故終言之惟王建國者言惟謂若尚書云惟三月之類皆辭不爲義建立也惟受命之王乃可立國城於地之中必居地中者案尚書康誥云惟三月哉生魄周公初基作新大邑于東國洛鄭注云岐鎬之域處五岳之外周。公於政不均故東行於洛邑合諸侯謀作天子之居據鄭此言則文武所居爲非地中政教不均故居地中也案桓二年左氏傳云昔武王克商遷九鼎於洛邑則居洛本是武王之意至成王周公時恐天下爲疑更與諸侯謀定之也若然五帝以降堯治平陽舜治安邑唯湯居亳得地中以外皆不得地中而政令均天下治者其時雖不得地中並在五岳之內又以民淳易治故不要在地中以周則不在五岳之內故鄭云岐鎬處五岳之外也○注建立至國焉○釋曰云周公居攝而作六典之職謂之周禮者案禮記明堂位云周公攝政六年制禮作樂頒度量於天下又案書傳亦云六年制禮作樂所制之禮則此周禮也又云而作六典者下文大宰之職掌建邦之六典天官治典地官教典春官禮典夏官政典秋官刑典冬官事典是六典之職也又云營邑於土中者即召誥云王來紹上帝自服於土中是也又云七年致政成王者明堂位文必七年者洛誥云誕保文武受命惟七年鄭注以文武受命七年而崩周公不敢過其數也又云以此禮授之使居。雒邑治天下者此鄭解周公制禮必兼言建國於洛邑之意案尚書洛誥云周公曰孺子來相宅亂爲四方新辟是使居洛邑也下云惠篤敘無有遘自疾是授以此禮使行之也又案書傳云一年救亂二年伐殷三年踐奄四年建侯衛五年營成周六年制禮作樂七年致政成王鄭用此文則四年封康叔於衛爲建侯衛案康誥云周公初基作新大邑洛謂初爲基阯之處至五年五年內營之是以書傳云五年營成周成周與王城同時營則五年營洛邑與孔安國爲營洛邑封康叔制禮作樂同是攝政七年異又引司徒職曰日至之景尺有五寸謂之地中彼先鄭注云土圭之長尺有五寸以夏至之日立八尺之表其景適與土圭等謂之地中今潁川陽城地爲然天地之所合者則禮記郊特牲云天地合萬物生謂天地配合萬物以生是也四。時。交者則尚書云宅南交孔云夏與春交舉一陽若然則秋與夏交冬與春交可知也又云風雨之所會者謂若禮記禮器云風雨時卽謂風雨會時也陰陽之所和者謂若昭四年申豐云冬無愆陽夏無伏陰二氣和順也然則百物阜安者阜盛也然猶如是如是於地中得所故百物盛安也乃建王國者於百物盛安之處乃立王國王國則洛邑王城是也鄭引此者破賈馬之徒建國爲諸侯國此六官同序皆云建國豈王國未立先建諸侯國乎明不可也。

辨方正位

辨別也鄭司農云別四方正君臣之位君南面臣北面之屬玄謂考工匠人建國水地以縣置槷以縣視以景爲規識日出之景與日入之景晝參諸日中之景夜考之極星以正朝夕是別四方召誥曰越三日戊申。太保朝至于。雒卜宅厥既得卜則經營越三日庚戌。太保乃以庶殷攻位於雒汭越五日甲寅位成正位謂此定宮廟○辨本亦作辯徐邈劉昌宗皆方免反一音平勉反別彼列反下同縣音玄下同槷魚列反下同召誥上上詔反下古報反大音泰汭人銳反

【疏】辨方正位○釋曰謂建國之時辨別也先須視日景以別東西南北四方使有分別也正位者謂四方既有分別又於中正宮室朝廷之位使得正也○注辨別至宮廟○釋曰辨別也此直訓不釋者司農云別四方義當矣故康成訓之也鄭司農者鄭衆字仲師但周禮之內鄭康成所存注者有三家司農之外又有杜子春鄭大夫者鄭少。贛二鄭皆康成之先故言官不言名字杜子春非己宗故指其名也司農云正君臣之位君南面臣北面之屬者案易緯乾鑿度云不易者天在上地在下君南面臣北面父坐子伏司農據而言焉玄謂者大略一部之內鄭玄若在司農

諸家上注者是玄注可知悉不言玄謂在諸家下注者卽稱玄謂以別諸家又在諸家前注者是諸家不釋者也又在諸家下注者或增成諸家義則此司農云別四方於文不足引考工記以證之是也或有破諸家者則此司農正位謂正君臣面位引召誥爲宮室朝廷之位破之是也考工匠人建國水地以縣者謂水平之法在地曰槷以繩縣於槷上然後從傍以水望縣卽知地之高下而平之也又云置槷以縣者既平得地欲正其東西南北之時先於中置一槷恐槷下不正先以縣正之槷正乃視以景景謂於槷端自日出畫之以至日入卽得景爲規識之故云爲規識日出之景與日入之景規之交處卽東西正也又於兩交之間中屈之指槷又知南北正也仍恐不審晝參諸日中之景夜考諸北極之星以正朝夕乃審矣引召誥以下者案召誥惟太保先周公相宅越若來三月惟丙午朏越三日戊申太保朝至于洛汭卜宅此言越三日戊申者從三月丙午朏朏明生之名月三日也則越三日戊申月五日召公至洛汭也又云越三日庚戌太保乃以庶殷攻位于洛汭月七日也越五日甲寅位成月十一日也皆通本數之也宮室朝廷之位皆成也引之者證正位謂此宮室位破司農爲君臣父子之位以其國家草創下論體國經野理應先定宮廟等位豈有宮廟等位未成先正君臣面位乎又與匠人建國次第不合故鄭依匠人之次及召誥之文爲定宮室之位案左氏莊公傳云水昬正而栽知是十月始興土功今於三月爲洛邑者左傳用十月是尋常法今建王城遠述先君之志是與作大事不可以常法難之也

體國經野

體猶分也經謂爲之里數鄭司農云營國方九里國中九經九緯左祖右社面朝後市野則九夫爲井四井爲邑之屬是也○體鄭云體猶分也干寶云體形體朝直遙反

疏

體國經野○釋曰體猶分也國謂城中也分國城之中爲九經九緯左祖右社之屬經謂爲之里數此野謂二百里以外三等采地之中有井田之法九夫爲井井方一里之等是也○注體猶至是也○釋曰言體猶分者謂若人之手足分爲四體得爲分也經謂爲之里數者此據野中而有井方一里之等故經爲里數解之司農云營國方九里已下並冬官考工記匠人文彼云營國方九里旁三

門旁謂四方方三門則王城十二門門有三道三三而九則九道南北之道謂之經東西之道謂之緯經緯之道皆九軌又云左祖右社者此據中門外之道左右宗廟是陽故在左社稷是陰故在右面朝後市者三朝皆是君臣治政之處陽故在前三市皆是貪利行刑之處陰故在後也又言野則九夫爲井此是地官小司徒職文彼云乃井牧其田野九夫爲井四井爲邑四邑爲丘四丘爲甸四甸爲縣四縣爲都也井方一里邑方二里丘方四里甸方八里縣方十六里都方三十二里引彼文略故云之屬兼之也案載師職云家邑任稍地小都任縣地大都任畺地是畿內鄉遂及四等公邑皆爲溝洫法無此方里爲井之事家邑小都大都三等采地乃有方里爲井之屬但郊外曰野大總言耳散文國外則曰野故鄉大夫職云國中七尺野自六尺是城外則經中野對國言之謂國外則曰野但鄭據小司徒成文而言

設官分職

鄭司農云置冢宰司徒宗伯司馬司寇司空各有所職而百事舉

疏設官分職○釋曰既體國經野此須立官以治民故云設官分職也○注鄭司農至事舉○釋曰此謂設天地四時之官卽六卿也既有其官須有司職故云各有所職職謂主也天官主治地官主教春官主禮夏官主政秋官主刑冬官主事六官官各六十則合有三百六十官官各有主故云百事舉

以爲民極

極中也令天下之人各得其中不失其所○令力呈反

疏以爲民極○釋曰一日人無主不散則亂是以立君治之君不獨治也又當立臣爲輔極中也言設官分職者以治民令民得其中正使不失其所故也○注極中也至其所○釋曰極中也爾雅文案尚書洪範云皇建其有極惟時厥庶民於汝極謂皇建其有中之道庶民於之取中案尚書洪範云皇建其有極於下人各得其中不失所也

乃立天官冢宰使帥其屬而掌邦治以佐王均邦國

掌主也邦治王所以治邦國也佐猶助也鄭司農云邦治謂總六官之職也故大宰職曰掌建邦之六典以佐王治邦國六官皆總屬於冢宰故論語曰君薨百官總己以聽於冢宰言冢宰於百官無所不主爾雅曰冢大也冢宰大宰也○鄭云宰主也干云濟其清濁和其剛柔而納之中

和曰宰治直吏反注邦治下治官皆同大宰音泰注及後放此【疏】乃立至邦國○釋曰六官皆云乃立者以作序之由本序設官之意故先云以爲民極次云所設之官故皆云乃立謄上起下之辭也天官冢宰者據下注而言則此言冢宰者據總攝六職若據當職則稱大宰也使帥其屬案小宰六屬而言則此屬唯指六十官之屬也掌邦治者掌主也言主治則兼六官以其五官雖有教禮政刑事不同皆是治法也云佐王均邦國者以大宰掌均節財用故也周禮以邦國連言者據諸侯也單言邦單言國者多據王國也然不。先均王國而言均邦國者王之冢宰若言王國。恐不兼諸侯今言邦國則舉外可以包內也○注掌主至宰也○釋曰玄云邦治王所以治邦國也者此即司農所引大宰職佐王治邦國一也但司農雖引之不指釋此經邦治故玄就足之司農引論語者欲見天子冢宰兼百官之義言百則三百六十。亦一也且論語言君薨據諸侯言冢宰百官據天子互言之者欲見天子諸侯君死世子居喪使大臣聽政同也冢宰大宰者言不異人也

治官之屬。大宰卿一人小宰中大夫二人宰夫下大夫四人上士八人中士十有六人旅下士三。十。有二人

變冢言大進退異名也百官總焉則謂之冢列職於王則稱大冢大之上也山頂曰冢旅衆也下士治衆事者自大宰至旅下士轉相副貳皆王臣也王之卿六命其大夫四命士以三命而下爲差○貳徐音二【疏】治官至二人○釋曰上經所陳立官所掌有異此經陳官有尊卑多少轉相副貳之事也言治官之屬者此爲六十官之首別言治官之屬一句與下六十官爲目以總是治官不。釋。唯指此一經至旅下士三十有二人而已凡官尊者少卑者多以其卑者宜勞尊者宜逸是以下士稱旅以其理衆事故特言旅也小宰與大宰同名大小爲異故鄭注禮記王制引此六卿下中大夫十二人爲十二小卿以其宰夫是大宰之考謂若地官之考爲鄉師春官之考爲肆師夏官之考爲軍司馬秋官之考爲士師冬官之考爲匠師以其掌事不與大官同故異大官也宰者調和之名夫者治也以其治此一官所主事也○注變冢至爲差○釋曰

變冢言大者上唯云冢宰此唯云大宰是變冢言大也云進退異名者卽百官總焉謂貳王治事總攝三百六十官則謂之冢是進異名也列職于王則謂之大者不總百官與五卿並列各自治六十官則退異名也若然總百官則稱冢以其天官象天覆萬物案經大宰職曰凡邦之小治冢宰聽之是專國小治而稱冢也司書職曰掌六典八法八則之貳以詔王及冢宰是貳王事總衆職而稱冢也又宰夫職曰乘其財用之出入凡失財用物辟名者以官刑詔冢宰而誅之是總衆官誅賞而稱冢也又司會職曰以周知四國之治以詔王及冢宰廢置是總四國之治而稱冢也若主當官不兼他職則言大者謂若下文大喪贊贈玉含玉賓客贊玉几玉爵祀五帝則涖卜如此之類與諸官並有事則稱大也云冢大之上也者以其大宰與五官同名大今又別稱冢是冢在大之上也又引爾雅山頂曰冢者欲見山則大矣冢又在頂證冢在大上之意也又云旅衆也下士治衆事者欲見尊官逸卑官勞之意也又云自大宰至旅下士轉相副貳皆王臣也者大卿一人小卿則二人已下皆去上一倍者是轉相副貳也言王臣者自士以上得王簡策命之則爲王臣也對下經府史胥徒不得王命官長自辟除者非王臣也又云王之卿六命其大夫四命者典命文大夫無中下之別案序官則有中下大夫則四命大夫自分爲中下似若侯伯同七命子男同五命爵則有高下不同也士以三命爲差但典命直見公卿大夫命者欲見有出封之事故彼云其出封皆加一等士爵卑無出封之理故不言也彼士之命數既不言知三命以下者正見序官有上士中士下士三等典命除六命四命無三命二命一命鄭則約之上士爲三命中士爲再命下士爲一命若然王朝三公八命卿六命大夫四命皆爲陰爵以待出封爲諸侯乃爲陽爵九命七命五命士既不得出封故在王朝有三命一命亦爲陽爵無嫌也

府六人。史十有二人。府治藏史掌書者凡府史皆其官長所自辟除【疏】府至二人○()釋曰府治府藏史主造文書也○注府治至除○釋曰案下宰夫八職云五曰府掌官契以治藏六曰史掌官書以贊治故鄭云府治藏史掌書又云官長所自辟除者官長謂一官之長若治官六十其下府史皆大宰辟召除其課役而使之非王臣也周禮之內府史大例皆府少而史多而府又在史上唯有御史百有二十人特多而在府上鄭云以其掌贊書數多也又有府兼有史以其當職事繁故也或空有史而無府者以其當職事少得史卽足故也至於角人羽人等直有府無史以其當職文書少而有稅物須藏之故直有府也腊人食醫之等府史俱無者以其專官行事更無所須故也周禮之內唯有天府一官特多於史以其所藏物重故也

胥十有二人

徒百有二十人〇此民給傜役者若今衞士矣胥讀如諝謂其有才知爲什長〇胥鄭徐劉思敘反戚思餘反下皆同傜音遥諝劉思敘反 疏 胥十至十人〇釋曰胥有才智爲什長徒給使役故一胥十徒也〇注此民至什長〇釋曰案下宰夫八職云七曰胥掌官敘以治敘八曰徒掌官令以徵令鄭云治敘次序官中如今侍曹伍伯傳吏朝也徵令趨走給召呼案禮記王制云下士視上農夫食九人祿足以代耕則府食八人史食七人胥食六人徒食五人祿其官並亞士故號庶人在官者也鄭云若今衞士者衞士亦給傜役故舉漢法況之又云胥讀如諝諝其有才智爲什長者案周室之內稱胥者多謂若大胥小胥胥師之類雖不爲什長皆是有才智之稱彼不讀從諝從此讀可知唯有追胥胥是伺捕盜賊非有才智也易歸妹六二以須注云須才智之稱天文有須女屈原之姊名女須彼須字此與異者蓋古有此二字通用俱得爲有才智也周禮上下文有胥必有徒胥爲什長故也腊人之類空有徒無胥者得徒則足不假長帥故也食醫之類胥徒並無者以其專官行事不假胥徒也

宮正上士二人中士四人下士八人府二人史四人胥四人徒四十人正長也宮正主宮中官之長〇宮正此以下鄭總列六十職序于注則各於其職前列之 疏 宮正至十人〇釋曰上大宰至旅下士總馭羣職故爲上首自此宮正已下至夏采六十官隨事緩急爲先後故自宮正至宮伯二官主宮室之事安身先須宮室故爲先也自膳夫至腊人皆供王膳羞飲食饌具之事人之處世在安與

飽故食次宮室也自醫師已下至獸醫主療疾之事有生則有疾故醫次食饌也自酒正至宮人陳酒飲肴羞之事醫治既畢須酒食養身故次酒肴也自掌舍至掌次安不忘危出行之事故又次之自大府至掌皮並是府藏計會之事既有其餘理須貯積或出或內宜計會之故相次也自內宰至屨人陳后夫人事已下內教婦功婦人衣服之事君子明以訪政夜以安息故言婦人於後也夏采一職記招魂以其死事故於末言之也此宮正幷下宮伯雖俱訓爲長其義則異若宮正則主任三宮卿大夫士之身故爲宮中官之長故其職云以時比宮中之官府故宮伯所掌者亦掌之故言正長也宮伯云長者直主宮中卿大夫士之適子庶子行其秩敘授其舍次之事亦得爲長故云伯長也宮正上士二人爲官首中士四人爲之佐下士八人理衆事府二人主藏文書也史四人主作文書胥四人爲什長徒四十人給傜役諸官體例言府史胥徒之義皆然不可文文重釋他皆放此周禮之內宗伯之類諸言伯者伯長也以尊長爲名縣師之類言師者皆取可師法也諸稱人者若輪人車人腊人鼈人之類卽冬官鄭云其曰某人者以其事名官言氏者有二種謂若桃氏爲劍築氏爲削之類鄭注冬官族有世業以氏名官若馮相氏保章氏師氏保氏之類鄭注引春秋官有世功則有官族是也諸稱司若司裘司市之類言司者皆是專任其事事由於己故以司言之也諸典婦功典絲典枲之類言典者出入由己課彼作人故謂之爲典也諸稱職者謂若職幣職內職歲。財。不久停職之而已凡云掌者有三義一者他官供物己則暫掌之而已若幕人供帷幕幄帟掌次張之也二則掌徵斂之官若掌皮掌染草之類是也三者掌非己所爲則掌節掌固掌疆本非己造廢壞修之而已也自外不稱典司職掌者皆是逐事立名以義銓之可曉也凡六官序官之法其義有二一則以義類相從謂若宮正宮伯同主宮中事膳夫庖人外內饔同主造食如此之類皆是類聚羣分故連類序之二則凡次序六十官不以官之尊卑爲先後皆以緩急爲次。第故此宮正之。第士官爲前內宰等大夫官爲後也

宮伯中士二人下士四人府一人史二人胥二人徒二十人伯長也

膳夫上士二人中士四人下士八人府二人史四人胥十有二人徒百有二十人膳之言善也今時美物曰珍膳膳夫食官之長也鄭司農以詩說之曰仲允膳夫○膳上戰反 疏 注膳之至膳夫○釋曰言膳夫食官之長者謂與下庖人內外饔亭人等爲長也司農引詩云者是小雅刺幽王詩膳夫仲允爲之引證與此膳夫爲一事也

庖人中士四人下士八人府二人史四人賈八人胥四人徒四十人庖之言苞也裹肉曰苞苴賈主市買知物賈○庖徐扶交反賈八人鄭徐音古劉音嫁下放此裹音果苴子餘反物賈音嫁 疏 注庖之至物賈○釋曰言庖者今之廚轉作包者欲取庖人主六獸六禽以供庖廚有裹肉之意也又云裹肉曰包苴者詩云野有死麕白茅包之禮記內則云炮取豚若將編萑以苴之皆是裹肉之物故云裹肉曰苞苴也又云賈市買知物賈者下文九職鄭注行曰商處曰賈賈乃在市而處者故知物賈此特有賈人者庖人牲當市之故也

內饔中士四人下士八人府二人史四人胥十人徒百人饔割亨煎和之稱內饔所主在內○饔於容反亨普庚反劉普孟反稱尺證反 疏 注饔割至在內○釋曰饔和也熟食曰饔熟食須調和故號曰饔其職云掌王及后世子之割亨割亨則須煎和故云割亨煎和之稱又云所主在內者以其掌王及后世子及宗廟皆是在內之事

外饔中士四人下士八人府二人史四人胥十人徒百人外饔所主在外 疏 注外饔所主在外○釋曰案其職云掌外祭祀及邦饗孤子耆老割亨皆是在外之事故云所掌在外也此饔有內外可對故云內外饔至於內宰內豎內司服自掌婦人之事而

稱內不對外爲名也

亨人下士四人府一人史二人胥五人徒五十人主爲外內饔爨肉者〇亨劉普庚反爲于僞反下爲主同

疏注主爲至肉者〇釋曰其職云給外內饔亨事故云爲外內饔爨肉也

甸師下士二人府一人史二人胥三十人徒三百人郊外曰甸師猶長也甸師主共野物官之長〇甸田遍反共音恭下皆同疏注郊外至之長釋曰案載師云任近郊遠郊之地次即云公邑之田任甸地甸地即在百里遠郊外天子藉田又在南方甸地故稱此官爲甸師也然此官主地事不在地官者以其供野之薦又給薪蒸以供亨餁故在此次亨人也又云主供野物官之長或云與地官掌葛掌炭掌蜃委人等同掌供野物故與彼官爲長若然彼屬地官此屬天官越分相領恐理不愜此甸師當與下獸人已下亦供野物爲長也故下數職注不言長明甸師與之爲長但獸人等中士此爲下士下士得與中士爲長者如大史下大夫內史中大夫鄭云大史史官之長彼下大夫與中大夫爲長此下士亦與中士爲長有何嫌也徒三百人特多者天子藉田千畝藉借此三百人耕耨故多也

獸人中士四人下士八人府二人史四人胥四人徒四十人疏獸人〇釋曰案其職云掌罟田獸冬獻狼夏獻麋供膳羞故在此也

䱷人中士二人下士四人府二人史四人胥三十人徒三百人〇䱷音魚本又作魚亦作魰同又音御疏䱷人〇釋曰案其職云掌以時䱷爲梁春獻王鮪亦供魚物故在此也徒亦三百人者馬融云池塞苑囿取魚處多故也

鼈人下士四人府二人史二人徒十有六人○鼈必列反 疏 鼈人○釋曰案其職云祭祀供蠯蠃蚳亦是供食物故在此也

腊人下士四人府二人史二人徒二十人腊之言。夕也○腊音昔 疏 腊人○釋曰注腊之言夕也乾曰腊朝曝於夕乃乾故云腊之言夕或作久字久乃乾成義亦通也以其供脯腊膴胖食物故亦在此色也

醫師上士二人下士四人府二人史二人徒二十人醫師衆醫之長○醫意其反 疏 醫師○釋曰案其職云掌醫之政令聚毒藥以供醫事諸醫皆在此者醫亦有齊和飲食之類故設在飲食之間也

食醫中士二人食有和齊藥之類○和胡臥反又音禾齊才計反 疏 食醫○釋曰案其職云春多酸夏多苦之等皆須齊和與藥故同鄭云食有和齊藥之類故在醫官之內也

疾醫中士八人 疏 疾醫○釋曰案其職云掌養萬民之疾病故連類在此

瘍醫下士八人瘍創癰也○瘍音羊創初良反 疏 瘍醫○釋曰案其職云掌腫瘍潰瘍之等故亦連類在此○注瘍創癰也○釋曰案禮記上曲禮云頭有創則沐身有瘍則浴案其職有腫瘍等四種之瘍。注潰則未必有膿也故亦連類在此也

獸醫下士四人。獸牛馬之。類 疏 注獸牛馬之屬○釋曰案爾雅在野曰獸在家曰畜畜獸異矣而言獸牛馬者但此職云主治牛馬未必治其野獸而以牛馬爲獸者對文則畜獸異散文通故爾雅又云兩足而羽謂之禽四足而毛謂之獸既不別釋畜則獸中可以兼牛馬是其牛馬亦有。畜稱

故云獸牛馬也

酒正中士四人下士八人府二人史八人胥八人徒八十人酒正酒官之長【疏】酒正至十人○釋曰案其職云掌酒之政令以式。法授酒材與膳食相將故在此○注酒正酒官之長釋曰此酒正與下酒人漿人為長注。雖不言漿文略也

酒人奄十人女酒三十人奚三百人奄精氣閉藏者今謂之宦人月令仲冬其器閟以奄女酒女奴曉酒者古者從坐男女沒入縣官為奴其少才知以為奚今之侍史官婢或曰奚。官女○奄於撿反劉於驗反徐於劍反奚如字又胡禮反坐才臥反【疏】酒人至百人○釋曰奄十人以其與女酒及奚同職故用奄人奄不稱士則此奄亦府史之類以奄為異也言女酒三十人則女酒與奚為什長若胥徒也奚三百人以其造酒故須人多也○注奄精至宦。女○釋曰案月令冬三月皆云其氣閟以奄獨引仲冬者以其十一月一陽。爻生以其奄人雖精氣閉藏猶少有精氣故也又云女酒女奴曉酒者云云鄭依秋官司厲從坐男女沒入縣官為奴則奴者男女同名以其曉解作酒有才智則曰女酒其少有才智給使者則曰奚已下云曉者謂曉解當職之物不復重釋之也侍使官婢舉漢法言之又云或曰。官女者漢時有此別號。按左氏晉惠公之女名妾稱。為宦女謂宦事秦公子亦云宦女也

漿人奄五人女漿十有五人奚百有五十人女漿女奴曉漿者○漿子良反【疏】漿人○釋曰在此者案其職云掌供王之六飲入于酒府飲是酒類故在此也

凌人下士二人府二人史二人胥八人徒八十人凌冰室也詩云二之日鑿冰沖沖三之日納于凌陰○凌力證反字從冰或力升反【疏】凌人至十人○釋曰凌人在此者案其職云掌冰凡外內饔之膳羞鑑焉以供為膳羞故連類在此也○注凌冰至凌陰○釋

曰引詩曰二之日者案詩之所釋謂周之二月夏之十二月之日鑿冰者謂於深山窮谷固陰沍寒之處於是乎取之沖沖鑿冰之意三之日謂周之三月夏之建寅之正月納冰於凌陰室中案彼又云四之日其蚤獻羔祭韭啓冰之時也鄭荅志以夏十二月取冰二月開冰四月班冰是其常也藏之既晚出之又早晚者建寅乃藏與此周禮十二月藏冰校一月故出之早者四月夏之二月出冰與周禮同今豳土寒故納冰可用夏正月也引之者證凌陰即此冰室爲一物也

籩人奄一人女籩十人奚二十人竹曰籩女籩女奴之曉籩者疏籩人至十人○釋曰在此者案其職云掌四籩之實亦是薦羞之事故在此也○注竹曰至籩者○釋曰知竹曰籩者更無異文見竹下爲之即知以竹爲之故云竹曰籩也

醢人奄一人女醢二十人奚四十人醢豆實也不謂之豆此主醢豆不盡于醢也女醢女奴曉醢者○醢呼在反盡津忍反疏醢人至十人○釋曰案其職云掌四豆之實亦是薦羞故在此也○注醢豆至醢者○釋曰云不謂之豆者決上籩人不以籩中之實爲名而以籩爲官號此即以豆中之實爲官號不謂之豆人此是問辭鄭還自荅豆不盡於醢者其豆之所盛非止此職中四豆之實而已天子豆百二十上公豆四十侯伯豆三十二子男豆二十四上大夫二十下大夫十六彼有腳臐膮胾炙膾之屬其數甚多是豆不盡盛醢而已若言豆人恐彼並掌之此醢人惟掌此四豆之實而已故不得言豆人而言醢人也

醯人奄二人女醯二十人奚四十人女醯女奴曉醯者○醯本又作醯呼西反疏醯人○釋曰醯人在此者案其職云掌共五齊七菹以供醯物則與醯人職通醯人惟主作醯但成齊菹必須醯物乃成故醯人兼言齊菹而連類在此也

鹽人奄二人女鹽二十人奚四十人女鹽女奴曉鹽者疏鹽人○釋曰在此者案其職云掌鹽之政令以供百事之鹽鹽所以調和上食之物故亦連類在此也

冪人奄一人女冪十人奚二十人以巾覆物曰冪女冪女奴曉冪者○冪莫歷反疏冪人○釋曰冪人在此者案其職云掌供巾冪所以覆飲食之物故次飲食後

宮人中士四人下士八人府二人史四人胥八人徒八十人疏宮人○釋曰宮人在此者案其職云掌王之六寢之脩又供王沐浴掃除之事是安息王身故在此也

掌舍下士四人府二人史四人徒四十人舍行所解止之處○解佳賣反疏掌舍至十人○釋曰云在此者案其職云掌王之會同之舍設梐枑再重亦是安王身之事故亦在此○注舍行至之處○釋曰案其職云設車宮壇壝宮帷宮之等並是解脫止息之處故云解止之處也

幕人下士一人府二人史二人徒四十人幕帷覆上者○幕武博反疏幕人至十人○釋曰在此者案其職云掌帷幕幄帟綬之事亦是安王身之事故在此也注幕帷覆上者○釋曰案下職中鄭注云在旁曰帷在上曰幕是其幕乃帷之覆上者也

掌次下士四人府四人史二人徒八十人次自脩正之處疏掌次至十人○釋曰在此者案其職云掌王次之法以待張事幕人供之掌次張之故連類在此也注次自脩正之處○釋曰案其職云張大次設重帟重案皆是自脩止故云自脩止之處也

大府下大夫二人上士四人下士八人府四人史八人賈十有六人胥八人徒八十人大府爲王治藏之長若今司農矣疏大府至十人○釋曰在此者案其職云掌。大貢九賦受其貨賄之入頒其貨賄于諸府之事案尚書洪範云一曰食二曰貨已上皆言飲食此。次言貨賄故大府在此也有賈者府官須有市買井須知物貨善惡故也○注大府至農矣○釋曰大府與下諸府官爲長故以大夫爲之云若今司農矣者漢時司農主。治藏故史游章云司農少府國之淵

玉府上士二人中士四人府二人史二人工八人賈八人胥四人徒四十有八人工能攻玉者疏玉府至八人○釋曰玉府在此者案其職云掌王之金玉玩好兵器凡良貨賄之藏以玉爲主故與大府同在此有工八人者以其使攻玉故也有賈者使辨玉之善惡貴賤故也○注工能攻玉者○釋曰工謂作工案詩云他山之石可以攻玉故須工

內府中士二人府一人史二人徒十人內府主良貨賄藏在內者○賄呼罪反疏內府○釋曰內府在此者案其職云掌九貢九賦九功之貨賄良兵良器故在此也

外府中士二人府一人史二人徒十人外府主泉藏在外者疏外府至十人○釋曰外府在此者案其職云掌邦布之出入以共百事故在此也○注外府至外者○釋曰泉布本是外物無在內府故對內府爲外也

司會中大夫二人下大夫四人上士八人中士十有六人府四人史八人胥五人徒五十人會大計也司會主天下之大計計官之長若今尚書○會古外反注同尚音常疏司會至十人○釋曰在此者案其職云掌邦之

六典八法八則之貳以逆邦國都鄙官府之治主天下大計貨賄亦須計會故與大府連類在此也○注會大至尙書○釋曰言會大計者案宰夫職日計曰成月計曰要歲計曰會故知會大計也云主天下之大計者其職云逆邦國都鄙官府是句考徧天下云若今尙書者漢之尙書亦主大計故舉以況之也

司書上士二人中士四人府二人史四人徒八人司書主計會之簿書○簿步古反後簿書皆同○疏注司書至簿書○釋曰司書在此者會計之事司書主之故其職云凡上之用財用必攷于司會故連類在此也注言簿書者古有簡策以記事若在君前以笏記事後代用簿簿今手版故云吏當持簿簿則簿書也

職內上士二人中士四人府四人史四人徒二十人職內主入也若今之泉所入謂之少內○少詩照反疏職內至十人○釋曰在此者案其職云掌邦之賦入辨其財用之物而執其總入大府者皆由職內亦有府義故鄭云受藏之府若職內故其職在此也○注若今至少內○釋曰漢之少內亦主泉所入案王氏漢官解云小官嗇夫各擅其職謂倉庫少內嗇夫之屬各自擅其條理所職主由此言之少內藏聚似今之少府但官卑職碎以少爲名

職歲上士四人中士八人府四人史八人徒二十人主歲計以歲斷○斷丁亂反疏職歲○釋曰在此者案其職云掌邦之賦出以貳官府都鄙之財出賜之數以待會計而考之總斷一歲之大計故與司會同在此也

職幣上士二人中士四人府二人史四人賈四人胥二人徒二十人疏職幣○釋曰在此者案其職云掌式法以斂官府都鄙與凡用邦財者之幣以待上之賜予與職歲通職故連類在此也若然此三職皆有府義不得名府者以財不久停故

也

司裘中士二人下士四人府二人史四人徒四十人【疏】司裘○釋曰在此者案其職云掌爲大裘幷掌皮亦有此府義故在此

掌皮下士四人府二人史四人徒四十人【疏】掌皮○釋曰在此者案其職云掌秋斂皮冬斂革春獻之亦有府義故連類在此也

內宰下大夫二人上士四人中士八人府四人史八人胥八人徒八十人內宰宮中官之長【疏】內宰至十人○釋曰名內宰者對大宰治百官內宰治婦人之事故名內宰然則大宰不稱外者爲兼統內也案其職云掌治王內之政令又教后已下婦德之事以王事少暇故次在此也○注內宰至之長○釋曰內宰與下女史已下爲長故鄭云宮中官之長

內小臣奄上士四人史二人徒八人奄稱士者異其賢【疏】內小至八人○釋曰在此者案其職云掌王后之命正其服位案夏官大僕職云出入王之大命正其服位則此小臣侍后職與大僕侍王同亦是佐后之事故在此用奄者以其所掌在內故○注奄稱士者異其賢○釋曰案上酒人漿人等奄並不稱士則非士也獨此云以其有賢行命爲士故稱士也案詩巷伯奄官也注云巷伯內小臣小臣於宮中爲近故謂之巷伯必知巷伯與小臣爲一人者以其俱名奄又言巷亦宮中爲近又稱伯長也內小臣又稱士亦是長義故知一人也

閽人王宮每門四人囿游亦如之閽人司昏晨以啓閉者刑人墨者使守門囿御苑也游離宮也○閽音昏囿音又斿本亦

作游音由【疏】閽人至如之○釋曰在此者以其掌守中門之禁王宮在此故亦在此周禮之內有同官別職則此閽人每門及囿遊同名閽人而職別山虞澤虞云每大澤大山及川衡林衡亦是別職同官也別官同職者唯有官連耳○注閽人至宮也○釋曰云閽人司昬晨以啓閉者此釋名閽人之意昬時閉門則此名閽人也晨時啓門則論語謂之晨人也皆以時事爲名耳又云刑人墨者使守門此秋官掌戮職文鄭彼注云黥者無妨於禁禦欲使守門案其職云掌守中門之禁言中門則唯雉門耳而言每門者彼言中門據有禁守者言之其實王之五門皆使墨者守之或解以爲王有五門四面皆有中門故言每門義亦通也案禮記云古者不使刑人守門彼鄭注謂夏殷時公羊云閽殺吳子餘祭近刑人輕死之道彼據人君加之寵故云近刑人輕死之道若君有防衛不親近則非近刑人其劓者使守關以其醜惡遠之不得約彼即以十二門皆使墨者也詩云昬椓靡共箋云皆奄人彼据后宮門故使奄者也又云囿御苑者案詩云王在靈囿注所以養禽獸天子百里諸侯四十里案孟子齊宣王問孟子云文王之囿方七十里猶以爲小寡人囿方四十里猶以爲大何也孟子荅文王之囿芻蕘者往焉雉兔者往焉與民同之故以爲小不亦宜乎君之囿民殺其麋鹿者如殺人之罪民以爲大不亦宜乎則文王之囿方七十里者大於諸侯小於天子故也白虎通又云天子百里大國四十里次國三十里小國二十里與孟子不同者白虎通細別言之也又云游離宮者囿是大苑其門皆使閽人守之也此離宮即囿游之獸禁故彼鄭云謂囿之離宮小苑觀處也或以爲游亦謂城郭中與公所爲者也

寺人王之正內五人寺之言侍也詩云寺人孟子正內路寢【疏】寺人至五人○釋曰在此者案其職云掌王之內人及女宮之戒令故在此○注寺之至路寢○釋曰云寺之言侍者欲取親近侍御之義此奄人也知者見僖二十四年晉文公既入呂郤欲焚公宮寺人披請見公使讓之且辭焉披曰齊桓公置射鉤而使管仲相君若易之行者甚衆豈唯刑臣彼寺人披自稱刑人明寺人奄人也若然寺人既掌內人不掌男子而秦詩云欲見國

君先令寺人而掌男子者彼秦仲宣王命作大夫始大有車馬其宮未備故寺人兼小臣是以寺人得掌男子詩云寺人孟子者引證經寺人孟子同也又云正內路寢者寺人既不得在王之路寢而云內正五人者謂在后之路寢耳若王之路寢不得稱內以后宮故以內言之故先鄭下注后六宮前一後五前一則路寢

內豎倍寺人之數豎未冠者之官名○冠古亂反

疏內豎至之數釋曰在此者案其職云掌內外之通令凡小事故與寺人連類在此也○注豎未至官名○釋曰春秋左氏傳叔孫穆子幸庚宗婦人而生牛以爲豎官則亦童豎未冠者必使童子爲之者鄭於其職注云使童豎通王內外之命給小事者以其無與爲禮出入便疾也

九嬪嬪婦也昏義曰古者天子后立六宮三夫人九嬪二十七世婦八十一御妻以聽天下之內治以明章婦順故天下內和而家理也不列夫人于此官者夫人之於后猶三公之於王坐而論婦禮無官職○嬪符真反治直吏反

疏九嬪○釋曰在此者以其有婦德其職云掌婦學之法以教九御同是內宮之官故亦在此○注嬪婦也至官職○釋曰引昏義者彼是周之婦官之數與此經婦人數同故引以爲證案禮記上檀弓云舜葬倉梧蓋三妃未之從鄭注云帝嚳時立四妃象后妃四星其一明者爲正妃其三小者爲次妃帝堯因焉至舜不告而娶不立正妃但三夫人而已夏后氏增以三三而九爲十二人殷人又增以三九二十七合三十九人周人上法帝嚳而立正妃又三二十七爲八十一人以增三十九幷后合百二十一人其位后也夫人也九嬪也二十七世婦也八十一女御也又云不列夫人于此惟有九嬪已下是無三夫人之數也又云夫人之於后猶三公之於王坐而論婦禮無官職者謂三百六十官無三公之官案大司徒職云二卿則公一人鄭注云三公者內與王論道中參六官之事外與六卿之教又案冬官考工記云坐而論道謂之王公注云天子

諸侯然則。公中合有三。公坐而論道無正職故云中參外與而已三夫人亦然故云坐而論。禮無官職故不列之也

世婦不言數者君子不苟於色有婦德者充之無則闕 疏 注不言至則闕○釋曰在此者案其職云掌祭祀賓客喪紀帥女宮而濯溉故亦在此九嬪言數而世婦女御不言數者君子不苟於色有婦德乃充之不言王而云君子者謂君子爲王乃能不苟色也九嬪言數者欲見世婦女御有德亦充若九嬪無德亦與世婦女御同闕故。特互其文令義兩得見耳

女御昬義所謂御妻御猶進也侍也 疏 注昬義至侍也○釋曰彼不云女御而云御妻。御。進也故彼引爲一物也又云御猶進也侍也者凡后下御皆是后宮進在王寢。侍息宴故女御職云掌御敘于王之燕寢是以訓御云進也侍也

女祝四人奚八人女祝女奴曉祝事者○祝之六反鄭又之又反 疏 女祝至八人○釋曰在此者案其職云掌王后之內祭祀凡內禱祠之事故在此也○注女祝至事者○釋曰言女奴。曉事謂。識。文者爲之也

女史八人奚十有六人女史女奴曉書者 疏 女史○釋曰在此者案其職云掌王后之禮職。內治之貳亦女奴曉文者爲之其職與王之大史掌禮同故在此也

典婦功中士二人下士四人府二人史四人工四人賈四人徒二十人典主也典婦功者主婦人絲枲功官之長 疏 典婦○釋曰在此者案其職云掌婦式之法以受嬪婦及內人女功之事齎故鄭注云典主也典婦功者主婦人絲枲功官之長其職中齎是也云賈四人者以其絲枲有善惡貴賤之事故須賈人也

典絲。下士二人府二人史二人賈四人徒十有二人 疏 釋曰在此者案其職云掌絲入而辨其物頒絲于外內工皆以物授之因婦功亦在此也

典枲。下士二人府二人史二人徒二十人 ○枲絲里反 疏 典枲○釋曰枲麻也案喪服傳云牡麻者枲麻也則枲是雄麻對苴是麻之有蕡實者也在此者與典婦功亦連類在此也

內司服奄一人女御二人奚八人 內司服主。宮中裁縫。官之長有女御者以衣服進或當於王廣其禮使無色過○縫咸奉容反徐扶用反下同 疏 內司至八人○釋曰以其掌后已下六服言內司服者非是對春官司服男子服爲內但是男子之物不言外者在外是其常也故不須言外而外自顯但以婦人在內故婦人之事多言內若不言內無以得見婦人之物不與春官司服同處者以從內官之例故在此有奄一人者以其衣服事多須男子兼掌以與婦人同處故用奄也○注內司服至色過○釋曰言主宮中裁縫官之長者謂其下文縫人爲長又云有女御者以衣服進或當於王廣其禮使無色過者以此女御還是女奴曉進御衣服者故與女酒女祝女史同號女也以衣服進謂進衣。于王王見之或當王意廣其禮得與八十一女御同名欲見百二十人外兼有此女御之禮王合御幸之使王無淫色之過故名女御也

縫人奄二人女御八人女工八十人奚三十人 女工女奴曉裁縫者○縫劉扶用反 疏 縫人至十人○釋曰在此者案其職云掌王宮縫線之事以縫王及后之衣服故在此也奄二人亦是縫線事多須有男子故也有女御者義同於上也有女工者謂女奴巧者鄭云曉裁縫者也

染人下士二人府二人史二人徒二十人○染如豔反劉而儉反［疏］染人○釋曰在此者案其職云掌染絲帛因婦人衣服故亦連類在此也

追師下士二人府一人史二人工二人徒四人追治玉石之名○追丁回反一曰雕［疏］追師至四人○釋曰在此者職云掌王后之首服爲副編次追衡笄亦因婦人衣服連類在此。○注治玉石之名○釋曰詩云追琢其璋璋是玉爲之則追與琢皆是治玉石之名也若然男子首服在夏官弁師者以其男子是陽義又取夏時萬物長大長大乃冠故在夏官此婦人直取首服配衣故與衣連類在此。若然首反處下者以冠屨自相對不與服爲先後故不在上也

屨人下士二人府一人史一人工八人徒四人○屨紀具反［疏］屨人○釋曰在此者案其職云掌王及后之服屨故從內官衣服亦連類在此若然追師專掌婦人首服此屨人兼男子屨爲在下體賤故男子婦人同在此。官也

夏采下士四人史一人徒四人夏采夏翟羽色禹貢徐州貢夏翟之羽有虞氏以爲綏後世或無故染鳥羽象而用之謂之夏采○夏戶雅反注同翟雉名采如字或作菜翟音狄綏如誰反［疏］夏采至四人○釋曰在此者其職云掌大喪以冕服復于大祖以乘車建綏復于四郊喪事是終故在末職也注夏采至夏采○釋曰案爾雅云伊洛而南素質五采皆備成章曰翬江淮而南青質五采皆備成章謂之鷂此則夏翟之羽色也又案禹貢徐州云羽畎夏翟是徐州貢夏翟之羽也又云有虞氏以爲綏者明堂位云有虞氏之旂夏后氏之綏注云有虞氏當言綏夏后氏當言旂彼據虞氏始有綏故云有虞氏以爲綏也又云後世或無者案冬官考工記有鍾氏染羽若有自然鳥羽何須染之乎故云後世或無則據此周時而言也故染鳥羽而用

之謂之夏采者夏翟五色也此職中注及彼注皆云緌謂注旄於干首不云翟羽者蓋注文不具耳

附釋音周禮注疏卷第一

周禮注疏卷一校勘記　阮元撰盧宣旬摘錄

附釋音周禮注疏卷第一　閩監毛本刪附釋音三字此本列名銜提行如前又並署國子博士兼太子中允贈齊州刺史吳縣開國男臣陸德明釋文閩本亦如是後翦改爲漢鄭氏注唐賈公彥疏陸德明釋文毛本承之無陸德明釋文五字監本又兼列明國子監奉勅較刊奉旨重修職名○唐石經此題周禮卷第一宋余仁仲本明嘉靖翻刻宋本同此本閩監毛本並刪

天官冢宰第一　唐石經余本嘉靖本同此本及閩監毛本冢誤冢下同

亦所以揔御衆官　閩本揔改摠監毛本改總非下準此

下註對大宰　監毛本同閩本註作注是也通書準此

天事又並入於春官者　惠挍本無又字此衍

故云第一也鄭氏者　惠校本云作爲閩監毛本割鄭氏者云云一段附鄭氏注之下

鄭沖之孫　閩本冲作沖案後漢書本傳云八世祖崇此誤記

或言傳　惠校本言作云

周禮　鄭氏註　監本同岳本毛本刪周禮二字閩本註作注與唐石經宋本余本嘉靖本合此從言非又宋本余本嘉靖本此五字列天官冢宰第一下唐石經鄭氏注三字另行○按凡標題必先云天官冢宰第一次云周禮次云鄭氏注小題在上大題在下古經典皆然今本多割裂舛錯

使居雒邑釋文雒水名也本作洛後漢都洛陽改爲雒段玉裁漢讀考云豫州之川字作雒雍州之浸字作洛自魏以前劃然分別魏文帝始亂之其詳見尚書古文撰異

辯四方正宮廟之位閩監毛本同案辯當作辨下辨方正位疏皆作辨賈疏或本作辯此其改之未盡者

作新大邑于東國洛閩監本同毛本于改於非下引尚書準此

周公於政不均孫志祖云案大司徒大司樂疏並引注云周公爲其於政不均是也此疑脫爲其二字

下文大宰之職毛本大改太非

使居雒邑治天下者閩本同監本雒改洛非毛本先作洛後改雒按此引注當作雒疏文蓋用洛字

四時交者毛本交誤郊案當作四時之所交者

辨方正位唐石經諸本同

置槷以縣視以景余本嘉靖本毛本槷作槷釋文同惠校本疏中亦從執此從執誤浦鏜云視當依本文作眂案記用古字作眂注改今字作視浦說非

太保朝至于雒余本太作大下同今尚書雒改洛疏中同

鄭少贛閩監毛本贛作贑非

太保朝至于洛汭卜宅　浦鏜云汭衍

一日人無主不散則亂　惠校本作百人無主此百字誤分爲一日二字盧文弨曰書大禹謨正義亦有百人無主不散則亂之語

又當立臣爲輔　惠校本無爲字

庶民於之取中案尚書洪範云皇建其有極於下　案尚書十一字複上文當衍讀庶民於之取中於下句絶

冢宰大宰也　余本嘉靖本毛本同閩本監本此下以釋文鄭云宰主也二十二字誤入注中

然不先均王國　惠校本先作言此誤當訂正

恐不兼諸侯　惠校本恐作悉此誤

言百則三百六十亦一也　惠校本無亦此衍當刪

治官之屬　唐石經余本屬作屬

旅下士三十有二人　唐石經三十作卅下二十作廿全書同

不釋唯指此一經至旅下士三十有二人而已　閩本同誤也監毛本釋改得當據以訂正惠校本作

不得惟

史十有二人 毛本十有倒

腊人食醫之等府史俱無者 浦鏜云腊人食醫當是食醫疾醫之

此民給徭役者 閩本徭作傜載釋文傜音遥此本疏中云衞士亦給徭役作傜字又下宫正疏云徒四十人給徭役此本閩本同作傜

胥讀如諝 段玉裁周禮漢讀考云說文諝知也凡易其本字曰讀爲此讀爲各本作讀如誤也大行人注胥讀爲諝象諝謂象之有才知者也可據以正此矣

如今待曹伍伯傳吏朝也 浦鏜云侍誤待

腊人之類 惠校本腊人上有鼈人此脫

宫正 釋文此以下鄭㧾列六十職序于注則各於其職之前列之臧琳經義雜記曰康成於每官前㧾列六十職序當是古本如此干氏於各職前列之蓋亦如詩三百篇序別爲卷毛公冠於每篇之前書百篇序馬鄭王爲一卷僞孔移於每篇首皆變亂舊章非其本真也

主宫中官之長 余本嘉靖本毛本同閩本監本此下○改曰又誤以釋文宫正此以下二十二字爲注

故宫伯所掌者亦掌之 閩本同監毛本掌者誤長者惠校本作掌者

財不久停 惠校本作則不用久停孫志祖云下職幣疏亦有財不久停之語文理本明似不必改

皆以緩急爲次弟 閩監毛本弟改第非古次第字止作弟

故此宮正之弟 惠校本弟作等此誤

轉作包者 案包當作苞下引詩同

又云裹肉曰包苴者 閩本同監毛本包作苞當據以訂正下言包苴同注及釋文皆作苞

腊之言夕也 疏云夕或作久義亦通惠棟九經古義云說文昔乾肉也从殘肉日以晞之昔夕古字通穀梁傳日入至於星出謂之昔管子旦昔從事楚辭章句引詩樂酒今昔是皆以昔爲夕腊之爲物經夕乃乾故言夕或作久久猶昔也○按久者夕之誤也

瘍醫 毛本倒作醫瘍

註漬則未必有膿也 閩監毛本註作注當據以訂正此注疏本多改註故注病字亦誤爲註

獸牛馬之類 閩監毛本同賈疏標注作獸牛馬之屬余本岳本嘉靖本同案疏中引注但言獸牛馬幷無下二字

是其牛馬亦有畜稱 浦鏜云獸誤畜

以式法授酒材 閩本法改灋非

注雖不言癹 案雖當衍此本雖字剜改

或曰奚官女 余本嘉靖本閩監毛本皆作宦女爲是玉海漢制考作官女引疏亦同皆誤耳疏以左傳宦女釋注文宦女不得改爲官也奄

爲宫人故女奴曰奚宫女

注奄精至宫女 案此宫亦當作官

以其十一月一陽爻生 閩監毛本爻作初

或曰官女者 漢制考所引同閩本監本毛本官誤宫

按左氏晉惠公之女名妾稱爲宫女 漢制考按作案此非下疏多用案字惠校本無爲此衍

鄭荅志以夏十二月取冰 閩本同監毛本荅改答非下並同

與此周禮十二月藏冰校一月 毛本校改挍○按毛晉避所諱全書皆然

女奴之曉遵者 案注上下文多云女奴曉某者無之字此衍

豆不盡于醢也 案疏云豆不盡於醢者此作于非

彼有膷臐膮胾炙膾之屬 閩毛本同監本膮誤燒此本胾誤餓今訂正

則與醢人職通 案醢當作醯醯人云以五齊七菹實之

必須醢物乃成 諸本同浦鏜云醢當醯字之誤非也案醢人職注云齊菹醬皆須醢成味

幂人 唐石經諸本同說文幎幔也从巾冥聲幎周禮有幎人

掌供供巾冪 閩監毛本作掌供巾冪此衍

設梐梧再重 閩監毛本梧作枑此誤

幕人 唐石經余本嘉靖本同

次自脩正之處 余本岳本嘉靖本同此本疏中標注亦作脩正閩監毛本正誤止

皆是自脩止 案止當作正下同

掌大貢九賦 浦鏜云九貢誤大貢

已上皆言飲食此次言貨賄 惠校本次作訖此誤

漢時司農主治藏 惠校本治作府案漢制考亦引作府藏此因注誤改

是句考徧天下 閩監毛本句改勾非

司裘 唐石經余本嘉靖本閩本同監毛本裘作裘

亦有此府義故在此 浦鏜云上此字衍

閽人 釋文閽音昏與此同唐石經作閽諸本因之此本經注作閽疏中作閽

囿游亦如之 唐石經余本嘉靖本閩監毛本同釋文斿本亦作游音由○按斿遊皆游之俗字

司昬晨以啓閉者　諸本昬作昏疏中準此下並同

則此閽人每門及囿遊　閩監毛本遊改游蓋釋文作游賈疏作遊後人據釋文以改賈疏此其改之未盡者

別官同職者唯有官連耳　閩監毛本連改聯非案大宰官聯注鄭司農云聯讀爲連此作官連從鄭讀耳

則論語謂之晨人也　浦鏜云門誤人

据有禁守者言之　閩監毛本据作據此本據据錯出作据俗省耳○按公羊注作据

不列夫人于此官者　案于當作於注皆用於字毛本幷下夫人之於后亦改爲于矣

與此經婦人數同　此本同誤曰據閩監毛本訂正

殷人又增以三九二七口合三十九人　此本二七下闕一字閩監毛本改爲二十七又字閩本同監毛本誤有

以增三十九幷后合百二十一人　閩監毛本三十九誤二十九浦鏜因刪改此文云以增之合百二十一人誤甚

案三十九幷八十一爲一百二十合后爲百二十一人也

然則公中合有三公　此本補刻上公誤云下闕八字凡補刻有闕誤而閩監毛本不誤者不具著

故云坐而論禮無官職　浦鏜云脫婦字案三夫人坐而論禮猶三公坐而論道也此引注作坐而論禮無婦字今注有婦蓋

衍文

故特互其文此本實闕今從閩本補監毛本改迴互非

御進也惠校本作猶進后法也案此釋御爲進釋妻爲后也當據以訂正此本實闕以字數計之亦止有三字

進在王寢待息宴案侍誤待

言女奴曉事謂識文者爲之也閩本識文改爲女浦鏜云曉下脫祝

內治之貳浦鏜云上脫掌

典絲余本閩本同嘉靖本監毛本絲作絲案唐石經作絲此本疏中釋曰上脫典絲二字閩監毛本同

典枲唐石經余本枲作枲

內司服女御二人沈彤云當作四人考女御之凡當七十二人而內司服之女御於王后九嬪外內命婦之服無不掌則二人不足也

主宮中裁縫官之長此本上下皆誤宮監本上下皆誤官

謂進衣于王案于當作於

染人葉鈔釋文唐石經嘉靖本皆作染人說文染字在水部此及閩監毛本作染非

連類在此惠校本下有也

若然首反處下者閩監本同毛本若改也上屬浦鏜反據之誤甚

故男子婦人同在此官也毛本同閩本作同在此也監本官也二字剜改原刻當與閩本同

周禮注疏卷一校勘記

附釋音周禮注疏卷第二

鄭氏注　　賈公彥疏

大宰之職掌建邦之六典以佐王治邦國一曰治典以經邦國以治官府以紀萬民二曰教典以安邦國以教官府以擾萬民三曰禮典以和邦國以統百官以諧萬民四曰政典以平邦國以正百官以均萬民五曰刑典以詰邦國以刑百官以糾萬民六曰事典以富邦國以任百官以生萬民大曰邦小曰國邦之所居亦曰國典常也經也。灋也王謂之禮經常所秉以治天下也邦國官府謂之禮。灋常所守以爲。灋式也常者。其上下通名擾猶馴也統猶合也詰猶禁也書曰度作詳刑以詰四方任猶傳也生猶養也鄭司農云治典冢宰之職故立其官曰使帥其屬而掌邦治以佐王均邦國教典司徒之職故立其官曰使帥其屬而掌邦教以佐王安擾邦國禮典宗伯之職故立其官曰使帥其屬而掌邦禮以佐王和邦國政典司馬之職故立其官曰使帥其屬而掌邦政以佐王平邦國刑典司寇之職故立其官曰使帥其屬而掌邦禁以佐王刑邦國此三時皆有官唯冬無官又無司空以三隅反之則事典司空之職也司空之篇亡小宰職曰六曰冬官其屬六十掌邦事○邦國干云國天子諸侯所理也邦疆國之境治典直吏反注下治典邦治治官治職之治皆同擾而小反鄭而昭反徐李尋倫反諧戶皆反詰起一反禁也干云彈正糾察也馴似倫反度待洛反傳側吏反下同猶立也

【疏】大宰至以生萬民○釋曰自此以下至職末分爲二段從此職首至以富得民一段十條明經國之大綱治政之條目自正月之吉以下至職末明頒宣前。灋依事而施言掌建邦之六典者謂大宰總御羣職故六典俱建也以

佐王治邦國者以六典是王執治邦國王不獨治故云佐王也一曰治典以經邦國至六曰事典皆云邦國者邦國皆謂諸侯之國但治典云經者所以經紀爲名故云經教典云安者地道主安故云安禮典云和者禮之用和爲貴故云和政典云平者司馬主六軍以平定天下故云平刑典云詰者以其刑者有所詰禁天下故云詰事典云富者作事所以富國家故云富也又治典教典云官府禮典已下四典皆云百官者尊天地二官不局其數故不云百官而云官府也若然六官其屬各六十得稱百官者舉全數故云百官也且天官言治官府地官云教官府夏官云以正百官秋官云刑百官皆依本職而言之至於春官主禮不可云禮百官禮所以統敘萬事故云統百官也冬官不可云事百官故變事云任任謂任使任使卽事也又天官主治治所以紀綱天下故云紀萬民也地道主民故云擾萬民擾則馴順之義也春官主禮禮所以諧和故云諧萬民夏官主政九畿職方制其貢有貢賦之事故云均萬民秋官主刑刑者所以糾正天下故云糾萬民也冬官主事作事者所以生養萬民故云生萬民也然天子曰兆民諸侯曰萬民此天子之禮不言兆民而言萬民者但兆民據天子而言之今言萬民以畿外封諸侯惟有畿內不封故以畿內據近而言〇注大曰至掌邦事〇釋曰周禮凡言邦國者皆是諸侯之國此言大曰邦小曰國者止據此文邦在上國在下故爲此解案儀禮覲禮云同姓大國異姓小邦則邦國大小通也又云邦之所居亦曰國卽據王國而言故上云惟王建國匠人營國方九里與典命國家皆是邦之所居亦曰國也又云典常也經也灋也者爾雅釋詁云典常也孫氏云禮之常也釋言云典經也又云灋者以其經常者卽是法式又云王謂之已下鄭所解也云王謂之禮經常所秉以治天下也者凡言經者以經紀天下故王言禮經常所秉以治天下也云邦國官府謂之禮法者凡言灋者下灋於上故邦國官府謂之禮灋常所守以爲灋式也云常者上下通名者經據在上灋據在下至於王與邦國官府俱有常義故云常者上下通名也又云擾猶馴也者案地官注訓擾爲安此言馴不同者馴是順之義順卽安義亦通也云統猶合也者統者相統同故爲合詰猶禁也者弟詰卽禁止

之義也引尚書曰度作詳刑以詰四方此尚書呂刑文是呂侯訓夏贖刑以詳審詰禁四方引證詰爲禁之義也云任猶傳也者傳猶立也東齊人物立地中爲傳蒯通說范陽令曰天下之人所以不敢傳刃於公之腹者畏秦灋也欲使百官皆立其功也云生猶養也者若直云生萬民則諸官皆生萬民彼何異也於義不安故轉爲養冬官主土地所以養民故也云鄭司農云治典冢宰之職者及下教典司徒之職禮典宗伯之職六典皆言之職此並是序官之下次有此文故立其官曰使帥其屬而掌邦治此以下六者皆是六官之首有此文司農總引以釋六典也云此三時皆有官唯冬無官者謂各六十官唯冬無云無司空者對餘官有大宰司徒宗伯司馬司寇此則無司空卿也云以三隅反之者凡物不圓則方方則四隅既有三隅明有四隅以言既有春夏秋三時之官明有冬時之官可知則事典司空之職是也云司空之篇亡者謂六國時亡其時以考工記代之引小宰職者欲見當有冬官之屬也

以八灋治官府一曰官屬以舉邦治二曰官職以辨邦治三曰官聯以會官治四曰官常以聽官治五曰官成以經邦治六曰官灋以正邦治七曰官刑以糾邦治八曰官計以弊邦治

百官所居曰府弊斷也鄭司農云官屬謂六官其屬各六十若今博士大史大宰大祝大樂屬大常也小宰職曰以官府之六屬舉邦治一曰天官其屬六十是也官職謂六官之職小宰職曰以官府之六職辨邦治一曰治職二曰教職三曰禮職四曰政職五曰刑職六曰事職官聯謂國有大事一官不能獨共則六官共舉之聯讀爲連古書連作聯聯謂連事通職相佐助也小宰職曰以官府之六聯合邦治一曰祭祀之聯事二曰賓客之聯事三曰喪荒之聯事四曰軍旅之聯事五曰田役之聯事六曰斂弛之聯事官常謂各自領其官之常職非連事通職所共也官成謂官府之成事品式也小宰職曰以官府之八成經邦治一曰聽政役以比居二曰聽師田以簡稽三曰聽閭里以版圖四曰聽稱責以傅別五曰聽祿位以禮命六曰聽取予以

書契七曰聽賣買以質劑八曰聽出入以要會官法謂職所主之法度官職主祭祀朝覲會同賓客者則皆自有其法度小宰職曰以灋掌祭祀朝覲會同賓客之戒具官刑謂司刑所掌墨辠劓辠宮辠刖辠殺辠也官計謂三年則大計羣吏之治而誅賞之玄謂官刑司寇之職五刑其四曰。官刑上能糾職官計謂小宰之六計所以斷羣吏之治○灋古法字聯音連弊必世反鄭蒲計反徐劉府世反斷丁亂反下同弛尹氏反比毗志反鄭房利反稽古奚反鄭又音啓版音板傅別音附下彼列反契苦計反劑子隨反爾雅云劑翦齊也要於妙反徐於召反後不音者放此朝直遙反凡言朝覲皆同辠古罪字劓魚兾反刖音月又五刮反【疏】以八至邦治○釋曰此八灋雖不云建亦有建義故鄭注大史職云六典八灋八則冢宰所建以治百官大史又建焉是也上六典云治邦國此八灋云治官府官府在朝廷之官府也一曰官屬以舉邦治以下皆單言邦據王國而言之言官屬者謂六官各有六十官之屬也長官有屬官官事得舉故云以舉邦治二曰官職以辨邦治者謂六官各有職若天官治職之等官各有職辨別也官事有分別故云以辨邦治也三曰官聯以會官治者聯卽連也一官不能獨共則衆官共舉之然後事得合會故云以會官治四曰官常以聽官治者官常非連事通職各自於當官常職而聽治之故云以聽官治也五曰官成以經邦治者官成者謂官自有成事品式依舊行之以經紀邦治也六曰官法以正邦治者官法謂當職所主舊灋度將此灋度是正邦之治政也七曰官刑以糾邦治者言官刑非尋常五刑謂官中之刑以糾察邦治八曰官計以弊邦治者官計謂平治官府之計也弊斷也謂就計會之中有失者斷之故云弊邦治也此八灋皆云邦治官常官聯二者不云邦而云官者其官聯官欲取會合衆官乃始得治官常言官欲取官有常職各自治其官故二者不言邦而云官也。及。小宰。還。從。治○注百官至之治○釋曰言百官所居曰府者欲以官府爲一事解與上府史之府別彼府主藏文書此府是百官所居處皆是府聚之義也鄭司農引官屬謂六官其屬各六十下引小宰所云者是也云若今博士云云屬大常也者司農據漢百官年表漢始叔孫通爲奉常後改爲大常博。士官刑先鄭謂司刑所掌墨辠劓辠宮辠刖辠殺辠此是正五刑施于天下非爲官中之刑故後鄭不從之也官計謂三年大計羣吏之治而誅賞者此爲三年一考乃一計之此官計每歲計之故後鄭亦不從之玄謂官刑司寇之職五刑其四曰官刑上能糾職是專施于官府之中於義爲當也官計謂小宰之六計所以斷羣吏之治羣吏之治卽是官中之計於義亦當矣故引破司農也

以八則治都鄙一曰祭祀以馭其神二曰灋則以馭其官三曰廢置以馭其吏四曰祿位以馭其士五曰賦貢以馭其用六曰禮俗以馭其民七曰刑賞以馭其威八曰田役以馭其衆

都之所居曰鄙則亦法也典法則所用異異其名也都鄙公卿大夫之采邑王子弟所食邑周召毛。聃畢原之屬在畿內者祭祀其先君社稷五祀法則其官之制度廢猶退也退其不能者舉賢而置之祿若今月奉也位爵次也賦口率出泉也貢功也九職之功所稅也禮。祀昏姻喪紀舊所行也鄭司農云士謂學士○馭魚慮反賦貢于云賦上之所求於下貢下之所納於納於上采音菜召上照反聃乃甘反奉符用反本或作俸率徐劉音類戚音律一音所律反下同稅舒銳反

【疏】以八至其衆○釋曰則亦灋也以八則治三等采地之都鄙也一曰祭祀以馭其神者采地之中祭祀宗廟社稷五祀下注云凡云馭者所以。敺之內之於善則於祭祀之中宗廟先祖則無可去取。至社稷配食者若句龍后稷上。功有功是內之善也○二曰灋則以馭其官者灋則謂官之制度制度與在官爲法則使不僭差亦所以。敺之使入善也○三曰廢置以馭其吏者謂有罪則廢退之有賢則舉置而贊之亦所以。敺人於善也○四曰祿位以馭其士者士謂學士學士有賢行學業則詔之以爵位祿賞亦是。敺之於善也○五曰賦貢以馭其用者采地之民口率出泉爲賦育井田之法一夫之田稅入於官官得之節財用亦是使人入善故云以馭其用也○六曰禮俗以馭其民者俗謂昏姻之禮舊所常行者爲俗還使民依行使之入善故云以馭其民○七曰刑賞以馭其威者謂

有罪刑之有功賞之使人入善畏威故云以馭其威○八曰田役以馭其衆者謂采地之中得田獵使役於民皆當不奪農時使人入善故云以馭其衆也據此文則卿大夫得田獵而春秋左氏傳鄭大夫豐卷請田子產不許者彼常田之外臨祭取鮮唯人君耳大夫唯得常田故禮云大夫不掩羣亦是常田豐卷亦僭取鮮故子產云唯君用鮮明大夫不合也○注都之至學士○釋曰上言邦國則諸經有邦國別言之者故解爲大曰邦小曰國此采地云都鄙諸文無或言都或言鄙別號故鄭云都之所居曰鄙大司徒云凡造都鄙鄭云其界曰都鄙所居也春秋傳曰遷鄭焉而鄙留是鄙所居不遷也云則亦法也典法則所用異異其名也者謂典法則三者相訓其義既同但邦國言典官府言法都鄙言則是所用處異故別言之其實義通也云都鄙公卿大夫之采邑者載師職云家邑任稍地則大夫之采也小都任縣地則六卿之采也大都任畺地則三公之采也云王子弟所食邑者親王子母弟與公同處而百里次疏者與六卿同處而五十里次疏者與大夫同處二十五里案禮記禮運云天子有田以處其子孫鄭注中庸云同姓雖恩不同義必同也尊重其祿位所以貴之不必授以官守然則王子母弟雖食采也未必別有官有官則依公卿大夫食邑不假別言也云周召毛聃畢原之屬者僖二十四年左傳召穆公云管蔡郕霍魯衞毛聃郜雍曹滕畢原豐郇文之昭也邘晉應韓武之穆也今鄭直云周召毛聃畢原之屬在畿內者其餘或在畿外故不盡言也引之者證王子弟有采邑也云祭祀其先君社稷五祀者案孝經大夫章不云社稷則諸侯卿大夫也若王子母弟及三公稱諸侯者五廟五祀三社三稷故云祀先君社稷五祀也云法則其官之制度者謂宮室車旗衣服之等皆不得僭也云祿若今月奉也者古者祿皆月別給之漢之月奉亦月給之故云若今月奉也云祿位爵次也者言朝位者皆依爵之尊卑爲次則經云位據立故云爵次也云賦口率出泉也者下文九職九賦職賦相繼而言故知賦即九賦口率出泉也云貢功也九職之功者亦約下文言九賦上言九職九職任之九賦斂之是以大府云九賦九功九功即九職之功故鄭於此以貢爲功是九職之功出稅也云禮俗昏姻喪紀

者曲禮云君子行禮不求變俗若不醴醮用酒是其一隅也云鄭司農云士謂學士者經云祿位以馭其士使進受祿位故知士學士也

以八柄詔王馭羣臣一曰爵以馭其貴二曰祿以馭其富三曰予以馭其幸四曰置以馭其行五曰生以馭其福六曰奪以馭其貧七曰廢以馭其罪八曰誅以馭其過

柄所秉執以起事者也詔告也助也爵謂公侯伯子男卿大夫士也詩云誨爾序爵言教王以賢否之第次也班祿所以富臣下書曰凡厥正人既富方穀幸謂言行偶合於善則有以賜予之以勸後也生猶養也賢臣之老者王有以養之成王封伯禽於魯曰生以養周公死以為周公後是也五福一曰壽奪謂臣有大罪沒入家財者六極四曰貧廢猶放也舜殛鯀于羽山是也誅責讓也曲禮曰齒路馬有誅凡言馭者所以敺之內之於善○柄兵命反行下孟反注同殛紀力反鯀古本反敺起俱反

疏以八柄至其過○釋曰大宰以此八柄詔告于王馭羣臣餘條皆不言詔獨此與下八統言詔王者餘並羣臣職務常所依行歲終致事乃考知得失此乃王所操持王不獨執羣臣佐之而已故特言詔也言馭者此八者皆是敺羣臣入善之事故皆不言馭也○一曰爵以馭其貴者司士云以德詔爵有賢乃受爵是馭之以貴也○二曰祿以馭其富者司士云以功詔祿祿所以富臣下故云以馭其富○三曰予以馭其幸謂言語偶合于善有以賜予之故云以馭其幸○四曰置以馭其行者有賢行則置之于位故云以馭其行○五曰生以馭其福者生猶養也臣有大勳勞者使子孫享養之是福祐之道也故云以馭其福○六曰奪以馭其貧者謂臣有大罪身殺奪其家資故云以馭其貧○七曰廢以馭其辠者廢放也謂臣有大罪若不忍刑殺放之以遠故云以馭其辠○八曰誅以馭其過者臣有過失非故為之者誅責也則以言語責讓之故云以馭其過也此經八事自五曰已上皆是善事則大善者在前小善者在後自六曰已下皆是惡事則大惡者在前小惡者在後案內史亦言此八柄之事唯一曰爵二曰祿與此同三曰廢四曰置五曰殺六

曰生七曰予八曰奪文亂與此不同者彼欲視事起無常故所言不次也又彼變誅言殺欲見爲惡不止則殺之或可見此過失則圜土之刑人也出圜土則殺之故内史變誅言殺也且此中爵與祿廢與置皆别文以王德爲大能明辨之四者設文有別八則中爵祿及廢置皆共文者以其德小不能辨故也○注柄所至於善○釋曰柄者謂八者若斧斤之柄人所秉執以起事故以柄言之也云爵謂公侯已下者欲見周法爵及命士不言孤者卿中含之故考工記云中有九室九卿朝焉九卿謂三孤六卿是卿中含孤也引詩誨爾序爵者大雅桑柔詩序是先後次第之言誨教也故鄭云言教王以賢否之第次也又引書者是尚書洪範之文云凡厥正人既富方穀者厥其也方道也穀善也凡其正直之人既以爵祿富之又以善道接之引之者證以馭其富也云成王封伯禽於魯曰生以養周公死以爲周公後是也者此並文公十三年公羊傳文彼云周公拜乎前魯公拜乎後曰生以養周公死以爲周公主此云爲周公後不同者鄭以義言之又云五福一曰壽者此亦洪範文引之者證賢臣老養之是五福一曰壽故曰以馭其福也云六極四曰貧亦洪範文引之者證大罪奪之家貧以馭其貧也云廢猶放也舜殛鯀于羽山者鯀治水九載績用不成殛誅也羽山東裔也云曲禮曰齒路馬有誅者齒謂年之路馬君之所乘馬輒年之則有誅責引之者證誅爲言語責之非有刑罪也

以八統詔王馭萬民一曰親親二曰敬故三曰進賢四曰使能五曰保庸六曰尊貴七曰達吏八曰禮賓統所以合牽以等物也親親若堯親九族也敬故不慢舊也晏平仲久而敬之賢有善行也能多才藝者保庸安有功者尊貴天下之貴者孟子曰天下之達尊者三曰爵也德也齒也祭義曰先王之所以治天下者五貴有德貴貴貴老敬長慈幼達吏察舉勤勞之小吏也禮賓賓客諸侯所以示民親仁善鄰

【疏】以八統至禮賓○釋曰鄭云統所以合牽以等物也此八者民與在上同有物事也謂牽下民使與上合皆有以等其事上行之下效之也故以萬民爲主也○一曰親親者君與民俱親九族之親○二曰敬故

者君與民皆須恭敬故舊朋友〇三曰進賢者有賢在下君當招之民當舉之是君民皆進賢也〇四曰使能者下有技能君民共舉任之〇五曰保庸者保安也庸功也有功者上下俱賞之以祿使心安也〇六曰尊。貴者臣有貴者君民共尊敬之〇七曰達吏者吏勤勞在民間在下位不能自達者進之於上而用之也〇八曰禮賓者天子待朝聘之賓在下皆當禮於賓客此八者先親親後賓客亦是先後之次也〇注統所至善鄰〇釋曰云親親謂若堯親九族也者堯典云克明俊德以親九族則堯能任用俊德之賢以自輔乃能親九族上至高祖下及玄孫之親旁及五服民亦效之而親九族也云敬故不慢舊也引晏平仲久而敬之者謂他人久敬平仲由平仲敬於他人善在平仲故親親引堯敬故引平仲欲見上下通有是以伐木詩是文王敬故也云賢有。善行。也能多才藝者案鄉大夫云與賢者出使長之與能者入使治之是賢有六德六行者能者直六藝而已云尊貴尊天下之貴者者謂天下有貴皆尊之云孟子曰天下之達尊者三謂三者天下通達行之三者爵德齒也爵卽經云賢者爲大夫能者爲士皆是用德爲爵證經任賢能也云齒也者謂若黨正飲酒之禮六十已上在堂上以齒此連引之於經無所當也云祭義曰先王之所以治天下者五貴有德者卽舉賢者也貴貴卽尊貴也貴老敬長慈幼者三者於經無所當亦連引之耳云達吏察舉勤勞之小吏也者小吏在民閒謂若比長閭胥之等雖小吏堪任大官故察舉用之云禮賓賓客諸侯者謂若大行人上公侯伯子男之禮皆爲等級以禮之是賓客諸侯也云所以示民親仁善鄰者親仁善鄰左氏隱公六年陳五父之辭親仁善鄰則當禮賓故引以證禮賓也以

九職任萬民一曰三農生九穀二曰園圃毓草木三曰虞衡作山澤之材四曰藪牧養蕃鳥獸五曰百工飭化八材六曰商賈阜通貨賄七曰嬪婦化治絲枲八曰臣妾聚斂疏。材九曰閑民無常職轉移執事任猶傳也鄭司農云三農平地山澤也九穀黍稷秫稻麻

大小豆大小麥八材珠曰切象曰○瑳玉曰琢石曰磨木曰刻金曰鏤革曰剝羽曰析間民謂無事業者轉移爲人執事若今傭賃也玄謂三農原隰及平地九穀無秫大麥而有○粱苽樹果蓏曰圃園其樊也虞衡掌山澤之官主山澤之民者澤無水曰藪牧牧田在遠郊皆畜牧之地行曰商處曰賈阜盛也金玉曰貨布帛曰賄嬪婦人之美稱也堯典曰釐降二女嬪于虞臣妾男女貧賤之稱晉惠公卜懷公之生曰將生一男一女男爲人臣女爲人妾生而名其男曰圉女曰妾及懷公質於秦妾爲宦女焉疏材百草根實可食者疏不熟曰饉○圃布古反又音布毓古育字藪速苟反牧牧養之牧徐音目劉音茂蕃扶元反飭音勑賈音古下注同間音閑秫音述瑳七何反琢陟角反鏤婁豆反爲人于僞反傭音容賃女鴆反苽音瓜彫胡也字或作菰蓏力果反樊如字又方元反畜許又反又許六反稱尺證反下同釐力之反圉魚呂反養馬曰圉質猪二反疏不色居反菜也劉音蘇饉其靳反

[疏]曰以九職至執事○釋曰此九者皆是民之職業故云萬民也○一曰三農生九穀者言三農謂農民於原隰及平地三處營種故云三農生九穀也○二曰園圃毓草木者此圃郎載師所云場圃任園地謂在田畔樹菜蔬果蓏者故云毓草木也○三曰虞衡作山澤之材者謂○在山澤之民所作事業材木而已○四曰藪牧養蕃鳥獸者謂○在數牧之民事業使之長養蕃滋飛鳥走獸而已○五曰百工飭化八材者謂百種巧作之工所爲事業變化八材爲器物○飭之而已飭勤也勤力以化八材○六曰商賈阜通貨賄者謂商賈之家所爲事業通貨賄使之阜盛○七曰嬪婦化治絲枲者嬪婦謂國中婦人有德行者治理變化絲枲以爲布帛之等也○八曰臣妾聚斂疏材者謂男女貧賤號爲臣妾者所爲事業聚斂百草根實而已○九曰間民無常職轉移執事者其人爲性不營己業爲間民而好與人傭賃非止一家轉移爲人執事以此爲業者耳○注任猶至曰饉○釋曰云任猶傳也者傳謂立也使民之業得立云鄭司農云三農平地山澤也者以其積石曰山水鍾曰澤不生九穀故後鄭不從之也云九穀黍稷秫稻麻大小豆大小麥者此九者後鄭以爲無秫大麥而有粱苽八材云珠曰切之下並爾雅文皆是治器用之名

也然今爾雅云骨曰切者蓋司農讀爾雅本作珠也云玄謂三農原隰及平地者爾雅高平曰原下溼曰隰原及平地可種黍稷之等隰中可種稻麥及苽也云九穀無秫大麥而有粱苽者以秫爲赤粟與稷黏疏爲異故去之大麥所用處少故亦去之必知有粱苽者下食醫云凡膳食之宜有犬宜粱魚宜苽故知有粱苽也且前七穀之中依月令麥屬東方黍屬南方麻屬西方豆屬北方稷屬中央故知有黍稷麻豆麥稻與小豆所用處多故知有稻有小豆也必知有大豆者生民詩云藝之戎菽戎菽大豆后稷之所殖故知有大豆也云樹果蓏曰圃園其樊者案漢書食貨志云田中不得有樹用妨五穀環廬樹桑麻菜茹瓜瓠果蓏應劭曰木曰果草曰蓏張晏曰有核曰果無核曰蓏臣瓚曰木上曰果地上曰蓏劭與瓚義同晏獨異也案載師云場圃任園地則圃在園中故鄭云樹果蓏曰圃園其樊是以詩云折柳樊圃謂與圃爲樊樊其蕃蔽也云虞衡掌山澤之官主山澤之民者〔原誤衍〇〕案地官掌山澤者謂之虞掌川林者謂之衡則衡不掌山澤而云虞衡作山澤者欲互舉以見山澤兼有川林之材也鄭既云虞衡掌山澤之官復云山澤之民者欲見虞衡是官非出稅之人以山澤之民無名號故借虞衡之官以表其民所任者任山澤之萬民山虞澤虞之官非是以任出稅之物但主山澤之民也云澤無水曰藪者地官澤虞云大澤大藪藪澤別言詩云叔在藪火烈具舉藪若有水不得田獵故知澤無水曰藪也云牧牧田在遠郊知者見載師云牧田賞田任遠郊之地云皆畜牧之地者謂藪牧皆是畜牧之地案載師職鄭注牧田畜牧者之家所受田也非畜牧之地此解違者但牧六畜之地無文鄭約與家人所受田處即有六畜之地故云在遠郊也云行曰商處曰賈者諸官之下有賈人無行法故曰處易復象曰至日閉關商旅不行是行曰商也云金玉曰貨者案食貨志王莽居攝更作金銀龜貝錢布之器名曰寶貨是自然之物曰貨也聘禮曰賄用束紡是人所爲曰賄也若然王制云錦文珠玉不粥于市此商賈得通之在市者彼據珠玉有錦文者或彼異代禮也案左氏襄十五年宋人獻玉于子罕子罕寘諸其里使玉人爲之攻之富而後使復其所服氏云富賣玉得富是其得粥玉也云嬪婦人

之美稱也者此是國中婦人有德行故稱嬪引堯典釐降二女嬪于虞者欲見嬪是婦人美稱之義耳云臣妾男女貧賤之稱者或奴戮之餘胤或背德之質子晉。衛之男女皆是故引晉惠以釋之也云晉惠已下皆左氏傳僖十七年夏晉大子圉爲質于秦云惠公之在梁梁伯妻之梁嬴孕過期卜招父與其子卜之其子曰將生一男一女招曰然男爲人臣女爲人妾及生男曰圉女曰妾注養馬曰圉不聘曰妾後子圉西質妾爲宦女是也此鄭與文異者鄭以義增之也云疏材百草根實者百草或取根謂若。蔆芡之屬或取實謂若榛栗之屬皆是根實可食也云疏不熟曰饉者爾雅云穀不熟爲饑疏不熟爲饉疏穀皆不熟則大荒

曰以九賦斂財賄一曰邦中之賦二曰四郊之賦三曰邦。甸之賦四曰家削。之賦五曰邦縣之賦六曰邦都之賦七曰關市之賦八曰山澤之賦九曰弊餘之賦財泉穀也鄭司農云邦中之賦二十而稅一各有差也弊餘百工之餘玄謂賦口率出泉也今之。筭泉民或謂之賦此其舊名與鄉大夫以歲時登其夫家之衆寡辨其可任者國中自七尺以及六十野自六尺以及六十有五皆征之遂師之職亦云以徵。其財征皆謂此賦也邦中在城郭者四郊去國百里邦甸二百里家削三百里邦縣四百里邦都五百里此平民也關市山澤謂占會百物弊餘謂占賣國中之斥弊皆末作當增賦者若今賈人倍。筭矣自邦中以至弊餘各入其所有穀物以當賦泉之數每處爲一書所待異也○削本亦作稍又作䣝所教反徐所召反弊鄭婢世反干必世反一名與音餘鄉大○夫劉音香處昌慮反後可以意求

疏以九至之賦○釋曰云以九賦斂財賄者此賦謂口率出泉其處有九故云九也既云賦得口率出泉則財賄非泉而云斂財賄者計口出泉無泉者取財賄以當。筭泉之賦故云斂財賄也○一曰邦中之賦者謂國中之民出泉也○二曰四郊之賦者計遠郊百里之內民所用出泉也○三曰邦甸之賦者謂郊外曰甸百里之外二百里之內民所出泉也○四曰家削之。賦者謂。二百里之內地名削其中有大夫采地謂之家故

名家削大夫采地中賦稅入大夫家但大夫家采地外其地爲公邑公邑之內其民出泉入王家故舉家稍以表公邑之民也○五曰邦縣之賦者四百里地名縣有小都賦入采地之主其中公邑之民出泉入王家也○六曰邦都之賦者。其五百里中有大都大都采地其賦入主外爲公邑其中民所出泉入王家也○七曰關市之賦者王畿四面皆有關門及王之市廛二處其民之賦。口稅所得之泉也○八曰山澤之賦者謂山澤之中財物山澤之民以時入而取之出稅以當邦賦所稅得之物貯之而官未用有人占會取之爲官出息此人口稅出泉謂之山澤之賦也○九曰弊餘之賦者謂爲國營造用物有餘並歸之於職幣得之不入府藏則有人取之爲官出泉此人亦口稅出泉謂之幣餘之賦然關市山澤幣餘不出上六處而特言者以其末作當增賦故也○注財泉至異也○釋曰知財得爲泉者見外府云掌邦布之出入賜予之財用以此知財中有泉也又知財中有穀者案禮記喪大記云納財朝一溢米米即是穀故知財中有穀也云鄭司農云邦中之賦二十而稅一各有差也者先鄭約載師。園廛二十而一近郊十一遠郊二十而三故云各有差後鄭不從者以關市山澤幣餘之賦皆無地稅即上云邦中四郊之等亦非地稅故不從也云幣餘百工之餘後鄭不從者若是百工之餘當歸之職幣何有。稅乎云玄謂賦口率出泉也者案大府云九貢九賦九功各別又見司會云以九貢致邦國之財用以九賦令田野之財用以九功令民職之財用貢賦及功各別賦爲口泉也是以鄭君引漢法民年二十五已上至六十出口賦錢人百二十以爲。筭故鄭於此注亦云今之。筭泉民或謂之賦此其舊名與又引鄉大夫以歲時登其夫家已下及遂師職者欲見征賦爲一皆是口率出泉破司農爲地稅也云邦中在城郭已下至五百里此皆約載師所云遠郊甸地削地縣地畺地之等遠近之差云此平民也者謂六曰已上皆是平善之民先王以農爲本故謂之平民也對七曰已下非農民者爲末作也云關市山澤謂占會百物者謂關上以貨出入有稅物市若泉府廛布總布之等亦有稅物山澤民人入山澤取。財亦有稅物此人占會百物爲官出息幣餘謂占賣國中斥幣斥幣謂此物不入大府指斥出而賣之故名斥幣云當增賦者謂口率出泉增於上農民故云若今賈人倍筭矣云自邦中以至幣餘各入其所有穀物以當賦泉之數者以經云斂財賄財賄卽是穀物取之以當賦泉之數若漢法人百二十云每處爲一書所待異也者此九賦所得財物給下九式之用九式用處不同故此九賦分爲九處是以每一處爲一書以待其出式謂用財之節度是所待異也

以九式均節財用一曰祭祀之式二曰賓客之式三曰喪荒之式四曰羞服之式五曰工事之式六曰幣帛之式七曰芻秣之式八曰匪頒之式九曰好用之式

式謂用財之節度荒凶年也羞飲食之物也工作器物者幣帛所以贈勞賓客者芻秣養牛馬禾穀也鄭司農云匪分也頒讀爲班布之班謂班賜也玄謂王所分賜羣臣也好用燕好所賜予○羞服干云羞飲食也服車服服也服或作膳芻初俱反頒鄭音班徐音墳好呼報反注同勞力報反

【疏】以九至之式○釋曰云以九式均節財用者式謂依常多少用財法式也○一曰祭祀之式者謂若大祭次祭用大牢小祭用特牲之類○二曰賓客之式者謂若上公饔餼九牢飧五牢五積之類○三曰喪荒之式者喪謂若諸侯諸臣之喪含襚贈奠賻賵之類王者之喪所用大非此所共也荒謂凶年穀不孰有所施與也○四曰羞服之式者謂王之膳羞衣服所用也○五曰工事之式者謂百工巧作器物之法○六曰幣帛之式者謂若贈勞賓客也○七曰芻秣之式者謂牛馬禾穀也○八曰匪頒之式者謂若分賜羣臣也○九曰好用之式者燕好所施予也此九者亦依尊卑緩急爲先後之次也○注式謂至賜予○釋曰云荒凶年也者曲禮云歲凶年穀不登是凶年也云羞飲食之物也者謂若膳夫飲用六清食用六穀醬用百有二十等之類云工作器物者若考工所作器物也云幣帛所以贈勞賓客者謂若司儀職上公三問三勞之等皆有束帛聘禮賄用束紡云芻秣養牛馬禾穀者謂若聘禮致饔餼芻禾之等也云玄謂王所分賜羣臣者就足司農班賜之義也云好用燕好所賜予者以其言好則知是燕飲有所愛好自

因歡樂則有賜予也以九貢致邦國之用一曰祀貢二曰嬪貢三曰器貢四曰幣貢五曰材貢六曰貨貢七曰服貢八曰斿貢九曰物貢嬪故書作賓鄭司農云祀貢犧牲包茅之屬賓貢皮帛之屬器貢宗廟之器幣貢繡帛材貢木材也貨貢珠貝自然之物也服貢祭服斿貢羽毛物貢九州之外各以其所貴爲摯肅慎氏貢楛矢之屬是也玄謂嬪貢絲枲器貢銀鐵石磬丹漆也幣貢玉馬皮帛也材貢櫄幹栝柏篠簜也貨貢金玉龜貝也服貢絺紵也斿讀如囿游之游斿貢燕好珠璣琅玕也物貢雜物魚鹽橘柚○嬪鄭音頻司農音賓贄音至本亦作摯楛音戶櫄勑倫反幹古旦反篠西了反簜火黨反絺勑其反紵直呂反璣徐音畿劉音其既反一音機琅音郎玕音干柚羊救反一音羊受反或音喻

【疏】以九貢至物貢○釋曰云致邦國之用者謂此貢諸侯邦國歲之常貢則小行人云今春入貢是也大行人云侯服歲一見其貢祀物彼謂因朝而貢與此別也但諸侯國內得民稅大國貢半次國三之一小國四之一所貢者市取當國所出美物則禹貢所云厥篚厥貢之類是也○注嬪故至橘柚○釋曰言故書者鄭注周禮時有數本劉向未校之前或在山巖石室有古文考校後爲今文古今不同鄭据今文注故云故書作賓此九貢皆是諸侯賓之所貢不得特以一事爲賓貢賓貢者非也若言嬪貢謂絲枲堪爲婦人所作是也鄭司農云祀貢犧牲包茅之屬者按禮記禮器云三牲魚腊九州之美物故知祀貢有犧牲也案僖公四年齊責楚包茅不入王祭不共無以縮酒故知祀貢中有包茅云賓貢皮帛之屬後鄭從嬪不從賓如上釋也云器貢宗廟之器者大行人因朝而貢者得有成器此歲之常貢不得有成器故後鄭不從也云幣貢繡帛者禹貢有厥篚織貝及玄纖縞之等故知幣貢中有繡帛也云材貢木材也者案禹貢中有惟木故知材貢中有木材也云貨貢珠貝自然之物也者亦据食貨志爲說云服貢祭服者後鄭亦不從以大行人因朝而貢有祭服此歲之常貢不得有成服云游貢羽毛者亦不從者以其游據人宴好不得據物上生稱故不從也云物貢九州之外各以其所貴

爲摯又引肅慎氏貢楛矢之屬後鄭不從者以其九州之外世一見無此歲之常貢之法也云玄謂嬪貢絲枲者絲枲青州所貢此破先鄭爲賓貢云器貢銀鐵石磬丹漆也者銀鐵梁州所貢漆兗州所貢石即礪砥荊州所貢磬即泗濱浮磬徐州所貢云幣貢玉馬皮帛也者禹貢堯時無貢馬法覲禮諸侯享禮云四馬卓上九馬隨之周則有之玉即球琳皮即熊羆狐。狸並雍州所貢帛即織貝之類。揚州所貢此增成先鄭之義云材貢櫄幹栝柏篠簜也者並荊州所貢此亦增成先鄭之義云貨貢金玉龜貝也者亦增成先鄭之義龜出九江荊州所貢玉即球琳亦雍州所貢金即金三品及貝。揚州所貢云服貢絺紵也者豫州所貢云斿讀爲囿游之游游貢燕好珠璣琅玕也者此破先鄭物上生名爲羽毛也珠即蠙珠徐州所貢璣即璣組荊州所貢琅玕雍州所貢云物貢雜物魚鹽橘柚者此亦破先鄭之義魚即暨魚徐州所貢鹽青州所貢橘柚荊。揚所貢已上所貢之物皆據禹貢而言

以九兩繫邦國之民

一曰牧以地得民二曰長以貴得民三曰師以賢得民四曰儒以道得民五曰宗以族得民六曰主以利得民七曰吏以治得民八曰友以任得民九曰藪以富得民

兩猶耦也所以。協耦萬民繫聯綴也牧州長也九州各有封域以居民也長諸侯也一邦之貴民所仰也師諸侯師氏有德行以教民者儒諸侯保氏有六藝以教民者宗繼別爲大宗收族者鄭司農云主謂公卿大夫世世食采不絶民稅薄利之玄謂利讀如上思利民之利謂以政教利之吏小吏在鄉邑者友謂同井相合耦耡作者孟子曰鄉田同井出入相友守望相助疾病相扶。持則百姓親睦藪亦有虞掌其政令爲之厲禁使其地之民守其材物以時入于。王府頒其餘於萬民富謂藪中材物○繫音計治直吏反下注王治凡治賦治皆同藪干云宜作叟行下孟反耡音助

【疏】以九至得民○釋曰言邦國即據諸侯及萬民而言謂王者於邦國之中立法使諸侯與民相合耦而聯綴不使離散有九事故云以九兩繫邦國之民也○一曰牧以地得民者

謂畿外八州之中州別立一州牧使侯伯有功德者爲之使統領二百一十國以有一州土地集安萬民故云牧以地得民也○二曰長以貴得民者謂一國立諸侯與民爲君長是一國之貴民所仰效而民歸之故云以貴得民也○三曰師以賢得民者謂諸侯已下立教學之官爲師氏以有三德三行使學子歸之故云以賢得民民則學子是也○四曰儒以道得民者諸侯師氏之下又置一保氏之官不與天子保氏同名故號曰儒掌養國子以道德故云以道得民民亦謂學子也○五曰宗以族得民者謂大宗子與族食族燕序以昭穆故云以族得民民卽族人也○六曰主以利得民者主謂大夫宣君政教以利得民民則采邑之民也○七曰吏以治得民者吏在民間若比長閭胥有以治政之所得民○八曰友以任得民者言以任則非同門之朋友謂在田里之間相佐助以相任使而得民卽鄰伍聚居者○九曰藪以富得民者以上八者皆據人而言此一任者不據人而言藪者見民之所居之處利益於人澤藪之中多有材物以富得民擧藪而言則山澤十等皆有材物民居可知也○注兩猶至材物○釋曰訓兩猶耦者欲取在上與民相協耦聯綴使不可離散也云牧州長也者禮記王制云二百一十國以爲州州有伯伯則長故云牧州長也鄭注下曲禮云選賢侯爲之云九州各有封域以居民也者詩云帝命式于九圍鄭注九圍則九州各有封域疆界也言此者證以地得民云長諸侯也者對一則大夫稱長諸侯稱君今此上言牧下言長故據諸侯也云師諸侯師氏者此一經皆據諸侯又經云以賢得民是諸侯師氏也云有德行者師氏職云以三德三行教國子故知有德行也云儒諸侯保氏有六藝者以經云以道得民保氏職云掌養國子以道教之六藝故知諸侯保氏不可同天子之官故變保言儒儒亦有道德之稱也宗繼別爲大宗收族者見禮記大傳云繼別爲大宗對繼禰爲小宗故云大又云敬宗故收族族食族燕是所以收族也鄭司農云主謂公卿大夫世世食采不絕民稅薄利之者先鄭意以薄稅爲利後鄭不從者稅法有常故孟子云若輕之於堯舜大貉小貉重之於堯舜大桀小桀是不得有輕重皆以什一爲正何得薄稅以利民乎故不從也云玄謂利讀如上思利民之利者謂以政

教利之者上思利民忠也此左氏傳隨季良之辭也云吏小吏在鄉邑者謂若比長閭胥或在鄉或在公邑采邑皆是云友謂同井相合耦耡作者鄭意。經意非謂同師曰友正是同在井邑之間共居若里宰職合耦于耡注云合耦使相佐助者也云孟子曰鄉田同井出入相友守望相助疾病相扶則百姓親睦引孟子鄉田同井者以證友是同井之友但鄉遂爲溝洫不爲井田而云鄉田同井者鄉遂雖不爲井田亦三三相任以山稅與井田同故云同井或解同井水義亦通也云藪亦有虞者地官澤虞職云每大澤大藪中士二人是藪有虞也云掌其政令已下皆澤虞職文云富謂藪中材物者謂有薪蒸蒲葦藪中所有之物也

正月之吉始和布治于邦國都鄙乃縣治象之灋。于象魏使萬民觀治象挾日而斂之

正月周之正月吉謂朔日大宰以正月朔日布王治之事於天下至正歲又書而縣于象魏振木鐸以。徇之使萬民觀焉小宰亦帥其屬而往皆所以重治法新王事也凡治有故言始和者若改造云爾鄭司農云象魏闕也故魯。灾季桓子御公立于象魏之外命藏象魏曰舊章不可。忘從甲至甲謂之挾日凡十日〇縣音玄注同挾子協反字又作浹同于本作帀子合反鐸待洛反徇辭俊反

【疏】正月至斂之〇釋曰自此已下皆謂施前事條謂建子周之正月言之吉謂朔日也始調和上六典八法已下之事和訖當月即頒布此治職文書于諸侯邦國卿大夫都鄙言乃縣者乃緩辭至建寅之正月乃縣治象之法于雉門象魏使萬民共觀治象挾日者從甲至甲凡十日斂藏之于明堂於後月月受而行之謂之告朔也〇注正月至十日〇釋曰知正月是周之正月者下文乃縣是建寅明上云正月是周正月知吉是朔日者論語鄉黨云吉月必朝服而朝是吉謂朔日禮記玉藻云諸侯皮弁聽。朔于大廟或云吉或云朔聽朔在月一日是知吉爲朔日也云大宰以正月朔日布王治之事于天下者言天下即經邦國都鄙是畿外畿內偏天下即鄉大夫職云正月之吉。受法於司徒退而頒之於其鄉吏是司徒布教法從六。鄉已下出則此大宰布法亦從六。鄉已下出也云至正歲又書而縣于象魏者此鄭釋經中乃

縣必知乃縣是正歲建寅之月者下小宰所以佐大宰彼云正歲縣之與此乃縣爲一事故至正歲縣也鄭知振木鐸者約小宰而知也云凡治有故言始和者若改造云爾者上六典已下至九兩國法常定今云始和似更新其事改造云爾其實不改鄭司農云象魏闕也者周公謂之象魏雉門之外兩觀闕高魏魏然孔子謂之觀春秋左氏定二年夏五月雉門災及兩觀是也云觀者以其有教象可觀望又謂之闕者闕去也仰視治象闕去疑事或解闕中通門是以莊二十一年云鄭伯享王于闕西辟注闕象魏也案公羊傳云子家駒謂昭公云諸侯僭天子大夫僭諸侯久矣公曰吾何僭矣哉子家駒曰設兩觀乘大路何氏云天子兩觀諸侯臺門則諸侯不合有觀也若然雉門災及兩觀及禮運云遊於觀之上有觀亦是僭也云故魯災季桓子御公立于象魏之外命藏象魏曰舊章不可忘者此哀公三年左氏傳辭案彼桓僖廟災天火曰災謂桓僖廟被天火所燒舊章象魏在大廟中恐火連及故命藏之若然象魏縣教治也以其象魏建寅之月縣之十日藏之大廟中季桓子曰與公立於雉門象魏之外觀舊縣之處命藏大廟中象魏引之者證象魏是教象之法又云從甲至甲謂之挾日凡十日者破諸家從甲至癸謂之挾日通也若從甲至癸仍有癸日不得通挾故以從甲至甲言之

乃施典于邦國而建其牧立其監設其參傅其伍陳其殷置其輔。

乃者更申勑之以侯伯有功德者加命作州長謂之牧所謂八命作牧者監謂公侯伯子男各監一國書曰王啓監厥亂爲民參謂卿三人伍謂大夫五人鄭司農云殷治律輔爲民之平也玄謂殷衆也謂衆士也王制諸侯上士二十七人其中士下士各居其上之三分輔府史庶人在官者○參七南反干云三公也傅戚音附徐方慕反監古銜反爲于僞反平音評

疏 乃施○至其輔○釋曰上○以言六典治邦國更言施典于邦國故鄭云乃者更申勑之所施○者典則建其牧○已下是也建立也每一州之中立一牧立其監者每一國之中立一諸侯使各監一國設其參者謂諸侯之國各立三卿傅其伍者謂三卿下各立五大夫陳其殷者三卿下各陳士九人三九二十七置其輔者謂三卿下各設

府史胥徒○注乃者至官者○釋曰鄭云以侯伯有功德者加命作州長謂之牧者案下曲禮云州牧於外曰侯即是先取侯有功德者爲牧若無賢侯伯亦得故連言侯伯有功德者云加命作州長者以其侯伯七命州牧八命故云加命作州長云所謂八命作牧者案大宗伯職云七命賜國八命作牧是也若殷之牧。下天子使大夫三人爲三監至周使伯佐牧不使大夫故詩旄丘序云旄丘責衛伯也鄭云衛康叔之封爵稱侯今曰伯者時爲州伯也周之法使伯佐牧即僖公四年五侯九伯五侯是州牧九伯是牧下之伯云監謂公侯伯子男各監一國引書曰王啓監厥亂爲民者此是尚書梓材之篇周公封康叔而勑之證監是諸侯之義也云參謂卿三人者案左氏傳杜泄云吾子爲司徒夫子爲司馬孟氏爲司空則諸侯三卿司徒司馬司空也云伍謂大夫五人者謂司徒下二大夫一大夫爲司徒大夫一大夫爲大宰大夫司空下二大夫一大夫主司空事一大夫爲司寇大夫司馬事省闕一大夫故五人鄭司農云殷治律輔爲民之平也者謂置官主法律輔爲人之平者謂置輔是平斷此先鄭蓋是後代之法故後鄭易之云玄謂殷衆也謂衆士者士稱殷與旅。司並是衆義故鄭。玄謂衆士也又引王制諸侯上士已下者按彼注大國之士爲上次國之士爲中小國之士爲下言數各居其上之三分者此謂盟會立位之序大國之士爲上北面前行上九中九下九次國之士爲後行上士當大國之中士中士當大國之下士下士當其空小國之上士當大國之下士中士當次國之下士下士當其空故云數各居其上之三分引之爲破司農殷爲治律云輔府史庶人在官者破司農輔爲民之平若然建立陳置其義可知其伍言傳者謂大夫上有卿下有士受上政。傳於下受下政。傳於上故獨云傳

乃施則于都鄙而建其長立其兩設其伍陳其殷置其輔長謂公卿大夫王子弟食采邑者兩謂兩卿不言三卿者不足。于諸侯鄭司農云兩謂兩丞【疏】乃施至其輔○釋曰上已言八則治都鄙更令施則於都鄙故言乃亦是更申勑之義建其長謂公卿王子弟爲采邑之主以是一邑之長故言建其長立其兩者謂每采地之中立其兩卿設其伍陳

其殷置其輔義與上邦國同〇注長謂至兩丞〇釋曰云長謂公卿大夫者案典命云三公八命其卿六命其大夫四命案大宗伯云六命賜官彼注王六命之卿賜官者使得自置其臣治家邑如諸侯則此云長唯據公卿已上大夫四命不合立官此鄭云長謂公卿大夫幷言大夫者以其大夫雖立官不與公卿同亦得稱長是廣解長義其實大夫不合有兩卿五大夫當與諸侯之卿同官事當相兼也云王子弟食采邑者謂親王子弟食邑與三公同在五百里畺地各百里其次疏者在四百里縣地各五十里與六卿同已上二者得立兩卿五大夫之等其次更疏者在三百里稍地各食二十五里與大夫同不得立兩卿五大夫亦職相兼也云兩謂兩卿不言三卿者不足於諸侯者以畿外諸侯南面爲尊故得申而立三卿天子三公六卿雖尊以其在天子之下故屈而立兩卿不足於諸侯鄭司農云兩謂兩丞者以其兩卿丞副其長先鄭以後代之官況之故云兩丞也此中唯有都鄙無家邑之名故都鄙中含有公卿大夫春官都宗人家宗人都家並有故公卿入都宗人中大夫。則。入家宗人中以其公卿雖有大都小都之別而同名都故大夫不得都名直有宗稱故在家宗人也至於夏官都司馬家司馬又與家宗人都宗人異故鄭注都司馬唯云三公與王子弟其卿又入家司馬中以其司馬辨尊卑六卿卑又自使其臣爲司馬若叔孫氏之臣名。鬷戾王家不爲之立司馬故卿入中若然都鄙之內其號有三若得諸侯之號唯三公王子弟故司裘諸侯熊侯豹侯卿大夫麋侯是卿不入諸侯也若立臣如諸侯卽此文卿與公同若稱長可及大夫亦此注含大夫是也

乃施灋于官府而建其正立其貳設其攷陳其殷置其輔正謂冢宰司徒宗伯司馬司寇司空也貳謂小宰小司徒小宗伯小司馬小司寇小司空也考成也佐成事者謂宰夫鄉師肆師軍司馬上師也司空亡未聞其考

疏乃施至其輔〇釋曰案上官府在都鄙上此文在都鄙下者欲見都鄙置臣與諸侯同又見諸侯下亦有都鄙之義故進都鄙在上使文承邦國之下也已上言八法治官府今更言施法于官府言乃者亦是更申勑之也而建其正正長也亦是一官之長若大宰之等

云立其貳者謂小卿副貳大卿卽小宰之等設其考者考成也佐成事者宰夫之等也殷輔義與前同○注正謂至其考○釋曰宰夫已下並是五官之長云其司空亡未聞其考者案鄉師云及葬執纛以與匠師御匶注云匠師事官之屬其於司空若鄉師之於司徒若然鄉師是司徒之考則匠師亦司空之考而此云未聞者彼文以義約之司空考匠師也無正文故此云未聞也

凡治以典待邦國之治以則待都鄙之治以灋待官府之治以官成待萬民之治以禮待賓客之治成八成禮賓禮也

疏凡治至之治○釋曰以其天官主治故以目之六典本以治邦國故云以典待邦國之治八則本以治都鄙故云以則待都鄙之治八法本以治官府故云以法待官府之治八成本以治萬民故云以官成待萬民之治禮者本以接賓客故云以禮待賓客之治據上文官成在八法治官府中今特出之者以其八成本待萬民不待官府若不特出之則無此待萬民之事在八法官府者欲見官府執行故禮記云誰能秉國成成則八成也以禮待賓客本在八統今特見之者以上親親敬故進賢使能保庸尊貴達吏皆是王行之於朝以示於民使民觀之入善不必更別有禮唯禮賓特別有禮若聘禮之類也此皆言以者當別有篇卷使人執持施行之知然者以周禮六官皆邦國之治則六官掌事不可專主邦國故知別有篇卷但在三百之中亡逸也○注成八至禮也○釋曰八成小宰職掌掌禮賓禮者若聘禮覲禮掌客之等是也

祀五帝則掌百官之誓戒與其具脩祀五帝謂四郊及明堂誓戒要之以刑重失禮也明堂位所謂各揚其職百官廢職服大刑是其辭之略也具所當共脩掃除糞洒○要一遙反糞弗運反洒色賣反

疏祀五至具脩○釋曰祀五帝則掌百官之誓戒者謂祭前十日已前誓戒百官則大宰掌之與其具脩者使百官供祭祀之具及脩之掃除也○注祀五至糞洒○釋曰五帝者東方青帝靈威仰南方赤帝赤熛怒中央黃帝含樞紐西方白帝白招拒北方黑帝汁光紀依月令四時迎氣及季夏六月迎土氣於南郊其餘四帝各於其郊幷夏正祭

所感帝於南郊故云祀五帝於四郊也鄭云及明堂者總饗五帝於明堂依月令秦用季秋鄭云未知周以何月案下曲禮云大饗不問卜鄭云祭五帝於明堂莫適卜也彼明堂不卜此下經云帥執事而卜日則此祀五帝不合有明堂鄭云及明堂者廣解祀五帝之處其實此處無明堂云誓戒要之以刑重失禮者言要之以刑則服大刑是也言重失禮者以失禮爲重故要之以刑引明堂位彼在祭祀之下陳之謂祭日此是未祭前引之者欲見祭前誓戒還用祭日之辭以勑之故或前或後其辭同云是其辭之略者謂誓戒之時其辭應多不應唯有此言故云辭之略也又云具所當供者祭祀之連事祭祀之具百官共供故云具謂所當供又云脩埽除糞洒者案宮人云掌六寢之脩守祧云其廟有司脩除之是其脩埽除糞洒也

前期十日帥執事而卜日遂戒前期前所諏之日也十日容散齊七日致齊三日執事宗伯大卜之屬既卜。又戒百官以始齊○容前如字于本同徐昨見反本或作先如字又悉薦反諏子須反謀也散齊西但反下側皆反下同

疏前期至遂戒○釋曰前期者謂祭日前夕爲期云前期十日者即是祭前十一日大宰帥宗伯大卜之屬執事之人而卜日又言遂戒者謂祭前十日遂戒百官始齊○注前期至始齊○釋曰云前期前所諏之日者此依少牢所諏之日即祭日也凡祭祀謂於祭前之。夕爲期今言前期十日者明祭前十一日卜卜之後日遂戒使散齊致齊故云十日容散齊七日致齊三日案禮記祭統云散齊七日以定之致齊三日以齊之云執事宗伯大卜之屬者大宗伯職云凡祀大神享大鬼祭大示帥執事而卜日謂宗伯涖卜又案大卜云大祭祀視高命龜故知執事中有宗伯大卜之屬中含有小宗伯及卜師故言之屬但四時迎氣冬至夏至郊天等雖有常時常日猶須審慎仍卜日故表記云不犯日月不違卜筮注日月謂冬夏至正月及四時也所不違者日與牲尸也假令不吉改卜後日故箴膏肓云天子郊以夏正上旬之日魯之卜三正下旬之日是雖有常時常日猶卜日也

及執事眂滌濯執事初爲祭祀前祭日之夕滌濯謂漑祭器及甑甗之屬○眂音視本又作視後皆同滌直歷反濯直角反漑古愛反甗

魚善反，徐音彥，一音言。本又作甗，音歷。疏及執事眡滌濯○釋曰：及猶至也，謂至祭前夕大宰眡滌濯。案春官小宗伯大祭祀眡滌濯，大宗伯亦云宿眡滌濯，彼二官親眡滌濯，大宰尊，亦往涖之。注云執事初爲祭祀前祭日之夕，知者，案下經及納亨者是祭日，此云眡滌濯，儀禮特牲亦云前祭日之夕視壺濯及豆籩，士卑得與人君同，少牢大夫禮當祭日。摡祭器者，下人君也。注又云滌濯謂摡祭器及甑甗之屬，知然者，案少牢雍人摡鼎七俎，廩人摡甑甗，司宮摡豆籩。及勺爵，此不言七俎豆籩勺爵者之屬中含之。

及納亨，贊王牲事。納亨，納牲將告殺，謂鄉祭之晨，既殺以授亨人。凡大祭祀，君親牽牲，大夫贊之。○亨，普庚反，注同。劉普孟反。鄉，許亮反。疏及納至牲事○釋曰：及猶至也。至納亨者，案禮記明堂位，君肉袒迎牲于門，卿大夫贊君，及殺訖，納與亨人，故言納亨。云贊王牲事者，即是卿大夫贊幣一人也。○注納亨至贊之○釋曰：云納亨納牲將告殺者，謂牽牲入時也。禮器云納牲詔于庭，殺訖，毛以告純，血以告殺，腥其俎，肫解而新之，以此訖乃納與亨人爓祭，此言納亨者，以牽牲也。云謂饗祭之晨者，案檀弓云周人大事以日出，故知納亨是饗祭之晨。此祭天無祼，故先迎牲，若宗廟之祭，有祼而後迎牲也。云既殺以授亨人者，案亨人職職外內饔之爨亨，謂腥其俎後。云凡大祭祀，君親牽牲，大夫贊之者，此明堂位文。彼魯侯用天子禮，故還以引證天子法。

及祀之日，贊玉幣爵之事。日，旦明也。玉幣所以禮神，玉與幣各如其方之色。爵所以獻齊酒，不用玉爵，尚質也。三者執以從王，至而授之。○齊，才計反。○疏及祀至之事○釋曰：及猶至也。至祭日，謂質明。贊，助也。執此玉幣爵三者助而授王也。○注日旦至授之○釋曰：案特牲、少牢皆質明行事，故知旦明。云玉幣所以禮神，玉與幣各如其方之色者，上云祀五帝，以爲迎氣於四郊之。外案大宗伯以玉作六器，以禮天地四方，又云青圭禮東方，赤璋禮南方，白琥禮西方，玄璜禮北方，季夏六月迎土氣於南郊，亦用赤璋。下云牲幣，彼雖幣不是禮神之幣，亦云各放其器之色，是其禮神幣與玉亦各如其方色也。云爵所以獻齊酒者，案冪人云疏布。幕八尊，八尊者，五齊三酒之尊，以其祭天無祼，故無彝尊。

也云不用玉爵尚質也者對下經享先王用玉爵尚文此祭天不用玉爵故云尚質云三者執以從王至而授之者謂至此祀圜丘方澤祭所而授之王親自
執玉幣奠於神坐親酌以獻尸祀大神示亦如之大神。祇謂天地○示本又作祇音畿疏祀大至如之○釋曰云祀大神謂冬至祭天於
圜丘云祀大祇謂夏至祭地於方澤亦如之者從掌百官誓戒已。下贊玉幣爵之事已上皆如祀五帝之禮○注大神祇謂天地○釋曰此天謂大天對五帝
爲小天此地謂大地對神州之地爲小地故云天地地也享先王亦如之贊玉几玉爵玉几所以依神天子左右玉几宗廟獻用
玉爵○享許兩反劉音向注享幣同疏享先至玉爵○釋曰亦如之下別言贊玉几玉爵則天地不用玉几玉爵其言亦如之者謂亦贊。王牲事已上不云
大者欲見宗廟六享同然○注玉几至玉爵○釋曰云天子左右玉几者此是司几筵文彼所云者謂王受諸侯朝覲會同所設今此享先王鬼神之几亦與
王平生同故引爲證此享先王有玉几玉爵天地有爵但不用玉飾祭宗廟用玉几天地亦應有質几不言之者文不具云宗廟獻用玉爵者按明堂位獻用
玉琖謂王朝踐饋獻酳尸時若祼則用圭瓚也大朝覲會同贊玉幣玉獻玉几玉爵助王受此四者時見曰會殷見曰同
大會同或於春朝或於秋覲舉春秋則冬夏可知玉幣諸侯享幣也其合亦如小行人所合六幣云玉獻獻國珍異亦執玉以致之玉几王所依也立而設几
優尊者玉爵王禮諸侯之酢爵王朝諸侯立依前南面其禮之於阼階上○見賢遍反下同朝直遙反下文同酢音昨依於豈反本亦作扆疏大朝至玉
爵○釋曰諸侯四時常朝不稱大今朝覲稱大者諸侯爲大會同而來故稱大朝覲贊助也助王受此玉幣玉獻玉几玉爵也○注助王至階上○釋曰云時
見曰會者此大宗伯文案彼注時見者言無常期諸侯有不順服者其順服者皆來會。以師助王討之故云時見曰會云殷見曰同者亦大宗伯職文殷猶衆
也謂十二歲王如不巡狩諸侯衆來同見天子故曰殷見曰同云大會同或於春朝或於秋覲者大會雖無常期當春來即是春朝當秋來即是秋覲當夏來

卽是夏宗當冬來卽是冬遇若大同則有常期春東方六服盡來夏南方六服盡來秋冬司農云舉春秋卽冬夏可知者經直云大朝覲不言宗遇有宗遇可知在國行朝禮訖乃皆爲壇於國外而命事焉云玉幣諸侯享幣也者諸侯會同皆依四時常朝亦春夏受贄于朝受享幣者於廟秋冬一受之於廟受朝既訖乃受享獻國所有珍異其行享之時亦璧琮加束帛以致之云其合亦如小行人所合六幣云者案小行人所合六幣圭以馬璋以皮璧以帛琮以錦琥以繡璜以黼據彼鄭注五等諸侯享天子用璧以帛享后用琮以錦則圭以馬璋以皮者謂二王之後享天子用圭以馬享后用璋以皮則琥以繡璜以黼者子男自相享法但小行人所云者謂四時常朝不見大朝覲會同法約與四時常朝同無正文故言云也云玉獻獻國珍異亦執玉以致之者謂三享之外別有獻國珍異亦如三享執玉以致之故言玉獻謂以玉致獻也云玉几王所依也者謂王所馮依云立而設几優尊者知立而設几者案司几筵云大饗射凡封國命諸侯王位設黼依依前南鄉左右玉几是立而設几也但春夏受享秋冬一受之於廟廟中則有扆前設几法几爲坐設今立而設几故云優至尊也云玉爵王禮諸侯之酢爵者案大行人云上公再祼而酢侯伯一祼而酢子男一祼不酢此祼時大宗伯攝祼非冢宰所贊但諸侯酢王用玉爵則冢宰贊。王受之故云贊玉爵云王朝諸侯立扆前南面者此約司几筵知之謂秋冬朝時云其禮之於阼階上者言禮之謂祼諸侯是也知王在阼階上者當依賓主之禮案燕禮主君在阼賓在牖戶之間故知禮之王在阼階上也

大喪贊贈玉含玉

助王爲之也贈玉既窆所以送先王含玉死者口實天子以玉雜記曰含者執璧將命曰寡君使某含則諸侯含以璧鄭司農云大喪含玉璧琮○含本又作唅戶暗反後同窆波驗反徐補贈反琮才宗反疏至含玉○釋曰大喪謂王喪贊王爲此二者也○注助王至璧琮○釋曰大喪既是王喪云助王爲之也者謂助嗣王也云贈玉既窆所以送先王者案既夕士禮既窆謂下棺訖主人贈用玄纁以入壙王喪雖無文應更有加亦當以玄纁爲主也所贈亦既窆時也云含玉死者口實者案士喪禮用貝三鄭注左右䪼及

中央象。齒堅王含用玉義亦然也又檀弓云飯用米貝不忍虛也故云口實也云天子以玉者此云含玉玉府典瑞皆直云玉無異物之稱對大夫已下不用玉其實亦爲璧形故引雜記復引先鄭爲璧琮之形也但含玉始死用之贈玉於葬乃用此文後云含玉者用之則有先後此作文先後無義例典瑞弁云。飲玉此不云者文不具也

作大事則戒于百官贊王命助王爲教令春秋傳曰國之大事在祀與戎【疏】作大至王命〇釋曰上已云祀五帝及大神祇祭祀大事戒百官訖則此云作大事戒于百官唯戎事也〇注助王至與戎〇釋曰春秋傳者成十三年劉康公成肅公會諸侯伐秦成子受脤于社不敬劉子曰國之大事在祀與戎祀有執膰戎有受脤神之大節也今成子惰棄其命矣其不反乎引之者證經大事是戎事連引在祀耳

王眡治朝則贊聽治治朝在路門外羣臣治事之朝王視之則助王平斷【疏】注治朝至平斷〇釋曰王有三朝必知此是路門外朝者但外朝是斷疑獄之朝路寢庭朝圖宗人嘉事二者並於事簡非正朝故知治朝是路門外司士所掌者也

眡四方之聽朝亦如之謂王巡守在外時〇守音狩本亦作狩後巡守皆放此【疏】注謂王至外時〇釋曰經云四方聽朝故知巡狩時此鄭據依常者而言征伐外亦有聽朝法以非常法故不言也

凡邦之小治則冢宰聽之待四方之賓客之小治大事決於王小事冢宰。傳平【疏】凡邦至聽之〇釋曰重出冢宰之名者據百官總焉故特云冢宰也

歲終則令百官府各正其治受其會正正處也會大計【疏】注正正至計也〇釋曰言正正處也者經云令百官府各正其治謂正處其所治文書大宰乃受其計會也云會大計者一歲計會卽宰夫職云歲計曰會是也

聽其致事而詔王廢置平其事來至者之功狀而奏白王【疏】聽其至廢置〇釋曰百官致其治政功狀與冢宰聽斷其所置之功狀文書而詔告于王有功者置之進其爵有罪者廢之退其爵也

三歲則大計羣吏之治而誅賞之。事夕

則聽之大無功不徒廢必罪之大有功不徒置必賞之鄭司農云三載考績【疏】三歲至賞之○釋曰三年一閏天道小成則大計會百官羣吏之治功文書上計當年已有廢置今三年上大計大無功不徒廢更加罪大有功不徒置更加賞也○注鄭司至考績○釋曰此尚書舜典文彼云三載考績黜陟幽明彼三年一考與此同故引證三歲大計也

附釋音周禮注疏卷第二

周禮注疏卷二校勘記　阮元撰盧宣旬摘錄

鄭氏注　賈公彥疏 此非舊式依例止當署賈氏名銜閩監毛本又上增漢唐字亦非

大宰

典常也經也灋也 閩本同余本嘉靖本監毛本灋皆作法案經用古字作灋注用今字作法此仍作灋非疏及下系準此或法灋錯見不具著

常者其上下通名 案疏曰云常者上下通名者又故云常者上下通名也兩引此注皆無其字

弟詁即禁止之義也 閩本同監毛本弟改第非

三曰官聯 唐石經嘉靖本閩本同釋文官聯音連監毛本聯作聯非說文聯从絲絲即絲之省而非从幷

其四曰官刑 監本官誤宮

及小宰還從治 閩監毛本同案此有誤

後改爲大常博士 盧文弨云博士二字衍案漢制考引此疏無此二字

周召毛聃畢原之屬 嘉靖本閩監本聃作聃毛本作聃皆誤疏中準此案釋文毛聃乃甘反字从耳

禮祀昬姻喪紀 閩監毛本同誤也余本嘉靖本祀作俗疏中引注亦作禮俗當訂正

所以敺之內之於善　閩本同監毛本敺改毆下並同

至社稷配食者　閩本同監毛本至作是誤惠校本亦作至

上功有功　惠校本作上公此誤

然則王子母弟雖食采也　惠校本作采邑當據以訂正或改作采地非

則經云位據立　盧文弨云疑作位據朝位

云貢功也九職之功者　監本貢誤九者上當有所稅

舜殛鯀于羽山是也　余本鯀作鮌案釋文葉鈔本極紀力反段玉裁尚書撰異云古經典多作極其說甚詳今本此注皆改殛非當據釋文訂正

所以敺之內之於善　釋文敺起俱反案此本疏云皆是敺羣臣入善之事是本作敺也嘉靖本亦先作敺後改毆

謂臣有大罪身殺奪其家資　閩本同監毛本罪改古辠字非此賈疏自言與下文引經不同當作罪惠校本身作有此本資誤管今據閩監毛本訂正

彼欲視事起無常　惠校本視作見此誤

輙年之則有誅責　惠校本輙作輒

統所以合牽以等物也余本岳本嘉靖本同閩監毛本牽作率誤此本上作玄而下從牛是本作牽也今訂正

賢有善行也浦鏜云注本作賢有德行者從集注校今本德作善者誤也疏內同案疏引六德六行以釋此句是賈疏本作德行淺人臆改爲善行耳以下句能多才藝者文法例之也當本作者

六曰尊貴者惠校本同閩監毛本貴誤賢

聚斂疏材唐石經諸本同釋文音注疏色居反不孰菜也劉音蘇案說文艸部無蔬字㐬部云疏通也从㐬从疋疋亦聲鄭注疏不熟曰饉本釋天文今爾雅作蔬

象曰瑳余本嘉靖本同閩監毛本瑳改磋案釋文作瑳

九穀無秫大麥而有粱苽閩監毛本同疏中粱作粱嘉靖本作粱釋文出粱苽字從木案食醫犬宜粱粱字從米則作粱訛

謂在山澤之民惠校本在作任此誤下文謂在藪牧之民事業句同

飭之而已惠校本飭上有而

主山澤之民者此本下衍〇閩監毛本不衍

晉衞之男女皆是浦鏜云惠誤衞

妾爲官女是也閩監毛本作宦女是

謂若蔆芡之屬閩監毛本蔆作菱非案蔆當作蔆

三曰郊甸之賦閩監毛本同誤也唐石經余本岳本嘉靖本皆作邦甸之賦當訂正注云邦甸二百里疏云三曰邦甸之賦者皆不誤石經考文提要云宋本九經宋纂圖互注本宋附釋音本皆作邦甸○今依訂正

四曰家削之賦唐石經以下諸本同釋文家削本亦作稍又作鄁案疏云舉家稍稍以表公邑之民蓋經用古字作家削注及疏用今字作家稍有釋文賈疏可證而今本注及疏並依經作削矣○按依說文則當作鄁

今之筭泉余本岳本嘉靖本閩本同監毛本筭改算非下及疏悉準此○按古書多用筭少用算者

遂師之職亦云以徵其財征浦鏜云經無其字

四曰家削之賦者謂二百里之內監本賦誤富案二百里當作三百里

六曰邦都之賦者其五百里浦鏜云其下脫國中四百里外六字從儀禮經傳通解續校○按六字可不增即增之國中當作邦縣

口稅所得之泉也此本及閩本口誤曰今據監毛本訂正案注云口率出泉疏亦屢云口稅出泉

先鄭約載師園廛二十而一浦鏜云園誤圜

何有稅乎毛本稅改賦非疏皆言稅以釋賦

山澤民人入山澤取材亦有稅物入閩本同監本材下剜擠物字毛本遂排

四曰羞服之式唐石經以下諸本同釋文羞服干云羞飲食也服車服也服或作膳經義雜記曰疏云羞服之式者謂王之膳羞衣服所用也據此則晉干注本唐賈疏本皆作羞服釋文同或作膳係妄改案大府關市之賦以待王之膳服注云膳服即羞服也此經本作羞服之證

七曰芻秣之式秣从末此本秣作秣从未誤今據唐石經諸本訂正〇按秣說文作䬴从食末聲

荒謂凶年穀不孰閩監毛本孰改熟此古字之僅存者上聚斂疏材注中亦改爲熟矣釋文猶作孰可證

醬用百有二十等之類閩本同監本依經改等爲罋毛本承之

聘禮賄用束紡聘舊誤職今訂正

致饔餼芻禾之等也閩監毛本作芻秣非

旄貢羽毛余本嘉靖本閩監毛本同漢讀考改作羽旄云今本作毛誤旄者旄牛尾也

各以其所貴爲摯岳本摯作贄宋本載釋文贄音至本亦作摯今本釋文以摯爲正字

材貢櫄榦栝柏篠簜也余本同釋文榦古旦反與此合嘉靖本閩監毛本榦作幹俗書也嘉靖本篠作篠釋文同惠校本疏中亦作篠從竹從條此本及閩監毛本作篠非

游讀如囿游之游旄貢燕好珠璣琅玕也閩本同監毛本作旄讀如囿游之游旄貢皆非嘉靖本作旄讀如囿

游之游游貢當據以訂正疏引注作斿讀爲圁游之游游貢爲最是蓋經作斿貢司農如字讀故訓爲羽毛康成則改斿爲圁游漢讀考云燕好珠璣琅玕皆游觀之物是也漢時旌旗之流字作斿游觀字作游此注改其義而兼改其字非僅擬其音也當從賈疏作讀爲不當作讀如○按依說文旌旗之流字作游从於汓聲假借爲出游之游出游字或作遊則俗字也先鄭云游貢羽旄游之本義也後鄭云游貢燕好珠璣琅玕游之引申假借之義也易其字之本義故曰讀爲圁游之游其字皆从水乇作斿不从水者亦俗字也凡讀如讀爲皆有仍用本字之例殊之於其義也

王祭不共 閩本同監毛本共改供

云游貢羽毛者 閩本同誤也當從監毛本作斿貢○按旌旗之流其字本作游作斿者俗省

以其游據人宴好不得據物上生稱 此當從游閩監毛本游改斿非物舊作爲今據閩監毛本訂正惠校本作爲蓋亦爲字之譌

皮卽熊羆狐狸 閩毛本同監本狸作貍

楊州所貴 閩本同監毛本楊作揚下並同

所以恊耦萬民 嘉靖本同閩監毛本恊作協閩本疏中亦作恊从心

疾病相扶持 嘉靖本作疾病相扶無持字案疏中引注正作疾病相扶今諸本有持字者淺人據今本孟子所增當刪正

使其地之民守其材物以時入于王府頒其餘於萬民 諸本同案澤虞職云使其地之人守其財

物以時入之于玉府頒其餘于萬民此王爲玉字之誤於亦當作于

有以治政之所得民疑作有政治之所以得民

則山澤十等案十當作之

云友謂同井相合耦耡作者鄭意經意非謂同師曰友此本經誤非今據閩本訂正監本以非意二字不可通遂剜空二字毛本依監本所刪排勻字數不可考矣

乃縣治象之灋于象魏唐石經余本嘉靖本閩本同監毛本灋改法非周禮凡經皆作灋凡注皆作法

挾日而斂之唐石經諸本同釋文挾日又作浹同干本作帀惠士奇禮說云左傳成九年浹辰之間而楚克其三都正義曰浹周帀也從甲至癸爲十日古挾浹通詩曰使不挾四方毛傳挾達也謂方皇周浹於天下故曰達案挾古浹字周禮毛詩用字正同干本作帀係以意改非也

振木鐸以徇之余本岳本嘉靖本同閩監毛本徇作狥非釋文作徇

故魯灾此本疏中引注同諸本灾作災閩本疏中災字剜改

舊章不可忘諸本同案左傳哀三年忘作亡惠校本作亡云萬卷堂本仍作忘○按棟依左傳改字未妥

聽朔于大廟此本朔誤朝據閩監毛本訂正

正月之吉受法于司徒浦鏜云受下脫教

是司徒布教法從六鄉已下出則此大宰布法亦從六鄉已下出也閩本同監毛本鄉作卿誤案地官序官鄉老注云主置六鄉又云三公中參六官之事外與六鄉之教是當作六鄉明甚

雉門災及兩觀是也案春秋經作雉門及兩觀災

季桓子曰與公立於雉門象魏之外浦鏜云曰疑衍案與當作御○按曰當依左傳作至

命藏大廟中象魏惠校本命上有故

破諸家從甲至癸謂之挾日通也案通字當衍

置其輔唐石經此輔字原刻作傅後磨改作輔

上以言六典治邦國浦鏜云已誤以

所施者典則建其牧已下是也浦鏜云之誤者案已當作以此已與上以蓋互誤

若殷之牧下案下字誤

士稱殷與旅司浦鏜云司疑同誤

故鄭元謂衆士也案元當云之誤

受上政傳於下受下政傳於上閩監毛本傳作傅按此本作傳大誤賈疏釋經傳字之義也傳皆音附

不足于諸侯　案于當作於疏引注作不足於諸侯

大夫則入家宗人中　此本則入二字實闕閩監毛本作大夫入家宗人中　案惠校本大夫下有則與此本字數正合今據補

若叔孫氏之臣名鬷戾　惠校本同與左傳合閩監毛本鬷誤騣

並是五官之長　案長當考字之誤

以官成待萬民之治　唐石經諸本同案經當本作以成待萬民之治與上下文以典以則以灋以禮句法正同賈疏釋成爲官成因誤竄入經矣注云成八成此經作成不作官成之證八成在小宰官成在大宰八灋○按前說非也大宰八法中之官成鄭以小宰官府之八成釋之是本無二事故此注亦曰成八成此經必言官成者謂以治官府之八成待萬民之治也又欲見此官成卽從八法中別出也聖人文字精嚴如此安得去官字取整齊哉賈疏不誤

八成本以治萬民　案疑作八成本以經邦治

八成小宰職掌掌　案疑作小宰職所掌

脩掃除糞洒　閩監毛本同余本嘉靖本掃作埽此本疏中引注亦作埽當據以訂正

旣卜又戒百官以始齊　浦鏜云遂誤又

謂於祭前之夕爲期　毛本夕誤日

故箴膏肓云 閩本同監毛本肓誤盲

當祭曰摡祭器者 閩本同監毛本摡改漑非下四摡字同少牢禮作摡○按據此可知注中漑本作摡說文曰摡滌也鄭君注禮多作摡凡經注从手之摡俗本多譌从水

司宮摡豆籩及勺爵 浦鏜云儀禮無及字

以爲迎氣於四郊之外 此本外字實闕今據閩本補監毛本作等非

案冪人云疏布冪八尊 此本冪誤幕今據閩監毛本訂正此頁係明正德間補刊故錯誤特多

大神祇 諸本皆誤作祇敬字惟余本作祇今據訂正蓋經作示注作祇岳本注中作示此依經改注也釋文云神示本又作祇當先有依注改經者凡經用古字注用今字段玉裁漢讀考中舉其例

從掌百官誓戒已畢 閩本畢作至皆非當從監毛本作下

謂亦贊王牲事已上 諸本王誤玉今據經訂正

其順服者皆來會以師 惠校本以作京此誤

但春夏受享 浦鏜云當作但春夏受贄於朝受享於廟脫六字

則冢宰贊王受之 此本王誤玉據閩監毛本訂正

象齧堅浦鏜云齒誤齧案儀禮注云象齒堅○按齧字不誤今儀禮注齒字誤也記云杜右顚左顚顚者齒盡處古云牙車今云牙牀是也齧堅物非此處不能故左右各實一貝以像生時齧堅中一貝則像齧物而已不得云齧堅也今注云象齒堅義短

典瑞疏云飲玉飲當作飯

小事冢宰傳平閩監毛本同誤也余本岳本嘉靖本傳作專當據以訂正

事夕則聽之閩監毛本同誤也余本岳本嘉靖本夕作久當據以訂正

附釋音周禮注疏卷第二每卷末準此下不具著

周禮注疏卷二校勘記

附釋音周禮注疏卷第三

鄭氏注　賈公彥疏

小宰之職掌建邦之宮刑以治王宮之政令凡宮之糾禁杜子春云宮皆當爲官玄謂宮刑在王宮中者之刑建明布告之糾猶割也察也若今御史中丞○宮刑鄭如字干同杜作官〔疏〕注杜子至中丞○釋曰後鄭以宮刑宮中之刑不從子春官刑者見秋官司寇已云四曰官刑此小宰不往貳之則不須重掌又見下文觀治象乃退以宮刑憲禁于王宮故知宮刑明矣云建明布告之者上冢宰尊所云建六典之等爲建立之義小宰卑云建者則明布告使知而已云糾猶割也察也者既言糾謂糾舉其非事已發者依法斷割之事未發者審察之云若今御史中丞者應劭云秩千石朝會獨坐副貳御史大夫內掌蘭臺圖籍外督刺史糾察百寮故舉漢法況之

掌邦之六典八灋八則之貳以逆邦國都鄙官府之治逆迎受之鄭司農云貳副也○治直吏反下及注皆同〔疏〕掌邦至之治○釋曰大宰本以六典治邦國今還以六典逆邦國之治逆謂迎受句考之也大宰本以八法治朝廷官府今還以八法句考官府之治大宰本以八則治都鄙今還以八則句考都鄙之治皆句考使知功過所在也

執邦之九貢九賦九式之貳以均財節邦用〔疏〕執邦至邦用○釋曰此三者並大宰所掌者以其冢宰制國用九貢九賦斂財賄九式用之事之大者故小宰副貳之然大宰有九職小宰不貳之者以其九職云任萬民小宰若云貳謂任使亦貳之故不言其實九職任之使之出貢用之則小宰亦貳之九貢中兼之矣以其九職亦有九貢故也以均財節邦用者以九式並舊有法式多少不得增減故云均節也

以官府之六敘正羣吏一曰以敘正其位二曰以敘進其治三曰以

敘作其事四曰以敘制其食五曰以敘受其會六曰以敘聽其情敘秩次也謂先尊後卑也治功狀也食祿之多少情爭訟之辭○爭爭鬭之爭疏以官府至其情○釋曰凡言敘者皆是次敘先尊後卑各依秩次則羣吏得正故云正羣吏也○一曰以敘正其位者謂若卿大夫士朝位尊卑次列○二曰以敘進其治者謂卿大夫士有治職功狀文書進于上亦先尊後卑也○三曰以敘作其事者謂有所執掌起事亦先尊後卑也○四曰以敘制其食者謂制祿依爵命授之亦先尊後卑也○五曰以敘受其會者謂歲終進會計文書受之亦先尊後卑也○六曰以敘聽其情者情謂情實則獄訟之情受聽斷之時亦先尊後卑也○注敘秩次也釋曰云秩次者謂尊卑之常各有次敘也以官府之六屬舉邦治一曰天官其屬六十掌邦治大事則從其長小事則專達二曰地官其屬六十掌邦教大事則從其長小事則專達三曰春官其屬六十掌邦禮大事則從其長小事則專達四曰夏官其屬六十掌邦政大事則從其長小事則專達五曰秋官其屬六十掌邦刑大事則從其長小事則專達六曰冬官其屬六十掌邦事大事則從其長小事則專達大事從其長者庖人內外饔與膳夫共王之食小事專達若宮人掌舍各爲一官六官之屬三百六十象天地四時日月星辰之度數天道備焉前此者成王作周官其志有述天授位之義故周公設官分職以法之○達干云達決也疏以官府至專達○釋曰六屬舉邦治者謂官盛任使立長官必當以屬官佐之邦治得舉是以六官各有其屬六十故云官府之六屬舉邦治也一曰天官謂大宰之官其屬六十謂宮正至夏采皆掌治職故云掌治也云大事則從其長者謂若膳夫鄭注云膳夫食官之長也則下庖人內外饔亨人有事

皆來諮白膳夫故云大事從其長也小事則專達者謂若宮人掌舍無大事無長官可諮自專行事以下五官皆此類也○注大事至法之○釋曰云大事從其長若庵人內外饔與膳夫共王之食者此並共王食是同事故庵人已下諮膳夫長官也云小事專達者若宮人掌舍直掌王之行設梐枑之等二官並是小事又不立長官當官行事故云各爲一官是專達也鄭直舉天官之內其事顯者各言其一餘官若大府鄭云治藏之長地官司市鄭云市官之長春官大司樂鄭云樂官之長夏官司甲鄭云兵戈盾官之長如此之類其事甚多不可具陳也小事則專達。天官甚衆亦不可具言也云六官之屬三百六十象天地四時日月星辰之度數者依周髀七曜皆云周天三百六十五度四分度之一舉全數亦得云三百六十也言地則與天配合四時言周天亦是地之數十二月亦是周天之數日日行一度月日行十三度十九分度之七日月所行亦在周天之數星辰謂二十八宿十二次亦在周天數內皆不離三百六十五度四分度之一耳天地四時日月星辰之度數所從言之異耳故尚書洪範云五紀一曰歲二曰月三曰日四曰星辰皆別言之下以歷數總結之亦是類也云天道備焉者以此三百六十官是天道備矣云前此者成王作周官其志有述天授位之義者鄭依書傳云周公攝政三年。踐奄與滅淮夷同時又按成王周官成王既黜殷命滅淮夷還歸在豐作周官則成王作周官在周公攝政三年時周公制禮在攝政六年時故云前此者謂成王前於此時作周官其志謂成王志意有述天授位之義卽彼周官云唐虞稽古建官惟百夏商倍之今予小子訓迪厥官以立太師太傅太保茲惟三公論道經邦爕理陰陽下又云立三孤及天地四時之官是其志有述天地三百六十官位之義故周公設官分職法之也此鄭義不見古文尚書故爲此解若孔據古文尚書多士已下並是周公致政後成王之書周公攝政時淮夷奄與管蔡同作亂成王卽政後又叛成王親征之故云滅淮夷還歸在豐作周官用人之法則彼周官在此周禮後與鄭義異也

以官府之六職辨邦治一曰治職以平邦國以均萬民以節財用二曰教

職以安邦國以寧萬民以懷賓客三曰禮職以和邦國以諧萬民以事鬼神四曰政職以服邦國以正萬民以聚百物五曰刑職以詰邦國以糾萬民以除盜賊六曰事職以富邦國以養萬民以生百物懷亦安也賓客來共其委積所以安之聚百物者司馬主九畿職方制其貢各以其所有○委於偽反下賙委同積子賜反【疏】以官至百物○釋曰云以官府六職辨邦治者六官者各有職若天官治職地官教職其職不同邦事得有分辨故云以辨邦治也○一曰治職者謂以平爲義也云以節財用者亦以制國用故也○二曰教職以安邦國以寧萬民者安邦國與教典同彼云擾萬民此云寧萬民不同者上擾爲馴馴則寧義無異也云懷賓客者以有委積故賓客懷安也三曰禮職以和邦國以諧萬民者此與上禮典同也云以事鬼神者以其主祭祀當職之事也○四曰政職以服邦國以正萬民者上政典云平邦國均萬民不同者服由平定使之。然。則服亦平也均與正義亦一也云以聚百物者鄭云司馬主九畿職方制其貢貢卽百物也○五曰刑職以詰邦國以糾萬民此與上刑典文同云除盜賊者有寇則罪之盜賊得除故云除盜賊也○六曰事職以富邦國以養萬民者上事典以生萬民生則養也與上同此六職不云官府百官與六典不同者以六職皆當職行事義不及遠故與六典文異也○注懷亦至所有○釋曰教典共其委積者大司徒下有遺人掌十里有廬廬有飲食之等故云共委積也云司馬主九畿弁引職方者司馬直主九畿無貢物之事故引其屬職方也

以官府之六聯。合邦治一曰祭祀之聯事二曰賓客之聯事三曰喪荒之聯事四曰軍旅之聯事五曰田役之聯事六曰斂弛。之聯事凡小事皆有聯鄭司農云大祭祀大宰贊玉幣司徒奉牛牲宗伯視滌濯涖玉鬯省牲鑊奉玉盛司馬羞魚牲奉馬牲司寇奉明水火大喪大宰贊

贈玉含玉司徒帥六鄉之衆庶屬其六紖宗伯爲上相司馬平士大夫司寇前王此所謂官聯杜子春弛讀爲施玄謂荒政弛力役及國中貴者賢者服公事者老者疾者皆。舍不以力役之事奉牲者其司空奉冢與〇弛戶氏反劉本作施音弛杜作施涖音利又音類鬯勑亮反鑊戶郭反齍音資鄉音香屬其音燭紖徐音胤劉音引本或作引相息亮反冢與音餘

疏以官府至有聯〇釋曰云以官府之六聯合邦治者謂官府之中有六事皆聯事通職然後國治得會合故云合邦治也〇一曰祭祀之聯事三曰喪荒之聯事此二者鄭注具以其二者顯著故特言之〇二曰賓客之聯事者鄭雖不言案大宰大朝覲會同贊玉幣玉獻大司徒令野脩道委積大宗伯朝覲會同則爲上相大司寇云凡朝覲會同前王唯大司馬不見有事司空又亡〇四曰軍旅之聯事者以六軍軍將皆命卿田役亦然且大司徒云大軍旅大田役以旗致萬民大司馬云大師建大常比軍衆中春教振旅之事〇六曰斂弛之聯事者並大宰任九職九貢九賦司徒制貢小司徒令貢賦若通數小官則多矣云凡小事皆有聯者謂司關云掌國貨之節以聯門市之類是也〇注鄭司至冢與〇釋曰司農雖解祭祀及大喪二事皆不言司空司空亡故也大祭祀唯大宰尊不奉牲宗伯不言奉雞司馬直言奉馬不言兼言奉羊司寇不言奉犬皆略不言可知杜子春引讀爲施者若依施施是施惠事不必。連若爲弛則於事廣矣故後鄭不從之玄謂荒政弛力役者此經二曰喪荒荒謂年穀不熟大司徒有荒政十二其中四曰弛力弛力役謂廩人歲不能人二釜則令移民就穀是時弛力役也鄉大夫云國中貴者謂有官爵者賢者謂有德行者服公事者謂若庶人在官者老謂國中六十者疾者謂廢疾不堪役者皆舍不以力役之事也云奉牲者其司空奉冢與者司空雖亡案五行傳云聽之不聰時則有冢禍冢屬北方又說卦云坎爲冢是冢屬水故知司空奉冢無正文故云與以疑之也

以官府之八成經邦治一曰聽政役以比居二曰聽師田以簡稽三曰聽閭里以版圖四曰聽稱責以傅別五曰聽祿位以禮

命六曰聽取予以書契七曰聽賣買以質劑八曰聽出入以要會鄭司農云政謂軍政也役謂發兵起徒役也比居謂伍藉也比地為伍因內政寄軍令以伍藉發軍起役者平而無遺脫也簡稽士卒兵器。薄書簡。猶閱也稽猶計也合也合計其士之卒伍閱其兵器為之要。薄也故遂人職曰稽其人民簡其兵器國語曰黃池之會吳陳其兵皆官。師。擁鐸拱稽版戶藉圖地圖也聽人訟地者以版圖決之司書職曰邦中之版土地之圖稱責謂貸。予傳別謂券書也聽訟責者以券書決之傅傅著約。束於文書別別為兩兩家各得一也禮命謂九賜也書契符書也質劑謂市中平賈今時月平是也要會謂計最之。薄書月計曰要歲計曰會故宰夫職曰歲終則令羣吏正歲會月終則令正月要傳別故書作傅辨鄭大夫讀為符別杜子春讀為傅別玄謂政謂賦也凡其字或作政或作正或作征以多言之宜從征如孟子交征利云傳別謂為。大手書於一札中字別之書契謂出予受入之凡要凡。薄書之最目獄訟之要辭皆曰契春秋傳曰王叔氏不能舉其契質劑謂兩書一札同而別之長曰質短曰劑傳別質劑皆今之券書也事異異其名耳禮命禮之九命之差等○政役鄭音征司農如字比毗志反注同傳音附注同別彼列反注同要會古外反凡要會會計之字皆放此卒子忽反下同閱音悅貸他代反著直略反賈音嫁月平劉音病

疏以官至要會○釋曰以官府之中有八事皆是舊法成事品式依時而行之將此八者經紀國之治政故曰經邦治也○一曰聽政役以比居者八事皆聽者舊事爭訟當斷之也政謂賦稅役謂使役民有爭賦稅使役則以地比居者共聽之○二曰聽師田以簡稽者稽計也簡閱也謂師出征伐及田獵恐有違法則當閱其兵器與人並算足否○三曰聽閭里以版圖者在六鄉則二十五家為閭在六遂則二十五家為里閭里之中有爭訟則以戶籍之版土地之圖聽決之○四曰聽稱責以傅別者稱責謂舉責生子彼此俱為稱意故為稱責於官於民俱是稱也爭此責者則以傳別券書決之○五曰聽祿位以禮命者謂聽時以禮命之其。人策書之本有人爭祿之多少位之前後則以禮命文書聽之也○六曰聽

取予以書契者此謂於官直貸不出。子者故云取予若爭此取予者則以書契券書聽之○七曰聽賣買以質劑者質劑謂券書有人爭市事者則以質劑聽之○八曰聽出入以要會者歲計曰會月計曰要此出入者正是官內自用物有人爭此官物者則以要會。薄書聽之○注鄭司至差等○釋曰政軍政後鄭不從者若軍政自在大司馬聽之何得在此乎云比居謂伍籍也者即司徒職五家爲比出軍即五人爲伍云因內政寄軍令者謂在家五家爲比五比爲閭四閭爲族五族爲黨五黨爲州五州爲鄉若出軍則家出一人則還五人爲伍是一比長還爲伍長領之二十五人爲兩是一閭閭胥即爲兩司馬領之以此言之至一鄉出一軍軍將還是鄉大夫爲之是因內政寄軍令此管子文彼云作內政司農云因內政者讀字不同云簡稽士卒兵器。薄書者士卒謂車別甲士三人步卒七十二人兵器謂弓矢殳矛戈戟皆有。薄書故引遂人以證之也云國語曰黃池之會者吳語吳晉爭長吳人令曰伏兵甲陳士卒百人爲徹行頭官師擁鐸拱稽名籍也先鄭爲計計謂據名籍計之義合故引之也云版戶籍者後鄭下注亦云鄉戶籍圖謂民之地圖故引司書版圖以證之云責謂貸子者謂貸而生子者若今舉責即地官泉府職云凡民之貸者以國服爲之息若近郊民貸則一年十一生利之類是也云傅傅著約束於文書別者各得其一二家別釋後鄭不從者名爲券書即是傅著於文書可知後鄭傅別二字共爲一事解之云禮命謂九賜也者後鄭不從者九賜之言出自禮緯含文嘉八命已上乃有九賜此所聽斷何得取八命已上解之云書契符書也者謂官券符璽之書此據官予民物何得爲符璽之書解之故後鄭不從也云質劑謂市中平賈今時月平是也後鄭不從者地官質人云大市曰質小市曰劑若今月平賈不合有兩名故不從也云月計曰要歲計曰會者官之出入有要會。薄書計管故引宰夫證之也鄭大夫讀傅別爲符別後鄭不從又云傅別故書作傅辨不從古書也玄謂政謂賦也賦則口率出泉且與役同文皆是。利稅之事也云凡其字或作政者此經政役是也或作正者其字或有作正字者或作征者即孟子云交征利及鄉大夫云皆征之是也云征處多故鄭從征也孟子交征利者案孟子云孟子見梁惠王王曰叟不遠千里而來亦將有以利吾國乎對曰何必曰利亦有仁義而已矣王則曰何以利吾國大夫曰何以利吾家士庶人曰何以利吾身上下交征利則國危矣引之以證征是口稅之法云傅別謂為大手書於一札中字別之者謂於券背上大作一手書字札字中央破之為二段別之云書契謂出予受入之凡要者此予則取予謂若泉府云凡賒者祭祀無過旬日喪紀不過三月及旅師云春頒秋斂賒取官物後還無生利之事凡要亦是薄書也云凡薄書之最目獄訟之要辭皆曰契者薄書之要目曰契即取予以書契是也獄訟之要辭曰契即鄭引春秋傳者是也其春秋王叔氏事在襄十年彼云王叔陳生與伯輿爭政晉侯使士匄平王室使王叔氏與伯輿合要王叔氏不能舉其契此即獄訟之要辭曰契云質劑謂兩書一札同而別之長曰質短曰劑者案地官質人云大市曰質小市曰劑鄭注大市人民馬牛之屬用長券小市兵器珍異之物用短券言兩書一札同而別之者謂前後作二券中央破之兩家各得其一皆無手書字異於傅別故鄭云傅別質劑皆今之券書也云禮命禮之九命之差等者謂若大宗伯九儀從一命受職以至九命作伯差等有九是也

以聽官府之六計弊羣吏之治一曰廉善二曰廉能三曰廉敬四曰廉正五曰廉灋六曰廉辨聽平治也平治官府之計有六事弊斷也既斷以六事又以廉為本善善其事有辭譽也能政令行也敬不解于位也正行無傾邪也法守法不失也辨辨然不疑惑也杜子春云廉辨或為廉端○弊必世反治也如字下文治其弛舍同斷丁亂反下同解佳賣反邪似嗟反

【疏】以聽至廉辨○釋曰言六計弊羣吏之治者六計謂善能敬正法辨六者不同既以廉為本又計其功過多少而聽斷之故云六計弊羣吏之治也○注聽平至廉端○釋曰云皆以廉為本者此經六事皆先言廉後言善能之等故知將廉為本廉者絜不濫濁也云善善其事有辭譽也者謂有善事四方令聞辭譽也云能政令行也者謂雖無辭譽所行政令得行也云敬不解于位也者謂敬其職位恪居官次也云正行無傾邪也者以其行正直言

公正無私也云法守法不失也者謂依法而行無有錯失也云辨辨然不疑惑也者謂其人辨然於事分明無有疑惑之事也杜子春云廉辨或爲廉端者經本或爲廉端後鄭不從者若爲端端亦正與廉正爲重故不從引之在下者不苟違之亦得爲一義故也

以灋掌祭祀朝覲會同賓客之戒具軍旅田役喪荒亦如之法謂其禮法也戒具戒官有事者所當共七事者令百官。府。共其財用治其施。舍聽其治訟七事謂先四如之者三也施舍不給役者七事故書爲小事杜子春云當爲七事書。亦爲七事○共音恭禮本供字皆作共可以意求之【疏】以法至治訟○釋曰言以法掌祭祀已下七者皆是上六聯百官聯事通職者以其衆官共故經云令百官府共其財用也然六聯之中不言朝覲會同者以彼賓客中可以兼之以其朝覲會同還是諸侯賓客之事此七事不言斂弛以其非七事中之大事故退之在下○注法謂至當共○釋曰言禮法謂七者皆有舊法依行若九式曰祭祀之式云戒具戒官有事所當共也者此七事在大宰八法中六曰官法彼在八曰官計上者以其彼有數故在上此官法無數故退在六計下也○注七事至七事○釋曰七事先四謂從祭祀至賓客云如之者三也者從軍旅至喪荒也云施舍不給役上六聯注引鄉大夫國中貴者老者疾者服公事者是也云七事故書爲小事者與經不相當故杜子春從經爲正也

凡祭祀贊王。幣爵之事祼將之事又從大宰助王也將送也祼送送祼謂贊王酌鬱鬯以獻尸謂之祼祼之言灌也明不爲飲主以祭祀唯人道宗廟有祼天地大神至尊不祼莫稱焉凡鬱鬯受祭之啐之奠之○祼古亂反爲于僞反稱尺證反啐寸對反【疏】注又從至奠之○釋曰案大宰職云祀五帝贊玉幣爵今此又云祭祀贊此三者謂小宰執以授大宰大宰執以授王是相贊助故云又從大宰助王也云將送也祼送送祼謂贊王酌鬱鬯以獻尸者上云贊玉幣爵據祭天而下引云祼將是據祭宗廟且上大宰不言贊祼將則大宰不贊之故此注云贊王酌鬱鬯也云明不爲飲主以祭祀者朝踐已後尸乃飲二祼爲奠

不飲故云不爲飲主以祭祀云唯人道宗廟有祼天地大神至尊不祼者據大宰祀五帝及大神亓亦如之皆不言祼此文又祼將在玉幣爵之下明宗廟有祼天地無祼且大宗伯祀天言禋祭社言血享大神不灌者不用降神無妨用秬鬯必若然天地用八尊直有五齊三酒不言秬鬯尊者以其冪人職天地八尊者以與宗廟六彝相對爲文鬯人職秬鬯不入彝尊則別有尊矣不言者略耳不祼者覆載之德其功尤盛欲報之德無可稱焉故無祼直加敬而已其牲用特其器陶匏皆是質略之事故鄭云莫稱焉云凡鬱鬯受祭之啐之奠之者謂王以圭瓚酌鬱鬯獻尸后亦以璋瓚酌鬱鬯獻尸尸皆受灌地降神明爲祭之向口啐之啐之謂入口乃奠之於地也祭天地既言無灌案宗伯涖玉鬯又案禮記表記云親耕粢盛秬鬯以事上帝上帝得有秬鬯者案春官鬯人職掌共秬鬯下所陳社稷山川等外神皆用秬鬯不用鬱廟言灌且亦天地無祼也天地無人職用鬯者唯有宗廟及祼賓客耳

凡賓客贊祼凡受爵之事凡受幣之事唯祼助宗伯其餘皆助大宰王不酌賓客而有受酢大宗伯職曰大賓客則攝而載。祼

疏凡賓至之事〇釋曰凡賓客贊祼者案大行人云上公再祼而酢侯伯一祼而酢子男一祼不酢謂諸侯來朝朝享既畢王禮之有此灌酢之禮也云凡受爵之事者謂上公與諸侯酢王之爵王受之云凡受幣之事者謂一廟中行三享享時璧以帛琮以錦致享時有此受幣之事皆言凡者謂諸侯非一故言凡以廣之也〇唯祼至載祼〇釋曰言唯祼助宗伯者後引宗伯職者是也云其餘皆助大宰者謂受爵幣二者皆助大宰賓客酢王之時大宰於賓處受而授王王飲訖大宰受爵以授小宰受幣之時亦王親受受以授大宰大宰以授小宰也云王不酌賓客而有受酢者案燕禮使宰夫爲主人是君不酌臣於諸侯亦然受酢是不飲酒之事臣不可代君飲酒故有受酢之事也又引大宗伯職曰大賓客則攝而載祼者案彼鄭注云載爲也言爲者攝酌獻耳拜送則王也若然大宗伯非直攝王祼若上公再祼兼有后祼之時大宗伯亦代后祼也拜送則后也拜乃恭敬之事亦不可使臣代之故也

喪荒受其含襚幣玉之事

春秋傳曰口實曰含衣服曰襚凶荒有幣玉者賓客所賙委之禮○襚音遂賙音周[疏]喪荒至之事○釋曰喪謂王喪諸侯諸臣有致含○襚幣玉之事荒謂凶年諸侯亦有致幣玉之事上大宰不言則此小宰專受之案禮記少儀云臣致襚於君則曰致廢衣於賈人則諸侯臣皆得致含也○注春秋至之禮○釋曰云春秋傳者公羊文其含襚所用在死之時若既殯之後亦容有致之法故禮記雜記殯後諸侯遣使致含襚賵之禮主人受之雖不及事容致厚意是以春秋左氏秦人來歸僖公成風之襚亦在踰年後春秋不譏也云凶荒有幣玉者賓客所賙委之禮者案小行人云若國凶荒則令賙委之彼謂王家賙委諸侯法此謂諸侯賙委王家法也月終則以官府之敘受羣吏之要主每月之小計[疏]月終至之要○釋曰月計曰要故每月月終則使官府致其簿書之要受之嘗先尊後卑故言敘○注主每月之小計○釋曰言小計對下經歲會為大計也若大會則下文冢宰平之贊冢宰受歲會歲終則令羣吏致事使。齎歲盡文書來至若今上計○齎子兮反上時掌反下同[疏]贊冢至致事○釋曰贊助也歲計曰會言冢宰則據百官總焉謂助冢宰受一歲之計云歲終則令羣吏致事者謂使六官各致一年功狀將來考之故也○注使齎至上計○釋曰漢之朝集使謂之上計吏謂上計一年計會文書及功狀也正歲帥治官之屬而觀治象之灋。徇。以木鐸曰不用灋者國有常刑正歲謂夏之正月得四時之正以出教令者審也古者將有新令必奮木鐸以警衆使明聽也木鐸木舌也文事奮木鐸武事奮金鐸○夏戶雅反後放此[疏]正歲至常刑○釋曰此則大宰周之正月之吉始和布之於天下至此建寅正歲之正月縣之於象魏其小宰亦助大宰帥治官六十官之屬及萬民而觀治象之法使知當年治政之法也其時小宰徇以木鐸以警衆曰不用法者國有常刑欲使之用命不犯刑也○注正歲至金鐸○釋曰知正歲是夏之正月者見淩人云正歲十有二月令斬冰若正歲是見子周正即今之十月冰未堅不得斬之言正歲得四時之正周殷則不得以此推之諸言正歲者皆四時之正是建寅之月云古者將有新令必奮木鐸以警衆者案禮記檀弓云自寢門至於庫門振木鐸曰舍故而諱新彼及此文皆是有命奮木鐸警衆使明聽之事也云木鐸木舌者鐸皆以金為之以木為舌則曰木鐸以金為舌則曰金鐸也云文事奮木鐸者此文。乃檀弓弁明堂位曰振木鐸於朝天子之禮皆是也又云武事奮金鐸者鼓人云金鐸通鼓大司馬云兩司馬振鐸是也乃退以宮刑憲禁于王宮憲謂表縣之若令新有法令云【疏】注憲謂至令云○釋曰凡刑禁皆出秋官今云憲禁者與布憲義同故小宰得秋官刑禁文書表而縣之於宮內也

令于百官府曰各脩。乃職攷乃灋待乃事以聽王命其有不共則國有大刑乃猶女也【疏】令于至大刑○釋曰此經於職末當稟于大宰而令百官謹于此數事以結之也

○宰夫之職掌治朝之灋以正王及三公六卿大夫羣吏之位掌其禁令治朝在路門之外其位司士掌焉宰夫察其不如儀○治直吏反注及下之治贊治官掌其治皆同朝直遙反後皆同【疏】宰夫至禁令○釋曰言掌治朝之法以正王及三公六卿大夫羣吏之位者案司士云正朝儀之位辨其貴賤之等王南鄉三公北面東上孤東面北上卿大夫西面北上王族故士。虎士在路門之右南面東上大僕從者在路門之左南面西上此羣吏即羣士是其位也掌其禁令即察其不如儀耳○注治朝至如儀○釋曰知此治朝在路門外者燕朝在路寢庭外朝在庫門外其事希簡非常治政之所此云治朝是常治事之朝故知是路門外夏官司士所掌者知察其不如儀者宰夫與司士俱是下大夫非贊治朝又見經云禁令知直察其不如儀式者也敘羣吏之治以待賓客之令諸臣之復萬民之逆恆次敘諸吏之職事三者之來則應使辨理之鄭司農云復請也逆迎受王命者宰夫主諸臣。萬民之復逆故詩人重之曰家伯維宰玄謂復之言報也反也反報於王

謂於朝廷奏事自下而上曰逆逆謂上書【疏】敘羣至之逆〇釋曰此宰夫次敘羣吏諸臣等之治職卽以待賓客已下三事使之應答不闕於事也言以待
賓客之令此一者謂若大宗伯朝覲會同則爲上相肆師云大朝覲佐儐及大小行人掌客掌訝委人遺人之屬皆是待賓客之官使辦理之也云諸臣之復
此其三者案夏官小臣職云掌三公及孤卿之復逆復逆並掌之此不言逆者但宰夫直次之不掌事故於文略也又案夏官大僕職云掌諸侯之復逆此諸
臣中兼之此宰夫恆敘大僕小臣等辦理此復逆之事也云萬民之逆此三也者案夏官御僕職掌羣吏庶民之復逆彼羣吏與此經羣吏爲羣臣別故鄭彼
注羣吏府史以下此不言羣吏及復亦是文略也此宰夫次敘御僕使辦理府史萬民復逆也〇注恆次至上書〇釋曰鄭司農云復請也逆迎受王命者復
是報白之義不得爲請故後鄭不從又王命既出在下受而。受。而行之不得云逆逆者向上之言不爲向下之義故後鄭亦不從云宰夫主諸臣萬民之復逆
故詩人重之曰家伯維宰者知彼宰非大宰而當此宰夫者維宰在司徒下膳夫上故知是宰夫也此先鄭以官次第當宰夫案鄭彼注冢宰掌建邦之六典
皆卿也不從司農者諸經單稱宰者皆大宰若宰夫無單言宰者故爲大宰解之若然大宰在司徒下者彼以權寵爲次不以尊卑故內史中大夫在膳夫上
士之下師氏中大夫在趣馬下士之下玄謂復之言報也反也者謂羣臣受王命使臣行之訖反報於王故云朝廷奏事也云自下而上曰逆者謂自上而下
曰順故自下而上曰逆也言上書者則今之上表也若然據夏官諸侯諸臣萬民皆復逆並有則此亦皆有上書奏事耳司農於此注復爲請逆爲迎受王命
後鄭不從及至夏官大僕先鄭注云復謂奏事逆謂受下奏卽與後鄭義同故彼後鄭從之若然是先鄭兩解也案內豎云掌外內之通令凡小事鄭注云內
后六宮外卿大夫也使童豎通王內外之命給小事者以其無與爲禮出入便疾內外以大事聞王則大事侯朝而自復若然何須更有小臣等復逆乎。然者
一日萬機或有侯朝自復有大事急促不得待朝卽須非時通傳使聞徹在上者也掌百官府之徵令辨其八職一曰正

掌官灋以治要二曰師掌官成以治凡三曰司掌官灋以治目四曰旅掌官常以治數五曰府掌官契以治藏六曰史掌官書以贊治七曰胥掌官敘以治敘八曰徒掌官令以徵令

別異諸官之八職以備王之徵召所為正辟於治官則冡宰也治要若歲計也師辟小宰宰夫也治凡若月計也司辟上士中士治目若今日計也旅辟下士也治數每事多少異也治藏藏文書及器物贊治若今起文書草也治敘次序官中如今侍曹。伍伯傳吏朝也徵令趨走給召呼○藏才浪反注治藏同別彼列反辟於音譬本亦作譬下皆同傳直專反

【疏】掌百至徵令○釋曰言掌百官府之徵令辨其八職者謂總王朝三百六十官以備王之所徵召及施令若不分別其職則徵召無所指斥故須分辨三百六十職也○一曰正者正長也六卿下各有屬六十故六卿稱正也云掌官法者掌當官之法也以治要者要謂大計要也○注別異至召呼○釋曰自正已下為八職皆備王召呼則正亦備王召呼及所為也言正辟於治官則冡宰也者以其六卿異目或稱大宰或稱司徒之等尊卑相似正長也每職各為一官之長故總謂之正也以其六者非一相比辟故以辟言之今舉天官一官言之餘可知云治要若歲計也者案下文歲終云會月終云要旬終云成此歲云要者但六卿下云要不云會以要當會處故以治要為歲計也云師辟小宰宰夫也者以下文四曰旅是下士諸官皆名旅其下士之上有上士中士向上差次當三曰司上士之上向上差次有小宰宰夫故知二曰師當小宰宰夫也言辟者亦是六卿之下皆有此二者若司徒之下小司徒鄉師之類故亦言辟也二者同名師者亦是六者異目尊卑相次故同名師也云治凡若月計者上要既當歲會故治凡當月計曰要之處也云司辟上士中士者此亦是題目有異若大司馬之下上士曰輿司馬中士曰行司馬與諸官上士中士不同尊卑相似故總謂之司馬以其各有職司也六官之下同名司故亦云辟也云治目若今日計也者從治要向下以次差之此治目當日計曰成之處

故云今日計也云旅辟下士也者此下士既無所兼故存本號曰旅亦是六官下同號曰旅故亦曰辟也云治數每事多少異也者以上治目當日計此治數無數當下士稱旅理衆事故以治數爲每事多少解之云治藏藏文書及器物者其名曰府府者主以藏物故藏當司文書及當司器物也云贊治若今起文書草也者起文書草乃後判決是爲贊治之法故稱贊治也云治敘次序官中者既有才智爲什長當次序官中須人驅役之處則科次其徒故云次敘官中也云如今侍曹。五伯傳吏朝也者漢時五人爲伍伯長也是五人之長言傳吏朝者傳在朝羣吏諸官事務於朝也胥爲什長亦然故舉漢法況之也云徵令趨走給召呼者其徒。止爲在朝趨走供給官人召呼使役之事也

掌治灋以考百官府羣都縣鄙之治乘其財用之出入凡失財用物辟名者以官刑詔冢宰而誅之其足用長財善物者賞之

羣都諸采邑也六遂五百家爲鄙五鄙爲縣言縣鄙而六鄉州黨亦存焉乘猶計也財泉穀也用貨賄也物畜獸也辟名詐爲書以空作見文書與實不相應也官刑在司寇五刑第四者○辟名徐芳石反劉芳益反干云不當也畜許又反見賢遍反

【疏】掌治至賞之○釋曰宰夫是句考之官故以治法考百官府及羣都都縣鄙鄉遂之內治功善惡也言乘計其財用之出入者謂上數處用官物者當乘計其用財之出入知其多少云凡失財用物辟名者謂失官家財及用與物三者而辟名者以官刑詔告冢宰長官誅責之也有足用用之能足長財財又能長善物物又能善如此者賞之○注羣都至四者○釋曰云羣都諸采邑也者謂大都小都家邑三處也云六遂五百家爲鄙五鄙爲縣者遂人文云六鄉州黨亦存焉者六遂在外尚考之六鄉在內考之可知不言者舉外以包內也云乘猶計也者計者算法乘除之名出於此也云財泉穀也者上九賦斂財賄已釋訖云用貨賄也者案內府云掌受九貢九賦九功之貨賄以待邦之大用故知用中有貨賄也云物畜獸也者案獸人云掌罟田獸辨其名物及春秋獻獸物又牧人云掌牧六牲而阜蕃其物以此知物中有畜有獸

也云辟名詐爲書以空作見文書與實不相應也者其人失財用物者則詐爲文書以空物作見在文書與實物不相應是罪人也云官刑在司寇五刑第四者彼司寇掌五刑其四曰官刑上能糾職是也

以式灋掌祭祀之戒具與其薦羞從大宰而眡滌濯

薦脯臨也羞庶羞內羞

疏以式至滌濯○釋曰言式法者謂祭祀大小皆有舊法式依而戒敕使共具之云與其薦羞者謂亦戒具之也云從大宰而眡滌濯者上大宰職已云祀五帝眡滌濯此宰夫又從大宰眡之也○注薦脯至內羞釋曰案儀禮鄉飲酒鄉射燕禮諸單言薦者皆是脯醢故知此薦亦脯醢云羞庶羞內羞者庶羞謂天子八豆諸侯六豆之等內羞謂祭祀食後所加言內者少牢所謂房中之羞糗餌粉餈是也

凡禮事贊小宰比官府之具

比校次之○比如字注同戚毗志反

疏注比校次之○釋曰上小宰於七事已言以法掌戒具此宰夫贊小宰校次之使知善惡足否也

凡朝覲會同賓客以牢禮之灋掌其牢禮委積膳獻飲食賓賜之飧牽與其陳數

牢禮之法多少之差及其時也三牲牛羊豕具爲一牢委積謂牢米薪芻給賓客道用也膳獻禽羞俶獻也飲食燕饗也鄭司農云飧夕食也春秋傳曰飧有陪鼎牽牲牢可牽而行者春秋傳曰餼牽竭矣玄謂飧客始至所致禮凡此禮陳數存可見者唯有行人掌客及聘禮公食大夫○委積上於僞反下子賜反此二字相連皆同此音飲鄭徐於鴆反注同食音嗣注飲食公食同飧音孫牽一本作賓賜掌其飧牽干本同俶昌六反

疏凡朝至陳數○釋曰上大宰云大朝覲會同彼言大謂朝覲爲會同而來今此朝覲不言大則朝覲自是四時常朝及會同皆有賓客也云以牢禮之法者五等諸侯來朝天子待之自有常法若大行人掌客者也云掌其牢禮者下別言委積之等則此牢禮謂饔餼之禮若然委積是賓未至時在道所設聘禮云聘日致饔則饔餼是朝日致之矣今在委積上者以饔餼是禮之大者故先言之且委積非直賓來時共之賓去亦共之在下亦其宜若然飧牢皆殺而云飧牽者以掌客云積視飧牽據

積而言之也○注牢禮至大夫○釋曰云牢禮之法多少之差者案大行人上公饗餼九牢饗禮九獻食禮九舉此等其侯伯降二等以七爲節子男又降二等以五爲節也又掌客云上公飧五牢五積侯伯飧四牢四積子男飧三牢三積是其數也云及其時也者案聘禮云賓至大夫帥至于館卿言宰夫朝服設飧又云聘日致饔卿天子待諸侯亦然其委積者從來至去在道而設之並是時也若然此等之禮並是掌客所主今此復言之者此宰夫雖非正職以其主陳之當知其數故言之耳云三牲牛羊豕具爲一牢者此依聘禮卿韋弁歸饔餼於館之時有五牢飪一牢設於西階腥二牢設於東階牽二牢陳于門內之西北首以牛一羊一豕一稱牢此既以經牢禮爲饔餼故還引聘禮順饔餼以證之也云委積謂牢米薪芻給賓客道用也者依掌客云積視飧牽飧有芻薪及米明委積在道所設亦有芻米薪蒸也且地官遺人云十里有廬廬有飲食三十里有宿宿有委五十里有市市有積是其委積給客道用也云膳獻禽羞俶獻也者此聘禮記文彼注云禽羞謂成熟有齊和者俶獻四時珍美新物也俶始也言其始可獻也聘義謂之時賜是也云飲食燕饗也者鄭以燕饗解飲食卽是飲入燕饗中不解經中食爲食禮者經中言食則食禮自明今云飲食燕者欲見飲入燕禮可知饗中又兼燕與食以其饗有米有酒故也司農云飧夕食也者先鄭以飧字夕下爲之卽爲夕食但客至卽設不要待夕故後鄭不從也云春秋傳曰飧有陪鼎者左氏昭五年楚薳啓彊曰宴有好貨飧有陪鼎是也云春秋傳曰餼牽竭矣者左氏僖三十三年鄭皇武子辭秦客杞子等云唯是脯資餼牽竭矣是也玄謂飧客始至所致禮者此亦先鄭案聘禮客始至大夫帥至于館宰夫朝服設飧不待至夕也云凡此禮陳數存可見者唯有行人掌客及聘禮公食大夫者以儀禮三千條內具有諸侯之禮俱亡滅者多今存可見者周禮之內有大行人掌客是待諸侯之禮儀禮之內有聘禮公食大夫是待聘客之法皆有陳數考校可知也

凡邦之弔事掌其戒令與其幣器財用凡所共者弔事弔諸侯諸臣幣所用賻也器所致明器也凡喪始死弔而含襚葬而賵贈其間加恩厚則

有賻焉春秋譏武氏子來求賻○賻音附【疏】凡邦至共者○釋曰弔謂王使人弔諸侯自弔諸臣須從王行者弁有贈喪之具百官當共故宰夫總戒令之與其幣器財用凡所共者也○注弔事至求賻○釋曰案大宗伯云以喪禮哀死亡禮記檀弓曰君臨臣喪巫祝桃茢執戈惡之也天子之禮弔諸臣之法春秋左氏王使榮叔歸含且賵是有弔法故云弔諸侯諸臣也云幣所用賻也者案公羊傳曰寶曰含車馬曰賵衣服曰襚幣不入含襚賵中故知是賻也云器所用致明器也者案儀禮既夕禮云若就器則坐奠于陳注云就猶善也贈無常唯翫好則此贈與人亦是賓客就器而云明器者相對言之則檀弓云竹不成用瓦不成味木不成斲琴瑟張而不平之等是主人之明器賓客所致者謂之就器就成也謂善作之名爲就器總而言之皆是神明死者之器故此就器亦名明器也云凡喪始死弔而含襚葬而賵贈其間加恩厚則有賻焉言此者欲見賻非正禮其賻乃是於死者恩厚乃加之故禮記云弔喪不能賻不問其所費是恩厚之義也云春秋譏武氏子來求賻者隱公三年公羊文案公羊云武氏子來求賻何以書譏何譏爾喪事無求求賻非禮何休云禮本爲有財者制有則送之無則致哀而已不當求求則皇皇傷孝子心蓋通於下何休云云爾者嫌天子財多不當求下財少可求故明皆不當求鄭引此者見王於諸侯諸臣有歸則爾諸侯諸臣亦不得求也顏路請子之車孔子不與亦是不合求故抑之也

大喪小喪掌小官之戒令帥執事而治之

大喪王后世子也小喪大夫以下小官士也其大官則冢宰掌其戒令治謂共辦○辦薄莧反【疏】大喪至治之○釋曰其小官士以下則此宰夫戒令諸官有事者也○注大喪至共辦○釋曰大宰云大喪贊贈玉含玉宗伯云朝覲會同則爲上相大喪亦如之鬱人鬯人俱云大喪之渳典瑞云大喪共飯玉含玉彼皆據喪唯司寇云大喪前王以爲嗣王皆不爲后世子喪者彼皆不對小喪此大喪對小喪亦王所申服故注爲王后世子也此不言庶子文不具云小官士也者宰夫下大夫所掌而言小官明是士可知云其大官則冢宰掌其戒令者冢宰不言者文不具云治謂共辦者謂當職合共者供辦之

三公六卿之喪與職喪帥官有司而治之凡諸大夫之喪使其旅帥有司而治之旅冢宰下士【疏】三公至治之○釋曰三公六卿喪尊故宰夫與春官職喪帥其於喪家有事官有司而治之治之亦謂共辦之大夫之喪卑宰夫不自為使在己之下其旅三十有二人帥有事於喪家之有司而治之治之亦謂共辦之也歲終則令羣吏正歲會月終則令正月要旬終則令正日成而以攷其治治不以時舉者以告而誅之歲終自周季冬正猶定也旬十日也治不時舉者謂違時令失期會○會如字【疏】歲終至誅之○釋曰言周之歲終十二月則令羣吏羣吏則六十官正歲會正猶定也謂一年會計文書總句考之歲計曰會也月終則令正月要者謂每月終則令羣吏正其月要月要謂月計曰要也旬終謂每旬終則令羣吏正其日成日成謂日計曰成也云而以考其治治者言會要成總考之云治不以時舉者謂文書稽滯者故鄭云違時令失期會也云以告而誅之者謂告冢宰而誅責之也○注歲終至期會○釋曰知歲終是周之季冬者以其正月之吉始和彼正月是周之正月始和布治于天下至今歲終考之是一歲之終故知非夏之歲終也云正猶定者以其文書定乃可考之故為定也云旬十日也者上文云前期十日少牢云旬有一日旬與十日正同故知旬十日也正歲則以灋警戒羣吏令脩宮中之職事警勑戒之言鄭司農云正歲之正月以法戒勑羣吏○警京領反【疏】正歲至職事○釋曰正歲歲乃夏之正月是其歲始故以法警戒羣吏令脩宮中之職事以謹勑之也書其能者與其良者而以告于上良猶善也上謂小宰大宰也鄭司農云若今時舉孝廉賢良方正茂才異等【疏】書其至于上○釋曰上云令脩宮中之職事則此謂宮中諸吏也正歲之正月則豫選之擬至歲終當舉之也○注良猶至異等○釋曰知上是小宰大宰者以其承上文歲始末是賞時且長自告于王知上非王是小宰大宰先鄭云若今舉孝廉者謂

孝弟廉潔賢良卽經中良者謂有賢行而良善也云方正者人雖無別行而有方幅正直者也云茂才者漢光武諱秀時號爲茂才卽經云能者也云異等者四科不同等級各異故云異等此經據宮中子弟先鄭所云不要宮中之人引之況義耳

宮正掌王宮之戒令糾禁糾猶割也察也【疏】注糾猶至察也○釋曰案下經王宮中有官府故掌王宮之戒令之事有過失者已發則糾而割察之其未發則禁之也以時比宮中之官府次舍之衆寡時四時比校次其人之在否官府之在宮中者若膳夫玉府內宰內史之屬次諸吏直宿若。今部署諸廬者舍其所居寺○比徐方履反一音毗志反注下並同宿戚如字劉息就反下同【疏】以時至衆寡○釋曰以四時校比宮中見住在王宮中者之官府及宿衛者次舍之衆寡也○注時四至居寺○釋曰此時是尋常事故爲四時解之案地官鄉師云以歲時巡國及野而賙萬民之囏阨鄭彼注時隨其事之時不爲四時解者彼據囏阨非常故爲隨其事之時不得爲四時也云官府之在宮中者若膳夫玉府等者以其言在宮中之官府是執掌重事美物及飲食乃得在王宮故知是此人等云次諸吏直宿若今時部署諸廬者此次謂若匠人云外有九室九卿治之卽詩云適子之館兮鄭云卿士所之之館在天子之宮中如今部署諸廬彼二者與此次爲一物此據宮中之官府下宮伯云授八次八舍鄭注衛王宮者彼據宮中官府子弟云舍其所居寺者寺卽舍也是官府退息之處爲之版以待鄭司農云爲官府次舍之版圖也待待比也玄謂版其人之名籍待待戒令及比【疏】爲之版以待○釋曰版謂宿衛人名籍爲宮正執籍校比之也○注鄭司農至及比○釋曰先鄭以版爲官府次舍之版圖者先鄭於八成注云版名籍圖地圖此注連言圖其版卽名籍與後鄭義同後鄭以爲人名籍者增成先鄭義也夕擊柝而比之夕莫也莫行夜以比直宿者爲其有解惰離部署鄭司農云柝戒守者所擊也易曰重門擊柝以待暴客春秋傳曰魯擊柝聞於邾○柝吐各反莫音暮本亦作暮行下孟反爲于僞反下注皆同解佳賣反惰徒帥反離力智反重直龍反閒音閒又如字【疏】夕擊柝而比之○釋曰既得名籍至夕暮擊柝校比之恐其解惰也○注夕莫至於
邾○釋曰後鄭云莫行夜以比直宿者謂直宿郎坐持更之人則行夜者擊柝校比直宿人故先鄭云柝戒守者所擊也易曰者是易繫辭文彼又云蓋取諸
豫鄭玄注云豫坤下震上九四體震又互體有艮艮爲門震日所出亦爲門重門象艮又爲手巽爻也應在四皆木也手持二木也手持二木以相敲是爲擊
柝擊柝爲守備警戒也四又互體爲坎坎爲盜五離爻爲甲冑戈兵盜謂持兵是暴客也又以其卦爲豫有守備則不可自逸是也云春秋傳曰者左氏哀七
年秋魯伐邾茅成子請告于吳不許曰魯擊柝聞於邾吳二千里不三月不至何及於我引之證擊柝之義也國有故則令宿其比亦
如之鄭司農云故謂禍烖令宿宿衞王宫春秋傳曰忘守必危況有烖乎玄謂故凡非常也文王世子曰公有出疆之政庶子以公族之無事者守於公
宫正室守大廟諸父守貴宫貴室諸子諸孫守下宫下室此謂諸侯也王之庶子職掌國子之倅國有大事則帥國子而致於大子唯所用之者令宿之事蓋
亦存焉○守手又反又音手疆居艮反倅七内反【疏】國有至如之○釋曰有故有烖禍及王時出行不在皆是也云則令宿其比亦如之者亦如比夕擊
柝已上之事與平常同也○注鄭司至存焉○釋曰先鄭引春秋傳者左氏昭十八年夏五月宋衞陳鄭烖子産授兵登陴子大叔曰晉無乃討乎子産曰小
國忘守則危況有烖乎彼爲則先鄭云必讀字不同也玄謂故凡非常也文王世子曰公有出疆之政者謂出朝覲也云庶子以公族之無事者守於公宫者
此言與下爲目庶子謂諸侯庶子之官掌卿大夫士之適子弁掌公家之事云正室守大廟者謂公族之内適子名爲正室使守大廟大廟尊故也云諸父守
貴宫貴室者謂同族諸爲父行者貴宫貴室同爲路寢路寢對大廟生人之尊也云諸子諸孫者亦謂同族之内諸爲子行孫行者也云守下宫下室者下宫
謂親廟四下室謂燕寢也云此謂諸侯也者謂文王世子文是諸侯法也云王之庶子職掌國子之倅已下者是夏官諸子職文云庶子者諸庶一也於諸侯

卽爲庶子於天子則爲諸子今因諸侯卿大夫言庶子其實夏官所云是諸子職也彼鄭注倅謂副倅之倅國子謂諸侯卿大夫士之子者云國有大事則帥國子而致於太子唯所用之者彼云大事寇戎之事卿大夫士之子屬太子故唯太子所使用也彼是甲兵不云宿衛故鄭云令宿之事蓋亦存焉存焉者宿衛之事亦在唯所用中引之。言欲見國有故中有王出疆巡守征伐皆須令宿增成先鄭義也

辨外內而時禁鄭司農云分別外人內人禁其非時出入○別彼列反【疏】辨外內而時禁○釋曰先鄭云分別外人內人禁其非時出入者謂仕在王宮中有卿大夫士等外人謂男子內人謂婦女皆是也此男女自相對爲外人內人其內人非謂宰職所云內人是刑女在宮中者也

稽其功緒糾其德行稽猶考也計也功吏職也緒其志業○行下孟反【疏】稽其至德行○釋曰緒業也宮正考計其宮中卿大夫士功狀及職業多少糾察其在身爲德施之爲行二者也

幾其出入均其稍食鄭司農云幾其出入若今時宮中有罪禁止不。能出亦不得入及無引籍不得入宮司馬。殿門也玄謂幾荷其衣服持操及疏數者稍食祿稾○荷呼可反又音何操七曹反數音朔稾彼錦反【疏】注鄭司至祿稾○釋曰先鄭引今時者謂漢法言引籍者有門籍及引人。皆得出入也又云司馬殿門者漢宮殿門每門皆使司馬一人守門比千石皆號司馬殿門也玄謂幾。荷其衣服持操及疏數者案閽人云喪服凶器不入宮潛服賊器不入宮奇服怪民不入宮。殿門云幾出入不物者謂衣服視古不與衆同及所操物不如品式者職雖不同皆是守禁此經直云幾其出入明知漢有此呵其衣服持操及疏數此增成司農義也云稍食祿稾者。稍則稍稍與之則月俸是也。則下士。食九人中士倍下士上士倍中士大夫倍上士之類其祿與之米稾故云祿稾也

去其淫怠與其奇衺。之民民宮中吏之家人也淫放濫也怠。解慢也奇衺譎觚非常○去起呂反奇音羇徐去宜反衺似嗟反亦作邪譎古穴反觚音孤【疏】注民宮至非常○釋曰此一經並是吏之民云淫放濫也怠解慢也爲此惡行也云民宮中吏之家人也者吏卽宅在宮中御

大夫士其家人爲此惡行也者使之不爲卽是去也此民謂若秋官隸民之類云奇衺譎觚非常者兵書有譎觚之人謂譎詐桀出觚角非常也

會其什伍而教之道義五人爲伍二伍爲什會之者使之輩作輩學相勸帥且寄宿衞之令鄭司農云道謂先王所以教道民者藝謂禮樂射御書數○會如字注同教道徒報反下道導同

疏注五人至書數○釋曰宮正掌宮中卿大夫士亦兼掌子弟會謂會合其宮中子弟使之以五人爲伍二伍爲什必會合之者欲使之宿衞時語言相體服容相識是其輩作也及其學問又相親及切磋琢磨是其輩學總是相勸帥也云且寄宿衞之令者管子云因內政寄軍令在家時五家爲比在軍還五人爲伍之類此亦五人爲伍二伍爲什使之輩學似若在家也因使之宿衞以寄軍令也先鄭云道謂先王所以教道民者謂若保氏云掌養國子以道而教之六藝道則師氏三德三行也藝謂禮樂射御書數亦保氏職文也

月終則會其稍食歲終則會其行事行事吏職也

疏月終至行事○釋曰稍食謂宮中官府等月祿故至月終會計之歲終則會計行事吏職當考知功過也

凡邦之大事令于王宮之官府次舍無去守而聽政令使居其處待所爲

疏凡邦至政令○釋曰邦有大事謂國之大事在祀與戎則令于王宮之官府次舍無去守謂使之皆在次舍不得去部所守而聽待政令須有所爲

春秋以木鐸脩火禁火星以春出以秋入因天時而以戒

疏春秋至火禁○釋曰春謂季春秋謂季秋二時火星出入之時以木鐸警衆使脩火禁也○注火星至以戒○釋曰火星則心星也公羊謂之大辰服注春秋云火出於夏爲三月於商爲四月於周爲五月故云以春出也季秋昏時伏於戌火星入故云以秋入云因天時而以戒者此火謂陶冶鑄銅之火因天出火民則爲之因天入火民則休之故云因天時戒之也此施火謂宮正於宮中特宜愼火故脩火禁夏官司爟云掌行火之政令四時變國火以救時疾下又云時則施火令爲焚萊之時故脩火禁也秋官司烜云中春以木鐸脩火禁于國中注云爲季春將出火也

火禁謂用火之處及備風燥是三月預脩之三月重掌事各有所爲不相妨也

凡邦之事蹕宮中廟中則執燭

鄭司農讀火絕之云禁凡。邦之事蹕國有事王當出則宮正主禁絕行者若今時衞士填街蹕也宮中廟中則執燭宮正主爲王於宮中廟中。執燭玄謂事祭事也邦之祭社稷七祀於宮中祭先公先王於廟中隸僕掌蹕止行者宮正則執燭以爲明春秋傳曰有大事於大廟又曰有事於武宮○蹕音畢徐又音襅讀戚如字徐音豆填音田街音佳

疏 凡邦至執燭○釋曰凡邦之事謂祭祀之事王當出入來往時隸僕與王蹕止行人於宮中及廟中也王出向二處當侵晨而行爾時則宮正爲王執燭爲明也○注鄭司至武宮○釋曰先鄭讀火絕之則火字向上爲句也其禁自與凡邦之事蹕共爲一句宮正既不掌蹕事若如先鄭所讀則似宮正爲王蹕非也云宮中廟中則執燭者若不以邦之事與此宮中爲一事則宮中廟中。何。爲事而遣宮正執燭乎亦非也又云若今時衞士填街蹕也者漢儀大駕行幸使衞士填塞街巷以止行人備非常也玄謂事祭事也者謂在宮中廟中二處皆有祭事也云邦之祭社稷七祀於宮中者小宗伯云左宗廟右社稷在宮中中門之外也依祭法王爲羣姓立七祀曰司命曰中霤曰國行曰國門曰泰厲曰戶曰竈案司門云凡歲時之門受其餘則此七祀等是爲羣姓所立者不在宮中也祭法又云王自爲立七祀者此則禱祀在宮中者也云春秋傳曰有大事于大廟者左氏文二年秋八月丁卯大事于大廟是也云又曰有事于武宮者昭十五年春二月癸酉有事于武宮鄭引此者欲見隸僕蹕于宮中亦得兼廟中故公羊云魯公稱世室羣公稱宮則天子之廟亦有宮稱也

大喪則授廬舍辨其親疏貴賤之居

廬倚廬也舍堊室也親者貴者居倚廬疏者賤者居堊室雜記曰大夫居廬士居堊室○倚於綺反

疏 大喪至之居○釋曰大喪謂王喪臣子皆爲之斬衰則同廬舍所居則異也云授廬舍者總諸臣而辨其親疏貴賤之居異也○注廬倚至堊室○釋曰廬倚廬也者謂於路門之外東壁倚木爲廬云舍堊室也者舍對廬故爲堊室堊室者兩下爲之與廬異故名堊室也云親者貴者

居倚廬者親謂大功以上貴謂大夫以上者居倚廬云疏者賤者居堊室者疏謂小功緦麻賤謂士二者居堊室知義如此者以其經云辨其親疏貴賤明當如此解之也又引雜記者彼是諸侯之臣其大夫居廬士居堊室彼注士居堊室亦謂邑宰也朝廷之士亦居廬引之者證貴者居廬賤者居堊室一邊之義耳其實爲諸侯禮不辨親疏貴賤而別其遠近並爲天子之臣也

宮伯掌王宮之士庶子凡在版者鄭司農云庶子宿衛之官版名籍也以版爲之今時鄉戶籍謂之戶版玄謂王宮之士謂王宮中諸吏之適子也庶子其支庶也○適音丁歷反【疏】宮伯至版者○釋曰宮伯掌王宮中卿大夫之適子庶子士之適子也凡在版者子弟皆有名籍以擬校比也○注鄭司至庶也○釋曰鄭司農云庶子宿衛之官謂若夏官諸子職後鄭不從者彼諸子是下大夫此宮伯中士不合掌之故不從也玄謂王宮之士謂宮中諸吏之適子也者吏謂卿大夫士之總號云庶子其支庶也者以其宮正掌宮中官府宮伯掌其子弟故也案大司馬云王弔勞其士庶子文與此同鄭彼注云弔其死者勞其傷者庶子卿大夫之子從軍者彼士爲卿大夫士庶子爲卿大夫之子則兼適庶與此不同者彼更無弔勞卿大夫士身故上爲卿大夫庶子中兼適庶是鄭望文以爲義故注與此不同也

掌其政令行其秩敘作其徒役之事秩祿稟也敘才等也作徒役之事大子所用【疏】掌其至之事○釋曰宮伯既掌士庶子所以有政令盡掌之也行其秩敘者秩謂依班秩受祿敘者才藝高下爲次第以作其徒役者士庶子屬大子隨其所用使役之也

授八次八舍之職事衛王宮者必居四角四中於徼候便也鄭司農云庶子衛王宮在內爲次在外爲舍玄謂次其宿衛所在舍其休沐之處○徼古弔反便婢面反【疏】注衛王至之處○釋曰言衛王宮者必居四角四中者以其言八似若八方爲四方四維然以四角四中解之必於八所以爲次舍者相徼察來往候望皆便故次舍皆八也司農云庶子衛王宮在內爲次在外爲舍者庶子義

上巳破訖先鄭意內次外舍有所隔絶故后鄭不從也玄謂次其宿衛所在者謂宿衛之處稍在前爲之館也舍者若掌舍之舍亦舍息休止之處故鄭爲休沐之處也若邦有大事作宮衆則令之謂王宮之士庶子於邦有大事或選當行疏若邦至令之○釋曰事亦謂寇戎之事作起也謂起宮中之衆使士庶子行則宮伯戒令之月終則均秩歲終則均敘以時頒其衣裘掌其誅賞頒讀爲班班布也衣裘若今賦冬夏衣○頒音班疏月終至誅賞○釋曰月終則均其秩秩祿稟則與宮正均稍食亦一也歲終則均敘與宮正則異彼宮中官府故會其行事此其子弟故均其敘敘卽上注才等也以時頒其衣裘夏時班衣冬時班裘掌其誅賞者士庶子有功則賞之有罪卽誅之也○注若今賦冬夏衣○釋曰賦班也班之與賦皆賜授之義

附釋音周禮注疏卷第三

周禮注疏卷三校勘記　　阮元撰盧宣旬摘錄

小宰

宮皆當爲官　嘉靖本閩本同監本毛本作當皆爲官誤倒惠棟云以宮刑憲禁于王宮而令于百官府且曰國有大刑則宮刑當作官刑明矣案經首云掌建邦之宮刑以治王宮之政令末云以宮刑憲禁于王宮宮正宮伯等職皆言王宮經無有言王官者則宮刑之非官刑審矣

若今御史中丞　惠士奇云劉昭注續漢志引小宰職干寶注若御史中丞是干注非鄭注也案此當是干用鄭注賈疏本有之

已云四曰官刑　閩監毛本誤宮刑

應劭云　惠校本同與漢制考合閩監毛本劭改卲○按應劭古書多作劭以說文卲高也定之名卲故字仲遠作卲則大誤

九貢中兼之矣　監毛本同此本矣誤人閩本誤又今訂正

謂宮正至夏采　閩本同監毛本采誤宋

此並共王食是同事　案同爲大之誤

天官甚衆　浦鏜云天當六字誤

周公攝政三年滅奄　惠校本作踐奄此誤○按十行本是踐字不誤

然則服亦平也　此本則誤賊今據監毛本訂正閩本然則誤糾賊

以官府之六聯合邦治唐石經嘉靖本閩本皆作聯宋本作聠監毛本作聯並非○按依說文从耳从絲省

六曰斂弛之聯事余本閩監毛本同唐石經宋本嘉靖本弛作弛石經考文提要云宋本九經宋纂圖互注本宋附釋音本皆作斂弛案釋文斂弛劉本作施音弛杜作施然則經文本作斂施有杜子春劉昌宗本可據劉音弛從注讀而淺人遂據以改經耳小司徒遂人遂師遂大夫士均施舍字凡五見注皆云施讀爲弛可證漢讀考云蓋杜易施爲弛而鄭發明其義今本恐是依注改經作弛復依經改注作弛讀爲施耳

屬其六紖余本閩監毛本同嘉靖本紖作引釋文六紖徐音允劉音引本或作引案大司徒職作屬其六引鄭司農云六引謂引喪車索也六鄉主六引六遂主六紼蓋彼經作引此注作紖有劉音可據說文紖牛系也嘉靖本依經作引與陸云或本合

杜子春弛讀爲施余本宋本嘉靖本同閩監毛本弛作弛非

皆舍不以力役之事宋本舍作捨

杜子春引讀爲施者浦鏜云弛誤引

不必連案下當脫斂

簡稽士卒兵器薄書諸本薄作簿

簡猶閱也釋文出簡閱二字則陸本無猶字

皆官師擁鐸拱稽浦鏜云國語師作帥擁作擁案浦據俗本國語如此耳明道本作行頭皆官師擁鐸拱稽與此合

責謂貸予 諸本同釋文出貸予二字皆誤也疏引注云責謂貸而生子者若今舉責即地官泉府職云凡民之貸者以國服爲之息是也又釋經云稱責謂舉責生子則予爲子字之誤無疑當訂正

傅傅著約束於文書 此本疏中引注作傅傅著約於文書後剜擠束字蓋注本無束字

傅別謂爲大手書於一札中字別之 案大手書疑當作下手書司市注云質劑謂兩書一札而別之也若今下手書言保物要還矣疏云漢時下手書即今畫指券大字蓋誤○按謂爲大手句絕即今俗語所謂手摹脚印也傅別是一札而剖之分執質劑是兩札各執其一不必援司市注以改此

謂聽時以禮命之其人策書之本 浦鏜云上之字疑在其人下

此謂於官直貸不出子者 閩監毛本子改予蓋因取予字致誤也

皆是利稅之事也 閩本同監毛本作科稅

引之以證征是口稅之法 此本及閩毛本皆作日稅今从監本訂正

凡縣者祭祀無過旬日 監本縣改縣俗字下同

簿書之要目曰契 案要當從注作最○按最古作冣此以要釋冣耳毛本作最目曰契是也

辨辨然不疑惑也 疏云辨然於事分明無有疑惑之事惠棟云辨然不不讀爲否漢官儀解博士云士者辨於然否是也疏讀非案釋

文亦無音○按古人不字多讀平聲者今人但於詩句用之

令百官府共其財用治其施舍 唐石經諸本同毛本官府誤倒案上注聽平治也釋文治如字下文治其弛舍同凡經云施舍注皆讀施爲弛此注不言讀爲蓋經本作弛字或經作施舍注云弛舍陸氏本注讀也

書亦爲七事 漢讀考謂當作書亦或爲七事

云施舍不給役 閩本同監毛本下增者

賛王幣爵之事 唐石經嘉靖本閩監毛本同宋本余本王作玉宋岳珂九經三傳沿革例云諸本王皆作玉惟越注疏及建大字本作王大宰賛玉幣爵上文有賛王牲事則玉幣爵不得再言王小宰職卑不獲賛牲事且此上文未有王字故言王幣爵注所謂從大宰助王其義甚明案疏云大宰職祀五帝賛玉幣爵今此又云祭祀賛此三者謂小宰執以授大宰大宰執以授王故云又從大宰助王也是賈疏本作玉字注云從大宰助王當從疏義岳說非段玉裁漢讀考言之備矣

而下引云祼將 浦鏜云別誤引

大賓客則攝而載祼 浦鏜云經作果注果讀爲祼案鄭既於彼注改讀故於此引經竟從其所讀三禮注皆如是

使齎歲盡文書來至 監本齎作齋非釋文亦誤齋葉鈔本作齎○按依說文則監本不誤

而觀治象之灋徇以木鐸曰不用灋者 監毛本灋改法徇作狥非疏中同

此文乃檀弓并明堂位 浦鏜改乃爲及非

各修乃職 唐石經嘉靖本修作脩諸本皆作修非當訂正○按經典多用脩罕用修者

宰夫之職 閩監毛本誤連上文不跳行

王族故士虎士 虎士舊誤處功今據經訂正

宰夫主諸臣萬民之復逆 宋本萬作万

在下受而受而行之 補案受而二字誤重

然者一日萬機 惠校本然下有王此脫

如今侍曹伍伯 余本嘉靖本閩監毛本同宋本伍作五此本疏中引注及漢制考皆作五百案疏云漢時五人爲伍伯長也是五人之長然則訓伍爲五訓伯爲長不得竟作五也一作五非

云如今侍曹五伯傳吏朝也者 閩監毛本作伍伯此作五非

其徒止爲在朝趨走 監本止誤上

賓賜之飧牽 釋文唐石經飧作飱從夕釋文云一本作賓賜掌其飱牽○案此本注內及疏文並作飧

俱亡滅者多 浦鏜云俱當但字誤

木不成斵惠校本同閩監毛本作斲非

何休云云爾者浦鏜云當衍一云

彼皆據喪案據下當脱王

歲終自周季冬浦鏜云是誤自案此字當衍

則令羣吏羣吏則六十官此本補刻下羣吏誤羣臣今據閩監毛本訂正

宮正

若今部署諸廬者疏引注作若今時部署諸廬者案時字當有注中屢言若今時

夕擊柝而比之唐石經柝作柝此本作拆訛今訂正

故謂禍灾諸本灾作災此蓋俗省疏中灾災錯出此本補刻多不足據

則師國子而致於大子閩監毛本同誤也宋本余本嘉靖本師作帥當訂正又此本及閩監毛本疏中皆作帥不誤

亦如比夕擊柝已上之事惠校本比作上此誤

引之言欲見國有故中惠校本言作者此誤

禁止不能出閩監毛本同誤也宋本余本嘉靖本能作得當訂正

不得入宮司馬殿門也　諸本同案殿字疑衍顏師古注漢書元帝紀云司馬門者宮之外門也衛尉有八屯衛候司馬主衛士徼巡宿衛每面各二司馬故謂宮之外門爲司馬門此因賈疏云司馬門者漢宮殿門遂衍殿字矣○按疏明言云司馬殿門者是有殿字可知漢官儀云公車司馬掌殿司馬門司馬殿門卽殿司馬門也

元謂幾荷其衣服持操　宋本余本嘉靖本同監毛本荷作呵非閩本呵字剜改葢本作荷葉鈔釋文漢制考皆作荷六經正誤云呵亦作荷呼何反又音何漢書賁問作呵芙渠作荷惠棟云漢書守荷禮不作呵萬卷堂本是

皆得出入也　惠校本皆作乃此誤

元謂幾荷其衣服持操　閩監毛本荷改呵此本下仍作呵非

殿門云幾出入不物者　浦鏜云司誤殿

稍則稍稍與之　惠校本句首有言

則下士食九人　惠校本作食則下士九人非也

與其奇衺之民　釋文衺亦作邪案經作衺注作邪見地官司救音義

怠解慢也　宋本余本嘉靖本閩本同監毛本解改懈而疏中仍作解

禁凡邦之事蹕　嘉靖本邦作國惠校本亦作國云萬卷堂本仍作邦

宫正主爲王於宫中廟中執燭嘉靖本執燭上有則

何爲事而遣宫正執燭乎盧文弨曰何爲疑當作爲何

宫伯

謂王宫中諸吏之適子也疏引注無王此衍

故上爲卿大夫惠校本上作士此誤

秩祿稟也宋本稟作廩誤稟筆錦反賜也

周禮注疏卷三校勘記

附釋音周禮注疏卷第四

鄭氏注　　賈公彥疏

膳夫掌王之食飲膳羞以養王及后世子食飯也飲酒漿也膳牲肉也羞有滋味者凡養之其大略有四○食音嗣注及下食用公食同飯扶萬反依字作飰

【疏】膳夫至世子○釋曰云膳夫掌王之食飲者此一經以其職首故略舉其目下別敘之云以養王及后世子者舉尊者而言其實羣臣及三夫人已下亦養之○注食飯至有四○釋曰云食飯也者即下文云食用六穀是也云飲酒漿也者即下文飲用六清是也下文不言酒文略也云膳牲肉也者即下文云膳用六牲是也云羞有滋味者即下文云羞用百有二十品是也下文仍有珍用八物醬用百有二十甕不言之者此舉大者珍醬是饋之小者略而不言故鄭云凡養之具大略有四是舉以為目也

凡王之饋食用六穀膳用六牲飲用六清羞用百二十品珍用八物醬用百有二十甕進物於尊者曰饋此饋之盛者王舉之饌也六牲馬牛羊豕犬雞也羞出於牲及禽獸以備滋味謂之庶羞公食大夫禮內則下大夫十六上大夫二十其物數備焉天子諸侯有其數而物未得盡聞珍謂淳熬淳母炮豚炮牂擣珍漬熬肝膋也醬謂醯醢也王舉則醢人共醢六十甕以五齏七醢七菹三臡實之醯人共齏菹醯物六十甕鄭司農云羞進也六穀稌黍稷粱麥苽苽彫胡也六清水漿醴醇醫酏○甕徐音瓮屋貢反饌仕眷反盡津忍反淳之純反下同熬五刀反毋莫胡反一音武由反炮步交反牂作郎反擣丁老反膋力彫反齏作西反臡劉奴兮反徐耳齊反稌音杜徐他古反苽古吳反醇本又作涼力羊反徐力放反醫於美反徐於計反酏以支反劉書支反

【疏】注進物至醫酏○釋曰鄭云進物於尊者曰饋者據此文云王之饋及少牢特牲皆云饋食是進物於尊者曰饋鄭注玉府云通行曰饋者彼對獻是進物於

尊則饋是通行也云此饋之盛者王舉之饌者下文云王日一舉鼎十有二是王舉之饌也云六牲馬牛羊豕犬雞者此依爾雅釋畜亦是將用之曰牲也云羞出於牲及禽獸者釋經羞用百有二十品此羞庶羞。皆出於牲及禽獸案公食大夫下大夫十六豆中從腳臐膮已下皆出於牲不見有出禽獸者上大夫加以雉兔鶉鴽此則出禽獸也以其有牲及禽獸故云備滋味謂之庶羞也引公食大夫禮及內則二文俱言十六豆是下大夫禮內則云雉兔鶉鴽四豆添前十六則二十是上大夫禮云其物備數焉者此上下大夫禮其物備有焉云天子諸侯有其數者此經云百有二十者是天子有其數掌客云上公食四十侯伯三十二子男二十四是諸侯有其數也又云而物未得盡聞者言未盡聞則少有聞所聞者謂天子諸侯之數皆從上大夫二十豆上加之則二十豆聞之矣內則云牛脩及爵鷃蜩范芝栭已下三十一物鄭注云皆人君燕食所加庶羞也周禮天子羞用百有二十品記者不能次錄亦是有其物未盡聞也云珍謂淳熬已下皆內則文案內則淳熬煎醢加于陸稻上沃之以膏曰淳熬淳母煎醢加于黍食上沃之以膏曰淳母母模也炮取豚若牂刲之刳之實棗於其腹中編萑以。塗之塗之以。墐塗炮之塗皆乾擘之濯手以摩之去其皽爲稻粉糔溲之以爲酏以付豚煎諸膏膏必滅之鉅鑊湯以小鼎薌脯於其中使其湯毋滅鼎三日三夜毋絶火而後調之以醯醢擣珍取牛羊麋鹿麕之肉必脄每物與牛若一捶反側之去其餌孰出之去其皽柔其肉漬取牛。羊肉必新殺者薄切之必絶其理湛諸美酒期朝而食之以醢若醯醷爲熬捶之去其皽編萑布牛肉焉屑桂與薑以。洒諸上而鹽之乾而食之施羊亦如之肝膋取狗肝一幪之以其膋濡炙之舉。焦其膋不蓼也是爲八珍彼有糝與。餰彼是羞豆之實非珍故不取云醬謂醯醢也者醬是總名知醬中兼有醯醢者經云百有二十罋醢人共醢六十罋醯人共醯物六十罋故鄭注醯人兼引之其五齏七醢等就醢人其釋鄭司農云六穀知有稌黍稷粱麥苽者據食醬而知云苽彫胡也者南方見有苽米一名彫胡異方語云六清水漿醴醇醫酏者漿人文也

王日一舉鼎十有二物皆有俎殺牲盛饌曰舉

王日一舉以朝食也后與王同庖鼎十有二牢鼎九陪鼎三物謂牢鼎之實亦九俎○朝如字下奉朝同陪徐蒲來反

疏王日至有俎○釋曰言王日一舉者謂一日一太牢云鼎十有二者案禮記郊特牲鼎俎奇而籩豆耦者謂正鼎九陪鼎三卽是奇數總而言之卽十二云物皆有俎者俎據正鼎而鼎各一俎○注殺牲至九俎○釋曰殺牲盛饌曰舉知非舉樂者以其言鼎十有二膳夫主飯食故知舉是殺牲盛饌云王日一舉以朝食也者一日食有三時同食一舉案玉藻云皮弁以日視朝遂以食日中而餕餕者餕朝之餘則遂以食之謂朝之食。明知先朝食次乃日中而餕云后與王同庖案玉藻云夫人與君同庖鄭注云不特殺明后亦與王同庖可知云鼎十有二牢鼎九陪鼎三者案聘禮致饔餼。注云飪一牢鼎十有二是也牢鼎九在西階前。云牛羊豕魚腊腸胃同鼎膚鮮魚鮮腊云陪鼎三者當內。兼膷臐膮並陪牛羊豕鼎後是也云物謂牢鼎之實者言實卽牛羊豕之類也云亦九俎者陪鼎三膷臐膮者謂庶羞在於豆唯牢鼎之物各在俎故云亦九俎案趙商問王日一舉鼎十有二是爲三牲備焉商案玉藻天子日食少牢朔月太牢禮數不同請聞其說鄭答云禮記後人所集據時而言或以諸侯同天子或以天子與諸侯等禮數不同難以據也王制之法與禮違者多當以經爲正若然此周禮周公太平法玉藻據衰世或是異代故與此不同

以樂侑食膳夫授祭品嘗食王乃食侑猶勸也祭謂刌肺脊也禮飲食必祭示有所先品者每物皆嘗之道尊者也○授祭品于云祭五行六陰之神與民起居刌寸本反劉音忖沈寸沒反徐倉典反

疏以樂至乃食○釋曰上言王日一舉此云以樂侑食卽是王制云天子食日舉以樂案論語微子云亞飯三。飯四飯鄭云皆舉食之樂彼諸侯禮侑有舉食之樂明天子日食有舉食之樂可知案大司樂云王大食皆令奏鍾鼓彼大食自是朔食日舉之樂大司樂或不令奏故不言之矣無妨日食自有舉食之樂云膳夫授祭者謂王將食必祭先膳夫授之云品嘗食者玉藻云火孰者先君子鄭注云備火齊不得也故膳夫品物皆嘗之王乃食也○注侑猶至者也○釋曰殷祭肝周祭肺但祭肺有二種一者名爲舉

肺亦名離肺此爲食而有也二者名爲祭肺亦名刌肺此爲祭而有也但舉肺離而不絕祭肺則絕之今此膳夫授祭爲食而授即舉肺也鄭云祭謂刌肺脊也者以經直云祭不言舉又不言離直云祭故鄭云祭謂刌肺也以優至尊故與祭祀同刌肺也若然鄉飲酒鄉射無連言脊今兼言脊者依士虞特牲皆言授肺脊故鄭依之而言云禮飲食必祭示有所先者凡祭皆祭先造食者曲禮云殽之序徧祭之今徒言祭肺者略舉其首者也

卒食以樂徹于造。

造作也鄭司農云造謂食之故所居處也已食徹置故處

【疏】卒食至于造○釋曰卒終也天子食終徹器之時作樂以徹之但天子祭祀歌雍以徹徹食器之時樂章未聞也○注造作也至故處○釋曰後鄭云造作也先鄭云徹置故處二鄭義同皆謂造食之處即廚是也案內則云天子之閣左達五右達五彼亦是置食處今此不徹於閣者但閣內別置新饌案文王世子。未有原即此亦不重進故徹于造

王齊日三舉

鄭司農云齊必變食

【疏】王。齊日三舉○釋曰齊謂散齊致齊齊必變食故加牲體至三太牢案玉藻云朔食加日食一等則於此朔食當兩太牢不言之者文不具齊時不樂故不言以樂。侑食也齊必變食論語文

大喪則不舉大荒則不舉大札則不舉天地有烖則不舉邦有大故則不舉

大荒凶年大札疫癘也天烖日月晦食地烖崩動也大故寇戎之事鄭司農云大故刑殺也春秋傳曰司寇行。戮君爲之不舉○札側八反徐音截杜注左傳大死曰札裁音災疫音役癘音厲爲于僞反

【疏】大喪至不舉○釋曰臣子一皆爲王喪啜粥故大喪不舉也大荒則不舉已下皆爲自貶損○注大荒至不舉○釋曰言大荒凶年者則曲禮云歲凶年穀不登君膳不祭肺是也云大札疫癘也者即春秋夭昏札達民有疫癘爲之不舉自貶也云天烖日月晦食者月食在望日食在晦朔今總云日月晦食者案春秋唯書日食故以是不言月之望食日食由月故連言月也云地烖崩動也者左氏書地震及梁山崩是也云大故寇戎之事者據此經唯言大喪大荒大札天地有災故知大故是寇戎先鄭云大故刑殺引之在下者欲見大故中

含有刑殺之事春秋傳曰司寇行刑者案莊公二十年王子頹享五大夫樂及偏舞又云王子頹歌舞不倦是樂禍也夫司寇行戮君為之不舉不舉者謂不舉樂此經數事不舉司農意喪謂不舉樂故引以為證但此膳夫云不舉在食科之中不舉即是不殺牲引司農義在下者不舉之中含有不舉樂

王燕食則奉膳贊祭燕食謂日中與夕食奉膳奉朝之餘膳所祭者牢肉疏王燕至贊祭○釋曰案上王日一舉鄭云謂朝食則此云燕食者謂日中與夕相接為三時云奉膳者奉朝之餘膳云贊祭者助王祭牢肉○注燕食至牢肉○釋曰案玉藻天子與諸侯相互為三時食故燕食以為日中與夕云奉膳奉朝之餘膳者則一牢分為三時故奉朝之餘餕也云所祭者牢肉者案玉藻諸侯云夕深衣祭牢肉鄭注云天子言日中諸侯言夕天子言餕諸侯言祭牢肉互相挾則天子諸侯朝皆祭肺日中與夕皆祭牢肉故言所祭者牢肉也

凡王祭祀賓客食則徹王之胙俎膳夫親徹胙俎胙俎最尊也其餘則其屬徹之賓客食而王有胙俎王與賓客禮食主人飲食之俎皆。為胙俎見於此矣○見賢遍反下文及注同疏凡王至胙俎○釋曰云凡王祭祀謂祭宗廟有胙俎者謂若特牲少牢王人受尸酢戸東西面設主人俎於席前王受尸酢禮亦當然賓客食謂王與賓客禮食於廟賓在戸牖之間王在阼階上各有饌皆設俎故亦有胙俎此二者皆名胙俎膳夫徹之故云則徹王胙俎也○注膳夫至此矣○釋曰云膳夫親徹胙俎胙俎最尊也者以其胙者酢也王與尸賓相答酢故遣膳夫親徹云其餘則其屬徹之者以其經膳夫徹王之胙俎明非王胙俎則其屬徹之可知膳夫是上士則其屬中士已下是也云賓客食而王有胙俎王與賓客禮食者以其賓客與祭祀同科故知是禮食非是凡平燕食案公食大夫主君與聘大夫禮食賓前有食君前無食退飲於廂今此天子與諸侯禮食王前有食俎者天子於諸侯其禮異於諸侯與聘大夫故王前有俎云主人飲食之俎皆為胙俎見於此矣者案特牲少牢主人之俎雖為胙俎直是祭祀不兼賓客此則祭祀賓客俱有故云主人飲食之俎皆為胙俎見於此飲據祭祀食據賓客故雙言之也

凡王

之稍事設薦脯醢鄭司農云稍事。爲非日中大舉時而間食謂之稍事膳夫主設薦脯醢玄謂稍事有小事而飲酒○間食劉古莧反戚如字

疏凡王至脯醢○釋曰案下經燕飲酒謂大事與臣飲酒則此云王之稍事是王小事而飲酒故空設薦脯醢若大飲與食則有牲體○註鄭司農至飲酒○釋曰先鄭云稍事謂非日中大舉時而間食謂之稍事膳夫主設薦脯醢者先鄭意旦起日中食牲牢日中後空食脯醢後鄭不從者玉藻諸侯猶云夕深衣祭牢肉則天子夕食牢肉可知又脯醢者是飲酒肴羞非是食饌若大夫。已下燕食有脯無。會設脯無嫌若王之日食不得空薦脯醢故以爲小事飲酒

王燕飲酒則爲獻主鄭司農云主人當獻賓則膳夫代王爲主君不敵臣也燕義曰使宰夫爲獻主臣莫敢與君亢禮

疏王燕至獻主○釋曰謂王與臣以禮燕飲則膳夫爲獻主案儀禮使宰夫爲三人此天子使膳夫爲獻主皆是飲食之官代君酌臣○注鄭司至亢禮○釋曰言當獻賓則膳夫代王爲主此約燕禮而知案燕禮主人酌酒獻賓賓酢主人主人酌酒獻君君酢主人主人酬賓以後爲賓舉旅又引燕義臣莫敢與君亢禮者飲酒之禮使大夫爲賓遣宰夫爲主人獻酢相亢答若君爲主人則是臣與君相亢故云臣莫敢亢禮

掌后及世子之膳羞亦主其饌之數不饋之耳

疏掌后至膳羞○釋曰上云王日一舉注后與王同庖不言世子則世子與王別牲亦膳夫所掌故云掌后及世子之膳羞○注亦主至之耳○釋曰案上文凡王之饋食用六穀已下言饋則膳夫親饋之故云品嘗食按內饔共后及世子之膳羞則是后世子內饔饋之故鄭云亦主其饌之數不饋之耳

凡肉脩之頒賜皆掌之鄭司農云脩脯也

疏凡肉至掌之○釋曰謂王以肉及脩頒賜羣臣則膳夫皆掌之○注鄭司至脯脩也○釋曰言脩脯也者謂加薑桂鍛治者謂之脩不加薑桂以鹽乾之者謂之脯則脩脯異矣先鄭云脩脯者散文言之脩脯通也

凡祭祀之致福者受而膳之致福謂諸臣祭祀進其餘肉歸胙于王鄭司農云膳夫受之以給王膳

疏云凡祭至膳之○釋曰凡祭祀者言凡則

諸臣自祭家廟祭訖致胙肉於王謂之致福膳夫受之以爲王膳故云受而膳之○注致福至王膳○釋曰云致福者謂諸臣祭祀進其餘肉歸胙于王者案禮記少儀云膳于君子曰膳案玉藻膳於君葷桃茢彼謂諸侯之臣禮此王之臣亦應云致膳而云致福者凡祭祀主人受福若與王受福然故云致福知諸臣有致胙法者案春秋左氏昭十六年子產云祭有受脤歸脤彼注云受脤謂君祭以肉賜大夫歸脤謂大夫祭歸肉於公也今彼雖據諸侯禮王之臣致胙亦然故云歸胙於王也

以摯見者亦如之鄭司農云以羔鴈雉爲摯見者亦受以給王膳疏以摯至如之○釋曰謂卿大夫以下新任爲臣者卿執羔大夫執鴈士執雉來見王故云以摯見者言亦如之者先鄭云亦受以給王膳也

歲終則會唯王及后世子之膳不會不會計多少優尊者其頒賜諸臣則計之疏歲終至不會○釋曰此膳夫所掌膳羞是其正故世子亦不會至下庖人王及后不會則世子會之彼禽獻是其加故會之○注不會至計之○釋曰依宰夫職會是歲計故云不會計多少云優尊者謂若計則似限尊者有多少若不計則任所用故云不會是優尊者也云其頒賜諸臣則計之者經云王及后世子不會則上經肉脩之頒賜諸臣則計之可知

庖人掌共六畜六獸六禽辨其名物六畜六牲也始養之曰畜將用之曰牲春秋傳曰卜日曰牲鄭司農云六獸麋鹿熊麕野豕兔六禽鴈鶉鷃雉鳩鴿玄謂獸人冬獻狼夏獻麋又內則無熊則六獸當有狼而熊不屬六禽於禽獻及六摯宜爲羔豚犢麛雉鴈凡鳥獸未孕曰禽司馬職曰大獸公之小禽私之○畜許又反注同六獸司農云麋鹿熊麕野豕兔鄭云有狼無熊干注麕作麏熊作狟六禽鄭云羔豚犢麛雉鴈也司農及于鴈鶉雉鳩鴿鷃麕本又作麇亦作麏君倫反麏也鶉音純鷃於諫反鴿古合反麛音迷鹿子孕以證反一音乘疏庖人至名物○釋曰云掌共六畜者馬牛羊豕犬雞謂夏官校人地官牛人春官雞人秋官犬人冬官豕人總送六畜與此庖人六獸六禽即下獸人送之此庖人得此六畜六獸六禽共與膳夫內外

褻故云掌共六畜六獸六禽此禽獸等皆有名號物色故云辨其名物〇注六
畜至私之〇釋曰云六畜六牲也者謂雖此云六畜卽是膳夫六牲一也所以
彼言牲此言畜者鄭卽解其不同之意始養之曰畜將用之曰牲膳夫共王之
膳羞卽是將用之故言牲云春秋傳曰者此是左氏僖公三十一年傳辭彼經
云四卜郊不從乃免牲未卜日曰牛卜得吉日乃號爲牲僖公既卜得吉日名
牛作牲乃更卜可郊以否不從乃免牲是其怠慢引之者證將用曰牲鄭司農
云六獸麋鹿熊麕野豕兔六禽鴈鶉鷃雉鳩鴿者此先鄭意取爾雅文四足而
毛謂之獸兩足而羽謂之禽故爲此解玄謂獸人冬獻狼又內則爲飾食有狼
臄膏故云當有狼而熊不屬此破司農有熊無狼云六禽於禽獻及六摯宜爲
羔豚犢麛雉鴈者下文禽獻之內取羔豚犢麛大宗伯六摯之內亦取羔及雉
鴈破司農六。畜之內有鶉鷃鳩鴿四者於經無所據司農雉鴈卽六摯雉鴈同
故從之不破云凡鳥獸未孕曰禽鄭言此者見爾雅四足而毛曰獸兩足而羽
曰禽是對文例若散文則通其獸未孕時雖曰四足亦曰禽是以名爲禽獻其
中亦有羔豚犢麛又云以禽作六摯禽中亦有羔是其未孕者也謂若爾雅飛
曰雄雌走曰牝牡亦是對文案詩云雄狐綏綏走亦曰雄尙書云牝雞無晨飛
亦曰牝並是散文通義云司馬職曰大獸公之小禽私之者欲見雖曰四足而
毛未孕亦曰禽此並破司農禽中不得有四足之義

凡其死生鱻薨之物以共王之膳與其薦羞之物及后世子之膳羞

凡計數之薦亦進也備品物曰薦致滋味乃爲羞王言薦者味以不。褻爲尊鄭司農云鮮謂生肉薨謂乾肉〇鱻悉然反薨苦老反數色柱反下校數同褻息列反

疏凡其至。之。義〇釋曰云凡其死生鱻薨之物者此四者或死或生新殺爲鱻乾者爲薨並獸人以與膳夫內外饔以
共王之膳云與其薦羞之物者薦進也謂羞之所進卽備品物曰薦亦進于王
耳及后世子之膳羞者此共后世子之羞故不言薦而言膳是致滋味者也〇
注凡計至乾肉〇釋曰云凡計數之者上經云治要治凡並是計算之稱此凡亦
是計數之名死生鱻薨須知其數故言凡總計之云備品物曰薦者以經羞言

薦對后世子羞言膳故云備品物曰薦致滋味乃爲羞以其不言薦卽是致滋味之羞若然備品物者謂王舉則共醢六十罋以五齏七醢七菹三臡實之醢人共齏菹醢六十罋是其備品物及三牲之俎皆是也致滋味乃爲羞百有二十品者故鄭云羞出於牲及禽獸以備滋味謂之庶羞故公食云宰夫自東房薦豆六又云士羞庶羞云王言薦者味以不褻爲尊者對后世子不言薦是其褻味者也

共祭祀之好羞謂四時所爲膳食若荊州之鮺魚青州之蟹胥雖非常物進之孝也○好呼報反鮺側雅反蟹戶買反胥息徐反劉音泰字林先於反蟹醬也

【疏】共祭祀之好羞○釋曰尋常所共者並在內外饔今言好羞則是非常之物謂美魚之屬也○注謂四時至孝也○釋曰云四時所爲膳食者謂四時之間非常美食云若荊州之鮺魚青州之蟹胥者鄭見當時有之又見禮記禮器云大饗其王事與三牲魚腊四海九州之美味苟可薦者莫不咸在且禹貢徐州貢蠙珠暨魚荊州無魚文是文不備是知好羞皆是魚也

共喪紀之庶羞賓客之禽獻喪紀喪事之祭謂虞祔也禽獻獻禽於賓客獻古文爲獸杜子春云當爲獻

【疏】共喪至禽獻○釋曰凡喪未葬已前無問朝夕奠及大奠皆無薦羞之法今言共喪紀庶羞者謂虞祔之祭乃有之云賓客之禽獻者謂若掌客上之乘禽日九十雙侯伯七十雙子男五十雙之類是也○注喪紀至爲獻○釋曰云喪紀喪事之祭謂虞祔也者天子九虞後作卒哭祭虞卒哭在寢明日祔於祖廟今直云虞祔不言卒哭者舉前後虞祔則卒哭在其中共庶羞可知云獻古文爲獸杜子春云當爲獻者但賓客之禽由主人獻之若直言賓客禽獸於義無取也

凡令禽獻以灋授之其出入亦如之令令獸人也禽獸不可久處賓客至將獻之庖人乃令獸人取之必書所當獻之數與之及其來致禽亦以此書校數之至于獻賓客又以此書付使者展而行之掌客乘禽於諸侯各如其命之數聘禮乘禽於客日如其饔餼之數士中日則二雙○令力呈反使所吏反乘繩證反下同

【疏】凡令至如之○釋曰凡朝聘賓客至並致館與之賓客既在館此庖人乃書所共禽獻之數令於獸人以數

授之故云凡令禽獻以法授之也云其出入亦如之者既以數授獸人依數以禽入庖人是入也庖人得此禽還依數付使者送向館是出也亦如之者亦依法授之故云其出入亦如之若然入先出後不言入出而言出入者使文也○注令令至二雙○釋曰知令獸人者案獸人云凡祭祀喪紀賓客共其死獸生獸故知令獸人云禽獸不可久處以下至與之以上解經令禽以法授之云及其來致禽亦以此書校數之解經入亦如之云至于獻賓客又以此付使者展而行之解經出亦如之言展而行之者展猶省視也行去也謂將向客館之時省視禽牲然後去云掌客乘禽於諸侯各如其命之數者謂上公九命日九十雙之等又引聘禮乘禽於客日如其饔餼之數者言此臣禮不依命數公侯伯之卿三命子男之卿再命皆以爵卿也饔餼五牢日五雙故言日如其饔餼之數云士中日則二雙者謂作介時士爵一日則一雙禽獻不以命數中間也故言間日則二雙言此者釋經以法授之法則數也

凡用禽獻春行羔豚膳膏香夏行腒鱐。膳膏臊。秋行犢麛膳膏腥冬行鱻羽膳膏羶

用禽獻謂煎和之以獻王鄭司農云膏香牛脂也以牛脂和之腒乾雉鱐乾魚膏臊豕膏也以豕膏和之杜子春云膏臊犬膏膏腥豕膏也鮮魚也羽鴈也膏羶羊脂也玄謂膏腥雞膏也羔豚物生而肥犢與麛物成而充腒鱐暵熱而乾魚鴈水涸而性定此八物者得四時之氣尤盛為人食之弗勝是以用休廢之脂膏煎和膳之牛屬司徒土也雞屬宗伯木也犬屬司寇金也羊屬司馬火也○膏香禮記作薌音同腒其居反鱐所留反臊素刀反杜云犬膏也司農及干云豕膏也腥音星杜云豕膏鄭干云雞膏也或作雉膏鱻羽鄭云鮮魚也羽鴈也杜云鮮羽鴈也羶書然反羊脂也和胡臥反下文同暵呼旱反劉呼旦反涸胡洛反徐戶格反為于偽反

疏凡用至膏羶○釋曰言凡用禽獻者四者不同故言凡也煎和謂之用故言凡用禽獻也云春行羔豚膳膏香者言行者義與用同春用羔豚者草物始生羔豚食而肥膳膏香者謂牛膏春木王火相土死羔豚為其太盛牛屬中央土故以死之脂膏殺其氣夏行腒鱐膳膏臊者腒謂乾雉鱐謂

乾魚膏臊犬膏腒鱐夏之暵熱而乾故食之爲其太盛夏時金死犬屬西方金故用死之脂膏煎和之云秋行犢麛膳膏腥者秋時草物有實犢麛食之而肥故秋用犢麛膏腥謂鷄膏雞屬東方木時木死故用死之脂膏煎和之云冬行鱻羽膳膏羶者鮮謂魚羽謂鴈冬魚之性定鴈又新來故用食之膏羶謂羊膏羊屬南方火冬時火死魚鴈食之大盛故用死之脂膏煎和之五行不言北方家之脂膏者以其中央土王分於四時土賊水但無中央食法故不言家之脂膏也○注用禽至火也○釋曰云用禽獻謂煎之以獻主者殺牲謂之用煎和謂之膳用膳相將之言故以煎和解用上言賓客之禽獻此用禽以王爲主故言獻王鄭司農云膏香牛脂也者案內則鄭注釋者曰膏凝者曰脂彼是相對之義通而言之脂膏一也故司農以脂解膏云腒乾雉者以士相見云冬用雉夏用腒故知腒乾雉也云鱐乾魚者籩人職云魚鱐此鱐腒同是夏用之腒既是乾雉明鱐是乾魚云膏臊豕膏也者經云夏行腒鱐膳膏臊此經四時所膳者皆取所賊死之脂膏火賊金即膏臊犬膏也不得云北方豕膏又杜子春云膏臊犬膏者於義是也云膏腥豕膏也者於義非也以其秋行犢麛秋時金王金剋木雞屬東方木則膏腥雞膏也不得爲豕膏云鮮魚也羽鴈也者尚書益稷云與稷決川而鮮食鮮出於川故知鮮魚也又此鮮對羽故知鮮是魚知羽是鴈者以其禽摯中有羔雉鴈此禽獻中已有羔雉明亦有鴈故以羽爲鴈也玄謂膏腥雞膏也者破子春豕膏云魚鴈水涸而性定者依周語云天根見而水涸鄭注月令云天根見九月末是水涸在九月末十月初云是以用休廢之脂膏者五行王相相剋春木王火相土死金囚水爲休廢夏火王土相金死水囚木爲休廢已下推之可知王所勝者死相所勝者囚新謝者爲休廢若然向來所膳膏者皆是死之脂膏鄭云休廢者相對死與休廢別散則死亦爲休廢故鄭以休廢言之也云牛屬司徒土也者鄭於司徒注云牛能任載地之類故屬土云雞屬宗伯木也者雞爲貌雞又知時象春故屬木云犬屬司寇金也者金爲言犬亦言屬金云羊屬司馬火也者火爲視羊亦視故屬火

歲終則會唯王及后之膳禽不會膳禽四時所膳禽獻

加世子可以會之疏注膳禽至會之○釋曰上膳夫職所掌者是其正此禽獻者是其加世子可以會故歲終則唯王及后之膳不會世子則會之矣

內饔掌王及后世子膳羞之割亨煎和之事辨體名肉物辨百品味之物割肆解肉也亨煑也煎和齊以五味體名脊脅肩臂臑之屬肉物胾燔之屬百品味庶羞之屬言百舉成數○亨普庚反注及下同肆託歷反齊才細反胾側吏反膰音燔本亦作燔疏注割肆至成數○釋曰知割肆解肉者謂士虞禮云四肆去蹄此明割是肆解肉云煎和齊以五味者凡言和者皆用酸苦辛鹹甘云體名脊脅肩臂臑之屬者案少牢解羊豕前體肩臂臑後體膊胳又有正脊脡脊橫脊又有短脅正脅代脅是其體十一體云肉物胾燔之屬者案公食大夫禮十六豆有胾胾謂切肉又案少牢主婦獻尸以燔從傳火曰燔云百品味庶羞之屬案膳夫職庶羞百有二十品今言百故鄭云舉成數王舉則陳其鼎俎以牲體實之取於鑊以實鼎取於鼎以實俎實鼎曰脀實俎曰載○脀職升反疏王舉至實之○釋曰言陳其鼎俎者陳鼎有二處初陳鼎於鑊西後陳鼎於阼階下其俎皆陳於鼎西南云以牲體實之者其牲體入鑊時已解訖今言實者有兩處一者取於鑊實於鼎據在鑊所二者取於鼎實於俎○注取於至曰載○釋曰實鼎曰脀者脀升也案少牢司馬升羊實於一鼎是實鼎曰脀案特牲云卒載加匕於鼎是其實俎曰載案少牢云升羊載右胖升豕其載如羊又有司徹亦云乃升鄭云升牲體於俎若然實鼎唯有升名無載稱若實俎升載兩有選百羞醬物珍物以俟饋先進食之時恆選擇其中御者疏選百至俟饋○釋曰百羞者則庶羞百二十醬物者即醬用百二十甕珍物者諸八珍之類俟待也內饔恆預選知當王意所欲者以得饋王共后及世子之膳羞膳夫掌之是乃共之疏共后至膳羞○釋曰后世子直言共不言饋者膳夫饋王不饋后世子此內饔言共是親饋故鄭云膳夫掌之是乃共之辨腥臊羶香之不可食者牛夜鳴則庮羊泠

毛而毳羶犬赤股而躁臊鳥皫色而沙鳴貍豕盲眡而交睫腥馬黑脊而般臂螻

腥臊羶香可食者是別其不可食者則所謂者皆臭味也泠毛毛長總結也皫失色不澤美也沙澌也交睫腥腥當爲星聲之誤也肉有如米者似星般臂臂毛有文鄭司農云庮朽木臭也螻螻蛄臭也杜子春云盲眡當爲望視○庮音由徐餘柳反干云病也泠音零徐郎年反躁早到反皫本又作皫芳表反又符表反又芳老反徐又孚趙反沙如字一音所嫁反或蘇他反貍音鬱徐於弗反盲亡亮反眡視二反又音視睫音接一音將業反般音班臂如字徐本作辟音方紙反螻音樓如螻蛄蟲臭也干音漏內病也此依禮記文別彼列反澌音西蛄音姑

疏 辨腥至臂螻○釋曰言辨腥臊者依庖人職注腥謂雞也臊謂犬也羶謂羊也香謂牛也以腥臊羶香表見云牛羊犬雞也言不可食者牛夜鳴則庮者其牛無事夜鳴其肉必庮庮惡臭也云羊泠毛而毳羶者泠毛謂毛長也而毳謂毛別聚結者此羊肉必羶也云犬赤股而躁臊者言赤股者股裏無毛謂之赤股非謂肉赤謂若禮記檀弓流矢在白肉非謂肉白而走又躁疾犬有如此者其肉必臊故云而躁臊云鳥皫色而沙鳴貍者皫失色也沙澌也鳥毛失色而鳴又澌其肉氣必鬱鬱謂腐臭云豕盲眡而交睫腥者豕乃聽物不合望眡此豕眼睫毛交故云豕望眡而交睫豕有如此其肉必如星腥當爲星其肉如米然驗當時有如此者也云馬黑脊而般臂螻者謂馬脊黑前脛般般然其馬如此其肉螻蛄臭此一經皆是不利人故禁之也○注腥臊至望視○釋曰云腥臊羶香可食者卽上庖人職所云是也云是別不可食者則此是也則所謂者皆臭味也者言所謂者所謂論語鄉黨色惡不食臭惡不食云交睫腥腥當爲星聲之誤也者此經腥有二字鄭不破腥臊之腥宜破交睫腥之腥故連取交睫以解云般臂臂毛有文者鄭答泠剛童牛之梏梏牛在手曰梏牛無手以前足當之此馬亦然故言般臂鄭司農云庮朽木臭也者驗今朽木其氣實臭故云朽木臭也案內則注引左氏春秋一薰一蕕此司農以其朽木臭卽與一薰一蕕同故鄭不引之云螻螻蛄臭也者以內則螻爲漏脫字於

義無所取故轉爲螻蛄字螻蛄則有臭杜子春盲視當爲望視者以其盲則無所覩見不得視內則爲遙望之字故子春從內則爲正也

凡宗廟之祭祀掌割亨之事凡燕飲食亦如之凡掌共羞脩刑膴胖。骨鱅以待共膳掌共共當爲具羞庶羞也脩鍛脯也胖如脯而腥者鄭司農云刑膴謂夾脊肉或曰膺肉也骨鱅謂骨有肉者玄謂刑鉶羹也膴牒肉大臠所以祭者骨牲體也鱅乾魚〇共羞共依注音具膴火吳反徐凶武反胖普半反鍛丁亂反牒直輒反又之涉反鉶音刑臠力轉反〇疏凡宗至共膳〇釋曰內饔不掌外神故云宗廟之祭祀言凡者謂四時及祫禘并月祭等皆在其中掌其割亨之事上王后言煎和此不言煎和者鬼神尚質不貴褻味故不言煎和云燕飲食亦如之者謂王及后世子自燕飲食皆須割亨故云亦如之〇注掌共至乾魚〇釋曰云掌共共當爲具者據經共字有二以待共膳不破掌共共字則破之矣故云掌共共當爲具言具者具羞脩刑膴已下云羞庶羞也者庶羞則百二十品是也云脩鍛脯也者謂加薑桂鍛治之若不加薑桂不鍛治者直謂之脯云胖如脯而腥者乾則爲脯不乾而腥則謂之胖鄭司農云刑膴謂夾脊肉者刑膴爲二物有明文先鄭以爲刑膴夾脊肉故後鄭不從云或曰膺肉也者無所出後鄭亦不從云骨鱅謂骨有肉者骨自是牲體鱅自是乾魚先鄭合爲一故後鄭亦不從玄謂刑鉶羹也者案特牲有鉶羹謂鉶器盛家時設於薦南故名鉶羹云膴牒肉大臠所以祭者膴魚肉總有也公食大夫禮云庶羞皆有大謂大臠據肉而言案有司徹云主人亦一魚加膴祭于其上此據魚而言也膴又詁爲大故云膴牒肉大臠所以祭者也云骨牲體也者謂若體解二十一雖據骨而言皆擬所食故云骨有肉云鱅乾魚者前云夏行腒鱅與彼同故爲乾魚

凡王之好賜肉脩則饔人共之好賜王所善而賜也〇好呼報反注同〇疏凡王至共之〇釋曰言好賜者謂羣臣王所愛好則賜之肉脩饔人共之

外饔掌外祭祀之割亨共其脯脩刑膴陳其鼎俎實之牲體魚腊凡賓

客之飧。饔饗食之事亦如之飧客始至之禮饔既將幣之禮致禮於。客莫盛於饔○食音嗣疏外饔至如之○釋曰云掌外祭祀之割亨者謂天地四望山川社稷五祀外神皆掌其割亨云共其脯脩刑膴者如上釋云陳其鼎俎實之牲體魚腊者謂若鼎十有二者也云凡賓客之飧饔饗食之事亦如之者謂所陳之數如宰夫職所云者也皆以外饔共之故言亦如之○注飧客至於饔○釋曰言飧客始至之禮者宰夫職。以釋訖云饔既將幣之禮者案聘禮記云聘日致饔鄭注云急歸大禮鄭云將幣者卽是聘享也若諸侯來朝亦朝日致之也云致禮於賓客莫盛於饔者以其饔之中有飪有腥有牽又有酒有米兼薪與食其中芻薪米禾又多故朝聘之日致之是以鄭云急歸大禮故云莫盛於饔也○

邦饗耆老孤子則掌其割亨之事饗士庶子亦如之孤子者死王事者之子也士庶子衞王宮者若今時之饗衞士矣王制曰周人養國老於東膠養庶老於虞庠疏邦饗至如之○釋曰云邦饗耆老者謂死事者之父祖兼有國老庶老云孤子者謂死王事者之子云饗士庶子者謂若宮伯注云士謂王宮中諸吏之適子也庶子其支庶也云饗者卽鄭云士庶子衞王宮者若今時之饗衞士矣是也○注孤子至虞庠○釋曰死事者之子謂若左氏哀公二十三年晉知伯親禽顏庚至二十七年齊師將與陳成子屬孤子三日朝設乘車兩馬繫五邑焉召顏庚之子而賜之是其禮孤子之法云王制曰周人養國老於東膠養庶老於虞庠者周立太學王宮之東膠膠之言糾也所以糾察王事周立小學於西郊爲有虞氏之庠制故曰虞庠國老謂卿大夫致仕者庶老謂士之致仕者經直言耆老者老對孤子則耆老者死事者之父祖可知但此不見饗國老庶老之文故鄭解耆老謂國老庶老

師役則掌共其獻賜脯肉之事獻謂酌其長帥○帥色類反疏師役至之事○釋曰云師役者謂出師征伐及巡狩田獵掌共其獻者謂獻其將帥幷賜酒肉之事並掌之○注獻謂至長帥○釋曰以經獻謂獻酒非獻肉故鄭謂酌其長帥長帥軍將已下至。五長有功者饗獻之

凡小喪紀陳其

鼎俎而實之謂喪事之奠祭疏凡小喪至而實之〇釋曰言小喪紀者謂夫人已下之喪云陳其鼎俎者謂其殷奠及虞祔之祭皆有鼎俎故鄭云喪事之奠祭也

亨人掌共鼎鑊以給水火之齊鑊所以煑肉及魚腊之器既孰乃脀于鼎齊多少之量〇齊才細反注同疏注鑊所至之量〇釋曰云鑊所以煑肉及魚腊之器者案少牢爨在廟門外之東大夫五鼎羊豕腸胃魚腊各異鑊鑊別有一鼎鑊中肉孰各升一鼎故鄭云既孰乃脀于鼎云齊多少之量者此釋經給水火之齊謂實水於鑊及爨之以火皆有多少之齊

職外內饔之爨亨煑辨膳羞之物職主也爨今之竈主於其竈煑物〇爨七亂反疏職外至之物〇釋曰亨人主外內饔爨竈亨煑之事云辨膳羞之物者膳羞則牛鼎之物是也〇注職主至煑物〇釋曰云爨今之竈者周禮儀禮皆言爨論語王孫賈云寧媚於竈禮記祭法天子七祀之中亦言竈若然自孔子已後皆言竈故鄭云爨今之竈

祭祀共大羹鉶羹賓客亦如之大羹肉湆鄭司農云大羹不致五味也鉶羹加鹽菜矣〇羹音庚又音衡下同湆去及反疏祭祀至如之〇釋曰云祭祀共大羹者大羹肉湆盛於登謂大古之羹不調以鹽菜及五味謂鑊中煑肉汁一名湆故鄭云大羹肉湆云鉶羹者皆是陪鼎膷臐膮牛用藿羊用苦豕用薇調以五味盛之於鉶器卽謂之鉶羹若盛之於豆卽謂之庶羞卽公食大夫十六豆膷臐膮等也云賓客亦如之者謂若致饔餼及飧禮皆有陪鼎則鉶羹也饗食亦應有大羹故云賓客亦如之

甸師掌帥其屬而耕耨王藉以時入之以共齍盛其屬府史胥徒也耨芸芓也王以孟春躬耕帝藉天子三推三公五推卿諸侯九推庶人終於千畝庶人謂徒三百人藉之言借也王一耕之而使庶人芸芓終之齍盛祭祀所用穀也粢稷也穀者稷爲長是以名云

在器曰盛○耨乃豆反䪥音資芸音云徐音運本或作耘芓音子徐音兹推出誰反又他回反【疏】甸師至䪥盛釋曰言掌帥其屬者謂除府史有胥三十人徒三百人而耕種耘耨於王之藉田言以時入之者謂麥則夏孰禾黍秋孰則十月穫之送入地官神倉故云以時入之云以共䪥盛者六穀曰粢在器曰盛以共祭祀故云以共粢盛○注其屬至曰盛○釋曰云其屬府史胥徒也者敘官知之云耨芸芓也者詩云或芸或芓芸薅芓擁本是也云王以孟春至諸侯九推並是月令文言躬耕帝藉者天子親耕三推是也言帝藉者藉田之穀衆神皆用獨言帝藉者舉尊言之云天子三推者三推而一墢云三公五推者五推而三發卿諸侯九推者九推而五發故周語云王耕一發班三之云庶人終於千畝亦周語文天子藉田千畝在南郊自天子三推已下示有恭敬鬼神之法又示帥先天下故暫時耕終之者庶人也鄭解周語云庶人者謂此序官徒三百人也云粢稷也者爾雅文云穀者稷爲長是以名云者此釋經及爾雅特以粢爲號知稷爲五穀長者案月令中央土云食稷與牛五行土爲尊故知稷爲五穀長及爾雅以稷爲粢通而言之六穀皆是粢故小宗伯云辨六粢之名物是也

祭祀共蕭茅

鄭大夫云蕭字或爲莤莤讀爲縮束茅立之祭前沃酒其上酒滲下去若神飲之故謂之縮縮浚也故齊桓公責楚不貢苞茅王祭不共無以縮酒杜子春讀爲蕭蕭香蒿也玄謂詩所云取蕭祭脂郊特牲云蕭合黍稷臭陽達於牆屋故既薦然後焫蕭合馨香合馨香者是蕭之謂也茅以共祭之苴亦以縮酒苴以藉祭縮酒泲酒也醴齊縮酌○莤所六反滲所鴆反浚荀閏反劉思順反焫如悅反苴音租又子餘反藉在夜反泲子禮反齊才細反【疏】祭祀共蕭茅○釋曰此祭祀共蕭茅者蕭謂香蒿據祭祀宗廟時有之若共茅外內之神俱用故云祭祀共蕭茅也○注鄭司農至縮酌○釋曰鄭大夫云蕭字或爲莤莤讀爲縮鄭大夫必讀爲縮者欲以蕭茅共爲一事解之云束茅立之祭前者此鄭大夫之意取士虞禮束茅立几東所以藉祭此義蕭茅共爲一則不可若束茅立之祭前義得通又引齊桓公責楚謂左氏僖公四年傳辭彼齊桓使管仲責楚云爾貢包茅不入王祭不共無以縮酒寡人

是徵楚伏其罪云敢不共給是也杜子春讀爲蕭於義爲是故後鄭從之云玄謂詩所云取蕭祭脂見用蕭之時有脂又引郊特牲者欲見非直有脂亦有黍稷云臭陽達於牆屋者謂饋獻之後陰厭之節取蕭與脂及黍稷焫燒之取香氣上聞故云既薦然後焫蕭合馨香云茅以共祭之苴者則士虞禮束茅長五寸立於几東謂之苴者是也云亦以縮酒者左氏管仲辭是也云苴以藉祭者亦指士虞禮也云縮酒泲酒也者鄭君解義語云醴齊縮酌者司尊彝職文此官共茅司巫云祭祀共蒩館茅以爲蒩兩官共共者謂此甸師共茅與司巫司巫爲苴以共之此據祭宗廟也鄉師又云大祭祀共茅蒩者謂據祭天時亦謂甸師氏送茅與鄉師爲苴以共之若然甸師氏直共茅而已不供苴耳

共野果蓏之薦

甸在遠郊之外郊外曰野果桃李之屬蓏瓜瓞之屬○蓏力桑反瓞大結反【疏】注甸在至之屬○釋曰鄭言甸在遠郊之外者案載師公邑之田任甸地在二百里中司馬。職百里爲遠郊今言甸在遠郊外則是二百里中云郊外曰野者釋經野野在郊外云果桃李之屬蓏瓜瓞之屬者案食貨志臣瓚以爲在樹曰果在地曰蓏不辨有核無核張晏以有核曰果無核曰蓏今鄭云果桃李之屬卽是有核者也蓏瓜瓞之屬卽是無核者也此從張晏之義

喪事代王受眚烖

粢盛者祭祀之主也今國遭大喪若云此黍稷不馨使鬼神不逞于王既殯大祝作禱辭授甸人使以禱藉田之神受眚烖弭後殃○眚生景反【疏】喪事至眚烖○釋曰言喪事者謂王喪既殯後甸師氏於大祝取禱辭禱藉田之神眚過也代王受過災。云若云黍稷不香使鬼神不逞故令王死斂喪事代王受災此禱事於死王無益欲止後殃故爲此禱也○注粢盛至後殃○釋曰言粢盛者祭祀之主也者以其遭王喪遣甸師氏禱意甸師種粢盛祭祀之具以黍稷爲主故云今國遭大喪若云此黍稷不馨逞快也使鬼神不快於王。令使王死云既殯大祝作禱辭授甸人者知大祝作禱辭在既殯後者見大祝職云授甸人禱辭在大斂後大斂則殯故知在既殯後

王之同姓有辠則死刑焉

鄭司農云王同姓有罪當刑者斷其獄於甸師之官也文王世子曰公族有死罪則

磬於甸人又曰公族無宮刑獄成致刑于甸人又曰公族無宮刑不踐其類也刑于隱者不與國人慮兄弟○斷丁亂反踐音翦【疏】王之至刑焉○釋曰周。姓姬言同姓者絕服之外同姓姬者有辠者謂凡五刑則刑殺不於市朝於此死刑焉謂死及肉刑在甸師氏必在甸師氏者甸師氏在疆。場多有屋舍以爲隱處故就而刑焉案掌因云凡有爵者與王之同族奉而適甸師氏以待刑殺此中不云其凡有爵者文不具○注鄭司至兄弟○釋曰云王同姓有罪當刑者斷其獄於甸師之官者此斷獄自是秋官罪定斷訖始適甸師氏而刑殺之若然斷獄不在甸師後鄭不破之者案掌因云凡有爵者與王之同族奉而適甸師氏以待刑殺此經亦云死刑焉甸師氏不斷獄顯然不破之者見司農引文王世子爲證於義是故不復於中破之文王世子已下云公族有死罪則磬於甸人者鄭彼注云懸縊殺之曰磬云又曰公族無宮刑獄成致刑于甸人又曰公族無宮刑不踐其類也者覆解上公族無宮刑之義云刑于隱者不與國人慮兄弟者若刑兄弟於市朝則是與國人慮兄弟令於隱處者則是不使國人慮兄弟彼是諸侯法引之以證王之同姓刑於甸師亦是刑隱者也

帥其徒以薪蒸役外內饔之事役爲給役也木大曰薪小曰蒸【疏】帥其至之事○釋曰其徒三百人耕耨藉田千畝其事至閑故兼爲外內饔所役使共其薪蒸○注木大曰薪小曰蒸○釋曰此纂要文又左氏傳云其父析薪卽大木可析曰薪自然小者曰蒸也

獸人掌罟田獸辨其名物罟。罔也以罔搏所當田之獸○罟音古搏音博劉音付後同【疏】獸人至名物○釋曰云掌罟田獸者罟罔也謂以罔搏取當田之獸云辨其名物者野獸皆有名號物色案夏官田獵春用火夏用車秋用羅冬用徒四時各有其一以爲主無妨四時兼有罔取當田之獸

冬獻狼夏獻麋春秋獻獸物狼膏聚麋膏散聚則溫散則涼以救時之苦。也獸物凡獸皆可獻也及狐狸【疏】冬獻至獸物○釋曰云冬獻狼者狼山獸山是聚故狼膏聚聚則溫故冬獻之云夏獻麋者麋是澤獸澤主銷散故麋膏散散則涼故夏獻之云春秋獻獸物

者春秋寒温適故獸物皆獻之○注狼膏至狐狸○釋曰云以救時之苦者夏苦其大熱故獻麋冬苦其大寒故獻狼案內則取稻米與狼臅膏以爲餰狼之所用惟據取膏爲餰食若麋之所用則多矣云及狐狸者案內則狐去首狸去正脊二者並堪食之物故知獸物中兼獻

時田則守罟備獸觸。攫攫○俱縛反又俱碧反又作攫華霸反【疏】時田則守罟○釋曰守罟者謂四時田獵獸人守罟備獸觸攫者防備獸時觸罟而攫者則取之

及弊田令禽注于虞中弊仆也仆而田止鄭司農云弊田謂春火弊夏車弊秋羅弊冬徒弊虞中謂虞。人釐所田之野及弊田植虞旗於其中致禽而珥焉獸人主令田衆得禽者置虞人所立虞旗之中當以給四時社廟之祭故曰春獻禽以祭社夏獻禽以享。禴秋。獻禽以祀祊冬獻禽以享烝又曰大獸公之小。禽私之公之謂輸之於虞中珥焉者取左耳以致功若斬首折。馘故春秋傳曰以數軍實○弊如字徐蒲計反注之樹反仆普卜反一音芳豆反又音赴釐音來本亦作萊植直吏反又時力反徐音栽珥徐如志反享許丈反劉音向後皆放此禴由若反祊音方折之舌反馘古獲反數色主反一音所【疏】及弊至虞中○釋曰及弊田者弊。仆也謂田止令禽注於虞中者田止虞人致旗於田處之中中央注猶聚也獸人則令所田之衆大獸公之小禽私之者輸之聚於旗旗之所故言注於虞中○注弊仆至軍實○釋曰鄭司農云弊田謂春火弊夏車弊秋羅弊冬徒弊並大司馬職文引之者證弊田爲田止之事云虞中謂虞人釐所田之野已下地官山虞職文言虞人萊所田之野者謂於教戰之所芟治草萊云及弊田植虞旗於其中者熊虎爲旗山多虎故用熊虎及弊田田止虞人植虞旗於中引之者證經虞中之事云致禽而珥焉者謂田衆大獸公之者各割取左耳以擬效功云春獻禽以祭社至小禽私之亦司馬職文言春獻禽以祭社者鄭彼注春土方施生云夏獻禽以享禴者夏陰氣始起鄭云象神之在內云秋獻禽以祀祊者鄭注祊當爲方謂祭四方之神云冬獻禽以享烝者冬陽氣始起亦象神之在內此祭並非四時常祭以田獵得禽牲因享祭之耳云大獸公之者謂已孕曰獸輸之於公小禽私之者未孕曰禽謂田衆

得之以自入云若斬首折馘者田獵象戰伐田獵之時取禽左耳以效功若征伐之時於陳斬首折取左耳謂之馘亦以擬效功故云若斬首折馘又引春秋傳曰者案襄二十四年楚薳啓彊如齊聘齊侯祭社蒐軍實使客觀之注云蒐數軍實兵甲器械與隱公傳三年而治兵數軍實一也引之者證斬首折馘爲軍實若然注傳兵甲器械與斬首折馘不同者兵甲器械自爲軍實至於斬首折馘亦是軍實仍於生執因俘亦爲軍實是以僖公三十三年晉捨秦因先軫曰墮軍實是也

凡祭祀喪紀賓客共其死獸生獸共其完者凡獸入于腊人當乾之疏凡祭至腊人○釋曰凡此所共者於庖人云凡其死生鱻薧之物以共王之膳○注共其完者○釋曰知其完全者下經云凡獸入於腊人是其不完者故知此是完者

皮毛筋角入于玉府○給作器物筋音斤疏皮毛至王府○釋曰獸人所得禽獸其中皮毛筋角擇取堪作器物者送入於玉府擬給百工飾作器物

凡田獸者掌其政令疏凡田至政令○釋曰謂田獵取獸禽者所有政令獸人掌之以其知田獵之法故

𩺰人掌以時𩺰爲梁月令季冬命漁師爲梁鄭司農云梁水偃也偃水爲關空以笱承其空詩曰敝笱在梁○偃於建反徐本作匽一返反空戚音孔下同疏𩺰人至爲梁○釋曰言以時𩺰爲梁者謂一歲三時取魚皆爲梁以時取之故云以時漁爲梁○注月令至在梁○釋曰案月令季冬云命漁師始魚天子親往此注云季冬命漁師爲梁文句不同者鄭以此經有梁字故於月令以義取之非是月令正文鄭司農梁水偃也偃水爲關空以笱承其空者謂偃水兩畔中央通水爲關孔笱者葦簿以簿承其關孔魚過者以簿承取之故詩云敝笱在梁彼齊詩云弊敗之笱在於魚梁其魚唯唯過者無制彼喻文姜與襄公淫通來往不制又魚麗詩云魚麗于罶鱨鯊注云罶曲梁寡婦之笱笱即曲簿也引之者證梁以笱爲之

春𩺰王鮪王鮪鮪之大者月令季春薦鮪于寢廟○鮪位軌反疏春𩺰王鮪○釋曰謂季春三月春鮪新來言王鮪之大者云𩺰者𩺰於廟之寢故鄭注引月令云薦鮪

於寢廟取魚之法歲有五案月令孟春云獺祭魚此時得取矣。一也季春云薦鮪於寢廟卽此所引者二也又案鼈人云秋獻龜魚也王制云獺祭魚然後虞

人入澤梁與孝經緯援神契云陰用事木葉落獺祭魚同時是十月取魚四也獺則春冬二時祭魚也案潛詩云季冬薦魚與月令季冬漁人始。魚同五也是

一歲三時五取魚唯夏不取案魯語云宣公夏濫於泗淵以其非時里。革諫之乃止辨魚物爲鱻薧以共王膳羞鮮生也薧乾也

○薧本又作槁苦老反疏辨魚至膳羞○釋曰此所共者共於膳夫以共王凡祭祀賓客喪紀共其魚之鱻薧凡

獻者掌其政令凡獻征入于玉府鄭司農云漁征漁者之租稅漁人主收之入于玉府疏凡祭至玉府○釋曰云凡祭祀

賓客喪紀共其魚之鱻薧者此所共者共內外饔以其膳。夫卽不掌祭祀之事云凡獻者掌其政令者凡取魚者所有政令皆漁人掌之以其知取之時節及

處所云凡漁征入于玉府者言漁征者謂近川澤之民於十月獺祭魚之時其民亦得取魚水族之類其中鬚骨之事堪飾器物者所有征稅漁人主收之送

入于玉府以當邦賦也

鼈人掌取互物鄭司農云互物謂有甲。𦾓胡龜鼈之屬○互戶故反干云對也𦾓莫干反疏注鄭司至之屬○釋曰此文與下爲目所取之

物者卽下經所云是也以時簎魚鼈龜蜃凡貍物蜃大蛤鄭司農云簎謂以。杈刺泥中搏取之貍物龜鼈之屬自貍藏伏於泥中

者玄謂貍物亦謂鑛刀含漿之屬○簎戚勑角反劉倉伯反徐倉格反沈槍昔反簎莊子云冬則擉鼈於江擉音义角反義與此同今從彼讀蜃上軫反干云

鰌類貍莫皆反杈音义春獻鼈蜃秋獻龜魚此其出在淺處可得之時魚亦謂自貍藏疏以時至龜魚○釋曰言以時者卽下經春

獻鼈蜃共然簎魚鼈據所取下經據所獻其時一也○注蜃大至之屬○釋曰蜃大蛤者卽月令云雉入大水化爲蜃者是也對雀入大水化爲蛤爲小蛤鄭

司農云籍謂以扠刺泥。中搏取之者司農意以籍爲刺此經魚鼈龜蜃皆在泥。中水中故以扠刺取之貍物龜鼈之屬者案經龜鼈自顯別言貍物司農貍物中更言龜鼈者但經。或所言貍物者總龜鼈之等故司農重以龜鼈爲貍物玄謂貍物亦謂鱴刀含漿之屬者案爾雅。刀。魚鱴刀也蜯含漿觀此鄭意鱴刀爲一物蜯爲含漿亦一物孫氏注爾雅刀魚與鱴別非鄭意○注此其至貍藏○釋曰鄭云魚亦謂自貍藏者若不自貍藏則在上漁人取之矣故知此魚與龜鼈是自貍藏者也

祭祀共蠯蠃蚳以授醢人蠃螔蝓鄭司農云蠯蛤也杜子春云蠯蜯也蚳蛾子國語曰蟲舍蚳蝝○蠯薄佳反徐又父幸反蠃郎戈反蚳直其反徐長黎反蚍蜉子螔音夷又音移蝓音由又音榆蜯字又作蚌蒲項反又蒲杏反蛾宜綺反舍音捨蝝悅全反字林允絹反

疏祭祀至醢人○釋曰案醢人有蠯醢。蠃蚳醢故以此三者授醢人○注蠃螔至蚳蝝○釋曰蠃螔蝓者一物兩名司農云蠯蛤也者杜子春云蠯蜯也者蜯卽。蛤亦一物云蚳蛾子者謂蟻之子取白者以爲醢國語曰蟲舍蚳蝝者此亦是。國。語諫宣公之言謂夏蟲內捨去蚳蝝蚳此經蚳也蝝謂蝗也與蚳別連引之也

掌凡邦之籍事

腊人掌乾肉凡田獸之脯腊膴。胖。之。事。大物解肆乾之謂之乾肉若今涼州烏翄。矣薄折曰脯棰之而施薑桂曰鍛脩腊小物全乾○肆勑力反棰之蘂反

疏腊人至之事○釋曰云掌乾肉已下文者並是獸人所法獸人云凡獸入於腊人○注大物至全乾○釋曰云若今涼州為翄者解肉乾之狀也云小物全乾者案特牲云陳鼎于門外棜在其南南順實獸于上又云宗人舉獸尾告備是其全者士用兎是其小物全乾少牢用麋不云舉獸尾則未全若然則天子諸侯之所用雖無文其獸必大亦不必全今云全者據有全者耳趙商問腊人掌凡乾肉而有膴胖何鄭荅雖鮮亦屬腊人

凡祭祀共豆脯薦脯膴胖凡腊物脯非豆實豆當爲羞聲之誤也鄭司農云膴膺肉鄭大夫云胖讀爲判杜子春讀胖

爲版又云膴胖皆謂夾脊肉又云禮家以胖爲半體玄謂公食大夫禮曰庶羞皆有大者此據肉之所擬祭者也又引有司曰主人亦一魚加膴祭于其上此據主人擬祭者膴與大亦一也內則曰麋鹿田豕麕皆有胖足相參正也大者胾之大臠膴者魚之反覆膴又詁曰大二者同矣則是膴亦腜肉大臠胖宜爲脯而腥胖之言片也析肉意也禮固有腥腍爛雖其有爲孰之皆先制乃亨○豆音羞胖普半反杜音版夾減古洽反劉古協反食音嗣麕京倫反覆芳服反腍而甚反爛徐廉反亨普庚反【疏】注脯非至乃亨○釋曰知脯非豆實者案籩人職有栗脯則脯是籩實故云脯非豆實也知非豆當爲羞者案籩人職云凡祭祀共其籩薦羞之實鄭云未飲未食曰薦已飲已食曰羞羞薦相對下既言薦脯明上當言羞脯也鄭司農云膴膺肉鄭大夫胖讀爲判杜子春讀胖爲版又云膴胖皆謂夾脊肉又云禮家以胖爲半體者文無所出皆非也玄謂公食大夫禮曰庶羞皆有大者此據肉之所擬祭者也又引有司曰主人亦一魚加膴祭於其上者此據主人擬祭者也膴與大亦一也內則曰麋鹿田豕麕皆有拌足相參正者引有司弁公食大夫二處證膴是大臠引內則明胖與膴不同故云足相參正云大者胾之大臠者玄解公食大夫云膴者魚之反覆者反覆謂魚生時在腹下今加之於上云膴又詁曰大者據爾雅釋詁文云二者同矣者大共膴同是一則膴是腜肉大臠同將祭先也云胖宜爲脯而腥謂肉薄不賫者云胖之言片析肉意者此解胖是薄義云禮固有腥腍爛雖其有爲孰之者祭祀之禮肫解而腥之又有體解而爛之又有薦孰之禮禮經固有此三者皆當先制爲胖言此者證胖與膴不同破諸家之意

賓客喪紀共其脯腊凡乾肉之事【疏】賓客至之事○釋曰此所共者共內外饔也

周禮注疏卷四校勘記

阮元撰盧宣旬摘錄

膳夫

羞用百二十品　唐石經作羞用百有廿品宋本余本嘉靖本毛本百下皆有有字疏中引經同此本及閩監本脫石經考文提要云宋本九經宋纂圖互注本宋附釋音本余仁仲本皆有有字

醯人共齏菹醯物六十罋　嘉靖本閩本同監毛本醯誤醢疏中云醯人共醯物六十罋案醯人職作齊菹醯人注云齊當為齏故注引作齏

稌黍稷梁麥苽　宋本同誤也余本嘉靖本閩監毛本梁作粱從米當訂正此本疏中亦從米

水漿醴䣼醫酏　釋文䣼本又作涼酏作酏案醫當作醫釋文亦訛

此羞庶羞□出於牲及禽獸　閩本亦實闕一字監毛本作皆是也

編萑以苴之　此本苴誤苴據閩監毛本訂正

塗之以墐塗　此本墐誤瑾據閩本訂正監毛本誤墐

濆取牛羊肉　今內則無羊字

以洒諸上而鹽之　閩監毛本洒改灑

爨焦其脊 閩監毛本焦改燋非案今内則作燋釋文爨焦字又作燋陸賈所據本正合焦字下已從火更加火旁俗作也○按說文有燋字

彼有糝與餰 浦鏜云内則餰作酏注云此酏當從餰案醢人注引内則已作餰

鼎俎奇而籩豆耦者 閩監毛本耦作偶依今本郊特牲改

明知先朝食 惠校本明作則此誤

案聘禮致饔餼注云 浦鏜云注衍

云牛羊豕魚腊腸胃同鼎 云當衍

當内兼腳臐膮 此本兼誤廉據閩監毛本訂正

案論語微子云亞飯三飰四飯 閩監毛本飰改飯今論語同案此引論語三飯字當皆作飰此改之未盡者耳

以樂徹于造 唐石經諸本同禮說云大祝注故書造作竈然則古文造竈通吳越春秋勒馬銜枚出火于造吳語造作竈所謂係馬舌出火竈龜策傳灼鑽之處亦以造名注造音竈本此

案文王世子未有原 監毛本同浦鏜云末誤未案嘉靖本禮記作末釋文正義皆作末

案玉藻云朔食加日食一等 盧文弨云此約玉藻文云當衍

齊時不樂故不言以樂侑食也浦鏜云者誤時從儀禮經傳通解續挍毛本侑誤脩

春秋傳曰司寇行刑者浦鏜云戮誤刑案賈疏所據鄭注本蓋作刑故注云大故刑殺也

主人飲食之俎皆爲胙俎諸本同宋本爲作有案上云賓客食而王有胙俎又此疏云特牲少牢主人之俎雖爲胙俎直是祭祀不兼賓客此則祭祀賓客俱有然則爲當作有矣

稍事爲非日中大舉時而間食孫志祖云爲當作謂疏作謂可證

若大夫已下燕食有脯無會閩監毛本已作以浦鏜云膾誤會

庖人

破司農六畜之内案畜爲禽之誤

味以不䙝爲尊葉鈔釋文䙝作褻監毛本疏中亦作褻此從執

凡其至之義閩監毛本作凡其至膳羞此誤

云賓客之禽獻者謂若掌客上之乘禽日九十雙閩本同監毛本獻誤獸浦鏜云掌客上公公誤之

解經令禽以法授之浦鏜云禽下脫獻

又以此付使者浦鏜云此下脫書

夏行腒鱐膳膏臊漢讀考云說文鱐作䐹魚部云鱢魚臭也引周禮膳膏鱢而肉部云臊豕膏臭也然則周禮作膏臊臊非魚膏明矣魚部鱢下當云讀如周禮膳膏臊案周禮諸本不同說文引經每兼存異本蓋膏臊一作膏鱢而其義爲魚臭與鄭以爲豕膏杜以爲犬膏俱互異說文於鱢下引周禮於臊下止存豕膏臭一義則許氏所據古文本作鱢禮說云晏子春秋曰食魚無反惡其鱢也凡鮏鱢從魚者皆言魚則許氏以膏鱢爲魚膏矣案內則釋文云鱐本又作䐹與說文引周禮合

云用禽獻謂煎之以獻案煎下脫和

唯王及后之膳禽不會唐石經諸本同宋本后下有世子二字係妄增案注云世子可以會之故經不言世子也

內饔

肉物胾燔之屬諸本同宋本燔作膰案釋文膰音燔本亦作燔宋本與釋文合是也賈疏引注作燔

謂士虞禮云四肆去蹄浦鏜云喪誤虞閩本闕下二字

實鼎曰脀宋本脀作胥非諸本皆作脀從丞從肉釋文脀職升反

以得饋王案上云俟待也此得爲待之誤

烏皫色而沙鳴唐石經諸本同釋文皫本又作犥案玉篇皫白色犥牛色不美澤又牛黃白色說文犥牛黃白色从牛麃聲白部無皫字鄭注

云牛色不澤矣則當从陸本作犥石經作臕非惠校本作犥據釋文也今禮記內則作臕而釋文作麃云本又作犥知臕爲俗字

馬黑脊而般臂螻唐石經諸本同釋文臂徐本作辟惠校本般作般以意改非九經古義云北山經諸毗之水其中多水馬其狀如馬文臂牛尾郭璞注臂前脚也周禮曰馬黑脊而斑臂膢案釋文般音班注云臂毛有文是亦讀般爲斑也古般斑通郭氏以今字讀之故引作斑

泠毛毳毛長總結也宋本嘉靖本同此絲總字與皆揔字有別閩監毛本揔總二字並改作總矣浦鏜云總結也上脫毳字案疏釋經曰云羊泠毛而毳羶者泠毛謂毛長也而毳謂毛別聚結者則浦說是也○按浦說非也賈疏添毳字誤耳說文曰毳者獸細毛也泠毛謂毳之長而總結長而總結自是釋泠非釋毳也經文此句法若云其毳也乃泠毛而毳毳者獸所同泠毛而毳則所異耳內則注亦云泠毛毳毛別聚於不解者也可以相證彼疏云泠謂毛本稀泠毳謂毛頭毳結其誤同此疏

腥當爲星漢讀考云許叔重說胜爲犬膏之臭腥爲星見食豕令肉中生小瘜肉故其字從肉星星亦聲則腥爲正字而胜爲周禮腥臊之正字許所據周禮與鄭所據不同

肉有如米者似星漢讀考云似星當作日星謂肉有如米者謂之星如飯之糪也案爾雅米者謂之糪郭注云飯中有腥亦以腥爲正字

言辨腥臊者浦鏜云脫羶香二字

以腥臊羶香表見云牛羊犬雞也案云衍

云是別不可食者則此是也閩本同監毛本則改卽非浦鏜云別下脱其

宜破交睫腥之腥浦鏜云宜當直字誤

牛在手曰梏浦鏜云木誤牛

凡掌共羞脩刑膴胖骨鱐說文肉部膴下引周禮有膴胖案此注云胖如膴而腥者許蓋讀胖爲判以爲半體肉也腊人薦脯膴胖鄭大夫胖讀爲判與許同杜子春云禮家以胖爲半體鄭君云胖之言片也皆與判義相近

外饔

凡賓客之飧饔饗食之事亦如之唐石經嘉靖本飧作飱

致禮於客疏引注作致禮於賓客惠挍本據增云余本仍無賓字

宰夫職以釋詑浦鏜云以當巳字誤

至五長有功者浦鏜云五當伍誤

謂其殷奠及虞祔之祭浦鏜云其衍

亨人

大羹肉湆宋本余本嘉靖本並同釋文肉湆去及反浦鏜云湇誤湆六經正誤云湇肉汁也从泣聲也从肉義也非從聲音之音案經典及釋

文多作湆自有毛居正說俗人每改湆爲湇矣

皆是陪鼎腳臐膮　浦鏜云謂誤皆從儀禮通解續校

甸師

耨芸芓也　宋本芸作耘案釋文芸音云本或作耘疏云耕種耘耨於王之耤田葢釋文作芸賈疏作耘今本注及疏作芸係依釋文改

齍盛祭祀所用穀也粢稷也　案齍亦當爲粢肆師表齍盛注粢六穀也在器曰盛是經作齍盛注皆作粢盛疏云六穀曰粢在器曰盛以共祭祀故云粢盛易齍盛爲粢盛本注也此及舂人注同經作齍非漢讀考云小宗伯辨六齍之名物注曰齍讀爲粢六粢謂六穀黍稷稻粱麥苽全經內齍字當以此例之案甸師注粢盛者祭祀之主也

三推而一癈　案癈爲墢字之誤浦鏜云墢誤發下並同是也閩監毛本並改發

示有恭敬鬼神之法　惠校本有作相

縮浚也　諸本同釋文浚也荀順反劉思順反浦鏜改浚爲滲云滲誤浚謬甚浦鏜之書多不可據者

不貢苞茅　嘉靖本苞作包此本疏引左傳亦作包閩監毛本改苞案苞苴苞裹字多從艸而左傳及說文茜下引春秋傳皆作包茅蓋从省○按版本多依舊不同作包未爲非也

杜子春讀爲蕭　漢讀考云爲當作從凡二本字異而用一廢一曰從

故既薦然後焫蕭岳本閩本同與禮記合嘉靖本監毛本及釋文焫作爇誤郊特牲作故既奠注云謂薦孰時也此以義引之故作薦

縮酒涉酒也葉鈔釋文嘉靖本閩本皆作泲此本誤沛今訂正監毛本泲作泲

注鄭司農至縮酌閩本同監本剜改大夫二字則本作司農也毛本則竟作大夫矣案賈本注鄭大夫蓋作鄭司農此本疏中亦俱作鄭大夫惟此標起至處改之未盡

司馬職百里爲遠郊惠校本職作法此誤

代王受過災云浦鏜云云疑者字誤

令使王死惠校本令作今

釋曰周姓姬閩本姓字模糊監毛本誤作禮

甸師氏在疆埸惠校本埸作場此誤

獸人

罟罔也閩毛本同監本罔改網

以救時之苦也宋本無也非

備獸觸攫諸本同釋文觸攫俱縛反又作擭華霸反案作擭非也此本補刻攫下衍攫疏中觸罔而攫攫誤擭

謂虞人釐所田之野 釋文釐所音來本亦作萊案山虞職作萊山田之野此作釐所蓋以義引之作萊者依彼經所改疏云言虞人萊所田之野者謂於教戰之所芟治草萊是賈本作萊也

夏獻禽以享禴秋獻禽以祀祊 浦鏜云大司馬職禴作礿下獻作致

若斬首折馘 宋本下有也

蒐數軍實兵甲器械 閩本同監毛本數誤數浦鏜云案杜注閱數軍器此所引蓋服氏注

𩺰人

梁水偃也 釋文水堰徐本作匽案說文匚衺徯有所俠藏也从乚上有一覆之匽匽也人部偃云僵也是水偃字當從徐本作匽

故云以時漁爲梁 閩監毛本漁改魚

命漁師始魚 浦鏜云始漁誤始魚下疏同

笱者葦簿 閩監毛本簿作薄下曲簿同

此時得取矣一也 此本一誤〇據閩監毛本訂正

里華諫之乃止 閩監毛本同魯語作里革〇按里革卽史克克革古音同部華字非也

以其膳夫卽不掌祭祀之事 浦鏜云膳夫下脫共王之膳羞五字從儀禮通解續挍案此類蓋後人以意增足非賈疏

本文

鼈人

謂有甲蝺胡閩監毛本同誤也宋本余本嘉靖本蝺作䗂當訂正釋文䗂莫于反禮說云月令其蟲介高誘注介甲也象冬閉固皮漫胡也

䗂漫音義同

以時簎魚鼈龜蜃唐石經諸本同說文手部簎刺也從手籍省聲周禮曰簎魚鼈禮說云魯語矠魚鼈以爲夏稿作矠莊子冬則擉鼈於江作擉列子牢籍庖廚之物作籍殷敬順釋文謂籍本作簎案作簎爲正字作籍爲聲借字說文謂簎從手籍省聲故列子竟省手作籍也

簎謂扠刺泥中搏取之宋本嘉靖本閩監毛本扠作杈宋本作扠從手釋文通志堂作杈宋本載音義作扠此本補刻扠誤技今訂正

皆在泥中水中閩監毛本無上中

但經惑所言貍物者監毛本同誤也閩本惑字實闕或作意

案爾雅刀魚鱭刀也惠挍本刀魚作鮤此誤又分爲二字

案醢人有蠯醢蠃蚔醢浦鏜云蠃下脫醢

蜯即蛤惠挍本下有也此脫

此亦是國語諫宣公之言 案國語當作里革

腊人

凡田獸之脯腊膴胖之事 唐石經諸本同案膴胖之事四字疑衍文下經薦脯膴胖膴字胖字始有注若於此先言膴胖二鄭杜氏康成當於此下注矣釋文出胖字音於豆脯之下則陸本尙未誤衍儀禮士冠禮疏引腊人云掌乾肉凡田獸之脯腊鄭注云大物解肆乾之云云無膴胖之事四字此爲誤衍之明證此疏引趙商問腊人掌凡乾肉而有膴胖何亦據下文言之

若今涼州烏翅矣 諸本及漢制考同惠士奇云烏當作鳥盧文弨案士冠禮加爵弁如初儀疏引此注作鳥翅誤本耳

庶羞皆有大者此據肉之所擬祭者也又引有司曰主人亦一魚加膴祭于其上此據主人擬祭者膴與大亦一也 余本岳本閩監毛本同宋本上下有者案此皆因疏語誤衍也嘉靖本庶羞皆有大下無者此據肉十二字加膴于其上下無此據主人十三字當據此刪正

胖之言片也 玉篇肉部引作胖之言半也非下云析肉意也當作片〇案古書片半通用其音義皆同

杜子春讀胖爲版 監本版作販

元解公食大夫 惠校本作重解此誤

禮經固有此三者 此本經誤堅據閩監毛本訂正

附釋音周禮注疏卷第四 唐石經周禮卷第一宋本余本嘉靖本同此本及閩監毛本删此題下悉準此不復出

周禮註疏卷四校勘記

附釋音周禮注疏卷第五

天官冢宰下○陸曰本亦作天官冢宰下

鄭氏注　賈公彥疏

醫師掌醫之政令聚毒藥以共醫事。毒藥藥之辛苦者藥之物恒多毒孟子曰若藥不瞑眩厥疾不瘳○瞑眠見反徐亡于反眩玄見反徐音玄劉音虎縣反不瘳勑留反

疏醫師至醫事○釋曰醫師者衆醫之長故掌醫之政令言聚毒藥以共醫事者謂所有藥物並皆聚之以供疾醫瘍醫等故言以供醫事○注毒藥至不瘳○釋曰言毒藥藥之辛苦者細辛苦參雖辛苦而無毒但有毒者多辛苦故云毒藥藥之辛苦者又云藥之物恒多毒者藥中有毒者謂巴豆狼牙之類是也藥中有無毒者謂人參芎藭之類是也藥之無毒亦聚之直言聚毒藥者以毒爲主故鄭云藥之物恒多毒又引孟子者案孟子滕文公爲世子將之楚過宋見孟子而謂之云今滕國絶長補短將五十里可以爲善國乎書曰藥不瞑眩厥疾不瘳注云逸書也藥使人瞑眩憫亂乃得瘳愈猶人敦德惠乃。治也引之者證藥中有毒之意此是古文尚書說命之篇高宗語傅說之言也不引說命而引孟子者鄭不見古文尚書故也

凡邦之有疾病者疕。瘍者造焉則使醫分而治之疕頭瘍亦謂禿也身傷曰瘍分之者醫各有能○疕戚匹婢反徐芳鄙反劉芳指反一音芳夷反瘍音羊身創也造七報反

疏凡邦至治之○釋曰國中有疾病者謂若疾醫所云者是也疕瘍者謂若瘍醫所云者是也云造焉者此二者皆來造醫師也云醫師則使醫分而治之者疾病者付疾醫疕瘍者付瘍醫故云分而治之下有食醫獸醫亦屬醫師不來造醫師者食醫主齊和飲食不須造醫師獸醫畜獸之賤便造獸醫故亦不須造醫師○注疕頭至有能○釋曰言疕頭瘍者案下瘍醫腫瘍等不言

疕此特言疕者腫瘍等可以兼之故云疕頭瘍謂頭上有瘡含膿血者又云亦謂禿也者禿含膿血者則入疕中禿而不含膿血者疕中可以兼之故云亦謂禿也云身傷曰瘍者曲禮云身有瘍則浴是也即瘍醫所云腫瘍已下亦是云分之者醫各有能者疾醫知疾不知瘍瘍醫知瘍不知疾故云醫各有能

歲終則稽其醫事以制其食十全爲上十失一次之十失二次之十失三次之十失四爲下食祿也全猶愈也以失四爲下者五則半矣或不治自愈○稽古兮反考也後皆放此

疏歲終至爲下○釋曰言歲終者謂至周之歲終云則稽其醫事者謂疾醫等歲始已來治病有愈有不愈並有案記今歲終總考計之故言稽其醫事云以制其食據所治愈不愈之狀而制其食祿而制五等之差云十全爲上者謂治十還得十制之上等之食云十失一次之者謂治十得九制祿次少於上者云十失二次之者謂治十得八制祿次少於九者十失三次之者謂治十得七制祿次少於八者十失四爲下者謂治十得六制祿次於得七者○注食祿至自愈○釋曰食祿也者食即月俸故以祿解食依序官疾醫中士瘍醫下士案禮記王制下士視上農夫食九人祿中士倍下士十八人祿若然中士祿食有常今差爲五等者但功適中者守本祿功高者益之功下者損之欲勉勵醫者故爲此五等之差云失四爲下者五則半矣或不治自愈者案漢書藝文志云神農黃帝食藥七卷云寒溫疾病之淺深辨五苦六辛致水火之齊以通閉結反之於此乃失其宜者以熱益熱以寒益寒積氣內傷是以獨失故諺云有病不治恒得中醫若然此經失四之類亦是以寒益寒以熱益熱言有病不治恒得中醫故鄭云五則半矣或不治自愈釋經所以不言十失五之意

食醫掌和王之六食六飲六膳百羞百醬八珍之齊和調也○食音嗣下食齊同齊才細反下皆同徐蔣細反

疏食醫至之齊○釋曰言掌和王之六食以下者此等並是膳夫所掌此食醫調和而已其六食六飲等之義並在膳夫

凡食齊眡春

時飯宜溫眂音視○羹齊眂夏時羹宜熱醬齊眂秋時醬宜涼飲齊眂冬時飲宜寒【疏】凡食至冬時○釋曰言凡食齊眂春時者言凡者總與下四時爲目故言凡以該之言食者卽上六食則內則所云食齊一也言飯之齊和眂猶比也四時常溫比於春時故鄭云飯宜溫羹齊眂夏時者謂大羹鉶羹菜羹等其所齊和四時常熱故云眂夏時羹宜熱故也云醬齊眂秋時者案醢人醯人唯有醯醢不言醬卽豆醬也案公食大夫公親設醬醬者食之主言醬則該諸豆實四時皆須涼故言醬齊眂秋時又云飲齊眂冬時者謂若漿人六飲水漿之等四時皆須寒故言飲齊眂冬時飲宜寒故也

凡和春多酸夏多苦秋多辛冬多鹹調以滑甘各尚其時味而甘以成之猶水火金木之載於土內則曰棗栗飴蜜以甘之菫荁枌榆。娩。槁滫瀡以滑之○和胡臥反飴以之反菫音謹荁音桓枌符云反娩音問槁苦老反滫劉思酒反徐相幼反瀡相藥反【疏】凡和至滑甘○釋曰言凡和者亦與下四時爲目言春多酸者東方木味酸屬春謂和食酸多於餘味一分故云春多酸云夏多苦者南方火味苦屬夏夏時調和食苦亦多於餘味一分故云夏多苦秋多辛者西方金味辛屬秋秋時調和食辛亦多於餘味一分故云秋多辛冬多鹹者北方水味鹹屬冬冬時調和食鹹亦多於餘味一分故言冬多鹹調以滑甘者中央土味甘屬季夏金木水火非土不載於五行土爲尊於五味甘爲上故甘總調四味滑者通利往來亦所以調和四味故云調以滑甘此五味之言出洪範及月令○注各尚至滑之○釋曰言各尚其時味者多一分者也必多其時味者所以助時氣也又引內則曰棗栗飴蜜以甘之者證經甘之所用物也又云菫荁枌榆娩槁滫瀡以滑之者證經滑之所用之物鄭君注內則荁菫類榆白曰枌。娩新生者。槁乾也。齊人溲曰滫。秦人滑曰瀡謂將此菫已下和溲以滑之

凡會膳食之宜牛宜稌羊宜黍豕宜稷犬宜粱。鴈宜麥魚宜苽會成也謂其味相成鄭司農云稌稉也爾雅曰稌稻苽彫胡也○稌音杜又他杜反苽音孤稉本亦作秔音庚彫劉本作

凋音彫疏凡會至宜苽○釋曰凡會膳食之宜者謂會成膳食相宜之法言牛宜稌者依本草素問牛味甘平稻味苦而又温甘苦相成故云牛宜稌羊宜黍者羊味甘熱黍味苦温亦是甘苦相成故云羊宜黍豕宜稷者豭猪味酸牝猪味苦稷米味甘亦是甘苦相成故云豕宜稷犬宜粱者犬味酸而温粱米味甘而微寒亦是氣味相成故云犬宜粱又云鴈宜麥者鴈味甘平大麥味酸而温小麥味甘微寒亦是氣味相成故云鴈宜麥云魚宜苽者魚味寒魚族甚多寒熱酸苦兼有而云宜苽或同是水物相宜故云魚宜苽○注會成至胡也○釋曰云稌稉也者亦方俗異名云爾雅曰稌稻也苽彫胡也者今南方見有苽米是也

凡君子之食恒放焉放猶依也○放甫往反疏凡君至放焉○釋曰上六食六飲一經據共王不通放下凡食春多酸已下至魚宜苽已上齊和相成之事雖以王爲主君子大夫已上亦依之故云恒放焉

疾醫掌養萬民之疾病四時皆有癘。疾春時有痟首疾夏時有痒疥疾秋時有瘧寒疾冬時有漱。上氣疾癘疾氣不和之疾痟。酸。削也首疾頭痛也漱欬也上氣逆喘也五行傳曰。六癘作見○痟音消痒以掌反疥音介嗽西豆反本亦作欶上時掌反注同欬苦代反喘音昌兖反見音賢遍反下同疏疾醫至氣疾○釋曰言掌養萬民之有疾病者此主療治疾病而云養者但是療治必須將養故以養言之疾病兩言之者疾輕病重故注論語云疾甚曰病謂疾病俱療故兩言之此直言萬民不言王與大夫醫師雖不言或可醫師治之云四時皆有癘疾者此言亦與下爲目云春時有痟首疾者春是四時之首陽氣將盛惟金沴木故有頭首之疾言痟者謂頭痛之外别有酸削之痛云夏時有痒疥疾者四月純陽用事五月已後陰氣始起惟水沴火水爲甲疥有甲故有疥痒之疾云秋時有瘧寒疾者秋時陽氣漸銷陰氣方盛惟。火沴金兼寒兼熱故有瘧寒之疾云冬時有嗽上氣疾者冬時陰氣盛陽氣方起惟。土沴水以土壅水其氣不通故有嗽上氣之疾○注癘疾至作見○釋

曰言癘疾氣不和之疾者癘謂癘疫人君政教失所則有五行相剋氣敘不和
癘疫起故云氣不和也疾云痟酸削也者人患頭痛則有酸嘶而痛酸削則酸
嘶之云嗽欬也者謂若內則不敢噦欬之欬故言嗽欬也云上氣逆喘也者向
上喘息謂之逆喘引五行傳曰六癘作見案五行傳云五福乃降用彰於下六
沴作見一曰貌之不恭是謂不肅惟金沴木又曰言之不從是謂不乂惟火沴
金又曰眡之不明是謂不哲惟水沴火又曰聽之不聰是謂不謀惟土沴水又
曰思之不睿是謂不聖惟木金水火沴土此其五沴也言六沴者天雖無沴案
洪範六極又案書傳致六極之山皆由身之五事一曰凶短折思不睿之誅二
曰疾眡不明之誅三曰憂言不從之誅四曰貧聽不聰之誅五曰惡貌不恭之
誅六曰弱皇不極之誅據此六極皇極爲屬天王者不極亦有疴疾病併前五
者爲六沴彼言沴此鄭注言癘者言沴謂五行相乘沴此言癘癘氣與
人爲疫故不同若據五事所置言之四時之疾皆據眡之不明者也

五穀五藥養其病養猶治也病由氣勝負而生攻其贏養其不足者五味醯酒飴蜜薑鹽之屬五穀麻黍稷麥豆也五藥草木蟲石穀也其治合之齊則存乎神農子儀之術云〇贏音盈後不音者同合如字又音閤下同

疏注養猶至術云〇釋曰言養猶治也者病者須養之故云養猶治也
云病由氣勝負而生者假令夏時熱病者體寒即是水水贏而勝也火氣負而
不足也故言猶氣勝負而生云攻其贏養其不足者夏時病者則五味中食甘
五穀中食稷以甘稷是土之穀味土所剋水是攻其贏也土生於火土是火之
子食甘稷爲子養母之道故云養其不足也云五味醯酒飴蜜薑鹽之屬者醯
則酸也酒則苦也飴蜜即甘也薑即辛也鹽即鹹也此即五味酸苦辛鹹甘也
鄭不言五味酸鹹等而言醯酒之屬者當時醫方見用醯酒之等故舉以言焉
又云五穀麻黍稷麥豆也者此依月令五方之穀此五穀據養疾而食之非必
入於藥分又云五藥草木蟲石穀也者草謂麻黄芍藥之類是也木謂厚朴杜
仲之類是也蟲謂吳公贏鼈之類是也石謂磁石白石之類是也穀謂五穀之
中麻豆之等有入藥分者是也云其治合之齊則存乎神農子儀之術云者案

劉向云扁鵲治趙太子暴疾尸蹶之病使子明炊湯子儀脈神子術案摩又中經簿云子。義本草經一卷儀與義一人也若然子義亦周末時人也並不說神農案張仲景金匱云神農能嘗百藥則炎帝。者也言此二人能合和此術耳

以五氣五聲五色眡其死生

三者劇易之徵見於外者五氣五。藏所出氣也。肺氣熱心氣次之肝氣涼脾氣溫腎氣寒五聲言語宮商角徵羽也五色面貌青赤黃白黑也察其盈虛休王吉凶可知審用此者莫若扁鵲倉公〇易以豉反藏才浪反下文及注同徵張里反王往況反扁本亦作鶣蒲典反徐抗忍反鵲漢書音義云扁鵲魏桓侯時醫人史記云姓秦名少齊越人倉公史記云姓淳于名意臨淄人爲齊太倉令漢文帝時人

【疏】以五至死生〇釋曰上文三五所以治療此經三五觀其死生故云眡其死生〇注三者至倉公〇釋曰云三者劇易之徵見於外者此經三者並是人之病者氣與聲色其病在內人所不覩見其聲色則知增劇及簡易故云劇易之徵見於外者也。云五藏所出氣也者言五藏謂氣之所藏故知五氣出於五藏云肺氣熱者此已下並據月令牲南首而言肺在上當夏故云肺氣熱云心氣次之者心在肺下心位當。土心氣亦熱故言次之云肝氣涼者肝在心下近右其位當秋故云肝氣涼此三藏並在膈上云脾氣溫者於藏值春故云溫云腎氣寒者腎位在下於藏值冬故言寒此二者在膈下此五藏寒熱等據月令成文而說及其醫方之術心屬南方肝屬東方肺屬西方脾屬中央腎屬北方此並據五色而言不據氣之寒熱也云五聲言語宮商角徵羽也者宮數八十一配中央土商數七十二配西方金角數六十四配東方木徵數五十四配南方火羽數四十八配北方水此五聲數多者聲濁數少者聲清人之言語似之故云言語宮商角徵羽也云五色面。貌之青赤黃白黑也者此據五方東方木色青南方火色赤中央土色黃西方金色白北方水色黑病者面色似之云察其盈虛休王吉凶可知者假令冬時面色黑其氣寒聲應羽此是盈而王吉可知若冬時其色黃其氣熱聲應宮此得中央土來剋己此是虛而休凶可知若得東方青色等則子來助己亦吉云審用此者莫若扁鵲倉公者依漢書藝文志大

古有岐伯。榆。附中世有扁鵲秦和漢有倉公若然扁鵲在周時倉公在漢世此二人知氣色之候者也兩之以九竅之變參之以九藏之動兩參之者以觀其死生之驗竅之變謂開閉非常陽竅七陰竅二藏之動謂脈至與不至正藏五又有胃。旁胱大腸小腸脈之大候要在陽明寸口能專是者其唯秦和乎岐伯榆柎則兼彼數術者○竅音苦弔反秦和左傳昭元年晉平公疾秦伯使醫和爲之卽此人也岐伯其宜反榆羊朱反本亦作俞柎劉音附徐音鈇岐伯榆柎皆黃帝時醫人【疏】兩之至之動○釋曰上經觀其氣色此經驗其脈候故以參兩言之○注兩參至術者○釋曰云參兩之者觀其死生之驗者言兩者謂九竅與所眡爲兩兩與九藏爲參云竅之變謂開閉非常者九竅之開是其常或開或閉卽是非常故云開閉非常也云陽竅七者在頭露見故爲陽也陰竅二者在下不見故爲陰云藏之動謂脈至與不至者謂九藏在內其病難知但診脈至與不至卽知九藏之動故云藏之動謂脈至與不至也又云正藏五者謂五藏肺心肝脾腎並氣之所藏故得正藏之稱不數之者上已有注云又有胃旁胱大腸小腸者此乃六府中取此四者以益五藏爲九藏也六府胃小腸大腸旁胱膽三焦以其受盛故謂之爲府亦有藏稱故入九藏之數然六府取此四者案黃帝八十一難經說胃爲水穀之府小腸爲受盛之府大腸爲行。道之府旁胱爲津。滴之府膽者清淨之氣象天。故寫而不實實不滿若然此則正府也故入九藏其餘府氣之所生下府三焦爲孤府非正府故不入九藏也云脈之候要在陽明寸口者但醫者診脈諸脈皆可據若脈之大候取其要者在於陽明寸口二處而已陽明者在大拇指本骨之高處與第二指間寸口者大拇指本高骨後一寸是也云能專是者其唯秦和乎者秦和在中世如前說云岐伯榆柎則兼彼數術者此二人在大古如前說但上神農子儀扁鵲倉公秦和等各專一能此二人兼上數術之耳凡民之有疾病者分而治之死終則各書其所以而入于醫師少者曰死老者曰終所以謂治之不愈之狀也醫師得以制其祿且爲後治之戒○少詩照反【疏】凡民至醫師○釋曰以疾醫中士二人醫各有能故使分治之也云死終者謂民之有病不問老少皆治之不愈少死則曰死似不得壽終然少曰死老者則曰終謂雖治不愈似得壽終故曰終也云則各書其所以者謂書錄其不愈之狀云而入于醫師者醫師得之以制其祿則上十全爲上已下是也

瘍醫掌腫瘍潰瘍金瘍折瘍之祝藥劀殺之齊腫瘍癰而上生創者潰瘍癰而含膿血者金瘍刃創也折瘍踠跌者祝當爲注讀如注病之注聲之誤也注謂附著藥刮刮去膿血殺謂以藥食其惡肉○折劉本作斲同時設反祝之樹反出注劀音刮徐工滑反齊才細反創初良反踠於阮反徐烏臥反跌待結反徐徒紇反劉徒沒反著音豬略反去羌呂反疏瘍醫至之齊○釋曰瘍醫掌腫瘍已下四種之瘍瘡而含膿血者祝注也注藥於瘡乃後刮殺而言齊者亦有齊量之宜也○注腫瘍至惡肉○釋曰腫瘍癰而上生瘡者謂癰而有頭未潰者潰瘍癰而含膿血已潰破者云祝當爲注讀者疾醫非主祝說之官爲祝則義無所取故破從注注謂注藥於中食去膿血耳凡療瘍以五毒攻之止病曰療攻治也五毒五藥之有毒者今醫人有五毒之藥作之合黃堥置石膽丹砂雄黃礜石慈石其中燒之三日三夜其煙上著以雞羽掃取之以注創惡肉破骨則盡出○堥本又作甃劉音武又音無徐音毋又音務沈武侯反礜音豫著直略反疏凡療至攻之○釋曰言凡則兼上四瘍故云凡療瘍以五毒攻治之也○注止病至盡出○釋曰言止病曰療者治病之名言治之則病止故云止病曰療也言合黃堥者謂內則有敦堥卮匜鄭注云敦堥黍稷器不言黃此言黃者見今時合和丹藥者皆用黃瓦甑爲之亦名黃堥事出於古也以五氣養之以五藥療之以五味節之既刮殺而攻盡其宿肉乃養之也五氣當爲五穀字之誤也節節成其藥之力○五氣氣音穀出注疏以五至節之○釋曰云以五穀養之者亦當據病所宜釋善而用之故云以五穀養之云以五藥療之者義如前注以五味節之也五味亦酸苦辛鹹甘亦當據病所宜食之以節成藥力者也○注既刮至之力○釋曰鄭

云既刮殺而攻之盡其宿肉乃養之也者以經五藥在五穀之下恐人以五穀養之乃用五藥療之故鄭解之若然此五藥在五穀下者以上已言五毒攻之用此五穀養之則此五穀爲前五毒攻之乃後用五穀養之於理爲順此文重言五藥者爲下五味節成此藥故須更言五穀也云五氣當爲五穀者以其氣非養人之物又疾醫之有五味五藥五穀相將之物故破氣從穀也云節節成其藥之力者卽下文以酸養骨之類是也

凡藥以酸養骨以辛養筋以鹹養脈以苦養氣以甘養肉以滑養竅以類相養也酸木味木根立地中似骨辛金味金之纏合異物似筋鹹水味水之流行地中似脈苦火味火出入無形似氣甘土味土含載四者似肉滑滑石也凡諸滑物通利往來似竅

疏凡藥至養竅○釋曰上云以五味節之。此。卽經酸苦之等是也今云凡藥以酸養骨藥味合言者欲見五味節成五藥故上注云節成藥力故合言之○注以類至似竅○釋曰云以類相養也者謂若酸與骨辛與筋之等是也云酸木味之等並依洪範及月令以爲說也云木立地中似骨者謂似人之骨立肉中者故以酸養之云辛金味金之纏合異物似筋者人之筋亦纏合諸骨故云似筋而以辛養之也云鹹水味水之流行地中似脈者血脈在人亦流行不定故云似脈而以鹹養之也云苦火味火出入無形似氣者火乃人所覩見似若有形欖之不得亦是無形故云似氣故以苦養之也甘土味土含載四者似肉者金木水火非土不載故云含載四者似人之肉亦含載筋骨氣脈故云似肉也故以甘養之也云滑滑石者以五味酸苦辛鹹甘養骨筋氣脈與肉相配訖前食醫云調以滑甘平常。調食五味之外有滑彼滑用菫荁枌榆今此養病五味之外亦宜有滑但於藥分之中愼滑則不得如平常用菫荁等故以滑石解之凡諸滑物通利往來似竅故以滑養之也若然此經五味不以生成爲次而以木金與火水相對者此若洪範以木曰曲直金曰從革火曰炎上水曰潤下以類相對而言也

凡有瘍者受其藥焉

疏凡有至藥焉○釋曰藥卽上五藥是也凡國中有瘍不須身來者並於瘍醫取藥焉

獸醫掌療獸病療獸瘍畜獸之疾病及瘍療同醫○畜許又反下同【疏】注畜獸至同醫○釋曰此醫唯療家畜不療野獸但畜獸義通今以畜解獸故。當獸連言之也云畜獸之疾病及瘍療同醫者以上之凡人疾與瘍别醫今此畜病之與瘍同在一醫者重人賤畜故略同在一醫也

療獸病灌而行之以節之以動其氣觀其所發而養之療畜獸必灌行之者爲其病狀難知灌以緩之且強其氣也節趨聚之節也氣謂脉氣既行之乃以脉視之以知所病○爲于僞反聚本亦作驟同仕救反【疏】凡療至養之○釋曰獸必先灌之者鄭云爲其病狀難知故先灌而。知緩之以其瘦弱且強其氣力也

凡療獸瘍灌而劀之以發其惡然後藥之養之食之亦先攻之而後養之○食音嗣【疏】注亦先至養之○釋曰亦上瘍醫以五穀養之養彼注先刮殺盡乃養之此亦然故云亦先攻而後養之也

凡獸之有病者有瘍者使療之死則計其數以進退之【疏】凡獸至退之○釋曰上醫師云十全爲上者唯據疾醫與瘍醫不據獸醫故此云計其數而進退之進退亦謂據功過進退其祿也

酒正掌酒之政令以式灋授酒材式法作酒之法式作酒既有米麴之數又有功沽之巧月令曰乃命大酋秫稻必齊麴。蘖必時湛。饎必。絜水泉必香陶器必良火齊必得鄭司農云。授酒人以其材○沽音古酋將由反下同秫音述齊才細反下皆同一讀此如字蘖魚列反湛接廉反饎音昌志反【疏】酒正至酒材○釋曰酒正辨四飲則漿之政令亦掌之今直言掌酒之政令不言漿之政令者但據酒之尊者而言其實漿亦掌之云以式法授酒材者式法謂造酒法式謂米麴多少及善惡也酒材即米麴蘖授與酒人使酒人造酒既言兼掌漿人則漿之法式及漿材亦授之不言者亦舉尊言也○注式法至其材○釋曰云作酒既有米麴之數者謂此爲法式也云又有功沽之巧者功沽謂善惡善惡亦是法式也引月令者十一月之令言

乃命大酋監之者彼注酒孰曰酋於周禮則爲酒人案下注昔酒今之酋久白酒則酋者久遠之稱則是久。熟者善故名酒官爲大酋若然彼注爲酒人此酒正引之者此酒正以法式及酒材授與酒人使造酒故引酒人云秫稻必齊者必使齊孰麴櫱必時者造之必得時湛饎必絜者湛漬饎炊也謂清米炊釀之時必須清淨水泉必香者謂漬麴漬米之水必須香美陶器必良者酒甕陶中所燒器者必須成熟不津云火齊必得者謂釀之時生熟必宜得所也

凡爲公酒者亦如之謂鄉射飲酒以公事作酒者亦以式法及酒材授之使自釀之○釀女亮反

疏凡爲至如之○釋曰言凡爲公酒者謂爲公事而作酒言凡非一謂若鄉飲酒鄉射之等言亦如之者亦以式法授酒材○注謂鄉至釀之○釋曰言鄉射飲酒者謂鄉飲酒鄉射飲酒鄉飲酒中有黨正飲酒賓賢能飲酒鄉射飲酒中有州長春秋習射於序又有鄉大夫三年賓賢能後以五物詢衆庶用州長射禮並是鄉射飲酒若然州長黨正飲酒而謂之鄉者或是鄉大夫所居州黨或是鄉大夫親來臨禮並得鄉名故謂之鄉此數事者皆爲國行禮不可橫斂於民故得公酒其百家爲族不得公酒族祭步神之時合錢飲酒

辨五齊之名一曰泛齊二曰醴齊三曰盎齊四曰緹齊五曰沈齊泛者成而滓浮泛泛然如今宜成醪矣醴猶體也成而汁滓相將如今恬酒矣盎猶翁也成而翁翁然葱白色如今酇白矣緹者成而紅赤如今下酒矣沈者成而滓沈如今造清矣自醴以上尤濁縮酌者盎以下差清其象類則然古之法式未可盡聞杜子春讀齊皆爲粢。又禮器曰。緹酒之用玄酒之尚玄謂齊者每有祭祀以度量節作之○泛芳劍反盎烏浪反緹音體醪魯刀反翁烏動反下同一音於勇反酇白即今之白醝酒也宜作醝作酇假借也在何反差初賣反

疏辨五至沈齊○釋曰言辨五齊之名者酒正不自造酒使酒人爲之酒正直辨五齊之名知其清濁而已云一曰泛齊者泛讀如泛泛揚舟之泛言泛者謂此齊孰時滓浮在上泛泛然二曰醴齊者醴體也此齊孰時上下一體汁滓相將故名醴齊又此醴齊作時恬於餘滓與酒味稍殊故亦入於六飲三

曰盎齊已下其類可知○注泛者至作之○釋曰言泛者成而滓浮者此五齊皆言成者謂酒孰曰成云如今宜成醪矣者宜成說以爲地名故曹植酒賦曰宜成醴醪蒼梧縹清若馬融所云今之宜成會稽稻米清似宜成以爲酒名故劉杳要雅亦以宜成爲酒名二者未知孰是今鄭云宜成醪矣亦未知鄭意酒名地名類下酇白則爲地名云如今恬酒矣者但於五齊中爲恬故以恬酒況之云如今酇白矣者漢時蕭何所封南陽地名酇云如今下酒矣者下酒謂。曹床下酒其色紅赤故以緹名之案鄭下注。五伯緹衣亦赤黑色也云如今造清矣者漢時造清孰則滓沈故以況沈齊也云自醴已上尤濁縮酌者言自醴以上唯有泛齊泛齊滓浮則濁于醴齊汁滓相將者此二者皆以茅泲之故司尊彝云醴齊縮酌郊特牲云縮酌用茅明酌也謂以事酒之上清明者和醴齊以茅泲之使可酌鄭彼注云泛從醴是二者皆縮酌故云自醴已上尤濁縮酌也云盎以下差清者案司尊彝云盎齊涚酌鄭注涚清也謂以清酒泲之則不用茅以其盎已清故也鄭彼注又云泛從醴緹沈從盎則亦用清酒泲之云其象類則然者謂五者皆舉漢法況之是其象類則然者也云古之法式未可盡聞者雖舉漢法漢承周後多得古之法只可略聞故云未可盡聞也杜子春讀齊皆爲粢云禮器曰緹酒之用玄酒之尚者子春意見禮運云粢醍在堂又見禮器云醴酒之用又粢穀爲醍酒則其餘四齊皆以粢穀爲之故讀齊皆爲粢玄謂齊者每有祭祀以度量節作之謂祭有大小齊有多少謂若祫祭備五齊禘祭備四齊時祭備二齊是以度量節作之不從子春爲粢者禮運唯有醍齊稱粢於此五者皆稱齊子春破五齊從一粢於義不可故鄭於禮運注粢當爲齊破一粢從五齊於義可也此五齊與下三酒及春官鬯人所造鬯酒所以異者五齊三酒俱用秫稻麴蘗又三酒味厚人所飲者也五齊味薄所以祭者也是以下經鄭注云祭祀必用五齊者至敬不尚味而貴多品五齊對三酒酒與齊異通而言之五齊亦曰酒故禮坊記云醴酒在室醍酒在堂是也其鬯酒者自用黑黍爲之與此別也

辨三酒之物一曰事酒二曰昔酒三曰清酒鄭司農云事酒有事而飲也昔酒無事而

飲也清酒祭祀之酒玄謂事酒酌有事者之酒其酒則今之醳酒也昔酒今之酋久白酒所謂舊醳者也清酒今中山冬釀接夏而成○醳音亦徐音昔

疏辨三酒至清酒釋曰辨者豫先之名物者。財也以三酒所成有時故豫給。財令作之也言一曰事酒者此三酒並人所飲故下云共王四飲三酒也但事酒酌有事人飲之故以事上名酒也二曰昔酒者久釀乃熟故以昔酒爲名酌無事之人飲之三曰清酒者此酒更久於昔故以清爲號祭祀用之此昔酒清酒皆以酒上爲名也○注鄭司至而成○釋曰先鄭云有事而飲者謂於祭祀之時乃至卑賤執事之人祭末並得飲之昔酒無事而飲者亦於祭末羣臣陪位不得行事者並得飲之清酒祭祀之酒者亦於祭祀之時賓長獻尸尸酢賓長不敢與王之臣共器尊同酌齊故酌清酒以自酢故云祭祀之酒故司尊彝云皆有罍諸臣之所酢此三酒皆盛於罍尊在堂下但此清酒受尸酢故以祭祀言之玄謂事酒酌有事者之酒者先鄭云有事而飲據有事時飲之後鄭云酌有事者之酒謂有事之人但是有事之人雖不當祭時亦酌酒與之是就足先鄭義也云其酒則今之醳酒者事酒冬釀春成以漢之醳酒況之云昔酒今之酋久白酒者言昔爲久酋亦遠久之義故以漢之酋久白酒況之但昔酒對事酒爲清若對清酒則爲白故云酋久白酒也故晉語云。味。厚實。昔毒酒久則毒也云所謂舊醳者案禮記郊特牲云猶明清與醆酒于舊醳之酒也彼上注云明酌者事酒之上也醆酒盎齊涗于舊醳之酒三酒除事酒清酒則云舊醳是昔酒可知也對事酒爲新醳昔酒爲舊醳清酒不得醳名云清酒今中山冬釀接夏而成者以昔酒爲久冬釀接春明此清酒久於昔酒自然接夏也中山郡名故魏都賦云醇酎中山。洸湎千日

辨四飲之物一曰清二曰醫三曰漿四曰酏清謂醴之泲者醫內則所謂或以酏爲醴凡醴濁釀酏爲之則少清矣醫之字從。殹從。酉省也漿今之截漿也酏今之粥內則有黍酏酏飲粥稀者之清也鄭司農說以內則曰飲重醴稻醴清。糟黍醴清。糟粱醴清。糟或以酏爲醴漿水。臆后致飲于賓客之禮有醫酏糟糟音聲與糟相似醫與。臆。亦相似文字不同記之者各異耳此皆一物○醫於已反

徐於計反注同酏以支反泲子禮反下同毆烏兮反徐爲例反本或作醫省所景反截昨再反粥之六反劉音育稀音希莤音糟下同沈子由反臆本又作醷於紀反徐於力反

【疏】辨四至曰酏○釋曰案漿人有六飲此言四者以漿人注酒正不辨水涼者無厚薄之齊故此唯辨四飲之物也云一曰清則漿人云醴清也二曰醫者謂釀粥爲醴則爲醫三曰漿者今之截漿四曰酏者即今薄粥也○注清謂至一物○釋曰言清謂醴之泲者此鄭據漿人解之漿人云醴此云清故云清謂醴之泲者云醫內則所謂或以酏爲醴者按內則上言飲下云重醴清糟又云或以酏爲醴彼酏爲醴在飲中而在清糟下此醫又在清下故知酏爲醴當此醫云凡醴濁釀酏爲之則少清矣者謂經中醫釀粥爲之與醴少異也又云醫之字從殹從酉省也者從殹省者去羽從酉省者去水故云從殹從酉省也云漿今之截漿也者此漿亦是酒類故其字亦從截從酉省截之言載米汁相載漢時名爲截漿故云今之截漿也云酏今之粥內則有黍酏酏飲粥稀者之清也者案內則黍酏在飲中故知此酏當內則黍酏以其爲飲故知粥稀者之清也鄭司農說以內則曰飲重醴稻醴清至或以酏爲醴摠當此經一曰清云漿當此經中漿水於此經無所當連引之耳。醷當此經中。醫云后致飲于賓客之禮有醫酏糟此引下文欲取糟與內則莤酒一物故云糟音聲與莤相似云醫與醷亦相似者與此經醫爲一物云文字不同記之者各異耳此皆一物者內則彼云。莤此云。糟內則云醷此云醫是其文字不同皆一物也內則云重醴者清糟並設則稻醴清糟黍醴清糟粱醴清糟是其重醴也向者後鄭解或以酏爲醴爲醫今先鄭以爲醴共重醴爲一物又後鄭於內則注聽爲梅漿亦與先鄭不同以無正文故引之在下亦得爲一義故也

掌其厚薄之齊以共王之四飲三酒之饌及后世子之飲與其酒后世子不言饌其饋食不必具設之五齊正用醴爲飲者取醴恬與酒味異也其餘四齊味皆似酒

【疏】掌其至其酒○釋曰言掌其厚薄之齊者從五齊已下非酒正所造並是酒人漿人所作故云直辨其厚薄之齊云以供王之四飲三酒之饌者謂饌陳具設之也云及

后世子之飲與其酒者不言四飲三酒直言飲與酒復不言饌鄭云不必具設之是以不言饌與數也○注后世至似酒○釋曰云五齊正用醴爲飲者取醴恬與酒味異也者鄭意五齊之中不用餘四齊以其醴恬故取入六飲其餘四齊味皆似酒者三酒味厚五齊味薄故言似酒醴恬全與酒味別也

凡祭祀以瀍共五齊三酒以實八尊大祭三貳中祭再貳小祭壹貳皆有酌數唯齊酒不貳皆有器量

酌器所用注尊中者數量之多少未聞鄭司農云三貳三益副之也大祭天地中祭宗廟小祭五祀齊酒不貳爲尊者質不敢副益也杜子春云齊酒不貳謂五齊以祭不益也其三酒人所飲者益也弟子職曰周旋而貳唯嗛之視玄謂大祭者王服大裘衮冕所祭也中祭者王服鷩冕毳冕所祭也小祭者王服希冕玄冕所祭也三貳再貳一貳者謂就三酒之尊而益之也禮運曰玄酒在室醴醆在戶粢醍在堂澄酒在下澄酒是三酒也益之者以飲諸臣若今常滿尊也祭祀必用五齊者至敬不尚味而貴多品○貳徐音二下同爲于僞反嗛苦簟反衮古本反鷩必列反徐劉方利反毳充芮反希本又作絺同張里反醆側產反粢才許反醍音體本亦作緹飲於鴆反○

【疏】凡祭至器量釋曰言凡祭祀者謂天地及宗廟等總目之言云以法共五齊三酒者但祭有小大齊有多少各有常法故云以法共五齊三酒云以實八尊者五齊五尊三酒三尊故云以實八尊此除明水玄酒若五齊加明水三酒加玄酒此八尊爲十六尊不言之者舉其正尊而言也云大祭三貳者大祭謂王服大裘衮冕所祭者也三貳者貳副也就三酒人所飲者三度副益之云中祭再貳者中祭謂王服鷩冕毳冕所祭者也再貳亦謂就三酒之中再度益之云小祭壹貳者小祭謂王服希冕玄冕所祭者也云皆有酌數者謂三酒之祭副益等尊皆有酌器盛酒益尊故言皆酌云數者謂多少之數有口齊酒不貳者齊酒所祭祀非人所飲故不副益之皆有器量者器謂酌齊酒注於尊中量謂皆有多少之量○注酌至品○釋曰云酌器者釋經皆有酌器二者所用注五齊三酒於尊中云數量之多少未聞者數之與量皆是多少之言但未

聞升數耳鄭司農云三貳三益副之也。皆先鄭之意注酒於尊中爲副子春後
鄭亦與之。國云大祭天地等者先鄭意天地爲大祭宗廟爲中祭五祀爲小祭
其實天地自有大祭小祭宗廟亦有次小。云齊酒不貳爲尊者質不敢副益也
者以其主獻尸所用少故不副益杜子春引弟子職者是管子書弟子職篇謂
弟子。口。口。口飲酒之時弟子。用。注周旋而貳者欲副益酒尊之時嫌謂不滿唯
酒尊不滿者視之更益玄謂大祭者王服大裘袞冕所祭已下至玄冕所祭並
據司服六冕差之冕服有六天地宗廟各有三等故以六冕配之按司服王祀
昊天上帝則服大裘而冕祀五帝亦如之祀先王則袞冕祭地亦用大裘是天
地宗廟皆有大祭一也云中祭者王服鷩冕毳冕所祭也是按司服先公則鷩
冕四望山川則毳冕是地與宗廟次祭二也但天之次祀不見按司服者日月是
天之次祀以其大報天主日配以月服大裘故春分朝日秋分夕月兼服玄冕
故天之次祀中不見衣服云小祭者王服希冕玄冕所祭也者按司服社稷五
祀則希冕羣小祀則玄冕鄭彼注山林川澤之屬鄭雖不言風師雨師等之屬
中兼之也惟見天地小祭不見宗廟小祭馬融以爲宗廟小祭謂祭殤是也祭
殤之時或可亦用玄冕若然。則禮器云一獻質謂祭羣小祀當玄冕三獻文謂
祭社稷五祀當希冕五獻察謂祭四望山川當毳冕七獻神謂祭先公當鷩冕
雖不言九獻下云大饗其王事與大饗祫祭先王爲九獻當袞冕禮器下文
云大饗不足以大旅大旅當大裘據此一獻至九獻以此獻數約之故六服差
爲三按司。服山川服毳冕五獻社稷服希冕三獻社稷在山川下按大宗伯以
血祭祭社稷五祀五嶽而社稷在五嶽上者五嶽與土地異形若畿外諸侯服
獻則尊於王朝之臣社稷號曰土神似若王朝之臣服獻則卑於五嶽而在五
嶽上者似若王人雖微猶敍諸侯之上按王制宗廟之牛角握國語山川之牛
角尺社稷尊於五嶽者彼自從國中之神莫貴於社故與宗廟同。用握引禮運
曰玄酒在室者謂鬱鬯在室中而玄酒即明水也配鬱鬯故在室醴醆在戶者
醴謂醴齊醆謂盎齊並在戶也粢醍在堂者粢當爲齊齊醍在堂也澄酒在下
者澄謂沈齊酒謂三酒二者並在堂下也云澄酒是三酒齊也者案鄭志趙商問

禮運注澄是沈齊今此注澄酒是三酒何鄭答今解可去澄字若然鄭本於此注時直云酒是三酒無澄字有澄字者誤當云酒是三酒云益之者以飲諸臣者言益之解經中貳案司尊彝云皆有罍諸臣之所酢是飲諸臣也云若今常滿尊也者言益之故常滿故以漢法況之云祭祀必用五齊者至敬不尚味而貴多品者鄭意五齊味薄於三酒而數多但鬼神享德不享味故須至極敬而已是。云引郊特牲云至敬不尚味而貴多品也

共賓客之禮酒共后之致飲于賓客之禮醫酏糟皆使其士奉之

禮酒王所致酒也王致酒后致飲夫婦之義糟醫酏不泲者泲曰清不泲曰糟后致飲無醴醫酏不清者與王同體屈也亦因以少為貴士謂酒人奄士

疏共賓至奉之○釋曰云共賓客之禮酒者○謂王有故不親饗燕傳人致酒於客館云共后之致飲于賓客之禮醫酏糟者言致飲之中取二飲以致之云醫酏糟者謂醫酏不泲者也云皆使其士奉之者酒使酒人漿使漿人皆奄士故云使其士奉之○注禮酒至奄士○釋曰言禮酒王所致酒也者下酒人云賓客之陳酒彼言陳謂若致。饔餼列陳於客館中言禮酒不言陳謂饗燕之酒王當親饗燕王有故則使人就館以酬幣致之云王致酒后致飲夫婦之義者酒是陽故王致之飲是陰故后致之以是陰陽相成故云夫婦之義云后致飲無醴醫酏不清者與王同體屈也者言后致飲無醴醫酏不清者對下漿人共夫人致飲於賓客之禮清醴醫酏糟而奉之謂夫人卑於后致三飲醫酏糟上加之以清醴今后尊唯有醫酏二飲無清醴既無清醴醫酏當清今皆不清者以其后尊夫妻。片合與王同體故屈夫人卑與王不同體得申故加之以清醴也云亦因以少為貴者案禮器云有以少為貴者天子無介祭天特牲是以少為貴則夫人三飲后二飲是因以少為貴云士謂酒人漿人奄士者案序官酒人奄十人漿人奄五人皆不言士此經注皆士者為官首當是士但非賢故不言士內小臣是奄而稱士鄭云異其賢

凡王之燕飲酒共其計酒正奉之

共其計者獻酬多少度當足也故書酒正無酒字鄭司農云正奉之酒正奉之也○度徒洛反

疏凡王至奉

之〇釋曰謂王與羣臣燕飲之酒共其計者謂計羣臣多少以足爲度酒正奉之者以其共王故酒正自奉之凡饗士庶子饗耆老孤
子皆共其酒無酌數要以醉爲度疏凡饗至酌數釋曰言饗士庶子謂若宮伯宿衞王宮者士適子庶子其支庶云饗耆老孤子者
謂外饗注耆老謂國老孤子者謂死王事之子王皆饗養之則共其酒掌酒之賜頒皆有灋以行之。灋尊卑之差疏掌酒
至行之〇釋曰云賜頒皆有法以行之者謂以酒頒羣臣也皆有法以行之者尊者得多卑者得少多少皆有常法言以行之者謂依法給之凡有秩
酒者以書契授之鄭司農云有秩酒者給事中予之酒秩常也常受酒者國語曰至于今秩之玄謂所秩者謂老臣王制曰七十不俟朝八
十月告。存九十日有秩〇朝直遙反疏凡有至授之〇釋曰秩常也謂若老臣年九十已上常與之酒云以書契授之者謂酒正授使者酒書之多少以爲
契要而與之故云以書契授之〇注鄭司至有秩〇釋曰鄭司農云有秩酒者給事中予之酒秩常也常受酒者司農之意謂在朝羣臣親近於王總名給事
中王常以酒與之故云常受酒者又引國語者案楚語云鬭且廷見令尹子常聞子常畜貨聚馬鬭且廷以爲非遂陳令尹子文之行云昔鬭子文三舍令尹
無一日之積成王聞子文行於是每朝設脯一束糗一筐以羞子文至於今秩之後鄭皆不從之者給事中與之酒不言秩因朝而羞子文又非酒故不從之
矣引王制曰七十不俟朝者謂不待朝事畢卽去八十月告存者謂月月使報告老人存否九十日有秩者謂日。日有秩膳卽此經秩酒是也故引以爲證
酒正之出日入其成月入其要小宰聽之出謂授酒材及用酒之多少也受用酒者日言其計於酒正酒正月盡言
於小宰疏酒正至聽之〇釋曰言酒正之出者謂授酒材與酒人及出酒與人云日入其成者謂酒人用多少日計所用酒以此成入於酒正云月入其
要者謂酒正得酒人日計文書日計其月要至月盡以月計文書入於小宰故云月入其要小宰聽之者小宰得酒正文書聽斷之知其得失〇注出謂至小

宰○釋曰言出謂授酒材者謂授酒人以其材酒正職首所言者是也及用酒之多少者謂若共五齊三酒以下是也云受用酒者日言其計於酒正者受用酒謂用酒多少是酒人也故曰言其計於酒正也云酒正月盡言於小宰者釋經月入其要

正歲終則會唯王及后之飲酒不會以酒式誅賞

誅賞作酒之善惡者【疏】歲終至誅賞○釋曰直言唯王及后不會不云世子以其酒與膳異膳羞食之正則世子亦不會膳禽食之加世子會之酒亦爲加故亦會之以酒式誅賞者作酒有舊法式依法善者則賞之惡者則誅責之

酒人掌爲五齊三酒祭祀則共奉之以役世婦

世婦謂宮卿之官掌女宮之宿戒及祭祀比其具酒人共酒因留與其奚爲世婦役亦官聯○比戚必履反又毗志反徐扶利反【疏】酒人至世婦○釋曰言爲五齊三酒者爲猶作也云祭祀則共奉之者謂酒人共而奉之云以役世婦者屬春官宮卿官也酒人以奚送酒至世婦因爲世婦所役使○注世婦至官聯○釋曰云世婦謂宮卿之官者所謂春官云每宮卿一人故云世婦謂宮卿之官也云掌女宮之宿戒者此亦世婦職文引此者其職云及祭比其具則此酒等是故送酒以往爲世婦所役言亦官聯者卽小宰云祭祀之聯事是也

共賓客之禮酒飲酒而奉之

酒正使之也禮酒饗燕之酒飲酒食之酒此謂給賓客之稍王不親饗燕不親食而使人各以其爵以酬幣侑幣致之則從而以酒往○親食音嗣侑音又【疏】共賓至奉之○釋曰云共賓客之禮酒飲酒者此二者酒正使酒人奉授賓客○注酒正至酒往○釋曰知酒正使之者酒正云共賓客之禮酒使其士奉之士卽此酒人也彼不言飲酒者禮酒中可以兼之矣云禮酒饗燕之酒者謂饗燕食賓之酒也云飲酒食之酒者謂食時有酒者曲禮云酒漿處右則此非獻酬酒是酳口之酒也云此謂給賓之稍者此禮酒飲酒總言王若不親燕飲食則使人致之於客館任賓客稍稍用之故云給賓客之稍云王不親饗燕不親食者謂王有故不得速賓親行此三用者云使人各以其爵以酬幣侑幣致之者此

並聘禮文案彼云若不親食使大夫各以其爵朝服致之以侑幣致饗以酬幣亦如之彼雖無致燕法案鹿鳴燕羣臣嘉賓有實幣帛則致燕亦以酬幣致之與饗同云各以其爵者則諸侯來朝遣三公致饗卿來聘遣卿大夫致饗燕以酬幣致食以侑幣故云酬幣侑幣致之云則從而以酒往者謂酒人以酒從使人。欲往客館授與賓客

凡事共酒而入于酒府入于酒正之府者是王燕飲之酒酒正當奉之疏凡事至酒府〇釋曰此謂酒正所奉者則酒正云凡王之燕飲酒酒正奉之幷共王之四飲三酒之饌亦是酒正奉之以其事非一故言凡事共酒入於酒正之府

凡祭祀共酒以往不言奉小祭祀疏凡祭至以往〇釋曰上云祭祀共奉之謂大祭次祭此不言奉謂小祭祀王玄冕所祭者故云共酒以往

賓客之陳酒亦如之謂若歸饔餼之酒亦自有奉之者以酒從往疏賓客至如之〇釋曰謂上公饔餼九牢之等案聘禮云卿韋弁歸饔餼牲牢及芻薪米禾等並歸於客館彼八壺設於西序北上天子致禮於諸侯亦當陳於西序故云賓客之陳酒亦如之者亦以酒從使人往〇注謂若至從往〇釋曰經直云賓客陳酒不指斥言饔餼鄭不敢正言故言若饔餼之酒云亦自有奉之者謂使卿韋弁歸之者是也云以酒從往者謂卿韋弁歸饔餼等之時亦使人以此酒從往致之

漿人掌共王之六飲水漿醴涼醫酏入于酒府王之六飲亦酒正當奉之醴清也鄭司農云涼以水和酒也玄謂涼今寒粥若糗飯雜水也酒正不辨水涼者無厚薄之齊〇糗丘酉反又昌紹反疏漿人至酒府〇釋曰言入於酒府者亦入於酒正之府與三酒同以其酒正奉之故也〇注王之至之齊〇釋曰云王之六飲亦酒正當奉之者亦如酒人共酒入於酒府酒正奉之故此云亦酒正當奉之言當者酒正所云有不自奉者唯共王乃奉之故云當云醴醴清也者酒正辨四飲言清不言醴彼鄭云清醴之泲者此漿人六飲言清謂醴之不泲清濁雖殊本是一物故

云醴清也鄭司農云涼以水和酒也者和水非人所飲又且若以酒和水卽是厚薄之齊酒正何因不辨之乎故後鄭不從玄謂涼今寒粥若糗飯雜水也者案內則飲內有濫無涼彼鄭云以周禮六飲校之則濫涼也紀莒之間名諸爲濫言諸者非一之義內則名涼爲濫參驗相當故鄭云涼今寒粥若糗飯雜水也云酒正不辨水涼者無厚薄之齊者此文六飲弁有水涼酒正辨四飲無水涼以其水則臨時取用涼則至用乃和二者並不須豫辨故言無厚薄之齊

共賓客之稍禮稍禮非飧饔之禮留間王稍所給賓客者漿人所給亦六飲而已○間如字徐音澗疏注稍禮至而已○釋曰云稍禮非飧饔之禮留間王稍所給賓客者謂賓未去留間王稍稍所給賓者也故以稍言之云漿人所給亦六飲而已者漿人不主酒齊唯主飲故知此稍禮所給六飲而已

共夫人致飲于賓客之禮清醴醫酏糟而奉之亦酒正使之三物有清有糟夫人不體王得備之禮飲醴用柶者糟也不用柶者清也○柶音四柶疏共夫至奉之○釋曰夫人謂三夫人致飲於賓客之禮助王養賓亦致於客館清醴醫酏糟者清醴之泲者卽酒正所云一曰清是也醫酏糟者謂醫酏不泲者此二飲與后同而奉之者亦使漿人奄士奉之○注亦酒至清也○釋曰云亦酒正使之者亦謂酒正使酒人漿人奄士也故酒正云醫。酏使其士奉之彼注上酒人漿人奄士故知亦酒正使之云三物有清有糟夫人不體王得備之者對后體王屈故醫酏糟而無清醴也云禮飲醴用柶者糟也者案士冠禮禮子用醴有柶是用柶者糟也但柶只爲糟設醴既泲而清則不假柶則此經清醴是也故云不用柶者清也

凡飲共之謂非食時疏凡飲共之○釋曰上共王六飲食時以共訖此又云凡飲共之故云謂非食時

凌人掌冰正。歲十有二月令斬冰三其凌正歲季冬火星中大寒冰方盛之時春秋傳曰火星中而寒暑退凌冰室也三之者爲消釋度也故書正爲政鄭司農云掌冰政主藏冰之政也杜子春讀掌冰爲主冰也政當爲正正謂夏正三其凌三倍其冰疏凌人至其凌釋

曰言掌冰者謂凌人總掌藏冰出冰之事故云掌冰也云正歲十有二月令斬冰者正歲謂夏之建寅爲正十有二月謂建丑之月冰堅腹厚之時令入山斬冰三其凌者凌謂冰室之中三倍納冰備消釋度故也○注正歲至其冰○釋曰云正歲季冬者周雖以建子爲正行事皆用夏之正歲若據殷周則十二月冰未堅若據夏之十二月冰則堅厚故正歲據夏也云火星中大寒冰方盛之時者火星中謂十二月平旦火星中於十二月小寒節大寒中是冰方盛之時也引春秋傳曰火星中而寒暑退者此左氏昭公三年鄭游吉如晉送少姜之葬張趯見之云自今子其無事矣譬如火焉火中而寒暑乃退注云火星季冬十二月平旦正在南大寒退季夏六月黃昏火中暑退此其極也能無退乎引此者證十二月寒退之時冰最盛故取之云故書正爲政者政是政教字故先鄭從之云掌冰政主藏冰之政後鄭不從先鄭故引子春讀掌冰爲主冰言正謂夏正於下還從經正歲向下爲義後鄭依子春改者若歲字向下卽是周之十二月冰未厚故從子春也又云三其凌三倍其冰者謂應十石加至四十石卽是三倍其冰也

春始治鑑鑑如甄大口以盛冰置食物于中以禦溫氣春而始治之爲二月將獻羔而啓冰○鑑胡暫反本或作監音同甄直僞反與縋音同盛音成爲○于僞反

疏春始治鑑○釋曰春謂正月始治鑑者鑑是盛冰之器春豫治之爲二月將出冰○注鑑如至啓冰○釋曰鑑如甄者漢時名爲甄卽今之罋是也故云如甄大口以盛冰云春而始治之爲二月將獻羔而啓冰者案月令仲春云獻羔而開冰先薦寢廟七月詩亦云四之日其蚤獻羔祭韭是二月出冰者公始用之

凡外內饔之膳羞鑑焉凡酒漿之酒醴亦如之酒醴見溫氣亦失味酒漿酒人漿人也

疏凡外至如之○釋曰言凡外內饔之膳羞鑑焉者謂王后及世子并饗耆老孤子之等以下文云祭祀此經直云膳羞明非祭祀也二月之後皆須鑑以盛冰故云鑑焉云凡酒漿之酒醴者酒謂酒人之酒謂三酒五齊舉酒而言漿人之醴謂六飲舉醴而言云亦如之者亦以鑑盛冰

祭祀共冰鑑賓客共冰不以鑑往嫌使停膳羞

疏祭祀

至共冰○釋曰此云祭祀者謂天地社稷及宗廟之等皆共鑑云賓客共冰者謂諸侯來朝王禮之以飧及饗餼直共冰以往無鑑也○注不以至膳羞○釋曰冰若有鑑則冰不銷釋食得停久故鄭云不以鑑往嫌使停膳羞

大喪共夷槃冰

夷之言尸也實冰于夷槃中置之尸牀之下所以寒尸尸之槃曰夷牀曰夷衾移尸曰夷于堂皆依尸而爲言者也漢禮器制度大槃廣八尺長丈二尺深三尺漆赤中○釋云廣八尺長丈二深三尺凡度長短曰長直亮反度淺深曰深尸鳩反度廣狹曰廣光曠反度高下曰高古到反相承用此音或皆依字讀後放此漆赤中用朱漆其中

【疏】大喪共夷槃冰○釋曰亦謂三月已後遭大喪則共夷槃及冰舉王喪共后世子及三夫人已下小喪亦共之但王及后有夷槃自外當與諸侯已下同大槃等其世婦已上有冰則與大夫同女御與士同無冰見賜乃有也○注夷之至赤中○釋曰喪大記云君設大槃造冰焉大夫設夷槃造冰焉士併瓦盤無冰下又云設牀禮第有枕含一牀襲一牀是實冰置尸牀之下以寒尸也云牀曰夷牀者儀禮既夕禮文云夷衾者喪大記云自小斂已後用夷衾是也云移尸曰夷於堂者亦喪大記云既小斂男女奉尸夷于堂是皆依尸而爲言也云漢禮器制度云云者叔孫通前漢時作漢禮器制度多得古之周制故鄭君依而用之也依制度云天子大槃廣八尺長丈二尺深三尺漆赤中此經雖云夷槃無形制故依焉若然此周謂之夷槃漢謂之大槃是別大異名案喪大記君設大盤者彼諸侯不敢與天子同名夷盤故名大盤彼大夫云夷盤者卑不嫌得與天子同名其制則小也

夏頒冰掌事

暑氣盛王以冰頒賜則主爲之春秋傳曰古者日在北陸而藏冰西陸朝覿而出之○覿直歷反

【疏】夏頒冰掌事○釋曰夏頒冰者據頒賜羣臣言掌事者謂主此賜冰多少合得不合得之事○注暑氣盛王以冰頒賜則主爲之春秋傳曰古者日在北陸而藏冰西陸朝覿而出之○釋曰謂二月之時蠅蟲已生公始用之四月已後暑氣漸盛則賜及羣下云春秋傳曰者左氏昭四年正月大雨雹季武子問于申豐曰雹可禦乎對曰聖人在上無雹雖有不爲災古者日在北陸而藏冰西陸朝覿而出

之其藏之也深山窮谷固陰沍寒於是乎取之其出之也朝之祿位賓食喪祭於是乎用之其藏之也黑牡秬黍以享司寒其出之也桃弧棘矢以除其災其
出入也時食肉之祿冰皆與焉大夫命婦喪浴用冰祭寒而藏之獻羔而啓之公始用之火出而畢賦服氏云火出於夏爲三月於商爲四月於周爲五月自
命夫命婦至於老疾無不受冰爾雅云北陸虛也服氏云陸道也北陸言在謂十二月日在危一度西陸朝覿不言在則不在昴謂二月在婁四度謂春分時
奎婁晨見東方而出冰是公始用之今此鄭注引朝覿而出之謂經夏頒冰則西陸爾雅曰西陸昴也朝覿而出冰羣臣用之若然日體在昴在三月內得爲
夏頒冰者據三月末之節氣故證夏頒冰此言夏據得夏之節氣春秋言火出者據周至於七月詩二之日鑿冰三之日納於凌室四之日其蚤獻羔祭韭孫
皓問藏之既晚出之又早何鄭答豳土晚寒故夏正月納冰夏二月仲春大簇用事陽氣出地始温故禮應開冰先薦寢廟是公始用之也

秋刷

刷清也鄭司農云刷除冰室當更內新冰玄謂秋涼冰不用可以清除其室○刷所劣反清如字又才政反下同

疏注刷清至其室○釋曰先鄭云刷除凌室當更納新冰者先鄭直云除舊納新不言秋涼而冰不用於理未當經旨故後鄭云秋涼冰不用可以清除其室至十二月自然更納新冰也

籩人掌四籩之實

籩竹器如豆者其容實皆四升

疏籩人至之實釋曰言四籩謂下經朝事饋食加籩羞籩是也云之實者謂掌此四種籩中所實之物𪎊蕡白黑之等是也○注籩竹至四升○釋曰鄭知籩是竹器者以其字竹下爲之亦依漢禮器制度而知也云如豆者皆面徑尺柄尺亦依漢禮知之也云其容實皆四升者據其籩之所受則曰容據其所實𪎊蕡等則曰實故云容實皆四升亦約與豆四升同也

朝事之籩其實𪎊蕡白黑形鹽膴鮑魚鱐

蕡枲實也鄭司農云朝事謂清朝未食先進寒具口實之籩故麥曰𪎊麻曰蕡稻曰白黍曰黑築鹽以爲虎形謂之形鹽故春秋傳曰鹽虎形玄謂以司尊彝之職參之朝事謂祭宗廟薦血腥之事形鹽鹽之似虎者膴牒生魚爲大臠鮑者於楅室中糗乾之出於

江淮也鱐者析乾之出東海王者備物近者腥之遠者乾之因其宜也今河間以北煑穜麥賣之名曰逢燕人膾魚方寸切其腴以啗所貴○麷芳弓反徐又芳勇反或郎第反蕡符文反徐蒲悶反膴火吳反鱐所求反臬思里反牒戚章涉反又直輒反楅皮逼反本又作煏同糗幹音乾又作乾析幹同穜直龍反又音童腴音臾啗劉徒覽反徐徒暫反

【疏】朝事至魚鱐○釋曰此言朝事謂祭宗廟二灌之後祝延尸於戶外后薦此八籩八籩者則麷爲熬麥一也蕡爲麻子二也白爲熬稻米三也黑爲熬黍米四也形鹽五也膴以魚肉爲大臠六也鮑以魚於楅室糗乾之七也鱐爲乾魚八也○注蕡臬至所貴○釋曰云蕡臬實也者案喪服云苴經子夏傳云苴麻之有蕡蕡是麻之子實也又案疏衰裳齊牡麻經子夏傳云牡麻者臬麻也則臬麻謂雄麻也若然臬麻無實而解蕡爲臬實者舉其類耳謂若圜曰簞方曰筥不同鄭注論語云簞笥舉類義同也鄭司農云朝事謂清朝未食先進寒具口實之籩者此先鄭不推上下文勢祭祀爲義直以爲生人所食解之故後鄭不從也云熬麥曰麷字從麥知麷爲熬麥也云麻曰蕡者已釋訖云稻曰白者以其稻米見白云黍曰黑者爾雅有秬黑黍故知黑是黍二者亦皆熬之乃可也已上後鄭從之云築鹽以爲虎形又引春秋傳曰者左氏僖三十年冬王使周公閱來聘饗有昌歜白黑形鹽服氏云昌歜昌本之菹辭曰國君文足昭也武可畏也則有備物之饗以象其德薦五味羞嘉穀鹽虎形服云剋形非是築。剋爲之故後鄭不從也玄謂以司尊彝之職參之朝事謂祭宗廟薦血腥之事者案司尊彝職除二灌有朝踐饋獻爲食前二節彼又有朝獻再獻食後酳尸爲一節又參少牢主人酬尸宰夫羞房中之羞復爲一總四節亦據祭宗廟故鄭云然也祭宗廟無血鄭云薦血腥者鄭注論語亦云禘祭之禮自血腥始皆謂毛以告純血以告殺是爲告殺時有血與朝踐薦腥同節故連言血耳非謂祭血也云形鹽鹽之似虎形者以爲自然似虎形此破先鄭築鹽爲虎形也云膴牒生魚爲大臠者牒已釋訖云鮑者於。楅室中糗乾之出於江淮也者鄭以目驗知之言。楅室者謂。楅土爲室云鱐者析乾之出東海者上云夏行腒鱐鱐已釋訖言出東海者亦目驗知之云王者備物近者腥之膴是也遠者乾之鮑及鱐是也因其宜者近宜溼遠宜乾也若然經鮑鱐二者魚在於中明二物皆魚云今河間以北。煑。穜麥賣之名曰逄引漢法證𪍿亦是熬煑之麥云燕人膾魚方寸切其腴以啗所賣者亦引時事證膴膴亦是腹腴以擬祭與啗賣者同也

饋食之籩其實棗㮚桃乾藤榛實饋食薦孰也今吉禮存者特牲少牢諸侯之大夫士祭禮也不裸不薦血腥而自薦孰始是以皆云饋食之禮乾藤乾梅也有桃諸梅諸是其乾者榛似栗而小○藤音老徐力到反榛則巾反劉士鄰反少牢詩詔反凡言少牢皆放此裸古亂反

疏饋食至榛實○釋曰此謂朝踐薦腥後堂上更體其犬豕牛羊烹孰之時后先謂之饋食之籩也其八籩者其實棗一也栗二也桃三也乾藤四也榛實五也其於八籩仍少三案乾藤既為乾梅經中桃是溼桃既有溼桃乾梅明別有乾桃則注引內則桃諸鄭云是其乾者既有溼桃明有溼梅可知以乾梅溼梅二者添五者為七籩案桃梅既並有乾溼則棗中亦宜有乾溼復取一添前為八也必知此五者之中有八者案儀禮特牲少牢士二籩二豆大夫四籩四豆諸侯宜六天子宜八臨人饋食之豆有八此饋食之籩言六不類又上文朝事之籩言八下加籩亦八豈此饋食在其中六乎數事不可故以義參之為八若不如此任賢者裁之也○注饋食至而小○釋曰云饋食薦孰也者謂於堂上饋熟之時后薦之云今吉禮存者吉禮謂祭祀以其天子諸侯祭祀之禮亡故云存者云特牲少牢諸侯之大夫士祭禮也者以天子大夫大牢祭今用特牲少牢故知諸侯大夫士祭禮也云不裸不薦血腥者若天子諸侯則有室中二裸堂上朝踐薦血腥之禮大夫則無此二者也云而自薦孰始是以皆云饋食之禮者天子諸侯大夫士雖同名饋食仍有少別何者天子諸侯尸食前仍有饋獻。二是饋孰陰厭陰厭後尸入室食乃獻大夫士則饋孰與黍稷為陰厭陰厭前無饋獻以此為異耳云乾藤乾梅也者以經乾藤上有桃故知乾藤乾梅也云有桃諸梅諸者內則文而鄭引之者證乾藤中有乾桃乾梅故云是其乾者云榛似栗而小者今居山者見食之似栗而小亦目驗知之

加籩之實蔆。芡

㮚脯。蔆芡㮚脯加籩謂尸既食后亞獻尸所加之籩重言之者以四物爲八籩蔆芰也芡雞頭也㮚與饋食同鄭司農云。蔆芡脯脩○蔆音陵芡音儉㮚古栗字重直用反芰其寄反

疏加籩至㮚脯○釋曰此加籩當尸食後王酳尸后亞王酳尸於時薦之四物重言之則八籩○注加籩至脯脩○釋曰知籩是尸既食后亞獻尸所加之籩者案春官內宗云掌宗廟之祭祀薦加豆籩以其內宗所薦明主於后又見特牲主婦獻尸云宗婦執兩籩於戶外主婦受設於敦南主人獻尸之時不見有設籩之事故知唯主於后也少牢主婦不設籩者以其當日賓尸故也其下大夫不賓尸者亦與士同也云蔆芰也者屈到嗜芰卽蔆角者也云芡雞頭也者俗有二名今人或謂之鴈頭也先鄭云蔆芡脯脩者先鄭意恠饋食重言故爲脩替栗得爲一義故引之在下也

羞籩之實糗餌粉餈羞籩謂若少牢主人酬尸宰夫羞房中之羞于尸侑主人主婦皆右之者故書餈作茨鄭司農云糗熬大豆與米也粉豆屑也茨字或作餈謂乾餌餅之也玄謂此二物皆粉稻米黍米所爲也合蒸曰餌餅之曰餈糗者擣粉熬大豆爲餌餈之黏著以粉之耳餌言糗餈言粉互相足○餌而志反餈昨資反餅必領反爲餌于僞反下文同黏女廉反著直略反

疏羞籩至粉餈○釋曰此當王酬尸內饔進之於尸侑等者也云糗餌粉餈者此爲二籩糗與粉爲一物恐餌餈黏著籩故分于二籩之下○注羞籩至相足○釋曰言羞籩謂若少牢主人酬尸宰夫羞房中之羞于尸侑主人主婦皆右之者天子祭祀之禮亡故取少牢大夫禮解之案有司徹上大夫當日賓尸正祭不設內羞故於賓尸設之此天子之禮賓尸在明日則祭祀日當設之案少牢下大夫不賓尸者賓長致爵受酢云宰夫羞房中之羞司士羞庶羞于尸祝主人主婦內羞在右庶羞在左天子之禮賓長受酢後亦當設此內羞庶羞于尸祝及王與后然鄭不引不賓尸而引賓尸者以其設內羞之禮同故秖引其一但正祭設於祝賓尸。設於侑又賓尸主人酬尸後正祭賓長受酢後爲異耳云故書餈作茨者此宜從食不得從草故先鄭破之從經爲正鄭司農云糗熬大豆與米也粉豆屑也並於義是但於義不足故後鄭增成之云茨字

或作餈者謂故書亦有作次下食者云謂乾餌餅之也者餅之曰餈未正乾之言故後鄭不從玄謂此二物皆粉稻米黍米所爲者據當時目驗而知云合蒸曰餌餅之曰餈者謂粉稻米黍米合以爲餌餌既不餅明餅之曰餈今之餈。餻皆。解之名出於此云糗者擣粉熬大豆者此與司農義同司農不言擣故後鄭增成之云餌言糗餈言粉互相足者此本一物餌言糗謂熬之亦粉之餈言粉擣之亦糗之凡言互者據兩物相互今一物之上自相互直是理不足明故言互相足內則注擣熬穀穀則大豆也穀總名也

凡祭祀共其籩薦羞之實薦羞皆進也未食未飲曰薦既食既飲曰羞【疏】凡祭至之實〇釋曰祭祀言凡者謂四時禘祫等皆共其籩籩則薦羞之實是也〇注薦羞至曰羞〇釋曰云未食未飲曰薦者先薦後獻祭祀也據朝踐饋獻時未獻前所薦籩豆朝事饋食之籩是也云既食既飲曰羞者謂尸食後酳尸訖所進羞籩加籩之實是也

喪事及賓客之事共其薦籩羞籩喪事之籩謂殷奠時【疏】喪事至羞籩〇釋曰喪事謂大奠時賓客之事謂享燕時亦共其薦籩羞籩〇注喪事至奠時〇釋曰殷尤大也大奠朔月月半薦新祖奠遣奠之類也

爲王及后世子共其內羞於其飲食以共房中之羞【疏】注於其至之羞〇釋曰言凡共后世子飲食之時用房中之羞

凡籩事掌之

附釋音周禮注疏卷第五

周禮注疏卷五校勘記　阮元撰盧宣旬摘錄

附釋音周禮注疏卷第五　唐石經周禮卷第二宋本余本嘉靖本同此本及閩監毛本删此題下準此不具著

天官冢宰下　諸本同釋文作天官下云本亦作天官冢宰下唐石經作天官冢宰下第二非

周禮　鄭氏注　唐石經宋本余本嘉靖本同此本删周禮二字增賈公彥疏四字閩監毛本同鄭字賈字上又增漢唐字每卷準此

醫師

若藥不瞑眩厥疾不瘳　閩監毛本同岳本嘉靖本作藥不瞑眩厥疾無瘳宋本作藥不瞑眩厥疾弗瘳惠棟云余本仍有若字不瘳作無瘳音義同案賈疏作藥不瞑眩厥疾不瘳葉鈔釋文作無瘳以多者言之若衍不當作無

惠乃治也　惠校本治作治此誤

疕瘍者　唐石經作有疕瘍者石經考文提要云下獸醫凡獸之有病者有瘍者亦疊有字惠棟云宋王與之周禮訂義有有字宋本注疏無

云以制其食　浦鏜云下當脫者

神農黄帝食藥七卷　浦鏜云禁誤藥

以通閉結反之於此乃失其宜者　盧文弨云閉誤開下脫解半誤此及誤乃惠棟云宋本誤皆同

積氣內傷　案漢書積作精此誤

食醫

堇荁枌榆娩槁 浦鏜云娩槁內則作免薧案釋文免字音問注同新生曰免薧字又作槀苦老反乾也當作娩音問新生曰免槁字又作槀據羣經音辨女部云娩菜之新生者也亡運切禮娩橋滫瀡鄭康成讀是賈氏所見禮記釋文本作娩槁也橋當槁字形近之訛○按詩山有橋松鄭讀爲槁松賈所見內則釋文作橋也

娩新生者槁乾也齊人溲曰滫秦人滑曰瀡 今禮記注娩作免槁作薧齊秦字互易皆非也當據此正之

犬宜粱 唐石經嘉靖本閩本同余本監本毛本粱作梁非疏中從米不誤

疢醫

四時皆有癘疢 唐石經諸本同岳本癘改厲非

冬時有潄上氣疾 唐石經諸本潄作嗽案說文無嗽字此本注及疏仍作嗽釋文嗽本亦作欶字按作欶爲是

痟酸削也 說文痟酸痟頭痛从疒肖聲周禮曰春時有痟首疾案許鄭義同酸痟頭痛當作酸削頭痛

六癘作見 毛本六誤大

惟火沴金 盧文弨云火當作木此是衝氣不論生尅不知疏家誤改抑校刊之失當以本書及漢五行志正之

惟土沴水 盧文弨云土當作火

若據五事所置言之 浦鏜云置當致誤

病由氣勝負而生 宋本由作猶案疏云故言猶氣勝負而生皆由之誤

攻其贏 余本贏作羸載音義同釋文其羸音盈此本疏云羸而勝也羸即贏之誤今本注疏悉改作贏矣

即是水水羸而勝也 閩監毛本羸作贏惠棟本作水贏此誤

草謂麻黃勺藥之類是也 閩監毛本勺改芍案詩溱洧作勺藥

子義本草經一卷 閩本同監毛本義改儀非

則炎帝者也 浦鏜云者當是之誤

五藏所出氣也 諸本同釋文五藏才浪反下文及注同嘉靖本作五臟俗字

胏氣熱 余本同誤也嘉靖本作肺氣熱閩監毛本亦作肺當據正

心位當土 閩本同監毛本土誤上案此言心位當中央土也

云五色面貌之青赤黃白黑者也 惠校本貌作皃

大古有岐伯榆附 閩監毛本作榆柎浦鏜云漢志作俞拊

又有胃旁胱　宋本岳本嘉靖本同閩監毛本旁改爲膀俗字疏中準此

大腸爲行道之府　案素問作傳導之府

旁胱爲津滴之府　閩本亦作津滴監毛本滴改液

下氣象天故故寫而不實　惠校本同閩本上故實闕監毛本作○

以疾醫中士二人　浦鏜云八誤二

似不得壽終然少曰死　浦鏜云少當故字誤

瘍醫

折瘍之祝藥　唐石經諸本同釋文折瘍劉本作㪿同經義雜記云說文艸部㪿斷也从斤斷艸譚長說㪿籒文𣂔从艸在仌中仌寒故𣂔折篆文𣂔从手然則今用折字者從小篆也劉昌宗本作𣂔爲古文當從之禮說云墨子非攻中篇曰今有醫於此和合其祝藥之於天下之有病者而藥之萬人食此若醫四五人得利焉猶謂之非行藥也然則祝藥猶行藥也俗本墨子刪祝字

祝當爲注讀如注病之注　禮說云釋名注病一人死一人復得氣相灌注也古文假借多取音同函人甲屬匠人水屬注皆云屬讀爲注左傳韎韋之跗注賈服皆云注屬也祝屬通

刮刮去膿血　嘉靖本同閩監毛本上刮依經改劀非釋文劀音刮本注也說文劀刮去惡創肉也周禮曰劀殺之齊亦訓劀爲刮與鄭義同

○按說文劑剧異義鄭君謂爲一字

今醫方有五毒之藥 此本補刻方誤人今據諸本訂正

合黃㽫置石膽丹砂 釋文㽫本又作螯嘉靖本砂作沙惠士奇云内則敦牟注牟讀曰㽫也

皆用黃瓦甌爲之 惠校本甌作甂案甂蓋甗之誤○按甌者唐人所用俗缶字缶瓦器也今之瓶耳惠棟多有自出己意而非是者

五氣當爲五穀 禮說云史記軒轅治五氣本内經岐伯曰天食人以五氣地食人以五味五氣入鼻藏於心肺五味入口藏於腸胃味有所藏以養五氣氣和而生津液相成神乃自生九經古義云内經五穀爲養五果爲助五菜爲充故鄭據此

此卽經酸苦之等是也 浦鏜云此卽當誤倒

平常調食 惠校本作服食此誤

獸醫

故當獸連言之也 惠校本作畜獸此誤

故先灌而知緩之 浦鏜云知當和字誤

酒正

麴蘖必時湛饎必潔此本蘖誤蘗今據諸本訂正余本嘉靖本潔作絜浦鏜云饎月令作熾○按漢人秖用絜無用潔者

鄭司農云授酒人以其材余本嘉靖本鄭司農云下有授酒材三字宋本亦無

則是久熟者善惠校本熟作孰

成而翁翁然葱白色宋本嘉靖本同閩監毛本葱作蔥非

如今下酒矣諸本同盧文弨云初學記引作若下酒是也西京雜記載鄒陽酒賦亦有程鄉若下語則今湖州之上若下若也

又禮器曰緹酒之用宋本嘉靖本又下空闕一字浦鏜云禮器緹作醍

泛讀如泛泛楊州之泛閩本同毛本州改舟是也監毛本楊作揚非也

謂曹床下酒閩監本同毛本床改牀惠校本曹作漕案漢制考作曹床

案鄭下注五伯緹衣浦鏜云伍誤五

物者財也浦鏜云財疑材下給財同

故晉語云味厚實昔毒案周語下作厚味寔腊毒韋解腊讀若昔

洗湎千日魏都賦作沇湎此誤閩監毛本改沈湎非惠校本亦作沇○按作沇是也今文選作沇誤字也沇湎者貌其大醉作沈則無義矣初學記引韓詩曰齊顏色均衆寡曰沇閉門不出客曰湎今本初學記奪客字李善於此注引韓詩章句曰均衆謂之沇閉門不出容謂之湎譌

舛不可讀當以初學記正之初學記少客字當以毛詩音義補之

醫之字從殹從酉省也釋文殹本或作毉惠校本酉作酒經義雜記云賈疏云從殹省者去羽從酉省者去水則賈疏本作從殹從酉省也說文酉部云醫治病工也醫之性得酒而使从酉酒所以治病也周禮有醫酒

稻醴清𦵔黍醴清𦵔粱醴清𦵔漢讀考云今內則𦵔作糟疑是用周禮改也司農云糟音聲與𦵔相似謂之相似則非一字也𦵔之本義當是艸類從艸酒聲故沈重音子由反糟曹聲古讀如揫同在第三部糟是正字𦵔是假借字

漿水臆宋本嘉靖本臆作醷下同惠棟云萬卷堂本此仍作臆下作醷案葉鈔釋文云臆本又作醷宋本注載音義云醷本又作臆內則釋文作醷本又作臆漢讀考云醫是正字臆是假借字今本內則作醷者俗製也

醫與臆亦相似宋本嘉靖本臆作醷又宋本無亦字

醷當此經中醫閩本同與宋本注正合監毛本醷改臆下云醫與醷亦相似又內則醷準此

內則彼云𦵔此云糟當作內則彼云糟此云𦵔

大祭三貳唐石經諸本同毛本大作太非

元酒在室醴醆在戶粢醍在堂澄酒在下澄酒是三酒也釋文醍本亦作緹賈疏云鄭注趙商問禮運注澄是沈齊今此注澄酒是三酒何鄭答今解可去澄字若然鄭本此注直云酒是三酒無澄字有者誤漢讀考云注謂澄酒之酒是三酒以別

於上文元酒之酒鄭答趙商蓋忘其有澄字之意矣賈云本無澄字誤也

舉其正尊而言也 惠校本正作在

謂三酒之祭副益酒尊 惠校本酒作等此非此本下同字實闕閩監毛本臆作事昔清尊今據惠校宋本補

故言皆酌 惠校本作皆有酌

有口齊酒不貳者 閩本同監毛本作言惟齊酒不貳者

之皆有器量者 惠校本之作云此誤又闕器量二字據閩監毛本補

注酌至品 案當作注酌器至多品

三貳三益副之也皆 浦鏜云者誤皆

子春後鄭亦與之同 此本同誤國據惠校本訂正閩監毛本改辨非

宗廟亦有次小 此本下二字實缺今據惠校本補閩監毛本改大祭非

謂弟子□□□ 閩本同缺下三字監本毛本作事師師浦鏜疑作事師長

弟子用注周旋而貳者 惠校本用注作來往此誤

不見宗廟小祭 惠校本下有者

若然則禮器云惠校本則作按

按司服山川服毳冕五獻惠校本司服下有四望二字

故與宗廟同用握惠校本作角握

是云引郊特牲云浦鏜云上云當作以

謂若致饗餼惠校本饗作饔

夫妻片合浦鏜云片當作胖語本喪服傳○按喪服傳本作片合今本作胖乃俗人以片半二字合而爲之此疏云夫妻片合正可據以校正

灋尊卑之差閩監毛本同宋本余本嘉靖本灋作法此非

八十月告存此本存誤有今據諸本訂正疏中同

謂日日有秩監本誤日月

酒人

謂宮卿之官掌女宮之宿戒宋本作謂宮卿之宮掌女官之宿戒誤也

云以役世婦者屬春官宮卿官也惠校本閩本同監毛本云誤因此本春官誤春宮今訂正

而使人各以其爵以酬幣侑幣致之 宋本余本嘉靖本閩本同監本各誤名侑幣誤作弊毛本亦誤

云此謂給賞之稍者 浦鏜云賓客二字誤賞

謂酒人以酒從使人欲往客館 浦鏜云欲疑而字誤

漿人

醫酏使其士奉之 浦鏜云醫酏下脫糟皆二字

凌人

掌冰正歲十有二月 唐石經諸本同漢讀考云此鄭君用杜說改政爲正下屬也考周禮全書凡言歲者皆謂夏正也言正歲者皆謂寅月言歲終十有二月者皆謂丑月此言歲十二月爲夏正已明不必加正字以混全書司農從故書掌冰政爲長

謂應十石加至四十石 案注三倍其冰則應十石者三倍之爲三十石云四十石誤也

此經直云膳羞 閩本同監毛本云作言

王禮之以殯及饔餼 閩監本同毛本闕饔○按殯當作飱

實冰于夷槃中 案于當作於監毛本于誤干

皆依尸而爲言者也 案宋本無者案疏云是皆依尸而爲言也亦無者諸本蓋衍

喪大記云君設大槃浦鏜云記槃作盤案閩本此下三槃字皆先作盤後改槃此本下句土併瓦盤盤字從皿此改之未盡者監毛本則盡作槃矣○按槃从木小篆也盤從皿籀文也本是一字

不敢與天子同名夷盤閩本同監毛本盤改槃下大槃夷盤同

籩人

鮑者於𥻸室中糗乾之宋本余本嘉靖本同閩監毛本𥻸作楅非疏中同案漢制考引此注作𥻸葉鈔釋文及宋本注載音義云𥻸本又作煏同今通志堂本作楅非釋文糗幹音乾又作乾析幹同案賈疏本亦作乾經乾𦼮字作乾陸本作幹殆非○按說文作𤊷籀作𩞄作𥻸作煏皆省而譌作楅則更譌矣

服云剋形非是築剋爲之閩本同監毛本剋改尅○按此處有譌

言𥻸室者謂𥻸土爲室漢制考同閩監毛本𥻸改楅

云今河閒以北炙種麥賣之閩監毛本炙作煑案炙當炙字之誤賈疏所據注蓋本作炙種麥也監毛本種作秋誤

二是饋孰陰厭浦鏜云一訛二

蔆芡㮚脯監毛本同唐石經余本嘉靖本閩本蔆皆作蔆從水此從冫非釋文蔆音陵此本注中仍作蔆

鄭司農云蔆芡脯脩漢讀考云司農云下脫當言二字謂蔆芡㮚脯當作蔆芡脯脩㮚與饋食複故易之

賓尸設於侑此本設誤故今據閩監毛本訂正

今之餈餻皆解之名出於此閩監毛本餻作糕案玉篇食部餻古刀切餻餅字之誤 麋此賈疏舉唐制以釋注也段玉裁云解當

周禮注疏卷五校勘記

附釋音周禮注疏卷第六

鄭氏注　賈公彥疏

醢人掌四豆之實朝事之豆其實韭菹醓醢昌本麋臡菁菹鹿臡茆菹麋臡醓肉汁也昌本昌蒲根切之四寸為菹三臡亦醢也作醢及臡者必先膊乾其肉乃後莝之雜以粱麴及鹽漬以美酒塗置甀中百日則成矣鄭司農云麋臡麋骭髓醢或曰麋臡醬也有骨為臡無骨為醢菁菹韭菹鄭大夫讀茆為茅茅菹茅初生或曰茆水草杜子春讀茆為卯玄謂菁蔓菁也茆鳧葵也凡菹醢皆以氣味相成其狀未聞○韭音久菹莊魚反醓吐感反本又作盜或一音昌審反臡乃兮反又人齊反菁作寧反又音精茆音卯北人音柳麋京倫反膊普博反莝倉臥反骭戶諫反徐戶幹反蔓音萬又莫干反徐音蠻

疏醢人至麋臡○釋曰言四豆之實者豆與籩並設節數與四籩同時亦謂朝事饋食加豆羞豆之實是也言朝事之豆者亦謂朝踐節云其實韭菹醓醢者於豆內齏菹之類菜肉通全物若牒為菹細切為齏又不言菹者皆是齏則昌本之類是也言昌本本根也昌蒲根為齏言麋臡者以麋肉為醢以其弁骨為之則曰臡菁菹鹿臡茆菹麋臡為八豆並后設之○注醓醢肉至未聞○釋曰言醓肉汁者醓者以肉為之醓汁即是肉汁云昌本昌蒲根者本訓根云切之四寸為菹者但菹四寸無正文蓋以一握為限一握則四寸也即是全物若牒云作醢及臡已下者鄭以當時之法解之案王制云一為乾豆鄭注云謂臘之以為祭祀豆實也脯非豆實亦謂作醢始得在豆與此先膊乾其肉義合鄭司農云麋臡麋骭髓醢此義後鄭不從云或曰麋臡醬也有骨為臡無骨為醢後鄭從之又菁菹韭菹者以菁為韭菁於義不可後鄭不從若為菲字菲則蔓菁於義為是後鄭不應破之明本作韭不作菲也鄭大夫讀茆為茅茅菹茅初生者茅草非人可食之物不堪為菹或曰茆水草後鄭從之杜子春讀茆為卯於義亦是玄謂菁蔓菁

者破司農爲韭菁云茆鳧葵也者增成子春等義云凡菹醢皆以氣味相成其狀未聞者經云韭菹醢醢已下兩兩相配者皆是氣味相成之狀不可知故云其狀未聞

饋食之豆，其實葵菹、蠃醢、脾析、蠯醢、蜃、蚳醢、豚拍、魚醢。蠃螔蝓蜃大蛤蚳蛾子鄭司農云脾析牛百葉也蠯蛤也鄭大夫杜子春皆以拍爲膊謂脅也或曰豚拍肩也今河閒名豚脅聲如鍛鎛○蠃力禾反脾婢支反徐蒲佳反析星歷反蠯蒲加反徐薄雞反蜃音市軫反拍音博螔音移又音夷蝓音揄又音由蛤音閤蛾音魚綺反膊音博下鎛同【疏】饋食至魚醢○釋曰言饋食之豆者亦與饋食之籩同時而薦其實葵菹蠃醢者此八豆之內脾析蠯豚拍三者不言菹皆齏也○注蠃螔至鍛鎛○釋曰言蠃螔蝓蜃大蛤蚳蛾子皆爾雅文鄭司農云脾析牛百葉也者無正文可破故後鄭從之云蠯蛤也者謂小蛤亦於鼈人釋訖鄭大夫杜子春皆以拍爲膊謂脅也者此釋經豚拍謂豚脅也云或曰豚拍肩也者謂豚肩也云今河閒名豚脅聲如鍛鎛者此子春等二人雖復爲豚肩解之仍從前豚脅爲義故云聲如豚拍

加豆之實，芹菹、兔醢、深蒲、醓醢、箈菹、鴈醢、筍菹、魚醢。芹楚葵也鄭司農云深蒲蒲蒻入水深故曰深蒲或曰深蒲桑耳醓醢肉醬也箈水中魚衣故書鴈或爲鶉杜子春云當爲鴈玄謂深蒲蒲始生水中子箈箭萌筍竹萌○芹音勤徐又音謹說文作菦云菜類蒿也音謹箈音迨爾雅作䈞同司農云水中魚衣也當徒來反沈云北人音秃改反又文之反未知所出筍息尹反蒻音若【疏】加豆至魚醢○釋曰此加豆之實亦與加籩之實同時設之深蒲醓醢者深蒲謂蒲入水深以爲醓醢與朝事之豆同箈菹者謂以箈箭萌爲菹也云筍菹者謂竹萌爲菹也○注芹楚至竹萌○釋曰芹楚葵出爾雅鄭司農云深蒲蒲蒻入水深故曰深蒲者史游急就章云蒲蒻藺席蒲蒻只堪爲席不可爲菹故後鄭不從云或曰深蒲桑耳者既名爲蒲何得更爲桑耳故後鄭亦不從云箈水中魚衣者此箈字既下爲之非是水物不得爲魚衣故後鄭不從玄謂深蒲蒲始生水中子者此後鄭以時事而知破先鄭也云箈箭萌者一名篠者也筍

竹萌者一名𥳇者也萌皆謂新生者也見今皆爲菹羞豆之實酏食糝食鄭司農云酏食以酒酏爲餅糝食菜餗蒸玄謂酏餰也內則曰糝取牛羊豕之肉三如一小切之與稻米稻米二肉一合以爲餌煎之○酏食音嗣下同糝素感反餗音
取稻米舉糔溲之小切狼臅膏以與稻米爲餰又曰糝取牛羊豕之肉三如一小切之與稻米稻米二肉一合以爲餌煎之○酏食音嗣下同糝素感反餗音
速餰之然反糔思柳反劉相早反徐相幼反溲所柳反臅昌蜀反一音粟【疏】羞豆至糝食○釋曰此羞豆之實亦與羞籩之實同○特設之言酏食者謂餰與

糝○食爲二豆○注鄭司至煎之○釋曰司農云酏食以酒酏爲餅者酏粥也以酒酏爲餅若今起膠餅文無所出故後鄭不從云糝食菜餗蒸者若今煮菜謂之蒸菜也亦文無所出後鄭亦不從玄謂酏餰也者案雜問志云內則餰次糝周禮酏次糝又酏在六飲中不合在豆且內則有餰無酏周禮有酏無餰明酏餰是一也故破酏從餰也又引內則曰取稻米舉糔溲之者案彼上注舉猶皆也糔溲博異語謂取稻米皆糗之云小切狼臅膏者鄭彼注狼臅膏臆中膏也云以與稻米爲餰者彼鄭云若今膏㸑云又曰糝取牛羊豕之肉三如一者三肉等分云小切之者謂細切之云與稻米稻米二肉一者謂米二分肉一分合以爲餌煎之也餰糝二者皆有肉內則文故不從先鄭然則上有糗餌彼餌無肉則入籩此餌米肉俱有名之爲糝即入豆案易鼎卦九四鼎折足覆公餗其刑渥凶鄭注云糝謂之餗震爲竹竹萌曰筍筍者餗之爲菜也是八珍之食臣下曠官失君之美道當刑之於屋中案上膳夫注八珍取肝膋不取糝鄭注易糝又入八珍中者以其糝若有菜則入八珍不須肝膋若糝無菜則入羞豆此文所引是也八珍則數肝膋故注不同凡祭祀共薦羞之豆實賓客喪紀亦如之爲王及后世子共其內羞王舉則共醢六十罋以五齊七醢七菹三臡實之齊當爲齏五齏昌本脾析蜃豚拍深蒲也七醢醓蠃𧊒蚳魚兔鴈醢七菹韭菁茆葵芹菭筍菹三臡麋鹿麇臡也凡醓醬所和細切爲齏全物若䐑爲菹少儀曰麋鹿爲菹野豕爲軒皆䐑而不切麇爲辟雞兔爲宛脾皆䐑而切之切葱若薤實之醓以柔之由此言之則齏菹之稱

菜肉通〇爲王于僞反齊徐劉子西反下同沈才細反䐑直輒反少儀時照反軒音獻皆䐑之涉反本或作膴下同辟必亦反又音檗宛於阮反又音於月反醢呼兮反稱音尺證反【疏】凡祭至食之〇釋曰凡祭至內羞一與籩人同上已釋訖王舉則共醢六十罋此已下與籩人異以其王舉不共籩實唯有豆實王舉謂王日一舉鼎十有二則醢人共醢六十罋以醢爲主其實有五齏七菹等〇注齊當至肉通〇釋曰五齏昌本至深蒲此據豆內不言其菹者皆是齏以次數之有此五而已七醢從醢醢至鴈醢加豆朝事醢醢有二唯取一則合此七也七菹者亦從朝事至加豆已上有七三臡者唯朝事之豆有此三云凡醯醬所和者據此五齏七菹皆須醯醬所和據醯人所掌五齏七菹是也云細切爲齏全物若䐑爲菹者據上朝事饋食加豆之內有齏菹不同鄭君欲引少儀爲證故先言此云少儀曰麋鹿爲菹野豕爲軒皆䐑而不切者既言䐑而不切則野豕爲軒亦菹類云麇爲辟雞兎爲宛脾皆䐑而切之者此謂報切節皆齏類云切葱若薤實之醯以柔之者謂殺其氣云由此言之則齏菹之稱菜肉通者鄭案三豆之內七菹皆菜無肉五齏之內菜肉相兼若據少儀齏菹之稱菜肉通也

賓客之禮共醢五十罋致饔餼時凡事共醢【疏】賓客至共醢〇釋曰賓客謂五等諸侯來朝也天子致饔餼與之醢故鄭云致饔餼時也案掌客上公之禮醯醢百有二十罋侯伯百罋子男八十罋此共醢五十罋幷醯人所共醯五十罋共爲百罋此據侯伯饔餼之禮舉中言之明兼有上公與子男若然上公百二十罋與王數同者據二王之後王所尊敬者而言其同姓諸侯唯魯得與二王後同其餘同姓雖車服如上公從侯伯百罋而已又案掌客上公已下並是諸侯自相待法天子待諸侯亦與之同又案聘禮待聘臣亦云醯醢百罋得與諸侯同者彼別爲臣禮禮有損之而益故子男之卿百罋其數多於君

醯人掌共五齊七菹凡醯物以共祭祀之齊菹凡醯醬之物賓客亦如之齊菹醬屬

醯人者皆須醯成味。○齊，子兮反，下之齊共、齊醬、齊皆同。王舉則共齊菹醯物六十罋，其后及世子之醬齊菹。賓客之禮，共醯五十罋。凡事共醯。

疏「醯人」至「共醯」。○釋曰：云「掌共五齊七菹凡醯物」者，此乃是醢人所掌豆實，今在此者，鄭云齊菹醬皆須醯成味，故與醢人共掌。云「以共祭祀之齊菹凡醯醬之物」者，醯人連言醬者，并豆醬亦掌。言「賓客亦如之」者，下經云「賓客之禮」，據饔餼。此云賓客，據饗食致之。云「王舉則共齊菹醯物六十罋」者，并醢人六十罋者，并醢人六十罋，卽膳夫醬用百有二十罋是也。云「共后及世子之醬齊菹」者，案醢人共其內羞，不言齊菹，此云齊菹，以其與醯人共掌齏菹，須醯，故就醯人爲言。云「賓客之禮共醯五十罋」者，與醢人五十罋總共爲百罋，亦據侯伯舉中言之。

鹽人掌鹽之政令，以共百事之鹽。政令謂受入教所處置求者所當得。

疏注「政令」至「當時」。○釋曰：政令謂受入教所處置者，謂四方鹽來，鹽有數種，處置不同，故云受入教所處置也。

祭祀共其苦鹽、散鹽。杜子春讀苦爲盬，謂出盬直用不湅治。鄭司農云：散鹽，湅治者。玄謂散鹽，鬻水爲鹽。○苦音盬，工戶反，出注。散，悉但反，下同。湅音練，下同。齊，才細反。鬻音煑。盬音古。

疏「祭祀」至「散鹽」。○釋曰：苦當爲盬，盬謂出於鹽池，今之顆鹽是也。散鹽，煑水爲之，出於東海。○注「杜子」至「爲鹽」。○釋曰：杜子春讀苦爲盬者，鹽鹹非苦，故破苦爲盬，見今海傍出鹽之處謂之盬。云「直用不湅治」者，對下經鬻。盬是湅治者也。鄭司農云「散鹽湅治者」，下經自有鬻盬，是湅治，故後鄭不從。

賓客共其形鹽、散鹽。形鹽，鹽之似虎形。

疏注「形鹽」至「虎形」。○釋曰：此形鹽卽左氏傳「鹽虎形」是也，籩人已釋訖。

王之膳羞共飴鹽，后及世子亦如之。飴鹽，鹽之恬者，今戎鹽有焉。

疏鹽「飴鹽」至「有焉」。○釋曰：言飴鹽，故云鹽之恬者。云「今戎鹽有焉」者，卽石鹽是也。

凡齊事鬻。盬，以待戒令。齊事，和五味之事。鬻盬，湅治之。

疏注「齊事」至「治之」。○釋曰：言齊事者，謂若食醫春多酸、夏多苦之類是也。今湅治盬以待戒令，則齊和之。

冪人掌共巾冪共巾可以覆物○冪莫歷反【疏】冪人掌共巾冪○釋曰巾者則下經王巾皆黼是也冪者則冪八尊之類是也○注共巾可以覆物○釋曰據經巾冪俱有鄭唯言共巾可以覆物不言冪者但冪唯祇覆物其巾則兼以拭物故特解巾可以覆物者也

祭祀以疏布巾冪八尊以疏布者天地之神尚質【疏】祭祀至八尊○釋曰祭天無灌唯有五齊三酒實於八尊疏布者大功布爲冪覆此八尊故云疏布冪八尊此據正尊而言若五齊加明水三酒加玄酒則十六尊皆以疏布冪之也○注以疏至尚質○釋曰鄭知此經祭祀是天地之神者以其下經畫布冪六彝是宗廟之祭用六彝鄭知此疏布冪八尊無祼是天地可知又見禮器云大路素而越席疏布冪彼皆據祭天則疏布是祭天地可知舉天地則四望山川社稷林澤皆用疏布皆是尚質之義也

以畫布巾冪六彝宗廟可以文畫者畫其雲氣與○與音餘【疏】以畫至六彝○釋曰言六彝者雞彝鳥彝斝彝黄彝虎彝蜼彝此六彝皆盛鬱鬯以畫布冪之故云畫布冪六彝此舉六彝對上經八尊無鬱鬯以言宗廟有鬱鬯其實天地亦有秬鬯之彝用疏布宗廟亦有八尊亦用畫布互舉以明義也○注宗廟至氣與○釋曰言宗廟可以文者以其用畫布對上疏布爲質故言宗廟可以文云畫者畫其雲氣與者三禮通例所言畫者解畫皆以爲畫雲氣謂之畫爲五色之雲俱無正文故言與以疑之

凡王巾皆黼四飲三酒皆畫黼周尚武其用文德則黻可○黼音甫【疏】凡王巾皆黼○釋曰凡王之覆物之巾皆用黼文覆之言凡非一四飲三酒之外籩豆俎簋之屬皆用之○注四飲至黻可○釋曰言四飲三酒皆畫黼者鄭據酒正之文而言其實酒飲之外巾皆用黼黼者白與黑作斧文取今斧斷割之義云周尚武者周以武得天下故云尚武故用黼也云其用文德則黻可者謂若夏以揖讓得天下是文定天下則當用黑與青謂之黻兩已相背也若然易云湯武革命殷亦以武得天下則亦用黼耳

宮人掌王之六寢之脩六寢者路寢一小寢五玉藻曰朝辨色始入君日出而視朝退適路寢聽政使人視大夫大夫退然後適小寢

釋服是路寢以治事小寢以時燕息焉春秋書魯莊公薨于路寢僖公薨于小寢是則人君非一寢明矣○脩劉音修本亦作修朝且遙反辨如字本又作別彼列反【疏】宮人至之脩○釋曰案守祧職其廟則有司脩除之其祧則守祧黝堊之鄭注云脩除黝堊互言之此雖不主脩亦是掃除○注六寢至明矣○釋曰云六寢者路寢一小寢五者路寢制如明堂以聽政路大也人君所居皆曰路又引玉藻曰朝辨色始入者謂羣臣昧爽至門外辨色始入應門云君日出而視朝者尊者體盤故日出始出路門而視朝退適路寢聽政者謂路門外朝罷乃退適路寢以聽政云使人視大夫大夫退然後適小寢釋服者朝罷君退適路寢之時大夫各鄉治事之處君使人視大夫大夫退還舍君然後適小寢釋去朝服服玄端又引春秋者左氏莊公三十二年公薨于路寢得其正僖公三十三年公薨于小寢譏其卽安云是則人君非一寢明矣言此者時有不信周禮故引諸文以證之若然所引者皆諸侯法天子六寢則諸侯當三寢亦路寢一燕寢一側室一內則所云者是也

為其井匽除其不蠲去其惡臭井漏井所以受水潦蠲猶絜也詩云吉蠲為饎鄭司農云匽路廁也玄謂匽猪謂霤下之池受畜水而流之者○匽於建反徐音偃蠲音圭又古玄反去起呂反饎大志反霤力救反畜勑六反【疏】為其至惡臭○釋曰謂於宮中為漏井以受穢又為匽豬使四邊流水入焉井匽二者皆所以除其不蠲潔又去其惡臭之物○注井漏至之者○釋曰引詩云吉蠲為饎案秋官蜡氏云大祭祀令州里除不蠲注云蠲讀如吉圭惟饎之圭圭絜也此云蠲彼注云圭不同者彼蓋是三家詩故與此不同司農云匽路廁後鄭不從者以其匽字與親匽豬同故不從後鄭以為霤下之池受畜水乃後流去之

共王之沐浴沐浴所以自潔清○清戚才性反本亦作清【疏】共王之沐浴○釋曰宮人掌絜清之事沐用潘浴用湯亦是自絜清之事

凡寢中之事埽除執燭共鑪炭凡勞事勞事勞褻之事

四方之舍事亦如之從王適四方及會同所舍【疏】四方至如之○釋曰為王巡守征伐及會同所舍之處言亦如之者

亦如上掌凡勞褻之事

掌舍掌王之會同之舍設梐枑再重故書枑爲柜。鄭司農云梐榱梐也柜受居溜水涑櫜者也杜子春讀爲梐枑梐枑謂行馬玄謂行馬再重者以周衛有外內列○梐步禮反枑戶故反重直龍反下同柜音矩下同徐胡故反榱音衰戚疏關反居舉慮反留力救反涑徐劉色溝反戚色冑反櫜當洛反【疏】掌舍至再重○釋曰言掌王之會同之舍者王會同者謂時見曰會殷見曰同皆爲壇於國外與諸侯相見而命以致禁之事爲王至壇所舍息也云設梐枑再重者梐枑謂行馬再重者謂外內兩重設之○注故書至內列○釋曰掌舍掌閑衞不掌絜淨之事又行止之處未即有蟲。可涑先鄭。輒依故書。拒而爲溜水涑櫜又拒非必是受溜水之物於義未可故後鄭不從從子春爲行馬也案虎賁氏云舍則守王閑注云閑梐枑此梐枑是周衛之具耳此梐枑所施唯據下文車宮壝宮止宿而言其帷宮無宮暫止之間未必有此梐枑也

設車宮轅門謂王行止宿阻險之處備非常次車以爲藩則仰車以其轅表門○藩方元反【疏】設車宮轅門○釋曰鄭云王行止宿阻險之處備非常次車以爲藩則仰車以其轅表門鄭知在險阻之處者下文爲壇壝宮是平地有土可掘則爲壝宮明此無土可以爲壝故知此山間險阻爲此車宮也言仰車以其轅表門者謂仰兩乘車轅相向以表門故名爲轅門

爲壇壝宮棘門謂王行止宿平地築壇又委壝土起堳埒以爲宮鄭司農云棘門以戟爲門杜子春云棘門或爲材門○壝咸唯季反劉欲鬼反徐羊誰反一音待果反又時累反埒徐音劣【疏】注謂王至材門○釋曰知王行止宿平地者以下文二者非止宿之事唯有此壝宮及上文車宮爲止宿但險阻平地二所不同故知是止宿平地也云委壝土起堳埒者止宿之間不可築作牆壁宜掘。地爲宮土在。坑畔而高則堳埒也鄭司農云棘門以戟爲門知棘是戟者見左氏隱十一年鄭欲伐許授兵于大宮子都與。鄭考叔爭車子都。拔棘以逐之故知棘即戟也杜子春云棘門或爲材門者閔二年

衛文公居楚丘國家新立齊桓公共門材先令豎立門戶故知棘門亦得爲材門即是以材木爲門也

爲帷宮設旌門謂王行晝止有所展肆若食息張帷爲宮則樹旌以表門

疏注謂王至表門○釋曰知王行晝止有所展肆者見下曲禮云君命大夫與士肆鄭云肆習也君有命大夫則與士展習其事則此亦王與羣臣晝止有所展習云若食息者非直有展習亦有食息之時則張帷爲宮樹立旌旗以表門案司常云會同賓客置旌門注引此掌舍爲帷宮設旌門則旌門司常置之掌舍主。當之若然則轅門之等彼他官置之掌舍直主。當取其云旌門則司常所云析羽爲旌者也

皆無宮則

共人門謂王行有所逢遇若住遊觀陳列周衞則立長大之人以表門

疏注謂王至表門○釋曰鄭知此是王行有所逢遇者一則據上三者見夜宿晝止訖今復云無宮共人門是非常之事二則云無宮及人門是暫駐之事非久停止此知是有所逢遇若有住遊觀陳列周衞非如上三者爲宮則立長大之人以表門也

凡舍事則掌之王行所舍止

幕人掌帷幕幄帟綬之事王出宮則有是事在旁曰帷在上曰幕幕或在地展陳于上帷幕皆以布爲之四合象宮室曰幄王所居之帷也鄭司農云帟平帳也綬組綬所以繫帷也玄謂帟。主在幕若幄中坐上承塵幄帟皆以繒爲之凡四物者以綬連繫焉○幄烏學反帟音亦綬音受

疏幕人掌至之事○釋曰云掌王帷在傍施之像土壁也幕則帷上張之像舍屋也幄帷幕之內設之帟者在幄幕內之。丞塵綬者條也以此條繫連帷幕幕人掌此五者王出宮則送與掌次張之○注王出至繫焉○釋曰言在旁曰帷在上曰幕則帷在下幕在上共爲室今之設幕則無帷在下爲異也云或在地展陳於上者案聘禮云管人布幕官陳幣史展幣皆於幕上聘禮又賓入境至館皆展幕是幕在地展陳於上又云帷幕皆以布爲之知者案既夕禮云明衣裳用幕布其帷在幕下明亦用布故知二者皆用布至於覆棺之幕則用繒故禮記檀弓云布幕衞也。綃幕魯也明天子亦用繒覆棺不張設故用繒也云四

合象宮室曰幄知四合象宮室不上屬據帷幕爲句者見顏延之纂要云曰合象宮曰幄故四合向下據幄爲句也鄭司農云帟乎帳後鄭不從者見下王喪張帟三重之等皆據承塵又幄已是帳又言帟明帟非帳也先鄭又云綬組綬所以繫帷者此語未足故後鄭增成其義玄謂帟王在幕若幄中坐上承塵者云在幕謂下掌次云師田則張幕設重帟是。王在幕設帟之事若幄中有帟者掌次云朝日祀五帝則張大次小次設重帟重帟次即幄是幄中坐上有承塵也云幄帟皆以繒爲之者以其布帷幕之內宜細密又案喪大記有素錦褚褚即幄彼喪用錦明此用繒可知云凡四物者以綬連繫焉者此增成。先鄭也

凡朝覲會同軍旅田役祭祀共其帷幕幄帟綬 共之者掌次當以張 疏 凡朝至帟綬○釋曰此一經皆供與掌次使張之此云朝覲會同即掌次云諸侯朝覲會同是也此云軍旅田役即掌次云師田彼師即此軍旅彼田即此田役是也此云祭祀即掌次云大旅及朝日祀五帝是也此數事皆共帷幄幕帟綬與掌次是以鄭云共之者掌次當以張也

大喪共帷幕帟綬 爲賓客飾也帷以帷堂或與幕張之於庭帟在柩上 疏 注爲賓至在柩上○釋曰云爲賓客飾者王喪而有賓客者謂若顧命成王喪諸侯來朝而遇國喪故康王之命云畢公率東方諸侯入應門右召公率西方諸侯入應門左幷有二王之後皆是賓客故爲之飾也云帷以帷堂者謂若喪大記及士喪禮始死帷堂小斂徹之及殯在堂亦帷之也云或與幕張之於庭者案尚書顧命云出綴衣於庭鄭云連綴小斂大斂之衣於庭中爾時在庭應設此帷幕無正文故云或也有解者云爲王襲經在庭故有帷幕按喪大記諸侯踊阼階下襲經於序東雖王禮亦當哭踊在阼階下何因反來庭中襲經乎恐不可也云帟在柩上者即掌次云凡喪王則張帟三重是也

三公及卿大夫之喪共其帟 唯士無帟王有惠則賜之檀弓曰君於士有賜帟 疏 注唯士至賜帟○釋曰掌次云諸侯再重孤卿大夫不重則此云三公不云諸侯與孤掌次云諸侯與孤不云三公者三公即是諸侯再重此不云孤孤與卿大夫同不重幕人不張故略不言鄭

云唯士無帟者此經及掌次俱不云士有帟明無也引檀弓者欲見有賜則有帟非常法

掌次掌王次之灋以待張事。法大小丈尺○張事劉音帳戚如字下邦之張事同[疏]掌次至張事○釋曰言掌王次之法者次者次則舍也言次謂次止言舍謂舍息言以待張事者王出宮則幕人以帷與幕等送至停所掌次則張之故云以待張事○注法大小丈尺○釋曰言法大小者下文有大次小次是也云丈尺者既言大小當時應有丈尺之數但其未聞

王大旅上帝則張氈案設皇邸。大旅上帝祭天於圜丘國有故而祭亦曰旅此以旅見祀也張氈案以氈爲牀於幄中鄭司農云皇羽覆上邸後版也玄謂後版屛風與染羽象鳳皇羽色以爲之○邸徐當禮反一本作皇羽邸版徐音板屛薄刑反[疏]王大至皇邸○釋曰云王大旅上帝者謂冬至祭天於圜丘則張氈案者案謂牀也牀上著氈卽謂之氈案設皇邸者邸謂以版爲屛風又以鳳皇羽飾之此謂王坐所置也○注大旅至爲之○釋曰大旅上帝祭天於圜丘知者見下經別云祀五帝則知此是昊天上帝卽與司服及宗伯昊天上帝一也卽是大司樂冬至祭天於圜丘之事也云國有故而祭亦曰旅者案大宗伯國有大故則旅上帝及四望是國有故而祭謂之旅云此以旅見祀者但此下文五帝見正祀其旅見於大宗伯昊天不云旅故此見此文不言正祀故鄭以因旅見之欲見有故昊天亦旅之故云以旅見祀云張氈案以氈爲牀於幄中者據鄭云於幄中則知不徒設氈案皇邸而已明知幷有大次小次之幄與下祀五帝互見之也司農云皇羽覆上者見經皇是鳳皇之字故知以皇羽覆邸上玄謂後版屛風與者此增成司農義言後版者謂爲大方版於坐後畫爲斧文言屛風者據漢法況之無正文故言與以疑之云染羽象鳳皇羽色以爲之者案尚書禹貢羽畎夏翟謂羽山之谷貢夏翟之羽後世無夏翟故周禮鍾氏染鳥羽象鳳皇色以爲之覆於版上明堂位及司几筵皆云黼扆此不在寢廟無扆故不得云黼扆故別名皇邸

朝日。祀五帝則張大次小次設重帟

重案合諸侯亦如之朝日春分拜日於東門之外祀五帝於四郊次謂幄也大幄初往所止居也小幄既接祭退俟之處祭義曰周人祭日以朝及闇雖有強力孰能支之是以退俟與諸臣代有事焉合諸侯於壇王亦以時休息重帟復帟重案牀重席也鄭司農云五帝五色之帝○朝直遙反注朝日同重直龍反注下同

疏朝日至如之○釋曰言朝日者謂春分朝日祀五帝者謂四時迎氣則張大次小次者次謂幄帳也大幄小幄但幄在幕中既有幄明有幄幕可知設重帟者謂於幄中設承塵云重案者案則牀也牀言重謂牀上設重席不言氈及皇邸亦有可知上氈案不言重重席亦有重席可知互見爲義云合諸侯亦如之者謂諸侯會同亦設重帟重案故云亦如之○注朝日至之帝○釋曰知朝日春分者祭義云祭日於東故鄭約用春分也云拜日於東門之外者謂在東郊觀禮文云祀五帝於四郊者案外宗伯祀五帝於四郊是也此謂四時迎氣案月令立春於東郊立夏於南郊季夏於六月迎上氣亦於南郊立秋於西郊立冬於北郊謂祭靈威仰之屬云次謂幄也大幄初往所止居也小幄既接祭退俟之處者此兩次設幄者大幄謂王侵晨至祭所祭時未到去壇壝之外遠處設大次王且止居故云大幄初往所止居也接祭者與羣臣交接相代而祭去壇宜近置一小帷退俟之處云祭義曰周人祭日以朝及闇引此已下者欲見王與臣接祭之時須有小幄也言孰能支之者謂一日之間雖有強力誰能支持乎云合諸侯於壇者案司儀合諸侯爲壇三成是也云重帟複帟者謂兩重爲之云重案牀重席者案司几筵莞筵繅席次席三重此言重席亦當有此三重帟重帟不同鄭司農云五帝五色之帝者謂東方青帝靈威仰南方赤帝赤奮若中央黄帝含樞紐西方白帝白招拒北方黑帝汁光紀並依文耀鉤所說

師田則張幕設重帟重案不張幄者於是臨誓衆王或迴顧占察

疏師田至重案○釋曰言師田者謂出師征伐及田獵則幄幕者爲王設坐不言帷者亦有可知重帟重案者如上說

諸侯朝覲會同則張大次小次大次亦初往所止居小次即宮待事之處

疏諸侯至小次○釋曰此謂與諸侯張

之若四時常朝在國內今言朝覲會同爲會同而來故在國外與大宰大朝覲會同一也言則張大次小次也者亦如上文大小次丈尺則減耳故鄭云大次亦初往所止居小次即宮待事之處鄭云初往止居者謂宮外也即居者應是宮內言宮即司儀所云宮方三百步壝。土爲之是也言待事者欲於幄中待事辦否。府○及師田則張幕設案鄭司農云師田謂諸侯相與師田玄謂此掌次張之諸侯從王而師田者[疏]師田至設案○釋曰文承上諸侯謂諸侯從王師田即張幕設案者也不言重則無重席亦應有單席於牀也○注鄭司至田者○釋曰後鄭不從先鄭者以其天子掌次不合與諸侯國內張幕故云掌次張之以明非諸侯相與師田也此至下所云次者謂以繒爲。帷帳案聘禮記所云次。或以帷。或。及。席皆得與此掌次所云次別也孤卿有邦事則張幕設案有邦事謂以事從王若以王命出也孤王之孤三人副三公論道者不言公公如諸侯禮從王祭祀合諸侯張大次小次師田亦張幕設案[疏]孤卿至設案○釋曰與上諸侯所設同○注有邦至設案○釋曰言有邦事謂以事從王者謂若上王大旅上帝朝日祀五帝合諸侯及師田等數事王親行則從王往也云若以王命出者若祭祀則容王有故不視羣臣攝之若諸侯使臣時聘殷頫王不親行則於國外使羣臣受之是王命出也云孤王之孤三人副三公論道者案。尚成王周官云立大師大傅大保茲惟三公論道經邦燮理陰陽又云立少師少傅少保曰三孤貳公弘化寅亮天地是副三公論道者也云不言公公如諸侯禮者謂如上諸侯之禮中唯有會同師田無言祭祀鄭云祭祀者王於會同與祭祀同云亦如之則諸侯從王祭祀亦與會同同若然公從王祭祀亦與從王會同同也三凡喪王則張帟三重諸侯再重孤卿大夫不重張帟柩上承塵[疏]凡喪至不重○釋曰喪言凡者以其王以下至孤卿大夫兼有后及三夫人已下故言凡以廣之也后與王同三重世子三夫人與諸侯再重九嬪二十七世婦與孤卿大夫同不重一而已八十一御妻與士同無帟有賜乃得帟也此諸侯謂三公王子母弟若畿外諸侯掌次不張之

〇注張帟柩上承塵〇釋曰鄭知帟柩上承塵見上文帟皆在幄中爲承塵此言喪王則張帟三重明是張於柩上也

凡祭祀張其旅幕張尸次旅衆也公卿以下即位所祭祀之門外以待事爲之張大幕尸則有幄鄭司農云尸次祭祀之尸所居更衣帳〇爲于僞反

疏凡祭祀張其旅幕張尸次〇釋曰祭祀言凡者天地宗廟外內祭祀皆有羣臣助祭其臣既多不可人人獨設故張旅幕旅衆也謂衆人共幕諸祭皆有尸尸尊故別張尸次〇注旅衆也公卿以下即位至衣帳〇釋曰鄭云公卿以下即位所祭祀之門外以待事者若宗廟自有廟門之外若外神於郊則亦有壝宮之門門外並有立位言爲之張大幕者以其言旅故知大幕也司農云更衣帳者未祭則常服至祭所乃更去常服服祭服也故言更衣

射則張耦次耦俱升射者次在洗東大射曰遂命三耦取弓矢于次

疏射則張耦次〇釋曰天子大射六耦在西郊賓射亦六耦在朝燕射三耦在寢此六耦三耦據諸侯射者若衆耦則多但無常數耳〇注耦俱至于次〇釋曰耦俱升射者案大射鄉射耦皆兩兩揖讓升自西階鄉兩楹之間履射物南面而射射訖又兩兩揖讓降自西階云次在洗東者大射文又引大射曰遂命三耦取弓矢于次者證次中有弓矢其耦立位在次北西面至射乃命三耦入次取弓矢引之者以天子之次無文雖六耦不同設次則與諸侯同也儀禮鄉射乃是州長射士禮其中兼有鄉大夫詢衆庶之射並無次故堂西比耦也

掌凡邦之張事

大府掌九貢九賦九功之貳以受其貨賄之入頒其貨于受藏之府頒其賄于受用之府九功謂九職也受藏之府若內府也受用之府若職內也凡貨賄皆藏以給用耳良者以給王之用其餘以給國之用或言受藏或言受用又雜言貨賄皆互文〇藏才浪反注受藏言受藏同

疏大府至之府〇釋曰言掌九貢九賦之貳者大宰掌其正此官掌其副貳者以其物入大府故

也九功之貳者謂九職之功大宰以九職任之成孰歛其稅則是九功也亦大宰掌其正物入大府故亦掌其副貳也云以受其貨賄之入者九貢謂諸侯九貢自然有金玉曰貨布帛曰賄九賦謂畿內之九賦口率出泉九職如三農園圃之類亦有不出貨賄者皆言受其貨賄之入者雖以泉穀爲主民欲得出貨賄者則取之以當邦賦之數故大宰云九賦歛財賄是其不要取泉也須其貨于受藏之府者言大府雖自有府其物仍分置於衆府受藏之府者鄭云謂若內府是也須其賄於受用之府者鄭云謂若職內是也○注九功至互文釋曰九功謂九職也者以其九職任萬民謂任之使有職事故大宰云九職大府歛貨賄據成功言之故云九功其本是一故云九功九職也云受藏之府若內府也者以其經云須其貨于受藏之府金玉曰貨物之善者藏之於內府近王掌之以給王用故也云受用之府若職內也者府不在內經云須其賄于受用之府賄賤於貨故知入職內以給國家所用云凡貨賄皆藏以給用耳者鄭欲以藏用互文貨言藏者以其善物賄言用者以其賤物其實皆藏皆用故言凡貨賄皆藏以給用耳云良者以給王之用者覆解入內府意云其餘以給國之用者覆解入職內意云或言受藏或言受用又雜言貨賄皆互文者言受藏謂內府言受用謂職內皆藏以給用言藏亦用言用亦藏是互文也雜言貨賄者言貨兼有賄言賄亦兼有貨亦是互文但二者善惡不同故別言之耳

凡官府都鄙之吏及執事者受財用焉

【疏】凡官至用焉○釋曰言凡官府者謂王朝三百六十官有事須用官物者云都鄙之吏者謂三等采地吏謂羣臣等有事須取官物者及執事者謂爲官執掌之事須有營造合用官物者皆來於大府處受財用焉

凡頒財以式灋授之關市之賦以待王之膳服邦中之賦以待賓客四郊之賦以待稍秣家削之賦以待匪頒邦甸之賦以待工事邦縣之賦以待幣帛邦都之賦以待祭祀山澤之賦以待喪紀幣餘之賦以待

賜予待猶給也此九賦之財給九式者膳服卽羞服也稍秣卽芻秣也謂之稍稍用之物也喪紀卽喪荒也賜予卽好用也鄭司農云幣餘使者有餘來還也玄謂幣餘占賣國之斥幣○秣音末好呼報反下同使色吏反斥音尺徐蚩柘反

疏凡頒至賜予○釋曰言凡頒財者大宰云九賦斂財賄九式用之此大府頒與九式用之但事相因故二處別言九賦之物也此所頒之財卽大宰斂財賄一也云以式法授之者謂以舊法式多少授與九式故云以式法授之云關市之賦以待王之膳服者自此已下並與九式事同但文有交錯與九賦不次案九賦先邦中之賦次四郊次邦甸次家稍次邦縣次邦都次關市次山澤次幣餘此先言關市在邦中上此家稍又在邦甸上所以次第不同者見事起無常○注待猶至斥幣○釋曰云待猶給也者謂大宰斂得九賦之財給九式之用待來則給之故云待猶給非是訓待為給云此九賦之財給九式者以其此經九事與大宰九式相當此九賦又與大宰九賦一也故云九賦之財給九式也云膳服卽羞服也者此言膳服大宰九式云羞服膳羞是一故云膳服卽羞服也自此已下事與九式是一但文有不同皆就九式合而解之故云稍秣卽芻秣也謂之稍稍用之物也者彼九式云芻秣此改芻為稍以其稍稍用之故也此云喪紀卽九式喪荒一也此云賜予卽九式好用一也鄭司農云幣餘使者有餘來還也者案大宰司農注幣餘百工之餘與此注不同者蓋是司農互舉以相足後鄭不從者聘使之物禮數有限何得有餘來還又且有餘來還何得有賦故後鄭不從玄謂幣餘占賣國之斥幣者後鄭之意百官所用官物不盡歸入職幣職幣得之不入本府恐久藏朽蠹則有人占賣依國服出息謂之斥幣者謂指斥與人故謂之斥幣也

凡邦國之貢以待弔用此九貢之財所給也給弔用給凶禮之五事

凡萬民之貢以充府庫此九職之財充猶足

疏凡邦至府庫○釋曰上文大府掌九貢九賦九功受得三者之財各各用之上文九式已用九賦之財訖故此云邦國之九貢以待弔用下文萬民之貢以充府庫卽上九功也○注此九貢至五事○釋曰云給凶禮之五事者案大宗伯云凶禮哀邦國

之事下云有喪禮荒禮弔禮禬禮恤禮五禮皆須以財貨哀之故云給凶禮之五事○注此九職至猶足○釋曰知此萬民之貢是九職者案大宰云九職任萬民此上文又云九功此貢即是九職之功所稅故知此是九職之財也案大行人六服諸侯因朝所貢之物與大宰九貢歲之常貢雖曰時節不同貢物有異要六服之貢與九貢多同亦入弔用之數又且九貢言入弔用九賦言入九式有餘財亦入府庫是以上文掌九貢九賦受其貨賄頒於受藏受用之府也

凡式貢之餘財以共玩好之用謂先給九式及弔用足府庫而有餘財乃可以共玩好明玩好非治國之用言式言貢互文【疏】凡式至之用○釋曰式謂九式貢謂九貢及萬民之貢有餘財以供玩好器物之用○注謂先至互文○釋曰經言餘財明知先給九式及弔用足府庫之餘也經言式貢者式即上文九賦之財給九式之餘也貢即上文邦國之貢及萬民之貢也言式言貢互文者式謂九賦貢謂九貢及萬民之貢但賦言式據用而言其實亦有賦貢據貢土爲名亦有用故云互文也

凡邦之賦用取具焉賦用用賦【疏】凡邦至具焉○釋曰上有九貢九賦九功此特言賦明兼有九貢九功亦取具焉

歲終則以貨賄之入出會之【疏】歲終至會之○釋曰貨賄之入者謂九貢九賦九功入來至大府言出者大府以貨賄分置於衆府及給九式之用亦是至歲終總會計之

玉府掌王之金玉玩好兵器凡良貨賄之藏良善也此物皆式貢之餘財所作其不良又有受而藏之者○好呼報反及內府皆同藏才浪反注同【疏】玉府至之藏○釋曰云掌王之金玉玩好兵器者言玉府以玉爲主玉外所有美物亦兼掌之○注良善至之者○釋曰言此物皆式貢之餘財所作者案上大府云式貢之餘財以共玩好之用彼玩好之中兼有金玉兵器故知式貢餘財也云其不良又有受而藏之者即上大府云受藏受用之府是也

共王之服玉佩玉珠玉佩玉者王之所帶者玉藻曰君子於玉比德焉天子佩白玉而玄組綬詩傳曰

佩玉上有葱衡下有雙璜。衡牙蠙珠以納其閒鄭司農云服玉冠飾十二玉○蠙劉薄田反徐音頻一音父賓反【疏】注佩玉至二玉○釋曰佩玉者王之所帶者謂佩於革帶之上者也玉藻曰君子於玉比德焉者詩云言念君子溫其如玉是比德於玉引此者證王必服玉之意云天子佩白玉而玄組綬者此亦玉藻文所佩白玉謂衡璜琚瑀玄組綬者用玄組條穿連衡璜等使相承受引詩傳曰謂是韓詩佩玉上有葱衡者衡橫也謂葱玉爲橫梁下有雙璜。衡牙者謂以組懸於衡之兩頭兩組之末皆有半壁曰璜故曰雙璜又以一組懸於衡之中央於末著衡牙使前後觸璜故言。衡牙案毛詩傳衡璜之外別有琚瑀其琚瑀所置當於懸衡牙組之中央又以二組穿於琚瑀之內角斜繫於衡之兩頭於組末繫於璜云蠙珠以納其閒者蠙蜯也珠出於蜯故言蠙珠納其閒者組繩有五皆穿珠於其閒故云以納其閒鄭司農云服玉冠飾十二玉者案弁師掌五冕袞冕十二旒鷩冕九旒毳冕七旒絺冕五旒玄冕三旒皆十二玉冕則冠也弁師又有皮弁韋弁冠弁亦皆十二玉故云冠飾十二玉也

王齊則共食玉玉是陽精之純者食之以禦水氣鄭司農云王齊當食玉屑【疏】王齊則共食玉○釋曰謂王祭祀之前散齊七日致齊三日是時則共王所食玉屑○注玉是至玉屑○釋曰知玉是陽精之純者但玉聲清清則屬陽又案楚語云王孫圉與趙簡子言曰玉足以庇蔭嘉穀使無水旱之災則寶之珠足以禦。火則寶之服氏云珠水精足以禁火如是則玉是火精可知云食之以禦水氣者致齊時居於路寢思其笑語思其志意之類恐起動多故須玉以禦水氣也鄭司農云王齊當食玉屑者其玉屑研之乃可食故云當食玉屑也

大喪共含玉復衣裳角枕角柶角枕以枕尸鄭司農云復招魂也衣裳生時服招魂復魄于太廟至四郊角柶角。七也以楔齒士喪禮曰楔齒用角柶楔齒者令可飯含玄謂復於四郊以。綏○含戶暗反枕尸之鴆反楔先結反令力呈反飯扶晚反【疏】大喪至角柶○釋曰大喪謂王喪共含玉者含玉璧形而小以爲口實此不言贈玉飯玉者文不備復衣裳者王始死招魂復魄之衣裳不在司服者司服所掌是尋常衣服玉府

所掌皆王之美物其衣服美者亦玉府掌之但所復衣裳用死者上服故玉府供之角枕者所以枕尸角柶者將以楔齒〇注角枕至以綏〇釋曰鄭司農云復招魂也者人之死者魂氣上歸於天形魄仍在欲招取其魂復於魄內故離騷有招魂篇云招魂復魄于大廟至四郊者王有七廟及寢皆復焉獨言太廟語雖不足義猶可又言至四郊後鄭不從之云角柶角七也者案既夕禮楔貌如軛上兩末狀如枇杷拔屈中央楔齒玄謂復於四郊以綏者案夏采云以冕服復。於太。廟以乘車建綏復於四郊故鄭云復於四郊以綏言此者破先鄭於四郊亦以衣服

掌王之燕衣服衽席牀笫凡褻。器

燕衣服者巾絮寢衣袍襗之屬皆良貨賄所成笫簀也鄭司農云衽席單席也褻器清器虎子之屬〇衽而甚反又而鴆反笫側美反徐側敏反襗劉音澤徐待各反簀音責

疏 掌王至褻器〇釋曰言掌王之燕衣服者謂燕寢中所有衣服之屬衽席者亦燕寢中臥席牀笫者謂燕寢巾牀簀也凡褻器者亦謂燕寢中以燕字爲目衣服已下至褻器皆是燕〇注燕衣至之屬〇釋曰云燕衣服者巾絮者案內則左佩紛帨紛帨即巾也又婦事舅姑佩有線纊此絮則纊也云寢衣者論語鄉黨云必有寢衣長一身有半鄭注云今。小臥被是也又言袍襗之屬者案毛詩云豈曰無衣與子同袍與子同襗是也言之屬者寢衣之內所言不盡故言之屬以廣之云皆良貨賄所成者見上文云凡良貨賄之藏故知此良貨賄所成鄭司農云衽席單席也者案曲禮云請衽何趾鄭注云衽臥席又案斯干詩云下莞上簟之內則云斂枕篋簟席襡器而藏之司農云單席則臥之簟席云褻器清器虎子之屬者既在燕寢之中私褻之器故知清器虎子之屬案內豎及葬執褻器以從遣車彼褻器振飾類沐之器彼褻器與此注不同彼從葬於死者不用清器故爲類沐之器

若合諸侯則共珠槃玉敦

敦。槃類珠玉以爲飾古者以槃盛血以敦盛食合諸侯者必割牛耳取其血歃之以盟珠槃以盛牛耳尸盟者執之故書珠爲夷鄭司農云夷槃或爲珠槃玉敦歃血玉器〇敦音對徐丁雷反注同盛音成下同歃色洽反徐霜臘反

疏 若合至玉敦〇釋曰合諸侯者謂時見曰會若司儀

所云爲壇十有二尋王與諸侯殺牲歃血而盟則供珠槃玉敦○注敦槃至玉器○釋曰言敦槃類者按明堂位有虞氏之兩敦鄭玄云制之異同未聞此云槃類者以經云玉敦與珠槃相將之物故云槃類其制猶自未聞也云珠玉以爲飾者此槃敦應以木爲之將珠玉爲飾耳云古者以槃盛血以敦盛食者案特牲少牢皆敦盛黍稷以槃盛血雖無文郊血及血以告殺當以槃盛血也云合諸侯者必割牛耳取其血歃之以盟珠槃以盛牛耳者祭祀之時有黍稷故敦中盛黍稷今盟無黍稷敦中盲盛血牛耳宜在槃云尸盟者執之者案左氏哀公十七年公會齊侯盟于蒙孟武伯問於高柴曰諸侯盟誰執牛耳季羔曰鄫衍之役吳公子姑曹發陽之役衛石魋武伯曰然則彘也注云彘武伯名也魯於齊爲小國故曰彘也是盟小國執牛耳尸猶主也小國主盟故使執牛耳也知此珠槃玉敦爲盟而設者案戎右云盟則以玉敦辟盟遂役之○贊牛耳桃茢彼注云役之者傳敦血授當歃者割牛耳取血助爲之及血在敦中以桃茢沸之是以知珠槃玉敦爲盟而設若然執牛耳是小國尸盟者也若以歃血則大國在先故哀公十七年吳晉爭先國語曰吳公先歃晉亞之既言爭先是以知大國當在先若諸侯相與盟則大國戎右執牛耳也

凡王之獻金玉兵器文織良貨賄之物受而藏之

謂百工爲王所作可以獻遺諸侯古者致物於人尊之則曰獻通行曰饋春秋曰齊侯來獻戎捷尊魯也文織畫及繡錦○織音志一音至又如字爲于僞反遺唯季反下同

疏凡王至藏之○釋曰言凡王之獻金玉者謂金玉已下皆是擬王獻遺諸侯故云受而藏之○注謂百至繡錦○釋曰云謂百工爲王所作者謂金玉已下皆是百工爲王所作者可以獻遺諸侯也云古者致物於人尊之則曰獻者名正法上於下曰饋下於上曰獻若尊敬前人雖上於下亦曰獻是以天子於諸侯云獻案月令后妃獻繭鄭注謂獻於后妃知此王之獻金玉非是獻金玉於王者案下內府職凡四方之幣獻之金玉彼是諸侯獻王入內府藏之不得在此故知金玉是獻遺諸侯者也況諸侯中兼有二王之後二王之後王所尊敬自然稱獻也若王肅之義取家語曰吾聞之君取於臣曰取

與於臣曰賜臣取於君曰取與於君謂之獻以此難鄭君鄭君弟子馬昭之等難王肅禮記曰尸飲五君洗玉爵獻卿況諸侯之中有二王之後何得不云獻也云通行曰饋者言通行者上於下下於上及平敵相於皆可云饋康子饋藥陽貨饋孔子豚皆是上於下曰饋膳夫職云王饋用六穀及少牢特牲稱饋食之禮並是於尊者曰饋朋友之饋雖車馬不拜是平敵相饋故鄭云通行曰饋春秋曰齊侯來獻戎捷尊魯也者案莊公三十一年公羊云齊侯來獻戎捷齊大國也曷爲親來獻戎捷威我也左傳云非禮也凡諸侯有四夷之功則獻于王中國則否穀梁云齊侯來獻捷者內齊侯也注云泰曰齊桓內救中國外攘夷狄親倚之情不以齊爲異國故不稱使若同一國也然三傳皆不解獻義凡今鄭引者以齊大國專言來獻明尊之則曰獻朱必要卑者於尊乃得言獻

王之好賜共其貨賄疏凡王至貨賄○釋曰此謂王於羣臣有恩好因燕飲而賜之貨賄者也

內府掌受九貢九賦九功之貨賄良兵良器以待邦之大用大用朝覲之頒賜疏內府至大用○釋曰掌受九貢九賦九功者此九貢以下而言受案彼大府所云九貢已下頒之於受藏之府是也即是注云受藏之府若內府也則此九貢等由大府而來內府皆受藏之也云良兵良器者此是冬官百工所作亦由大府而來良兵謂弓矢殳矛戈戟五兵之良者良器謂車乘及禮樂器之善者云以待邦之大用者謂諸侯來朝覲所頒賜者也○注大用至頒賜○釋曰掌給九式及弔用是大府所給也玩好之用玉府所給也此又言以待邦之大用明是朝覲頒賜可知

凡四方之幣獻之金玉齒革兵器凡良貨賄入焉諸侯朝覲所獻國珍疏凡四至入焉○釋曰云凡四方之幣獻者謂四方諸侯來朝覲及遣卿大夫來聘問將幣三享貢獻珍異有此金玉及齒革之等金者謂若禹貢惟金三品之類玉者謂若禹貢球琳琅玕之類齒謂若象牙之類革謂若犀皮之類兵器者禹貢無貢兵器之法此周時有之凡良貨賄其不良者入於職內給國之用此良者入內府以給王

之用○注諸侯至國珍○釋曰諸侯朝聘所獻國珍者覲禮所云一馬卓上九馬隨之龜金竹箭分爲三享是也諸侯遣臣聘所獻國珍者謂若聘禮束帛加璧庭實乘皮之等是也此因朝聘而貢先入於掌貨賄入其要於大府乃始通之於內府也

凡適四方使者共其所受之物而奉之王所以遺諸侯者○使所吏反【疏】凡適至奉之○釋曰言凡適四方使者謂使公卿大夫聘問諸侯若大行人所云間問省頫之等共其所受之物謂使者受將行之物則內府奉而與之○注王所至侯者○釋曰卽上王之獻金玉兵器已下是也彼據藏之此據用之

凡王及冢宰之好賜予則共之冢宰待四方賓客之小治或有所善亦賜予之治直吏反【疏】注冢宰至予之○釋曰云冢宰待四方賓客之小治者大宰職文云凡邦之小治則冢宰專平之以其冢宰貳王治事或有所善亦得賜予之云所善釋經中好也

外府掌邦布之入出以共百物而待邦之用凡有灋者布泉也布讀爲宣布之布其藏曰泉其行曰布取名於水泉其流行無不徧入出謂受之復出之共百物者或作之或買之待猶給也有法百官之公用也泉始蓋一品周景王鑄大泉而有二品後數變易不復識本制至漢惟有五銖久行王莽改貨而異作泉布多至十品今存於民間多者有貨布大泉貨泉貨布長二尺五寸廣寸首長八分有奇廣八分其國好徑二分半足枝長八分其右文曰貨左文曰布重二十五銖直貨泉二十五大泉徑一寸二分重十二銖文曰大泉直十五貨泉貨泉徑一寸重五銖右文曰貨左文曰泉直一也○徧古遍字下同復扶又反徐音服數音朔奇紀宜反枝字一音奇【疏】外府至灋者○釋曰云掌邦布之入出者邦者國也布如泉也謂國之所有泉皆來入外府是其邦布之入也國之用泉者皆外府出與之是邦布之出也故總云邦布之入出此言與下爲目云以共百物者謂共國家器物之泉也而待邦之用者謂國家非常所用亦出泉與之也凡有灋者謂在朝官府依常法用之者亦出泉與之○注布泉至一也○釋曰布泉也者此

言布地官泉府云泉是布泉一也云布讀爲宣布之布者此。謂如秋官布憲彼布是宣布之布此布亦是宣布故讀從之云其藏曰泉其行曰布者此鄭欲解泉布一物兩名之意地官泉府不言外不言布據其所藏爲名此官言外言布取名於其流行於外爲稱故鄭即云取名於水泉其流行無不徧無不徧即布之義也云共百物者或作之或買之者或作之謂出物使百工所營作或買之以充國用也云泉始蓋一品者即此經泉布是也云周景王已下並漢書食貨志文案彼周景王時患泉輕將更鑄大泉單穆公曰不可王不聽鑄大泉文曰寶貨漢興爲秦泉重難用更令民鑄榆莢錢至孝。文有司言榆莢三銖輕易姦詐請鑄五銖至王莽居攝變漢制更造大泉徑寸二分重十二銖文曰大泉直五十又造契刀形如。錢直五百又造錯刀以黃金錯其文曰一刀直。直五十與五銖錢凡四品並行至莽即真罷五銖錢。異作泉布多至十品其。中有大布次布弟布壯布中布差布厚布幼布公布小布是爲貨十品也其泉十品者莽居攝作大泉錯刀契刀即真作小錢幺錢幼錢中錢壯錢元鳳年更造貨布與貨錢爲十品莽以劉有金。刀罷契刀錯刀若然鄭云後數變易不復識。舊本制者據秦漢至莽已前而言也云唯有五銖久行者從漢孝文作五銖錢至莽世數既多故云久行也云今存於民間多者有貨布大泉已下者是從莽至漢末鄭君時見行此。三者故云今存於民間也案彼文其貨布直云長二寸五分廣寸首長八分圜好徑二分無有奇廣八分半足。支長八分等十一字今鄭言之者。此並鄭言目所覿見以義增之耳又案彼大泉直五十不云五十言十五者亦誤當從五十爲正也且王莽之大泉蓋與景王所鑄大泉亦異也

共王及后世子之衣服之用凡祭祀賓客喪紀會同軍旅共其財用之幣。齎賜予之財用齎行道之財用也聘禮曰問幾月之齎鄭司農云齎或爲資今禮家定齎作資玄謂齎資同耳其字以齊次爲聲從貝變易古字亦多或〇齎音咨注同一音祖係反幾徐舉豈反【疏】共王至財用〇釋曰從王至軍旅所須財用皆外府供其泉也云幣齎之財用謂王使公卿已下聘問諸侯之行道所用

則曰幣齎云賜予之財用者謂王於羣臣有所恩好賜予之也○注齎行至多或○釋曰問幾月之齎者案聘禮記使者既受行出遂見宰問幾月之資注云資行用也古者君臣謀密草創未知所之遠近問行用。常知多少而已是其問幾月之資鄭司農云齎或爲資今禮家定齎作資者齎資義一何得言禮家定作資故後鄭不從齎資兩字直是齎次爲聲從貝變易耳

凡邦之小用皆受焉皆來受

疏凡邦至受焉○釋曰但外府所納泉布所積既少有小用則給之若大用即取餘府

歲終則會唯王及后之服不會

疏歲終至不會○釋曰言王及后不會以衣服異於膳羞與所加禽獸故通世子可以會之也

司會掌邦之六典八灋八則之貳以逆邦國都鄙官府之治逆受外鉤考之○會古外反下同治直吏反注同

疏司會至之治○釋曰云掌六典八法八則之貳者案大宰云六典治邦國八法治官府八則治都鄙但司會是鉤考之官還以六典逆邦國之治八法逆官府之治八則都鄙之治逆皆謂鉤考知得失逆

以九貢之灋致邦國之財用以九賦之灋令田野之財用以九功之灋令民職之財用以九式之灋均節邦之財用掌國之官府郊野縣都之百物財用凡在書契版圖者之貳以逆羣吏之治而聽其會計郊四郊去國百里野甸稍也甸去國二百里稍三百里縣四百里都五百里書謂簿書契其最凡也版戶籍也圖土地形象田地廣狹

疏以九至會計○釋曰言以九貢之法致邦國之財用者九貢即是大宰九貢其所貢之物出於諸侯邦國言之。財。用謂諸侯於其民什一取之既取得民物大國貢半次國三之一小國四之一所貢之物皆市取土毛貢於天子則禹貢所云厥篚厥貢是也故云致邦國之財用此即小行人云。春。令入貢是謂歲之常貢大行人

因朝而貢者所貢無常不應使司會致之云以九賦之法令田野之財用此九賦即大宰所云九賦斂財賄是也言法者謂口率出錢多少有其定法令田野之財用者九賦之內惟有關市幣餘國中非田野自外四郊邦甸家稍邦縣邦都山澤盡是。田野據多言之故言令田野之財用云以九功之法令民職之財用者九功即是大宰九職之功所稅言之法者亦是稅法什一爲常言令民職之財用者以其九職任萬民使之出稅故云令民職之財用云以九式均節邦之財用者九式所以用九賦使均平有節故云均節邦之財用云掌國之官府者案大宰九賦一曰邦中二曰四郊此不言邦中而言官府者以官府在邦中故舉官府以表邦中其實官府不出賦也云郊野縣都之百物財用者以其民之出賦不必皆使出泉以百物當之亦得故大宰云九賦斂財賄則此百物財用一也但九式用九賦大宰均節而用之此司會主鉤考故亦言之矣凡在書契版圖者之貳者此書契版圖下文司書掌其正此司會主鉤考故掌其副貳云以逆羣吏之治者謂羣吏謂朝廷官府下及。郡都縣鄙羣臣之治皆逆而鉤考之云而聽其會計者謂羣吏以會計文書送於司會者司會皆聽斷之〇注郊四至廣狹〇釋曰此九式用九賦故以郊野已下依此大宰九賦次第以釋之彼九賦一曰邦中之賦當此官府此郊當彼四郊之賦據遠郊言之故云去國百里郊外曰野大總之言故此野當彼三曰邦甸去國二百里又當彼四曰家稍故鄭云甸去國二百里稍三百里也此經縣當彼五曰邦縣之賦故云縣四百里此經都即彼六曰邦都之賦故云都五百里云書謂簿書者漢時以簿書記事至於餘物記事亦謂之簿書故舉漢法而言也契其最凡也者此之書契即小宰八成取予以書契之類最凡謂計要之多少以爲契要云版戶籍也者漢之戶籍皆以版書之故以漢法況云圖土地形象田地廣狹者下司書云土地之圖有其形象即是民之田地廣狹多少皆在於圖也

以參互攷日成以月要攷月成以歲會攷歲成

參互謂司書之要貳與職內之入職歲之出故書互爲巨杜子春讀爲參互〇攷音考

〔疏〕以參至歲成〇釋曰以參互考日成者司會鉤考之官以司書之等

相參交互考一日之成一日之中計算文書也以月要考月成者月計曰要亦與諸職參互考一月成事文書也以歲會考歲成者歲計曰會以一歲之會計考當歲成事文書○注參互至爲參互○釋曰言參互謂司書之要貳者案司書職云凡稅斂掌事者受法焉及事成則入要貳焉又案職內云掌邦之賦入又案職歲云掌邦之職出云參互鉤考之考明知有此三官出內事共鉤考之

以周知四國之治以詔王及冢宰廢置周猶偏也言四國者本逆邦國之治亦鉤考以告

疏以周至廢置○釋曰周偏也四國謂四方諸侯之國偏知諸侯之治者以是鉤考之官須知諸侯得失以此治職文書以詔王及家宰有功者升進而置之有罪者黜退以廢之所詔告及家宰者以其家宰者副貳王之治事故幷告之○注周猶至以告○釋曰言四國者本逆邦國之治者案上云掌邦之六典以逆邦國之治逆卽鉤考也故云亦鉤考以告也

附釋音周禮注疏卷第六

周禮注疏卷六校勘記

阮元撰盧宣旬摘錄

附釋音周禮注疏卷第六

醢人

昌本麋臡　唐石經余本嘉靖本毛本同閩監本麋誤麇

茆菹麋臡　嘉靖本麋誤麇

雜以粱麴及鹽　嘉靖本粱作粱此從木訛

塗置瓶中　閩監毛本同宋本余本岳本嘉靖本瓶作甀當據以訂正公食大夫禮疏引此亦作甀

麋骭髓醢　宋本余本岳本嘉靖本閩本同監毛本骭誤肝疏中不誤釋文骭字有音

菁菹韭菹　賈疏本作菁菹韭菁一本韭字作菲今本作韭菹者涉上經誤也故賈疏云以菁為韭菁於義不可此賈疏作韭菁之證又云若為菲字菲則蔓菁於義為是後鄭不應破之明本作韭不作菲也此一本韭字作菲字之證○按韭菹已見上不當以韭菹釋菁菹漢讀考據說文菁韭華也云司農注作韭華菹今奪華字是也又考疏云以菁為韭菁於義不可後鄭不從據此是先鄭作菁菹韭菁菹也韭華謂之韭菁漢人語尚如此後人奪鄭下菁字賈時不誤疏內當作又菁菹韭菁菹者而轉寫亦奪菁字

今河間名豚脅聲如鍛鎛　嘉靖本毛本同釋文膊音博下鎛同閩監本誤作鏄疏中同

故云聲如豚拍　浦鏜云鍛鎛誤豚拍

芹菹　唐石經諸本同釋文芹說文作菦云菜類蒿也案說文菦从艸近聲周禮有菦菹是故書當作菦今本省作芹

箈菹　唐石經諸本同釋文箈爾雅作䈞同釋草䈞箭萌注引周禮曰䈞菹鴈醢疏云彼文作箈鄭注落箭萌字雖異音義同漢讀考謂經及司農作箈後鄭忽易爲䈞注應有箈當爲䈞四字○按落字最譌

此箈字既下爲之　浦鏜云既字下當脫竹字

以與稻米爲餈　今內則餈作酏者誤也當據此注訂正彼注引周禮酏食云此酏當從餈此者此周禮也謂周禮酏食之酏當從內則作餈也淺人未識此酏指周禮因誤改內則作酏矣詳見漢讀考

小切之與稻米　監毛本與誤爲

同特設之　此本閩本特字牛旁剜改浦鏜云時誤特

謂餈與糝實爲二豆　浦鏜云食誤實

麋鹿爲菹　嘉靖本麋作麇誤案少儀作麋鹿

皆牒而不切　浦鏜云牒記作聶注聶之言牒也

麇爲辟雞　閩監毛本同宋本嘉靖本麇作麋此本疏中引注亦作麋誤也少儀作麕

從醓醢至鴈醢 毛本醓誤醯

此謂報切節皆齏類 浦鏜云節疑卽字誤

并醯人所共醯五十罋 閩本同監毛本下醯誤醢

醯人

下經云賓客之禮據饔餼 浦鏜云上誤下

鹽人

對下經鬻盬是湅治者也 毛本同閩監本盬誤鹽下鬻盬同

鬻盬以待戒令 唐石經宋本余本嘉靖本毛本同閩本監本盬誤鹽注中同

令湅治盬以待戒令 惠校本閩本同監毛本令誤命

冪人

三酒加元酒 監本三誤二

籩豆俎簋之屬 浦鏜云俎當簠字誤

宮人

匽猪謂霤下之池宋本同閩監毛本猪作豬嘉靖本豬字剜改○按猪者豬之俗古書皆作豬

皆所以除其不蠲潔惠校本潔作絜

與親匽猪同惠校本親作規此誤閩監毛本猪作豬○按規匽豬見左傳襄公二十五年今左傳作偃其義略同皆謂汙下之地鄭君實用左氏也

勞事勞褻之事余本嘉靖本褻作䙝閩監毛本訛作褻疏中同

掌舍

故書枑爲柜嘉靖本柜作拒下同此本疏中亦作拒葉鈔釋文拒音矩

柜受居溜水涑橐者也嘉靖本橐作櫜釋文亦作櫜此上從士非

杜子春讀爲梐枑說文木部枑行馬也从木互聲周禮曰設梐枑再重柜下不引周禮是與杜義同不從故書作柜也

未即有蠹可涑此本及閩本蠹字剜改蓋本作蠹釋文本作涑櫜賈疏本作涑蠹

先鄭輒依故書拒惠校本輙作輒此誤閩監毛本拒作粔下同

宜掘地爲宮惠校本地作塹此本地字剜改

土在坑畔而高毛本坑誤堳

子都與鄭考叔爭車子都扳棘以逐之 惠校本鄭作潁扳當作拔

君命大夫與士肆鄭云肆習也 毛本同閩監本肆改肄案禮記釋文大夫與士肄本又作肆同古肄習字多作肆此與釋文又作本合〇按疏文之例當用肄

掌舍主當之 浦鏜云當蓋掌字誤下當取同

幕人

主在幕若幄中坐上承塵 閩監毛本同誤也宋本余本嘉靖本主作王此本及惠校本疏中引注亦作王當據以訂正浦鏜云王誤主從集注校

在幄幕內之丞塵 閩監毛本丞作承此本下文張帟疏亦作丞塵

綃幕魯也 浦鏜云綃檀弓作縿注縿讀如綃

是王在幕設帟之事 惠校本同閩監毛本王誤主

此增成先鄭也 浦鏜云先鄭下當脫義字非也

掌次

法大小丈尺 宋本嘉靖本同閩監毛本法改灋疏同

則張氊案閩監毛本同唐石經宋本余本嘉靖本氊作氈注及疏準此此本注中疏中皆作氈

設皇邸唐石經諸本同邸從邑閩本作邸非釋文皇邸一本作皇羽邸案此因注云皇羽覆上經亦誤衍羽字疏云見經皇是鳳皇之字故知以皇羽覆邸上是賈疏本不衍羽字也

朝日祀五帝嘉靖本祀誤祝

既接祭退俟之處宋本嘉靖本同閩監毛本既誤譖疏中引注仍作既不誤

重帟復帟閩監毛本同宋本余本復作複疏中引注同

明有幄幕可知浦鏜云帷誤幄

案外宗伯祀五帝於四郊是也浦鏜云小誤外兆誤祀案宗伯以下此本閩本闕今據監本毛本補下闕者準此

季夏六月惠校本同監本夏下剜擠於字毛本排入此本及閩本缺然以字數計之不衍也

此兩次設幄者此本缺據閩監毛本補惠校本此作必當訂正

置一小帷此本閩本闕據監毛本補惠校本帷作幄此非

帟重帟不同此本閩本闕今據監毛本補浦鏜云與重席不同誤帟重帟不同從儀禮通解續校

南方赤帝赤奮若此本闕據閩監毛本補浦鏜云奮若當熛怒之誤

則幄幕者浦鏜云張誤幄

即司儀所云宮方三百步壝土爲之是也閩監本土誤士此本毛本誤上今訂正浦鏜云注誤所案義疏

家引經注往往不加區別

欲於幄中待事辦否及府閩監毛本辦作辨此本作办惠校本作辦今訂正浦鏜云及府當衍

案聘禮記所云次或以帷或及席此本缺據監毛本補浦鏜云上或字衍或及席三字非記文疑有訛按上或字

或及席三字閩本實闕

案尙成王周官云閩監毛本尙下有書

鄭知帟柩上承塵惠校本下有者

升自西階監本西誤兩

云次在洗東者大射文此大射注

故堂西比耦也監本比誤北

大府

口率出泉此本毛本口誤曰今據閩監本訂正

占賣國之斥幣 嘉靖本斥作斥釋文作斥

玉府

下有雙璜衡牙 岳本嘉靖本衡作衡此本疏中引注亦作衡牙作衡者涉上葱衡而誤按毛詩傳亦作衡牙釋文衡牙昌容反狀如牙

下有雙璜衝牙者 閩監毛本衝改衡非下於末著衝牙同

使前後觸璜故言衝牙 惠校本作衝牙此誤

珠足以禦火則寶之 浦鏜云國語火下有災字按賈疏連引服氏注云珠水精足以禁火蓋古本無災字

角柶角七也 宋本嘉靖本同此本及閩監毛本七誤七今訂正

元謂復於四郊以綏 段玉裁云綏鄭當作緌

但所復衣裳 閩本同監毛本復誤服

以冕服復於大廟 毛本於誤以浦鏜云廟經作祖

凡褻器 余本同唐石經嘉靖本閩監毛本褻作褻字從埶非從執也當據以訂正注及疏準此

今小卧被是也 惠校本小作之此誤

敦槃類 嘉靖本槃作盤非下仍作槃

當以槃盛血也 閩監毛本槃作盤下珠盤同

贊牛耳桃茢 監毛本贊作替

以桃茢沸之 惠校本沸作拂此誤

故哀公十七年 惠校本作十三年○按依左傳是十七年惠所據宋本注疏誤耳

名正法上於下曰饋 惠校本名作若饋作賜當訂正

臣取於君曰取 惠校本下取作假此誤

以齊大國專 惠校本國專作於魯此非

內府

朝覲之頒賜 岳本嘉靖本頒作班注皆用班字

案彼大府所云 惠校本作卽是大府所云此本卽是二字實闕閩監毛本改作案彼非

卽是注云 惠校本作案彼注云此本案彼二字實闕閩監毛本改作卽是與上文正互誤

由大府而來 惠校本由下有此

諸侯朝覲所獻國珍 此本疏中釋經亦作朝覲下釋注仍作朝聘案宋本余本嘉靖本閩監毛本皆作聘字賈疏引覲禮以釋朝引

聘禮以釋聘明聘字是也

覲禮所云一馬卓上九馬隨之龜金竹箭分爲三享是也　浦鏜云經一作匹龜金以下約

覲禮四享節注

謂使公卿大夫聘問諸侯　惠校本作公卿以下此本以下二字實闕閩監毛本改作大夫

大宰職文云　閩本同監毛本文誤云

凡邦之小治則冢宰專平之　惠校本作大事決於王小事則冢宰專平之此本脫誤

外府

布讀爲宣布之布　諸本同漢制考作讀如案疏云此讀如秋官布憲彼布是宣布之布此布亦宣布故讀從之然則賈疏本亦作讀如也漢時布帛宣布蓋兩讀此擬其音而義即隨之同一布字不必改也○按此當作讀爲凡讀爲下用本字者皆同字同音而義不同也

不復識本制　賈疏本作不復識舊制○按此賈改字以申其義耳

至漢惟有五銖久行　宋本嘉靖本及漢制考惟皆作唯案賈疏亦作唯

貨布長二尺五寸　岳本嘉靖本漢制考賈疏皆作二寸五分此誤當訂正

足枝長八分　此本疏中枝作支誤

右文曰貨左曰泉宋本嘉靖本漢制考同閩監毛本左下衍文案此本右下文字剜擠蓋上云右文曰貨左文曰布此蒙上故云右曰貨左曰泉二文字皆衍

邦者國也布如泉也惠校本作邦國也布泉也此衍

此謂如秋官布憲惠校本謂作讀此誤

至孝文有司言榆莢三銖輕也漢制考云武帝鑄五銖疏謂孝文作五銖誤

形如錢漢制考作形如刀此本刀字實𨶒閩監毛本改作錢

以黃金錯其文曰一刀直直五千惠校本漢制考同直字不復衍閩監毛本錯誤鏤五誤一

異作泉布惠校本異作直當訂正漢制考亦誤

其中有大布次布漢制考中作布

元鳳年更造貨布惠校本漢制考元作天此誤

莽以劉有金刃惠校本漢制考刃作刀此誤

不復識舊本制者此本本字剜擠閩監毛本排入惠校本無舊

見行此三者漢制考三誤二

足支長八分等十一字 漢制考同閩監毛本支改枝○按枝是

此並鄭言目所覿見以義增之耳 浦鏜云今漢志與鄭注同豈賈君所見本異邪案唐初本漢書當如賈疏所言今本多者蓋依鄭注增加

共其財用之幣齎 閩毛本同釋文監本齎作齎唐石經作齎從齊從貝嘉靖本省作齎

從貝變易 此本及閩監本貝誤具嘉靖本毛本不誤今訂正

司會

問行用常知多少而已 浦鏜云當誤常

言之財用謂諸侯於其民 閩監毛本財用改瀸者非下文故云致邦國之財用承此言之

春令入貢 惠校本作令春閩監毛本令誤合

盡是田野 惠校本同閩監毛本田誤四

下及羣都縣鄙羣臣之治 惠校本同閩監毛本上羣作郡

附釋音周禮注疏卷第七

鄭氏注　　賈公彥疏

司書掌邦之六典八灋八則九職九正九事邦中之版土地之圖以周知入出百物以敘其財受其幣使入于職幣九正謂九賦九貢正稅也九事謂九式變言之者重其職明本而掌之非徒相副貳也敘猶比次也謂鉤考其財幣所給及其餘見爲之簿書故書受爲授鄭司農云授當爲受謂受財幣之簿書也玄謂亦受錄其餘幣而爲之簿書使之入于職幣幣物當以時用之久藏將朽。蠹○正音征注同比眦志反見賢遍反下同簿步故反下同蠹都路反

疏司書至職幣○釋曰言掌邦之六典已下至周知入出百物已上所掌與司會同者以其司會主鉤考司書掌記之司書所記司會鉤考之故二官所掌其事通焉九職即司會九功也九正即司會九賦九貢也九事即司會九式也邦中之版土地之圖即司會版圖也周知入出百物者即司會百物財用一也云以敘其財者敘謂比次其財知用多少云受其幣者百官所用餘財送來與司書司書受其幣使入於職幣之官不入本府○注九正至朽蠹○釋曰知九正謂九賦九貢者案上司會有九賦九貢此司書則有九正無九賦九貢故知九正則是九賦九貢也言九正者謂此二者之財皆出於正稅故鄭云正稅也又云九事謂九式者。云式據用財言之九事據用財所爲之事其理一也云變言之者重其職謂變九賦九貢言九正變九式言九事也重。以其職明本而掌之非徒相副貳也其相副貳者謂司會八。法八則之貳是也云所給及其餘見爲之簿書者司會周知入出百物以敘其財明知敘其財者所給諸官餘不盡者即以餘見爲之簿書擬與司會鉤考之玄謂亦受錄其餘幣而爲之簿書者此增成先鄭受謂受財幣之簿書云幣物當以時用之久藏將朽蠹者釋經百官餘幣不入於本府而入於職幣之意若入本府

即是久藏將恐朽爛蠹敗故入職幣使人占賣之。本。在生利也凡上之用財用必攷于司會上謂王與冢宰王雖不會亦當知多少而闕之司會以九式均節邦之財用疏注上謂至財用○釋曰知上謂王與冢宰者案內府職云凡王及冢宰賜與則共之明此上中有冢宰可知云王雖不會亦當知多少而闕之者案上膳夫庖人及外府等皆言王及后不會此經上之用財必考於司會者此之所考但知多少而闕之非是會計與王爲限云司會以九式均節邦之財用者欲見司書用財必考於司會之意三歲則大計羣吏之治以知民之財器械之數以知田野夫家六畜之數以知山林川澤之數以逆羣吏之徵令械猶兵也逆受而鉤考之山林川澤童枯則不稅○械戶戒反畜許又反疏三歲至徵令○釋曰言三歲者三年一閏天道小成考校羣吏須有黜陟故云三歲則大計羣吏之治羣吏則百官也以知民之財用器械者民之財用謂幣帛多少器謂禮樂之器器械謂兵器弓矢戈殳戟矛此等則器械之數皆知之以知田野謂百畝之田在野夫家者謂男夫婦女六畜者謂馬牛羊豕犬雞之數又云以知山林川澤之數者案大司徒地有十等不言丘陵墳衍原隰者略言之也又云以逆羣吏之徵令者逆謂鉤考也此司書知民之財器已下川澤已上恐其羣吏濫徵斂萬民故知此本數乃鉤考其徵令也○注械猶至不稅○釋曰山林川澤童枯則不稅者山林不茂爲童川澤無水爲枯所稅者稅其有今山林不茂則無材木川澤無水則無魚鼈蒲葦故不稅之凡稅斂掌事者受灋焉及事成則入要貳焉。法猶數也應當稅者之數成猶畢也○斂力驗反疏凡稅至貳焉○釋曰言凡稅斂者謂若地官閭師旅師徵斂之官所欲稅斂掌事者皆來司書處受法焉及事成收斂畢入要。寫一通副貳文書名爲要入司書故云入要貳焉必來受法又入要貳者以司書知財器已下之數擬後鉤考之也○注法猶至畢也○釋曰云應當稅者之數即上田野夫家之等是其本出稅者之數也凡邦治攷

焉考其。法於司書疏凡邦治攷焉○釋曰邦之所治有善惡皆來考於司書者以司書大計羣吏之治知其功過故也

職內掌邦之賦入辨其財用之物而執其總。以貳官府都鄙之財入之數以逆邦國之賦用。辨財用之物處之使種類相從總謂簿書之種。別。與大凡官府之有財入若關市之屬○種章勇反疏職內至賦用○釋曰云掌邦之賦入者謂九職九貢九賦之稅入皆掌之獨云賦入者賦是總名下言賦者皆此類也辨其財用之物凡所稅入者種類不同須分別之而執其總者總謂稅入多少總要簿書又云以貳官府都鄙之財入之數者官府財入謂若關市之稅都鄙之財入都鄙謂三等采地采地之稅四之一言貳者謂職內受取一通副貳文書擬鉤考以逆邦之賦用之者職內既知財入之數鉤考用賦多少知其得失○注辨財至之屬○釋曰言辨財用之物使種類相從者但賦之所入先由職內始至大府大府分致於衆府以是分別使衆類相從云官府之有財入若關市之屬者司關司市皆屬地官關市皆有出稅故知官府之有財入若關市也言之屬者兼有城十二門亦有稅入

凡受財者受其貳令而書之受財受於職內以給公用者貳令者謂若今御史所寫下本奏王所可者書之若言某月某日某甲詔書出某物若干給某官某事○寫戶嫁反疏凡受至書之○釋曰其有官府合用官物而受財者並副寫一通勑令文書與職內然後職內依數付之故云受其貳令。書之○注受財至某事○釋曰云貳令謂若今御史所寫下本奏王所可者案御史職云掌贊書彼注云王有。令則以書致之則贊爲辭若今尚書作詔文是其用官財者先奏白於王王許可則御史贊王爲辭下職內是其貳令職內則書之爲本案然後給物與之若然職內主入職歲主出職內分置於衆府所以得有物出與。入者職內雖分置衆府職內亦有府貨賄留之者故得出給故大府職云頒其賄於受用之府鄭注云受用之府若職內是也

及會以逆職歲與官府財用之出亦參互鉤考之疏及會至之出○

釋曰。言會者謂至歲終會計以逆職歲者逆謂鉤考也職歲主出職內主入以己。之入財之數鉤考職歲出財之數又云與官府財用之出者謂職歲出財與官府所用之數並鉤考之○注亦參互鉤考之○釋曰鄭云參互鉤考者案司會以參互考之鄭彼注云參互謂司書之要貳職內之入職歲之出以三官相鉤考此職內逆職歲明兼有司書之要貳故言參互言亦者亦如大府也

而敘其財以待邦之移用亦鉤考今藏中餘見爲之簿移用謂轉運給。他○藏才浪反疏而敘至移用○釋曰案司書云以敘其財鄭彼注云敘猶比次謂鉤考其財幣所給及其餘見爲之簿書入職幣也此言敘財亦謂比次職內藏中餘見爲簿書以待邦之移用更給他官若然職內既非常府其所藏有唯當歲所用故用不盡者移用之也

職歲掌邦之賦出以貳官府都鄙之財出賜之數以待會計而攷之以貳者亦如職內書其貳令而編存之○編必綿反又必連反一音方千反疏職歲至攷之○釋曰云掌邦之賦出者職內主入職歲主出職內所入於衆府所用之多少皆主之故云掌邦之賦出但九貢九賦九功之用皆主之特言賦者亦如職內云賦賦是總稱也云以貳官府都鄙之財出賜之數者職內云以貳官府都鄙之財入之數此職歲以貳官府都鄙之財出賜之數二官一入一出皆書其貳共相鉤考故職內云以逆邦之賦用此職歲云以待會計而考之其事通也○注以貳至存之○釋曰云亦如職內書其貳令而編存之者職內云凡受財者受其貳令而書之此官主出所出亦皆由上令所出前後不同亦皆書其貳令編存爲案以待會計而考之也

凡官府都鄙羣吏之出財用受式灋于職歲百官之公用式灋多少職歲掌出之舊用事存焉疏凡官至職歲○釋曰官府都鄙出財用皆來受灋者以其出財用皆爲有事事有舊灋用有常職歲出財皆有舊灋式在於職歲故須受灋於職歲也

凡上之賜予以敘與職幣授之敘受賜者之尊卑疏凡上至授之○釋曰上謂王與冢宰所有小賜予之

之事則職幣所云小用賜予是也故云以斂與職幣授之及會以式灋贊逆會助司會鉤考羣吏之計【疏】及會至逆會○釋曰案司

會以逆羣吏之治而聽其會計此官主式灋出財用及。至。也至歲終會計之時則以式法贊助司會鉤考會計之事故云以式灋贊逆會

職幣掌式灋以斂官府都鄙與凡用邦財者之幣幣謂給公用之餘凡用邦財者謂軍旅【疏】職幣至之

幣○釋曰職幣主餘幣給諸官之用亦依灋式與之故云掌式灋以斂官府已下之幣幣則餘幣也○注幣謂至軍旅○釋曰云幣謂給公用之餘者以其此

官主斂餘幣故知幣謂給公用之餘知凡用邦財是軍旅者見經斂官府都鄙別言用邦財故知用邦財謂國之大事唯有軍旅振掌事者之

餘財振猶拼也。檢也掌事謂以王命有所作爲先言斂幣後言振財互之○拼音拯【疏】振掌至餘財○釋曰振者拼也檢也以財與之謂之拼知其足

剩謂之檢掌事奉王命有所造爲故職幣檢掌事者有餘則受取故云振掌事者之餘財○注振猶至互之○釋曰知掌事謂以王命有所作爲者以其上經

官府已下是其國家常事此別言掌事是王命有所作爲又云先言斂幣後言振財互之者凡用國家財物皆先振而後斂今於上文直言斂不言振亦振之

下言振財有餘亦斂之可知故言互之也皆辨其物而奠其錄以書楬之以詔上之小用賜予奠定也故

書錄爲祿杜子春云祿當爲錄定其錄籍鄭司農云楬之若今時爲書以著其幣○楬其列反著直略反徐張恕反【疏】皆辨至賜予○釋曰上經既斂得幣

皆當辨其物知其色類及善惡而奠其錄者謂定其所錄簿書色別各入一府以書楬之者謂府別各爲一牌書知善惡價數多少謂之楬又云以詔上之小

用賜予者詔猶告也職幣既知府內則告上之王與冢宰小用賜予之事此謂常賜予玉府所云凡王之好賜共其貨賄及內府云凡王冢宰之好賜此二者

非常賜與外府及典絲臬三官言賜予者與此職幣同亦是國家常賜予歲終則會其出【疏】歲終則會其出○釋曰以其職幣主出故歲終

與司會會之下贊之亦謂贊司會會之事也

凡邦之會事以式灋贊之

司裘掌爲大裘以共王祀天之服

鄭司農云大裘黑羔裘服以祀天示質

疏 司裘至之服○釋曰言爲大裘者謂造作黑羔裘裘言大者以其祭天地之服故以大言之非謂裘體侈大則義同於大射也云以共王祀天之服者謂四時所有祭天之事皆共之不限六天之大小直言祀天案孝經緯鉤命決云祭地之禮與天同牲玉皆不同言同者唯據衣服則知毳冕神州亦用大裘可知○注鄭司至示質○釋曰先鄭知大裘黑羔裘者祭服皆玄上纁下明此裘亦羔裘之黑者故知大裘黑羔裘又云服以祀天示質者以其衮已下皆有采章。爲此大裘更無采章故云質案鄭志大裘之上又有玄衣與裘同色亦是無文采

中秋獻良裘王乃行羽物

良善也中秋鳥獸毨。毨因其良時而用之鄭司農云良裘王所服也行羽物以羽物賜羣吏玄謂良裘玉藻所謂黼裘與此羽物小鳥鶉雀之屬鷹所擊者中秋鳩化爲鷹中春鷹化爲鳩順其始殺與其將止而大班羽物○中音仲注同毨音毛毨先典反與音餘鶉音淳

疏 中秋至羽物○釋曰良善也仲秋所獻善裘者爲八月暫獮田所用故獻之王乃行羽物者行賜也以羽鳥之物賜羣臣以應秋氣也○注良善至羽物○釋曰云中秋鳥獸毨毨者此是尚書堯典文案彼注毨理也毛更生整理引之者證仲秋有良裘意故鄭云因其良時而用之也司農云良裘王所服者先鄭意良裘王所服故仲秋獻之羣臣所服裘在下經季秋獻功裘是也後鄭不從之者月令云孟冬天子始裘此良裘若是王之所服裘何得在仲秋故後鄭不從玄謂良裘玉藻所謂黼裘與者案彼文云唯君有黼裘以誓。獮獮是仲秋田獵之名彼獮田用黼裘與此仲秋獻良裘同時皆不爲寒設故知此良裘則與彼黼裘一也但無正文約與之同故言與以疑之也言黼裘者白與黑謂之黼謂狐白與黑羔合爲黼文故謂之黼裘秋氣嚴猛取斷割之義故用黼謂之良裘者下經功裘之等臣所服見人功麤良裘與大裘皆君所服針功細密故得良裘之名又云此羽物小

鳥鶉雀之屬鸇所擊者案夏官羅氏仲春羅春鳥行羽物彼注云羽物若今南郡黄雀之屬彼黄雀即此雀之屬此鶉與雀亦是鸇所擊故連言鶉也云仲秋鳩化爲鷹仲春鷹化爲鳩者此並月令文引此者證此仲秋行羽物與月令仲秋鳩化爲鷹殺物之時是順其始殺也故行羽物又云仲春鷹化爲鳩者證羅氏仲春行羽物與月令仲春鷹化爲鳩止殺之時故云與其將止云班羽物者總結春秋二時皆大班行羽物

季秋獻功裘以待頒賜

功裘人功微。麤謂狐青麛裘之屬鄭司農云功裘卿大夫所服○麛音迷

【疏】季秋至頒賜○釋曰案詩云七月流火九月授衣此季秋則是九月授衣之節季秋獻功裘以待頒賜者功裘之內有羣臣所服之裘故言以待頒賜○注功裘至所服○釋曰言功裘人功微麤者此對良裘與大裘人功微密此裘人功麤故名功裘又云謂狐青麛裘之屬者案玉藻君子狐青裘豹褎麛裘青豻褎彼云君子鄭云君子大夫士也以其彼云豹褎青豻褎用雜故爲大夫士若君則用純引此者證功裘中有此狐青麛裘以待頒賜者玉藻仍有羔裘狐裘亦是君臣之所服裘不引之者之屬中含之矣若然狐青裘者鄭玉藻注云蓋玄衣之裘天子下士玄端之服皆服之又云麛裘者鄭彼注引孔子素衣。麛裘謂是君臣視朔之服彼云羔裘注引孔子緇衣羔裘鄭注論語云君之視朝之服亦卿大夫士祭於君之服若然卿大夫助祭用冕服士用爵弁君朝服冕服羔裘卿大夫士弁冕用羔裘至於朝服亦用羔裘即是君臣祭服朝服同服羔裘也又云狐裘者鄭注玉藻引孔子黄衣狐裘謂是十月農功畢臘祭先祖之服據鄉來所解四種之裘君臣同有以其經云以待頒賜唯據其臣若據天子諸侯除大裘之外亦入此功裘之中案玉藻乃有狐白裘據天子之朝大夫已上所服亦入此功裘之中鄭司農云功裘卿大夫所服者先鄭之意以良裘王所服故此功裘是卿大夫所服後鄭引之在下者經云以待頒賜據臣而言司農云功裘卿大夫所服得爲一義故引之在下

王大射則共虎侯熊侯豹侯設其鵠諸侯則共熊侯豹侯卿大夫則共麋侯皆設其鵠

大射者爲祭祀射王

將有郊廟之事以射擇諸侯及羣臣與邦國所貢之士可以與祭者射者可以觀德行其容體比於禮其節比於樂而中多者得與於祭諸侯謂三公及王子弟封於畿內者卿大夫亦皆有采地焉其將祀其先祖亦與羣臣射以擇之凡大射各於其射宮侯者其所射也以虎熊豹麋之皮飾其側又方制之以為䑣謂之鵠著於侯中所謂皮侯王之大射虎侯王所自射也熊侯諸侯所射豹侯卿大夫以下所射諸侯之大射熊侯諸侯所自射豹侯羣臣所射卿大夫之大射麋侯君臣共射焉凡此侯道虎九十弓熊七十弓豹麋五十弓列國之諸侯大射大侯亦九十參七十干五十遠尊得伸可同耳所射正謂之侯者天子中之則能服諸侯諸侯以下中之則得為諸侯鄭司農云鵠鵠毛也方十尺曰侯四尺曰鵠二尺曰正四寸曰質玄謂侯中之大小取數於侯道鄉射記曰弓二寸以為侯中則九十弓者侯中廣丈八尺七十弓者侯中廣丈四尺五十弓者侯中廣一丈尊卑異等此數明矣考工記曰梓人為侯廣與崇方參分其廣而鵠居一焉然則侯中丈八尺者鵠方六尺侯中丈四尺者鵠方四尺六寸大半寸侯中一丈者鵠方三尺三寸少半寸謂之鵠者取名於鳱鵠鳱鵠小鳥而難中是以中之為儁亦取鵠之言較較者直也射所以直己志用虎熊豹麋之皮示服猛討迷惑者射者大禮故取義衆也士不大射士無臣祭無所擇故書諸侯則共熊侯虎侯杜子春云虎當為豹○鵠古毒反為祭于僞反以與音預下得與同行下孟反比毗志反下同而中丁仲反下天子中之以下中之而難中以中皆同所射食亦反下自射所射共射皆同䑣諸允反本亦作準著直略反又張略反參素感反干五五旦反劉音本又作犴遠于萬反正音征下同鳱音干劉音鴈一音岸【疏】王大至其鵠○釋曰言王大射者王將祭祀選助祭之人故於西郊小學之中王與諸侯及羣臣等行大射之法故云王大射也則共虎侯熊侯豹侯者虎侯者謂以虎皮飾其側九十步之侯王自射之也熊侯者以熊皮飾其側七十步之侯諸侯射之也豹侯者謂以豹皮飾其側五十步之侯孤卿大夫下射之也云設其鵠也云設其鵠者其鵠還以虎熊豹皮為之三分其侯侯鵠居其一已故云設其鵠也云諸侯則共熊侯者謂畿內諸侯三公王子

母弟熊侯亦如王之熊侯諸侯自射之豹侯者亦如王之豹侯羣臣共射之也卿大夫者謂王朝卿大夫則共麋侯者亦五十步以麋皮飾其側君臣共射之云皆設其鵠者熊侯已下亦以熊豹麋之皮爲鵠三分其侯鵠居一焉故云設其鵠也○注大射至爲豹○釋曰知大射爲祭祀射者見禮記射義云天子大射謂之射侯既云天子將祭必先習射故知大射是將祭而射也云王將有郊廟之事者郊謂祭五天帝於四郊不言圜丘祭昊天亦有可知廟謂祭先王先公皆是也云以射擇諸侯至得與於祭皆禮記射義文案彼云天子以射擇諸侯卿大夫士卽云是故古者天子之制諸侯歲獻貢士於天子試之射宮其容體比於禮其節比於樂而中多者得與於祭而中少者不得與於祭是其大射擇諸侯羣臣貢士得與祭之事也云諸侯謂三公及王子弟封於畿內者若六命賜官及建其長立其兩可得及卿此經卿與大夫同麋侯明諸侯之內唯有三公王子弟也言封畿內者此謂王子弟無官直得采地而已言封畿內者對魯衞晉鄭之等封在外爲諸侯者也云卿大夫亦皆有采地焉者案載師大都任畺地是此諸侯也又云小都任縣地家邑任稍地是其卿大夫亦皆有采地焉云其將祀其先祖亦與其羣臣射以擇之者諸侯亦與畿外諸侯同五廟卿大夫亦三廟此經不云孤孤六命亦與卿同是其祀先祖之事也云凡大射各於其射宮者謂從王已下至大夫大射各自於其西郊之學云射宮之中知然者案儀禮大射云公入驁自外而來入明王已下皆於郊學也云侯者其所射也者以其雖有正鵠之別一侯是總名故云侯者所射也云以虎熊豹麋之飾其側者侯中上下俱有布一幅夾之所飾者唯有兩傍之側故云飾其側也云又方制之以爲臯謂之鵠著于侯中者梓人爲侯廣與崇方故云方制之質者正也所射之處故名爲質三分其侯侯鵠者於侯中云所謂皮侯者所謂梓人張皮侯而棲鵠云王之大射虎侯王所自射也者遠近三等人有尊卑分爲三節尊者射遠卑者射近故知王射虎侯諸侯卑於天子其自射射熊侯明助王祭亦射熊侯卿大夫卑於諸侯以其自家射射麋侯五十步明助王亦射豹侯五十步故知射豹侯卿大夫更言已下者兼有士亦射豹侯諸侯之大射熊侯諸侯

所自射豹侯羣臣所射以其唯有二侯故分爲二等云卿大夫之大射麋侯君臣共射焉者以其唯有一侯故也云凡此侯道虎九十弓至五十弓並約鄉射記案鄉射記云鄉侯侯道五十弓案大射大侯糝侯豻侯直言九十七十五十不云弓故注鄉射記云大侯九十弓糝侯七十弓豻侯五十弓並約鄉侯有弓字則大射所云九十者九十弓七十者七十弓五十者五十弓可知也天子三侯與彼畿外諸侯同但用皮別耳故此注虎侯九十弓熊侯七十弓豹麋五十弓云列國之諸侯大射大侯亦九十。參七十。干五十者大射所云者是也鄭注大射云大侯者。豻侯也糝侯者糝雜也豹鵠而麋飾下天子大夫也豻侯者豻鵠豻飾也云遠尊得伸可同耳者對此經畿內諸侯之近尊不得同於天子三侯云所射正謂之侯者天子中之已下皆禮記射義文鄭司農云鵠鵠毛也者先鄭意以鵠字與。鵠鵠字同故爲鵠毛解之案梓人云張皮侯而棲鵠毛非可棲之物故後鄭不從云方十尺曰侯者此先鄭之意。見鄉侯五十弓弓二寸以爲侯中侯中一丈故云十尺此先鄭唯解五十步侯於義則可若九十七十五十其侯總方一丈則不可故後鄭不從云四尺曰鵠者案梓人三分其侯鵠居一焉則無此方四尺曰鵠故後鄭亦不從云二尺曰正者案梓人張皮侯而棲鵠大射之侯也又云張五采之侯遠國屬賓射之侯也若然賓射射正大射射鵠此既大射正鵠雜言故後鄭亦不從也云四寸曰質者言質卽詩云發彼有的及鵠皆是一物其鵠不止四寸而已故後鄭亦不從玄謂侯中之大小取數於侯道者其侯道則去侯遠近之道故引鄉射記鄉射記曰弓二寸以爲侯中者二寸據把中側骨中身也弓別取二寸以爲侯身也則九十弓者侯中廣丈八尺者據虎侯也又云七十弓者侯中廣丈四尺者據熊侯也五十弓者侯中廣一丈也者據豹侯麋侯也云尊卑異等此數明矣者破司農總方十尺曰侯之言云考工記曰梓人爲侯廣與崇方者崇高也上下爲崇橫度爲廣如鄉者侯中丈八丈四一丈皆方故云廣與崇方也云參分其廣鵠居一焉者謂三分丈八丈四一丈之侯各取一分而爲鵠故云三分其廣鵠居一焉又云然則侯中丈八尺者鵠方六尺自此已下皆重釋鵠居一焉之義以其侯中丈八三六十八故鵠居六尺侯中丈四尺者鵠方四尺六寸大半寸者以其侯中丈四尺取丈二尺三四十二得四尺有二尺在又取尺八寸三六十八又得六寸有二寸在寸各爲三分二寸并爲六分一取二分名爲三分寸之二卽是大半寸也故云鵠方四尺六寸大半寸也侯中一丈者鵠方三尺三寸少半寸者一丈取九尺三三而九得三尺一尺在又取九寸得三寸仍有一寸分爲三分得一分名爲少半寸故云鵠方三尺三寸少半寸云謂之鵠者此鄭釋鵠還是虎豹等皮名爲鵠意故云謂之鵠者取名於鳱鵠鳱鵠者案淮南子鳱鵠知來俗云鳱鵠是小鳥捷黠者也故云鳱鵠小鳥而難中云亦取鵠之言較較者直也射所以直己志者案禮記射義云循聲而發不失正鵠若然正鵠相對之物若鵠爲鳥正亦爲鳥若鵠爲直正則爲正直之正故射義云射者内志正外體直是正鵠之名各有二義又云用虎熊豹麋之皮示伏猛討迷惑者虎熊豹是猛獸將以爲侯侯則諸侯也是示能伏得猛厲諸侯麋者迷也將以爲侯示能討擊迷惑諸侯云射者大禮故取義衆也者以其祭者是大事射者觀德故爲大禮故於三侯之上取義衆多云士不大射士無臣祭無所擇者案孝經云天子諸侯大夫皆言爭臣士則言爭友是無臣也大射者所以擇臣士則無臣可擇故經不言士之大射士自無大射之禮得與天子大射者以其得助祭故也是以鄭注云豹侯卿大夫已下所射已下卽士也至於賓射士自爲賓射故射人云士豻侯二正不得與天子賓射是以鄭射人注云此與諸侯射士不與是也云故書諸侯則共熊侯虎侯杜子春云虎當爲豹不從故書者虎侯是天子大侯不宜在諸侯熊侯之下故不從也

大喪廞裘飾皮車皮車遣車之革路故書廞爲淫鄭司農云淫裘陳裘也玄謂廞興也若詩之興謂象。飾而作之凡爲神之偶。衣。物必沽而小耳○廞許金反又火飲反遣弃戰反與虛膺反下同

【疏】大喪至皮車○釋曰大喪謂王喪廞猶興也興象生時裘而爲之謂明器中之裘卽上旻裘功裘等云飾皮車者亦謂明器之車以皮飾之○注皮車至小耳○釋曰皮車遣車之革路者案冬官考工記飾車欲侈棧車欲弇除棧車之外皆用革鞔卽此皮車非專革路鄭特云皮車革路者此司裘所

飾唯革路而已云故書䩢爲淫鄭司農云淫裘陳裘也者此周禮一部之內稱䩢者衆多故書皆爲淫先鄭皆爲陳後鄭皆破從輿輿謂輿象生時之物而作之必知爲陳非爲輿是者車僕云大喪䩢革車圉人云䩢馬亦如之即是所䩢車馬又禮記檀弓云竹不成用瓦不成味琴瑟張而不平竽笙備而不和皆是輿象所作明器非陳設之理故不從先鄭玄謂䩢輿也若詩之輿謂象似而作之者象似生時而作但麤惡而小耳云凡爲神之偶衣物必沽而小耳者案禮記檀弓孔子云謂爲俑者不仁鄭以俑爲偶也故鄭云神之偶衣謂作送死之衣與生時衣服相似又云物沽而小者沽麤也謂其物沽略而又小即竹不成用瓦不成味是也

凡邦之皮事掌之歲終則會唯王之裘與其皮事不會

掌皮掌秋斂皮冬斂革春獻之皮革踰歲乾久乃可用獻之獻其良者於王以入司裘給王用【疏】掌皮至獻之○釋曰云秋斂皮冬斂革春獻之者許氏說文獸皮治去其毛曰革秋斂皮者鳥獸毛毨之時其皮善故秋斂之革乃須治用功深故冬斂之乾久成善乃可獻故春獻之也○注皮革至王用○釋曰知良者入司裘者以其司裘掌爲王大裘以下故知良者入司裘也

遂以式灋頒皮革于百工式灋作物所用多少故事【疏】遂以至百工○釋曰上文獻良者入司裘其餘入百工因上事故云遂也百工者即冬官六十官主作器物若裘氏韋氏函人之類用皮者也○注式灋至故事○釋曰云式灋作物所用多少故事者作若裘氏作裘函人作甲冑謂皮革皆有用物多少之數有舊法者也

共其毳毛爲氈以待邦事當用氈則共之毳毛毛細縟者○毳尺稅反縟音辱【疏】共其至邦事○釋曰鄭云當用氈則共之謂若掌次張氈案是當其用氈則掌皮共毳毛與冬官使作氈與掌次也

歲終則會其財齎財斂財本數及餘見者齎所給予人以物曰齎今時詔書或曰齎計吏鄭司農云齎或爲資○見賢遍反【疏】歲終至財齎○釋曰歲終周之十二月則會計其皮之本數之財及出與人物之齎計知多少也○注財斂至爲資

○釋曰財斂財本數者經云財與齎二者並據皮革而言也言斂財本數者謂四方所有皮革之入掌皮之數是本數也云及餘見者謂出給不盡見在庫者也云予人以物曰齎者齎有兩義上外府注行道。曰齎此皮革無行道所用之義故齎爲出給與人物解之也云今時詔書或曰齎計吏者漢時考使謂之計吏有詔賜與之則曰齎引之證齎是與人物也鄭司農云齎或爲資先鄭意一部書。齎或爲資也

內宰掌書版圖之灋以治王內之政令均其稍食分其人民以居之

版謂宮中閽寺之屬及其子弟錄籍也圖王及后世子之宮中吏官府之形象也政令謂施閽寺者稍食吏祿稟也人民吏子弟分之使衆者就寡均宿衛

疏 注版謂至宿衛○釋曰內宰既職當內事與大宰主外事相似故知版之所書者謂宮中閽寺之屬并宮中官之子弟皆屬內宰書之於版焉既主內事故知所圖者不出王及后世子之宮中吏官府之形象也又知政令謂施閽寺者以其閽人主中門之禁寺人掌王之內人之戒令內宰爲之長故知政令者施之於閽人寺人也不言內小臣及內豎者蓋亦施之也云稍食吏祿稟也者吏即閽寺。弟。子宿衛后宮者宮正所均謂宿衛王宮者以米稟爲祿之月俸均之者當知見在空闕也云人民吏子弟者以其所均稍食是吏之子弟明所分宿衛還是吏之子弟也

以陰禮教六宮

鄭司農云陰禮婦人之禮六宮後五前一王之妃百二十人后一人夫人三人嬪九人世婦二十七人女御八十一人玄謂六宮謂后也婦人稱寢曰宮宮隱蔽之言后象王立六宮而居之亦正寢一燕寢五教者不敢斥言之謂之六宮若今稱皇后爲中宮矣昏禮母戒女曰夙夜毋違宮事

疏 以陰禮教六宮○釋曰先鄭意以陰禮婦人之禮教六宮之人自后已下至女御後鄭意以婦人之禮教后一人六宮即后也○注鄭司至宮事○釋曰先鄭知陰禮婦人之禮者以其將用教婦人故知陰禮是婦人之禮也云六宮後五前一者天子謂之六寢宮人所云者是也后亦象王立宮亦後五前一在王六寢之後爲之南北相當耳云王之妃百二十人至八十一

人此是禮記昏義之文彼據周法引之者先鄭意欲見內宰教此六宮之人也玄謂六宮謂后不從先鄭者若此文兼后至女御應言及與凡殊之下別自教三夫人已下此文既在於上明專教后一人而已云若今稱皇后爲中宮矣者漢舊儀有此事也引昏禮者證婦人稱宮之意也

以陰禮教九嬪

教以婦人之禮不言教夫人世婦者舉中省文○省所景反

䟽注教以至省文○釋曰司農意上文教六宮之人訖此復教九嬪者先鄭意以九嬪掌婦學之法使之教九御故內宰。䟽更別教之也後鄭意下文別教九御故知此教三夫人已下不言三夫人世婦者舉中以見上下省文

以婦職之灋教九御使各有屬以作二事正其服禁其奇衺展其功緒

婦職謂職紝組紃縫線之事九御女御也九九而御于王因以號焉使之九九爲屬同時御又同事也正其服止踰侈奇衺若今媚道展猶錄也緒業也故書二爲三杜子春云當爲二二事謂絲枲之事○奇紀宜反衺似嗟反本亦作邪紝女金反組音祖紃似倫反線仙戰反字亦作綫

䟽以婦至功緒○釋曰內宰以婦人職業之法教九御上文世婦已上皆直言陰禮不言職此言職者以其世婦以上貴無絲枲等職業之法故也云使各有屬者女御八十一人九人爲一屬屬猶聚也九人同時御又同爲絲枲之事○注婦職至之事○釋曰婦職謂織紝織紝爲一事組紃又爲一事縫線又爲二事三者皆婦職也○案詩注云王后織玄紞公侯夫人紘紞卿之內子大帶大夫命婦成祭服士妻朝服庶士以下各衣其夫貴賤皆有職者彼示雖貴無得遊乎率先之意非如此絲枲二事責其功緒也又云九御女御也者序官云女御故就而釋之也云九九而御于王因以號焉者案下女御職云掌御敘于王之燕寢此云九御是九九而御于王因以號焉云使之九九爲屬同時御又同事也者此鄭釋九人爲屬之意也云正其服止踰侈者女御褖衣是正不得踰侈服展衣以上也云奇衺若今媚道者案漢書漢孝文時婦人蠱惑媚道更相呪詛作木偶人埋之於地漢法又有宮禁云敢行婦道者若然媚道謂道妖衺巫蠱以自衒媚故鄭舉漢法證經奇衺也

大祭祀

后祼獻則贊瑤爵亦如之謂祭宗廟王既祼而出迎牲后乃從後祼也祭統曰君執圭瓚祼尸大宗執璋瓚亞祼此大宗亞祼謂夫人不與而攝耳。獻謂王薦腥薦孰后亦從後獻也。瑤爵謂尸卒食王既酳尸后亞獻之。其爵以瑤爲飾○祼古亂反瑤音遙不與音預酳士斳反劉侯吝反又音亂

【疏】大祭至如之○釋曰大祭祀謂祭宗廟也后祼者謂室中二祼后亞王祼尸獻謂朝踐饋獻后以玉爵亞王而獻尸則贊者此三事內宰皆佐后祼時以璋瓚授后獻時以玉爵授后故云則贊也瑤爵亦如之者謂尸卒食王酳尸后亞王而酳尸則內宰以瑤爵授后后親酌盎齊以酳尸云瑤爵亦如之者亦贊之也○注謂祭至爲飾○釋曰以其天地山川社稷等外神后夫人不與又天地無祼此云祼故知經云大祭祀者據宗廟而言也但宗廟之祭四時與禘祫六享皆有此祼獻瑤爵之事故總言宗廟也云王既祼而出迎牲后乃從後祼也者案郊特牲云既灌而出迎牲彼據君而言則知王既祼而出迎牲后乃從祼也案司尊彝注后亞王灌訖乃出迎牲者以郊特牲云既灌而出迎牲以既灌之中不言無后灌是以鄭云后灌後乃迎牲此云迎牲後后乃祼鄭以迎牲是王事欲取王事自相亞故退后祼於迎牲後也又引祭統已下者彼雖諸侯禮欲見后有從王亞祼之事與諸侯同也又云獻謂王薦腥薦孰后亦從後獻也者案禮記禮運云腥其俎孰其殽鄭云腥其俎謂豚解而腥之孰其殽謂體解而孰之是其薦腥薦孰也此二者是堂上朝踐饋獻之節室中二灌訖王出迎牲時祝延尸於戶外之西南面后薦八豆八籩王牽牲入以血毛告訖以此腥其俎薦於神前王以玉爵酌醴齊以獻尸后亦以玉爵酌醴齊以獻尸訖也朝踐訖乃孰其殽薦於神前王以玉爵酌盎齊以獻尸后亦玉爵酌盎齊以獻尸名爲饋獻云瑤爵謂尸卒食王既酳尸后亞獻之者案儀禮鄭注云諸侯尸十三飯天子尸十五飯尸食後王以玉爵酌朝踐醴齊以酳尸謂之朝獻后亦於後以瑤爵酌饋獻時盎齊以酳尸謂之再獻故云后亞獻也云其爵以瑤爲飾者鄉來所解知后以瑤爵亞酳尸者約明堂位云爵用玉琖仍彫加以璧散璧角食後稱加彼魯用王禮即知王酳尸亦用玉琖后酳尸用璧角賓長酳

尸用璧散彼云璧此云瑤不同者瑤玉名瑤玉爲璧形飾角口則曰璧角角受四升爵爲總號故鄭云其爵以瑤爲飾也正后之服位而詔其禮樂之儀薦徹之禮當與樂相應位謂房中戶內及阼所立處疏正后至之儀○釋曰云正后之服位者服謂若內司服褘衣已下六服皆正之使服當其用位謂后助祭之位正之使不失其所而詔其禮樂之儀者后之行禮之時皆合于樂節各當其威儀皆內。告后使依於法度故云詔其禮樂之儀也。○注薦徹至立處○釋曰案九嬪職云贊后薦徹豆籩是后薦徹也天子之禮薦時歌清廟及徹歌雍是薦徹皆有樂節但內宰所詔唯詔禮耳經兼云樂者禮樂相應也云位謂房中戶內及阼所立處者但天子諸侯祭禮亡今云位謂房中者案儀禮特牲云主婦亞獻尸尸拜受主婦北面拜送主婦北面拜者避內子及尸酢主婦主婦適房中南面祭酒及主人致爵于主婦亦於房中南面拜受爵至於少牢主婦入戶西面獻尸及酢主婦無入房之文即此云位謂房中戶內者據特牲士禮而言也云及阼所立處者案少牢有司徹云主人位于阼階上獻尸侑訖主婦乃洗爵于房中出實爵尊南西面獻尸尸拜于筵上受主婦西面于主人席北拜送爵云主人席北卽當阼階故云阼所立處此約有司徹而言也贊九嬪之禮事助九嬪贊后之事九嬪者贊后薦玉齍薦徹豆籩○齍音咨疏注助九至豆籩○釋曰贊助也鄭云助九嬪贊后之事者以經云贊九嬪之禮事則助九嬪經自明矣知九嬪贊后者卽鄭所引九嬪職贊后爲后薦玉齍薦徹豆籩等是九嬪贊后之事卽是內宰助九嬪九嬪贊后也凡賓客之祼獻瑤爵皆贊謂王同姓及二王之後來朝覲爲賓客者祼之禮亞王而禮賓獻謂王饗燕亞王獻賓也瑤爵所以亞王酬賓也坊記曰陽侯殺。繆侯而竊其夫人故大饗廢夫人之禮疏凡賓至皆贊○釋曰賓客則王同姓及二王後以其非一故云凡以廣之云祼者謂行朝覲禮訖卽行三享之禮享訖乃。賓於戶牖之間獻謂饗燕賓客后亦助王獻賓瑤爵謂王饗燕酬賓時后亦助王酬賓皆贊助于后也○注謂王至之禮○釋曰鄭知賓客是王同姓及二王之後者見大行人云上公之禮再祼而酢侯伯一祼而酢子男一祼不酢則是上公乃有再祼王先一祼次后再祼按孝經緯云二王之後稱公則知二王之後有后祼也又案巾車云同姓金路鄭云王子母弟雖爲侯伯畫服如上公則此云王之同姓亦謂爲侯伯得與上公同再祼亦有后祼可知者同姓爲子男者則與異姓同一祼無后祼也故鄭云謂王同姓及二王之後來朝覲爲賓客者但祼時大宗伯代后至于拜送則后則內宰亦贊后拜送爵云祼之禮亞王而禮賓者案聘禮有以醴禮賓之言故鄭依而言之若據大行人則云祼也云獻謂王饗燕亞王獻賓也者后之祼者饗燕亦與焉案大行人云上公三饗三食三燕侯伯再饗再食再燕子男一饗一食一燕無飲酒之禮唯有饗燕耳饗者享大牢以飲賓立行禮在廟獻依命數爵盈而不飲燕禮其牲狗行一獻之禮四舉旅降脫屨升坐其爵以醉爲度饗燕皆有獻賓酬賓后亦助王獻賓酬賓之事內宰皆贊后也引坊記者陽國之侯來朝於穆侯穆侯饗陽侯之時穆侯夫人亦助君獻酬于賓其時陽侯見穆侯夫人色美遂殺穆侯而竊其夫人歸國故大饗廢夫人之禮引之者證古者諸侯夫人助君饗賓明天子后亦有助王饗燕賓故經云后祼獻之事也

致后之賓客之禮謂諸侯來朝覲及女賓之賓客

疏注謂諸至賓客○釋曰致后之賓客之禮者謂若酒正云致后之賓客之禮其掌客致夫人之禮彼諸侯夫人致禮于賓客法明后亦致牢禮於賓鄭注掌客凡夫人禮皆使下大夫致之則此內宰亦下大夫也云女賓之賓客者謂畿內同姓諸侯夫人有會見王后之法故亦致禮焉

凡喪事佐后使治外內命婦正其服位使使其屬之上士內命婦謂九嬪世婦女御鄭司農云外命婦卿大夫之妻王命其夫后命其婦玄謂士妻亦爲命婦

疏凡喪至服位○釋曰喪言凡則王及后世子已下皆是以其皆有服位故云凡以廣之凡有喪事內宰皆佐后使其屬官治外內之命婦正其服之精麤位之前後也○注使使至命婦○釋曰以外內命婦卑故內宰不自治之故經云使明使其屬之上士治之云內命婦謂九嬪世婦女御者以其對外命婦故知內命婦是九嬪已下可知也不言三夫人者三夫人從

后不在治限故不言也司農云王命其夫后命其婦者先鄭見禮記玉藻曰君命屈狄是子男夫人彼是后命之明王朝之臣亦王命其夫后命其婦可知玄謂士妻亦爲命婦者夏殷之禮爵命不及於士周之禮上士三命中士再命下士一命夫尊于朝妻榮于室明士妻亦爲命婦可知若然喪服命。其命婦皆據大夫不含士者彼據降服不降服爲。識故唯據大夫爲命夫其妻爲命婦不及士也

凡建國佐后立市設其次置其敘正其肆陳其貨賄出其度量淳制祭之以陰禮

市朝者君所以建國也建國者必面朝後市王立朝而后立市陰陽相。承之義次。司次也敘介次也陳猶處也度丈尺也量豆區之屬鄭司農云佐后立市者始立市后立之也祭之以陰禮者市中之社先后所立社也故書。淳爲。敦杜子春讀。敦爲。純純謂幅廣也制謂匹長玄謂純制天子巡守禮所云制幣丈八尺純四摡與陰禮婦人之祭禮○淳劉諸允反注皆同徐音純朝直遙反下同介音界或作分非純諸允反下同摡音紙與音餘

疏凡建至陰禮○釋曰王者建國非定一所隨世而遷謂若自契至湯八遷大王遷岐文王遷豐武王遷鎬成王營洛皆是建國故云凡以該之也凡建國內宰佐后立市設其次謂司市所居置其敘謂胥師賈師等所居正其肆謂諸行列肆之等陳其貨賄貨賄爲有諸物皆陳列之也出其度量謂內宰佐后出度之丈尺量之斗斛及出淳之幅廣狹幷制之丈八尺又於市中祭之以陰禮謂婦人之祭禮也○注市朝至祭禮○釋曰云市朝者君所以建國也者謂建國必須有市朝故鄭即覆釋云建國者必面朝後市面朝後市乃冬官匠人文云王立朝者郎三朝皆王立之也而后立市者即此文是也云陰陽相成之義者朝是陽王立之市是陰后立之獨陽不生獨陰不成故云陰陽相成之義也云次思次也者地官司市云思次介次彼注破思爲司字解之云敘介次也者亦司市文介副也謂若胥師賈師等所居也案司市注次謂吏所治舍思次介次也若今市亭然敘肆行列也與此注不同者鄭望文解之彼經無肆文故以敘爲行列幷思次介次共爲一所解之此文自有肆文故分思次介次別釋也云陳猶處也者謂處

置其貨賄也云度丈尺也者律歷育分寸尺丈引五度今只言丈尺略言之也云量豆區之屬者此案左氏昭公傳晏子云齊舊四量豆區釜鍾又案律歷五量。龠合升斗斛此獨言豆區者之屬中含之又云祭之以陰禮者市中之社先后所立社也者市乃先后所立故以陰禮爲市中之社亦先后所立社也云故書淳爲敦杜子春讀敦爲純純謂幅廣也制謂匹長玄謂純制天子巡守禮所云制丈八尺純四咫與此二者並增成子春義趙商問云天子巡守禮制丈八尺純四咫何答云巡守禮制丈八尺咫八寸四咫三尺二寸又大廣四當爲三三八二十四二尺四寸幅廣也古三四積畫是以三誤爲四也

中春詔后帥外內命婦始蠶于北郊以爲祭服蠶于北郊婦人以純陰爲尊郊必有公桑蠶室焉○中音仲

疏中春至祭服○釋曰云中春詔后帥外內命婦始蠶于北郊者內宰以仲春二月詔告也告后帥領外命婦諸臣之妻內命婦三夫人已下始蠶於北郊云以爲祭服者禮記祭義亦云蠶事既畢遂朱綠之玄黃之以爲祭服此亦當染之以爲祭服也○注蠶于至室焉○釋曰云蠶於北郊婦人以純陰爲尊者案禮記祭統云天子親耕於南郊鄭以諸侯爲少陽是天子以純陽爲尊則后蠶于北郊純陰爲尊也云郊必有公桑蠶室焉者案月令三月后妃親東鄉躬桑此云二月與彼不同者案馬。職云禁原蠶者彼注天文辰爲馬引蠶書曰蠶爲龍精月值大火則浴其種是蠶與馬同氣故此亦仲春始蠶蠶者亦謂浴種至三月臨生蠶之時又浴種乃生之故設文。異也

歲終則會內人之稍食稽其功事內人主謂九御

疏歲終至功事○釋曰歲終亦謂周之季冬內宰則會計內人女御之稍食稍食則月。請是也云稽其功事者稽計也又當計女御絲枲二者之功事以知多少○注內人主謂九御○釋曰知內人主是女御者案典婦功授嬪婦及內人女功之事齎嬪婦既是九嬪世婦明內人是九御也

佐后而受獻功者比其小大與其麤良而賞罰之獻功者九御之屬鄭司農云枲而獻功玄謂典婦功曰及秋獻功

疏佐后至罰之○釋曰佐后而受獻功者謂

內宰佐助后而受女御等獻絲枲之功布帛等云比其小大與其麤良者布帛之等縷小者則細良縷大者則麤惡今言麤不云惡言良不云細者互見為義也云而賞罰之者良則賞之麤則罰之以示懲勸也○注獻功至秋獻功○釋曰鄭知獻功是九御之屬者上文云以婦職之法教九御明所受獻功還是九御之屬可知司農云烝而獻功謂冬獻功玄引典婦功職秋獻功不從先鄭者以其內宰佐后受明是婦官所造還是典婦功女御等秋獻功也

會內宮。之財用計夫人以下所用財疏會內宮之財用○釋曰以其云內宮是總六宮之內所有財用皆會計之故鄭云計夫人以下所用財也

正歲均其稍食施其功事憲禁令于王之北宮而糾其守均猶調度也施猶賦也北宮后之六宮謂之北宮者繫。于王言之明用王之禁令令之守宿衛者○調徒弔反度待洛反或如字疏正歲至其守○釋曰正歲謂建寅之月歲始故總均宮中所受稍食月俸之人因歲始又施其女功絲枲之事憲禁令于王之北宮者亦以歲始憲謂表縣禁令于王之北宮北宮則后宮而糾其守者謂宿衛之子弟糾其惰慢者也○注均猶至衛者○釋曰鄭以均為調度者受月請者尊卑各有常度今均之者謂調之使依常度云謂之北宮者。係於王言之明用王之禁令令之者欲見王有六寢后有六宮各自不同必繫王而言者婦人有三從之義后雖自有六宮必資王之禁令故繫王而言也云守宿衛者謂若宮伯所掌士庶子者也

上春詔王后帥六宮之人而生穜稑之種而獻之于王六宮之人夫人以下分居后之六宮者古者使后宮藏種以其有傳類蕃孳之祥必生而獻之示能育之使不傷敗且以佐王耕事共。禘郊也鄭司農云先種後孰謂之穜後種先孰謂之稑王當以耕種于。藉田玄謂詩云黍稷穜稑是也夫人以下分居后之六宮者每宮九嬪一人世婦三人女御九人其餘九嬪三人世婦九人女御二十七人從后唯其所燕息焉從后者五日而沐浴其次又上十五日而徧云夫人如三公從容論婦禮○穜直龍反本或作重音同案如字書禾旁作重是種稑之字作童是穜殖

珍倣宋版印

之字今俗則反之稑音六本又作穋同之種章勇反注藏種同傳直宣反下同番音煩孳音玆又作滋又上時掌反而偏云音遍絶句從容如字

【疏】上春至于王○釋曰上春者亦謂正歲以其春事將與故云上春也內宰以上春建寅之月又詔告王后帥領六宮之人而生穜稑之種而獻之于王者一則助王耕事二則示於宮內無傷敗之義也○注六宮至婦禮○釋曰云古者使后宮藏種以其有傳類蕃孳之祥者王妃百二十人使之多爲種類藏種者亦是種類蕃孳之祥故使藏種也云必生而獻之示能育之使不傷敗者生此種乃獻之非直道此種不傷敗示於宮內懷孕者亦不傷也云且以佐王耕事者王親耕后親蠶皆爲祭事今后雖不耕藏種獻之者亦是佐王耕事云共禘郊也者禘謂祭廟郊謂祀天舉尊言之其實山川社稷等皆用之也鄭司農云先種後孰謂之穜後種先孰謂之稑者今世見有此先種後孰直後種先孰目驗可知也玄謂詩云黍稷穜稑是也此增成先鄭義亦以其先鄭直云先種後種不見穀名後鄭意黍稷皆有穜稑云夫人以下分居后之六宮者此已下亦是增成鄭義所分居者唯據九嬪以下三夫人不分居而云三夫人以下則餘三夫人亦得爲三夫人以下也云每宮者后六宮故云每此言與下爲目也九嬪一人者九嬪九人六宮各一人則三人在也世婦三人者世婦二十七人六宮每宮三人則九人在也女御九人者女御八十一人六宮宮各九人餘二十七人在也其餘謂不分者故云其餘九嬪三人世婦九人女御二十七人也云從后唯其所燕息焉者后不專居一宮須往卽停故云唯其燕息焉云從后者五日而沐浴者凡侍尊者須潔淨故須沐髮浴身體也其次又上十五日而偏云者鄉所分居六宮九嬪以下皆三分之一分從后兩分居宮假令月一日一分從后至月五日從后者五日滿則右邊三宮之中舊居宮者來替此從后者從后者又來入右邊三宮從后者至十日又滿則左邊三宮者來替此從后者從后者來居左邊三宮又至十五日則三番總遍故云十五日而遍云者無正文鄭以意配之故言云以疑之云夫人如三公從容論婦禮者王后六宮夫人有三分居不遍因卽尊之三公坐與王論道三夫人尊卑與三公同三公侍王三夫人亦

侍后故取並焉者以證三夫人不分居宮之義也

內小臣掌王后之命正其服位命謂使令所爲或言王后或言后通耳○令力呈反【疏】內小至服位○釋曰敘官云奄上士四人案夏官大僕云掌正王之服位出入王之大命則大僕掌王命及服位此小臣亦云掌王后之命正其服位則小臣侍后與大僕侍王同也○注命謂至通耳○釋曰云命謂使令所爲者以其后無外事明云命者是使令所爲云或言王后或言后通耳者以此經及上經皆云王后下文則皆云后鄭恐人以爲別有義意故云通耳無義例也后出入則前驅道之【疏】后出至前驅○釋曰此小臣是奄人與后導道是其常也若有祭祀賓客喪紀則擯詔后之禮事相九嬪之禮事正內人之禮事徹后之俎擯爲后傳辭有所求爲詔相正者異尊卑也俎謂后受尸之爵飲于房中之俎○道音導相息亮反注同爲后于僞反【疏】若有至之俎○釋曰云若有祭祀賓客喪紀則擯者此三者事至無常故云若若不定之辭也則擯者此三者后皆有事九嬪以下從后往也三事皆與后爲擯贊也云詔后之禮事相九嬪之禮事正內人之禮事者詔相正皆是上擯但據尊卑不同故以詔相別之云徹后之俎者謂后於東房中受尸酢之俎內小臣徹之○注擯爲至之俎○釋曰言擯爲后傳辭有所求爲者后爲上三事須物則小臣擯贊而傳辭與諸司求物供所爲也云詔相正者異尊卑也者后尊云詔詔告而已九嬪稍卑則言相相佐助之言也女御卑直正之而已云俎謂后受尸之爵飲於房中之俎者天子諸侯祭禮亡案特牲薦俎乃受尸之酢次主婦酳尸尸酢主婦於東房中受尸之酢亦有薦俎后之俎小臣所徹亦約與士禮主婦之俎同也后有好事于四方則使往有好令於卿大夫則亦如之后於其族親所善者使往問遺之○好呼報反下同遺唯季反【疏】注后於至遺之○釋曰后於其族親者后有族親在四方謂畿外諸侯於王有親謂若魯

衞晉鄭之等也於卿大夫亦謂同姓族在朝廷者也王后意行所善遺小臣往以物問遺之四方諸侯言事卿大夫言令者后雖無正令施與卿大夫時有言教至焉故云令也后於。畿外無言教所及故以事言之也

全掌王之陰事陰令陰事羣妃御見之事若今掖庭令晝漏不盡八刻白錄所記。推當御見者陰令王所求爲於北宮○見賢遍反下同掖劉音亦

疏注陰事至北宮○釋曰云陰事羣妃御見之事者謂若九嬪職後鄭所云事者是也又云陰令王所求爲於北宮者王於北宮求爲謂若縫人女御爲王裁縫衣裳及絲枲織紝之等皆是王之所求索王之所造爲者也言北宮者對王六寢在南以后六宮在北故云北宮也

○閽人掌守王宮之中門之禁中門於外內爲中若今宮。閽門鄭司農云王有五門外曰皋門二曰雉門三曰。庫門四曰應門五曰路門路門一曰畢門玄謂雉門三門也春秋傳曰雉門災及兩觀○觀古亂反

疏閽人至之禁○釋曰言閽人者墨者使守門閽人守王宮中門耳中門者王有五門雉門爲中門掌守雉門之禁譏其出入之者也○注中門至兩觀○釋曰中門於外內爲中門者雉門外有皋庫內有應路故云於外內爲中也鄭司農云王有五門庫門在雉門內爲中門路門一曰畢門者取尚書顧命云二人爵弁立於畢門之內言路門者路大也人君所居皆曰路以大爲名言畢門者從外而入路門爲終畢玄謂雉門爲三門者破先鄭雉門爲二門必知雉門爲中門者凡平諸侯三門有皋應路詩云乃立皋門皋門有。伉乃立應門應門將將者是也若魯三門則有庫雉路故明堂位說魯制三兼四云庫門天子皋門則庫門向外兼皋門矣又云雉門天子應門則雉門向內兼應門矣既言庫門向外兼皋門雉門向內兼應門則天子五門庫門在雉門外明矣又引春秋傳者定公二年夏五月壬辰雉門及兩觀災公羊傳曰曷爲不言雉門災及兩觀主災者兩觀也主災者兩觀則曷爲後言之不以微及大也今鄭所引不與彼傳同者鄭勦傳非彼正文也引之者證魯有三門雉門有兩觀爲中門則知天

子五門雉門亦爲中門有兩觀矣

喪服凶器不入宮潛服賊器不入宮奇服怪民不入宮

喪服衰絰也凶器明器也潛服若衷甲者賊器盜賊之任器兵物皆有刻識奇服衣非常春秋傳曰尨奇無常怪民狂易○衰徐音崔識式志反又音式尨士江反易以豉反徐音陽

疏注喪服至狂易○釋曰鄭云喪服衰絰也者案下曲禮云苞屨扱衽厭冠不入公門苞屨謂杖齊衰扱衽斬衰初死服厭冠緦小功冠檀弓云士唯公門脫齊衰服問云大功免絰鄭云衰絰義出於彼也云凶器明器也者案士喪禮主人所造曰明器賓客所致曰就器此經凶器亦應兼有就器而云凶器明器者以主人明器爲主也云潛服若衷甲者謂若襄公二十七年將盟于宋西門之外楚人衷甲是也云兵物皆有刻識者案定十年侯犯以郈叛叔孫氏之甲有物是也云奇服衣非常春秋傳曰尨奇無常者案閔二年晉使大子申生伐東山皋落氏衣以偏衣佩之金玦罕夷曰尨奇無常金玦不復先丹木曰狂夫阻之是也

凡內人公器賓客無帥則幾其出入

三者之出入當須使者符節乃行鄭司農云公器將持公家器出入者幾謂無將帥引之者則苛其出入○帥色類反注同使色吏反將帥子匠反苛本又作呵呼河反又音何徐黑嗟反

疏注三者至出入○釋曰云當須使者符節者道路用旌節乃得行耳

以時啓閉

時漏盡

疏時漏盡○釋曰漏盡者謂若夏至晝則日見之漏六十刻夜則四十刻冬至晝則日見漏四十刻夜則六十刻就時之間大判九日校一刻

凡外內命夫命婦出入則爲之闢。

辟行人使無干也內命夫卿大夫士之在宮中者○爲于僞反闢本又作辟婢亦反避也注同

疏注辟行至中者○釋曰內命夫卿大夫士之在宮中者謂若宮正所掌者也對在朝卿大夫士爲外命夫鄭雖不解外內命婦其外命婦則總外內命夫之妻內命婦卿三夫人已下也

掌埽門庭

門庭門相當之地○埽素報反

疏注門庭至之地○釋曰閽人掌中門則門相當之地唯中門外之地謂之門庭也若餘門庭則各有守門者埽之也

大祭祀喪紀之事

設門燎蹕。燎地燭也蹕止行者廟在中門之外○燎力召反又力弔反疏大祭至廟門○釋曰喪紀設門燎蹕宮門廟門者大喪以下朝廟及出葬之時宮中及廟門皆設門燎蹕止行人也○注燎地至之外○釋曰燎地燭也者燭在地曰燎謂若天子百公五十侯伯子男皆三十所作之狀蓋百根葦皆以布纏之以蜜塗其上若今蠟燭矣對人手○爇者爲手燭故云地燭也又云廟在中門之外者謂若小宗伯云左宗廟右社稷凡賓客亦如之疏凡賓至如之○釋曰賓客在宮中廟謂若饗食在廟燕在寢皆爲設門燎及蹕止行人

寺人掌王之內人及女宮之戒令相道其出入之事而糾之內人女御也女宮刑女之在宮中者糾猶割察也○相息亮反下及注同道徒報反後同疏注內人至察也○釋曰女宮刑女之在宮中者謂男女沒入。斯。宮爲。嬪者也若有喪紀賓客祭祀之事則帥女宮而致於有司有司謂宮卿世婦疏注有司至世婦○釋曰知有司是宮卿世婦者案春官宮卿世婦云掌。樂宮之宿戒及祭祀比其具此既言致於有司明是男子官宮卿所掌女宮也非是下文世婦之帥女宮者也佐世婦治禮事世婦二十七世婦疏注世婦至世婦○釋曰上云有司是宮卿世婦恐此亦是彼世婦故鄭云二十七世婦以寺人是奄者故得佐世婦治。喪事禮事卽世婦所掌祭祀賓客喪紀之事是也掌內人之禁令凡內人弔臨于外則帥而往立于其前而詔相之從世婦所弔若哭其族親立其前者賤也賤而必詔相之者出入於王宮未可以闕於禮○臨良鴆反後同疏注從世至於禮○釋曰鄭知從世婦不自弔臨者此直言凡內人弔臨于外不指斥其事故知不自弔臨案世婦職云掌弔臨于卿大夫之喪故內人得從之也云若哭族親者世婦所掌弔唯云弔卿大夫云哭族親據理而言王后有哭族親之法則內人女御亦往哭之

內豎掌內外之通令凡小事內后六宮外卿大夫也使童豎通王內外之命給小事者以其無與為禮出入便疾內外以大事聞王則俟朝而自復○便婢而反朝直遙反下同

疏注內后至自復○釋曰鄭知豎是童子者謂若春秋左氏叔孫穆子於庚宗婦人生牛牛能奉雉使為豎也又知童子無與為禮者案禮記玉藻云童子無事則立於主人之南北面云內外以大事聞王則俟朝而自復者經云凡通小事復自也明大事待朝自復不使內豎也

若有祭祀賓客喪紀之事則為內人蹕內人從世婦有事於廟者內豎為六宮蹕者以其掌內小事○為于偽反注下同

疏若有至人蹕○釋曰此豎為祭祀賓客喪紀三事為內人蹕者皆謂在廟時若然祭祀在廟謂禘祫四時之祭祀也賓客在廟謂饗食時也喪紀在廟謂喪朝廟為祖奠遣奠時也皆為內人蹕止行人也○注內人至小事○釋曰鄭知內人從世婦者內人卑不專行事案下世婦職云掌祭祀已下三事與此經三事同明此內人從世婦而濯溉及為粢盛也云內豎為六宮蹕者以其掌內小事者以其蹕止行人人既是小事故還使內豎掌小事者蹕也

王后之喪遷于宮中則前蹕及葬執褻器以從遣車喪遷者將葬朝于廟褻器振飾類沐之器○遣棄戰反後遣車皆放此類呼內反

疏王后至遣車○釋曰后喪遷於宮中謂七月而葬將葬而朝七廟則亦使內豎在車前蹕止行人也云及葬執褻器以從遣車者謂朝七廟訖且將行在大祖廟中為大遣奠苞牲取下體天子大牢苞九箇遣車九乘后亦同使人持之往如墓則此內豎執褻器從遣車之後以其遣車載牲體鬼神依之故使執褻器從之若生時亦執褻器從也○注喪遷至之器○釋曰鄭知喪遷是將葬朝於廟者以其喪柩遷在宮中唯有朝廟時故禮記檀弓云周朝而遂葬是也云褻器振飾類沐之器者以其從遣車若生時從后后之私褻小器唯有振飾類沐之器故為此解之也若然玉府云凡褻器鄭注以為清器虎子不為振飾類沐器者彼據生時故與牀第等連文但死者器物雖皆不用仍法其威儀者故此注褻器為振飾類沐之器不為清

器虎子也知其振飾頮沐器者案特牲爲尸而有槃匜弁有簞巾巾爲振飾槃匜爲盥手明其頮面沐髮亦有之故既夕禮用器之中有槃匜是送葬之時有褻器也

九嬪掌婦學之灋以教九御婦德婦言婦容婦功各帥其屬而以時御敘于王所婦德謂貞順婦言謂辭令婦容謂婉娩婦功謂絲枲自九嬪以下九九而御於王所九嬪者既習於四事又備於從人之道是以教女御也教各帥其屬者使亦九九相與從於王所息之燕寢御猶進也勸也進勸王息亦相次敘凡羣妃御見之法月與后妃其象也卑者宜先尊者宜後女御八十一人當九夕世婦二十七人當三夕九嬪九人當一夕三夫人當一夕后當一夕亦十五日而徧云自望後反之孔子云日者天之明月者地之理陰契制故月上屬爲天使婦從夫放月紀○婉於阮反娩音晚見賢遍反月上時掌反放方往反疏九嬪至王所○釋曰云掌婦學之灋者謂婦人所學之法即婦德已下是也言以時御敘于王所者謂月初卑者爲始望後尊者爲先是也○注婦德至月紀○釋曰鄭知婦德謂貞順已下義如此者但此經雖有四事之言無事別目案內則云姆教婉娩聽從執麻枲治絲繭織紝組紃故鄭此注婦德謂貞順當彼聽從此云婦容謂婉娩還當彼婉娩也此云婦功謂絲枲還當彼執麻枲已下惟婦言注與彼少異此注以婦言謂辭令彼內則注以婉爲言語娩之言媚也謂容貌也不同者以彼經無四事之言故分婉娩爲二事以充四德此有四事之言故弁婉娩爲容貌別以辭令解婦言然彼以婉娩亦兼婦言者以其言語婉順亦得爲容貌故也云自九嬪以下九九而御於王所者欲見三夫人及后各當一夕不爲九御也言此者釋經稱女御爲九御之意云九嬪者既習於四事又備於從人之道是以教女御也者釋經使九嬪教女御之意云既習於四事即經婦德之等是也云又備於從人之道謂御序之事即經各帥其屬以時御敘於王所是也云各帥其屬者使亦九九相與從於王所息之燕寢者此釋

經以時御敘于王所之事云亦九九相與從王者亦上居宮及以作二事皆九人相配故以亦之也云御猶進也勸也進勸王息者案左傳云君子晝以訪問夜以安身女者定男於夜節宣其氣故云勸王息也云亦相次敘者亦上居宮有次敘也云凡羣妃御見已下無正文鄭以意消息婦人者陰象月紀故月與后妃其象也云卑者宜先尊者宜後者案禮運云三五而盈三五而闕后以下法之故從微嚮著卑者宜先從著嚮微卑者宜後也云亦十五日而偏云者言亦者亦上居宮言云者亦無正文故以云云疑之也云孔子云已下者孝經援神契文但彼是孔子所作故言孔子云也云日者天之明者本合在天云月者地之理者本合在地今以陽尊而陰卑月乃爲天契制所使故云陰契制上屬爲天使是以月上屬於天隨日而行云婦從夫放月紀者解后已下就王燕寢而御之意

凡祭祀贊玉齍贊后薦徹豆籩 玉齍玉敦受黍稷器后進之而不徹故書玉爲王杜子春讀爲玉○齍音咨劉音祖稽反敦音對 疏 凡祭至豆籩○釋曰言凡祭祀者后無外事唯有宗廟禘祫與四時月祭等故云凡祭祀贊玉齍者但祭祀之時男子進俎婦人設豆籩齍簋贊助也助后薦玉齍也云贊后薦徹豆籩者豆籩之薦與徹皆助后也○注玉齍至爲玉○釋曰云玉齍玉敦受黍稷器者案明堂位云有虞氏之兩敦周之八簋則周用簋特牲少牢大夫士用敦今周天子用玉敦者明堂位云盟會得兼用四代之器用敦明天子亦兼用可知云玉敦者謂以玉飾敦謂若玉府云珠槃玉敦但彼以珠槃盛牛耳玉敦盛血此玉敦盛黍稷爲異耳云后進之而不徹知者豆籩云贊薦徹玉齍直贊不云薦徹明直贊進之而已案禮器云管仲鏤簋注云天子飾以玉此直云玉敦則簋亦飾以玉而不云者但玉敦后親執而設之故特言之其簋則九嬪執而授后后設之若少牢主婦親受韭菹醓醢其餘婦贊者授主婦主婦設之故不言也

若有賓客則從后 當贊后事 疏 注當贊后事○釋曰后之有事於賓客者唯有諸侯來朝王親饗燕后當助王饗燕時九嬪從后往也

大喪帥敘哭者亦如之 亦從后帥猶道也后哭。衆。之次。敘者乃哭 疏 大喪至如之○

釋曰大喪謂王喪帥敘哭者謂若外內命婦哭時皆依尊卑命數在后後爲前後列位哭之故須帥導使有次敘也

附釋音周禮注疏卷第七

周禮注疏卷七校勘記　　阮元撰盧宣旬摘錄

附釋音周禮注疏卷第七

司書

久藏將朽蠹　余本嘉靖本蠹作蠧葉鈔釋文同

云式據用財言之　閩毛本同案云當作九監本云下剜擠九字非

重以其職　監本以改於

謂司會八法八則之貳是也　此本法作灋據閩監毛本訂正

本在生利也　惠校本作中正生利也

掌事者受灋焉　諸本同監本灋誤法唐石經闕

法猶數也　此本閩本法誤灋今據嘉靖本監毛本訂正疏中準此

要寫一通副貳文書　惠校本要下有謂

考其法於司書　此本閩監毛本法誤灋今據宋本余本嘉靖本訂正

職內

而執其總唐石經宋本嘉靖本閩本同監毛本總改總

總謂簿書之種別與大凡諸本同盧文弨云上種類釋文云種章勇反當有下同二字此種別當音彼列反今皆不著則陸所見本當是總謂簿書之大凡無種別與三字種別之與大凡義正相反注疏不同本係誤衍觀賈氏所釋亦似無此三字案賈疏釋上經注辨字云種類不同須分別之又云分別使衆類相從釋此經注總字云總謂稅入多少總要簿書是此注之言種別爲衍文無疑〇按財用物既種類相從則簿書有種別有種別因有大凡辨謂處物總謂簿書删去三字則失其義矣

賦是揔名閩監毛本揔作總案總揔同字後人分別絲總字從糸揔凡字從手義疏舊本揔凡字皆從手此因唐石經作總故經字皆作糸旁而賈疏自釋之辭仍用手旁以區別之其實一字也

故云受其貳令書之浦鏜云令下脫而

彼注云王有令盧文弨云御史注令作命

所以得有物出與入者盧文弨云入當作人

釋曰言會者惠校本言作及此誤

以巳之入財之數閩本己作巳此誤

謂轉運給他宋本他作也案疏云更給他官

職歲

以待會計而攷之唐石經諸本同宋本攷作考非案經作攷用古字注作考用今字

及至也至歲終會計之時惠校本無至也

職幣

振猶拼也檢也宋本嘉靖本檢作撿案唐人書檢字多從手此作木旁蓋由近人所改

以書楬之唐石經余本閩監毛本同釋文亦作楬從木宋本嘉靖本漢制考作揭字從手注中同○按從木者是

司裘

爲此大裘惠校本爲作惟此誤

仲秋鳥獸毨毨釋文毨音毛毨先典反九經古義云毨當爲髦字之誤也鄭氏尚書云中秋鳥獸髦毨中冬鳥獸毨髦涉下而誤耳

唯君有黼裘以誓獮浦鏜云玉藻獮作省注云省當爲獮

人功微麤宋本麤作麄俗字此本疏中亦作人功微麄○今並訂正

鄭彼注引孔子素衣麛裘此與禮記注合閩監毛本麛作麑依今論語所改○按說文作麛俗作麑

又方制之以爲䩗諸本多誤余本岳本䩗作䩗當訂正釋文爲䩗諸允反本亦作準惠校本疏中亦作䩗○按說文作埻正字也

著于侯中余本于當於當訂正釋文標著於二字

參七十干五十宋本余本嘉靖本閩本同岳本亦作干監毛本參改糝干改豻案釋文參七素感反干五劉音鴈本又作犴今本作糝作豻非參七十干五十大射文注云參讀爲糝干讀爲豻

故書諸侯則共熊侯虎侯宋本余本嘉靖本閩本同監毛本熊侯誤熊虎漢讀考云說文侯天子射熊虎豹諸侯射熊虎此從故書以熊侯爲最貴天子諸侯同之射人王以六耦射三侯鄭司農云三侯熊虎豹也與許云天子射熊虎豹合然則經文本作王大射則共熊侯虎侯豹侯作義疏者因司農說虎侯王所自射熊侯諸侯所射因升虎於熊上耳司常熊虎爲旗熊在虎上射人注熊虎豹余仁仲本如是作疏者亦易爲虎熊豹

既云天子將祭必先習射浦鏜云卽誤既

天子以射擇諸侯卿大夫士惠校本擇作選

糝七十豻五十者大射所云者是也惠校本作參七十干五十與大射合此本因下云糝侯者糝雜也遂改參爲糝閩監毛本作糝作豻

大侯者豻侯也閩監毛本作熊侯也與大射注合

先鄭意以鵠字與鵠鵠字同閩本同誤也監毛本作鴻鵠字同當不誤

見鄉侯五十弓閩本同監本剜擠複出鄉射二字毛本遂排入

謂象飾而作之諸本皆作象似疏云象似生時而作此作飾涉經飾皮車致誤

凡爲神之偶衣物必沽而小耳案賈疏讀凡爲神之偶衣句絕物必沽而小耳句絕惠士奇云物當屬上句○按惠說是

掌皮

式灋作物所用多少故事余本嘉靖本灋作法下疏同當訂正

行道曰齎浦鏜云行道下脫之財用三字

先鄭意一部書案書下當脫內

內宰

稍食吏祿稟也宋本嘉靖本稟作廩非祿稟與倉廩絕不同

吏卽閽寺弟子惠校本作子弟此誤倒

故內宰□更別教之也閩本亦實闕一字監毛本補作特○按此當是復字扶又反上經教皇后此經教夫人九嬪世婦而省文單舉九嬪

漢法又有官禁云漢制考同閩監毛本官作宮○按當是宮字

謂道妖衺巫蠱 漢制考蠱作術

大祭祀后祼獻則贊瑤爵亦如之 唐石經瑤爵上更有贊字今本脫案下云凡賓客之祼獻瑤爵皆贊承此經言之則此經當灌獻言贊瑤爵言贊也○按亦如之者謂亦贊也正下文所謂皆贊也若瑤上復有贊字則不可通唐石經非

謂王薦腥薦孰 宋本余本嘉靖本閩本同監毛本孰改熟疏是其薦腥薦孰也同

其爵以瑤爲飾 此本其誤瑤今據諸本訂正

室中二灌訖王出迎時 浦鏜云牲誤時

皆內宰告后 此本脫宰據閩監毛本補

陽侯殺穆侯而竊其夫人 浦鏜云坊記穆作繆

乃賓於戶牖之閒 惠校本賓上有禮此脫

畫服如上公 惠校本作車服今巾車注亦作畫蓋誤

者同姓爲子男者 浦鏜云若同姓誤者

案大行人云上公三饗 浦鏜云掌客誤大行人監本三誤二

四舉旅降脫屨升坐 浦鏜云四疑至字誤

明后亦致牢禮於賓 惠校本賓下有客此脫

禮記玉藻曰 惠校本曰作云

喪服命其命婦 惠校本其作夫此誤

彼據降服不降服爲識 閩本同監毛本識作說訂正

陰陽相承之義次司次也 閩監毛本同宋本余本嘉靖本承作成司作思賈疏本同浦鏜云釋曰彼處破思爲司字解之則此仍作思字也

故書淳爲敦杜子春讀敦爲純 漢讀考云此子春易敦爲純鄭依所據本作淳稱天子巡狩禮以爲證也質人淳制杜亦云淳當爲純禮說云丈尺綧制見管子君臣篇斗斛敦概見荀子君道篇杜讀爲純義本淮南墬形訓門閒四里里閒九純純丈五尺注云純量名

此案左氏昭公傳 浦鏜云昭公下當脫三年

五量籥合升斗斛 惠校本籥作龠此誤

案馬職云 浦鏜云質誤職

故設文異也 惠校本文下有有字

稍食則月請是也 案月請乃月俸之誤下經均其稍食疏云所受稍食月俸之人可證此本俸字缺壞似請閩監毛本遂誤作請

下節疏受月請者同

會內宮之財用唐石經諸本同方苞云內宮當作內官文誤也周語內官不過九御案疏云內宮是揔六宮之內所有財用皆會計之然則內宮猶宮內也與國語義别女史逆內宮注云鉤考六宮之計此經作內宮之證方亦以爲當作官非也

施猶賦也浦鏜云頒誤賦從注校○按鏜誤也古凡以物分布曰賦國語社而賦事烝而獻功說文𧶘賦事也吳都賦方雙轡而賦珍羞注妄改而鏜從之

繫于王言之疏引注于作於此非

係於王言之案係當依注作繫下云必繫王而言者作繫可證

共禘郊也此本禘作帝誤今據諸本訂正

王當以耕種于藉田宋本余本嘉靖本閩本同監毛本藉作籍誤

此已下亦是增成鄭義案鄭上當脫先字

故云十五日而遍此引注遍當作偏賈疏自釋用遍字○按偏者說文字遍者唐人俗字

內小臣

遺小臣往以物問遺之浦鏜云上遺當遣字誤

后於畿外全無言教所及 此本畿誤幾今據閩監毛本訂正

白錄所記推當御見者 宋本岳本嘉靖本漢制考同閩毛本白誤日監本誤目宋本記下空闕一字蓋本作白所記錄○按漢官舊儀有此條作白錄所記

閽人 嘉靖本閩本同唐石經宋本監毛本作閽注及疏諸本皆作閽釋文閽人葉鈔本作閽

若今宮闈門 閩監本同誤也宋本嘉靖本毛本作宮闕門當據以訂正

二曰雉門三曰庫門 宋本作二曰庫門三曰雉門誤

皋門有亢 浦鏜云伉誤亢按詩釋文有伉本又作亢與此正合非誤也

則爲之闢 唐石經諸本同釋文闢本又作辟婢亦反避也注同案釋文知經本作辟孟子行辟人可證此注云辟行人使無干也經作闢蓋非○按經典多作辟然古經用字不一例未可謂闢爲非也

蹕宮門廟門 唐石經諸本同漢讀考云說文走部趩止行也從走畢聲足部無蹕字今周禮皆作蹕惟大司寇釋文作趩

對人手爇者爲手燭 浦鏜云執誤爇非也

寺人

謂男女没入斯宮爲嬪者也 惠校本作男女没入縣官爲奴者也此誤

掌樂宮之宿戒 惠校本作女宮

故得佐世婦治喪事 惠校本喪作禮此誤

凡内人弔臨于外 唐石經宋本岳本嘉靖本閩本同監毛本于誤於

内豎

則立於主人之南北面 浦鏜云南北字誤倒

以其蹕止行人 毛本同閩本人字複衍監本先衍後刊落

執褻器以從遣車 余本同唐石經宋本嘉靖本閩監毛本褻作䙝唐石經下載九嬪職連書不提行後磨刮此句重刻空一字原刻車字尚隱然可辨故每行皆十字此行獨十一字

天子大牢苞九箇 惠校本箇作个

知其振飾𩠹沐器者 惠校本其作有

九嬪

明堂位盟魯得兼用四代之器 閩本同監本剜改盟作賜毛本從之

衆之次敘者乃哭 宋本余本岳本同嘉靖本作衆之次序者乃哭經作敘注作序須人易曉是也閩監毛本衆之誤倒作之衆

周禮注疏卷七校勘記

附釋音周禮注疏卷第八

鄭氏注　賈公彥疏

世婦掌祭祀賓客喪紀之事帥女宮而濯摡爲齍盛摡拭也爲猶差擇〇摡古愛反拭音式清也【疏】世婦至齍盛〇釋曰此婦人所掌祭祀謂祭宗廟賓客謂饗食諸侯在廟喪紀謂大喪朝廟設祖奠與大遣奠時爲此三事則帥女宮而濯摡案少牢饔人摡鼎俎廩人摡甑甗司宮摡豆籩皆使男子官不使婦人者彼以大夫家無婦官及無刑女故幷使男子官此天子禮有刑女及婦官故與彼異也〇注爲猶差擇〇釋曰祭祀黍稷春人春之饎人炊之皆不使世婦故此爲非春非炊是差擇可知也

及祭之日涖陳女宮之具凡內羞之物涖者臨也內羞謂房中之羞〇涖音利又音類【疏】及祭至之物〇釋曰案春官世婦官卿云掌女宮之宿戒及祭祀比其具此官直臨之而已云凡內羞之物者謂糗餌粉餈案少牢皆從房中而來故名爲內羞是以鄭云內羞房中之羞也

掌弔臨于卿大夫之喪王使往弔【疏】注王使往弔〇釋曰案內宗云凡卿大夫之喪掌其弔臨注云王后弔臨諸侯而已是以言掌卿大夫云文同而注異者彼上文云王后有事則從大喪序哭者哭諸侯亦如之彼文與后事相連彼主於后此上文無后故知此王使往可知也若然后無外事彼弔諸侯謂三公王子母弟若畿外諸侯則后不弔以其王爲三公六卿錫衰諸侯緦衰后不弔畿外諸侯既輕於王之卿卿既后不親弔畿外諸侯不親弔可知若然喪大記諸侯夫人弔卿大夫士之喪者以其諸侯臣少故不分別尊卑夫人皆弔之也案司服公卿大夫皆王親弔之此文使世婦往弔者此蓋使世婦致禮物但弔是大名雖致禮亦名爲弔是以大僕云掌三公六卿之弔勞注云王使往小臣云掌士大夫之弔勞注云致禮同名爲弔是其事也此所弔不言三公與孤者文不具也

女御掌御敘于王之燕寢 言掌御敘防上之專妬者于王之燕寢則王不就后宮息 疏 注言掌至宮息○釋曰鄭云掌御敘防上之專妬者鄭解不使九嬪世婦掌房之意若使在上掌之則有妬。疾自專之事今使女御掌之官卑不敢專妬故也云于王之燕寢則王不就后宮息者破舊說云王就后宮者故鄭云此也

以歲時獻功事 絲枲成功之事 疏 注絲枲成功之事釋曰上內宰云教九御使各有屬以作二事即此獻功之事故知此經獻功事是絲枲爲布帛成而獻之也

凡祭祀贊世婦 助其帥涖女宮 疏 注助其帥涖女宮○釋曰上世婦職云掌祭祀賓客喪紀帥女宮及祭之日。涖女宮之具故知此贊者助其涖女宮也

大喪掌沐浴 王及后之喪 疏 注王及后之喪釋曰王及后喪沐潘浴用用湯始死爲之於南牖下但男子不死於婦人之手今王喪亦使女御浴者案士喪禮浴時男子抗衾則不使婦人今王喪沐或使婦人而浴未必婦人或亦供給湯物而已亦得謂之掌也

后之喪持翣 翣棺飾也持而從柩車○翣所甲反 疏 后之喪持翣○釋曰案禮器云天子八翣又漢制度皆戴辟。后喪亦同將葬向壙之時使此女御持之左右各四人故鄭云持而從柩車也

從世婦而弔于卿大夫之喪 從之數蓋如使者之介云○使所吏反介音界 疏 注從之至介云○釋曰王之妃妾三夫人象三公九嬪象孤卿二十七世婦象大夫女御象元士但介數依命數爲差則王之大夫四命世婦之從亦四人以無正文故言蓋言云以疑之也

女祝掌王后之內祭祀凡內禱祠之事 內祭祀六宮之中竈門戶禱疾病求瘳也祠報福○禱丁考反一音都報反 疏 注內祭至報福○釋曰依祭法王立七祀有戶竈中霤門行泰厲司命后亦與王同今鄭直云內祭祀竈門戶者以其婦人無外事無行與中霤之等其竈與門戶人所出入動作有由后亦當祀之故言竈與門戶也案月令春祀戶夏祀竈秋祀門后祀之時亦當依此也云禱疾病求瘳也祠報福者以其后無

外事禳祠又是非常之祭故知唯有求瘳報福之事也

掌以時招梗禬禳之事以除疾殃鄭大夫讀梗爲亢謂招善而亢惡去之杜子春讀。梗爲。更玄謂梗禦未至也除災害曰禬禬猶刮去也。卻變異曰禳禳攘也四禮唯禳其遺象今存○梗古猛反徐依鄭音亢禬古外反又戶外反禳如羊反去起呂反下同【疏】掌以至疾殃○釋曰云掌以時招梗禬禳者此四事並非常求福去殃之事云以時者謂隨其事時不必要在四時也云招者招取善祥梗者禦捍惡之未至禬者除去見在之災禳者推卻見在之變異此四者皆與人爲疾殃故云以除疾殃也○注鄭大至今存○釋曰鄭大夫以梗爲亢惡去之玄不從以爲禦未至者以禬禳二者已是去惡復以梗爲亢惡去之文煩而無禦未至之事故不從鄭大夫爲亢惡也鄭大夫云招善者玄從之也杜子春云讀梗爲更義無所取玄亦不從之也云四禮唯禳其遺象今存者此四禮至漢時招梗及禬不行唯禳一禮漢日猶存其遺象故云遺象今存也

女史掌王后之禮職掌內治之貳以詔后治內政內治之法本在內宰書而貳之○治直吏反注同【疏】女史至內政○釋曰案上敘官鄭注云女史女奴曉書者是以掌王后禮之職事○注內治至貳之○釋曰云內治之法本在內宰者案內宰職云掌書版圖之法以治王內之政令今此云掌內治之貳故知內治之。灋本在內宰掌此女史書而貳之也

逆內宮鉤考六宮之計【疏】逆內宮○釋曰逆謂逆而鉤考之言內宮亦對王之六寢爲內宮謂六宮所有費用財物及米粟皆當鉤考之也

書內令后之令【疏】注后之令○釋曰內令亦對王令爲內故鄭云后之令謂書而宣布於六宮之中也

凡后之事以禮從亦如大史之從於王【疏】注亦如至於王○釋曰案大史職云大會同朝覲以書協禮事及將幣之日執書以詔王鄭注云告王以禮事此女史亦執禮書以從后故云如大史之於王

典婦功掌婦式之灋以授嬪婦及內人女功之事齎婦式婦人事之模範。灋其用財齎數嬪婦九嬪世婦言及以殊之者容國中婦人賢善工於事者事齎謂以女功之事來取絲枲故書。齎爲。資杜子春讀爲。資鄭司農云內人謂女御女功事資謂女功絲枲之事○齎音咨本亦作資【疏】注婦式至之事○釋曰云法其用財齎數者此即典絲典枲所授絲枲多少並有齎數依而授之云嬪婦九嬪世婦者案內宰以作二事及婦功唯據九御而言不見九嬪世婦有絲枲之事此言嬪婦者但三夫人無職九嬪已下皆有之但女御四德不備須教之九嬪世婦素解不須教之其實有婦職也是以魯語云王后織玄紞公侯夫人紘綖卿之內子大帶則貴賤皆職事也云言及以殊之者容國中婦人賢善工於事者案下內司服注言及言凡殊貴賤也此云言及容國中婦人者此云及非直。破貴賤亦含國中婦人故云容也必知有國中婦人者以下典絲云頒絲于外內工注云外工外嬪婦也故太宰九職云嬪婦化治絲枲是其國中婦人有嬪婦之稱也云事齎謂以女功之事來取絲枲者以其行道曰齎經云女功事齎故知以女功之事來取絲枲也故書齎爲資杜子春讀爲資案上玄注以齊次爲聲從貝變易則兩字俱得今不破子春者從上注義可知不復重言也凡授嬪婦功及秋獻功辨其苦良比其小大而賈之物書而楬。之授當爲受聲之誤也國中嬪婦所作成即送之不須獻功時賈之者物不正齊當以泉計通功鄭司農苦讀爲盬謂分別其縑帛與布紵之麤細皆比方其大小書其賈數而著其物若今時題署物○授音受出注苦音古賈音嫁注下同楬其列反別彼列反紵音佇著直略反徐張庶反【疏】注授當至署物○釋曰鄭知授當爲受者以其上文已授女功故知此爲受云國中嬪婦所作成即送之不須獻功時者以其經受嬪婦功在秋獻功上故不待秋獻功也云賈之者物不正齊當以泉計通功者婦人雖等受絲枲作有麤細善惡故以泉計而通爲功布絹惡者盡其材猶不充功布絹善者少送以充功直故云泉計通功也司農云苦讀爲盬已下云云者司農之意以典婦功是都司總掌故分別布帛其典絲即唯主絲絲爲良者也典枲唯主布布爲苦者也若後鄭之義即以典婦功主良典絲典枲主苦者又以絲枲之中各自有苦良若然經云苦謂就良中苦者也云皆比方其大小者謂比方其細小者復比方其麤大也以共王及后之用頒之于內府疏以共至內府○釋曰此於典絲典枲處受其良好者入此典婦功藏之以待王及后之用故藏之於內府也

典絲掌絲入而辨其物以其賈楬之絲入謂九職之嬪婦所貢絲疏典絲至楬之○釋曰云辨其物者典絲唯受絲入而云辨其物謂絲有善惡麤細不同非謂別有餘物也○注絲入至貢絲○釋曰后宮所蠶之絲自於后宮用之以爲祭服不入典絲其歲之常貢之絲若禹貢兗州貢漆絲之等且餘官更無絲入之文亦當入此典絲也掌其藏與其出以待興功之時絲之貢少藏之出之可同官也時者若溫煖宜縑帛清涼宜文繡疏注絲之至文繡○釋曰案經餘官內府玉府等皆不云掌其藏與其出此官獨云掌其藏與其出故云絲之貢少藏之出之可同官也云時者若溫煖宜縑帛清涼宜文繡者鄭以目驗知頒之文繡必於清涼者以其文繡染絲爲之若於夏暑損色故待秋涼爲之也

頒絲于外內工皆以物授之外工外嬪婦也內工女御疏頒絲至授之○釋曰言以物授之者若縑帛則授之以素絲若文繡則授之以絲故以物而言也○注外工至女御○釋曰上典婦功云凡授嬪婦功幷有九嬪世婦此注內功不言嬪婦直云女御者案內宰職教女御以作二事及九嬪職教九御以婦職則女御專於絲枲也九嬪世婦四德自備不常爲絲枲假使爲之以其善事所造唯典婦功以共王及后所用不在典絲典枲故鄭注內工中不言也

凡上之賜予亦如之王以絲物賜人疏凡上至如之○釋曰云亦如之者亦以物授之謂王以絲物賜人者也

及獻功則受良功而藏之辨其物而書其數以待有司之政令上之賜予良當爲苦

字之誤受其麤盬之功以給有司之公用其良功者典婦功受之以共王及后之用鄭司農云良功絲功縑帛○良音苦出注

疏注良當至縑帛○釋曰鄭破良爲苦者以其典絲典枲授絲枲使外內工所造縑帛之等良者入典婦功以共王及后之用故典枲直有苦者而無良者明典絲亦不得有良者故破良爲苦必從苦者見典婦功有良苦之字故破從苦苦即麤盬者也先鄭言良功絲功縑帛者先鄭之意以爲絲功爲良枲功爲盬故不破良爲苦玄既不從引之在下者亦得爲一義故也

凡祭祀共黼畫組就之物以給衣服冕旒及依盥巾之屬白與黑謂之黼采色一成曰就○依音於豈反盥音管

疏凡祭至之物○釋曰言凡祭祀者謂祭祀天地宗廟社稷山川之等故言凡以廣之云共黼畫者凡祭服皆畫衣繡裳但裳繡須絲衣畫不須絲而言共絲者大夫已上裳皆先染絲則玄衣亦須絲爲之乃後畫故兼衣畫而言之也組就者謂以組爲冕旒之就故組就連言之云之物者謂絲之物色共之○注以給至曰就○釋曰云以給衣服者經云共據王而言注云給據臣而言鄭欲見尊卑皆授絲物也。言衣。物釋經黼畫但周之冕服九章衣五章裳四章龍衮已下直言黼者據美者而言謂若詩云玄衮及黼商書云麻冕黼裳之類云冕旒者釋經組就謂若弁師云十二就之等云及依者亦釋經黼此據祭祀謂若掌次大旅上帝設皇邸邸即屏風爲黼文云盥巾者亦釋經黼謂若冪人職云王巾皆黼之類云之屬者殯有加斧於椁上及綃黼丹朱之類也云白與黑謂之黼者繢人職文云采色一成曰就者謂若典瑞云五采五就弁師十二就之等皆是采色一成爲就也

喪紀共其絲纊組文之物以給線縷著。盱口綦握之屬青與赤謂之文○纊音曠劉古曠反線似戰反著直略反下同徐猪略反盱香于反綦劉音其沈音忌握烏學反劉烏豆反

疏注以給至之文○釋曰此鄭並據士喪禮而言云以給線縷者謂所裁縫皆用線縷釋經絲也云著盱口綦握之屬者釋經纊組案士喪禮握手玄纁裏著組繫案喪大記屬纊以俟絕氣內則云屨著綦鄭云綦屨繫是用纊組之事也云青與赤謂之文繢人職文繡之屬亦用絲故連言也

凡飾

邦器者受文織絲組焉謂茵席屏風之屬〇織音志茵音因疏注謂茵至之屬〇釋曰上既言祭祀喪紀所用絲纊訖今復云飾邦器故知此據生人所飾器物言茵者謂若少儀云枕几茵類之等鄭云茵著。褥是也云席者謂席之四緣若司几筵云紛純畫純黼純之等是也屏風者即上文注黼依也重言之者上據祭祀時此據為王所用謂若司几筵云。扆前者是也云之屬者謂國家所用文織絲組處皆受之故云之屬以廣之

歲終則各以其物會之種別為計鄭司農云各以其所飾之物計會傳著之〇計會舊古外反戚戶外反傳音附疏注種別至著之〇釋曰言種別為計者自上經所用掌其藏與其出及黼畫已下各別為計故司農云各以其所飾之物計會傳著者謂此物之多少作文書使相傳著共一簿也

典枲掌布緦縷紵之麻草之物以待時頒功而授齎緦十五升布抽其半者白而細疏曰紵雜言此數物者以著其類衆多草葛。蕡之屬故書齎作資〇數色主反一音所蕡苦迴反又曰類反劉枯熒反疏典枲至授齎〇釋曰云掌布緦縷紵之麻草之物者欲見布緦縷用麻之物紵用草之物布中可以兼用葛蕡之草為之云以待時頒功而授齎者上典絲鄭注解時者用絲有四時之別此鄭不解麻草所為四時皆得故不釋也云授齎者亦如典婦功注謂以女功事來取者〇注緦十至作資〇釋曰鄭知緦十五升布抽其半者禮記雜記文自而細疏曰紵者鄭目驗而知之

及獻功受苦功以其賈楬而藏之以待時頒其良功亦入於典婦功以共王及后之用鄭司農云苦功謂麻功布紵〇苦功音古疏及獻至時頒〇釋曰獻功者即上典婦功云秋獻功是也云以待時頒者即下又頒衣服及賜予是也〇注其良至布紵〇釋曰云其良功亦入於典婦功者亦欲見典絲典枲良功皆入典婦功苦功自入故此與典絲同為此解也司農云苦功謂麻功布紵者先鄭意絲功為良故彼注不破良字云良功緜帛也此典枲云苦功謂麻功為盬麤之功玄引之在下亦見得通一義也

頒衣服授之賜予亦如之授之

授受。班者帛言待有司之[疏]注授之至互文○釋曰言授受。班者謂王賜無常
政令布言班衣服互文云帛言待有司之政令布言班衣服者帛謂典絲
布謂典枲據成而言知爲互文者以其典絲典枲
俱不爲王及后之用皆將頒賜故知互見爲義也
歲終則各以其物會之[疏]歲終至會之○釋曰鄭無注者以其義
與典絲同彼已注故於此略也

內司服掌王后之六服褘衣揄狄闕狄鞠衣展衣緣衣素沙鄭司農云褘衣畫衣也祭統曰君卷
冕立于阼夫人副褘立于東房揄狄闕狄畫羽飾展衣白衣也喪大記曰復者
朝服君以卷夫人以屈狄世婦以襢衣屈者音聲與闕相似襢與展相似皆婦
人之服鞠衣黃衣也素沙赤衣也玄謂狄當爲翟翟雉名伊雒而南素質五色
皆備成章曰翬江淮而南青質五色皆備成章曰搖王后之服刻繒爲之形而
采畫之綴於衣以爲文章褘衣畫翬者揄翟畫搖者闕翟刻而不畫此三者皆
祭服從王祭先王則服褘衣祭先公則服揄翟祭羣小祀則服闕翟今世有圭
衣者蓋三翟之遺俗鞠衣黃桑服也色如麴塵象桑葉始生月令三月薦鞠衣
于上帝告桑事展衣以禮見王及賓客之服字當爲襢襢之言亶亶誠也詩國
風曰玼兮玼兮其之翟也下云胡然而天也胡然而帝也言其德當神明又曰
瑳兮瑳兮其之展也下云展如之人兮邦之媛也言其行配君子二者之義與
禮合矣雜記曰夫人服稅衣揄狄又喪大記曰士妻以褖衣言褖者甚衆字或
作稅此緣衣者實作褖衣也褖衣御于王之服亦以燕居男子之褖衣黑則是
亦黑也六服備於此矣褘揄狄展聲相近緣字之誤也以下推次其色則闕狄
赤揄狄青褘衣玄婦人尚專一德無所兼連衣裳不異其色素沙者今之白縳
也六服皆袍制以白縳爲裏使之張顯今世有沙縠者名出于此○褘音暉揄
音遙鞠居六反又丘六反展張彥反注同緣或作褖同吐亂反卷古本反下同
朝直遙反屈音闕襢張彥反翬音暉見王賢遍反亶丹但反玼音此劉倉我反
本亦作瑳與下瑳字同倉我反展如字媛音援行下孟反稅劉吐亂反縳劉音

絹聲類以爲今作絹字說文云鮮色也居援反徐升卷反沈升絹反張如字徐音帳

【疏】內司至素沙○釋曰云掌王后之六服者自禕衣至緣衣是六禕衣者亦是翟而云衣者以其衣是服之首故自言衣也禕當爲翬即翬雉其色玄也揄狄者揄當爲搖狄當爲翟則搖雉其色青也闕狄者其色赤上二翟則刻繒爲雉形又畫之此闕翟亦刻爲雉形不畫之爲彩色故名闕狄也此三翟皆祭服也鞠衣者色如鞠塵色告桑之服也展衣者色白朝王及見賓客服緣當爲緣緣衣者色黑御於王服也素沙者此非服名六服之外別言之者此素沙與上六服爲裏使之張顯但婦人之服不殊裳上下連則此素沙亦上下連也王之吉服有九韋弁已下常服有三與后鞠衣已下三服同但王之祭服有六后祭服唯有三翟者天地山川社稷之等后夫人不與故三服而已必知外神后夫人不與者案內宰云祭祀祼獻則贊天地無祼言祼唯宗廟又內宗外宗佐后皆云宗廟不云外神故知后於外神不與是以白虎通云周官祭天后夫人有與者以其婦人無外事若然哀公問云夫人爲天地社稷主者彼見夫婦一體而言也○注鄭司至于此○釋曰司農云禕衣畫衣也者先鄭意禕衣不言狄則非翟雉知畫衣者以王之冕服而衣畫故知后衣畫也又引祭統者彼據二王後夫人助祭服禕衣與后同也揄狄闕狄畫羽飾者以其言狄是翟羽故也云展衣白衣也者見鞠衣黃以土色土生金金色白展衣文承鞠衣之下故知展衣白也引喪大記證闕狄與展衣爲婦人服故也彼君以卷據上公而言夫人以屈翟據子男夫人復時互見爲義云世婦以禮衣者彼亦據諸侯之世婦用禮衣復之所用也云鞠衣黃衣也素沙赤衣也者先鄭意以素沙爲服名又以素沙爲赤色義無所據故後鄭不從之玄謂狄當爲翟者破經二狄從翟雉之翟也伊洛而南已下至曰搖皆爾雅文言伊水而南有雉素白爲質兼青赤黃黑五色皆備成其文章曰翬雉云江淮而南青質五色皆備有以成文章曰搖雉玄引此者證禕揄爲雉也又云翬衣畫翬者以先鄭禕衣不言翟故增成搖狄畫搖者亦就是先鄭之義云闕翟刻而不畫者此無正文直以意量之言翟而加闕字明亦刻繒爲雉形但闕而不畫五色而已云此三者皆祭服

者對鞠衣已下非祭服也云從王祭先王則服褘衣祭先公則服揄翟祭羣小祀則服闕翟鄭言此者欲見王后無外事唯有宗廟分爲二與王祀先王袞冕先公鷩冕同差羣小祀王玄冕故后服闕翟云今世有圭衣者蓋三翟之遺俗者漢時有圭衣刻爲圭形綴於衣是由周禮有三翟別刻繒綴於衣漢俗尚有故云三翟遺俗也云鞠衣黃桑服也者謂季春將蠶后服之告先帝養蠶之服云色如鞠塵者麴塵不爲麴字者古通用云象桑葉始生者以其桑葉始生卽養蠶故服色象之引月令者證鞠衣所用之事故云告桑事也云展衣以禮見王及賓客之服知義然者以其鞠衣在上告喪之服褖衣在下御於王之服展衣在中故以爲見王及賓客之服但后雖與王體敵夫尊妻卑仍相朝事與賓同諸侯爲賓客於王后助王灌之饗賓客則后有見賓客之禮是以亦服展衣也云字當爲襢襢之言亶亶誠也者案禮記作襢詩及此文作展皆是正文鄭必讀從襢者二字不同必有一誤襢字衣傍爲之有衣義且爾雅展亶雖同訓爲誠展者言之誠亶者行之誠貴行賤言襢字以亶爲聲有行誠之義故從襢也又引詩者鄘風刺宣姜淫亂不稱其服之事云其之翟也胡然而天也胡然而帝也言其德當神明又曰其之展也如之人兮邦之媛也言其行配君子云二者之義與禮合矣者言服翟衣尊之如天帝比之如神明此翟與彼翟俱事神之衣服展則邦之爲。媛助展衣朝事君子之服是此禮見王及賓客服故云二者之義與禮合若然內則注夫人朝於君次而褖衣也者彼注謂御朝也引雜記及喪大記者欲破緣衣爲褖衣之事云字或作稅者或雜記文故雜記云夫人稅衣又云狄稅素沙並作稅字亦誤矣故云此緣衣者實褖衣也云褖衣御于王之服亦以燕居者案尚書多士傳云古者后夫人侍於君前息燭後舉燭至於房中釋朝服然後入御於君注云朝服展衣君在堂大師。雞鳴于簷下然後。后夫人鳴珮玉于房中。告燕服入御以此而言云釋展衣朝服告以燕服然後入御明入御之服與燕服同褖衣以其展衣下唯有褖衣故知御與燕居同褖衣也以其御與燕居同是私褻之處故同服云男子之褖衣黑則是亦黑也者男子褖衣黑禮雖無文案士冠禮陳服於房爵弁服皮弁服玄端服至於士喪禮陳襲事于房亦云爵弁服皮弁服褖衣褖衣當玄端之處變言之者冠時玄端衣裳別及死襲時玄端連衣裳與婦人褖衣同故雖男子之玄端亦名褖衣又見子羔襲用褖衣纁袖襳襲婦服纁袖與玄衣相對之物則男子褖衣黑矣男子褖衣既黑則是此婦人褖衣亦黑可知鄭言此者以六服之色無文欲從下向上推次其色以此爲本故言之也云六服備於此矣者經傳云婦人之服多矣文皆不備言六服唯此文爲備故言六服備於此矣鄭言此者亦欲推次六服之色故也云禕揄狄展聲相近者禕與翬揄與搖狄與翟展與襢四者皆是聲相近故云誤也云緣字之誤也者緣與褖不得爲聲相近但字相似故爲字之誤也云以下推次其色則闕翟赤揄翟青禕衣玄者王后六服其色無文故須推次其色言推次者以鞠衣象麴塵其色黄褖衣與男子褖衣同其色色黑二者爲本以五行之色從下向上以次推之水色既黑褖衣象之水生於金褖衣上有展衣則展衣象金色白故先鄭亦云展衣白衣也金生於土土色黄鞠衣象之土生於火火色赤鞠衣上有闕翟則闕翟象之赤矣火生於木木色青闕翟上有揄翟象之青矣五行之色已盡六色唯有天色玄禕衣最在上象天色玄是其以下推次其色也云婦人尚專一德無所兼連衣裳不異其色者案喪服上云斬衰裳下云女子髽衰三年直言衰不言裳則連衣裳不異矣又昏禮云女次純衣亦不言裳是其婦人連衣裳裳衣既連則不異其色必不異色故者爲婦人尚專一德無所兼故也云素沙者今之白縳也者素沙爲裏無文故舉漢法而言謂漢以白縳爲裏以周時素沙爲裏耳云六服皆袍制以白縳爲裏使之張顯者案雜記云子羔之襲繭衣裳則是袍矣男子袍既有衣裳今婦人衣裳連則非袍而云袍制者正取衣複不單與袍制同不取衣裳別爲義也云今世有沙縠者名出于此者言漢時以縠之衣有沙縠之名出于周禮素沙也

辨外內命婦之服鞠衣展衣緣衣素沙內命婦之服鞠衣九嬪也展衣世婦也緣衣女御也外命婦者其夫孤也則服鞠衣其夫卿大夫也則服展衣其夫士也則服緣衣三夫人及公之妻其闕狄以下乎侯伯之夫人揄狄子男之夫人亦闕狄唯二王後禕衣

疏辨外

至素沙○釋曰上言王后六服此論外內命婦不得有六服唯得鞠衣已下三
服尊卑差次服之而已亦以素沙爲裏故云素沙也○注內命至禕衣○釋曰
鄭以內命婦無過三夫人已下外命婦無過三公夫人已下但經云鞠衣以下
則三夫人三公夫人同皆得闕狄以下則此命婦之中無三夫人及三公夫人
矣故內命婦從九嬪爲首也鄭必知九嬪已下服鞠衣已下者但九嬪下有世
婦女御三等鞠衣已下服亦三等故知鞠衣以下服九嬪也展衣以下世婦也褖
衣女御也云外命婦者其夫孤也則服鞠衣其夫卿大夫也則服展衣其夫士
也則服褖衣者此約司服孤絺冕卿大夫同玄冕士皮弁三等而言之孤已下
妻其服無文故以此三等之服配三等臣之妻也孤妻亦如九嬪三服俱得也
卿大夫妻亦如世婦展衣褖衣俱得也士妻褖衣而已但司服孤卿大夫士文
承諸侯之下皆據諸侯之臣而言若然諸侯之臣妻亦以次受此服是以玉藻
云君命闕狄再命禕衣一命襢衣士褖衣注云此子男之夫人及其卿大夫士
之妻命服也禕當爲鞠諸侯之臣皆分爲三等其妻以次受此服若然五等諸
侯之臣命雖不同有孤之國孤絺冕卿大夫同玄冕無孤之國則卿絺冕大夫
玄冕其妻皆約夫而服此三等之服其天子之臣服無文亦得與諸侯之臣服
同是以此外命婦服亦得與諸侯臣妻服同也云三夫人及公之妻其闕狄以
下乎者婦人之服有六從下向上差之內命婦三夫人當服闕狄外命婦三公
夫人亦當闕狄若三夫人從上向下差之則當揄狄是以玉藻云王后禕衣夫
人揄狄注夫人三夫人若三公夫人不得過闕狄知者射人云三公執璧與子
男執璧同則三公亦毳冕玉藻君命屈狄據子男夫人則三公之妻當闕狄三
夫人其服不定三公夫人又無正文故總云乎以疑之也云侯伯之夫人揄狄
子男夫人亦闕狄唯二王之後禕衣者玉藻云夫人揄狄夫人三夫人亦侯伯
之夫人鄭必知侯伯夫人揄狄者以玉藻云君命闕狄再命鞠衣一命襢衣夫
並是子男之國闕狄既當子男夫人以上差之侯伯夫人自然當揄翟二王後
夫人當禕衣矣案喪大記云復君以卷注云上公以袞則夫人用禕衣又案隱
五年公羊云諸公者何天子三公稱公若然天子三公有功加命服袞冕其妻

亦得服褘衣矣此注直云二王後不云三公之內上公夫人者以其八命則毳冕夫人服闕翟不定故不言若然喪大記注云公之夫人容三公夫人兼二王後夫人矣明堂位云夫人副褘是魯之夫人亦得褘衣故彼鄭注副褘王后之上服唯魯及王者之後夫人服之以此而言則此注亦含有九命上公夫人與魯夫人同也

凡祭祀賓客共后之衣服及九嬪世婦凡命婦共其衣服共喪衰亦如之

凡者凡女御與外命婦也言及言凡殊貴賤也春秋之義王人雖微者猶序乎諸侯之上所以尊尊也臣之命者再命以上受服則下士之妻不共也外命婦唯王祭祀賓客以禮佐后得服此上服自於其家則降焉○衰七雷反上時掌反

疏凡祭至如之○釋曰上陳尊卑以次受服之事此文陳所用之時云凡祭祀者婦人無外事言凡祭祀唯據宗廟大小祭祀云賓客者謂后助王灌饗諸侯來朝者云共后之衣服者祭祀共三翟賓客共展衣云九嬪世婦者謂助后祭祀賓客時云凡命婦者兼外內命婦也云喪衰亦如之者外命婦喪衰謂王服齊衰於后無服若九嬪已下及女御於王服斬衰於后服齊衰也○注凡者至降焉○釋曰鄭知此中內命婦唯有女御者據上文外內命婦服唯有鞠衣已上此經上已云九嬪世婦則內命婦中唯有女御也其外命婦中則有孤妻以下云言及言凡殊貴賤也者言及者欲見九嬪賤於后言凡者欲見外命婦及女御賤於世婦也云春秋之義王人雖微者猶序於諸侯之上所以尊尊也者以其內命婦中女御卑於世婦可以言凡以殊之於外命婦中有公孤卿大夫之妻尊於女御而使外命婦總入女御中言凡以殊之者案僖公八年春王正月公會王人齊侯宋公以下盟於洮傳曰王人者何微者也曷爲序乎諸侯之上先王命也是以微者卽士以其天子中士已上於經見名氏天子下士名氏不見今直云人是天子下士序在諸侯上是尊王命若九嬪雖卑於三公夫人世婦卑於孤卿妻言凡以殊之在上亦是尊尊此王之嬪婦也云臣之命者再命以上受服則下士之妻不共也者此約大宗伯男子之服彼云一命受職再命受服則天子上士三命中士再命乃受服天子下士一命則不

受故鄭云下則不共也云外命婦唯王祭祀賓客以禮佐后得服此上服者案此上經士妻褖衣大夫妻展衣案特牲主婦纚笄。綃衣少牢主婦髲。鬄。衣。侈袂士妻不衣緣衣大夫妻侈綃衣袂不衣展衣如其夫自於家祭降服是自於其家則降上經祭祀賓客共后之服是外命婦助后祭祀賓客乃服上服也

后之喪共其衣服凡內具之物內具紛帨線纊鞶袠之屬○紛本又作帉芳云反帨如銳反佩巾徐音歲鞶步于反袠陳乙反

疏后之至之物○釋曰后喪所共衣服者正謂襲時十二稱小斂十九稱大斂百二十稱及內具之物○注內具至之屬○釋曰知內具之物是紛帨線纊鞶袠之屬者案內則婦事舅姑有紛帨線纊鞶袠故死者入壙亦兼有數物言之屬者案內則更有刀礪小觿之等故云之屬以總之也

縫人掌王宮之縫線之事以役女御以縫王及后之衣服女御裁縫王及后之衣服則為役助之宮中餘裁縫事則專為焉鄭司農云線縷。也

疏縫人至衣服○釋曰云掌王宮之縫線之事者謂在王宮須裁縫者皆縫人縫之以役女御以縫王及后之衣服者役女御謂為女御所使役而縫王及后衣服也○注女御至線縷○釋曰云女御裁縫王及后之衣服則為役助之者釋經以役女御縫王及后之衣服之文也云宮中餘裁縫事則專為焉者釋經云王宮之縫線之事也

喪縫棺飾焉孝子既啓見棺猶見親之身既載飾而以行遂以葬若存時居于帷幕而加文繡喪大記曰飾棺君龍帷三池振容黼荒火三列黻三列素錦褚加偽荒纁紐六齊五采五貝黼翣二黻翣二畫翣二皆戴圭魚躍拂池君纁戴六纁披六此諸侯禮也禮器曰天子八翣諸侯六翣大夫四翣漢禮器制度飾棺天子龍火黼黻皆五列又有龍翣二其戴皆加璧故書焉為馬杜子春云當為焉○褚張呂反偽荒鄭注禮記改偽為帷纁許云八翣本又作篓所甲反披彼偽反

疏喪縫棺飾焉○釋曰此喪以王為主但是王家后世子已下亦縫棺飾焉○注孝子至為焉○釋曰云孝子既啓見棺猶見親之身者鄭欲釋與棺為飾之意云既載飾而以行遂以葬者案既夕禮日側遂匠納車於階閒

卻柩而下載之於蜃車之上乃加帷荒飾棺訖乃還車向外移柩車去載處設祖奠明日旦乃更徹祖奠設遣奠苞牲取下體乃引向壙故云既載飾而以行遂以葬也云若存時居於帷幕而加文繡者幕人共帷幕幄帟綬鄭注云在傍曰帷在上曰幕是存時居於帷幕而云加文繡者生時帷幕無文繡今死恐衆惡其親更加文繡卽所引喪大記已下是也云君龍帷者鄭彼注畫龍爲帷云三池者鄭云象生時有承霤以竹爲之闕於天子故有前及左右而已云振容者謂於竹池之內畫搖雉於絞繒之上垂之於下車行振動以爲容儀云黼荒者鄭云荒蒙也謂車上蒙覆之黼白黑文於荒之四畔也火三列黻三列黑與青謂之黻兩已相背火形如半環然列行也爲火形三行。謂兩已相背三行云素錦。褚謂幄帳諸侯以素錦爲幄帳以覆棺上云加僞荒者僞卽帷也既覆棺以褚乃加帷加荒於其上云纁紐六者紐謂繫連帷荒以纁色爲之左右各三紐弁之六耳云齊五采五貝者謂於荒之中央以五采繒爲之綴。具絡其上形如瓜瓣然黼翣二黻翣二畫翣二者案彼注引漢禮翣方扇以木爲。匡廣。二尺兩角高二尺四寸柄長五尺以布覆之爲白黑文則曰黼翣。以青黑文則曰黻翣爲雲氣則曰畫。翣云皆戴圭者謂置圭於翣之兩角爲飾也云魚躍拂池者謂於池內懸銅魚車行振動以拂池云纁戴六纁披六者謂於車輿兩廂各豎三隻軨子戴值也謂以纁爲值繫其軨子各使相值因而繫前後披兩廂各使人持制之以備車之傾側也其實兩廂各三而云六者人君禮文圍數而傍言六耳云此諸侯禮也者天子無文故取諸侯法以推天子禮也云禮器天子八翣已下者欲明天子加數之意云漢禮器制度者以明天子加數與喪大記不同之義也

衣翣。柳之材

必先纏衣其。才乃以張飾也柳之言聚諸飾之所聚書曰分命和仲度西曰柳穀故書翣柳作接櫝鄭司農云接讀爲歰櫝讀爲柳皆棺飾檀弓曰周人牆置。歰春秋傳曰四歰不蹕○衣於既反注同度西音宅古文厇與度字相似因此而誤接櫝劉上所中反不因柳歰所甲反一音所立反

【疏】衣翣柳之材○釋曰翣卽上注方扇是也柳卽上注引喪大記帷荒是也二者皆有材縫人以采繒衣纏之乃後張飾於其上故云衣翣

柳之材也○注必先至不蹕○釋曰云柳之言聚諸○飾之所聚者卽龍帷黼荒火三列黻三列之屬是也書曰者是濟南伏生書○柳文故云度西曰柳穀見今尚書云宅西曰昧谷度亦居也柳者諸色所聚日將沒其色赤兼有餘色故云柳穀引之者見柳有諸色又云春秋襄二十五年左氏傳齊崔杼弒莊公側之於北郭丁亥葬諸士孫之里四翣不蹕下車七乘是也引之者證有翣義也

掌凡內之縫事

染人掌染絲帛凡染春暴練夏纁玄秋染夏冬獻功○暴練練其素而暴之故書纁作○纁鄭司農云纁讀當爲纁纁謂絳也夏大也秋乃大染玄謂纁玄者謂始可以染此色者玄纁者天地之色以爲祭服石染當及盛暑熱潤始湛研之三月而後可用考工記鍾氏則染纁術也染玄則史傳闕矣染夏者染五色謂之夏者其色以夏狄爲飾禹貢曰羽畎夏狄是其總名其類有六曰翬曰搖曰鷂曰甾曰希曰蹲其毛羽五色皆備成章染者擬以爲深淺之度是以放而取名焉○暴步卜反劉步落反注同秋染如琰反注染夏同夏戶雅反後除春夏之字皆同可以意求不復重出纁音勳一音鬱湛徐子廉反劉慈鴆反畎古犬反鷂直劉反劉音壽徐音酬蹲音存徐祖混反一音遵希如字劉張履反放方往反

【疏】染人至獻功○釋曰云凡染春暴練者以春陽時陽氣燥達故暴曬其練夏纁玄者夏暑熱潤之時以朱湛丹秫易可和釋故夏染纁玄而爲祭服也秋染夏者夏謂五色至秋氣涼可以染五色也冬獻功者纁玄與夏總染至冬功成並獻之於王也○注暴練至名焉○釋曰云暴練練其素而暴之者素卽絹也先練乃暴之此謂國家須練而用者非謂祭服若祭服則先染絲乃織之不得爲練也司農云纁謂絳也者絳卽爾雅及鍾氏所云三入爲纁者是也云夏大也秋乃大染後鄭不從者下文有夏采及禹貢羽畎夏狄皆謂夏爲五色之翟玄謂纁玄者謂始可以染此色者以其石染當及夏日乃可爲故云始可也云玄纁天地之色者案易九事章云黃帝堯舜垂衣裳蓋取諸乾坤乾坤卽天地之色但天玄地黃而玄纁者土無正位託位南方火火色赤與黃共爲纁也凡六冕之服皆玄上

纁下故云以爲祭服卽祭義云玄黃之者是也云石染當及盛暑熱潤始湛研之三月而後可用者並約考工記鍾氏職而言故彼云以朱湛丹秫三月而熾之是以鄭云考工記鍾氏則染纁術也鄭意以染纁鍾氏有其法術欲推出染玄無正文故云染玄則史傳闕矣染玄雖史傳闕推約則有之故鄭注鍾氏及士冠禮云玄則六入與是也云染夏者染五色者謂夏卽與五色雉同名夏故知染五色也故鄭卽云謂之夏者其色以夏狄爲飾是以續人職云五色備謂之繡也引禹貢曰。以下者。山谷也羽山之谷有夏之五色之翟雉貢焉云夏狄是其。總者直云夏狄不別云雉名故知是其總也云其類有六以下者是爾雅釋鳥文云其毛羽五色皆備成章者卽爾雅云伊洛之南素質五色皆備成章曰翬江淮之南青質五色皆備成章曰搖舉此二者餘四者亦然是其五色皆備成章也云染者擬以爲深淺之度是以放而取名焉者但夏狄五色是自然之色今染五色者準擬以爲深淺之度染五色與雉同名故云是放而取名也

掌凡染事

追師掌王后之首服爲副編次追衡笄爲九嬪及外內命婦之首服以待祭祀賓客鄭司農云追冠名士冠禮記曰委貌周道也章甫殷道也。牟追夏后氏之道也追師掌冠冕之官故幷主王后之首服副者婦人之首服祭統曰君卷冕立于阼夫人副褘立于東房衡維持冠者春秋傳曰衡紞紘綖玄謂副之言覆所以覆首爲之飾其遺象若今步。繇矣服之以從王祭祀編編列髮爲之其遺象若今假紒矣服之。以桑也次次第髮長短爲之所謂髲髢服之以見王王后之燕居亦纚笄總而已追猶治也詩云追琢其。璋王后之衡笄皆以玉爲之唯祭服有衡垂于副之兩旁當耳其下以紞縣瑱詩云玼兮玼兮其之翟也鬒髮如雲不屑髢也玉之瑱也是之謂也笄卷髮者外內命婦衣鞠衣襢衣者服編衣褖衣者服次外內命婦非王祭祀賓客佐后之禮自於其家則亦降焉少牢饋食禮曰主婦髲鬄衣。移袂特牲饋食禮曰主婦纚笄宵衣是也昏禮女

次純衣攝威服耳主人爵弁以迎移袂祿衣之袂凡諸侯夫人於其國衣服與王后同○追丁回反下及注同編步典反又必先反注同冠禮古亂反後冠禮同毋追音牟卷古本反紞丁敢反紘音宏綖以然反徐羊戰反鑣以招反本或作搖紒音計髲皮寄反髢本又作鬄大計反劉音地以見賢遍反纚所買反又所綺反琢丁角反縣音玄瑱宅見反鬒之忍反鬄大計反下同沈音剃卷髮眷免反劉羌權反衣鞠於既反下衣褖同移昌氏反下同純側其反徐如字

疏追師至賓客○釋曰云掌王后之首服者對夏官弁師掌男子之首服首服則副編次也云追衡笄者追治玉石之名謂治玉爲衡笄也云爲九嬪及外內命婦之首服者此云及則與上內司服同亦是言及殊貴賤九嬪下不言世婦文略則外命婦中有三公夫人卿大夫等之妻內命婦中唯有女御也云以待祭祀賓客者亦謂助后而服之也○注鄭司至后同○釋曰司農云追冠名者見士冠禮夏后氏牟追故引士冠爲證云追師掌冠冕之官故并主王后之首服者此鄭意以追師掌作冠冕弁師掌其成法若縫人掌縫衣別有司服內司服之官相似故有兩官共掌男子首服也後鄭不從者此追師若兼掌男子首服亦當如下屨人職云掌王及后之服屨兼王爲文今不云王明非兩官共掌此直掌后已下首服也又引祭統者證副是首飾又引春秋者是桓二年臧哀伯辭彼云衡紞紘綖則據男子之衡引證此者司農意男子婦人皆有衡後鄭意亦爾但後鄭於此經無男子耳玄謂副之言覆所以覆首爲之飾者副者是副貳之副故轉從覆爲蓋之義也云其遺象若今步繇矣漢之步繇謂在首之時行步繇動此據時目驗以曉古至今去漢久遠亦無以知之矣案詩有副笄六珈謂以六物加於副上未知用何物故鄭注詩云副既笄而加飾古之制所有未聞是也云服之以從王祭祀者鄭意三翟皆首服副祭祀之中含先王先公羣小祀故以祭祀總言之也云編編列髮爲之者此鄭亦以意解之見編是編列之字故云編列髮爲之云其遺象若今假紒矣者其假紒亦是鄭之目驗以曉古至今亦不知其狀也云服之以桑也者上注鞠衣以告桑此下注及鄭答志皆云展首服編此直據鞠衣服之以桑不云展衣者文略其編亦兼於展衣

也云次次第髮長短爲之者此亦以意解之見其首服而云次明次第髮長短而爲之云所謂髲髢者所謂少牢主婦髲髢卽此次也言髲髢者鬄髮也謂翦鬄取賤者刑者之髮而爲髢鄭必知三翟之首服副鞠衣展衣首服編褖衣首服次者王之祭服有六首服皆冕則后之祭服有三首服皆副可知昏禮女次純衣純衣則褖衣褖衣而云次則褖衣首服次可知其中。亦有編明配鞠衣展衣也云服之以見王者上注展衣云以禮見王則展衣首服編以禮見王此又云次以見王者則見王有二一者以禮朝見於王與見賓客同則服展衣與編也一者褖衣首服次接御見王則褖衣與次則此注見王是也故二者皆云見王耳云王后之燕居亦纚笄總而已者案士冠禮纚長六尺以韜髮笄者所以安髮總者既繫其木又總其末燕居謂不至王所自在燕寢而居時也案鷄鳴詩云東方明矣朝既昌矣毛云東方明則夫人纚笄而朝但諸侯夫人於國衣服與王后同而得服纚笄而朝者此經云副編次以待祭祀賓客明燕居不得著次自然著纚笄而毛云著纚笄朝者毛更有所見非鄭義若然彼鄭不破之者以其纚笄燕居無正文故且從毛也其實朝王時首服編也引詩追琢其璋者證追是治玉石之名云王后之衡笄皆以玉爲之者以弁師王之笄以玉故知后與王同用玉也弁師云諸公用玉爲瑱詩云玉之瑱也據諸侯夫人夫人與君同用玉瑱明衡笄亦用玉矣其三夫人與三公夫人同服翟衣明衡笄亦用玉矣其九嬪命婦等當用象也云唯祭服有衡知者見經后與九嬪以下別言明后與九嬪以下差別則衡笄唯施於翟衣。取鞠衣以下無衡矣又見桓二年。哀伯云袞冕黻珽帶裳幅舄衡紞紘綖並據男子之冕祭服而言明婦人之衡亦施於三翟矣故鄭云唯祭服有衡也鞠衣已下雖無衡亦應有紞以懸瑱是以著詩云充耳以素以青以黄是臣之紞以懸瑱則知婦人亦有紞以懸瑱也云垂于副之兩旁當耳其下以紞懸瑱者傳云衡紞紘綖與衡連明言紞爲衡設矣笄既横施則衡垂可知若然衡訓爲横既垂之而又得爲横者其笄言横據在頭上横貫爲横此衡在副旁當耳據人身豎爲從此衡則爲横其衡下乃以紞懸瑱也引詩者彼鄘風注云玼鮮。明貌鬒黑髮如雲言美長也屑用也鬆髮也引之者證服翟衣首有玉瑱之義故云是之謂也其紞之采色瑱之玉石之別者婦得服翟衣者紞用五采瑱用玉自餘鞠衣以下紞則三采瑱用石知義然者案著詩云充耳以素鄭彼注云謂從君子而出至於著君子揖之時也我視君子則以素爲充耳謂所以懸瑱者或名爲紞織之人君五色臣則三色而已此言素者目所先見而云下云尚之以瓊華注云美石彼下經又云充耳以青充耳以黃據臣三色故云人君五色矣詩云玉之瑱據君夫人云用玉則臣之妻與夫同美石彼毛注以素爲象瑱鄭不從者若素是象瑱文何以更云瓊華瓊英之事乎故鄭以爲紞也云笄卷髮者鄭注喪服小記亦去笄帶所以自卷持云外內命婦衣鞠衣襢。衣服編衣褖衣者服次知者案昏禮云女次純衣純衣則褖衣據士服爵弁親迎攝盛則士之妻服褖衣首服次亦攝盛褖衣既首服次三翟首服副則鞠衣襢衣首服編可知云外內命婦非王祭祀賓客佐后之禮自於其家則亦降焉知者大夫妻服襢衣首服編士妻服褖衣首服次少牢特牲是大夫士妻特牲云主婦纚笄宵衣少牢云主婦髲鬄衣移袂但大夫妻移袂爲異又不服編故知自於其家則降是以鄭引少牢爲證耳云移袂褖衣之袂者此鄭覆解少牢主婦衣移袂者是移褖衣之袂上既云移袂今又云移褖衣之袂不同者但士之妻服綃服褖衣助祭及嫁時不移其袂今大夫妻綃衣移而以褖衣袂者以大夫妻與士妻綃衣名同不得言移於綃衣之袂故取褖衣也云凡諸侯夫人於其國衣服與王后同者以其諸臣之妻有助后與夫人祭之事諸侯夫人無助后之事故自於本國衣服得與王后同也所同者上公夫人得褘衣已下至褖衣褘衣從君見大祖褕翟從君祭羣廟闕翟從君祭羣小祀鞠衣以告桑展衣以禮見君及賓客褖衣以接御侯伯夫人得褕翟已下褕翟從君見大祖及羣廟闕翟已下與上公夫人同子男夫人得闕翟已下闕翟從君見大祖及羣廟與羣小祀鞠衣已下與侯伯同並纚笄綃衣以燕居也二。王之後與魯夫人亦同上公之禮故明堂位云季夏六月以禘禮祀周公於大廟夫人褘衣是也

喪紀共笄經亦如之

屨人掌王及后之服屨爲赤舃黑舃赤繶黃繶青句素屨葛屨屨。自明矣必連言服者著服各有屨也複下曰舃。禪下曰屨古人言屨以通於複今世言屨以通於禪俗易語反與舃屨有絇有繶有純者飾也鄭司農云赤繶黃繶以赤黃之絲爲下緣士喪禮曰夏葛屨冬皮屨皆繶緇純禮家說繶亦謂以采絲礫其下玄謂凡屨舃各象其裳之色士冠禮曰玄端黑屨青絇繶純素積白屨緇絇繶純爵弁纁屨黑絇繶純是也王吉服有九舃有三等赤舃爲上冕服之舃詩云王錫韓侯玄衮赤舃則諸侯與王同下有白舃黑舃王后吉服六唯祭服有舃玄舃爲上禕衣之舃也下有青舃赤舃鞠衣以下皆屨耳句當爲絇聲之誤也絇繶純者同色今云赤繶黃繶青絇雜互言之明舃屨衆多反覆以見之凡舃之飾如繢之次赤繶者王黑舃之飾黃繶者王后玄舃之飾青絇者王白舃之飾言繶必有絇純言絇亦有繶純三者相將王及后之赤舃皆黑飾后之青舃白飾凡屨之飾如繡次也黃屨白飾白屨黑飾黑屨青飾絇。謂之拘著舃屨之頭以爲行戒繶縫中紃純緣也天子諸侯吉事皆舃其餘唯服冕衣翟著舃耳士爵弁纁屨黑絇繶純尊祭服之屨飾從繢也素屨者非純吉有凶去飾者言葛屨明有用皮時○繶於力反句之音劬一音姜踰反著服徐丁庶反一知略反與音餘絇音劬有純章允反下同緣悅面反下同礫音歷覆芳服反以見賢遍反之拘如字劉音拘著舃知略反又直略反紃音巡衣翟於既反非純如字去起呂反下皆同

【疏】屨人至葛屨○釋曰云掌王及后之服屨者但首服在上尊又是陽口變是以追師與弁師男子婦人首服各別官掌之屨舃在下卑。又是陰少變故男子婦人同官掌之也云爲赤舃以下謂掌而營造之故云爲也赤舃者男子冕服婦人闕翟之舃也黑舃者天子諸侯玄端服之赤舃繶已下云繶云句者欲言繶絇以表見其。舃赤繶者是天子諸侯黑舃之飾黃繶者與婦人爲玄舃之飾也青句者與王及諸侯爲白舃之飾凡屨舃皆有絇繶純三者相將各言其一者欲互見其屨舃故多舉一邊而言也素屨者大祥時所服去飾也葛屨者自赤舃以下夏則用葛爲之若冬則用皮爲之在素屨下者欲見素屨亦

用葛與皮故也○注屨自至皮時○釋曰云屨自明矣必連言服者著服各有屨也者屨爲從裳色裳既多種故連言服也云複下曰舄禪下曰屨者下謂底
複重底重底者名曰舄禪底者名曰屨也無正文鄭目驗而知也云古人言屨以通於複者首直云屨人不言舄及經爲屨兩有是言屨通及爲周公卽古人
也故云古人言屨以通於複也云今世言屨以通於禪者謂漢時爲今世但漢時名複下者爲屨幷通得下禪之屨故云俗易語反與云與者無正文鄭以意
解之故云與以疑之也云舄屨有絇有繶有純者飾也者言繶是牙底相接之縫綴條於其中言絇謂屨頭以條爲鼻純謂以條爲口緣經不云純者文略也
鄭司農云赤繶黃繶以赤黃之絲爲下緣者此卽牙底相接之縫也引士喪禮者證繶爲下緣云皆繶緇純者葛屨皮屨皆有繶也緇純純用緇則繶絇亦用
緇色也玄謂凡屨舄各象其裳之色者屨舄與裳俱在下體其色同制舄屨與裳色同也引士冠禮者。驗屨同裳色云玄端黑屨者凡玄端有上士玄裳中士
黃裳下士雜裳今云黑屨者據玄裳爲正也云青絇繶純者屨飾從繡次也云素積白屨者皮弁服素積以爲裳故曰屨也云緇絇繶純者亦飾從繡次也云
爵弁纁屨黑絇繶純者鄭云尊祭服飾從繢次言是也者是屨從裳色之義也云王吉服有九者則司服六冕與韋弁皮弁冠弁是也云舄有三等者謂赤舄
黑舄白舄也云赤舄爲上冕服之舄者此經先言赤舄是舄中之上是六冕之舄也引詩者是韓侯之詩也玄袞者冕服皆玄上纁下而畫以袞龍云赤舄者
象纁裳故也引之者證諸侯得與王同有三等之舄赤舄爲上也云下有白舄黑舄者白舄配韋弁皮弁黑舄配冠弁服案司服注韋弁以韎韋爲弁又以爲
衣裳則韋弁其裳以韎之赤色韋爲之今以白舄配之其色不與裳同者鄭志及聘禮注韋弁服皆云以素爲裳以無正文鄭自兩解不定故得以白舄配之
冠弁服則諸侯視朝之服是以燕禮記云燕朝服鄭云諸侯與其羣臣日視朝之服也謂冠玄端緇帶素韠白屨也白屨卽與皮弁素積白屨同今以黑舄配
之不與裳同色者朝服與玄端大同小異皆玄端緇布衣而裳有異耳若朝服則素裳白屨若玄端之裳則玉藻云韠君朱大夫素士爵韋是韠從裳色則天

子諸侯朱裳大夫素裳皆不與裳同色者但天子諸侯舄有三等玄端既不得與祭服同赤舄若與韋弁皮弁同白則黑舄無所施故從上士玄裳。無正而黑舄也大夫玄端素裳亦從玄裳黑屨矣云王后吉服六唯祭服有舄者以王舄有三后舄不得過王故知后舄亦三等但冕服有六其裳同故以一舄配之后翟三等連衣裳而色各異故三翟三等之舄配之云玄舄爲上褘衣之舄也下有青舄赤舄者玄舄配褘衣則青舄配搖翟赤舄配闕翟可知云鞠衣以下皆屨耳者六服三翟既以三舄配之且下文命夫命婦唯言屨不言舄故知鞠衣以下皆屨也云句當爲絇知者以此屨舄無取句之義案士冠禮皆云絇故知當爲絇云絇繶純者同色知者案士冠禮三冠絇繶純各自同色故也云今云赤繶黄繶青。繶雜互言之明舄屨衆多反覆以見之者以其男子有三等屨舄婦人六等屨舄若具言其屨舄於文煩故雜互見之明其衆多也云凡舄之飾如繢之次者無正文此約皮弁白屨黑絇繶純白黑北方爲繡次爵弁纁屨黑絇繶純黑與。繶南北相對尊祭服故對。方爲。繢次也以此而言則知凡舄皆不與屨同而爲繢次可知云赤繶者王黑舄之飾者以其。黑飾從繢之次赤是南方火色與北方黑對方更無青屨取赤爲繶知是王黑舄之飾也云黄繶者王后玄舄之飾者以其天玄與地黄相對爲繢次故知是王后玄舄之飾也上公夫人得服。褖衣者亦得玄舄也云青絇者王白舄之飾者亦以對方飾之亦得與褖衣黑屨爲飾但據舄尊者而言王亦與諸侯白舄爲飾也云言繶必有絇純言絇亦有繶純三者相將者以士冠禮三冠各有絇繶純故知三者相將但經互見故各偏舉其一耳云王及后之赤舄皆黑飾后之青舄白飾者以舄皆對方以繢次爲飾故義然也云凡屨之飾如繡次也者亦約士冠禮白屨黑絇繶純之等而知也云黄屨白飾白屨黑飾黑屨青飾者此據婦人之屨鞠衣已下之屨故有黄屨黑屨也以屨從繡次爲飾故知義然也云絇謂之拘著於舄屨之頭以爲行戒者鄭注士冠亦云絇之言拘也以爲行戒狀如刀衣鼻在屨頭言拘取自拘持爲行戒者謂使抵目不妄顧視也云其餘唯服冕衣翟著舄耳者服冕謂后以下婦人也云素屨者非純吉有凶去飾者下經注散屨與此素屨同是大祥時則大祥除衰杖後身服素縞麻衣而着此素屨故云非純吉言去飾者經素屨不。云繶純故知去飾無絇繶純也云言葛屨明有用皮時者士冠禮云夏葛屨冬皮屨此經云葛屨據夏而言若冬明用皮故鄭云有用皮時也

辨外內命夫命婦之命屨功屨散屨

命夫之命屨纁屨命婦之命屨黃屨以下功屨次命屨於孤卿大夫則白屨黑屨九嬪內子亦然世婦命婦以黑屨爲功屨女御士妻命屨而已士及士妻謂再命受服者散屨亦謂去飾○散素但反注同

【疏】辨外至散屨○釋曰上明王及后等尊者舄屨訖此明臣妻及嬪已下之屨也言外內命夫案肆師職云禁外內命男女之衰不中法者鄭彼注外命男六鄉以出也內命男朝廷卿大夫士也其妻爲外命女彼外。內命男則此外。內命夫若然此外。內命夫其妻爲外命婦鄭雖不注亦與彼同也內命婦自是九嬪以下也○注命夫至去飾○釋曰云命夫之命屨者以其經不云舄唯云屨大夫以上衣冠則有命爲無命屨故知命屨中唯有屨而已士之命服爵弁則纁屨故云命屨纁屨而已云命婦之命屨黃屨以下者以其外命婦孤妻已下內命婦九嬪。已下不得服舄皆自鞠衣以下故云黃屨以下言以下者兼有卿大夫妻及二十七世婦皆展衣白屨士妻與女御皆褖衣黑屨故云以下以襃之云功屨次命屨於孤卿大夫則白屨黑屨者案司服孤。希冕卿大夫玄冕皆以赤舄爲命舄以下仍有韋弁白屨冠弁黑屨故云次命屨命屨據婦人而言其實孤卿大夫身則功屨次命舄也云九嬪內子亦然者九嬪與孤妻內子既以黃屨爲命屨功屨之中有禮衣白屨褖衣黑屨故云亦然云世婦以黑屨爲功屨者以其皆以禮衣白屨爲命屨其功屨唯有褖衣黑屨也云女御士妻命屨而已者以二者唯一有褖衣黑屨爲命屨故云命屨而已云士及士妻謂再命受服者案大宗伯云一命受職再命受服但公侯伯之士一命子男之士不命及王之下士皆受職不受服王之中士再命上士三命已上乃受服受服則幷得此屨故云再命受服者也云散屨亦謂去飾者據臣言散即上之素皆是無飾互換而言故云謂去飾者也鄭志趙商問司服王后之六服之制目不解請圖之答曰大喪衮衣驚衣毳衣

絺衣玄衣此六服皆繡裳赤舄韋弁衣以韎皮弁衣以布此二弁皆素裳白舄冠弁服黑衣裳而黑舄冠弁玄端禕衣玄舄首服副從王見先王褕翟青舄首服副從王見先公闕翟赤舄首服副從王見羣小祀鞠衣黃屨首服編以告桑之服禮衣白屨首服編以禮見王之服褖衣黑屨首服次以御於王之服后服六翟三等三舄玄青赤鞠衣以下三屨黃白黑婦人質不殊裳屨舄皆同裳色也○

凡四時之祭祀以宜服之

祭祀而有素屨散屨者唯大祥時○疏凡四至服之○釋曰言以宜服之者謂各以尊卑所宜之服服之○注祭祀至祥時○釋曰鄭知此經四時祭祀含有素屨散屨者以此經四時祭祀總結上文諸屨故知有此二屨也云唯大祥時者此據外內命夫爲王斬衰而言初死著菅屨卒哭與齊衰初死同疏屨既練與大功初死同繩屨大祥與小功初死同吉屨無絇吉屨無繶純是以上經注云非純吉故云唯大祥時也但上經據卑云散散與素一也

夏采掌大喪以冕服復于大祖以乘車建綏復于四郊

求之王平生常所有事之處乘車玉路於大廟以冕服不出宮也四郊以綏出國門此行道也鄭司農云復謂始死招魂復魄士喪禮曰士死于適室復者一人以爵弁服升自東榮中屋北面招以衣曰皐某復三降衣于前受用篋升自阼階以衣尸喪大記曰復男子稱名婦人稱字唯哭先復言死而哭哭而復冀其復反故檀弓曰復盡愛之道也望反諸幽求諸鬼神之道也北面求諸幽之義也檀弓又曰君復於小寢大寢小祖大祖庫門四郊喪大記又曰復者朝服君以卷夫人以屈狄大夫以玄赬世婦以襢衣士以爵弁士妻以稅衣雜記曰諸侯行而死於館則其復如於其國如於道則升其乘車之左轂以其綏復大夫死於館則其復如於家死於道則升其乘車之左轂以其綏復喪大記又曰爲賓則公館復私館不復夏采天子之官故以冕服復于大祖以乘車建綏復于四郊天子之禮也大祖始祖廟也故書綏爲䙡杜子春云當爲綏䙡非是也玄謂明堂位曰凡四代之服器魯兼用之有虞氏之旂夏后氏之綏則旌旂有是綏者當作緌字之誤也緌以旄牛尾爲之綴

於橦上所謂注旄於干首者王祀四郊乘玉路建大常今以之復去其旒異之於生亦因先王有徒綏者士冠禮及玉藻冠綏之字故書亦多作。綏者今禮家定作緌○乘繩證反注乘車皆同綏而誰反注下同依字作緌誤作綏耳適丁歷反縈如字劉音營衣尸於既反復扶又反朝直遙反卷古本反屈音闕賴勑貞反襢音維徐音遂橦直江反【疏】夏采至四郊○釋曰大喪謂王喪也云以冕服復于大祖者謂初死屬纊絕氣之後即以冕服自袞冕以下六冕及爵弁皮弁之等復謂招魂復者各依命數天子則十二人各服朝服而復於大祖之廟當升自東霤北面履危西上云皐天子復如是者三乃卷衣投於前有司以篋受之升自阼階入衣於尸復而不蘇乃行死事也故云復於大祖也云以乘車建。綏復於四郊者以冕服不出宮旌旗之綏又是行道之物故乘玉路之乘車建綏而復於四郊也必於大祖四郊者欲死者復蘇故於平生有事之處皆復也○注求之至作緌○釋曰云求之王平生常所有事之處者鄭欲廣解所復之處故云平生以總之天子七廟此經直云大祖大廟則后稷廟也餘六廟此不云復案祭僕云大喪復于小廟注云小廟高祖以下是親廟四也其餘五寢則隸僕復故隸僕職云大喪復於小寢大寢注小寢高祖以下廟之寢也始祖曰大寢唯二祧無復文者案祭法親廟四與大祖皆月祭二祧享嘗乃止無月祭則不復也禮記檀弓云復於小祖大祖庫門四郊周禮不言庫門者文不具云乘車玉路者案巾車云玉路以祀祭天。地於郊用玉路明於四郊復乘玉路可知云于四郊者。賓小宗伯云兆五帝於四郊平生在四郊郊事神之處故復之也云於大廟以冕服不出宮也者鄭欲見於四郊不用冕服之意也云四郊以綏出國門行道也者案巾車云一曰玉路建大常十有二斿以祀故云以綏出國門此行道對在廟用冕也鄭司農云復謂始死招魂復魄者精氣爲魂耳目聽明爲魄人死魂氣上去故招之而復之於魄也自士喪以下至私館不復引此諸文者先鄭意禮記諸言復皆與此經復事同故皆引爲證也云士死於適室者適室則適寢也大夫士謂之寢天子諸侯謂之路寢也云復者一人者命士不命之士皆一人若大夫夫以上皆依命數也云以爵弁者凡復者皆用上服故用士助祭之服云升自東榮者升屋從東榮而上天子諸侯言東霤皋謂長聲而言又引喪大記復男子稱名婦人稱字者男子稱名據大夫士若天子稱天子復諸侯稱某甫臣不名君故也引喪大記云君以卷夫人以屈狄者彼注云君以卷謂上公也夫人以屈狄謂子男夫人若上公夫人用褘衣子男則用毳互見之者欲總五等諸侯及夫人也云大夫以玄赬世婦以襢衣者赬赤也謂纁裳則玄冕也世婦謂君之世婦不言命婦與姪娣亦互見爲義也玄謂引明堂位凡四代之服器魯兼用之者鄭欲推出緌是有虞氏旌故也云有虞氏之旂夏后氏之緌者彼注云有虞氏當言緌夏后氏當言旂云則旌旂有是綏當作緌字之誤也者旌旂有是。綏謂。系。邊著妥此非字之體故破之云當作緌爲。系。邊著委故云字之誤也云。綏以旄牛尾爲之綴於橦上所謂注旄於干首者爾雅云注旄於干首是也案鍾氏染鳥羽以爲王后之車飾亦爲旌旗之緌則旌旗亦有鳥羽獨云旄牛尾舉一邊而言其實兼有也云王祀四郊乘玉路建大常者此巾車文云今以之復去其旒異之於生者生時有旗有緌有旒今死去旒是異有虞氏也徒空也有虞氏空緌未有在下旂旒故云徒緌也云士冠禮及玉藻冠緌之字者欲見二冠緌之字與此旌旗之緌字同也云故書亦多作緌者謂作系傍委也云今禮家定作蕤者謂今說禮之家定作蕤謂爲蕤賓之蕤必定緌作蕤者蕤賓在午月一陰。方生陰氣委蕤於下故旌旗之緌亦定作蕤也

附釋音周禮注疏卷第八

周禮注疏卷八校勘記

阮元撰盧宣旬摘錄

附釋音周禮注疏卷第八

世婦

涖者臨也內羞謂房中之羞也 閩監毛本同宋本余本嘉靖本無者字謂字是也岳本無謂字有者字

案春官世婦官卿云 盧文弨云宮誤官

謂糗餌粉餈 毛本同誤也閩監本糗作糗

故知此王使往可知也 浦鏜云可知衍

此文使世婦往弔者 浦鏜云又誤文非也

掌三公六卿之弔勞 浦鏜云經作孤卿

注云致禮同名爲弔 盧文弨云今小臣注脫致禮二字當據此補之

女御

則有妬疾自專之事 按疾當嫉字誤

涖女宮之具 浦鏜云涖下脫陳

又漢制度皆戴辟縫人注辟作璧此誤

女祝

杜子春讀梗爲更禮說云管子四時篇謹禱弊梗弊當作幣左傳襄九年祈以幣更續漢志云周人木德以桃爲梗言氣相更也風俗通云梗者更也歲終更始受介祉也則梗即更明甚

卻變異曰禳嘉靖本閩本同惠校本疏中亦作卻監本毛本作郤從邑誤

女史

故知內治之灋按灋當作法

典婦功

灋其用財舊數閩監毛本同宋本嘉靖本灋作法當訂正

故書齎爲資杜子春讀爲資漢讀考云此故書作資子春易爲齎而鄭君從之也今本作杜子春讀爲資誤釋文事齎音資本亦作資按亦作資者乃依注改經之本也

非直破貴賤閩本同誤也監本毛本破作殊當訂正

物書而楬之唐石經余本閩監毛本同宋本嘉靖本漢制考楬作揭從手宋本載音義亦從手下典絲揭字諸本從木按此字在釋文木部從手

者後人寫亂之

典絲

自於后宮用之　閩本同監毛本后誤後

教九御以婦職　盧文弨云當作婦功按此類皆義疏家約略引之不必盡依本文

言衣物釋經黼畫　惠校本作云衣服此誤

以給線縷著旴口綦握之屬　宋本閩監毛本同誤也余本岳本嘉靖本旴作盱按釋文盱口香于反亦從目當訂正疏中引注惟毛本誤從日此本及閩監本皆從目不誤

茵著褥是也　浦鏜云少儀注褥作蓐此俗字

謂若司几筵云展前者是也　浦鏜云經展作依

典枲

草葛蕢之屬　此本宋本蕢誤蕒今據諸本訂正釋文蕢苦迴反

授受班者　諸本同浦鏜云頒誤班非也此經作頒注作班通書準此

內司服

褘衣唐石經諸本同宋本嘉靖本褘作禕宋元人寫衣旁示旁往往無別誤也說文衣部褘蔽厀也从衣韋聲周禮曰王后之服褘衣謂畫袍與先後鄭義合

緣衣唐石經諸本同釋文緣衣或作褖同吐亂反漢讀考云案毛詩綠衣鄭注云綠當爲褖故作褖轉作綠字之誤也正義云此綠衣與內司服綠衣字同內司服掌王后之六服五服不言色唯綠衣言色明其誤也此注云褘揄狄展聲相近綠字之誤也釋曰綠與褖不得爲聲相近但字相似爲字之誤也然則賈孔所據周禮皆作綠衣自開成石經誤作緣而今本承之

揄翟畫搖者宋本翟作狄非上注狄當爲翟已改狄爲翟

色如鞠麈疏云麴塵不爲麴字者古通用

三月薦鞠衣于上帝宋本余本岳本嘉靖本同閩監毛本上作先依今禮記改

玼兮玼兮其之翟也釋文玼音此劉倉我反本亦作瑳與下如字同倉我反詩君子偕老釋文玼音此本或作瑳此是後文瑳兮然舊本皆前作玼後作瑳按玼瑳聲相近說文瑳玉色鮮白玼玉色鮮也義亦同然一書之中不當玼瑳錯出毛詩瑳兮下傳箋王肅皆無說明與前章同作玼也此注玼亦作瑳劉昌宗音倉我反蓋毛詩前後皆作玼禮注據魯韓詩前後皆作瑳今本合并合一以前後區別之非也亦詳段玉裁詩經小學

又曰瑳兮瑳兮其之展也此本無又曰二字後擠入

夫人服稅衣揄狄閩毛本同宋本監本服作脫皆誤也嘉靖本作復與詩正義所引合當據以訂正復謂招魂所用也按今本雜記喪

大記皆作稅衣據此注所引知本作褖衣下云字或作稅當兼雜記喪大記言之賈疏云或雜記文蓋賈所據雜記已作稅矣雜記其餘如士注云其餘如士之妻則亦用稅衣正義本稅衣作褖衣與此注正合稅脫褖皆聲相近

言褖者甚衆 詩綠衣正義引作言褖衣者甚衆此脫衣字

婦人尙專一 按一當作壹

今之白縳也 釋文白縳劉音絹聲類以爲今作絹字嘉靖本縳作縛

禕衣者亦是翟 惠校本閩本同監毛本翟作翬

此素沙與上六服爲裏 此本裏誤褢據閩監毛本訂正

韋弁已下常服有三 閩監毛本已作以下句同

周官祭天后夫人有與者 按有當作不盧文弨云今白虎通無此語

展則邦之爲媛助 按媛當作援監本媛字剜改蓋本作援

大師雞鳴于簷下 浦鏜云雞上脫奏

然後后夫人鳴珮玉于房中告 浦鏜云后衍字告下脫去○按傳文后夫人侍於君前此云然後后夫人鳴珮玉非有衍字也

云緣字之誤也者緣與褖不得爲聲相近盧文弨云二緣字皆當作綠

正取衣復不單閩監毛本復作複

此約司服孤絺冕浦鏜云經作希注希讀爲絺

鄭知此中内命婦唯有女御者惠校本此作凡此誤

唯有鞠衣已上惠校本上作下此誤

亦是尊尊此王之嬪婦也宋本尊字不複此衍

案特牲主婦纚笄綃衣惠校本作宵衣與禮記合注云宵綺屬也是讀宵爲綃但未改字

少牢主婦髲鬄衣侈袂閩監毛本作移袂下仍作侈按少牢饋食禮釋文侈袂本又作移唐石經羣經音辨皆作移此本作侈蓋非下侈字亦當作移浦鏜云經作被錫注云被錫讀爲髲鬄

縫人

鄭司農云綫縷也閩監毛本同宋本余本岳本嘉靖本無也按賈疏標起止云注女御至綫縷亦無也字

謂兩已相背三行浦鏜云爲誤謂

云素錦褚惠棟校本下有者此脫

綴具絡其上浦鏜云貝誤具

以木爲匡廣二尺浦鏜云記注匡作筐此二爲三字之誤

爲青黑文則曰黻翣爲雲氣則曰畫翣惠校本上爲作以下有也字

衣翣柳之材唐石經諸本同漢讀考云此司農易接爲翜而引檀弓及春秋傳以證翜之義司農所據記傳字作翜今本記傳則皆作翣矣喪祝注亦云四翜牆置翜翜者翣之假借字也經文翣字當亦作翜而後人改之

必先纏衣其木宋本嘉靖本閩本同監毛本木作材此本作才爲木之誤今訂正

周人牆置翜也宋本余本岳本嘉靖本同閩監毛本翜作翣依今禮記所改非

諸節之所聚者閩監毛本節作飾此誤

是濟南伏生書柳文漢制考柳作傳此誤

染人

故書纁作𪑾鄭司農云𪑾讀當爲纁漢讀考云此以𪑾不見於他經傳而易其字也宛聲在十四部熏聲在十三部聲略相似說文黑部有黦字云黑有文也從黑宛聲讀若飴登之登黦即𪑾字故書假借爲纁字也

三月而後可用宋本嘉靖本後作后按注當用後字

羽甽夏狄宋本嘉靖本毛本同閩監本甽作畎依今尚書所改釋文羽甽古犬反按甽或作甽訛惟宋本不誤

引禹貢曰以下者山谷也惠校本以作已山作甽此誤

云夏狄是其總者浦鏜云總下脫名

故云是放而取名也浦鏜云是下脫以

追師

牟追夏后氏之道也諸本同釋文毋追音牟此作牟非按士冠禮釋文亦作毋追音牟

若今步䌛矣閩本同嘉靖本監毛本䌛作繇此本及閩監毛本載釋文作䌛按作䌛者誤字書無此字釋文步繇本或作搖从竹者乃俗字耳

服之以桑也詩君子偕老正義及雞鳴正義皆引作服之以告桑也此脫告字

追琢其璋諸本同浦鏜云章誤璋非此當據魯韓詩玉篇辵部引詩亦作璋

主婦髲鬄衣移袂宋本余本嘉靖本皆作移袂下同

亦謂助后而服之也惠校本后上有王此脫

其中亦有編惠校本亦作唯

取鞠衣以下無衡矣浦鏜云取當餘字誤

又見桓二年哀伯云惠校本哀上有臧此脫

鄘風注云玼鮮明貌此合今鄭風傳作鮮盛貌非鄘風新臺傳云泚鮮明貌與

云外內命婦衣鞠衣襢衣服編浦鏜云襢衣下脫者

二王之後此本脫王據閩監毛本補

屨人

屨自明矣宋本自作目是屨目卽經之某舃某屨也

禪下曰屨監本襌誤禪

王錫韓侯諸本同嘉靖本錫作賜按王氏詩考引周禮注王賜韓侯是宋本作賜作錫者依今詩所改

絇謂之拘諸本同釋文之救戚如字劉音拘漢讀考云絇謂之救者爾雅釋器文儀禮注絇之言拘也鄭自爲說故云之言此引爾雅云謂之

又是陽□變此本空闕一字閩本作少監毛本作多

屨舃在下卑此本卑誤黑據閩監毛本訂正

欲言繶絇以表見其舃閩本同監本舃下剜擠耳毛本排入

驗屨同裳色 惠校本驗作證

故從上士元裳無正而黑舄也 浦鏜云爲誤無從儀禮通解續校

云今云赤繶黃繶青繶 浦鏜云青絇誤青繶

黑與繶南北相對尊祭服故對方爲繢次也 惠校宋本繶作纁此誤監本方誤万繢誤續毛本同

以其黑飾從繢之次 浦鏜云舄誤黑

上公夫人得服褖衣者 浦鏜云褘誤褖

不云繶純 浦鏜云繶上脫絇

彼外內命男則此外內命夫若然此外內命夫 浦鏜云三內字衍儀禮通解續校

內命婦九嬪已下 閩本同監毛本已作以

案司服孤希冕 閩監毛本希作絺

此據外內命夫 浦鏜云下脫命婦

夏采

故書緌爲䙡杜子春云當爲緌 漢讀考云釋文䙡音維徐音遂據徐音疑本作襚或作旞說文㫃部旞即旞字全羽爲旞

古羽旄多互言言羽而旄見言旄而羽見經云旞猶禮記云緌皆謂無旒也杜易爲綏似未解此

夏后氏之緌 明堂位作綏注云綏當爲緌按此仍當爲綏下始云當作緌

則旌旂有是綏者 漢讀考是作徒云作是誤徒緌去旒也按下注云亦因先王有徒緌者疏云徒空也有虞氏空緌未有在下旂旄

緌以旄牛尾爲之 宋本旄作毛

故書亦多作綏者 閩監毛本同宋本岳本嘉靖本綏作緌漢讀考云作緌誤

云以車乘建緌 惠校本緌作綏此誤

祭天地於郊用玉路 浦鏜云地衍

實小宗伯云 考鏜云實當案字誤

旌旂有是綏謂系邊著𠬝 惠校本綏下有者字系邊作糸傍此誤下系邊同

云緌以旄牛尾爲之 惠校本綏作緌此誤

一陰方生 惠校本漢制考方作亥此誤

周禮注疏卷八校勘記

附釋音周禮注疏卷第九

地官司徒第二○

疏 鄭目錄云象地所立之官司徒主衆徒地者載養萬物天子立司徒掌邦教亦所以安擾萬民○釋曰既言象地所立則此六十官皆法地與天官言象天義異矣

鄭氏注　　賈公彥疏

惟王建國辨方正位體國經野設官分職以爲民極 疏 釋曰六官皆有此敘者欲見六官所主雖異以爲民極是同故也

乃立地官司徒使帥其屬而掌邦教以佐王安擾邦國 教所以親百姓訓五品有虞氏五而周十有二焉擾亦安也言饒衍之 疏 乃立至邦國釋曰此經所云爲立官之意六官亦同有此語唯地官司徒與安擾之字不同欲見所主雖曰有殊佐王之事是一故也○注教所至衍之○釋曰云教所以親百姓者案尚書舜典云帝曰契百姓不親五品不遜汝作司徒敬敷五教在寬彼舜欲使契布五教親百姓遜五品是鄭君所取義也但五教據所施而言五品據人品列有五所從言之異其義一也云有虞氏五而周十有二焉者有虞氏五即舜典所云敬敷五教又文十八年云舜臣堯舉八元使敷五教于四方父義母慈兄友弟恭子孝是也而周十有二者據司徒之職云一曰以祀禮教敬以下是也案成王周官云司徒敷五典擾兆民則周亦有五教而云至周十有二者鄭據此周禮之文言十二以對於虞其實五中雖不含十二亦含有五云擾亦安也言饒衍之者以言饒益衍長亦是安義以其民爲邦本不安則散特須安而復安故云擾亦安也案天官教典鄭注擾爲馴者以其司徒主教教使馴順馴亦是安之義也

教官之屬大司徒卿一人小司徒中大夫二人鄉師下大夫四人上士

八人中士十有六人旅下士三十有二人府六人史十有二人胥十有二人徒百有二十人師長也司徒掌六鄉鄉師分而治之二人者共三鄉之事相左右也○鄉師音香下以意求之長丁丈反後皆同左音佐右音又

疏教官至十人○釋曰上經說立官之意此經說立官尊卑相副貳云教官之屬者自此以下至稾人總六十官皆是教官之屬若然教官總目於下也云大司徒卿一人六命小司徒中大夫二人四命鄉師下大夫四人與小司徒同四命分爲中下上士八人三命中士十有六人再命旅下士三十有二人一命自此已上皆得王命謂之王臣以卑佐尊尊少卑多各與上一倍云府六人主藏文書史十有二人主作文書胥十有二人爲什長徒百有二十人給繇役此四者皆不得王命官長所自辟除者也○注師長也至右也釋曰此鄉師司徒之。老謂之鄉師者謂。佐司徒主六鄉亦與在下民臣爲長故云師長也云司徒掌六鄉者案下云鄉老二鄉則公一人已下是主六鄉之事云鄉師分而治之者以其鄉師佐司徒主六鄉故言分而治之以鄉有六其人有四故二人共三鄉云相左右者左右助也以其二人共主三鄉不得各專其鄉事故相助而已

鄉老二鄉則公一人鄉大夫每鄉卿一人州長每州中大夫一人黨正每黨下大夫一人族師每族上士一人閭胥每閭中士一人比長五家下士一人老尊稱也王置六鄉則公有三人也三公者內與王論道中參六官之事外與六鄉之教其要爲民是以屬之鄉焉州黨族閭比鄉之屬別正師胥皆長也正之言政也師之言帥也胥有才。知之稱載師職曰以官田牛田賞田牧田任遠郊之地司勳職曰掌六鄉之賞地六鄉地在遠郊之內則居四同鄭司農云百里內爲六鄉外爲六遂○比毗志反徐扶二反注下同稱尺證反下同爲民于僞反帥所類反疏鄉老至下士一人○釋曰鄉老者謂三公案下曲禮三公於諸侯曰

天子之老此鄭注云老尊稱未必是年老二鄉則公一人。者在朝三公八命卽典命云三公八命是也分陝而治則九命則大宗伯云一九命作伯是也鄉大夫每鄉卿一人者六鄉則卿六人名主一鄉之事然總屬司徒非六官典兼鄉大夫知者以鄭注大司馬云軍吏選於六官六鄉之吏爲屬之既六官六鄉並言故知別置州長每州中大夫一人者每鄉有五州州長以中大夫爲之亦四命黨正每黨下大夫一人者五黨爲州黨正使下大夫爲之亦四命族師每族上士一人者五族爲黨族師使上士一人爲之亦三命閭胥每閭中士一人者四閭爲族巷門爲閭胥有才智之稱閭胥使中士一人爲之亦再命比長五家下士一人者五比爲閭比長使下士一人爲之亦一命特言五家者明閭胥已上至鄉皆有家數故其職云五家爲比五比爲閭四閭爲族五族爲黨五黨爲州五州爲鄉從少至多故於比言五家爲本也○注老尊至六遂○釋曰言老尊稱也者以其天子所父事。二老者同名故云老尊稱也云王置六鄉則公有三人也者於周禮不見公之人數六鄉之數周禮有其文此經云二鄉則公一人明知公有三人案成王周官立太師太傅太保茲惟三公亦是公有三人之事云三公者內與王論道者成王周官云茲惟三公論道經邦考工記云坐而論道謂之。王公鄭雖言天子諸侯公中亦含三公是其內與王論道也云中參六官之事者案書傳云天子三公一曰司徒公二曰司馬公三曰司空公彼注云周禮天子六卿與太宰司徒同職者則謂之司徒公與宗伯司馬同職者則謂之司馬公與司寇司空同職者則謂之司空公一公兼二卿舉下以爲稱是其中參六官之事云外與六鄉之教卽此經是也云其要爲民。所以屬之鄉焉者三公無正職是以三百六十官之中不見三公之任唯此六鄉之內而言三公故云屬之鄉焉不言三孤者以其佐公論道三公有事之所亦有三孤故不言之云州黨族閭比鄉之屬別者五者皆屬於鄉而名號有別也云正師胥皆長也者自州已下至比長五官州比自稱長矣唯有黨正族師閭胥不言長故鄭云正師胥皆長也云正之言政也者取施政教者先自正故也云師之言帥也者以其帥領百家故言帥也云胥有才智之稱者此釋閭胥以其有才智故爲中士以領一閭雖不稱長亦有長義引載師職云賞田任遠郊之地又引司勳職言掌六鄉之賞地者欲見賞地在六鄉之中同在遠郊之内云六鄉地在遠郊之内則居四同者案司馬法王城百里爲遠郊於王城四面則方二百里開方之二二如四故云居四同言此者破賈馬六鄉之地在遠郊五十里内五十里外置六遂鄭司農云百里内爲六鄉外爲六遂者司徒掌六鄉在百里内上以釋詁百里外爲六遂以其遂人掌六遂案遂人職云掌邦之野郊外曰野故知百里外爲六遂

封人中士四人下士八人府二人史四人胥六人徒六十人 聚土曰封謂壝堳埒及小封疆也○堳音眉埒音劣疆居良反 疏 封人至十人○釋曰封人在此者以其掌設王之社壝及畿封又大司徒設社稷壝相左右故在地官而爲職首也胥徒多者以其畿封事廣故也

鼓人中士六人府二人史二人徒二十人 疏 鼓人○釋曰鼓人在此者以其主教六鼓四金以是教官故在此也

舞師下士二人胥四人舞徒四十人 舞徒給繇役能舞者以爲之○繇音遙 疏 舞師至十人○釋曰舞師在此者以其主教野人之舞亦是教官之類故也若然樂師亦教舞不在此者彼教國子學樂必須合於禮故入春官也○注舞徒至爲之○釋曰餘官直言徒此官徒言舞者徒是給繇役之人今兼云舞即徒中使能舞者以充徒數也

牧人下士六人府一人史二人徒六十人 牧人養牲於野田者詩云爾牧來思何蓑何笠或負其餱三十維物爾牲則具○牧牧養之牧徐音目何胡可反又音河下同蓑素禾反笠音立餱音侯乾食 疏 牧人至十人○釋曰牧人在此者以其掌牧六牲以供祭祀亦是地

事故也○注牧人至則具○釋曰鄭云養牲於野田者對充人養牲於國中又云詩曰者謂無羊詩美宣王之事也爾宣王牧人來之時荷揭蓑之與笠蓑所以禦雨笠所以禦暑或負其糇糧也三十唯物物色也異毛色者三十爾宣王牲則備矣引之者以證牧人牧六牲之事也

牛人中士二人下士四人府二人史四人胥二十人徒二百人主牧公家之牛者詩云誰謂爾無牛九十其犉犉者九十其餘多矣○犉而純反一音而專反黃牛黑脣曰犉[疏]注主牧至多矣○釋曰主牧公家之牛者亦是地事又鄭下注云牛能任載地之類故在此也詩云者亦無羊詩言誰謂爾宣王無牛九十其犉黃牛黑脣曰犉云犉者九十其餘多矣者證經牛多故徒有二百人牧之也

充人下士二人史二人胥四人徒四十人充猶肥也養繫牲而肥之[疏]充人至十人○釋曰祭祀之牲本以諸官堪入祭祀者送付牧人至祭前三月選入充人芻之使之肥充故其職云祀五帝則繫于牢芻之三月故與牧人連類在此也

載師上士二人中士四人府二人史四人胥六人徒六十人載之言事也事民而稅之禹貢曰冀州既載載師者閭師縣師遺人均人官之長[疏]載師至十人○釋曰案其職云掌任土之法以物地事皆是土地之事故在此○注載之至之長○釋曰鄭知事民而稅之者案其職上云任土之法下云近郊什一之等是其任民而稅之者也云禹貢曰冀州既載引之者彼是禹治洪水訖事而稅之引之證此事民之類也云載師者閭師縣師遺人均人官之長者以其閭師縣師徵斂之官所斂之賦有入遺人者均人主當地守地職皆與載師事通故載師與之爲長

閭師中士二人史二人徒二十人主徵六鄉賦貢之稅者鄉官有州黨族閭比正言閭者徵民之稅宜督其親民者凡其賦

貢入大府穀入倉人【疏】注主徵至倉人○釋曰知主徵六鄉賦貢之稅者案其職云任農以耕事貢九穀任圃以樹事貢草木六鄉之內有二十五家爲閭今以閭爲名故知閭師主徵六鄉賦貢者也云鄉官有州黨族閭比正言閭者徵民之稅宜督其親民者鄉官有五者之名正取二十五家爲閭以爲徵斂之官號者徵民之稅恐不能細委其民故以近民之官爲號云凡其賦貢者此貢非是大宰九貢正是九職之貢卽其職云任農以耕事貢九穀之類是也此云賦謂大宰九賦之內則國中四郊二者是也故其職云掌國中及四郊之人民六畜之數又云凡無職者出夫布是其九職之內故云凡其賦貢入大府故大府職云掌九賦九貢九功之貳以受其貨賄之入焉云穀入倉人者案倉人云掌粟入之藏故知穀入倉人也

縣師上士二人中士四人府二人史四人胥八人徒八十人主天下土地人民已下之數徵野賦貢也名曰縣師者自六鄉以至邦國縣居中焉鄭司農云四百里曰縣【疏】注主天至曰縣○釋曰主天下土地人民已下之數者案其職云掌邦國都鄙稍甸郊里之地域辨其夫家六畜車輦是其主天下土地人民已下之數人民之外仍有六畜車輦故言已下云徵野賦貢也者案其職云以歲時徵野之賦貢郊外曰野以其二百里外至邦國以其地廣縣師徵之旅師斂之徵斂別官百里之內六鄉之中閭師徵之閭師斂之以其地狹徵斂同官又云名曰縣師者自六鄉以至邦國縣居中焉自百里以至邦國分爲五等二百里曰甸三百里曰稍四百里曰縣五百里曰都畿外邦國是其縣居中焉以其徵外內之賦舉中爲名鄭雖言自六鄉六鄉仍舊郊內據六鄉已外而言鄭司農云四百里曰縣者據載師職小都任縣地在四百里中故云四百里曰縣此縣師與閭師並在此者以其徵斂地稅故與載師連類在此

遺人中士二人下士四人府二人史四人胥四人徒四十人鄭司農云遺讀如詩曰棄予如遺之

遺。玄謂以物有所饋遺。〇遺人，維季反。注饋遺同。司農音維。[疏]遺人至十人〇釋曰：在此者，案其職云掌邦之委積以待施惠，故與徵斂之官連類在此。〇注鄭司至饋遺〇釋曰：先鄭云遺讀如詩曰棄予如遺之遺者，此小雅谷風詩。彼謂朋友道絶相棄，如遺忘物。玄謂以物有所饋遺者，此是將物與人，非是遺忘之事，故不從先鄭也。

均人中士二人，下士四人，府二人，史四人，胥四人，徒四十人。均猶平也。主平土地之力政者。[疏]均人至十人〇釋曰：均人在此者，案其職云掌均地政、均地守、均地職，皆是均地之事，故在此。〇注均猶至政者〇釋曰：知平土地之力政者，案其職均地職已下，更有均人民牛馬車輦之力政，是其平土地力政者也。

師氏中大夫一人，上士二人，府二人，史二人，胥十有二人，徒百有二十人。師，教人以道者之稱也。保氏、司諫、司救官之長。鄭司農云：詩云：楀維師氏。〇楀，俱禹反。[疏]師氏至十人〇釋曰：師氏在此者，以其主教，與地官掌十二教同，故亦在此。以其教國子有道藝，故使中大夫尊官爲之也。其徒百有二十人者，以其國子人多，使役處衆，故其徒多矣。〇注師教至師氏〇釋曰：案其職云以三德教國子，一曰至德以爲道本，是其教人以道者爲稱也。云保氏、司諫、司救官之長者，以其保氏佐師氏教國子，以其司諫諫萬民，司救救萬民，皆是教之義，故師氏與爲長。鄭司農云詩云楀惟師氏者，此詩小雅刺幽王之詩，其臣氏曰楀者，惟作師氏之官，引之者，證與此師氏同也。

保氏下大夫一人，中士二人，府二人，史二人，胥六人，徒六十人。保，安也。以道安人者也。書敘曰：周公爲師，召公爲保，相成王爲左右。聖賢兼此官也。〇召，上照反。相，息亮反。[疏]保氏至十人〇釋曰：保氏在此者，以其佐師氏教國子，亦是教官，故在此。

既與師氏同教國子宮與府史別者以其教國子雖同館舍別所故置官有異○注保安至官也○釋曰云以道安人者也者人則是國子也案其職云掌。教國子以道人有道則安故云以道安人者也此師氏保氏皆稱氏者案鄭下注云官有世功則以官族此二官父祖以來皆以道教國子世爲師氏保氏之官則賜之以氏曰師氏保氏自此。已下官稱氏者皆此類也云書敘曰周公爲師召公爲保相成王爲左右者此是尚書君奭篇敘云聖賢兼此官也者召公爲賢周公爲聖此二人爲三公分陝以其周公。聖下兼此師氏官召公爲賢下兼此保氏官故云聖賢兼此官此鄭君之意謂三公之號無師保之名兼此二官得師保之稱鄭志趙商問案成王周官立大師大傅大保茲惟三公卽三公之號自有師保之名成王周官是周公攝政三年事此周禮是周公攝政六年時則三公自名師保起之在前何也鄭答曰周公左召公右兼師保初時然矣若如此解周公兼師在成王周官前故成王周官稱三公爲大師大傅大保若然大傅者畢公爲之兼世子之官故稱大傅是以文王世子云大傅在前少傅在後若孔君之義三公之號自名師保不由兼師氏保氏

司諫中士二人史二人徒二十人諫猶正也以道正人行○行下孟反疏司諫至十人○釋曰司諫在此者案其職云掌糾萬民之德勸之朋友正其行而强之道藝此官則王諫萬民亦是教之義此官徒二十人無胥者以得徒則了不假長師上下文有徒無胥者皆此類故無胥也○注諫猶至行人○釋曰鄭訓諫爲正言以道正人行者案其職云正其行故鄭就而解之

司救中士二人史二人徒二十人救猶禁也以禮防禁人之過者也疏注救猶禁也以禮防禁人之過者也○釋曰案其職云掌萬民之衺惡過失而誅讓之以禮防禁而救之是其以禮防禁人之過者亦是教之類故在此

調人下士二人史二人徒十人調猶和合也疏調人○釋曰言調人者鄭云調猶和合也人相殺傷共其難者此調人和合

之在此者會赦之後設教使之相避是教官之類故在此

媒氏下士二人史二人徒十人媒之言謀也謀合異類使和成者今齊人名麴麩曰媒○媒劉音梅麴起六反麩魚列反又五結反徐去穢反【疏】媒氏至十人○釋曰媒氏在此者集名云配儷男女取地道生息故在此也○注媒之至曰媒○釋曰言謀合異類使和成者異類謂別姓三十之男二十之女和合使成婚姻云今齊人名麴麩曰媒麴麩和合得成酒醴名之曰媒言此者欲見謀合異姓得名為媒之意

司市下大夫二人上士四人中士八人下士十有六人府四人史八人胥十有二人徒百有二十人司市市官之長【疏】司市至十人○釋曰案其職云掌市之治教政刑量度禁令以其事治教即教官之類又市以聚人猶地之容衆故在此以其市官之長經紀事大故使下大夫尊官為之也屬官及胥徒又衆也○注司市市官之長○釋曰市官謂質人已下至泉府司市與之為長也

質人中士二人下士四人府二人史四人胥二人徒二十人質平也主平定物賈者○賈音嫁下物賈及賈八人同【疏】質人釋曰在此者案其職云掌成市之貨賄人民牛馬鄭彼注成平也此注質平也主平定物賈者故亦與司市連類在此

廛人中士二人下士四人府二人史四人胥二人徒二十人故書廛為壇杜子春讀壇為廛說云市中空地玄謂廛民居區域之稱○廛直連反徐長戰反【疏】廛人至十人○釋曰在此者案其職云掌斂市之絘布總布質布罰布廛布五種之泉入于泉府故與司市連類在此也○注故書至之稱○釋曰子春讀壇為廛不從故書於義是也又說云市中空地以解廛則於義非也故後鄭不從玄謂廛民居區

域之稱者見遂人云夫一廛田百畝及載師廛里任國中之地皆是民之所居區域又其職有廛布謂貨賄停儲邸舍之稅即市屋舍名之爲廛不得爲市中空地

胥師二十肆則一人皆二史賈師二十肆則一人皆二史司虣十肆則一人司稽五肆則一人胥二肆則一人肆長每肆則一人

自胥師以及司稽皆司市所自辟除也胥及肆長市中給繇役者胥師領羣胥賈師定物賈司暴禁暴亂司稽察留連不時去者○賈音古辟必亦反徐方歷反

【疏】胥師二十肆則一人皆二史○釋曰自胥師至司稽皆是府史之類非是命士已上其職云平其貨賄胥者有才智之稱師長也肆謂行列胥師二十肆則一人皆有二史副之助作文書○賈師至每肆則一人○釋曰賈師知物賈者其職云凡國之賣價各師其屬而嗣掌其月亦二十肆則一人亦二史副之司虣司猶主也主在市虣亂十肆則一人司稽司主也主在市稽留之人不時去者五肆則一人胥二肆則一人者此謂市中給繇役。少有才。智者屬胥師肆長謂行頭每肆則一人亦是市中給繇役者○注自胥至去者○釋曰知胥師及司稽皆司市所自辟除者以其胥師越賈師等領羣胥則知胥師等並非官賈師與胥師同二十肆則一人二史賈師非官明胥師亦非官也故知皆司市所自辟除也又知胥及肆長是給繇役者以其司稽已上是府史之類明此二者與胥徒同是給繇役者也又知胥師領羣胥者以其同名爲胥二肆則一人其數衆多明有所屬故一胥爲胥師所領也

泉府上士四人中士八人下士十有六人府四人史八人賈八人徒八十人

鄭司農云故書泉或作錢

【疏】泉府至十人○釋曰在此者案其職云掌以市之征布故與司市連類在此○注鄭司至作錢○釋曰泉與錢今古異名故後鄭引之得通一義

司門下大夫二人上士四人中士八人下士十有六人府二人史四人胥四人

徒四十人每門下士二人府一人史二人徒四人司門若今城門校尉主王城十二門○校胡孝反疏司門至徒四人○釋曰司門在此者案其職云正其貨賄凡物犯禁者舉之以其掌貨賄與司市相連故亦在此○注司門至二門○釋曰案經有每門下士二人據在門開閉者此司門鄭云若今城門校尉則是都司總監十二門官故舉漢法況之知王城有十二門者案匠人云營國九里旁三門四面各三門是有十二門鄭注云十二門以通十二子十二子則十二辰也

司關上士二人中士四人府二人史四人胥八人徒八十人每關下士二人府

一人史二人徒四人關界上之門疏司關至徒四人○釋曰在此者案其職云掌國貨之節以連門市故同與市連類在此此司關亦是總檢校十二關所司在國內下云每關下士二人者自在關門開閉○注關界上之門○釋曰王畿千里王城在中面有五百里界首面置三關則亦十二關故云關界上門也

掌節上士二人中士四人府二人史四人胥二人徒二十人節猶信也行者所執之信疏掌節至十人○○釋曰案其職云掌守邦節辨其用在此者以其節連於門市故亦連類在此○注節猶至之信○釋曰案其職云邦國之使節山國虎節凡節者皆行道所用無節者不達有節乃得行故云行者所執之信

遂人中大夫二人遂。師下大夫四人上士八人中士十有六人旅下士三十有二人府四人史十有二人胥十有二人徒百有二十人遂人主六遂若司徒之於六鄉也六遂之地自遠郊以達于畿中有公邑家邑小都大都焉鄭司農云遂謂王國百里外【疏】遂人至十人○釋曰遂人主六遂如司徒主六鄉但官卑校一節司徒六命卿一人小司徒中大夫二人鄉師下大夫四人此遂人中大夫二人當小司徒處遂師下大夫四人當鄉師處但無六命卿一人以其六鄉爲正六遂爲副故尊卑不同以主事相似故上士已下其數與司徒同自此已下至旅師皆是地事故在此○注遂人至里外○釋曰鄭知遂人主六遂若司徒之於六鄉者既名遂人下文承以遂大夫遂官之等似若大司徒下即有鄉大夫鄉官之等故知遂人主六遂若司徒之於六鄉也云六遂之地自遠郊以達于畿者案其職云遂人掌邦之野下文以達于畿是其義也云中有公邑家邑小都大都焉但六遂之地只在二百里內亦有公邑故載師職云公邑之田任甸地其公邑自二百里以出至五百里皆有焉家邑大夫采地在稍地三百里小都卿之采地在縣地四百里大都三公王子弟在畺地五百里故載師職云家邑任稍地小都任縣地大都任畺地遂人雖專六遂以其言掌野郊外曰野大總之言以言達于畿故知兼掌此等焉鄭司農云遂謂王國百里外者以其在一百里中故知百里外

遂大夫每遂中大夫一人縣正每縣下大夫一人鄙師每鄙上士一人酇長每酇中士一人○酇作管反里宰每里下士一人鄰長五家則一人縣鄙酇里鄰遂之別屬也【疏】遂大至則一人○釋曰此遂大夫於六遂各主一遂以鄉大夫各主一鄉但遂大夫已下其官皆卑於鄉官命數皆減一等是以遂大夫每遂中大夫一人不使鄉爲之差次至鄰長五家則一人者是不命之士爲之其鄉內比長亦五家一人彼使下士爲之○注縣鄙至別也○釋曰以其鄰長已上至縣正皆屬於遂大夫故言遂之屬別與上文州黨族閭比鄉之屬別相似

旅師中士四人下士八人府二人史四人胥八人徒八十人主斂縣師所徵野之賦穀者也旅猶處也六遂之官里宰之師也正用里宰者亦斂民之稅宜督其親民【疏】旅師至十人○釋曰六鄉之內所有賦稅閭師徵之閭師斂之此二百里以外至五百里其地廣故縣師徵之旅師斂之徵斂別官故官屬與胥徒多也○注主斂至親民○釋曰案其職云掌聚野之鋤粟屋粟閒粟言野故知主斂縣師所徵野之賦穀者也云旅猶處也六遂之官里宰之師也者里訓爲居旅者衆也衆之所處卽與里義同故鄭云里宰之師也遂官之內縣鄙已下正用里宰爲徵斂之官名者亦是斂民之稅宜督其親民若似六鄉之中取閭名爲徵斂之官故鄭云亦謂亦閭師也

稍人下士四人史二人徒十有二人主爲縣師令都鄙丘甸之政也距王城三百里曰稍家邑小都大都自稍以出焉○爲于僞反甸繩正反又如字【疏】稍人至有二人○釋曰其官在此者其職云掌令丘乘之政令言丘乘卽三等采地也故與縣師遂人等連類在此○注主爲至出焉○釋曰云主爲縣師令都鄙丘甸之政也者案其職云若有會同師田行役之事則以縣師之法故云主爲縣師令都鄙丘甸之政也云距王城三百里曰稍者案載師家邑任稍地在三百里內故知三百里曰稍云家邑小都大都自稍以出焉者以其家邑在三百里小都在四百里大都在五百里從三百里向外故言自稍以出

委人中士二人下士四人府二人史四人徒四十人主斂甸稍芻薪之賦以共委積者也○委烏僞反注同【疏】注主斂至者也○釋曰案其職云掌斂野之賦斂薪芻凡疏材木材凡畜聚之物故鄭云主斂甸稍薪芻之賦共與遺人在道以供賓客故云以供委積者也亦與徵斂之官連類在此

土均上士二人中士四人下士八人府二人史四人胥四人徒四十人均猶平也主平土地之政令者也疏土均至十人○釋曰土均在此者案其職云掌平土地之政均地守均地事均地貢並是徵斂土地之事故在此宜也○注均猶至者也○釋曰案其職云掌平土地以均地守故云均猶平也是主平土地之政令也

草人下士四人史二人徒十有二人草除草疏草人○釋曰在此者案其職云掌土化之法以物地相其宜而為之種又云凡糞種騂剛用牛之等皆是土地之事故在此宜也案其職唯有糞種之文無殺草之事鄭云草除草者無糞種者殺草然後種之職雖不言殺草名為草人明知除草故鄭云除草也

稻人上士二人中士四人下士八人府二人史四人胥十人徒百人疏稻人○釋曰在此者案其職云掌稼下地又云澤草所生種之芒種是土地之事故在此胥徒多者以其幷遣營種稻田

土訓中士二人下士四人史二人徒八人鄭司農云訓讀為馴謂以遠方土地所生異物告道王也爾雅云訓道也玄謂能訓說土地善惡之勢○訓如字司農音馴馴似遵反劉音訓徐餘倫反道音導疏土訓至八人○釋曰在此者案其職云掌道地圖以詔地事亦是土地之事故在此○注鄭司至之勢○釋曰司農云訓讀為馴又引爾雅訓道也玄謂能訓說土地善惡之勢不從先鄭者案其職云道地圖道地慝道自是道說不得更訓以為道故後鄭以為訓說土地善惡

誦訓中士二人下士四人史二人徒八人能訓說四方所誦習及人所作為久時事疏誦訓至八人○釋曰在此

者案其職云掌道方志以詔觀事以知地俗亦是土地之事故在此○注能訓至時事○釋曰知能訓說四方所誦習事者其職云掌道方志謂所識四方久遠之事是其能訓說四方所誦習者也云及人所作爲久時事者案其職云以知地俗鄭注云博事也謂博知古事是其人所作爲久時事者也

山虞每大山中士四人下士八人府二人史四人胥八人徒八十人中山下士六人史二人胥六人徒六十人小山下士二人史一人徒二十人虞度也度知山之大小及所生者○度徒洛反下同【疏】山虞至十人○釋曰山虞在此者案其職云掌山林之政令物爲之厲而爲之守禁山林亦是土地之事在此宜也○注虞度也至生者○釋曰言度知山之大小者但山之大大小里數雖曰無文據當時量度知其大小然後設官分職使掌之經文有中山鄭唯言大小者略言之耳云及所生者山中所出金玉錫石禽獸草木或有或無是也

林衡每大林麓下士十有二人史四人胥十有二人徒百有二十人中林麓如中山之虞小林麓如小山之虞衡平也平林麓之大小及所生者竹木生平地曰林山足曰麓○麓本亦作禁音鹿【疏】林衡至小山之虞○釋曰云大林麓下士十有二人者案上山虞中士四人下士八人相併亦十二人但山虞尊使中士爲官首下士爲之佐此林衡卑故下士自爲官首胥徒多於山虞者以其林麓在平地盜竊林木多者故須巡行者衆以是胥徒特多也中林麓如中山之虞小林麓如小山之虞胥徒不多者以其大林麓據特大者故胥徒特多中小已下自如尋常法故如山虞自此已下至澤虞皆是地事故在地官○注衡平也至曰麓○釋曰云衡平也平林麓之大小者經有中林麓鄭不言者亦略言也云竹木生平地曰林者對山中之林自是山虞掌此別言林衡故知竹木生平地者云山足曰麓者爾雅文山足亦有林

木與山虞別官

川衡每大川下士十有二人史四人胥十有二人徒百有二十人中川下士六人史二人胥六人徒六十人小川下士二人史一人徒二十人川流水也禹貢曰九川滌源〇滌徒歷反【疏】川衡至十人〇釋曰川衡者平知川之遠近寬狹及物之所出官及胥徒多者以其川路長遠巡行勞役故也中川小川之等自若常法故差少〇注川流至滌源〇釋曰言川流水也者對澤為停水又引禹貢九川滌源者為禹治洪水已訖九州之川已滌除泉源無擁塞矣引之者證川是流水

澤虞每大澤大藪中士四人下士八人府二人史四人胥八人徒八十人中澤中藪如中川之衡小澤小藪如小川之衡澤水所鍾也水希曰藪禹貢曰九澤既陂爾雅有八藪〇藪素口反陂彼宜反【疏】澤虞至小川之衡〇釋曰虞亦度也度知澤之大小及物之所出用中士尊於川衡者以其澤之所出物衆多胥徒少者以其巡行處近故也中澤小澤已下皆如川衡者自是常法〇注澤水至八藪〇釋曰澤水所鍾者鍾聚也謂聚水於其中更無所注入案周語虞大子晉云山土之聚澤水之鍾纂要亦云水所鍾曰澤故知澤水所鍾也云水希曰藪者希乾也案鄭詩云叔在藪火列具舉舉藪中田獵明知無水又案爾雅藪在釋地之篇不入釋水故知水希曰藪以其藪與澤也有水無水為異故於經別立官掌之案職方澤藪曰具區之類及毛傳云藪澤皆同為一者以其有水則為澤無水則為藪元是一物故同解之引禹貢曰九澤既陂者亦謂禹治洪水既訖九州之澤既已陂障無決溢矣引爾雅有八藪者禹貢九澤通畿內一州則有九爾雅云八藪除畿內一州而言引此二文者證藪澤有異案爾雅釋有十者以其周秦同在雍州秦有楊紆周有焦護一州有二故十又爾雅秦有楊陓職方冀州有楊紆蓋異所

而同名也

迹人中士四人下士八人史二人徒四十人迹之言跡知禽獸處疏注迹之至獸處○釋曰案其職云掌邦田之政亦是地事故在此

丱人中士二人下士四人府二人史二人胥四人徒四十人丱之言礦也金玉未成器曰礦○丱徐音礦號猛反劉侯猛反礦音號猛反疏注丱之至曰礦○釋曰經所云丱是總角之丱字此官取金玉於丱字無所用故轉從石邊廣以其金玉出於石左形右聲從礦字也云金玉未成器曰礦以其此官不造器物直取金錫玉石以供冬官百工故言金玉未成器曰礦金玉之等出於地故在此也

角人下士二人府一人徒八人疏角人○釋曰案其職云掌以時徵齒角凡骨物於山澤之農以其是徵斂之官故亦在此

羽人下士二人府一人徒八人疏羽人○釋曰案其職云掌以時徵羽翮之政于山澤之農亦是徵斂之官故在此

掌葛下士二人府一人史一人胥二人徒二十人疏掌葛○釋曰案其職云掌以時徵絺綌之林于山農亦是徵斂之事故在此

掌染草下士二人府一人史二人徒八人染草藍蒨象斗之屬○蒨千見反象本或作橡音同疏注染草至之屬○釋曰案其職掌以春秋斂染草之物亦徵斂之官故在此藍以染青蒨以染赤象斗染黑案其職注云染草茅蒐橐蘆豕首紫茢之屬二注不同者染草既多言不可盡故互見略言耳

掌炭下士二人史二人徒二十人【疏】掌炭○釋曰案其職掌灰物炭物之徵令以時入之以其徵斂之官故亦在此

掌荼下士二人府一人史一人徒二十人荼茅莠○荼音徒徐音餘莠劉音酉毛詩注作秀【疏】注荼茅莠○釋曰案其職云掌以時聚荼以共喪事徵野疏材以其徵斂之官故亦在此

掌蜃下士二人府一人史一人徒八人蜃大蛤月令孟冬雉入大水為蜃○蜃上忍反蛤古答反【疏】注蜃大至為蜃○釋曰案其職云掌斂互物蜃物以共闉壙之蜃亦徵斂之官故在此言蜃大蛤者對雀入大水化為蛤者為小蛤引月令雉入大水為蜃者案國語大水淮也

囿人中士四人下士八人府二人胥八人徒八十人囿今之苑○囿音又【疏】注囿人至十人○釋曰案其職云掌囿游之獸禁囿是地之用故在此注囿今之苑○釋曰此據漢法以況古古謂之囿漢家謂之苑

場人每場下士二人府一人史一人徒二十人場築地為墠季秋除圃中為之詩云九月築場圃十月納禾稼○墠音善圃音補又音布【疏】場人至十人○釋曰言每場者以其九穀別場故言每以殊之場亦地之用故在此○注場築至禾稼○釋曰除地曰墠築。堅始得為場故云場築地為墠也云季秋除圃中為之者以其春夏為圃以種菜蔬至季秋始為場引詩曰九月築場圃十月納禾稼者此七月詩引之證圃中為場之意

廩人下大夫二人上士四人中士八人下士十有六人府八人史十有六人胥

三十人徒三百人。藏米曰。庾庾人舍人倉人司祿官之長○庾力甚反倉也盛音成疏庾人至百人○釋曰此官使下大夫為官首徒三百人又多者以其米庾事重出納又多故也故其職云掌九穀之數以其米穀地之所長成故在此○注藏米至之長○釋曰藏米曰庾者對下倉人藏穀曰倉云庾人舍人倉人司祿官之長者以其舍人已下同掌米穀之事皆以士為之故庾人下大夫與之為長

舍人上士二人中士四人府二人史四人胥四人徒四十人舍猶宮也主平宮中用穀者也疏舍人至十人○釋曰在此者案其職云掌平宮中之政分其財守以法掌其出入謂平宮中米穀多少故與庾人倉人連類在此○注舍猶至者也○釋曰鄭訓舍為宮者案其職云掌平宮中之政故就職內主平宮中用穀解之

倉人中士四人下士八人府二人史四人胥四人徒四十人疏倉人○釋曰案其職云掌粟入之藏如庾人米粟地之所成故也

司祿中士四人下士八人府二人史四人徒四十人主班祿疏注主班祿○釋曰在此者其職既闕未知所掌云何但班祿者用粟與之司祿職次倉人明是班多少之官故鄭云主班祿故與倉人連類在此

司稼下士八人史四人徒四十人種穀曰稼如嫁女。以有所生疏注種穀至所生○釋曰云種穀曰稼者對收斂曰穡也在此者其職云巡野觀稼出斂法亦是徵斂地事故連類在此

舂人奄二人女舂抌二人奚五人女舂抌女奴能舂與抌者抌抒臼也詩云或舂或抌○奄於檢反劉於驗反抌音由又音

揄或羊笑反抒時女反疏春人至五人○釋曰有奄者以其與女奴同處故也在此者與倉人廩人饎人連事故亦連類在此其職云掌祭祀賓客牢禮之米所共多矣而春人少者蓋舉其能者亦應兼有別奚於其中矣○注女春至或抌○釋曰引詩或舂或抌者彼生民詩引之者證舂抌之事也

饎人奄二人女饎八人奚四十人鄭司農云饎人主炊官也特牲饋食禮曰主婦視饎爨故書饎作𩞄○饎尺志反注𩞄同爨七亂反疏饎人至十人○釋曰在此者其職云凡祭祀共盛共王及后之六食凡賓客共其簠簋不在天官而在此者以其因春人又因地道之成故在此

稾人奄八人女稾每奄二人奚五人鄭司農云稾讀爲犒師之犒主冗食者故謂之犒○稾犒注音犒同苦報反冗如勇反疏稾人至五人○釋曰案其職云掌共外內朝冗食者之食所共處多故有奄八人又女稾每奄二人奚五人也○注鄭司至之犒○釋曰案左氏春秋僖三十三年秦人將襲鄭鄭商人弦高將市於周遇之以乘韋先牛十二犒秦師遂詐之云鄭使我犒勞軍師引之者以在朝之人不得歸家亦枯槁以須犒勞之故名其官爲犒人亦同廩人連類在此

附釋音周禮注疏卷第九

周禮注疏卷九校勘記

阮元撰盧宣旬摘錄

附釋音周禮注疏卷第九

地官司徒第二　唐石經作第三非

其實五中雖不含十二　浦鏜云下當脫十二中三字

自此以下至槀人　閩本同槀字從木監毛本作稾從禾誤

教官總目於下也　此本目誤自據閩監毛本訂正

此鄉師司徒之老　盧文弨云老當作考○按此據冢宰設其考之注而言確不可易

謂佐司徒主六鄉　此本佐誤在據閩監毛本訂正

胥有才知之稱　釋文才知音智惠棟云互注本作智余本作知

二鄉則公一人者　惠棟云此下有脫文

以其天子所父事二老者同名　惠校本二作三此誤

坐而論道謂之王公　閩監毛本王誤三

云其要爲民所以屬之鄉焉者　注所以作是以

上以釋訖浦鏜云以當巳字誤

鼓人史二人唐石經諸本同集注作史四人誤

或負其餱宋本餱作糇戴音義糇音侯此本疏中亦作糇案釋文其糇音侯○按此亦餱之俗字

又云詩曰者此本云誤充據閩本訂正監毛本改引

冀州既載閩監毛本同宋本嘉靖本冀作兾此本疏中引注亦作兾

是其任民而稅之者也浦鏜云事誤任○按此等非誤

鄉官有州黨族閭比正岳本鄉官下有則

掌九賦九貢九功之貳浦鏜云賦貢字當依經互易○按注文作賦貢

三百里曰稍四百里曰縣惠校本作四百里曰縣

皆是均地之事閩本同監本剜改作土地毛本從之

楀維師氏釋文以下諸本維字从糸此淺人據毛詩所改賈疏引注作惟當訂正

以其國子人多惠校本閩本同監毛本多作衆與下句複

是其教人以道者爲稱也浦鏜云之誤爲

掌教國子以道 浦鏜云養誤教

自此已下 惠校本閩本同監毛本已改以非

以其周公聖 案聖上脫爲

媒之言謀也謀合異類 監本言媒誤謀漢制考異類作異姓非

集名云配儷男女 惠校本作集略云此誤

云今齊人名麴麩曰媒 惠校本下有者此脫

故書廛爲壇 九經古義云管子五輔篇曰辟田疇利壇宅荀卿子云定廛宅是古廛字皆作壇也○按此等鄭君謂之古文假借字

胥師二十肆則一人 宋本不提行即接廛人注下與此本合唐石經嘉靖本閩監毛本皆另提行○按不提行者誤也

少有才智者 案此本少字係剜擠蓋本作有才智者

掌國貨之節以連門市 閩監毛本連改聯非此本及監本門誤闕今據閩毛本訂正

遂師下大夫四人 余本閩監毛本同皆連上遂人唐石經宋本岳本嘉靖本皆另提行下遂大夫縣正鄙師鄰長里宰鄰長各自提行準此○按準鄉老至閭胥之式則遂人至鄰長亦當合爲一條

里宰每里下士一人 諸本同唐石經作二人誤

以鄉大夫各主一鄉 浦鏜云以當似字誤

不使鄉爲之 浦鏜云卿誤鄉

草人〇釋曰在此者 惠校本釋曰下有草人二字此脱

訓讀爲馴 九經古義云訓與馴古今字史記五帝本紀云帝堯能明馴德徐廣曰馴古訓字殷本紀帝舜命契曰百姓不親五品不馴後漢書作訓萬石君傳馴行孝謹亦作訓易馴致其道徐音訓漢讀考云此經作馴司農易爲訓又引爾雅以證成之今經作土訓注作訓讀爲馴葢其始或用注改經作訓其既也復用已改之經改注凡經典內如此者致多

胥十有二人 毛本二誤一

以其林麓在平地盜竊林木多者 毛本平誤乎惠校本林作材浦鏜云多者二字當誤倒

云山足曰麓者爾雅文 浦鏜云爾雅無文見劉氏釋名

官及胥徒多者 閩監毛本誤作師徒

案周語虞大子晉云 閩本同監毛本語誤禮浦鏜云虞疑衍案惠校本無此字

以其藪與澤也有水無水爲異 案也當有字之誤

周有焦護 惠校本護作穫與爾雅釋文正合今本作護非

築堅始得爲場 此本堅字剜擠蓋本作築始得爲場

藏米曰廩 賈疏本同釋文臧米音成與賈異監本廩作稟非下同○按賈本作藏是

如嫁女以有所生 浦鏜云之訛以從洪範疏校

故書饎作𩟄 漢讀考云案說文饎或從巸作𩚬疑今周禮巸下訛多火也特牲饋食禮注曰古文饎作糦周禮作𩟄

槀人 宋本閩本同葉鈔釋文及宋本載音義作槁人唐石經嘉靖本監毛本通志堂釋文作稾下從禾下及注幷疏準此蓋經文作禾稾字爲假借故司農讀作枯槁也小行人注云故書槁爲稾鄭司農云稾當爲槁與此正合唐石經序官作稾人者非也槁人職及牛人共其槁牛小行人則令槁禬之字皆從木者是也本或作稾槁稾一字經注有從牛者蓋非盧文弨曰注疏本槁或作犒此習於俗用而遂改易舊文不知古並無犒字觀疏以枯槁爲言則唐人尚未誤也

鄭使我犒勞軍師 此本犒誤槁據閩監毛本訂正

故名其官爲犒人 當從閩本作槁人監毛本作稿人亦誤

周禮注疏卷九校勘記

附釋音周禮注疏卷第十

鄭氏注　　賈公彥疏

大司徒之職掌建邦之土地之圖與其人民之數以佐王安擾邦國土地之圖若今司空郡國輿地圖[疏]大司至邦國○釋曰司徒既欲佐王安擾邦國故先須知土地之圖人民之數○注土地至地圖○釋曰案漢蕭何收秦圖籍以知天下阸塞廣遠至後漢乃有司空郡國地圖輿者車輿其前牙曲地形不可正方故云輿地圖也案職方亦云掌天下之圖注直云如今司空輿地圖不云郡國者彼以司馬主九畿幷夷狄而言故不得云郡國此經云主人民之數則唯據九州之中郡國在九州之內故此注云郡國也以天下土地之圖周知九州之地域廣輪之數辨其山林川澤丘陵墳衍原隰之名物周猶徧也九州揚荊豫青兗雍幽冀幷也輪從也積石曰山竹木曰林注瀆曰川水鍾曰澤土高曰丘大阜曰陵水崖曰墳下平曰衍高平曰原下濕曰隰名物者十等之名與所生之物○廣古曠反墳扶云反原本又作邍徧音遍雍於用反從子容反[疏]以天至名物○釋曰上經云土地圖爲人民之數而言之此經云土地圖據十等土地而說也故云周知九州之地域廣輪之數馬融云東西爲廣南北爲輪案王制南北兩近一遙東西兩遙一近是南北長東西短謂知此數也又辨其山林川澤以下十等形狀名號及所出之物也○注周猶至之物○釋曰九州揚荊以下據職方周之九州而言故有幽幷無徐梁禹貢據夏以前九州故有徐梁無幽幷也云輪從也者據南北義與馬同不釋廣者東西可知云積石曰山者案詩云節彼南山維石巖巖鄭云巖巖積石貌鄭據此而言案爾雅山丘別釋則丘是純土其山皆石亦有兼土者故曰石戴土謂之崔嵬又周語云夫山土之聚是其山有土也云竹木曰林者謂生平地以其山林川澤別官

故知竹木生平地曰林云注瀆曰川者案釋水云注川曰谿注谿曰谷注谷曰溝注溝曰澮注澮曰瀆彼注云皆以小注大大小異名言注澮曰瀆者謂以澮中水注入瀆中使有所去此云注瀆曰川者爾雅無此言鄭以義增之耳謂以瀆中水注入川案職方九州皆。直川故知從瀆入川此瀆與四瀆義異四瀆則亦川故職方云其川三江其川江漢也云水鍾曰澤者周語虞大子晉之言也云土高曰丘者爾雅山丘別釋則丘無石者也云大阜曰陵者案爾雅釋地云高平曰陸大陸曰阜大阜曰陵大陵曰阿可食者曰原是陵與丘高下異稱皆無石者也其有石者亦曰陵故左氏僖三十二年云殽有二陵南陵夏后皋之墓也其北陵文王之所避風雨是有石者也云水崖曰墳者案爾雅云重崖岸墳大防是墳爲崖岸之峻者故知水崖曰墳故詩云遵彼汝墳是汝水之大防亦是水崖曰墳也云下平曰衍者此十地皆兩兩相對爲名墳既水崖而高明衍爲下平此下平又與下濕曰隰者別也云高平曰原者案爾雅云廣平曰原高平曰陸不云高平曰原此言高平曰原者對下濕曰隰而言其實高平即廣平者也爾雅高平曰陸者據山傍平者故下云可食者曰原也云下濕曰隰者爾雅釋地文若然禹貢云大陸既作注大陸地者爾雅釋地八數晉有大陸彼是數澤之地稱與高平曰陸者別也云十等之名者山林以下十等名異也云與所生之物者即下文土會之法以下是也

而辨其邦國都鄙之數制其畿疆而溝封之設其社稷之壝而樹之田主各以其野之所宜木遂以名其社與其野千里曰畿疆猶界也春秋傳曰吾子疆理天下溝穿地爲阻固也封起土界也社稷后土及田正之神壝壇與埒也田主田神后土田正之所依也詩人謂之田祖所宜木謂若松柏栗也若以松爲社者則名松社之野以別方面○壝維癸反別彼列反下同

疏而辨至其野○釋曰云辨其邦國者謂分別畿外諸侯邦國多少之數謂若王制云畿外八州州二百一十國也云辨其都鄙之數者謂分別畿內三等采地之數謂若王制畿內九十三國也云制其畿疆者王畿內千里中置王城面有五百

里其邦國都鄙亦皆有畿界也云而溝封之者謂於疆界之上設溝溝爲封樹以爲阻固也云設其社稷之壝者謂於中門之外右邊設大社大稷王社王稷又於廟門之屛設勝國之社稷其社稷外皆有壝埒於四面也云而樹之田主者謂藉田之內依樹木而爲田主云各以其野之所宜木者王之田主唯一田而已不得云各今云各者總據邦國都鄙幷王者而言也云遂以名其社與其野者謂假令以松爲社則名松社之野餘皆放此也○注千里至方面○釋曰云千里曰畿者職方文云春秋傳曰吾子疆理天下者案左氏傳成二年鞌之戰齊侯使國佐賂晉師晉人不許曰使齊之封內盡東其畝國佐對云先王疆理天下物土之宜故詩云我疆我理南東其畝今吾子疆理諸侯彼云先王疆理天下又云吾子疆理諸侯此云吾子疆理天下不同者鄭以義言之非傳之正文也云溝穿地爲阻固也者謂穿地爲深溝卽是阻固也云封起土界也者穿溝出土於岸卽皆爲封封卽起土界也云社稷后土及田正之神者鄭義依孝經緯社者五土之總神以句龍生時爲后土官有功於土死配社而食稷是原隰之神宜五穀五穀不可遍舉稷者五穀之長立稷以表神名故號稷棄爲堯時稷官立稼穡之事有功於民死乃配稷而食名爲田正也故云社稷后土及田正之神雙言之耳云壝壇與埒也者經直云壝壇卽埒不云壇以壝在壇之四面爲之明中有壇可知故鄭兼云壇也案禮記郊特牲云君南面於北墉下鄭注云北墉社內北牆彼社雖無室壇外四面有壁壁外乃有壝耳若然封人云設王之社壝者彼官卑主設之此大司徒尊官直主其制度而已云田主田神后土田正之所依也者此田主當在藉田之中依樹木而爲之故云各以其土地所宜木云田主田神者謂郊特牲云先嗇與神農一也若然鄭意以田主爲神農則無后土及田土之神直以神農爲主祭尊可以及卑故使后土田正二神憑依之同壇共位耳田正則郊特牲所云司嗇一也又引詩人謂之田祖者詩云以御田祖毛云田祖先嗇籥章亦云凡國祈年于田祖鄭云田祖始耕田者謂神農也引之者證田主是神農也云所宜木謂若松柏栗也者是論語哀公問社於宰我對云夏后氏以松殷人以柏周人以栗彼三代所都異

處所宜之木不同夏居平陽宜松殷居亳宜柏周居鎬京宜栗此經雖據周一代而言其邦國都鄙異處所宜之木亦復不同故云若松柏栗也云若以松爲社者則名松社之野者此取松爲社假設而言耳云以別方面者但四方宜木面各不同或一方宜松則以松爲社以別餘之方面耳

以土會之灋辨五地之物生一曰山林其動物宜毛物其植物宜早。物其民毛而方二曰川澤其動物宜鱗。物其植物宜膏物其民黑而津三曰丘陵其動物宜羽物其植物宜覈物其民專而長四曰墳衍其動物宜介物其植物宜莢物其民晳。而瘠五曰原隰其動物宜羸物其植物宜叢。物其民豐肉而庳會計也以土計貢稅之法因別此五者也毛物貂狐貒貉之屬縟毛者也鱗物魚龍之屬津潤也羽物翟雉之屬。核物。李。梅之屬專圜也介物龜鼈之屬水居陸生者莢物薺莢王棘之屬晳白也瘠臞也羸物虎豹貔。貐之屬淺毛者叢物萑葦之屬豐猶厚也庳猶短也杜子春讀生爲牲鄭司農云植物根生之屬皁物柞栗之屬今世閒謂柞實爲皁斗膏物謂楊柳之屬理。致且白如膏玄謂膏當爲櫜字之誤也蓮芡之實有櫜韜○會古外反注同早音皁本或作皁注同鱗劉本作鱗音鱗津如字一本作濜音同覈音核專徒丸反注同長如字下注長於土圭同介音界莢古協反晳音錫白色也羸力果反叢才東反肉如字劉而樹反庳音婢貂音彫貒吐官反貉胡洛反依字作貈縟音辱一音如勇反圜音圓又徒丸反臞其俱反又作臞音稍與考工記燿後音同貔音毗一音房私反貐勑宜反萑音丸葦于鬼反柞于洛反致直記反櫜古毛反劉古到反芡音儉韜吐刀反

【疏】以土至而庳○釋曰云會計也以土地計會所出貢稅之法貢稅出於五地故須說五地所生不同也故云以土會之法也云辨五地之物生者但天之所覆地之所載地有五等所生無過動植及民耳故云辨五地之物生上經云十等此云五地不同

者上經細別而言則十等以類相并而言故五等其實一也一曰山林者此五地以高下相對故一曰山林山林高之極者二曰川澤川澤下之極者故以爲對也又五地之內以民之資生取於動植之物故先言動植後言民也山林之中其動物宜毛物其植物宜皁物其民毛而方此五地人物之等皆方以類聚物以羣分及民之所生皆因地氣所感不同故使形類有異也○注會計至櫜韜○釋曰案宰夫職云歲計曰會故云會計也鄭知以土計貢稅之法者以五地而云會計者唯有貢稅之法故鄭云以土計貢稅之法因別此五者也云毛物貂狐貒貉之屬者依爾雅而言耳案爾雅云貍狐貒貉同文此云貉狐不言貍者鄭君所讀爾雅者爲貂不爲貍也言之屬者山林之中毛者甚衆故以之屬總之也言縟毛者謂毛之細縟者也云鱗物魚龍之屬者案月令春云其蟲鱗鄭云蛇不言魚者有足曰蟲無足曰豸經云其蟲鱗魚無足故不言魚其實魚入鱗內可知也此經云川澤宜鱗物鱗物以魚爲主有魚有魚龍有蛇可知故不言蛇也云津潤也者以其民居澤近水故有津潤但入水見日則黑故民黑津也云羽物翟雉之屬者案禹貢徐州貢羽畎夏翟則翟雉也以雉乃羽中之貴物故丘陵所宜羽物者是翟雉也云核物李梅之屬者鄭以丘陵阪險宜櫜杏及李梅等目驗可知故云李梅之屬中有棗杏也云專圜也者此丘陵地氣使之然也云介物龜鼈之屬水居陸生者此陸生謂陸地生子及生訖即入水而居之故云水居陸生也五行傳云貌之不恭則有龜孽注云龜蟲之生生於水者亦謂生居在水中非謂初生在水彼生與此鄭云陸生之生義異也又云莢物薺莢王棘之屬者薺莢即今人謂之皁莢蓋誤云皁當言薺也王棘即士喪禮云王棘若檡棘者是也棘雖無莢蓋樹之枝葉與薺莢相類故并言之也云皙白也者此民居於墳衍地氣宜白又見詩云楊且之皙皙爲白可知也云瘠臞也者案爾雅釋言云臞脙瘠也注云齊人謂瘠瘦爲脙則臞爲瘦小之貌故鄭云瘠也云蠃物虎豹貔貐之屬者考工記梓人職說大獸而云厚脣弇口出目短耳大胸燿後若是者謂之蠃屬又爾雅有虎有豹故知蠃物有虎豹也但爾雅及諸經不見有貐曲禮云載貔貅此鄭云貔貐貐即貅也云淺毛者若以淺

毛言之則入嬴蟲中故月令中央土其蟲嬴鄭云虎豹之屬恆淺毛若據有毛言之即爲毛蟲故白虎入西方毛蟲之長也云叢物萑葦之屬者詩云萑葦淠淠是二者各以類聚也杜子春讀生爲牲牲亦訓爲生義既不殊故後鄭不破之也鄭司農云植物根生之屬先鄭對動非植生爲號也皁物柞栗之屬者柞實之皮得染皁故引今世猶謂柞實爲皁斗爲證其栗雖不得染皁其皮亦皁斗之類故與柞同爲皁物也云膏物謂楊柳之屬理致且白如膏者先鄭以物色上解之後鄭不從者以其上下云動植者皆不以色上爲名先鄭獨此一者取義於色故後鄭易之玄謂膏當爲櫜者經云膏是脂膏之膏於植物義無所取直是字誤故破從櫜也云蓮芡之實有櫜韜者以其是川澤所生故知是蓮芡之實皆有外皮櫜韜其實者也案大司樂一變而致川澤之示先言川澤後云山林者彼取神之易致爲先故先言川澤此取尊卑高下相對故先言山林也又彼云五變而致土示注云土。祇原隰及平地此中不見平地者亦原隰中可以兼之也

因此五物者民之常而施十有二教焉一曰以祀禮教敬則民不苟二曰以陽禮教讓則民不爭三曰以陰禮教親則民不怨四曰以樂禮教和則民不乖五曰以儀辨等則民不越六曰以俗教安則民不偷。七曰以刑教中則民不虣八曰以誓教恤則民不怠九曰以度教節則民知足十曰以世事教能則民不失職十有一曰以賢制爵則民慎德十有二曰以庸制祿則民興功

陽禮謂鄉射飲酒之禮也陰禮謂男女之禮昏姻以時則男不曠女不怨儀謂君南面臣北面父坐子伏之屬俗謂土地所生習也。愉謂朝不謀夕恤謂災危相憂民有凶患憂之則民不解怠度謂宮室車服之制世事謂士農工商之事少而習焉其心安焉因教以能不易其業慎德謂矜其善德勸爲善也庸功也爵以顯賢

祿以賞功故書儀或爲義杜子春讀爲儀謂九儀○爭爭鬬之爭愉音偷又音揄踰薄報反解佳賣反少詩照反**疏**因此至與功○釋曰上經云五地之物生動植及民生處不同是其常法今此十二教亦因民之所常生之處施之故云因此五物者之常而施十二教也云一曰以祀禮教敬則民不苟者凡祭祀者所以追養繼孝事死如事生但人於死者不見其形多有致慢故禮云祭極敬也是以一曰以祀禮教敬死者尚敬則生事其親不苟且也○二曰以陽禮教讓則民不爭者謂鄉飲酒之禮酒入人身散隨支體與陽主分散相似故號鄉射飲酒爲陽禮也鄉飲酒即黨正飲酒之類是也黨正飲酒之時五十者堂下六十者堂上皆以齒讓爲禮則無爭故云以陽禮教讓則民不爭也○三曰以陰禮教親則民不怨者以陰禮謂昏姻之禮不可顯露故曰陰禮也男女本是異姓冤而親迎親之也親之也者親之也使之親已是昏禮相親之義昏姻及時則男女無有怨曠故云以陰禮教親則民不怨也○四曰以樂禮教和則民不乖者自一曰至三曰已上皆有揖讓周旋升降之禮此樂亦云禮者謂饗燕作樂之時舞人周旋皆合禮節故樂亦云禮也凡人之乖離皆由不相和合樂主和同民心故民不乖也○五曰以儀辨等則民不越者儀謂以卑事尊上下之儀有度以辨貴賤之等故云以儀辨等也民知上下之節不敢踰越故云則民不越也○六曰以俗教安則民不偷者俗謂人之生處習學不同若變其舊俗則民不安而爲苟且若依其舊俗化之則民安其業不爲苟且故云以俗教安則民不偷愉苟且也○七曰以刑教中則民不越者刑者禁民越亂今明刑得所則民得中正不爲越亂故云以刑教中則民不越也○八曰以誓教恤則民不怠者民有厄喪教之使相憂恤則民不懈怠也○九曰以度教節則民知足者度謂衣服宮室之等尊卑不同以此法度教之使知節數民知禮節自知以少爲足故云則民知足也十曰以世事教能則民不失職者父祖所爲之業子孫述而行之不失本職故云以世事教能則民不失職也○十有一曰以賢制爵則民愼德者人有賢行制與之爵民皆謹愼矜矜於善德以求榮寵故云以賢制爵則民愼德也○十有二曰以庸制祿則民興功者庸功也人有功則

制祿與之民皆與其功業故云則民與功也此十二教以重急者爲先輕緩者爲後○注陽禮謂鄉射飲酒之禮也陰禮謂男女之至九儀○釋曰云陽禮謂鄉射飲酒之禮者以是陽禮而云教讓其鄉射是州長射禮鄉飲酒是黨正飲酒皆有正齒位飲酒以爲敬讓之事故知陽禮是二事若然鄉中有鄉射鄉飲酒以其州長黨正皆屬於鄉大夫或鄉大夫所居州黨故雖州長射黨正飲酒亦號曰鄉也云陰禮謂男女之禮者以其言陰又云不怨故知是男女昏姻之禮也云昏姻以時則男不曠女不怨者此約雄雉詩序文軍旅數起大夫久役男女怨曠注云國人久處軍役之事故男女多怨曠也男曠而苦其事女怨而望其君子此經直云不怨據女而言文不具顯故鄭兼言曠也若然彼詩據舊成夫婦此文據配合得時時雖不同若失時怨曠不異故引爲證也云儀謂君南面臣北面父坐子伏之屬者案易乾鑿度云不易也者其位天在上地在下君南面臣北面父坐子伏此其不易也鄭依此言其不易也仍有天地不易不言故云之屬以兼之也云俗謂土地所生習也者謂若下曲禮云君子行禮不求變俗居喪之禮哭泣之位皆如其國之故而審行之是其故俗所習也云偷謂朝不謀夕者案春秋左氏襄公三十一年穆叔至自會見孟孝伯語之曰趙孟將死矣其語偷又孝伯曰人生幾何誰能無偷朝不及夕將焉用樹穆叔出而告人曰孟孫將死矣吾語諸趙孟之偷也而又甚焉昭元年天王使劉定公勞趙孟於潁館於洛汭劉子曰美哉禹功明德遠矣微禹吾其爲魚乎吾與子弁冕端委以治民臨諸侯禹之力也子盍遠績禹功而大庇民乎對曰老夫罪戾是懼焉能恤遠吾儕偷食朝不謀夕何其長也劉子歸以語王曰諺所謂老將智而耄及之者以此而言之鄭似依昭元年傳也云恤謂災危相憂民有凶患憂之則不懈怠者災危凶憂謂若遭水旱之災歲凶年穀不登有無相濟是其相憂令不懈怠也云度謂宮室車服之制者謂若典命云上公九命國家宮室車旗衣服禮儀及侯伯子男已下各依命數是其制度也云世事謂士農工商之事少而習焉其心安焉因教以能不易其業者案齊語云桓公曰成民之事若何管子曰四民者勿使雜處雜處則亂昔聖王處士就閑燕處工就官府處

商就市井處農就田野又云士之子恆爲士工之子恆爲工商之子恆爲商農之子恆爲農少而習焉其心安焉是世事也云愼德謂矜其善德勸爲善者民能矜矜然求其善德又相勸爲善也云庸功也者此經云以庸制祿司士云以功詔祿庸卽功其理同也云故書儀或爲義杜子春讀爲儀者不從故書讀從大宗伯九儀一命至九命作伯也

以土宜之灋辨十有二土之名物以相民宅而知其利害以阜人民以蕃鳥獸以毓草木以任土事十二土分野十二邦上繫十二次各有所宜也相占視也阜猶盛也蕃蕃息也育生也任謂就地所生因民所能○相息亮反注同毓音育分扶問反

疏以土至土事○釋曰云以土宜之法辨十有二土之名物者十二土各有所宜不同所出之物及名皆異故云以土宜之法辨十有二土之名物也云以相民宅者謂既知十二土之所宜以相視民居使之得所也云而知其利害者十二土之中利處居之害處遠之以阜盛人民以蕃息鳥獸以毓生草木者皆由知利害使之然也云以任土事者辨十有二土任人性居之○注十二至所能○釋曰十二土分野十二邦上繫十二次各有所宜也者案保章氏以星土辨九州之地注云星土星所主土也又云大界則曰九州州中諸國之封域於星亦有分焉其書亡矣堪輿雖有郡國所入度非古數也今其存可言者十二次之分也星紀吳越也玄枵齊也娵訾衞也降婁魯也大梁趙也實沈晉也鶉首秦也鶉火周也鶉尾楚也壽星鄭也大火宋也析木燕也如是天有十二次日月之所躔地有十二土王公之所國又周語伶周鳩云昔武王伐商歲在鶉火又云歲之所在則我之分野故知分野十二邦上繫十二次各有所宜也若然唐虞及夏萬國殷周千七百七十三國皆依附十二邦以繫十二次若吳越同次之類也凡繫星之法皆因王者所命屬焉故昭元年左傳云晉侯有疾鄭公孫僑如晉聘且問疾叔向問焉曰寡君之疾病卜人曰實沈臺駘爲祟史莫之知敢問此何神也子產曰昔高辛氏有二子伯曰閼伯季曰實沈居於曠林不相能也日尋干戈以相征討后帝不臧遷閼伯於商丘主辰商人是因故辰爲商

星遷實沈於大夏主參唐人是因以服事夏商又云及成王滅唐而封大叔焉故參爲晉星又襄九年晉士弱云陶唐氏之火。○正閼伯居商丘祀大火相土因之故商主大火是皆先王命祀之法也案元命包云國君王者封上應列星之位注云若角亢爲鄭房心爲宋比其餘小國不中星者以爲附庸若然附庸星不繫星其餘皆繫星也又云任謂就地所生因民所能者地之所生出物不同民之所資事業有異謂若居山者利其金玉錫石禽獸材木居澤者利其魚鹽居陸者利其田蠶是其任謂就地所生因民所能而居之也

辨十有二壤之物而知其種以教稼穡樹蓺

壤亦土也變言耳以萬物自生焉則言土土猶吐也以人所耕而樹蓺焉則言壤壤和緩之貌詩云樹之榛栗又曰我蓺黍稷蓺猶蒔也○種章勇反榛側巾反蒔時至反

疏 辨十至樹蓺○釋曰此十二壤即上十二土上經論居人物之事此經辨其種殖所宜故變其文云辨十二壤之物者分別物之所生而知其所殖之種遂即以教民春稼秋穡以樹其木以蓺其黍稷也○注壤亦至蒔也○釋曰上經既欲居民不必皆須樹蓺故云土取萬物自生爲名此經據樹蓺而言故變云壤取和緩爲義故鄭云變言耳詩云樹之榛栗是定之方中詩以引之證經樹是植木又曰我蓺黍稷是楚茨之詩引之證經蓺是黍稷也

土均之灋辨五物九等制天下之地征以作民職以令地貢以斂財賦以均齊天下之政

均平也五物五地之物也九等騂剛赤緹之屬征稅也民職民九職也地貢貢地所生謂九穀財謂泉穀賦謂九賦及軍賦○騂雖營反緹音低

疏 以土至之政○釋曰以土均之法辨五物者即上山林川澤之等是也云九等者據五地之內分爲九等之地騂剛赤緹之屬其種所宜不同也云制天下之地征者言天下則幷畿外邦國所稅入天子而言也此地征與下爲目也以作民職者民有職業乃可稅之云以令地貢者地貢即九職之稅也云以斂財賦者斂財即大宰九賦斂財賄一也既言財又別言賦者欲見財既爲九賦。斂財。賦中又兼有軍賦故財賦殊言之云以均齊天下之政者大司

徒以法均齊之天下皆使依法故云均齊天下之政也○注均平至軍賦○釋曰九等知是騂剛之屬者但地或云十等或云五地或云十二土皆無云九等者案草人職云騂剛赤緹之屬有九等皆是地勢所宜糞種之法故鄭以騂剛赤緹之屬解之云地貢貢地所生謂九穀者案大宰以九職任萬民即云一曰三農生九穀此經云以作民職爲九職即云令地貢明貢是九穀可知云財謂泉穀者案大宰云以九賦斂財賄彼注亦云財泉穀則以泉穀當賦泉之數也云賦謂九賦及軍賦者以經云財賦不得爲一事解之今鄭以賦爲軍賦者則賦中兼軍賦謂甲士三人步卒七十二人之等

以土圭之灋測土深正日景以求地中日南則景短多暑日北則景長多寒日東則景夕多風日西則景朝多陰土圭所以致四時日月之景也。云測猶度。也不知廣深故曰測故書求爲。救杜子春。云爲求鄭司農云測土深謂南北東西之深也日南謂立表處大南近日也日北謂立表處大北遠日也景夕謂日跌景乃中立表之。處大東近日也景朝謂日未中而景中立表處大西遠日也玄謂晝漏半而置土圭表陰陽審其南北景短於土圭謂之日南是地於日爲近南也景長於土圭謂之日北是地於日爲近北也東於土圭謂之日東是地於日爲近東也西於土圭謂之日西是地於日爲近西也如是則寒暑陰風偏而不和是未得其所求凡日景於地千里而差一寸○深尺鴆反景如字本或作影非下及注同度待洛反下同近附近之近下同遠日千萬反跌待結反

疏以土至多陰○釋曰案。土人職云土圭尺有五寸周公攝政四年欲求土中而營王城故以土圭度日景之法測度也度土之深深謂日景長短之深也正日景者夏日至晝漏半表北得尺五寸景正與土圭等即地中故云正日景以求地中也日南則景短多暑者周公度日景之時置五表五表者於潁川陽城置一表爲中表中表南千里又置一表中表北千里又置一表中表東千里又置一表中表西千里又置一表今言日南景短多暑者據中表之。南而言亦晝漏半立八尺之表表北得尺四寸景不滿尺五寸不與土圭等是其日南是

地於日爲近南景短多暑不堪置都之事北云日北者據中表之北表而言亦晝漏半表北得尺六寸景是地於日爲近北是其景長多寒之事也云日東則景夕多風者據中表之東表而言亦於晝漏半中表景得正時東表日已跌矣是地於日爲近亦晝漏半已得夕景故云景夕多風云日西則景朝多陰者爲中表之西表而言是地於日爲近西亦於晝漏半中表景得正時西表日未中乃得朝時之景故云日西則景朝多陰此經皆未得所求耳解洪範之義依五行傳風屬中央雨屬東方今西方云多陰東方云多風者土爲木妻木爲金妻從妻所好故月離於箕風揚沙月離於畢俾滂沲故此東方多風西方多陰即雨也○注土圭至一寸○釋曰案馮相氏云冬夏致日春秋致月皆以土圭度之是以冬官考工記云土圭尺有五寸以致日鄭云土圭所以致四時日月之景也云測猶度不知廣深故曰測者廣深喻遠近以經云測土深故鄭云廣深也鄭司農云測土深謂南北東西之深也者先鄭據經云日南日北日東日西皆以土圭測度之先鄭又云日南謂立表處大南近日云云先鄭之意日於地中而以在南故以南表爲近日北表爲遠日日出東方而西流故以東表爲近日西表爲遠日云景夕謂日跌景乃中者於晝漏半東表日跌中表景乃中又云景朝謂日未中而景中者亦於晝漏半西表日未中而中表景乃中也玄謂晝漏半而置土圭表陰陽審其南北者後鄭釋景長短之意度景之法冬至夏至皆可爲之皆據晝漏半者以取日正午乃得其端直也云表陰陽者東方西方是陰陽故別云審其南北也又云景短於土圭謂之日南是地於日爲近南云後鄭之義與先鄭不殊更云是地於日爲近南已下者先鄭云近日遠日恐人以爲南方東方地高爲近日北方西方地下爲遠日有此地高下之嫌故後鄭增成先鄭之義取云是地於日爲近北於日爲近東於日爲近西四方之表皆去中表千里而云是立表之處其地於天下之日爲近南爲近北爲近東爲近西也云如是則寒暑陰風偏而不和是未得其所求者此言對下經地中是陰陽風雨和會爲得所求也云凡日景於地千里而差一寸者案三光考靈耀云四游升降於三萬里中下云日至之景尺有五寸謂之地中則是半三萬里而

萬五千里與土圭等是千里差一寸算法亦然言此者欲見經日南日北之等皆去中表千里爲術景長景短皆差一寸耳知表皆高八尺而以晝漏半者以其通卦驗云冬日至樹八尺之表日中視其晷是以知用八尺表而以晝漏半度景也

日至之景尺有五寸謂之地中天地之所合也四時之所交也風雨之所會也陰陽之所和也然則百物阜安乃建王國焉制其畿方千里而封樹之

景尺有五寸者南戴日下萬五千里地與星辰四遊升降於三萬里之中是以半之得地之中也畿方千里取象於日一寸爲正樹樹木溝上所以表助阻固也鄭司農云土圭之長尺有五寸以夏至之日立八尺之表其景適與土圭等謂之地中今。潁川陽城地爲然

疏日至至樹之○釋曰上經置五表於四方四表未得所求今於中表夏日至亦晝漏半立八尺之表表北得景尺有五寸景與土圭等謂之地中於此地中之所天地之所合也者天地不合萬物不生天地配合萬物乃生故樂記云天地訢合是也四時之所交也者即尙書所云宅南交孔云言夏與春交舉一隅以見之則秋與夏交冬與秋交春與冬交可知故云四時所交也風雨之所會也者風雨所至會合人心謂若禮器云饗帝於郊風。雨寒暑時是也陰陽之所和也者謂若昭四年左氏申豐云冬無愆陽夏無伏陰是其陰陽和也然則百物阜安者總結上句所合已下然尤如是阜盛也如是四事得所則百物盛安也乃建王國焉者建立也於此盛安之處乃立王之國城焉制其畿方千里者王畿千里以象日月之大中置國城面各五百里制畿界而封樹之者於畿疆之上而作深溝土在溝上謂之爲封封上樹木以爲阻固故云而封樹之○注景尺至爲然○釋曰云景尺有五寸者欲釋經景尺有五寸得地中之意云南戴日下萬五千里者景一寸差千里故於地中尺五寸景去南戴日下萬五千里云地與星辰四游升降於三萬里之中者考靈耀文言四游升降者春分之時地與星辰復本位至夏至之日地與星辰東南游萬五千里下降亦然至秋分還復正至冬至地與星辰西北游亦萬五千里

上升亦然至春分還復正進退不過三萬里故云地與星辰四游升降於三萬里之中是以半之得地之中也云畿方千里取象於日一寸為正者鄭注王制象日月之大亦取晷同此云取象於日一寸為正不言象一日月之大者略不言之矣云一寸為正者即是景一寸地千里與王制注晷同一也案元命包云日圓望之廣尺以應千里故鄭注王制云象日月之大也又案考靈耀曰從上臨下八萬里天以圓覆地以方載河圖括地象曰天不足西北地不足東南西北為天門東南為地戶天門無上地門無下又云極廣長南北二億三萬一千五百里東西二億三萬三千里又云天左動起於牽牛地右動起於畢廣雅云天圜南北二億三萬三千五百里七十五步東西短減四步周六億十萬七百里二十五步從地至天億一萬六千七百八十七里半下度地之厚與天高等天度云東方七宿七十五度南方七宿百一十二度西方七宿八十度北方七宿九十八度四分度之一四方三百六十五度四分度之一度二千九百三十二里二十八宿間相距積百七萬九百一十三里徑三十五萬六千九百七十里鄭司農云潁川陽城地為然者潁川郡陽城縣是周公度景之處古跡猶存故云地為然也案春秋左氏武王克商遷九鼎於洛邑欲以為都不在潁川地中者武王欲取河洛之間形勝之所洛都雖不在地之正中潁川地中仍在畿內若然武王已遷鼎於洛欲以為都周公又度景求地中者武王雖定鼎訖周公更度之者所以審慎故案書傳云四年建侯衛五年營成周建侯衛者在尚書康誥封康叔是也案康誥云惟三月哉生魄周公初基作新大邑于東國洛四方之民大和會注云岐鎬之域處五岳之外周公為其於政不均故東行於洛邑合諸侯謀作天子之居四方民聞之同心來會樂即功作効其力焉是時周公居攝四年也又案召誥惟三月丙午朏注云是時周公居攝五年越三日戊申大保朝至於洛卜宅厥既得卜則經營之若然洛邑在攝政四年初為基。止至五年乃正營之也

凡建邦國以土圭土其地而制其域諸公之地封疆方五百里其食者半諸侯之地封疆方四百里其食者

參之一諸伯之地封疆方三百里其食者參之一諸子之地封疆方二百里其食者四之一諸男之地封疆方百里其食者四之一土其地猶言度其地鄭司農云土其地但爲正四方耳其食者半公所食租稅得其半耳其半皆附庸小國也屬天子參之一者亦然故魯頌曰錫之山川土。地附庸奄有龜蒙遂荒大東至于海邦論語曰季氏將伐顓臾孔子曰先王以爲東蒙主且在邦域之中是社稷之臣此非七十里所能容然則方五百里四百里合於魯頌論語之言。諸男食者四之一適方五十里獨此與今五經家說合耳玄謂其食者半參之一四之一者土均均邦國地貢輕重之等其率之也公之地以一易侯伯之地以再易子男之地以三易必足其國禮俗喪紀祭祀之用乃貢其餘若今度支經用餘爲司農穀矣大國貢重正之也小國貢輕字之也凡諸侯爲牧正帥長及有德者乃有附庸爲其有祿者當取焉公無附庸侯附庸九同伯附庸七同子附庸五同男附庸三同進則取焉退則歸焉魯於周法不得有附庸故言錫之也地方七百里者包附庸以大言之也附庸二十四言得兼此一等矣○疆居良反下同顓之宣反臾音榆率音律又音類後注同正之音征字如字一音茲爲其于僞反

疏 凡建至之一○釋曰上經既陳天子之國幷畿內千里此經說諸侯邦國故云凡建邦國以土圭土其地土猶度也以土圭度其地假令封上公五百里國北畔立八尺之表夏至晝漏半得尺五寸景與土圭等南畔得尺四寸五分其中減五分一分百里五五分則五百里減四分則四百里封侯減三分則三百里封伯減二分則二百里封子減一分則一百里封男是土其地之法而制其域者自上公五百里已下境界皆有營域封圻云諸公之地封疆方五百里其食者半者言天子封公以五百里之地其一國之稅天子食其半云諸侯之地封疆方四百里可食者參之一者謂三分之天子食其一分云諸伯之地封疆方三百里其食者。參之一者亦與。侯同云諸子之地諸男之地皆云四之一者謂總得一國之稅四分之天子食其一分故云其食者四之一其天子所食者皆謂諸侯

市取美物以貢天子卽大宰九貢是也其公之稅有半侯伯有三之二子男有四之三皆自入充國家畜積禮俗喪紀之用也○注土其至等矣○釋曰土其地猶言度其地者案上經以土圭之法測土深測猶度也此經云以土圭土其地以土正當測處故云土其地猶言度其地也司農云土其地但爲正四方耳者司農意案上經天子度取土中此封諸侯但正四方而已不求土中故云但爲正四方謂五百里四百里之等云其食者半公所食租稅得其半耳其半皆附庸小國也屬天子參之一亦然者司農意以經云其食者半與參之一四之一皆自食其餘並入天子故云其食者半公所食租稅得其半耳其半皆附庸小國也屬天子參之一亦然也先鄭雖不云四之一司農意亦四分分之三分入天子一分自食司農之義於經文雖似通若然則大國貢輕次國小國貢重非字小之法於義不可故後鄭不從引魯頌曰錫之山川已下至社稷之臣此司農之意上公已下盡有附庸魯雖侯爵受五百里之國明堂位云七百里者五百里外並是附庸卽公五百里者亦半爲附庸故上注云其半皆附庸是也云此非七十里所能容者司農之意見孟子何休之徒言周之制無五百里四百里國魯國唯有七十里而已故破諸家據魯頌論語非七十里之所能容也云然則方五百里四百里合於魯頌論語之言者司農據此經公五百里侯四百里與魯頌論語合亦是破諸家之意云諸男食者四之一適方五十里者司農意男國百里開方得五十里者四經云其食者四之一謂三分入天子一分自食所食者唯有五十里云獨此與今五經家說合耳者五經家謂若張苞何休孟子等皆以爲周法公侯方百里伯七十里子男五十里子男五十里故男食五十里是與五經家說合若自子已上以百里七十里國於此經二百里已上四之一三之一不合故直舉男地而言玄謂其食者半參之一四之一者上均均邦國地貢輕重之等者案下土均云均地貢均卽此所均征稅邦國地貢輕重是也云其率之也公之地以一易侯伯之地以再易子男之地以三易者其民受地有一易再易故此諸侯之地據貢入天子以耕之者入諸侯者以易而不耕者故以公之地貢半似二百畝佃半也侯伯之地三之一貢入天子似

家三百畝佃百畝留二分似荒廢者也子男之地以三易四之一貢與天子似
家得四百畝佃百畝留三分似三百畝不耕者也民但家無三易之地直以況
義耳云必足其國禮俗喪紀祭祀之用乃貢其餘者後鄭意釋公國貢半已下
漸少之意言公受地廣稅物多但留半自用卽足其國。俗喪紀及畜積之用故
以半爲餘貢入天子其侯伯受地差少則其稅亦少故三分之二留自用乃足
其國以一分爲餘貢入天子其子男受地又少其稅轉少故四分之三乃足其國
亦以一分爲餘貢入天子注雖不言畜積但言足其國明畜積在中乃得云足
故王制云國無九年之畜曰不足是也云若今度支經用餘爲司農穀矣者度
支經用似國家喪紀所用餘爲司農穀若四之一入天子故據漢法以況之云大國
貢重正之也小國貢輕字之也者謂若四之一是也字愛也謂愛小國之法若
然三之一者是不輕不重後鄭言此者破先鄭其食者四之一三分貢與天子
三之一者二分貢與天子非字小之法又見采地之稅四之一一分貢與天子
故不從先鄭之義云凡諸侯爲牧正帥長及有德者乃有附庸者案王制云五
國以爲屬屬有長十國以爲連連有帥三十國以爲卒卒有正二百一十國爲
州州有伯伯卽牧也此牧正帥長皆是有功諸侯乃得爲之有功卽有附庸又
諸侯有德雖不爲牧正帥長亦得有附庸故鄭總云諸侯牧正帥長及有德者
乃有附庸焉云爲其有祿者當取焉者謂取閒田爲附庸以爲祿也云公無附
庸者以其天子畿方千里上公五百里地極故無附庸也云侯附庸九同者以
其侯有功進受公地但公五百里開方之方百里者五五二十五侯四百里開
方之四四十六加九同則爲二十五同與公等故知侯附庸九同云伯附庸七
同者伯地三百里三三而九加七同則爲十六同與侯等故知伯附庸七同也
云子附庸五同男附庸三同者以其子有功進受伯地加五同與伯等男有功
受子地男本一同加三同與子等開方之皆可知云進則取焉退則歸焉者進
則取焉謂附庸者退則歸焉者謂爲閒田者也故王制一州之內二百一十國
其餘以爲附庸閒田併言之矣云魯於周法不得有附庸故言錫之也者魯雖
爲侯爵以其王子母弟雖爲侯伯晝服如上公受五百里之地與上公等成王

以周公制典法之勳賜魯以侯伯子男四等附庸故明堂位云地方七百里鄭云方七百里者包附庸以大言之也又云附庸二十四言得兼此四等矣者魯本五百里四面各加百里四五二十即二十同四角又各百里爲四同故云附庸二十四言周公有德兼侯九同伯七同子五同男三同故云兼此四等矣凡言同者皆百里地百里則爲國周法不滿百里乃爲附庸今皆名附庸爲同者但附庸實不滿百里積集附庸成同并數之矣假令男附庸三同附庸國則多矣據成周而言三耳自餘五同七同已上其義可知也

凡造都鄙制其地域而封溝之以其室數制之不易之地家百畮。一易之地家二百畮再易之地家三百畮

都鄙王子弟公卿大夫采地其界曰都鄙所居也王制曰天子之縣內方百里之國九七十里之國二十有一五十里之國六十有三此蓋夏時采地之數周未聞矣春秋傳曰遷鄭焉而鄙留城郭之宅曰室詩云嗟我婦子曰爲改歲入此室處以其室數制之謂丘甸之屬王制曰凡居民量地以制邑度地以居民地邑民居必參相得鄭司農云不易之地歲種之地美故家百畮一易之地休一歲乃復種地薄故家二百畮再易之地休二歲乃復種故家三百畮○畝本亦作古畮字甸劉常證反復扶又反下同○疏凡造至百畮○釋曰上言王。畿及諸侯邦國至此更言畿內都鄙三等采地云凡造都鄙制其地域者案載師職家邑任稍地小都任縣地大都任疊地又下文小司徒職云四丘爲甸四甸爲縣四縣爲都家邑二十五里小都五十里大都百里是造都鄙制其地域也云而封溝之者謂三等采地四境界上皆有溝封而樹之以爲阻固云以其室數制之者其室在都邑之內而云制之者依其城內室數於四野之中制地與之謂若九夫爲井四井爲邑四邑爲丘四丘爲甸四甸爲縣四縣爲都之等是也云不易之地家百畮者此謂上地年年佃之故家百畮云一易之地家二百畮者謂年別佃百畮廢百畮云再易之地家三百畮者以其地薄年年佃百畮廢二百畮三年再易乃偏故云再易也○注都鄙至百畮○釋曰言都鄙王子弟公卿大夫采地者公在大都卿在

小都大夫在家邑其親王子母弟與公同在大都次疏者與卿同在小都次更疏者與大夫同在家邑故總云都鄙王子弟公卿大夫采地也云其界曰都鄙所居也者三等采地皆有城郭是其鄙所居也據其四境即是其界曰都又引王制曰天子之縣內方百里之國九云云又云此蓋夏時采地之數者案殷周皆稱畿內王制云縣內疑是夏時故云此蓋夏時采地之數也云周未聞矣者案洛誥傳云天下諸侯入來進受。命於周退見文武之尸。者千七百七十三諸侯注云八州州立二百一十國畿內九十三國云畿內九十三國即此都鄙之數有文矣而云未聞者以無正文故疑焉或未可聞其大國次國小國各有畿國故云未聞其實總數則聞之矣云春秋傳曰還鄭焉而鄙留者案桓十一年夏五月鄭伯寤生卒秋七月葬鄭莊公九月宋人執鄭祭仲公羊云祭仲者何鄭相也何以不名賢乎祭仲以爲知權也其爲知權奈何古者鄭國處於留先鄭伯有善於。鄶公者通乎夫人以取其國而遷鄭焉而野留莊公死已葬祭仲將往省于留塗出於宋宋人執之謂之曰爲我出忽而立突祭仲不從其言則君必死國必亡從其言則君可以生易死國可以存易亡是以謂之權也野鄙不同者何鄭所見傳異也案玄發墨守云鄭始封君曰桓公者周宣王之母弟國在宗周畿內今京兆鄭縣是也桓公生武公武公生莊公遷。居東周畿內國在虢鄶之間今河南新鄭是也武公生莊公因其國焉留乃在陳宋之東鄭受封至此適三世安得古者鄭國處於留祭仲將往省留之事乎是鄭君不從公羊引之者直取鄙所居爲義也其鄭居留之事猶自不取也所謂文取而義不取也云城郭之宅曰室又引詩者是七月詩取證室在城內於其室數制城外井邑又云制之謂制丘甸之屬者案下小司徒云四井爲邑以至丘甸縣都是也又引王制者欲見邑在城外居在城內外內多少必參相得之事乃分

地職奠地守制地貢而頒職事焉以爲地灋而待政令分地職分其九職所宜也定地守謂衡麓虞候之屬制地貢謂九職所稅也頒職事者分命使各爲其所職之事○奠劉音定【疏】注分地至之事○釋曰分地職分其九職所宜也者上經既授上中下地

此經云分地職故知分地職者是分九職所宜九職則大宰云一曰三農生九穀是也所宜謂若孝經注高田宜黍稷下田宜稻麥之類是也云定地守謂衡麓虞候之屬者案昭二十年左氏傳晏子云山林之木衡麓守之澤之萑蒲舟鮫守之藪之薪蒸虞候守之海之鹽蜃祈望守之注云衡麓舟鮫虞候祈望皆官名也守之令民不得取之不共利時景公設此守以致疾故晏子所非非其不與民同鄭引之者以證地守之官若然此地官唯有衡虞無舟鮫祈望者此周禮舉其大綱左氏言其細別故詳略不同云制地貢謂九職所稅也者此地貢文承地職之下明非諸侯地貢是其九職任之九稅歛之若三農生九穀則稅九穀園圃毓草木則稅草木之類是也云頒職事者分命之言案尚書堯典分命羲仲宅嵎夷申命羲叔宅南郊分命和仲宅西曰昧谷申命和叔宅朔方此間頒職事亦是分命使各為其所職之事典田之官各有所掌

以荒政十有二聚萬民一曰散利二曰薄征三曰緩刑四曰弛力五曰舍禁六曰去幾七曰眚禮八曰殺哀九曰蕃樂十曰多昏十有一曰索鬼神十有二曰除盜賊

荒凶年也鄭司農云救飢之政十有二品散利貸種食也薄征輕租稅也弛力息繇役也去幾關市不幾也眚禮掌客職所謂凶荒殺禮者也多昏不備禮而娶昏者多也索鬼神求廢祀而修之雲漢之詩所謂靡神不舉靡愛斯牲者也除盜賊急其刑以除之。飢饉則盜賊多不可不除也杜子春讀蕃樂為藩樂謂閉藏樂器而不作玄謂去幾去其稅耳舍禁若公無禁利眚禮謂殺吉禮也殺哀謂省凶禮○弛式氏反舍音捨殺所界反徐所例反注同蕃方袁反

[疏]以荒至盜賊○釋曰言以荒政十有二者上經見分地職則有年穀不熟之時恐民離散故以救荒之政十有二條以聚萬民使不離散一曰散利者謂豐時聚之荒時散之積而能散使民利益故云一曰散利二曰薄征者薄輕也征稅也謂輕其稅三曰緩刑者謂凶年犯刑緩縱之四曰弛力者弛放其力役之事五曰舍禁者山澤所遮禁者舍去其禁使民取

蔬食六曰去幾者幾謂呵禁謂關市去稅而幾之七曰眚禮者謂吉禮之中眚
其禮數八曰殺哀者謂凶禮之中殺其禮數九曰蕃樂者蕃謂閉藏樂器而不
作十曰多昬者謂凶荒殺禮昬者多十有一曰索鬼神者謂凶年禱祈搜索鬼
神而禱祈之十有二曰除盜賊者凶年盜賊多急其刑以除之○注荒凶至凶
禮○釋曰下曲禮云歲凶年穀不登卽此。一。荒也故云荒凶年也鄭司農云救
飢之政十有二品者年穀不熟而民飢故設政教以救之故云救飢之政十有
二品十二品卽十二條各有品列而不同云散利貸種食也者謂豐時斂之凶
時散之其民無者從公貸之或爲種子或爲食用至秋熟還公據公家爲散據
民往取爲貸故云散利貸種食云薄征輕租稅也者案司稼云巡野觀稼出斂
法注云豐年從正儉有所殺若今十傷二三實除減半是輕租稅也云弛力息
繇役也者案均人云豐年則公均用三日中年則公均用二日無年則公均用
一日此云弛力謂人食不能二鬴之歲則移民就穀無力役之事故均人又云
凶札則無力政財賦是也云去幾關市不幾者此後鄭不從以其雖凶年猶幾
呵但去稅而已云眚禮掌客職所謂凶荒殺禮者也則後鄭不從者掌客所云
凶荒殺禮其總目語無所指斥故鄭以爲眚吉禮云多昬不備禮而娶昬者多
也者荒殺禮有六幷有玄纁束帛凶荒爲昬不可備行此禮使有女之家得減口
數有男之家易得其妻故娶昬者多也云索鬼神求廢祀而修之者年有凶災
鬼神不佑經云索鬼神謂搜索鬼神而祭之是求廢祀而修之求廢祀而修之
卽雲漢之詩靡神不舉是也連引靡愛斯牲者見索鬼神是祈禱之事須牲體
以薦之案左氏莊二十五年傳云天災有幣無牲此詩云靡愛斯牲者若天災
之時祈禱有牲災成之後卽有牲體故云靡愛斯牲云除盜賊急其刑以除之
饑饉則盜賊多不可不除也者上文既言緩刑其餘盜賊用急刑乃上下文爲
妨故鄭云饑饉則盜賊多不可不除故須急其刑以除之杜子春云讀蕃爲
藩樂謂閉藏樂器而不作者經云蕃者是蕃育之字故讀從藩是藩閉之字案
大司樂云大凶大烖令弛縣注云弛釋下之若。令休兵鼓之爲彼又云日月食
四鎮五嶽崩諸侯薨令去樂注云去樂藏之引春秋傳曰壬午猶繹萬入去籥

萬言入則去者不入藏之可知彼之二文云令弛縣據路寢常縣之樂釋下之去樂據廟中祭時暫縣之樂去而藏之此云藩樂謂閉藏樂器據廟中祭祀藏去樂器而不作若然祭祀不作明路寢常縣亦釋下之互見其義玄謂去幾去其稅耳者破先鄭之義全不幾後鄭必直去其稅猶幾之者案司關云國凶札則無門關之征猶幾明知司農之義非云舍禁若公無禁利者案左傳襄公九年冬公會晉侯伐鄭同盟于戲晉侯歸謀所以息民魏絳請施舍輸積聚以貸自公以下苟有積者盡出之國無滯積亦無困人公無禁利杜注云與民共是也云眚禮謂殺吉禮也云殺哀謂省凶禮者此破司農之義司農引掌客職凶荒殺禮證眚禮後鄭之意凶荒殺禮是總目之言不專於吉禮鄭知眚禮專是吉禮者以其下有殺哀與眚禮相對故知眚禮專是吉禮也案襄公二十四年冬大饑穀梁傳云五穀不升爲大饑一穀不升謂之嗛二穀不升謂之饑三穀不升謂之饉四穀不升謂之康五穀不升謂之大侵大侵卽大饑一也又案廩人云人食四鬴上也三鬴中也二鬴下也若食不能人二鬴則令移民就穀不能人二鬴之歲卽是大饑年也此云荒政者亦據大凶年爲義案均人云凶札無力政財賦此既據大饑猶云薄征者此經雖主大饑兼記一穀二穀不熟之歲故有輕稅也此鄭云荒凶年則荒與凶一也案大司樂大札。大。荒大凶荒凶。則。亂其實凶荒是一故宗伯云以荒禮哀凶札是凶荒不異司。農凶荒別文者以凶爲凶年以荒爲荒亂兼見斯義故凶荒別文也

以保息六養萬民一曰慈幼二曰養老三曰振窮四曰恤貧五曰寬疾六曰安富

保息謂安之使蕃息也慈幼謂愛幼少也產子三人與之母二人與之餼十四以下不從征養老七十養於鄉五十異粻之屬振窮拼捄天民之窮者也窮者有四曰矜曰寡曰孤曰獨恤貧貧無財業稟貸之寬疾若今癃不可事不。筭卒可事者半之也安富平其繇役不專取〇少詩照反拼音拯捄音救本亦作拯救矜古頑反癃音隆卒子忽反

疏以保至安富〇釋曰上經既陳凶荒不安之事故此經陳安養萬民之道云以保息六養萬民者民不安卽不得蕃息安則蕃息保安也民使

蕃息有六條以養萬民故云以保息六養萬民也○保息至事取○釋曰云產子三人與之母二人與之餼皆是越語范蠡欲速報吳爲此權禮使國民衆多故令國人壯者無取老婦老者無取壯妻女子十七不嫁父母有罪丈夫二十不娶亦罪其父母生丈夫二壺酒一犬生女子一壺酒一豚生三人公與之母生二人與之餼引之者見其愛幼少之法不必盡如其禮云十四以下不從征者案鄉大夫職國中七尺野自六尺皆不從征案論語云可以託六尺之孤注云六尺謂年十五則十五從征十四以下不從征可知亦是愛幼之事也云養老七十養於鄉者案王制云五十養於鄉六十養於國七十養於學彼謂大夫士也王制又云凡三王養老皆引年注云已而引戶校年當行復除也老人衆多非賢者不可皆養故食貨志云七十已上所養也此云七十養於鄉亦謂有賢行者也云五十異粻之屬者是王制文禮記常法庶人食稷士兼食黍大夫又加以粱今雖庶人至五十或與士大夫同食黍粱故云異粻云振窮抍救天民之窮者也窮者有四曰矜曰寡曰孤曰獨者案王制云老而無妻者謂之矜老而無夫者謂之寡少而無父者謂之孤老而無子者謂之獨鄭依此而言此四者天民之窮而無告者也皆有常餼故曰振窮云恤貧貧無財業稟貸之者案旅師云凡用粟春頒而秋斂之注云困時施之饒時收之是其恤貧之法故云無財業稟貸之云寬疾若今癃不可事不算卒者漢時癃病不可給事不算計以爲士卒若今。廢疾者也云可事者半之也者謂不爲重役輕處使之取其半功而已似今殘疾者也是其寬饒疾病之法云安富平其繇役不專取者言繇役均平又不專取則富者安故云安富也

以本俗六安萬民一曰媺宮室二曰族墳墓三曰聯兄弟四曰聯師儒五曰聯朋友六曰同衣服本猶舊也美善也謂約椓攻堅風雨攸除各有攸。宇族猶類也同宗者生相近死相迫。連猶合也兄弟昏姻嫁娶也師儒鄉里教以道藝者同師曰朋同志曰友同猶齊也民雖有富者衣服不得獨異○媺音美聯兄弟一本作聚兄弟椓陟角反

疏 以本至衣服○釋曰上經陳養萬民之法此經說安民庶

之道以本俗六安民者本舊也不依舊俗創立制度民心不安若依舊俗民心乃安故以本俗六條以安民也○注本猶至獨異○釋曰云謂約椓攻堅風雨攸除各有攸宇者此斯干美宣王之詩也案彼詩云約之閣閣約謂擂土椓之櫜櫜椓謂築之櫜櫜用力是其約椓攻堅攸所也能使風雨所除宇居也君子小人各有所居引之者證美宮室也經云嬔宮室明不使華美故以攻堅解之云族猶類也同宗者生相近死相迫者案左氏傳云非我族類其心必異族類是一故云族猶類也經云族墳墓是死相迫明生時居住相近可知故鄭云同宗者生相近死相迫也云連猶合也兄弟昏姻嫁娶也者案爾雅釋親云父之黨爲宗族母與妻黨爲兄弟則兄弟之名施於外親爲正又案喪服記兄弟皆有。外。邦及與兄弟居彼皆據同宗小功已下知此兄弟是昏姻非是同宗者見上云族墳墓是同宗明此兄弟施於外姓昏姻故爾雅又云婦之黨爲昏兄弟夫婦相名亦爲兄弟故曾子問曰不得嗣爲兄弟是以知兄弟是。婚姻也云師儒鄉里教以道藝者以其鄉立庠州黨及遂皆立序致仕賢者使教鄉閭子弟鄉閭子弟皆相。連合同就師儒故云連師儒也又案保氏職掌養國子以道故云教以道藝也云同師曰朋同志曰友者案學而云有朋自遠方來是朋者在學之稱此友與朋連文則亦是在學之稱且此朋友之文復在師儒之下但朋疏而多友親而少故云同師曰朋同志曰友此朋友據在學案尚書泰誓。武王云我友邦冢君是謂諸侯爲友洛誥云孺子其朋謂羣臣爲朋朋友之文所施廣矣鄭君皆望文爲義是以所注不同也云同猶齊也民雖有富者衣服不得獨異者士已上衣服皆有采章庶人皆同深衣而已故云民雖有富者衣服不得獨異並皆齊等也

正月之吉始和布教于邦國都鄙乃縣教象之灋于象魏使萬民觀教象挾日而斂之乃施教灋于邦國都鄙使之各以教其所治民正月之吉周正月朔日也而徒以布。五教至正歲又書教法詞縣焉○縣音玄注同挾子協反

【疏】正月至治民○釋曰正月之吉者謂建子之月一日也始和者從十二教已下於此

月之時始調和也政教皆有故法依舊而行之言始和者若改造云爾其實不改造也始以對終對下縣之是在建寅之月爲終也云布教於邦國都鄙者於此正月之時調和教典誥即布於邦國諸侯及畿内二鄙公卿大夫等云乃縣教象之法於象魏者言乃者緩辭是建寅之月乃縣教象之法於象魏闕上云使萬民觀教象者謂使萬民來就雉門象魏之處觀教象文書使知一年教法云挾日而斂之者縣之從甲至甲爲挾日而後斂藏之於明堂月月乃更受而行之謂之聽朔者也云乃施教法于邦國都鄙者案大宰六典八法八則之等正月前陳之正月之下不復言施之者以其並是當職之事故不復言所施且直言施教法於邦國都鄙則亦含上數事可知云使之各以教其所治民者若據邦國使諸侯教所治民若據都鄙則使公卿大夫教所治民○注正月至縣焉○釋曰言正月朔日者周禮凡言正歲者則夏之建寅正月直言正月者則周之建子正月也吉者月朔也故云正月之吉周正月朔日也司徒以布王教者案大宰注云布王治之事於天下此不言天下注文略邦國都鄙則亦天下也云至正歲又書教法而縣焉者釋經乃縣是正歲縣之必知縣在正歲者亦取義於小司徒云正歲則帥其屬而觀教法之象故知縣在正歲也

令五家爲比使之相保五比爲閭使之相受四閭爲族使之相葬五族爲黨使之相救五黨爲州使之相賙五州爲鄉使之相賓此所以勸民者也使之者皆謂立其長而教令使之保猶任也救救凶災也賓賓客其賢者故書受爲授杜子春云當爲受謂民移徙所到則受之所去則出之又云賙當爲糾謂糾其惡玄謂受者宅舍有故相受寄託也賙者謂禮物不備相給足也閭二十五家族百家黨五百家州二千五百家鄉萬二千五百家○比毗志反下同賙音周足劉子喻反

【疏】令五至相賓○釋曰此經說大司徒設比閭至於州鄉等第家數各立其官長教勸於民大司徒主六鄉故令六鄉之内使五家爲一比則有下士爲比長主之使五家相保不爲罪過五比爲閭者二十五家爲一閭立中士爲閭胥使之相受者閭胥使二十

五家有宅舍破損者受寄託四閭爲族使之相葬者百家立一上士爲族師使百家之內有葬者使之相助益故云使之相葬五族爲黨使之相救者五百家立一下大夫爲黨正民有凶禍者使民相救助故云使之相救五黨爲州使之相賙者二千五百家爲州立一中大夫爲州長民有禮物不備使賙給之五州爲鄉使之相賓者萬二千五百家爲鄉立一卿六命鄉爲鄉大夫鄉內之民有賢行者則行鄉飲酒之禮賓客之舉貢也故云使之相賓○注此所至百家○釋曰云此所以勸民者也者此經相保相受相救相賙相賓皆是民間之事故云所以勸民也云使之者皆謂立其長而教令使之者民不獨治必須君長故云皆謂立其長而教令使之立長謂若比長閭胥至鄉大夫等杜子春云當爲受謂民移徙所到則受之所去則出之者案比長職云五家相受相和親與此文同皆謂一閭之內無出入之法比長職又云徙於國及郊則從而授之注云徙謂不便其居也或國中之民出徙郊或郊民入徙國中彼是出鄉閭外與此閭內自相容受不同故後鄭易之以爲宅舍有故相受寄託解之子春又云賙當爲糾謂糾其惡後鄭不從者此一經相保相受之等皆是相勸爲善無相糾惡之事故後鄭存賙字謂禮物不備相給足解之云閭二十五家族百家黨云云知之者案此經五家爲比五州爲鄉轉相增故其家數可知

頒職事十有二于邦國都鄙使以登萬民一曰稼穡二曰樹蓺三曰作材四曰阜蕃五曰飭材六曰通財七曰化材八曰斂材九曰生材十曰學藝十有一曰世事十有二曰服事鄭司農云稼穡謂三農生九穀也樹蓺謂園圃毓草木作材謂虞衡作山澤之材阜蕃謂藪牧養蕃鳥獸飭材謂百工飭化八材通財謂商賈阜通貨賄化材謂嬪婦化治絲枲斂材謂臣妾聚斂疏材生材謂閒民無常職轉移執事學藝謂學道藝世事謂以世事教能則民不失職服事謂爲公家服事者玄謂生材養竹木者○飭音勑注同賈音古閒音閑

疏 頒職至服事○釋曰大司徒主天下人民之數故頒下民之職事十有二條於天下邦國及畿

內都鄙使以登成萬民此經不言鄉遂及公邑者舉外以包內司徒親主鄉遂公邑頒之可知云一曰稼穡已下至八曰斂材已上即大宰九職中八者是也大宰既掌之此又重掌者以大宰尊官總知其數此司徒是主民之官親自頒行義各有異也云一曰稼穡者種之曰稼斂之曰穡二曰樹藝者樹謂植木謂若樹之榛栗。藝謂種黍稷謂若蓺麻如之何我蓺黍稷之類是也案大宰有九職此八曰斂材已上與太宰同太宰有九此唯八者太宰言任萬民隨意所云故有九九曰閑民無常職轉移。執事此司徒云頒職事不可頒之使民轉移執事故闕之唯有八也九九曰生材已下加此四事者以其司徒主民此四事者是民之事業及學問故別增之也○注鄭司至木者○釋曰鄭司農云稼穡謂三農生九穀也者自此已下至聚斂疏材皆與太宰同但文有詳略其言異耳九穀須稼穡故變言稼穡耳樹藝與園圃毓草木者同草木須樹藝故亦變言樹藝耳云作材謂虞衡作山澤之材者此文有詳略耳云阜蕃謂。藪牧養蕃鳥獸者但養蕃不言阜此言阜字者欲見非直蕃息又使阜盛云飭材謂百工飭化八材者此亦文有詳略耳云通財謂商賈阜通貨賄者貨賄即財也亦文有詳略耳云斂材謂臣妾聚斂疏材者此亦文有詳略耳此八者之義以具釋於太宰故此亦不復重言云生材謂閒民無常職轉移執事者司農之意此閒民在第九當太宰九曰閒民無常職故以閒民解生財也但周公制禮太宰任民無常職於此頒職事不可頒無常職使民行之故後鄭易之以爲養竹木解之云學藝謂學道藝者案保氏職云掌養國子以道乃教之六藝故以藝中兼有道也云世事謂以世事教能則民不失職者案管子書云工之子恆爲工士之子恆爲士商之子恆爲商農之子恆爲農是以世事教民能則民不失職也云服事謂爲公家服事者謂若府史胥徒庶人在官者是公家服事者也玄謂生材養竹木者此後鄭破司農之義案太宰事典云以生萬民小宰事職云以養萬民則知生爲養山虞林衡別官則知此生材養竹木在於平地林衡所掌是也

以鄉三物教萬民而賓興之一曰六德知仁聖義忠和二曰六行孝友睦婣任

恤三曰六藝禮樂射御書數物猶事也興猶舉也民三事教成鄉大夫舉其賢者能者以飲酒之禮賓客之既則獻其書於王矣知明於事仁愛人以及物聖通而先識義能斷時宜忠言以中心和不剛不柔善於父母爲孝善於兄弟爲友睦親於九族姻親於外親任信於友道恤振憂貧者禮五禮之義樂六樂之歌舞射五射之法御五御之節書六書之品數九數之計○知音智行下孟反姻音因

疏以鄉至書數○釋曰物事也司徒主六鄉故以鄉中三事教鄉內之萬民也興舉也三物教成行鄉飲酒之禮尊之以爲賓客而舉之三物者則下一曰二曰三曰是也○注民三至之計○釋曰云民三事教成鄉大夫舉其賢者能者以飲酒之禮賓客之既則獻其書於王矣者此並鄉大夫職。又云知明於事者謂於前事不惑若四十而不惑也云仁愛人以及物者仁者內善於心外及於物謂若行葦詩美成王云敦彼行葦牛羊勿踐履是愛人及於葦葦即物也云聖通而先識者案襄二十二年臧武仲如晉兩過御叔御叔在邑將飲酒曰焉用聖人何休云說左氏傳者曰春秋之志非聖人孰能脩之夫子聖人乃能脩之御叔謂臧武仲爲聖人是非獨孔子玄箴之曰武仲者述聖人之道魯人稱之曰聖今使如晉過御叔御叔不說學見武仲而兩行儌之云焉用聖人爲左氏傳載之者非御叔不說學不謂武仲聖與孔子同若然此云聖亦與武仲同是皆述聖人之道云義能斷時宜者義宜也謂斷割合當時之宜也云忠言以中心者此以字解之如心曰恕如下從心中心曰忠中下從心謂言出於心皆有忠實也云和不剛不柔者謂寬猛相濟者也云善於父母爲孝善於兄弟爲友者案爾雅云張仲孝友善父母爲孝善兄弟爲友彼不言於此鄭云善於父母善於兄弟言於者凡言孝友非直甘。脃先奉昬定晨省而已謂若禮記祭義云孝者意先承志。喻父母於道國人稱之曰幸哉有子若是如此美行乃所爲父母兄弟所善故鄭云善於父母爲孝善於兄弟爲友也云睦親於九族者堯典云九族既睦是睦親於九族也九族者上至高祖下至玄孫旁及緦麻之內也云姻親於外親知姻是親於外親者上云睦施於九族明此姻是親於外親也左傳云士踰月外姻至亦據外親之等外親者則妻族母族是也此姻對睦施於外親若不對睦亦施於內親故論語云因不失其親喪服傳云與因母同此皆施於內親也云任信於友道者謂朋友有道德則任信之故論語云信則人任焉是也云恤振憂貧者者恤訓爲憂振訓爲救故知恤振憂貧者也云禮五禮之義自此已下至九數皆取義於保氏案保氏職掌養國子以道教之六藝一曰五禮二曰六樂三曰五射四曰五御五曰六書六曰九數案彼注云五禮者玄謂吉凶賓軍嘉六樂者玄謂雲門大咸大韶大夏大濩大武五射者先鄭云白矢參連剡注襄尺井儀五御者先鄭云鳴和鸞逐水曲過君表舞交衢逐禽左六書者先鄭云象形會意轉注處事假借諧聲九數者先鄭云方田粟米差分少廣商功均輸方程。贏不足旁要此九章之術是也彼注又云今有重差夕桀句股此經直陳六藝保氏各有其數故注保氏。其釋之注此直取保氏經以釋之五禮言義者以其吉凶之等各有其義樂言歌舞者以其作樂時有升歌下舞射言法者以其有升降揖讓之法御言節者四馬六轡有進退之節書言品者形聲處事差品不同數言計者有多少筭計各逐義強生稱

以鄉八刑糾萬民一曰不孝之刑二曰不睦之刑三曰不婣之刑四曰不弟之刑五曰不任之刑六曰不恤之刑七曰造言之刑八曰亂民之刑糾猶割察也不弟不敬師長造言訛言惑衆亂民亂名。改作執左道以亂政也鄭司農云任謂朋友相任恤謂相憂〇弟音悌注同【疏】以鄉至之刑〇釋曰上設三物教萬民民有不從教者則設刑以刑之故言以鄉八刑糾萬民也云一曰不孝之刑者有不孝於父母者則刑之孝經不孝不在三千者深塞逆源此乃禮之通教二曰不睦之刑者不相親睦亦刑之三曰不婣之刑者不親兼戒凡品故不孝有刑也於外親亦刑之四曰不弟之刑者謂不敬師長亦刑之五曰不任之刑者謂不信任於朋友亦刑之六曰不恤之刑者謂見災危而不憂恤亦刑之七曰造言之刑者有造浮僞之言者亦刑之八曰亂民之刑者謂執左道亂政則刑之〇注糾猶至相憂〇釋曰云糾猶割察也者謂

察取鄉中八種之過斷割其罪云不弟不敬師長者此不弟卽上六行友是也上文在睦姻之上此變言弟退在睦姻之下者上言友專施於兄弟此變言弟兼施於師長故退在睦姻之下云造言訛言惑衆者案王制行僞而堅言僞而辨與此造言一也是訛言惑衆也云亂民亂名改作執左道以亂政也者亂名已下皆王制文案彼注亂名改作謂變易官與物之名更造法度左道若巫蠱及俗禁並是亂政之民也上三物有六德六行六藝六德六藝不設刑獨於六行設刑者鄭注師氏云在身爲德施之爲行德爲在身不施於物六藝亦是在身之能不施於人故二者不設刑其行並是施之於人故禁其恐有愆負故設刑以防之也造言亂民民中特害故六行之外別加此二刑

以五禮防萬民之僞而教之中

禮所以節。止民之侈僞使其行得中鄭司農云五禮謂吉凶賓軍嘉【疏】以五至之中○釋曰以五禮防萬民之僞而教之中者案禮記樂記云禮者著誠去僞故以禮防萬民之僞而教之使得中正也○注禮所至軍嘉○釋曰禮者辨尊卑別貴賤皆有上下之宜不得奢侈僭僞故云禮所以節。止民之侈僞也使其行得中者上不逼下下不僭上得其中正是也鄭司農云五禮謂吉凶賓軍嘉者春官大宗伯文也

以六樂防萬民之情而教之和

樂所以蕩正民之情思使其心應和也鄭司農云六樂謂雲門咸池大韶大夏大濩大武○思悉吏反應應對之應招上朝反本亦作韶濩音護本亦作護【疏】以六至之和○釋曰案樂記云大樂與天地同和孝經云移風易俗莫善於樂故大司徒云六樂防萬民之情而教之使應和也○注樂所至大武○釋曰案樂記云在閨門之內父子兄弟同聽之莫不和親故云樂所以蕩正民之情思使其心應和也鄭司農云六樂雲門已下皆大司。樂文至彼具釋案前云六藝禮樂射御書數不覆申射御書數而獨申禮樂二事但化民以禮樂爲急故樂記云心中斯須不和不樂而鄙詐之心入之矣外貌斯須不莊不敬而易慢之心入之矣故樂也者動於內者也禮也者動於外者也是致禮樂以治內外之急也又孝經云安上治民莫善於禮移風易俗莫善於樂是禮樂爲化民之急也故特言禮樂

耳

凡萬民之不服教而有獄訟者與有地治者聽而斷之其附于刑者歸于士

不服教不。厭服於十二教貪冒者也爭罪曰獄爭財曰訟有地治者謂鄉州及治都鄙者也附麗也士司寇士師之屬鄭司農云與有地治者聽而斷之與其地部界所屬吏共聽斷之士謂主斷刑之官春秋傳曰士榮為大士或謂歸于圜土圜土謂獄也獄城圜○治直吏反注及下正治并注同斷丁亂反注同厭於涉反或於驗反

疏凡萬至于士○釋曰上以禮樂化民而萬民不厭服十二教則鬬爭起有獄訟者將斷剸之時恐其獄訟不審故與其有地治者謂治民之官共聽而斷之若有小罪則司徒決之其附於五刑則歸於士使秋官士師之等斷之○注不服至城圜○釋曰云不服教不厭服於十二教貪冒者也者上以十二教教民使不貪冒其民有不厭服於十二教卽是貪冒之人也厭有二種有嫌厭有厭飫之厭謂若祭禮有陰厭之類是也此言不厭服十二教者謂不厭飫服行十二教也又云爭罪曰獄爭財曰訟者案秋官大司寇云以兩造禁民訟以兩劑禁民獄獄訟相對故獄為爭罪訟為爭財若獄訟不相對則爭財亦為獄其義具在秋官釋之云有地治者謂鄉州及治都鄙者也者司徒主六鄉明知有鄉州也案上經布教於都鄙明地治之內兼有都鄙可知云附麗也者案秋官云麗於法案尚書呂刑越茲麗刑故以附為麗云士司寇士師之屬者案秋官有士師鄉士遂士縣士並主獄訟之事故云士師之屬也司農云春秋傳曰者僖公二十八年衛侯出奔及其反國誤射殺弟叔武元咺訴於晉衛侯與元咺訟晉使士榮為大士而聽斷之引此者欲見有獄必有訟有訟者不必有獄故彼是爭罪之事而言衛侯與元咺訟云或謂歸於圜土圜土謂獄也者司農之意此經。士或為。土字因卽解土為圜土圜土卽獄也云獄城圜者更解圜土之意圜土之義具在秋官司圜職也

祀五帝奉牛牲羞其肆

牛能任載地類也奉猶進也鄭司農云羞進也肆陳骨體也玄謂進所肆解骨體士喪禮曰肆解去蹄○肆託歷反注肆解肆去同司農音四注肆陳同

疏祀五至其肆○釋曰云祀五帝者謂五時迎氣於四

郊及總享五帝於明堂即大司徒奉牛牲又云羞其肆者羞進也肆解也謂於俎上進所解牲體於神坐前○注牛能至去蹄○釋曰鄭解司徒奉牛之意故云牛能任載地類也故屬地官司徒鄭司農云羞進也肆陳骨體也者骨體肩臂脊脅之屬司農以肆爲四音讀之故云肆陳也謂陳牲體於俎上即體解折節爲二十一體是也故云陳骨體也玄謂進所肆解骨體者後鄭之意以肆爲擿音讀之肆解骨體者爲七體解之故引士喪禮曰肆解去蹄案士喪禮曰特豚四鬄去蹄彼注云四解之殊肩髀彼言殊肩髀與此骨體一也但彼云四鬄此云肆解其字不同者鄭直以義讀之非彼正文此云殺當彼鬄也後鄭必不從先鄭爲肆陳骨體爲二十一體者案禮運云腥其俎孰其殺彼注云腥其俎謂豚解而腥之也孰其殺謂體解而爓之祭祀之法先豚解後體解經云奉牛牲謂初牽入時即言羞其肆明先豚解又案國語禘郊之事則有全烝明知不得先有體解若然則禘郊之事先全烝始後豚解也若宗廟之祭則無全烝先豚解次體解禮運所云者是也

享先王亦如之

疏享先至如之○釋曰享先王不辨祭之大小彼大宗伯四時及禘祫六者皆稱享云亦如之者亦如上祀五帝奉牛牲羞其肆又不言祭地者祭地之禮與天同

大賓客令野脩道委積令令遺人使爲之也少曰委多曰積皆所以給賓客

疏大賓至委積○釋曰案大行人諸侯朝稱賓卿大夫來聘稱客彼對文例散文賓客通此云大賓客者唯據諸侯來朝大司徒令遺人於野路之上脩治道塗及委積芻薪米禾之等以待賓客○注令令至賓客○釋曰令令遺人使爲之也少曰委多曰積者案遺人云十里有廬廬有飲食三十里有宿宿有路室路室有委五十里有候館候館有積故知義然也

大喪帥六鄉之衆庶屬其六引而治其政令衆庶所致役也鄭司農云六引謂引喪車索也六鄉主六引六遂主六紼○引如字又音胤紼音弗

疏大喪至政令○釋曰大喪謂王喪至七月而葬大司徒帥六鄉之衆庶取一千人屬其六引挽柩鄉廣而治其政令者大司徒則檢校挽柩之事○注衆庶至六紼○釋曰云衆庶所致役也者但六鄉七萬五千

家。進取一千人致之使爲挽柩之役故云所致役也司農云六鄉主六引則此經是也云六遂主六紼者案遂人職云大喪帥六遂之役而致之掌其政令及葬帥而屬六紼在棺曰紼見繩體行道曰引見用力。主文以見義也

大軍旅大田役以旗致萬民而治其徒庶之政令旗畫熊虎者也徵衆刻日樹旗期於其下

疏大軍至政令○釋曰凡征伐田獵所用民徒先起六鄉之衆故云大軍旅大田役以旗致萬民司徒主六鄉田即治其徒庶之政令○注旗畫至其下○釋曰案司常云熊虎爲旗故鄭云旗畫熊虎者也云徵衆刻日樹旗期於其下者凡起徒役不令而誅謂之虐故徵衆庶預刻集日至日樹旗期民於其下衆皆至弊旗誅後至者也

若國有大故則致萬民於王門令無節者不行於天下大故謂王崩及寇兵也節六節有節乃得行防姦私

疏若國至天下○釋曰若國有大故者大故是非常之事故言若也則致萬民於王門者以待任用故也云令無節者不行於天下者大故之時恐有姦寇節者用爲行道之信故無節者不行於天下所以防姦私也○注大故至姦私○釋曰言大故知是王崩及寇兵者下經別云大荒大札故知大故中有王崩寇兵二事也云節六節者。爲掌節山國用虎節土國用人節澤國用龍節門關用符節貨財用璽節道路用旌節也

大荒大札則令邦國移民通財舍。禁弛力薄征緩刑大荒大凶年也大札大疫病也移民辟災就賤其有守不可移者則輸之穀春秋定五年夏歸粟於蔡是也○札側八反

疏大荒至緩刑○釋曰大荒謂大凶年大札謂大疫病則令邦國者謂令天下諸侯邦國也移民通財者此謂兩事移民謂分口往就賤財是米穀也其有留守不得去者則賤處通穀米與之舍禁者謂山澤之內舊遮禁不聽人入者今皆舍而不禁容民取蔬食也弛力者謂弛力役之事薄征者若據大荒則全無征稅今言薄征者容有小荒仍有征稅案司稼注云豐年從正儉有所殺若今十傷二三實除減半者也緩刑者謂有刑罰寬而放之○注大荒至是也○釋曰大荒大凶年也者謂若曲禮云歲凶年穀

不登言大者穀梁云五穀不熟謂之大侵與此一也大札大疫病也者謂若左氏傳云大昏札瘥云其有守不可移者則輸之穀者釋經通財也又引春秋定五年夏輸粟於蔡是也者案彼傳定四年楚瓦伐蔡五年夏歸粟於蔡彼雖非荒札之事直取歸粟一道證經通財之義

歲終則令教官正治而致事歲終自周季冬也教官其屬六十正治明處其文書致事上其計簿○上時掌反簿蒲戸反注同

疏歲終至致事○釋曰歲終則令教官者其屬六十官也云正治而致事者謂正直治理其文書不得濫失以爲公狀然後致其職事以待考○注歲終至計簿○釋曰知歲終是周季冬者以其正月之吉始和是周之歲始明此致事之時亦是周之歲終云致事上其計簿者漢時考吏謂之計吏計吏據其使人也此言計簿據其文書也

正歲令于教官曰各共爾職脩乃事以聽王命其有不正則國有常刑正歲夏正月朔日

疏正歲至常刑○釋曰正歲令于教官者以其歲始當除舊布新各共爾之職脩汝之事爾乃皆汝也以聽王命者聽待也其不正則國有常刑者謂文書不正直而濫失則有常刑常刑者謂二千五百條各依輕重而受刑法○注正歲至朔日○釋曰周禮上下凡言正歲者皆是夏之正月又知是朔日者以其正月之吉是朔日此雖不言之吉亦是朔日爲始可知也

附釋音周禮注疏卷第十

　阮元撰盧宣旬摘錄

附釋音周禮注疏卷第十

大司徒

辨其山林川澤丘陵墳衍原隰之名物　唐石經諸本同釋文原本亦作邍案周禮原隰字多作邍此當本作古字因注作原而改

九州揚荆豫青兗雍幽兾并也　閩本揚作楊諸本兾改冀

水崖曰墳　宋本崖作涯

下濕曰隰　嘉靖本閩本同監毛本濕改溼疏中準此

形狀名號　監本號作貌

案職方九州皆直川　案直當爲有字之誤

溝爲封樹　惠校本溝下有上此脫

經直云壝壇卽堳埒　案壇亦當作壝

君南面於北墉下　墉鏜云鄉誤面案面或向之訛

故云各以其土地所宜木惠校本土地作野之此非

則無后土及田土之神閩本同誤也當從監毛本作田正

其植物宜早物岳本同唐石經宋本嘉靖本閩監毛本早皆作皁此本注及疏亦作皁釋文早物音皁本或作皁注同案皁俗早字據唐石經已作皁知今本作早者後人依釋文改從正字也○按皁者草之俗字說文草者草斗櫟實也自人用草爲艸木字乃別製皁爲草斗字岳本作早與釋文合周禮用假借字也

其動物宜鱗物唐石經諸本同釋文鱗物劉本作𪎊音鱗○按盧文弨曰釋文云劉本作鱗故集韻云鱗通作鱗本釋文也今本釋文作𪎊乃譌字

其民晳而瘠釋文晳而音錫白色也唐石經亦作晳下從白今諸本作晢下從曰譌

其植物宜叢物諸本同釋文亦出叢物二字唐石經作藂物○按藂者叢之俗字不見於說文

核物李梅之屬宋本閩本監本同毛本核作覈爲依經所改非也嘉靖本作梅李之屬

虎豹貔貐之屬宋本余本岳本嘉靖本閩本同葉鈔釋文亦作貐監毛本作貙非疏中準此○按其字正作离俗作貙誤作貐

理致且白如膏宋本致誤置○按致者今之緻字

此云貉狐不言貍者毛本同誤也當從閩監本作貉狐

臞脙瘠也　閩監毛本脙誤脉下同

土祇原隰及平地　諸本祇誤秖今改正

則民不偷　閩監本同疏中改偷為愉毛本經作愉注及疏又偷愉錯見案釋文不愉音偷又音揄唐石經宋本余本岳本嘉靖本皆作愉注疏本或改作偷俗字也

愉謂朝不謀夕　宋本余本岳本嘉靖本同閩毛本愉作偷監本先作偷後改愉○按此亦當是經用古字注用今字之例經作愉从心注作偷从人為是鄭箋山有樞云愉讀曰偷

謂鄉飲酒之禮　浦鏜云鄉下脫射

六曰以俗教民則民不偷者　閩監毛本作教安此誤

則民不偷偷苟且也　閩本作則民不愉當據以訂正監毛本上下皆作偷後並改為愉

將焉用樹　閩監毛本焉作安

諺所謂老將智而耄及之者　毛本耄作髦

憂之則不懈怠者　案注作則民不解怠賈本注蓋無民字

育生也　嘉靖本育作毓非惠校本亦作毓云余本仍作育○按此段玉裁經用古字注用今字之例

星土星所主土也諸本主誤生今據保章氏注訂正

又周語伶周鳩云惠校本作州鳩此誤

陶唐氏之火〇正案〇誤衍

欲見財旣爲九賦斂財賦閩本同監毛本斂誤故浦鏜云財賄誤財賦

云測猶度也閩監毛本同誤衍也宋本余本岳本嘉靖本皆無云字

故書求爲救九經古義云救當作救古文求字說文引虞書云旁救孱功蔡邕石經般庚云器非救舊皆以救爲求

杜子春云爲求閩監毛本同宋本余本岳本嘉靖本云下有當字此脫

立表之處大東閩監毛本同宋本嘉靖本無處字此誤衍

案土人職云浦鏜云玉誤土

據中表之南而言浦鏜云南下脫表

爲中表之西表而言惠校本爲作據此誤

月離於畢俾滂沲閩監毛本沲作沱

云測猶度惠校本下有也此脫

是地於日爲近南云 浦鏜云下當脫一云

故後鄭增成先鄭之義取云 惠校本取作而此誤

今穎川陽城地爲然 監毛本同嘉靖本穎作潁岳本閩本誤穎

風雨寒暑時是也 惠校本風雨下有節此脫

南北二億三萬二千五百里 宋本作一千閩監毛本作三千誤盧文弨曰御覽卷三十一亦作一千五百里

天圜南北二億 浦鏜云圜誤圜

初爲基止 閩毛本止作址監本誤扯

土地附庸 宋本余本閩監毛本同岳本嘉靖本地作田

諸男食者四之一 惠校本諸男上增諸子二字云余本無案賈疏本亦無諸子二字故云直舉男地而言惠以意增非

其食者參之一者亦與侯同 閩本同監毛本參改三毛本侯改諸

即足其國俗喪紀及畜積之用 惠校本國下有禮此脫

不易之地家百晦 唐石經諸本同釋文作百畝云本亦作古晦字

上言王巳及諸侯邦國 補閩監毛本王巳作王畿此誤

進受命於周退見文武之戶者宋本無命戶爲尸之誤

先鄭伯有善於鄒公者補閩本鄒作鄶是也監毛本作鄫亦誤

遷易東周畿內惠校本易作居此誤

宅南郊案郊當作交

七曰眚禮唐石經諸本同監毛本眚誤青閩本誤眚注及疏準此

救飢之政嘉靖本飢作饑此非○按依說文則饑年字當从幾飢餓字作飢

飢饉則盜賊多宋本嘉靖本飢作饑當據以訂正

即此一荒也浦鏜云一荒當誤倒非

若令休兵鼓之爲惠校本令作今此誤

案大司樂大札大荒大凶荒凶則亂惠校本作凶荒別者此作則亂誤也案大司樂無大荒

司農凶荒別文者案農當爲樂字之誤

若今癃不可事不筭卒宋本嘉靖本閩本同監毛本筭改算疏同葉鈔釋文癃作⿸疒逢

若今廢疾者也漢制考作癈疾○按漢制考是也經典癈字多爲淺人改作廢

三曰聯兄弟 唐石經諸本同釋文聯兄弟一本作聚兄弟案注云聯猶合也兄弟昏姻嫁娶也鄭訓聯於兄弟上則作聚者非

各有攸宇 宋本宇作芋蓋依今本毛詩改非

連猶合也 宋本余本閩監本同嘉靖本毛本連作聯依經改注非也疏中同○按亦段玉裁經用古字注用今字之證

兄弟皆有外邦 浦鏜云在他誤有外○按此惟在誤有耳

是以知兄弟是婚姻也 閩監毛本作昏姻

鄉閭子弟皆相連合 毛本連改聯

案尚書泰誓武王云 此本武字係剜擠

司徒以布五教 閩監毛本同誤也宋本嘉靖本作王教此本疏中引注亦作王教當據以訂正

二曰樹蓺 宋本余本嘉靖本閩本同唐石經監毛本蓺作藝注及疏準此○按唐人之例樹蓺如此作道藝六藝如此作

謂園圃毓草木 閩監毛本同宋本作謂園囿育草木嘉靖本毓作育惠校本亦作囿育云互注本余本作圃毓○按毓育亦經用古字注用今字之證也

藝謂種黍稷 案此藝字亦當作蓺

九曰閒民無常職轉移執事 毛本誤職事據監本訂正自八曰斂財起至下節疏舉其賢者能者以飲酒之禮賓客止

此本及閩本缺一頁今據監毛本補校

云皐蕃謂藪牧養蕃鳥獸者　監本藪誤數據毛本正

恤振憂貧者無　宋本振下有於蓋因上誤衍惠校本亦有於字云互注本余本

此並鄉大夫職又浦鏜云文誤又

非直甘肴先奉　閩監毛本肴作殽

喻父母於道　惠校本同閩監毛本喻作諭

方程羸不足　閩監毛本同惠校本羸作贏

故注保氏其釋之　浦鏜云其當具字誤

亂民亂名改作　諸本同惠校本名一作民云互注本余本作名

禮所以節止民之侈僞　宋本余本嘉靖本毛本同閩監本止作正誤

故云禮所以節止民之侈僞也　惠校本毛本同閩監本止誤正

皆大司樂文　毛本誤大司徒

不厭服於十二教　此本疏中引注厭作猒又賈疏有嫌猒猒飫陰猒字皆作古猒字是賈氏所據鄭注作猒也○按依說文猒猒飫如此

作厭服如此作鄭云厭服則其字當从厂其音當於輒切釋文不作音疏也

此經士或爲土字 監毛本士誤土閩本土亦誤士九經古義云世本作篇曰相士作乘馬卽相土也呂覽任地云后稷曰子能使吾士靖而甽浴士乎高誘曰士當爲土周物敦亦以士爲土

進所解牲體於神坐前 閩本同監毛本坐改座俗字

此云殺當彼鬄也 惠校本殺作肆此誤閩監毛本作解亦非盧文弨曰通考作肆

卽言羞其肆 惠校本言作云

挽柩鄉廣 閩監本同誤也當從毛本作鄉壙

進取一千人致之 惠校本進作唯此誤

主文以見義也 浦鏜云互誤主

防姦私 宋本嘉靖本姦作奸○按奸者姦之俗字

云節六節者爲掌節 惠校本爲作案此誤

舍禁弛力 毛本舍誤含

歲終自周季冬也 浦鏜云是誤自盧文弨曰自疑目案自當爲者之誤

周禮注疏卷十校勘記

附釋音周禮注疏卷第十一

鄭氏注　賈公彥疏

小司徒之職掌建邦之教灋以稽國中及四郊都鄙之夫家九比之數以辨其貴賤老幼廢疾凡征役之施舍與其祭祀飲食喪紀之禁令稽猶考也夫家猶言男女也鄭司農云九比謂九夫爲井玄謂九比者冢宰職出九賦者之人數也貴謂爲卿大夫賤謂占會販賣者。廢疾謂癃病也施當爲弛○比毗志反注下皆同施式氏反

疏小司徒至禁令○釋曰小司徒副貳大司徒之事大司徒已掌十二教故此小司徒又掌建邦之教法言建者非但副貳大司徒亦得專其事云以稽國中及四郊都鄙者大司徒掌邦國都鄙此小司徒亦掌之稽考也故亦考其國中及四郊但國中與四郊皆是六鄉之民所居也併言都鄙者司徒是主土地之官故亦兼主采地之法云之夫家九比之數者謂國中及四郊都鄙之內夫家男女九賦校比人民之數云辨其貴賤老幼。廢疾者辨猶別也謂別其貴賤老幼。廢疾合科役者科役之云凡征役之施舍者征謂稅之役謂繇役施舍者貴與老幼。廢疾不科役故言弛也云與其祭祀者謂鄉中州祭社黨祭。禜族祭步飲食者謂若行鄉飲酒及族食喪紀者謂若四閭爲族使之相葬之等禁令者祭祀已下皆有禁令不使失禮法○注稽猶至爲弛○釋曰夫家猶言男女者夫是丈夫則男也春秋傳曰云男有室女有家婦人稱家故以家爲女鄭司農云九比謂九夫爲井後鄭不從者以經掌國中及四郊即是六鄉之內但鄉與公邑並爲溝洫無井田之法故後鄭不從玄謂九比者冢宰職出九賦者之人數也者案大宰云九賦斂財賄一曰邦中之賦二曰四郊之賦三曰邦甸之賦四曰家稍之賦五曰邦縣之賦六曰邦都之賦與此文國中四郊都鄙其事相當故知此九比出九賦者之人數云貴謂爲卿大夫賤謂占會販賣者鄭解

諸文貴賤相對皆以爲貴謂卿大夫賤謂士獨此賤爲占會販賣者以其此經論九賦之事案大宰九賦有幣餘之賦幣餘謂占賣國之斥幣此經貴與老幼廢疾皆弛舍無賦唯此賦當彼幣餘之賦故爲販賣者解之云施當爲弛者周禮上下但言爲弛舍者皆經爲施字鄭皆破從弛

乃頒比灋于六鄉之大夫使各登其鄉之衆寡六畜車輦辨其物以歲時入其數以施政教行徵令 登成也成猶定也衆寡民之多少物家中之財歲時入其數若今四時言事○畜許六反後六畜皆同

疏 乃頒至徵令○釋曰言乃頒比法于六鄉之大夫者比法謂若下經五人爲伍五伍爲兩是也六鄉大夫皆六命鄉爲之小司徒爲校比之法頒與六鄉大夫又云使各登其鄉之衆寡六畜車輦者衆寡據人民六畜者馬牛羊豕犬雞車謂革車及大車輦人挽行又辨其物者謂辨其家中財物多少以歲之四時具錄其數入小司徒以施政教者小司徒所施政教依其數而施行之云以行徵令者以徵索於民及所施政令亦據民物等數而行之故云行徵令也○注登成也至言事○釋曰云登成也成猶定也者人畜衆寡其數不恆家家條錄數而比之則得成故登爲成也定也云衆寡民之多少者謂六畜口已上爲多五口已下爲少云物家中之財者經既言六畜車輦下別云辨其物明物是家中之財云歲時入其數若今四時言事者漢承周後皆四時入其數今時白役簿皆在於冬代異時殊故有革別也

及三年則大比大比則受邦國之比要 大比謂使天下更簡閱民數及其財物也受邦國之比要則亦受鄉遂矣鄭司農云五家爲比故以比爲名今時八月案比是也要謂其簿

疏 及三至比要○釋曰三年一閏天道有成及至也每至三年則大案比戶口大比之時則天下邦國送要文書來入小司徒故大比則受邦國之比要也○注大比至其簿○釋曰云大比謂使天下更簡閱民數及其財物也者上經頒比法每歲之四時簡閱衆寡及其物等此經三年大比并天下邦國而言故鄭云大比謂使天下更簡閱民數及其財物鄭不言六畜車輦者文略亦簡閱可知云受邦國

之比要則亦受鄉遂矣者此經但受邦國比要上經直言頒比法於六鄉以歲時入其數不言三年大比故知此文含鄉遂也故云亦受鄉遂矣鄭司農云五家爲比故以比爲名者凡言比者是校比之言但五家爲比者案比之法從少至多以五家爲始故以比爲名云今時八月案比是也者漢時八月案比而造籍書周以三年大比未知定用何月故司農以漢法八月況之云要謂其簿者謂若今之造籍戶口地宅具陳於簿也

乃會萬民之卒伍而用之五人爲伍五伍爲兩四兩爲卒五卒爲旅五旅爲師五師爲軍以起軍旅以作田役以比追胥以令貢賦用謂使民事之伍兩卒旅師軍皆衆之名兩二十五人卒百人旅五百人師二千五百人軍萬二千五百人此皆先王所因農事而定軍令者也欲其恩足相恤義足相救服容相別音聲相識作爲也役功力之事追逐寇也春秋莊十八年夏公追戎于濟西胥伺捕盜賊也貢嬪婦百工之物賦九賦也鄉之田制與遂同〇卒子忽反注及下皆同別彼列反

疏乃會至貢賦釋曰小司徒佐大司徒以掌六鄉六軍之士出自六鄉故預配卒伍也而用之者即軍旅田役是也五人爲伍者下文云凡起徒役無過家一人六鄉之內有比閭族黨州鄉一鄉出一軍六鄉還出六軍今言五人爲伍者五家爲比家出一人則是一比也在家爲比在軍爲伍伍者聚也五伍爲兩者在鄉五家爲比爲閭閭二十五家也在軍伍伍爲兩兩二十五人也四兩爲卒者在鄉四閭爲族族百家也在軍四兩爲卒卒百人也五卒爲旅者在鄉五族爲黨黨五百家在軍五卒爲旅旅五百人也五旅爲師者在鄉五黨爲州州二千五百家在軍亦五旅爲師師亦二千五百人也五師爲軍者在鄉五州爲鄉鄉萬二千五百家在軍五師爲軍軍亦萬二千五百人也以起軍旅者謂征伐也以作田役者謂田獵役作皆是也以比追胥者追謂逐寇胥謂伺捕盜賊以令貢賦者依鄉中家數而施政令以貢賦之事〇注用至遂同〇釋曰用謂使民事之者謂使人爲事即軍旅田役是也云兩二十五人已下案經五人爲伍轉相增數從五人爲伍至五

師爲軍數可知也云此皆先王所因農事而定軍令者也者案管子書云因內政寄軍令謂在鄉五家爲比以營農事比長領之及其出軍家出一人五人爲伍則爲伍長領之在家閭胥領一閭在軍則爲兩司馬領之在家爲族師在軍爲卒長在家爲黨正在軍爲旅師在家爲州長在軍爲師帥在鄉爲大夫在軍爲軍將自伍長已上全與此文不同者鄭君以義言之非彼正文也云欲其恩足相恤至音聲相識言此者解因內政寄軍令之意不使異人間雜於中也云役功力之事者鄭意欲解經文役與田不同也云追逐寇也又引春秋莊公十八年夏公追戎于濟西者案彼傳戎侵魯魯公追之出境服氏云桓公爲好莊公獨不能脩而見侵濟西曹地穀梁云其不言戎之伐我何也以公之追之不使戎邇於我也于濟西者大之也引之者證追是逐寇也云胥伺捕盜賊也者以追既爲逐寇胥爲伺捕盜賊可知云貢嬪婦百工之物者案大宰九賦之貢有九此貢爲獨云嬪婦百工二者此六鄉之貢不論地事則所令之貢亦不及地貢也故以此二事當之云賦九賦也者案大宰九賦一曰邦中二曰四郊二者之賦在六鄉之內此經既論六鄉之賦不得有三曰邦甸已下若然此唯有二賦而云九賦者二賦是九賦中物故總云九賦也云鄉之田制與遂同者此經之內不見田制案遂人職云夫間有遂遂上有徑十夫有溝溝上有畛百夫有洫洫上有涂千夫有澮澮上有道萬夫有川川上有路是其遂制也故云鄉之田制與遂同案鄭注遂之軍法如六鄉者以其遂內不見出軍之法唯有田制而已故知遂之軍法如六鄉若然彼此各舉一邊互見爲義

乃均土地以稽其人民而周知其數上地家七人可任也者家三人中地家六人可任也者二家五人下地家五人可任也者家二人

均平也周猶徧也一家男女七人以上則授之以上地所養者衆也男女五人以下則授之以下地所養者寡也正以七人六人五人爲率者有夫有婦然後爲家自二人以至於十爲九等七六五者爲其中可任謂丁強任力役之事者出老者一人其餘男女強弱相半其大數○徧音遍七人以上

時掌反

【疏】乃均至二人○釋曰言乃均土地者以其佐大司徒掌其土地人民之數故制上地下地等使得均平故云均土地也云以稽其人民者既給土地則據土地計考其人民可任不可任之事云而周知其數者而周遍知其人數云上地家七人者凡給地有九等此據中地三等而中地之上所養者七人云可任也者家三人者七人之中一人爲家長餘六人在強弱半強而可任使者家三人云中地家六人者此謂中地之中所養者家六人云可任也者二家五人者六人之內一人爲家長餘五人在強弱半不可得言可任者二人半故取兩家并言可任者二人家五人云下地家五人者謂中地之下所養者五人云可任也者家二人者五人之內一人爲家長餘四人在強弱半故云可任者家二人○注均平至大數○釋曰云正以七人六人五人爲率者有夫有婦然後爲家自二人以至於十爲九等七六五者爲其中者案王制百畝之分上農夫食九人其次食八人其次食七人其次食六人其次食五人彼言五等此云七六五三等其人不同故鄭爲九等計之此經皆云家故鄭云有夫有婦乃成家從此二人爲一等至十人則爲九等自二人三人四人是下地之三等也五人六人七人是中地之三等八人九人十人是上地之三等此經唯言七六五者據中地之三等則知有上地下地之三等故鄭云七六五者爲其中若然王制不云上上之地食十人又不云其次食四人其次食三人其次食二人直言自九以至五不言九等者彼欲取下士視上農夫食九人自府史胥徒四者食八人七人六人五人五等人與此五等農夫相當故不言其餘四者又襄公二十五年楚蔿掩書土田度山林鳩藪澤辨京陵表淳鹵數疆潦規偃豬町原防牧隰皋井衍沃以授子木禮也此九等是楚之地善惡有九等與此不同鄭注尚書云賦之差上上出九夫稅上中出八夫稅爲九等者以九州出賦多少不同有九等故鄭君以井田美惡爲九等計之非是貢地之差也云出老者一人其餘男女強弱相半其大數者但一家之內二人至十人或男多女少或女多男少不可齊準今皆以強弱半者周公設法據其大數故鄭云其大數也

凡起徒役毋過家一人以其餘爲羨唯田

與追胥竭作鄭司農云羨饒也田謂獵也追追寇賊也竭作盡行○毋音無羨錢面反【疏】凡起至竭作○釋曰云凡起徒役毋過家一人者謂起民徒役作之毋過家一人以其餘為羨者一家兄弟雖多除一人為正卒正卒之外其餘皆為羨卒云唯田與追胥竭作者田謂田獵追謂逐寇胥謂伺捕盜賊竭盡也作行也非直正卒一人羨卒盡行以其田與追胥之人多故也此謂六鄉之內上劑致甿一人為正卒其餘皆為羨卒若六遂之內以下劑致甿一人為正卒一人為羨卒其餘皆為餘夫饒遠故也

凡用衆庶則掌其政教與其戒禁聽其辭訟施其賞罰誅其犯命者命所以誓告之【疏】凡用至命者○釋曰言凡用衆庶者則上經所云是也其衆庶皆是六鄉之民小司徒主教六鄉六鄉衆是已民故用衆庶之時則掌其政教與其戒禁又聽斷其賞罰又誅責犯命者○注命所以誓告之○釋曰所誓告者謂若大司馬羣吏聽誓於陳前司徒北面以誓之小子斬牲左右以徇陳曰不用命者斬之是其誓告之以事也

凡國之大事致民大故致餘子大事謂戎事也大故謂災寇也鄭司農云國有大事當徵召會聚百姓則小司徒召聚之餘子謂羨也玄謂餘子卿大夫之子當守於王宮者也【疏】凡國至餘子○釋曰凡國之大事者謂有兵戎之大事出征之時云致民者謂有兵戎大事於六鄉之內發起民徒云大故致餘子者謂有災寇之事餘子卿大夫之子弟當大故之時則致餘子與大子使宿衞也○注大事至者也○釋曰知大事謂戎事者見左氏成公傳云國之大事在祀與戎此言致民明非祭祀是戎事可知故云大事謂戎事也云大故謂災寇也者經云致餘子明大故非王喪是水火之災及其兵寇司農云餘子謂羨也者以其羨卒唯田與追胥竭作乃使之此經大故不合使羨。故鄭不從之玄謂餘子卿大夫之子當守於王宮者也知義然者以經云大故當宿衞王宮案書傳云餘子皆入學則餘子不得為羨是宿衞之人故云餘子卿大夫之子當守於王宮者也是破司農之義

乃經土地而井牧其田野九夫為井四井為邑四

邑爲丘四丘爲甸四甸爲縣四縣爲都以任地事而令貢賦凡稅斂之事此謂造都鄙也采地制井田異於鄉遂重立國小司徒爲經之立其五溝五塗之界其制似井之字因取名焉孟子曰夫仁政必自經界始經界不正井地不均。貢祿不平是故暴君姦吏必慢其經界經界既正分田制祿可坐而定也鄭司農云一井牧者春秋傳所謂井衍沃牧隰皋者也玄謂隰皋之地九夫爲牧二牧而當一井今造都鄙授民田有不易有一易有再易通率二而當一是之謂井牧昔夏少康在虞思有田一成有衆一旅一旅之衆而田一成則井牧之法先古然矣九夫爲井者方一里九夫所治之田也此制小司徒經之匠人爲之溝洫相包乃成耳邑丘之屬相連比以出田稅溝洫爲除水害四井爲邑方二里四邑爲丘方四里四丘爲甸甸之言乘也讀如衷甸之甸甸方八里旁加一里則方十里爲一成積百井九百夫其中六十四井五百七十六夫出田稅三十六井三百二十四夫治洫四甸爲縣方二十里四縣爲都方四十里四都方八十里旁加十里乃得方百里爲一同也積萬井九萬夫其四千九十六井三萬六千八百六十四夫出田稅二千三百四井。二萬七百三十六夫治洫三千六百一井三萬二千四百夫治澮井田之法備於一同今止於都者采地食者皆四之一其制三等百里之國凡四都一都之田稅入於王五十里之國凡四縣一縣之田稅入於王二十五里之國凡四甸一甸之田稅入。於王地事謂農牧。衡。虞也貢謂九穀山澤之材也賦謂出車徒給繇役也司馬法曰六尺爲步步百爲畮畮百爲夫夫三爲屋屋三爲井井十爲通通爲匹馬三十家士一人徒二人通十爲成成百井三百家革車一乘士十人徒二十人十成爲終終千井三千家革車十乘士百人徒二百人十終爲同同方百里萬井三萬家革車百乘士千人徒二千人○甸繩證反出注注同夫仁音扶少康詩照反洫況逼反爲除于僞反乘繩證反下同澮古外反

【疏】乃經至之事○釋曰此小司徒佐大司徒掌其都鄙都鄙則三等采地是也匠人營溝洫於田掌其經界故云乃經土地經謂爲之里數在土地之中立其里數謂井方一里邑方二里之等是也云而

井牧其田野者井方一里兼言牧地是次田二牧當上地一井授民田之時上地不易家百畝中地一易家二百畝下地再易家三百畝通率三家受六夫之地一家受二夫與牧地同故云井牧其田野此與下爲總目云九夫爲井者井方一里九夫之田四井爲邑者邑方二里四邑爲丘者丘方四里四丘爲甸者甸方八里旁加一里則爲十里之成今不言十里成而言八里甸者成閒有洫井閒有溝旁加一里者使治溝洫不出稅舉其八里之甸據實出稅者而言四甸爲縣者縣方十六里四縣爲都都方三十二里以任地事者謂若大宰九職任萬民謂任役萬民使營地事云而令貢賦者貢則九職之貢賦謂軍賦出車徒之等云凡稅斂之事者采地之中皆爲井田之法一井之田一夫稅入於官故云稅斂之事○注此謂至千人○釋曰鄭知此謂造都鄙者鄉遂公邑之中皆爲溝洫之法此經爲井田之法故知謂造都鄙也云采地制井田異於鄉遂者案遂人夫閒有遂之等是溝洫法鄉田之制與遂同此經與匠人爲井田法其制與鄉遂不同故云采地制井田異於鄉遂及公田異於鄉遂也此雖不言異於公邑公邑亦與遂同故注匠人云異於鄉遂及公邑是也云重立國小司徒爲經之立其五溝五塗之界者此鄭意匠人於都鄙之中營造溝洫此小司徒又經之立五溝五塗之界則經丘甸縣都並據境界而言但此都鄙是畿內之國小司徒與匠人共掌之云其制似井之字因取名焉者此解經井字謂正方一里之內方三百步百步爲一截縱亦二截橫亦二截則爲九夫夫各百步其中一爲井字故云似井字因取名焉名爲井田也云孟子曰已下至坐而定也者案孟子滕文公使大夫畢戰問孟子井田之法孟子對此辭孟子云經界者則此經九夫爲井已下四縣爲都以上故引以證之鄭司農云井牧者春秋傳所謂井衍沃牧隰皋者也司農引春秋者襄公二十五年楚蔿掩書土田之事井衍沃者衍沃謂上地下平曰衍饒沃之地九夫爲一井牧隰皋者下溼曰隰近皋澤之地司農之意經有井牧故引以當之玄謂隰皋之地九夫爲牧二牧而當一井今造都鄙授民田有不易者家百畝有一易家二百畝有再易者家三百畝通率二而當一者是三家受六夫之地是隔一皋之地二牧始當一井故云二而當一云是

之謂井牧者此就足司農之義云昔夏后少康在虞思有田一成有衆一旅者此是哀公元年左氏傳伍員云昔過澆滅夏后相后緡方娠逃出自竇歸於有仍生少康焉爲仍牧正澆使椒求之逃奔有虞爲之庖正虞思於是妻之以二姚而邑諸綸有田一成有衆一旅是其事也言有田一成有衆一旅則地以上中下爲率者以爲其成方十里九百夫之地一旅五百夫故知是通率之通率之法正應四百五十人言一旅舉成數也亦容不易者多云一旅之衆而田一成則井牧之法先古然矣者鄭言此一者井牧之法自夏而有非秪於周云九夫爲井者方一里九夫所治之田也者一井之內地有九夫假令盡是上地不易家有百畮中一夫入於公四畔八夫家治百畮尙無九夫所治況其中或有一易再易所取數更少今鄭云方一里九夫所治之田鄭據地有九夫而言非謂有九家也云此制小司徒經之者卽此文乃經土地是也云匠人爲之溝洫者案匠人云井間有溝成間有洫同間有澮是匠人爲之溝洫也云相包乃成耳者者司徒立其界匠人爲其溝相包含乃成其事耳云邑丘之屬者之屬中含有甸及縣都云相連比以出田稅者從井邑至縣都從內向外界相連比井稅一夫故言以出田稅云溝洫爲除水害者尙書益稷云濬畎澮距川是其從畎遂溝洫次第入澮入川故云爲除水害也云四井爲邑方。二里四邑爲丘方四里四丘爲甸甸之言乘也者欲見甸中出長轂一乘云讀如衷甸之甸者案哀十七年衞侯爲虎幄於藉圃成求令名者而與之始食焉太子請使良夫良夫乘衷甸兩牡紫衣狐裘而至袒裘不釋劍而食太子數之三罪而殺之鄭依此而言也引之者證甸得爲乘之義云甸方八里旁加一里則方十里爲一成者欲就匠人解之匠人云成方十里此言四丘爲甸甸與成其實一也故鄭覆解成與甸相表裏之意云積百井九百夫者但一成之內方十里開方之得百井井有九夫故云九百夫云其中六十四井五百七十六夫出田稅者此就甸方八里而言八里之內開方之八八六十四故云六十四井井有九夫故五百七十六夫井稅一夫故云出田稅云三十六井三百二十四夫治洫者此據甸方八里之外四面加一里爲成而言成有百井中央八里除六十四井餘有三十六井井有九夫故三百二十四夫治洫不使稅鄭言此者見經四丘爲甸據實出稅而言故不言成也若然方里爲井井間有溝溝廣四尺深四尺方十里爲成成間有洫廣八尺深八尺治溝洫者皆不出稅獨言治洫者據外而言其實治溝亦不出稅總在六十四井之內以洫言之矣云四甸爲縣方二十里者甸方八里縣應方十六里云方二十里據通治洫旁加一里爲成而言云四縣爲都方四十里者縣方二十里四縣爲都故方四十里云四都方八十里者自此已上並據通治洫而言云旁加十里乃得方百里爲一同也者案匠人方百里爲同同間有澮今言乃得方百里爲一同者就匠人爲一同解之云積萬井九萬夫者據百里開方而言百里者縱橫各百一行方一里者百百行故萬井一井有九夫故有九萬夫云其四千九十六井三萬六千八百六十四夫出田稅者此據從甸方八里出田稅四甸爲縣縣方十六里四縣爲都都方三十二里四都方六十四里據六十四里之內開方之縱橫各一里一爲一截爲六十四截行別有六十四井六十四行計得四千九十六井井有九夫四千九十六井計得三萬六千八百六十四夫是實出田稅者云二千三百四井二萬七百三十六夫治洫者此據甸方八里旁加一里爲成是不出稅治洫之夫而言之也從四成積爲一縣縣方二十里四縣爲都都方四十里四都方八十里開方之縱橫各一里一截爲八十截一行八十井八八六十四爲六千四百井就裏除四千九十六井其餘二千三百四井在井有九夫二千三百四井爲二萬七百三十六夫不出稅使之治洫也云三千六百井三萬二千四百夫治澮者此據四成爲縣縣方二十里二十里更加五里卽爲大夫家邑也縣方二十五里四縣是小都五十里是六卿之采地四都爲方百里一同卽爲三公王子母弟之大都也但據百里開方之卽爲萬井就萬井之內除去六千四百井其餘三千六百井在井有九夫則爲三萬二千四百夫不出稅使之治澮云井田之法備於一同者案匠人云井間有溝成間有洫同間有澮是井田之法備於一同也云今止於都者采地食者皆四之一者解此四縣爲都據小都五十里而言是止於都也以其采地食者皆四分之一稅入天子故云采地食者皆四之一也案上諸男

之地亦四四之一故云采地食者皆四之一云其制三等者謂家邑小都大都云百里之國凡四四都一都之田稅入於王者百里國謂大都也四都謂方五十里者四小都成一大都一都之田稅入王其餘三都留自入云五十里之國凡四縣一縣之田稅入入於王者五十里之國謂小都一縣田稅入於王餘三縣留自入云二十五里之國凡四甸一甸之田稅入於王者二十五里之國謂家邑也四甸之中以一甸之稅入於王其餘三甸留自入鄭具言此者欲見四丘爲甸是家邑○據稅於王者而言四甸爲縣是小都亦據一縣稅入於王者而言四縣爲都是大都亦據一都稅入於王者而言故鄭云井田之法備於一同今止於都者采地之稅四之一故以歲解之云地事謂農牧衡虞也者謂采地之中亦有九職農則三農生九穀牧則藪牧以蓄鳥獸衡虞則虞衡作山澤之材九職唯言此三者以其經言地事故舉以言之其餘六者略而不言矣云貢謂九穀山澤之材也者此貢還出於農衡地事既無九職則貢中亦無九貢也云賦謂出車徒給繇役也者以其采地之內無口賦出錢入天子之法故以賦爲軍賦解之若然大宰九賦四曰家稍之賦五曰邦縣之賦六曰邦都之賦者謂三等采地之外皆有公邑公邑之內口率賦錢入於王家但公邑無名故○變三等之號以表之故禮雜問志云稍縣都鄙地有公邑之民口率出泉於王也邦國都無口率之賦唯有軍賦革車匹馬士徒而已是也故此鄭引司馬法證之司馬法者齊景公時大夫田穰苴作司馬法至六國時齊威王大夫等追論古法又作司馬法附於穰苴言晦百爲夫謂一夫之地方百步夫三爲屋屋具也一具出穀稅屋三爲井者謂九夫爲井以井字云井十爲通者據一成之內一里一截從橫各十截爲行一行十井十行據一成一畔通頭故名井十爲一通通爲匹馬者十井之內井有九夫十井爲九十夫之地宮室塗巷三分去一唯有六十夫地在不易一易再易通率三夫受六夫之地三十夫受六十夫之地唯三十家使出馬一匹故云通爲匹馬云士一人徒二人三十家出三人士謂甲士徒謂步卒云通十爲成成百井三百家革車一乘士十人徒二十人者一成之內有十通言三百家者亦如前通率法一成之內地有九百夫宮室塗巷三分去

一不易一易再易通率二而當一故一成唯有三百家革車一乘士十人徒二十人此謂天子畿內采地法鄭注論語道千乘之國亦引司馬法彼是畿外邦國法彼革車一乘甲士三人步卒七十二人甲士少步卒多此士十人徒二十人比畿外甲士多步卒少外內有異故也云十成爲終者謂同方百里之內十里一截爲縱橫各十截爲十行行別十成言十成爲終據同一畔終頭而言云終千井者十成成百井故千井三千家革車十乘士百人徒二百人云十終爲同同方百里者謂之爲同者取象雷震百里所聞同故名百里爲同故云十終爲同同方百里萬井也云三萬家革車百乘士千人徒二千人者所計皆如上一成爲法其餘可知凡出軍之法先六鄉賦不止次出六遂賦猶不止徵兵於公邑及三等采賦猶不止乃徵兵於諸侯大國三軍次國二軍小國一軍此軍等皆出於鄉遂賦猶不止則諸侯有遍境出之法則千乘之賦是也

乃分地域而辨其守施其職而平其政

分地域謂建邦國造都鄙制鄉遂也辨其守謂衡虞之屬職謂九職也政稅也政當作征故書域爲邦杜子春云當爲域○政依注音征

疏○乃分至其故○釋曰小司徒佐大司徒主土地言分地域者謂建邦國之等各有營域遠近疆界辨其守者謂邦國都鄙之內所有山川使衡虞守之故云辨其守也施其職者謂施民者之職平其政者天下所有征稅皆均平之○注分地至爲域○釋曰鄭知分地域謂建邦國造都鄙制鄉遂者案大司徒職掌天下土地之圖周知人民之數小司徒佐之明分地域者亦普及天下也是以知分地域之中有畿外邦國畿內都鄙及六鄉六遂鄭雖不言公邑地域之中亦含有四等公邑可知云辨其守謂衡虞之屬者以其山林川澤皆使其地之民守之故其官川衡林衡山虞澤虞之官主當云職謂九職者此經皆論地事故知職是九職任萬民者也云政稅也者以其經文承九職之下而云平其政者即是平九職之稅故云政稅也但經云政教之政故云政當作征以爲征字也云故書域爲邦杜子春云讀爲域者故書云分地邦非其義意故子春還從域

凡小祭祀奉牛牲羞其肆

小祭祀王玄冕所祭○肆託歷反[illegible]

疏凡小至其

肆釋曰大司徒云祀五帝奉牛牲羞其肆今於小祭祀則小司徒奉牛牲羞其肆○注小祭至所祭○釋曰案司服職云羣小祀則玄冕彼注云小祭祀林澤
百物其於天神亦有小祀則風師雨師之等小祭祀既用牛則王之祭祀無不用牛者案酒正注以六冕差之絺冕所祭亦入小祀中今鄭不言之者以其社
稷五祀於祭饌之事入次祀中故宗伯云血祭祀社稷五祀五嶽故於此奉牛牲不言絺冕矣 小賓客令野脩道委積 小賓客諸侯之
使臣○使所吏反 【疏】小賓至委積○釋曰案大司徒職大賓客令野脩道委積謂五等諸侯來朝者此小賓客諸侯使卿大夫來聘故小司徒令野脩道
委積大司徒注令令遺人此雖無注亦與彼同 大軍旅帥其衆庶 帥。帥而致於大司徒 【疏】注帥帥至司徒○釋曰案大司徒職大軍旅以
旗致萬民明此大軍旅帥其衆庶者小司徒於六鄉之內帥其衆庶致與大司徒可知 小軍旅巡役治其政令 巡役小力役之事則
巡行之○行下孟反 【疏】小軍至政令○釋曰案大司徒大軍旅大田役而治其徒庶之政令故此小軍旅巡役小司徒治其政令○注巡役至行之○釋曰
此經小軍旅謂使臣征伐對大軍旅天子親行此經巡役文承小軍旅下故知小。功役之事則巡行之若大。功役則大司徒巡行之 大喪帥邦役
治其政教 喪役正棺引窆復土○窆彼驗反劉補鄧反復劉音福一音服 【疏】大喪至政教○釋曰云大喪者謂王喪帥邦役者邦國也帥領國民
謂六鄉衆庶役使之事因即治其政教○注喪役至復土○釋曰鄭解經大喪所役不據初死以其初死所役無多故據葬時而言言正棺者謂若七月而葬
朝廟之時正棺於廟引謂葬時引柩車自廟至壙窆謂下棺於坎天子六紼四碑。皆碑挽引而下棺云復土者掘坎之時掘土向外下棺之後反復此土以爲
丘陵故云復土也 凡建邦國立其社稷正其畿疆之封 畿九畿 【疏】凡建至之封○釋曰言邦國者謂立畿外諸侯
邦國立其社稷者諸侯亦有三社三稷謂國社。侯社之社皆有稷配之言立其社稷謂以文書法度與之不可國國身往也正其畿疆者謂九畿畿上皆有

疆界封樹以爲阻固也○注畿九畿○釋曰案司馬除王畿以外仍有九畿謂侯甸男采衞要以內六服爲中國其外更言夷鎮蕃三服爲夷狄王畿四面皆有此九畿相去各五百里故云畿謂九畿凡民訟以地比正之鄭司農云以田畔所與比正斷其訟○斷丁亂反地訟以圖正之地訟爭疆界者圖謂邦國本圖【疏】凡民至圖正之○釋曰民訟六鄉之民有爭訟之事是非難辨故以地之比鄰知其是非者共正斷其訟地訟以圖正之○注地訟至本圖○釋曰言地訟爭疆界者謂民於疆界之上橫相侵削者也圖謂邦國本圖者凡量地以制邑初封量之時即有地圖在於官府於後民有訟者則以本圖正之歲終則考其屬官之治成而誅賞治成治事之計○治直吏反注治成反下文同【疏】歲終至誅賞○釋曰歲終者謂周之歲終建亥之月則考其屬官之治成者屬官謂教官六十成謂計簿正所治計會文書而誅賞者據其考狀有罪則誅責之有功則賞之○注治成治事之計○釋曰知治成是治事之計者案宰夫職歲計言會月計言要日計言成故知此成是治事之計也令羣吏正要會而致事【疏】釋曰云令羣吏正要會者羣吏謂當職六十官此亦是歲終之時正要會而致事者上經成據日小成之計此言要會謂是月計歲計總爲簿書而致其事之功狀以待考也正歲則帥其屬而觀教灋之象徇以木鐸曰不用灋者國有常刑令羣吏憲禁令脩灋糾職以待邦治憲表縣之【疏】正歲至邦治○釋曰大司徒以正月之吉始和十二教之等正歲建寅之月○縣之此小司徒佐大司徒於正歲縣教象之時率其六十官之屬於雉門之外而觀教法之象也徇以木鐸已下者謂觀教象之時恐衆人雜合不聽用其教而徇行振以木鐸使靜聽之告之曰不用法者國有常刑言此者使人懼而用之又令羣吏憲禁令者謂禁人使行不爲非憲謂表縣之也謂若小宰縣禁令文書使百官用云○脩法糾職者謂○脩其法制糾察職事以待邦治者以待國家有治則供之○注憲表縣之○釋曰此憲與布憲之字

同彼是表縣刑禁以示人此憲亦是將以示人故云憲表縣之也

及大比六鄉四郊之吏平教治正政事攷夫屋及其衆寡六畜兵器以待政令四郊之吏在四郊之內主民事者夫三爲屋屋三爲井出地貢者三三相任

【疏】及大至政令〇釋曰言及大比者亦是三年大校比戶口云六鄉四郊之吏者謂是六鄉之內比長閭胥已上布列在於四郊云平教治者以其三年大比之時大黜陟之禮故斷其教治文書正政事者復須正直其政事公狀考夫屋者考練其三夫爲屋出地貢之時以相保任不得隱誤及其衆寡者謂人民多少六畜兵器者謂民之資生及征伐之器以待政令者以待國家政令所須則供之也〇注四郊至相任〇釋曰四郊之吏吏在四郊之內主民事者遠郊之外爲六遂內爲六鄉六鄉之民非直在城中亦在四郊故比長閭胥六鄉之吏等布在四郊之內主民事者也云夫三爲屋屋三爲井者鄉遂之內既不爲井田而爲溝洫之法今云夫三爲屋屋三爲井者以其溝洫雖爲貢出貢之時亦三三相保任以出穀稅故鄭云出地貢者三三相任也一井之內九夫三三夫爲屋是一屋三夫自相保任故云三三相任據一井而言也似一井田之法亦八家耡一夫稅入於公相保任以出穀者也

鄉師之職各掌其所治鄉之教而聽其治聽謂平察之〇治直吏反下六鄉之治同

【疏】鄉師至其治〇釋曰云各掌其所治鄉之教者鄉師四人其鄉有六二人共主三鄉故言各掌其所治鄉之教也云而聽其治者自鄉大夫以下至伍長各自聽斷其民今鄉師又聽其治者恐鄉官有濫失審察之故鄭云聽謂平察之

以國比之灋以時稽其夫家衆寡辨其老幼貴賤癈。疾馬牛之物辨其可任者與其施舍者掌其戒。令糾禁聽其獄訟施舍謂應復免不給繇役〇復音福

【疏】以國至獄訟〇釋曰云以國比之灋者案小司徒職云九比之數以辨其貴賤老幼癈疾此鄉師以小司徒國比之灋云以時稽其夫家衆寡

者謂四時稽考其夫家男女衆寡多少云辨其可任者謂上地家七人可任者家三人之等云與其施舍者鄭云謂應復免不給繇役卽上云癈疾老幼者是也

大役則帥民徒而至治其政令既役則受州里之役要以考司空之辟以逆其役事而至至作部曲也既已也役要所遣民徒之數辟功作章程逆猶鉤考也鄭司農云辟法也○辟婢亦反

疏大役至役事釋曰言大役者謂築作。堤防城郭等大役使其民鄉師則於當鄉之內帥民徒而至至謂至作所也云治其政令者於所帥民徒之中政令也云既役則受州里之役要者所役之民出於州里今欲鉤考所作功程須得所遣民徒本數故云既役則受州里之役要役要則役人簿要云以考司空之辟者辟謂功程司空主役作故將此役要以鉤考司空之功程云以逆其役事者逆則鉤考也鉤考役事者恐有濫失○注而至至至作部曲也至法也○釋曰云而至至至作部曲也者所營作之處皆有部曲分別故云部曲也云辟功作章程者功作之事日日錄其程限謂之章程鄭司農云辟法也考功作章程則是法於義得通故引之在下

凡邦事令作秩敘事功力之事秩常也敘猶次也事有常次則不偪匱○秩偪鄙力反匱位其反

疏凡邦至秩敘○釋曰邦國也凡國家有功作之事故云邦事也令作秩敘者秩常也功作之處皆出政令使多少有常事有次敘故云令作秩敘○注事功至偪匱○釋曰言事有常次則不偪匱者謂營作之事多少有常事有次敘則民不爲偪迫又不匱乏故云不偪匱

大祭祀羞牛牲共茅蒩杜子春云蒩當爲菹以茅爲菹若葵菹也鄭大夫讀蒩爲藉謂祭前藉也易曰藉用白茅无咎玄謂蒩士虞禮所謂苴刌茅長五寸束之者是也祝設于几東席上命佐食取黍稷祭于苴三取膚祭祭如初此所以承祭既祭蓋束而去之守祧職云既祭藏其隋是與○蒩子都反一音子餘反或云杜側魚反鄭將呂反菹側魚反藉如字下皆慈夜反苴子都反又將呂反刌音忖而去羌呂反祧他彫反隋減吁恚反劉相恚反與音餘

疏大祭至茅蒩○釋曰案大司徒職云奉牛牲此又云羞牛牲者鄉師佐大

司徒故此云羞牛牲也云共茅蒩者案甸師職共蕭茅彼直共茅與此鄉師鄉
師得茅束而切之長五寸立之祭前以藉祭故云茅蒩也○注杜子至是與○
釋曰杜子春云蒩當爲菹以茅爲菹若葅菹者但茅草不堪食故後鄭不從鄭
大夫讀蒩爲藉謂祭前藉此後鄭從之又引易曰藉用白茅无咎者大過初六
爻辭引之者證蒩爲藉之義玄謂蒩士虞禮所謂苴刌茅長五寸束之者是也
引之者欲見其蒩爲祭之藉此增成鄭大夫之義又云祝設于几東至所以承
祭解所以藉祭之意云既祭蓋束而去之弁引守祧職者欲見此是祭神之餘
不可虛棄必當藏之所藏者即守祧職既祭藏其隋是也言隋者謂祭黍稷三
及膚祭如初皆隋減以祭之故名爲
隋以其無正文故言蓋與以疑也

大軍旅會同正治其徒役與其輂輦戮其犯命者

輂駕馬輦人輓行所以載任器也止以爲蕃營司馬法曰夏后氏謂輦
曰余車殷曰胡奴車周曰輜輦輦一斧一斤一鑿一梩一鋤周輦加二
版二築又曰夏后氏二十人而輦殷十八人而輦周十五人而輦故
書輂作連鄭司農云連讀爲輂○輂九玉反人輓音晚梩里其反

【疏】大軍至命者○釋曰云大軍旅者謂王行征伐云大會同者謂王於國外與諸侯行時會殷同
也云正治其徒役者謂六軍之外別有民徒使役皆出於鄉故鄉師治其徒役
云與其輂輦者輂駕馬所以載輜重輦所以載任器亦鄉師治之故云與其輂
輦也云戮其犯命者謂徒役之中有犯教命者亦鄉師刑戮之○注輂駕至爲
輂○釋曰知輂是駕馬者以其輂是人輓行故輂是駕馬可知知輂不駕牛者
以其牛唯駕大車拍車等云所以載任器也者謂任使之器則司馬法所云者
是也引司馬法曰夏后氏謂輦曰余車殷曰胡奴車者胡則北狄是也周曰輜
輦以其載東輜重云一梩者或解以爲插也或解以爲鍬也鍬插亦不殊云周
輦加二版二築者築者築杵也謂須築軍壘壁又曰夏后氏二十人而輦以下
亦是司馬法文以上說所載任器以下說輓人多少前代寬質無版築輓人多
後代挾劣加一版築輓人少引之者證周
輦即此經輦一也又弁見所載之器

大喪用役則帥其民而至遂治之

治謂
監督

其事疏注治謂監督其事○釋曰言大喪用役謂若喪時輓六引之等等鄉之大大既主鄉民役用鄉民之時鄉師遂治之云治謂監督者謂監當督察其事

及葬執纛。以與匠師御匶而治役匠師事官之屬其於司空若鄉師之於司徒也鄉師主役匠師主衆匠共主葬引雜記曰升正柩諸侯執綍五百人四綍皆。銜枚司馬執鐸左八人右八人匠人執翿以御柩天子六引禮依此云鄭司農云。翿羽葆。幢也爾雅曰纛翳也以指麾輓柩之役正其行列進退○纛桃報反劉音毒匶是舊綍音弗翿劉音桃戚徒報反羽音雨○幢直江反行戶剛反下行列同

疏○及葬至治役○釋曰言及葬者及至葬引向壙執纛者纛謂葆幢也鄉師執葆幢卻行在柩車之前以與匠師御柩謂在路恐有傾覆故與匠師御正其柩而治役者亦謂監督役人也○注匠師至進退○釋曰匠師事官之屬者以其事官是主工匠之職此官又名匠師故知匠師事官之屬官也云其於司空若鄉師之於司徒也者地官之考稱鄉師春官之考稱肆師秋官之考稱士師唯有天官之考稱宰夫夏官之考稱軍司馬自外皆稱師此經鄉師是司徒考明匠師亦是司空考故云其於司空若鄉師之於司徒案天官注冬官亡未聞其考此云匠師冬官考者彼據冬官亡故云未聞其考此據匠師與鄉師相對以義約之故云匠師冬官考也云鄉師主役匠師主衆匠共主葬引者冬官亡雖無文以其主匠卽知其葬也雜記曰升正柩者案彼注謂將葬朝於祖正棺於廟云諸侯執綍五百人鄭彼注云一黨之民云四綍皆銜枚者謂引之時銜枚所以止讙。囂云執鐸左八人右八人者謂夾柩車匠。師執翿羽葆幢此諸侯之禮引之者以天子無文引以況天子之法案彼鄭注天子千人與言執翿羽葆幢者彼文唯有執翿無羽葆幢之言今云羽葆幢者鄭因釋翿是羽葆幢又引爾雅曰纛翳也以指麾輓柩之役正其行列進退者天子六紼千人輓之執翿者柩車恐傾側執翿者指麾輓柩之役人役人治喪者使柩車令不傾側又。千人輓柩以持六紼恐行列進退失所皆以翿指麾之故云正其行列進退也雜記諸侯禮匠。師執翿此天子禮鄉師執翿尊卑不同也

及窆執斧以涖匠師匠師主豐

碑之事執斧以涖之使戒其事故書涖作立鄭司農云窆謂葬下棺也春秋傳曰日中而塴。禮記所謂封者立讀爲涖涖謂臨視也○塴補鄧反封彼驗反

疏及窆至匠師○釋曰及至也窆是下棺也至壙下棺之時鄉師執斧以涖匠師匠師主衆匠恐下棺不得所須有用斧之事故執斧以臨視之○注匠師至視也○釋曰云匠師主豐碑之事者案檀弓云公室視豐碑三家視桓楹鄭彼注天子斲大木爲之豐大也天子六綍四碑前後各一碑各重鹿盧兩畔各一碑皆單鹿盧天子千人分置於六綍皆背碑負引擊鼓以爲縱舍之節匠師主當之故云匠師主豐碑之事也云執斧以涖之使戒其事者鄉師執斧以臨之者恐匠師不戒其事須有用斧之處故執斧助之使匠師戒其事又云故書涖作立者於義取後鄭讀還從涖司農云窆謂葬下棺也者三禮及諸文但言窆者皆是下棺故引春秋傳也案左氏昭十二年三月鄭簡公卒將葬司墓之室有當道者毀之則朝而塴弗毀則日中而塴子大叔請毀之子產遂不毀日中而葬又引禮記所謂封者案王制庶人縣封而葬喪大記亦云以鼓封皆爲封字塴封及此經窆字雖異皆是下棺之事云立讀爲涖涖謂臨視也者謂臨視匠師也

凡四時之田前期出田灋。于州里簡其鼓鐸旗物兵器脩其卒伍田法人徒及所當有

疏凡四時至卒伍○釋曰言四時之田者謂春蒐夏苗等凡田獵人徒等皆出於州里故未田獵之前須鼓鐸旗物之器故預簡閱云修其卒伍者謂百人爲卒五人爲伍皆須修治預爲配當○注田法人徒及所當有○釋曰云人徒者卽經卒伍是也及所當有者則經鼓鐸旗物兵器是也

及期以司徒之大旗致衆庶而陳之以旗物辨鄉邑而治其政令刑禁巡其前後之屯而戮其犯命者斷其爭禽之訟司徒致衆庶者以熊虎之旗此又以之明爲司徒致之大夫致衆當以鳥隼之旗陳之以旗物以表正其行列辨別異也故書巡作述屯或爲臀鄭大夫。讀。屯爲課殿杜子春讀爲在後曰殿謂前後屯兵也玄謂前後屯車徒異部也今書多爲屯從屯○

斷丁亂反明爲于僞反下爲州長爲鄉大夫爲州黨同隼雖允反旟音餘別彼列反殿都遍反下同【疏】及期至之訟○釋曰云及期。謂至田獵之期日云以
司徒之大旗致衆庶者鄉師爲司徒致衆庶故還用司徒之大旗言致衆庶者謂植旗期民於其下云而陳之以旗物者陳列衆庶之時亦植旗於行首云辨
鄉邑者田獵之時非直有六鄉之衆亦有公邑之民分別之云而治其政令刑禁者鄉師治其民庶政令及刑禁等云巡其前後之屯者謂兵衆屯聚各有車
徒各於前後而巡行之而戮其犯命者但民庶之等各有軍將教命犯命者則戮之又云斷其爭禽之訟者田獵得大獸公之小禽私之有爭禽之訟鄉師斷
之○注司徒至從屯○釋曰云司徒致衆庶者以熊虎之旗者司常職云熊虎爲旗○此經云司徒大旗故知司徒自致衆庶以熊虎爲旗也云此又以之明爲
司徒致之者此鄉師也經云以司徒大旗明用司徒大旗故知爲司徒致之也云大夫致之衆當以鳥隼之旟者案司常陳九旗之次云日月爲常交龍爲旂通
帛爲旜雜帛爲物熊虎爲旗鳥隼爲旟又云孤卿建旜大夫士建物大司徒既是卿官尋常建旜在軍建熊虎卿既是大夫官尋常建物在旜下明在軍當以
鳥隼之旟在熊虎下可知云鄭大夫讀屯爲課殿者未知鄭大夫所讀更出何文或謂當時俗有課殿之語故讀從之云杜子春讀爲在後曰殿者謂軍在前
曰啓在後曰殿。玄謂前後屯兵也者屯兵則是殿兵也玄謂前後屯車徒異部也者謂大司馬云險野人爲主易野車爲主是車徒異部也云今書多爲屯從
屯者謂故書之內爲殿者少爲屯者多以多言之宜從屯

凡四時之徵令有常者以木鐸徇於市朝徵令有常者謂

田狩及正月命脩封疆二月命雷且發聲○朝直遙反下同【疏】凡四至市朝○釋曰云凡四時徵令有常者鄉師各於其鄉內以木鐸警戒巡於市朝使
民知之○注徵令至發聲○釋曰徵令有常者謂田狩春蒐夏苗秋獮冬狩四時田獵獨言狩者略舉冬言之云及正月命脩封疆者案月令孟春之月命脩
封疆謂田之界分也云二月命雷且發聲者案月令仲春之月先雷三日奮木鐸以令兆民曰雷將發聲有不戒其容止者生子不備必有凶災言此等政令

皆有常時故引之以證徵令有常者也

以歲時巡國及野而賙萬民之𡤭阨。以王命施惠歲時者隨其事之時不必四時也𡤭阨。飢乏也鄭司農云賙讀爲周急之周○𡤭古艱字本亦作艱

【疏】以歲至施惠○釋曰以歲之困阨之時鄉師巡於國及至野外賙給萬民之有𡤭阨者云以王命施惠者言於其時以王命施布恩惠於下民也○注歲時至之周○釋曰言歲時者隨其事之時不必四時也者鄭知不是四時者以其𡤭阨是非常之事故不得爲四時解之鄭司農云明讀爲周急之周者讀從論語周急不繼富之周

歲終則考六鄉之治以詔廢置

【疏】釋曰云歲終者謂周之季冬云則考六鄉之治者謂鄉師責其治政文書考其功過云以詔廢置者有功則置之有過則廢之詔告也告王與冢宰廢置之

正歲稽其鄉器比共吉凶二服閭共祭器族共喪器黨共射器州共賓器鄉共吉凶禮樂之器吉服者祭服也凶服者弔服也比長主集爲之祭器者簠簋鼎俎之屬閭胥主集爲之喪器者夷槃素俎楬豆輁軸之屬族師主集爲之此三者民所以相共也射器者弓矢楅中之屬黨正主集爲之州長或時射於此黨也賓器者尊俎笙瑟之屬州長主集爲之爲鄉大夫或時賓賢能於此州也吉器若閭祭器者也凶器若族喪器者也禮樂之器若州黨賓射之器。者鄉大夫備集此四者爲州黨族閭有故而不共也此鄉器者旁使相共則民無廢事上下相補則禮行而教成○楬苦瞎反輁九勇反軸音逐楅音福又音逼

【疏】正歲至之器○釋曰正歲稽鄉器者此一句與下爲總目正歲謂建寅之月稽考也鄉師各自考校當鄉之器服云比共吉凶二服者五家爲比比長一人主集合五家相共吉凶二服云閭共祭器者二十五家爲閭閭胥一人主集合祭器使相共云族共喪器者百家爲族族師一人主集合喪器使相共云黨共射器者五百家爲黨黨正一人主集合射器以共州長之射云州共賓器者二千五百家爲州州長一人主集合賓器以共鄉大夫行鄉飲酒之禮云鄉共吉凶禮樂之器者萬二千五百家爲鄉鄉大夫

主集此四器恐州黨已下有故不能自共即旁相共也○注吉服至教成○釋曰云吉服者祭服也者當此內無祭事其於族祭酺黨祭禜州祭社之等無過用朝服又知凶服是弔服者若人衰裳是常服主人自共其弔服是暫服可以相共故知是弔服其庶人弔服無過素冠與深衣而已云比長主集爲之者雖五家之內亦當有官首若非比長主集民不自課故知比長主集爲之云祭器者簠簋者案特牲同姓用簋少牢皆用敦同姓者乃用簋今言簋者況義耳云喪器者夷槃者案喪大記士併瓦盤大夫乃用夷盤今庶人實不得用夷盤引之者以況喪器非謂庶人得用夷盤也云素俎楬豆者案士喪禮小斂有素俎大斂有楬豆兩籩無縢此不言籩無縢者文略也云輁軸之屬者案既夕禮士朝廟用輁軸以載柩此庶人無輁軸引之者亦以況義知非族內有大夫士得用夷盤輁軸者以其太夫自有祿位不在共限故矣引以況義不言棺槨亦主人自共之也故閭師云不樹者無槨此三者並是罰物所爲知者案載師職云宅不毛者有里布田不耕者有屋粟鄭玄云罰之以共吉凶二服及喪器鄭不云祭器文略有祭器可知鄭知必用罰物不用官物爲之者以其不爲官事明不用官物可知云射器者弓矢楅也之屬者案鄉射大射皆云執長弓挾乘矢楅在庭中射訖命弟子取矢置于楅以八算置于中士則鹿中之等是也云乏之屬者之屬中容有侯乏等云爲州長或時射於此黨也者一州管五黨州長春秋二時射於序學要有一黨之中故云或時射於此黨又云賓器者尊俎笙瑟之屬者案鄉食酒三年貢士之時行飲酒之禮即有酒尊俎賓二人鼓瑟在堂笙入在於堂下故言尊俎笙瑟言之屬者更有籩豆之等云爲鄉大夫或時賓賢能於此州也者一鄉管五州鄉大夫行鄉飲酒之時必在一州之內此州則共之故云或時賓賢能於此州也云吉器若閭祭器者也凶器若族喪器者也者以其鄉大夫備集此四器恐閭族已下有故不得自共故知還是閭族黨州所當共者也故云吉器若閭祭器者也凶器若族喪器者也云禮樂之器若州黨賓射之器者連州黨幷言之者以其州黨射器賓器二者皆有禮器樂器故州黨幷言之自射器已下皆爲國行禮得官物所爲不出民物故酒正云凡爲

公酒者亦如之注云謂鄉射飲酒以公事作酒者亦以式法及酒材授之自使釀之酒材尚得公物明此器等亦出官物可知以其爲官行禮故也云上下相補者自比共吉凶二服至州共賓器已上是下之相補鄉共吉凶禮樂之器者是上之相補故云上下相補云禮行而教成者庶民乏於財物闕於禮。義教化不成今以器服共之卽禮行而教成也

若國大比則攷教察辭稽器展事以詔誅賞考教視賢能以知道藝與不察辭視吏言事知其情實不展猶整具

疏若國至誅賞○釋曰若國大比者謂三年大比之時則鄉師考教學之官知其道藝進不云察辭者視官中之吏辭之虛實云稽器者謂考鄉中禮。樂兵器之等云展事者謂行事展省視之知其善惡詔告之在上善者賞之惡者誅之

附釋音周禮注疏卷第十一

附釋音周禮注疏卷第十一　阮元撰盧宣旬摘錄

小司徒

掌建邦之教灋唐石經宋本余本岳本嘉靖本閩本同監毛本灋改法非下須比灋教灋用灋脩灋及鄉師職準此

以辨其貴賤老幼廢疾唐石經宋本岳本廢作癈注中同凡與廢字與癈疾字劃然有別此作廢非嘉靖本辨作辯亦誤唐石經宋本皆作辨也下及鄉師職等悉準此

謂鄉中州祭社黨祭禜監毛本禜誤宗閩本作崇

皆弛舍無賦閩本同監毛本弛改施非賈疏依注用弛字

今時白役簿惠校宋本同閩監毛本白作日是也

公追戎于濟西此本注及疏濟皆誤齊今據諸本訂正

案大宰九賦惠校本同閩監毛本賦誤職

故鄭不從之惠校本故下有後

貢祿不平宋本嘉靖本同余本閩監毛本貢作穀蓋依今本孟子所改

二萬七百三十六夫治洫 宋本嘉靖本毛本同疏引注亦作二萬閩監本誤一萬

一甸之田稅入於王 毛本於誤于

地事謂農牧衡虞也 諸本同惠校本作虞衡云余本仍作衡虞

云四井爲邑方三里 浦鏜云二誤三

據稅於王者而言 惠校本作據一丘稅入於王者而言

牧則數牧以蕃鳥獸 浦鏜云藪誤數

故爨三等之號以表之 爨疑舉之訛

謂施民者之職 浦鏜云者之疑之九誤案注云職謂九職也

故其官川衡林衡山虞澤虞之官主當 浦鏜云當疑掌訛

杜子春云讀爲域者 惠校本讀作當

帥帥而致於大司徒 浦鏜云帥師誤帥帥

故知小功役之事 浦鏜云力役誤功役下同

皆碑挽引而下棺 浦鏜云背誤皆

謂國社侯勝國之社　浦鏜云侯下脫一社

其外更言夷鎮蕃三服爲夷狄　浦鏜云言當有字誤

有功則賞之　惠校本作則賞賜之

徇以木鐸　唐石經宋本余本嘉靖本同閩監毛本徇作狥訛疏及鄉師職準此

正歲建寅之月懸之　閩監毛本懸改縣下同

云修法糾職者　閩監毛本修作脩此與經中作脩異下同

鄉師

辨其老幼貴賤癈疾馬牛之物　唐石經宋本同此職疏中亦作癈疾嘉靖本閩監毛本作廢非

掌其戒令糾禁　毛本戒誤刑

謂築作堤防城郭等　閩本同監本堤誤提毛本改隄

士虞禮所謂葙　案葙當從諸本作苴此涉上文誤

故書輦作連　禮說云古連輦通車從夫雙引爲輦車從辵步挽爲連一象形一會意也破連爲輦變古從今失之易蹇六四往蹇來連虞翻曰連輦也管子立政篇畜連乘車海王篇服連軺輦則古輦皆作連矣

及葬執纛閩監毛本同唐石經宋本嘉靖本纛作纛釋文執纛桃報反葉鈔本作執纛然則作纛者非注中同

四緌皆銜枚閩監毛本同余本嘉靖本銜作銜惠校本疏中同

翿羽葆幢也葉鈔釋文作幢也〇按作幢是也爾雅音義引作纛羽葆幢也此可證纛即翿古通用

銜枚所以止讙嚻閩監毛本嚻作囂

匠師執翿羽葆幢經義雜記曰匠人作匠師訛當改正案下引雜記同誤

又千人輓柩以持六紼毛本千作二壞字

日中而堋閩監毛本同宋本堋作傰載音義同嘉靖本堋字土旁改刻蓋本作傰釋文而堋葉鈔本作傰

出田灋于州里唐石經宋本岳本嘉靖本閩本同監毛本灋改法

鄭大夫讀屯爲課殿漢讀考云鄭大夫杜子春皆從作𡬡之本鄭君則曰今書多爲屯從屯今注作鄭大夫讀屯誤

釋曰云及期惠校本下有者此脫

元謂前後屯兵也者首一字當衍

而賙萬民之囏阨釋文囏古艱字本亦作艱案經當作囏注當作艱

囏阨飢乏也嘉靖本飢作饑當據訂正

若州黨賓射之器者 嘉靖本下有也字此脫當補

執長弓挾乘矢 惠校本長作張此誤

以八筭置于中士則鹿中之等是也 監毛本八筭誤人筭士誤上閩本八筭二字不誤

闕於禮義 浦鏜云儀誤義據儀禮通解續校

謂考鄉中禮樂兵器之等 惠校本作禮器此作樂誤

周禮注疏卷十一校勘記

附釋音周禮注疏卷第十二

鄭氏注　　賈公彥疏

鄉大夫之職各掌其鄉之政教禁令鄭司農云萬二千五百家爲鄉【疏】鄉大至禁令○釋曰六鄉大夫各掌其鄉之政令及十二教與五禁號令皆掌之○注鄭司至爲鄉釋曰案上文五州爲鄉故知萬二千五百家爲鄉正月之吉受教灋于司徒退而頒之于其鄉吏使各以教其所治以攷其德行察其道藝其鄉吏州長以下○治直吏反下考治下治所治處同行下孟反下及注德行之行六行皆同【疏】正月至道藝○釋曰言正月之吉者謂建子之月月朔之日云受法於司徒者謂若大司徒職十二教已下其法皆受於司徒而來云退而頒之于其鄉吏者謂已於司徒受得教法遂分與州長已下至比長云使各以教其所治者亦謂州長已下至比長各教所治也云攷其德行者謂鄉大夫以鄉三物教萬民遂考校其萬民有六德六行之賢者云察其道藝者謂萬民之中有六藝者並擬賓之○注其鄉吏州長以下○釋曰以其比長以上至州長皆屬鄉大夫故知鄉吏州長以下至比長以歲時登其夫家之衆寡辨其可任者國中自七尺以及六十野自六尺以及六十有五皆征之其舍者國中貴者賢者能者服公事者老者疾者皆舍以歲時入其書登成也定也國中城郭中也晚賦稅而早免之以其所居復多役少野早賦稅而晚免之以其復少役多鄭司農云征之者給公上事也舍者謂有復除舍不收役事也貴者謂若今宗室及關內侯皆復也服公事者謂若今吏有復除也老者謂若今八十九十復羨卒也疾者謂若今。癃不可事者復之玄謂入其書者言於大司徒○復音福下同【疏】以歲至其書○釋曰云以歲時者謂歲之四時登猶成也定也夫家謂男女謂四時成定其男女多少云辨其可任者謂分辨其可任使者云國中自七尺以及六十者七尺謂年二十知者案韓詩。外傳二十行役與此國中七尺同則知七尺謂年二十云野自六尺以及六十有五者六尺謂年十五故論語云可以託六尺之孤鄭注云六尺之孤年十五已下彼六尺亦謂十五鄭言已下者正謂十四已下亦可以寄託非謂六尺可通十四已下鄭必知六尺年十五者以其國中七尺爲二十對六十野云六尺對六十五晚校五年明知六尺與七尺早校五年故以六尺爲十五也云皆征之者所征稅者謂築作挽引道渠之役及口率出錢若田獵五十則免是以祭義云五十不爲甸徒若征伐六十乃免是以王制云六十不與服戎彼二者並不辨國中及野外之别云其舍者謂不給繇役則國中貴者已下是也云以歲時入其書者此上所云皆歲之四時具作文書入於大司徒故云歲時入其書也○注登成也至司徒○釋曰云登成也定也者以其夫家衆寡若不作文書則多少齒歲不定若作文書多少成定故云登成也定也云國中城郭中也者以其對野故知國中是城郭中也云晚賦稅而早免之者以其經云七尺及六十對野中六尺至六十五是其晚賦稅而早免之云以其所居復多役少者以此經云國中貴者至疾者皆舍據國中而言是其國中復多役少也鄭司農云四事皆若今者並舉漢法況之玄謂入其書者言於大司徒知者以其上云受法於司徒故知入其書者言於大司徒

三年則大比攷其德行道藝而興賢者能者鄉老及鄉大夫帥其吏與其衆寡以禮禮賓之賢者有德行者能者有道藝者衆寡謂鄉人之善者無多少也鄭司農云興賢者謂若今舉孝廉興能者謂若今舉茂才賓敬也。敬所舉賢者能者玄謂變舉言興者謂合衆而尊寵之以鄉飲酒之禮禮而賓之【疏】三年至賓之釋曰三年一閏天道小成則大案比當鄉之內云考其德行道藝者德行謂六德六行道藝謂六藝云而興賢者則德行之人也能者則道藝之人也云鄉老及鄉大夫帥其吏者謂州長以下云與其衆寡者謂鄉中有賢者

皆集在庠學云以禮禮賓之者以用也用鄉飲酒之禮以禮賢者能者賓客之舉。○注賢者至賓之○釋曰云賢者有德行者欲見賢與德行爲一在身爲德施之爲行內外兼備卽爲賢者也云能者有道藝者鄭亦見道藝與能爲一上注云能者政令行。其身有道藝則政教可行是能者也云衆寡謂鄉人之善者無多少也者案鄉飲酒堂上堂下皆有衆賓不言其數此經衆寡兩言無問多少皆來觀禮故云無多少也鄭司農云若今舉孝廉及茂才者孝悌廉絜人之德行故以孝廉況賢者茂才則秀才也才人之技藝故以況能者也玄謂變舉言與者案禮記文王世子云或以事舉或以言揚故今貢人皆稱舉今變舉言與云謂合衆而尊寵之者合衆卽此經云鄉老及鄉大夫已下是也云鄉飲酒之禮者則儀禮篇飲酒賓舉之法是也

厥明鄉老及鄉大夫羣吏獻賢能之書于王王再拜受之登于天府內史貳之

厥其也其賓之明日也獻猶進也王拜受之重得賢者王上其書於天府天府掌祖廟之寶藏者內史副寫其書者當詔王爵祿之時○上其時掌反藏才浪反

疏厥明至貳之○釋曰厥明者謂今日行鄉飲酒之禮也至其明日表奏於王○注厥其至之時○釋曰云天府掌祖廟之寶藏者是春官天府職文也引之者欲見天府掌寶物賢能之書亦是寶物故藏於天府云內史副寫其書者貳副也內史副寫一通文書擬授爵祿案內史職有策命諸侯羣臣之事故使內史貳之

退而以鄉射之禮五物詢衆庶一曰和二曰容三曰主皮四曰和容五曰興舞

以用也行鄉射之禮而以五物詢於衆民鄭司農云詢謀也問於衆庶寧復有賢能者和謂閨門之內行也容謂容貌也主皮謂善射射所以觀士也故書舞爲無杜子春讀和容爲和頌謂能爲樂也無讀爲舞謂能爲六舞玄謂和載六德容包六行也庶民無射禮因田獵分禽則有主皮主皮者張皮射之無侯也主皮和容興舞則六藝之射與禮樂與當射之時民必觀焉因詢之也孔子射於矍相之圃蓋觀者如堵牆射至於司馬使子路執弓矢出誓射者又使公罔之裘序點揚觶而語

詢衆庶之儀若是乎○寧復扶又反下猶復同皮射之食亦反樂與音餘釁俱縛反本或作瞿音同相息亮反堵丁古反鞞支鼓反

【疏】退而至與舞○釋曰言退者謂獻賢能之書於王退來鄉內云以鄉射之禮者州長春秋二時習射於序名為鄉射今鄉大夫還用此鄉射之禮云五物詢衆庶者物事也一曰二曰已下是也○注以用也至是乎○釋曰行鄉射之禮者案今儀禮鄉射云豫則鉤楹內堂則由楹外又云序則物當棟堂則物當楣堂謂鄉學豫鄉大夫所行射禮也豫謂州長春秋二時習射於序司農云和謂閭門之內行也者以其父子主和故和謂閭門之內行也云容謂容貌也者以其容是容儀故知容貌也後鄭不從此義杜子春讀和容為和頌謂能為樂也者興舞即舞樂今又以和容謂能為樂故後鄭亦不從玄謂和載六德容包六行也者破司農子春之義案大司徒以鄉三物教萬民教成則興之明此詢者還是三物之內不是三物之外別有和容又且主皮興舞是六藝之內明此和容是六德六行之中在下謂之載和在六德之下故云和載六德云容包六行者在上謂之包容則孝也孝在六行之上故云容包六行必。知容得為孝者案漢書高堂生善為容容則禮也善為孝者必合於禮之容儀故以孝為容者也云庶民無射禮者天子至士有大射燕射賓射之等庶人則無此射禮故云無射禮也云因田獵分禽則有主皮者案大司馬職大獸公之小禽私之者至舍更與在田之人射則取之則有云主皮主皮者張皮射之無侯也者自士已上張皮侯采侯獸侯庶人主射此皮故云主皮無侯也云主皮和容興舞則六藝之射與禮樂與者以此三者當之故以主皮當射和容當禮興舞當樂若然三物之中其事一十有八今六德之中唯問和六行之中唯問容六藝之中唯問禮樂獨問此者既貢賢於王其餘則未能盡備故略舉五者以問之六德是其大者故問下之和者六行是其小者故問上之孝者也六藝之中禮以安上治民樂以移風易俗男子生設弧於門左射。則是男子之事此者人行之急故特言之自餘略而不說又云當射之時民必觀焉因詢之也者案鄉射記唯君有射于國中其餘則否注云臣不習武事於君側以其鄉射在城外衆庶皆觀焉故得詢此五物云孔子射於矍相之圃已下者此是禮記射義文天子諸侯射先行燕禮。鄉大夫士射於矍先行鄉飲酒之禮時孔子爲鄉大夫鄉射之禮先行飲酒禮故云孔子射於矍相之圃矍相地名以其臣不得在國射故射於矍相之圃蓋觀者如堵牆者以其鄉內衆庶皆集在射所故云觀者如堵牆云射至於司馬者以其飲酒之禮必立司正於將射變司正爲司馬也案鄉射大射司射執弓矢今此云子路執弓矢則子路爲司射也云子路出誓者以其衆庶多不可盡與之射故誓去之云又使公罔之裘序點揚觶而語者案鄉飲酒之禮一人舉觶爲旅酬始二人舉觶爲無算爵始射在無算爵前今誓在無算爵後者但射實在無算爵前今未射之前用此無算爵禮二人舉觶之法以誓衆庶耳非謂此射在無算爵後云詢衆庶之儀若是乎者孔子謂諸侯鄉大夫此經是天子鄉大夫引彼以證此故云乎以疑之

此謂使民興賢出使長之使民興能入使治之言是乃所謂使民自舉賢者因出之而使之長民教以德行道藝於外也使民自舉能者因入之而使之治民之貢賦田役之事於內也言爲政以順民爲本也書曰天聽明自我民聽明天明威自我民明威老子曰聖人無常心以百姓心爲心如是則古今未有遺民而可爲治

疏此謂至治之○釋曰言此謂使民興賢者謂上經賓舉者皆民中舉之還使治民故云此謂使民與賢出使長之謂使鄉外與民爲君長○云使民與能入使治之者謂能者復來入鄉中治民之貢賦○注言是至爲治○釋曰云使民自舉賢者因出之而使之長民教以德行道藝於外也者以賢者德大故遣出外或舉爲都鄙之主或諸侯皆可也以其自有德行道藝故還使之教民以德行道藝云使民自舉能者因入之而使之治民之貢賦田役之事於內也者以其能者德小不可以爲大夫諸侯等故還入鄉中量德大小以爲比長鄰長已上之官治民之貢賦田役於內也云言爲政以順民爲本也者禮記云上酌民言則下天上施上不酌民言則下不天上施故言爲政以順民爲本也書曰天聽明已下是尚書咎繇篇之文也自用也言天雖聽明視聽既遠不自用己之聽明用民之聽明民之歸者則授之以天位謂若湯武是也天明威自我民明威

者威畏也天雖明察可畏不自用己之明威用我民明威民所叛者則討之謂若桀紂是也云老子曰聖人無常心以百姓心爲心者但聖人形如枯木心若死灰空洞無我故無常心以百姓之心爲心引之者證順民爲本之意云如是則古人未有遺民而可爲治者天聽明是古老子與此文爲令皆順民爲治故云古今未有遺民而可爲治也

歲終則令六鄉之吏皆會政致事會計也致事言其歲盡文書◎疏年終至致事○釋曰年終將考其得失則令六鄉之吏州長。之。官皆計會教政之功狀致其所掌之事於鄉大夫鄉大夫以下致與大司農然後考之

正歲令羣吏攷灋于司徒以退各憲之於其所治之國。疏釋曰正歲建寅之月鄉大夫令州長已下羣吏令使考法於司徒正謂受而考量行之故云以退各憲之於其所治憲者表縣之也

大詢于衆庶則各帥其鄉之衆寡而致於朝大詢者詢國危詢國遷詢立君鄭司農云大詢于衆庶洪範所謂謀及庶民疏大詢至於朝○釋曰國有大事必順於民心故與衆庶詢謀則六鄉大夫各帥其鄉之衆寡而致於朝謂外朝三槐九棘之所共詢謀之○注大詢至庶民○釋曰。知大詢詢國危詢國遷詢立君者案小司寇職云掌外朝之政以致萬民而詢焉一曰詢國危。已安庶民云國大詢于衆庶而致。於朝故知大詢者詢國危之等此三者皆是國之大事故稱大詢小司寇雖不云大大卜云大貞卽此詢國危之等也鄭司農云大詢於衆庶引洪範所謂謀及庶民者彼謀及庶民卽大詢於衆庶一也故引爲證

國有大故則令民各守其閭以待政令使民皆聚於閭胥所治處疏國有至政令○釋曰大故謂災變寇戎之等警急須人故鄉大夫令州長已下使民各守其閭胥所治處以待國之政令○注使民至治處○釋曰二十五家爲閭中士爲閭胥則有治政之處以聚其民

以旌節輔令則達之民雖以徵令行其將之者無節則不得通疏以旌至達之○釋曰國有大事故恐有姦寇故使民徵令出入來往皆須得旌節輔此徵令文書乃得通達使過故

鄭云民雖以徵令行其將之者無節則不得通

州長各掌其州之教治政令之灋鄭司農云二千五百家爲州論語曰雖州里行乎哉春秋傳曰鄉取一人焉以歸謂之夏州

【疏】州長至之法○釋曰一鄉管五州中大夫一人爲州長故云州長各掌其州之教也教謂十二教之外所施政令皆治之○注鄭司至夏州○釋曰二千五百家爲州者雖無正文約則有之案上文五家爲比五比爲閭四閭爲族五族爲黨五黨爲州州二千五百家也又引春秋傳曰已下者案左氏宣公十一年傳曰楚子伐陳遂入陳殺夏徵舒因縣陳申叔時諫乃復封陳鄉取一人焉以歸謂之夏州注云言取討夏徵舒之州引此者以證有州之義也

正月之吉各屬其州之民而讀灋以攷其德行道藝而勸之以糾其過惡而戒之屬猶合也聚也因聚衆而勸戒之者欲其善○屬音燭注下皆同

【疏】正月至戒之○釋曰謂建子之月一日也各屬其州之民者屬猶合也聚也謂合聚一州之民也而讀法者謂對衆讀一年政令及十二教之法使知之云以考其德行道藝而勸之者謂考量民之六德六行及六藝之道藝而勸勉之使之勸脩云以糾其過惡而戒之者民有過惡糾察與之罪而徵戒之○注屬猶至其善○釋曰言因聚衆而勸戒之者謂欲勸戒之必須聚衆故言因聚衆而勸戒之欲其善也

若以歲時祭祀州社則屬其民而讀灋亦如之春秋以禮會民而射于州序序州黨之學也會民而射所以正其志也射義曰射之爲言繹也繹者各繹己之志○會如字注同

【疏】若以至州序○釋曰上云歲時皆謂歲之四時此云歲時唯有歲之二時春秋耳春祭社以祈膏雨望五穀豐熟秋祭社者以百穀豐稔所以報功故云祭祀州社也云則屬其民而讀法亦如之者凡讀法皆因節會以聚民今既祭因聚民而讀法故云亦如之云春秋以禮會民而射于州序者州長因春秋二時皆以禮會聚其民而行射禮于州之序學中

言以禮者亦謂先行鄉飲酒之禮乃射故云以禮也○注序州至之志○釋曰此知序州黨學者案下黨正亦云飲酒于序故知州黨學同名爲序若鄉則立庠故禮記鄉飲酒義云主人迎賓于庠門之外彼鄉大夫行賓賢能非州長黨正所行故知庠則鄉學也云會民而射所以正其志也者凡禮射皆須存其志意故鄭卽引射義曰射之爲言繹也繹者各繹己之志繹陳也言各陳己志者謂若射義云射者內志正外體直乃能中之是也

凡州之大祭祀大喪皆涖其事

大祭祀謂州社稷也大喪鄉老鄉大夫於是卒者也涖臨也

【疏】凡州至其事○釋曰云凡者以其大祭大喪非一故云凡也云州之大祭祀大喪者則非國家祭祀喪事謂州之大祭唯有春秋祭社也州之大喪者三公鄉大夫之喪也云皆涖其事者二州長皆臨其事也○注大祭至臨也○釋曰言大祭祀謂州社稷者以上文云歲時祭祀州社此經又因言州之大祭祀故知還是上文州社也知有稷者以其天子諸侯三社皆稷對之故知兼有稷也言州社者若言大社國社之類又對黨祭禜族祭酺故此特言州社也云大喪鄉老鄉大夫者以其遠郊之內置六鄉鄉老與鄉大夫死不出六鄉要在一鄉一州一黨一族一閭之內今據州而言故云於是卒者也

若國作民而師田行役之事則帥而致。之掌其戒令與其賞罰

致之致之於司徒也掌其戒令賞罰則是於軍因爲師帥

【疏】若國至賞罰○釋曰言若者不定之辭若如也如有國家作起其民師謂征伐田謂田獵行謂巡狩役謂役作此數事者皆須徵聚其民州長則各帥其民而致之于司徒也云掌其戒令與其賞罰者州長既致其民還自領己民爲師帥故還使州長掌之也○注致之至帥○釋曰云致之於司徒也者謂州長致與小司徒小司徒乃帥而致與大司徒故小司徒職云大軍旅帥其衆庶是也云因爲師帥者若衆屬軍吏別有軍吏掌之何得還自掌之故知因爲師帥也但在鄉爲州長已管其民在軍還領己民爲師帥卽是因內政寄軍令也

歲終則會其州之政令正歲則讀教灋如初

雖以正月讀之至正歲猶復讀之因

此四時之正重申之〇重直用反 疏 歲終至如初〇釋曰既不言正歲之終周禮之內直言歲終者皆是周之歲終也言則會其州之政令者謂會計當州黨正已下政令文書將以考課也云正歲則讀教法如初者以其建寅之月得四時之正於教令審故又讀教法言如初者亦當屬民讀之也

三年大比則大攷州里以贊鄉大夫廢興廢興所廢退所興進也鄭司農云贊助也 疏 三年至廢興〇釋曰州長至三年大案比之日則大考州里者謂年年考詮至三年則大考之言大者時有黜陟廢興故也

黨正各掌其黨之政令教治鄭司農云五百家爲黨論語曰孔子於鄉黨又曰闕黨童子〇治直吏反族師治令同 疏 黨正至教治〇釋曰言各者一鄉有二十五黨故各掌其黨之政令及十二教與治職文書〇注鄭司至童子〇釋曰先鄭知五百家爲黨者以其五家爲比五比爲閭四閭爲族五族爲黨故知也引論語者證有黨義也

及四時之孟月吉日則屬民而讀邦灋以糾戒之以四孟之月朔日讀法者彌親民者於教亦彌數〇數音所角反 疏 及四至戒之〇釋曰及至也黨正四時孟月吉日則屬民而讀邦法者因糾戒之如州長之爲也〇注以四至彌數〇釋曰云以四孟之月朔日讀法者彌親民者於教亦彌數者上文州長唯有建子建寅及春秋祭社四度讀法此黨正四孟及下文春秋祭禜幷正歲一年十度讀法者以其鄉大夫管五州去民遠不讀法州長管五黨去民漸親故四讀法黨正去民彌親故七讀法鄭云彌親民者則非直徒解黨正而已案下族師十四度讀法彌多於此故鄭總釋云彌親民者於教亦彌數也

春秋祭禜亦如之禜謂雩禜水旱之神蓋亦爲壇位如祭社稷云〇禜榮敬反 疏 春秋至如之〇釋曰黨正不得與州同祭社故亦春秋祭禜神也〇注禜謂至稷云〇釋曰鄭知祭謂雩禜水旱之神者案禮記祭法云雩禜祭水旱案昭公元年左氏傳子產云水旱癘疫之不時於是乎禜之皆是禜祭水旱神也云蓋亦爲壇位如祭社稷云者以其

大司徒及封人等皆云社稷有壇又祭法王宮祭日及雩禜祭水國索鬼神而旱等皆是壇名故知亦如社稷有壇位無正文故言云以疑之也

祭祀則以禮屬民而飲酒于序以正齒位。壹命齒于鄉里再命齒于父族三命而不齒國索鬼神而祭祀謂歲十二月大蜡之時建亥之月也正齒位者鄉飲酒義所謂六十者坐五十者立侍六十者三豆七十者四豆八十者五豆九十者六豆是也必正之者爲民三時務農將闕於禮至此農隙而教之尊長養老見孝。悌之道也黨正飲酒禮亡以此事屬於鄉飲酒之義微失少矣凡射飲酒。此鄉民雖爲。卿大夫必來觀禮鄉飲酒鄉射記大夫樂作不入士旣旅不入是也齒于鄉里者以年與衆賓相次也齒于父族者父族有爲賓者以年與之相次異姓雖有老者居於其上不齒者席于尊東所謂遵〇蜡仕詐反依字作䄍爲于僞反隙去逆反本又作郤弟音悌下同

疏國索至不齒〇釋曰黨正行正齒位之禮在十二月建亥之月爲之非蜡祭之禮而此云國索鬼神而祭祀者以其正齒位禮在蜡月故言之以爲節耳當國索鬼神而祭祀之時則。黨正屬聚其民而飲酒于序學中以行正齒位之法當正齒位之時民內有爲。一命已上必來觀禮故須言其坐之處云。一命齒于鄉里者此黨正是天子之國黨正則。一命亦天子之臣若有。一命之人來者卽于堂下鄉里之中爲齒也云再命齒于父族者謂父族爲賓卽與之爲齒年大在賓東年小在賓西三命而不齒者若有三命之人來者縱令父族爲賓亦不與之齒若非父族是異姓爲賓灼然不齒位在賓東故云不齒也若然典命雖不見天子之士命數序官有上士中士下士則上士三命中士二命下士一命則此一命謂下士再命謂中士三命謂上士也〇注國索至謂遵〇釋曰云國索鬼神而祭祀謂歲十二月大蜡之時是禮記郊特牲文建亥之月者是鄭君解義語言此者謂行正齒位之禮亦在此月也云正齒位者鄉飲酒義所謂六十者坐至六豆者並是彼文案彼文謂五十者立侍六十者乃於堂上而坐禮年六十。已上籩豆有加故不得籩豆耦而云六十者三豆七十者四豆八十者五豆九十者六豆若然

則堂下五十立者二豆而已引之者證此經與彼同是正齒位之法也云必正之者爲民三時務農將闕於禮至此農隙而教之尊長養老見孝弟之道也者春夏秋三時務在田野闕於齒序之節隙閑也至此十月農事且閑而教之言尊長養老卽五十已上至九十正齒位是也但孝弟施于家內今行尊長養老則是孝弟之道通達于外者也云黨正飲酒禮亡者儀禮篇卷並在之日別有黨正飲酒之禮見今十七篇內無黨正飲酒之禮故云亡也云以此事屬于鄉飲酒之義微失少矣者但儀禮未亡之時篇內論正齒位之禮其義具悉今將此經之事連屬於鄉飲酒義則鄉飲酒義唯有五十已上豆數之言此經唯有。一命已上觀禮之事二處相兼比於儀禮篇中鄉飲酒法義理乃未足微失於少故云微失少矣云凡射飲酒者謂州長春秋行社黨正十二月行飲酒二事俱同故兼言射也云此鄉民雖爲卿大夫必來觀禮者證此經。一命以至三命齒與不齒之人來在位之法也又引鄉飲酒鄉射記者證二事俱有。一命。已上觀禮來入時節案彼經鄉大夫皆作樂前入士未旅前入故云大夫樂作不入鄭彼注云入後樂賢也云士既旅不入注云後入正禮也若然大夫士來觀禮者皆爲樂賢行禮而至故大夫樂作不入士既旅不入也云齒于鄉里者以年與衆賓相次也者謂在堂下與五十已下衆賢賓客相次以其。一命若據天子之國。一命爲下士若據諸侯之國。一命爲公侯伯之士若據子男之士不命固在堂下以其士立于下故也云齒于父族者父族有爲賓者以年與之相次者以其賓在戶牖之間南面若賓是同姓父族則與之齒也云異姓雖有老者居於其上者既言齒于父族明異姓非父族不齒可知云不齒者席于尊東所謂遵者案鄉飲酒鄉射皆酒尊在室戶東房戶西賓主夾之鄉人爲鄉大夫來觀禮爲鄉人所遵法謂之爲遵席位在酒尊東公三重大夫再重故知不齒者席于尊東也云所謂遵者所謂鄉射鄉飲酒之遵也案鄭注鄉飲酒云此篇無正齒位之事焉者彼是三年一貢士直行飲酒之禮賢者爲賓其次爲介其次又爲衆賓賓而貢之如此無黨正正齒位之事案彼注又云天子之國三命者不齒於諸侯之國爵爲大夫則不齒矣者以其賓賢能年。幾必小於卿大夫等是以天子之國三命士及公侯伯之卿三命大夫一命子男之卿再命大夫一命但是大夫已上無問命數皆不齒以其大夫已上爵尊故也但諸侯之卿當天子之上士故天子之國一命乃不齒天子士再命已下及諸侯之士則皆齒以其士卑立于下故在堂下與鄉人立者齒也彼是賓賢能禮若黨正飲酒之禮則此文是天子黨正飲酒法則一命齒于鄉里在堂下與鄉人齒再命齒于父族父族爲賓在堂上則天子再命之士亦在堂上與彼賓賢能鄉飲酒義異者案鄉射記云大夫與則公士爲賓則此黨正飲酒有一命已上觀禮則亦以公士爲賓但公家之士其年必大故天子之士再命者亦與之齒若然賓賢能天子之士再命不齒者彼賓賢能非正齒位法別爲一禮故與黨正正齒位禮異也

凡其黨之祭祀喪紀昏冠飲酒教其禮事掌其戒禁。其黨之民○冠古亂反【疏】凡其至戒禁○釋曰此一經並是民之所行。上州之祭祀大喪義異此祭祀已下雖是民之所行民者冥也非教不可故黨正皆教其禮事也因掌其戒命督禁之○注其黨之民○釋曰經云凡其黨之祭祀之等言凡是廣及之言故云其黨之民也

作民而師田行役則以其灋治其政事亦於軍因爲旅帥【疏】注亦於至旅帥○釋曰此亦如上釋非衆屬軍吏者黨正在鄉各管五百家出軍之時家出一人則五百人爲旅黨正還爲旅帥亦如州長因爲師帥也

歲終則會其黨政帥其吏而致事【疏】釋曰黨正以一黨之內有族師以下諸官等故歲終則會計一黨政治功狀則帥其族師以下之吏致其所掌之事於州長州長又致與。鄉大夫鄉大夫致與大司徒而行賞罰也

正歲屬民讀灋而書其德行道藝書記之【疏】注書記之○釋曰黨正於正歲建寅朔日聚衆庶讀法因即書其德行道藝鄭解書書記之者以其三年乃一貢今每年正歲皆書記勸勉之三年即貢之也

以歲時涖校。比涖臨也鄭司農云校比族師職所謂以時屬民而校登其族之夫家衆寡辨其。貴賤老幼。廢疾可任者及其六畜車輦如今小案比【疏】以歲時涖校比○釋曰案

凡

族故職以歲之四時校比此黨正管五族至校比之時黨正往臨之恐其有差失師也○注涖臨至案比○釋曰鄭司農所云者並族師職文以其黨正所臨臨族師故還引族師校比之法以證成其義也云如今小案比者此舉漢法言小案比對三年大比爲小耳

及大比亦如之 疏 釋曰及至也族師至三年大案比黨正亦涖之

族師各掌其族之戒令政事 政事邦政之事鄭司農云百家爲族 疏 族師至政事○釋曰云各掌其族之戒令政。事以其族師主百家各自受法。於上而掌其族戒令政事也○注政事至爲族○釋曰云政事邦政之事者謂國之征役皆是也先鄭云百家爲族者亦約五家爲比五比爲閭四閭爲族故知族百家也

月吉則屬民而讀邦灋書其孝弟睦婣有學者 月吉每月朔日也故書上句或無事字杜子春云當爲正月吉書亦或爲戒令政事月吉則屬民而讀邦法 疏 月吉至學者○釋曰此族師亦聚衆庶而讀法因書其孝弟睦婣有學者黨正。直書德行道藝具言此云孝弟睦婣惟據六行之四事有學卽六藝也計族師所書亦應不異黨正但文有詳略故所言有異但族師親民故析別而言耳○注月吉至邦法○釋曰云月吉每月朔日也者以其彌親民教亦彌數故十二月朔皆讀之云故書上句或無事字者則月與上政。字連政又爲正字故杜子春云當爲正月吉。旦族師親民讀法宜數若爲正月之吉則與。黨正同於義不可云書亦或爲戒令政事月吉則屬民而讀邦法者此義還與經同於義爲得後鄭從之故引之在下也

春秋祭酺亦如之 酺者爲人物烖害之神也故書酺或爲步杜子春云當爲酺玄謂校人職又有冬祭馬步則。未知此世所云。蝝螟之酺與人鬼之步與。蓋亦爲壇位如雩禜云族長無飲酒之禮因祭酺而與其民以長幼相獻酬焉○酺音步或音蒲校戸教反蝝悅全反螟覓經反酺與音餘下步與同禜榮敬反本亦作禜下黨禜同 疏 春秋祭酺亦如之○釋曰族師於春秋祭祀酺神之時亦如上月朔讀法也○注酺

者至酬焉○釋曰鄭知酺者爲人物烖害之神者凡國之祈祭者皆恐與人物爲烖害謂若州長黨正所祭社禜亦爲水旱與物爲烖害明此亦是恐與人物爲烖害之神也云故書酺或爲步杜子春云當爲酺者校人職云馬步亦爲行步之字而子春破之從酺者子春亦無正文直以此經今文爲正故依之也玄謂校人職又有冬祭馬步者彼是與馬爲害故祭之引之者證此酺亦與人物爲害云則未知此世所爲蝝螟之酺與人鬼之步與者但此經云酺不知何神故舉漢法以況之但漢時有蝝螟之酺神又有人鬼之步神未審此經酺定當何酺故兩言之以無正文故皆云與以疑之也云蓋亦爲壇位如雩禜云者上黨正雩禜鄭云蓋亦爲壇位如祭社稷云已疑禜爲壇位今此文約與雩禜同故言云以疑之云族長無飲酒之禮者案上州長春秋習射有飲酒禮黨正十月農功畢亦有飲酒禮皆得官物爲之今此族卑不得官物爲禮故云族無飲酒禮也云因祭酺而與其民以長幼相獻酬焉者鄭必知因祭酺有民飲酒之禮者案禮記禮器云周旅酬六尸曾子曰周禮其猶醵與鄭注彼云合錢飲酒爲醵旅酬相酌似之也鄭引明堂禮乃命國醵鄭據禮器明堂禮皆有醵法醵即合錢飲酒以不得官酒故須合錢耳

以邦比之灋帥四閭之吏以時屬民而校登其族之夫家衆寡辨其貴賤老幼癈疾可任者及其六畜車輦登成也定也

疏以邦至車輦○釋曰云以邦比之法者案比之法國家有常故據其常法以案比之故云以邦比之法也云帥四閭之吏者族師管四閭閭胥皆中士又有二十比比長皆下士是帥四閭之吏也云以時屬民而校者謂屬聚其民而校比之也云登其族之夫家衆寡者夫家即男女也有夫有婦乃成家自二人以至十人爲九等七六五者爲其中若然則六口爲中七口已上爲衆五口已下爲寡云辨其貴賤老幼者貴謂卿大夫賤謂占賣國之斥幣販易之人也癈疾謂癈於人事疾病若今癃不可事者也云可任者謂若國中七尺以及六十野自六尺以及六十五皆征之則可任也者及其六畜馬牛羊豕犬雞車駕牛馬輦人挽行皆辨之也

五家爲

比十家爲聯五人爲伍十人爲聯四閭爲族八閭爲聯使之相保相受刑罰慶賞相及相共以受邦職以役國事以相葬埋。相共猶相救相賙○葬如字劉才郎反埋本或作貍莫皆反

疏五家至葬埋○釋曰云五家爲比十家爲聯又云五人爲伍十人爲聯者在家爲有五家爲比比長領之無十家爲聯相管之法今云十家爲聯者以在軍之時有十人爲什本出於在家故幷二比爲十家爲聯擬入軍時相幷故覆云五人爲伍十人爲聯明是在軍法耳云四閭爲族八閭爲聯者張逸問族百家安得有八閭鄭荅幷之爲聯耳若然亦如二比爲聯之類也云使之相保保者謂相保不爲愆負云相受者謂宅舍有故相受寄託云刑罰慶賞相及者案趙商問族師之義鄰比相坐康誥之説門內尙寬。否書禮是錯未達旨趣鄭荅族師之職周公新制禮使民相共勑之法康誥之時周法未定又新誅三監務在尙寬以安天下先後異時各有云爲乃謂是錯○注相共至相賙○釋曰案大司徒職云五族爲黨使之相救五黨爲州使之相賙此所戒勑亦與彼同故引爲證也

若作民而師田行役則合其卒伍簡其兵器以鼓鐸旗物帥而至掌其治令戒禁刑罰亦於軍因爲卒長

疏若作至刑罰○釋曰若作民而師田行役則合其卒位者族師主百家家出一人卽爲一卒卒長還使族師爲之故鄭。云亦因爲卒長也云簡其兵器者在軍卽有弓矢殳矛戈戟云以鼓鐸旗物者案大司馬春辨鼓鐸王執路鼓諸侯執賁鼓軍將執晉鼓師帥執提旅帥執鼙卒長執鐃兩司馬執鐸公司馬執鐲又司常云王建大常已下是鼓鐸旗物也帥而至者族師以帥士卒具備帥至於鄉師以致司徒也注亦於軍因爲卒長者亦釋經掌其治令已下亦非衆屬軍吏還是自爲卒長者也

歲終則會政致事

閭胥各掌其閭之徵令鄭司農云二十五家爲閭

疏注鄭司至爲閭○釋曰先鄭知二十五家爲閭者以其五家爲比五比爲閭故知

閭二十五家也而云各掌其閭之徵令者徵令卽下文歲時以下之事是也

以歲時各數其閭之衆寡辨其施舍凡春秋之祭祀役政喪紀之數聚衆庶既比則讀灋書其敬敏任恤者

祭祀謂州社黨禜族酺也役田役也政若州射黨飲酒也喪紀大喪之事也四者及比皆會聚衆民因以讀法以勑戒之故書既爲暨杜子春讀政爲征暨爲既○數色主反政役如字杜音征會如字下會同暨其器反又斤乙反

疏以歲至恤者○釋曰言以歲時者謂歲之四時云各數其閭之衆寡者閭胥各自數當閭之內戶口多少云辨其施舍者亦謂國中七尺以及六十野自六尺以及六十有五皆征之已外施舍不役云凡春秋之祭祀役政喪紀之數聚衆庶者謂州長黨正族師祭祀及役政與王家喪紀閭胥皆爲之聚衆庶以待驅使也云既比則讀法者上族師已上官尊讀法雖稀稠不同皆有時節但閭胥官卑而於民爲近讀法無有時節但是聚衆庶比之時節讀法故云既比則讀法云書其敬敏任恤者以上書其德行道藝今此閭胥親民更近故除任恤六行之外兼記敬敏者也○注祭祀至爲既○釋曰知祭祀謂州社黨禜族酺者以其黨鄉之內所有祭祀無過此三者而已故知義然也云役田役也者上文師田行役並言則役是役作但田是國之常事田重於功作此文不云田故知役是田役也知政是州射黨飲酒者政與上祭祀連文聚衆庶故知若州射及黨飲酒也云喪紀大喪之事也者此大喪王之喪也知者以其聚衆庶明非上州之大喪故以王之喪解之

凡事掌其比觵撻罰之事

觵撻者失禮之罰也觵用酒其爵以兕角爲之撻扑也故書或言觵撻之罰事杜子春云當言觵撻罰之事○觵古橫反撻吐達反扑普卜反

疏○凡事至之事○釋曰言凡非一則是鄉飲酒及鄉射飲酒有失禮者須罰之故云凡事云掌其比者人聚則有校比之法皆掌之云觵撻罰之事者凡有失禮者輕者以觵酒罰之重者以楚撻之故雙言觵撻罰之事○注觵撻至之事釋曰鄭知觵用酒者以其古者失禮之罰罰用酒又知其爵以兕角爲之者見詩云兕觵其觩故知用兕牛

角爲觵爵也云撻扑也尚書云扑作教刑孔云扑榎楚故知此撻亦扑也云故書或言觵撻之罰事杜子春云當言觵撻罰之事者子春之意以觵罰在之上於義爲切故從經爲正者也

比長各掌其比之治五家相受相和親有辠奇衺則相及衺猶惡也○治直吏反辠本亦作罪衺似嗟反疏比長至相及○釋曰比長管五家下士爲之家數雖少亦有治法故各掌其比之治云五家相受者宅舍有故崩壞相寄託云相和親者案尚書云爾室不睦爾唯和哉五家之內有不和親則使之自相和親云有辠奇衺則相及者五家有罪惡則連及欲使不犯故注云衺猶惡也

徙于國中及郊則從而授之徙謂不便其居也或國中之民出徙郊或郊民入徙國中皆從而付所處之吏明無罪惡○便婢面反疏徙于至授之○釋曰五家之內人有不便其居須徙者則使伍長從而授之○注徙謂至罪惡○釋曰云徙謂不便其居也者古者三歲大比之年民有願厭於本居之處不便則任民遷徙故云不便其居也周法遠郊百里內幷國中共爲六鄉此國中及郊所徙者並不離當鄉之內言或國中之民出徙郊者先從近向遠釋經徙于郊之文也云或郊民入徙國中者郤釋經徙于國中之文也云皆從而付所處之吏明無罪惡者釋經則從而授之之文也若有罪惡則下文無授無節圜土內之其人私逃有何付授之也今伍長自往付授明無罪惡直是不便其居耳

若徙于他則爲之旌節而行之徙于他謂出居異鄉也授之者有節乃達疏若徙至行之○釋曰上經是當鄉之內遷徙直須伍長送付彼吏今此經言徙于他是出向外鄉則當爲旌節乃行之○注徙於至乃達○釋曰言徙于他對上經直言國中及郊爲鄉內此言徙于他明是出居異鄉也云授之者有節乃達者鄭欲見上經鄉內徙者有授無節此從外鄉非直有授兼亦有節乃可行故鄭言此有節亦授之者也此節卽道路用旌節一也

若無授無節則唯圜土內之鄉中

無授出鄉無節過所則呵問繫之圜土考辟之也圜土者獄城也獄必圜者規主仁以仁心求其情古之治獄閔於出之○呵呼何反又音何 疏 若無至內之○釋曰總結上二經故鄭云鄉中無授出鄉無節此皆罪人故當唯圜土內之也○注鄉中至出之○釋曰上釋出鄉有授兼節此注釋鄉中無授出鄉無節以出鄉空有節而全無授者以其出鄉雖兼有授直舉有節似對鄉內有授何妨有節兼有授也若直有節而無授何以分別罪惡之人云過所則呵問繫之圜土考辟之也者謂所過之官司見即呵問之必知有呵問之者若不呵問窮詰則虛實難明故知呵問也繫之圜土考辟之者謂繫在獄中辟法也考量以法推問無授無節之由也云圜土者獄城也獄必圜者規主仁以仁心求其情者案禮記深衣有規矩權衡規配東方仁矩配西方義但獄斷獄之法有義有仁雖以義斷使合宜仍所仁恩閔念求得情實閔念出之故獄城圜也

封人掌詔王之社壝爲畿封而樹之 壝謂壇及堳埒也畿上有封若今時界矣不言稷者稷社之細也 疏 封人至樹之○釋曰云掌設王之社壝者謂王之三社三稷之壇及壇外四邊之壝皆設置之直言壝不云壇舉外以見內內有壇可知也云爲畿封而樹之者謂王之國外四面五百里各置畿限畿上皆爲溝塹其土在外而爲封又樹木而爲阻固故云爲畿封而樹之○注壝謂至細也○釋曰壝謂壇及堳埒也者堳埒即壝經不言壇故鄭兼見之也云畿上有封若今時界矣者漢時界上有封樹故舉以言之云不言稷者稷社之細也者案大司徒及下文皆社稷俱言此獨言社不言稷故解之案孝經緯社是五土總神稷是原隰之神原隰即是五土之一耳故云稷社之細舉社則稷從之矣故言社不言稷也稷既是原隰之神但原隰宜五穀五穀不可遍敬稷又爲五穀之長故立稷以表名孝經注直云社謂后土者舉配食者而言耳

凡封國設其社稷之壝封其四疆 封國建諸侯立其國之封 疏 凡封至四疆○釋曰言凡封國者封五等之國非一故云凡以廣之云設其社稷之壝者案禹貢徐州貢

五色土孔注云王者封五色土爲社建諸侯則各割其方色土與之使立社燾以黃土苴以白茅茅取其潔黃取王者覆四方是封。乎諸侯立社稷之法也云封其四疆者諸侯百里以上至五百里四邊皆有封疆而樹之故云封其四疆也○注封國至之封○釋曰封國建諸侯者若典命云三公八命其卿六命大夫四命其出封皆加一等是建諸侯也云立其國之封者封則經云四疆是也造都邑之封域者亦如之疏釋曰云造都邑者謂大都小都家邑三等采地有百里五十里二十五里皆有四邊封域故云之封域也云亦如之者亦如上諸侯有四疆也令社稷之職將祭之時令諸有職事於社稷者也郊特牲曰唯爲社事單出里唯爲社田國人畢作唯爲社丘乘共粢盛所以報本反始也○唯爲于僞反下同單音丹乘繩證反疏令社稷之職○釋曰春秋祭社皆有職事令之者使各依職司而行故須令之也○注將祭至始也○釋曰言將祭之時者春秋祭社日皆用甲未祭之前令諸有職事于社稷者也云唯爲社事單出理者單盡也盡往助祭于州長此據六鄉之中又云唯爲社田國人畢作者畢亦盡也國人盡行鄭云非徒羨謂在六遂之中以下劑致甿當家之內一人爲正卒一人爲羨卒其餘爲餘夫但田與追胥竭作餘夫亦行故云非徒羨也云唯爲社丘乘共粢盛者此據三等采地之中故有丘甸井田之法案小司徒職云九夫爲井四井爲邑四邑爲丘四丘爲甸甸方八里旁加一里則爲一成成百井九百夫一井之地九夫八家各治一夫自入共治一夫稅入於君以共粢盛而祭社故云丘乘共粢盛也云所以報本反始也者社稷爲土神是民之本句龍后稷是民之始反亦報也命民共之者所以報本反始也引之者證祭社各有職事凡祭祀飾其牛牲設其楅衡置其絼共其水槀飾謂刷治。潔清之也鄭司農云福衡所以楅持牛也絼著牛鼻繩所以牽牛者今時謂之雉與古者名同皆謂夕牲時也杜子春云楅衡所以持牛令不得抵觸人玄謂楅設於角衡設於鼻如椵狀也水槀給殺時洗薦牲也絼字當以豸爲聲○楅音福絼本又作紖持忍反槀古老反清如字又才性反著直略反令力呈

反抵丁禮反椵音加沈一音瑕豸直氏反

【疏】凡祭至水稾○釋曰言凡祭祀謂王之天地宗廟先大次小之祭祀非一故云凡以廣之云飾其牛牲者祭祀尚潔淨故飾治使淨也設其楅衡者恐抵觸人故須設楅于角牽時須易制故設衡于鼻置緌當牽行故亦置之于鼻也須洗薦牲體故共其水稾也○注飾謂至爲聲釋曰司農云楅衡所以楅持牛也者司農意以衡爲持故云所以楅持牛以楅衡共一物解之與子春同後鄭不從之矣云緌著牛鼻繩所以牽牛者今時謂之雉與古者名同者若然自漢以前皆謂之緌案禮記少儀云牛則執紖紖則緌之別名今亦謂之爲紖也云皆謂夕牲時也者但夕牲在祭前之夕正祭在厥明二時皆有此事明據在前夕牲時而言也杜子春云楅衡所以持牛令不得抵觸人者子春意楅衡唯設于角與司農義同後鄭亦不從也玄謂楅設于角者楅者相楅迫之義故知設於角云衡設於鼻者衡者橫也謂橫木於鼻今之駞猶然故知設於鼻破先鄭子春之義云如椵狀者漢時有置于犬之上謂之椵故舉以之爲況衡者也云水稾給殺時洗薦牲也者其牛將殺不須飼之又充人已飼三月不得將殺始以水稾飲飼水所以洗牲稾所以薦牲故雙言洗薦牲也云緌字當以豸爲聲者爾雅有足曰蟲無足曰豸但牛紖以麻爲之從絲爲形以豸爲聲故云緌字當以豸爲聲

歌舞牲及毛炰之豚

謂君牽牲入時隨歌舞之言其肥香以歆神也毛炰豚者爛去其毛而炰之以備八珍鄭司農云封人主歌舞其牲云博碩肥腯○炰薄交反爛似鹽反去起呂反腯徒忍反

【疏】歌舞至之豚○釋曰言歌舞牲者謂君牽牲入時封人隨後歌舞云博碩肥腯也云及毛炰之豚者謂造炰豚之時則爛去其毛以炰之也○注謂君至肥腯○釋曰案禮記祭義云君牽牲穆答君卿大夫序從是君牽牲入時也云隨歌舞之言其肥香以歆神也者解封人隨牲後歌舞之時節及使神歆享之意云毛炰豚者爛去毛而炰之者經直云毛炰恐人以弁毛炰之案禮記內則有炰豚炰牂皆編萑以苴之塗之以墐塗孰乃擘去之彼雖炰亦不言去毛炰之鄭知去毛者牂豚之毛於牲無用空以汙損牲體故知凡炰者皆去毛也云以備八珍者彼內則八珍之中有炰豚此

炮豚與彼同故知此炮豚以備足八珍也鄭司農云封人主歌舞其牲云搏碩肥腯者此左氏桓公傳隨季良之辭彼云奉牲以告曰博碩肥腯引之者證封人歌舞牲時有此辭也

凡喪紀賓客軍旅大盟則飾其牛牲大盟會同之盟

疏凡喪至牛牲○釋曰言凡凡此下四事王之喪紀有牲者除朝夕奠用脯醢以外大小斂朔月月半薦新奠祖奠大遣等皆有牲牢賓客有殺牲。之者唯據致飱及饔餼饗食皆有殺牲之事軍旅殺牲者謂釁獻軍吏大盟謂天子親往臨盟此一經皆用牛牲故總云飾其牛牲也○注大盟會同之盟○釋曰案覲禮及司儀諸侯時見曰會殷見曰同王皆爲壇于國外行盟誓之法故鄭依而言焉

鼓人掌教六鼓四金之音聲以節聲樂以和軍旅以正田役音聲五聲合和者

疏鼓人至田役○釋曰言掌教者必教他官案眡瞭職發。首云掌凡樂事播鼗擊頌磬笙磬下又云掌大師之縣鼙愷獻亦如之雖不云擊鼓上下文參之其五鼓是眡瞭擊之則此所教者當教眡瞭也其晉鼓當教鎛師故其職云掌金奏之鼓此下文云以晉鼓鼓金奏故彼鄭注云主擊晉鼓是也又云六鼓四金之音聲者六鼓四金與音聲和合故連言音聲也云以節聲樂者下云雷鼓靈鼓路鼓晉鼓皆是也以和軍旅者下云以鼖鼓鼓軍事是也云以正田役者下云以。鼖鼓鼓役事是也田獵所以習戰則田鼓當與軍。事同案大司馬云王執路鼓諸侯執賁鼓軍將執晉鼓之等是也此一經是與下文總目之語也○注音聲五聲合和者○釋曰案禮記學記云鼓無當於五聲五聲不得不和則五聲須鼓乃和故鄭云五聲合和者鄭不解音者單出曰聲。和比曰音音聲相將之物故釋五聲則含得音故不重云音也

教爲鼓而辨其聲用教爲鼓教擊鼓者大小之數又別其聲所用之事○別彼列反

疏注教爲至之事○釋曰鄭云教爲鼓教擊鼓者大小之數者則雷鼓八面之等云而辨其聲用鄭云又別其聲所用之事則下文雷鼓及四金聲之所用各不同是也

以

雷鼓。鼓神祀雷鼓八面鼓也神祀祀天神也疏以雷至神祀○釋曰天神稱祀地祇稱祭宗廟稱享案下靈鼓鼓社祭又案大司樂以靈鼓祭

澤中之方丘大地祇與社同鼓則但是地祇無問大小皆用靈鼓則此雷鼓神祀但是天神皆用雷鼓也○注雷鼓至神也○釋曰鄭知雷鼓八面者雖無

正文案韗人爲皐陶有晉鼓鼖鼓皐鼓三者非祭祀之鼓皆兩面則路鼓祭宗廟宜四面靈鼓祭地祇尊於宗廟宜六面雷鼓祀天神又尊於地祇宜八面故

知義然也以靈鼓鼓社祭靈鼓六面鼓也社祭祭地祇也疏以靈鼓鼓社祭○釋曰郊特牲云社祭土神地之道則孝經緯云社是五土之祭

總神是地之次祀故舉社以表地祇大宗伯亦云血祭祭社稷五祀亦舉社以表地祇其實地之大小之祭皆用靈鼓也以路鼓鼓鬼享路鼓

四面鼓也鬼享享宗廟也○享許丈反劉虛讓反牛人職同疏以路鼓鼓鬼享○釋曰案大宗伯宗廟有六享則禘祫。鼓四時皆言享先王則皆是大祭

縱有享先公爲次祀祭殤爲小祀皆用此路鼓以其天神地祇大小同鼓故也以鼖鼓鼓軍事大鼓謂之鼖鼖鼓長八尺○鼖扶云反疏

以鼖鼓鼓軍事○釋曰案大司馬云春執鼓鐸王執路鼓諸侯執鼖鼓軍將執晉鼓鄭注云王不執鼖鼓尙之於諸侯。門。社軍以鼖爲正無妨兼有路鼓晉鼓

之等也○注大鼓至八尺○釋曰云大鼓謂之鼖是訓鼖爲大此唯兩面而已而稱大者此不對路鼓已上以其長八尺直對晉鼓六尺六寸者爲大耳鼖鼓

長八尺韗人文以鼛。鼓鼓役事鼛鼓長丈二尺○鼛音羔疏以鼛鼓鼓役事○釋曰案緜詩云鼛鼓弗勝鄭云鼛彼不能止之此云鼓役事

謂鼛鼓起役事與彼不同者但起役止役皆用鼛鼓兩處義得相兼耳○注鼛鼓長丈二尺○釋曰丈二尺韗人文此既丈二尺大於鼖鼓不得大名但鼖鼓

長八尺尙對晉鼓爲鼖明鼛鼓亦大可知不可同名爲鼖故別以鼛鼓爲號也以晉鼓鼓金奏晉鼓長六尺六寸金奏謂樂作擊編。鐘○編必

先反疏以晉鼓鼓金奏○釋曰凡作樂。則先擊鐘故鐘師以鐘鼓奏九夏鄭云先擊鐘次擊鼓金則鐘也奏則擊也則是擊鐘後卽擊鼓故云晉鼓鼓金奏

○注晉鼓至編鐘○釋曰晉鼓長六尺六寸亦韗人文云金奏謂樂作擊編鐘者○案磬師云擊編鐘○鄭注云磬亦編於鐘言之者鐘有不編不編者鐘師擊之若然則磬師擊編鐘鐘師擊不編鐘又案鎛師云掌金奏之鼓鄭注云主擊晉鼓則此晉鼓和金奏但鐘師之編與不編又作之皆是金奏晉鼓皆和之矣鄭唯言編鐘據磬師而言其實不編者亦以晉鼓和之故鐘師云以鐘鼓奏九夏鄭云先擊鐘次擊鼓是不編之鐘亦有鼓鼓即晉鼓也

以金錞和鼓錞錞于也圜如碓頭大上小下樂作鳴之與鼓相和○錞音淳碓音對本又作椎直追反疏以金錞和鼓○釋曰謂作樂之時以此金錞和於鼓節也○注錞錞至相和○釋曰錞錞于也者錞于之名出于漢之大予樂官犇云其形圜如碓頭大上小下並出彼文而知。之又云樂作鳴之與鼓相和此鄭以意解之案下三金皆大司馬在軍所用有文此金錞不見在軍所用明作樂之時與鼓相和故云和鼓也

以金鐲節鼓鐲鉦也形如小鐘軍行鳴之以爲鼓節司馬職曰軍行鳴鐲○鐲直角反鉦音征疏以金鐲至節鼓○釋曰此謂在軍之時所用節鼓與鼓爲節也○注鐲鉦至鳴鐲○釋曰鄭云鐲鉦也者案詩有鉦人伐鼓就而解之彼注鉦以靜之此解以爲軍行所用不同者義亦一案也以其動靜俱用故也云形如小鐘者亦據漢法而言也云軍行鳴之以爲鼓節此依大司馬文而釋故引彼文云軍行鳴鐲對上金錞作樂爲節案彼是公司馬所執也

以金鐃止鼓。鐃如鈴無舌有秉執而鳴之以止擊鼓司馬職曰鳴鐃且卻○鐃女交反秉兵政反本又作柄下同卻起略反疏以金鐃止鼓○釋曰此案春秋左氏傳曹劌云一鼓作氣再而衰三而竭哀公傳陳書曰吾聞鼓而已不聞金矣是進軍之時擊鼓退軍之時鳴鐃○注鐃如至且卻○釋曰云鐃如鈴無舌者亦約漢法而知也云有秉執而鳴之者案大司馬云卒長執鐃故知執而鳴之也又引司馬職鳴鐃且卻者欲見軍卻退時鳴之是止鼓時所用也

以金鐸通鼓鐸大鈴也振之以通鼓司馬職曰司馬振鐸○鐸待洛反鈴音零疏以金鐸通鼓○釋曰此是金鈴金舌故曰金鐸在軍所振對金鈴木舌者爲木鐸施令時所振言通鼓者

兩司馬振鐸軍將已下卽擊鼓故云通鼓也○注鐸大至振鐸○釋曰鐸大鈴亦約漢法知之引司馬職者案彼兩司馬執鐸所引司馬振鐸卽兩司馬也

凡祭祀百物之神鼓兵舞帗舞者兵謂干戚也帗列五采繒爲之有秉皆舞者所執○帗音佛劉音弗【疏】凡祭至舞者○釋曰上文神祀社祭鬼享文局不及小神故此更廣見小神之事故云凡祭祀百物之神也云鼓兵舞帗舞者天地之小神所舞不過此兵舞帗舞二事案下舞師山川用兵舞社稷用帗舞今此小神等若義近山川者舞兵舞義近社稷者舞帗舞故六舞之中唯言此二舞而已○注兵謂至所執○釋曰兵謂干戚也者案司馬云祭祀授舞者兵鄭亦云授以朱干玉戚必知兵舞是干戚者見禮記樂記云干戚之舞非備樂祭統又云朱干玉戚並是大武之舞是知兵舞干戚也又知帗舞列五采繒爲之有秉者案樂師注帗五采繒今靈星舞子持之是舉今以曉古故知之也

凡軍旅夜鼓鼜鼜夜戒守鼓也司馬法曰昏鼓四通爲大。鼜夜半三通爲。晨。戒旦明五通爲發。昫○鼜千歷反昫本又作朐亦作煦休具反劉休武反或況冢反【疏】凡軍旅夜鼓鼜○釋曰在軍警戒急在於夜故軍旅於夜鼓其鼜鼓以警衆也○注鼜夜至發昫○釋曰言鼜者聲同憂戚取軍中憂懼之意故名戒守鼓爲鼜也引司馬法曰昏鼓四通爲大鼜者欲取從初夜卽爲警戒之意故擊鼓四通使大憂戚也云夜半三通爲晨戒者警衆豫使嚴備侵早當行云旦明五通爲發昫者旦明五通晨昫之時當發故云發昫也

軍動則鼓其衆動。且行【疏】軍動則鼓其衆○釋曰尋常在道欲行之時所擊之鼓則上注五通發昫是也今別言軍動則據將臨陳之時軍旅始動則擊鼓以作士衆之氣故曹劌云一鼓作氣鄭云動。且行謂行前向陳時也

田役亦如之【疏】釋曰田獵圍合之時必擊鼓象對敵故大司馬職云鼓遂圍禁是也

救日月則詔王鼓救日月食王必親擊鼓者聲大異春秋傳曰非日月之眚不鼓○眚生領反【疏】救日至王鼓○釋曰謂日月食時鼓人詔告于王擊鼓聲大異以救之案大僕職云軍旅田役贊王鼓鄭注云佐擊其餘面又云救

日月食亦如之大僕亦佐擊其餘面鄭既云佐擊其餘面則非。只兩面之鼓案上解祭日月與天神同用雷鼓則此救日月亦宜用雷鼓八面故大僕與戎右俱云贊王鼓得佐擊餘面也案莊二十五年左氏傳夏六月辛未朔日有食之鼓用牲于社非常也唯正月之朔慝未作日有食之於是乎用幣于社伐鼓于朝若然此救日食用鼓惟據夏四月陰氣未作純陽用事日又太陽之精於正陽之月被食爲災故有救日食之法也月似無救理尙書胤征季秋九月日食救之者上代之禮不與周同諸侯用幣于社伐鼓于朝退自攻責若天子法則伐鼓于社昭十七年昭子曰日食天子伐鼓于社是也○注救日至不鼓○釋曰救日月食王必親擊鼓者聲大異。者但日月食始見其微兆未有災驗故云異也引春秋傳者亦莊二十五年傳辭彼傳云秋大水鼓用牲于社于門亦非常也凡天災有幣無牲非日月之眚不鼓譏其爲大水用鼓引之證其日月得有用鼓法春秋不記救月食者但日食是陰侵陽臣侵君之象故記之月食是陽侵陰君侵臣之象非逆事故略不記之也

大喪則詔大僕鼓始崩及窆時也疏注始崩及窆時也○釋曰案大僕職云大喪始崩戒鼓傳達于四方窆亦如之是鄭所據也

舞師。掌教兵舞帥而舞山川之祭祀教帗舞帥而舞社稷之祭祀教羽舞帥而舞四方之祭祀教皇舞帥而舞旱暵之事羽析白羽爲之形如帗也四方之祭祀謂四望也旱暵之事謂雩也暵熱氣也鄭司農云。皇舞蒙羽舞書或爲。翌或爲義玄謂皇析五采羽爲之亦如帗○暵呼但反翌音皇疏舞師至之事○釋曰云掌教兵舞謂教野人使知之國有祭山川則舞師還帥領往舞山川之祀已下皆然案春官樂師有六舞幷有旄舞施于辟雍人舞施于宗廟此無此二者但卑者之子不得。舞。宗廟之。酎祭祀之舞亦不得用卑者之子彼樂師教國子故有二者此教野人故無旄舞人舞○注羽析至如帗○釋曰但羽舞用白羽帗舞用五色繒用物雖異皆有

柄其制相類故云形如帗也云四方之祭祀謂四望也知者若以四方連百物則四方不止四望今單云四方四望五岳四瀆亦布在四方故知四方即四望也云旱暵之事謂雩也者春秋所云雩者皆釋旱又祭法云雩禜祭水旱故知旱暵謂雩祭也云暵熱氣也者以其旱時多熱氣又此暵字以日爲形以漢爲聲。省故知暵熱氣也鄭司農云皇舞。象羽舞者先鄭之意蓋見禮記王制有虞氏皇而祭皇是冕爲首服故以此皇爲鳳皇羽蒙于首故云蒙羽舞自古未見蒙羽于首故後鄭不從之矣云書或爲望或爲義者禮本不同故或爲望或爲義皆不從之矣玄謂皇析五采羽爲之亦如帗者鍾氏染鳥羽象翟爲鳳皇之羽皆五采此舞者所執亦以威儀爲飾言皇是鳳皇之字明其羽亦五采其制亦如帗舞若然帗舞羽舞皇舞形制皆同也

凡野舞則皆教之野舞謂野人之欲學舞者 疏 凡野至教之○釋曰案序官舞徒四十人其數有限今云凡皆教之者數雖四十餘者有能學皆教之以待其闕耳

小祭祀則不興舞小祭祀王玄冕所祭者興猶作也 疏 注小祭至祭者○釋曰案上文云凡祭祀百物之神鼓兵舞帗舞又案司服云羣小祀則玄冕注云羣小祀林澤墳衍四方百物之屬如是則小祭祀有兵舞帗舞而云不興舞者小祭祀雖同玄冕若外神林澤之等則有舞若宮中七。舞之等則無舞此文是也

附釋音周禮注疏卷第十二

周禮注疏卷十二校勘記　　阮元撰盧宣旬摘錄

附釋音周禮注疏卷第十二

鄉大夫

若今癃不可事者　宋本余本嘉靖本毛本同閩監本癃作廢當由臆改

案韓詩外傳　盧文弨曰外衍字

敬所舉賢者能者　嘉靖本敬作賓非惠校本亦一作賓云余本仍作敬

以禮賢者能者賓客之舉　閩本同此本舉字剜擠蓋本作賓客之無舉字監毛本改作賓客舉之非

其身有道藝　惠校本上有以字此脫

故書舞爲無　九經古義云古無武同音又武舞通禮器詔侑武方注云武當爲無聲之誤也論語射不主皮馬融注用此文作五曰興武漢武梁祠堂畫象秦武陽今史記作秦舞陽

必知容得爲孝者　閩監毛本知誤和

射則是男子之事　惠校本無則此衍

鄉大夫士射先行鄉飲酒之禮　此鄉大夫當作卿大夫

則令六鄉之吏州長之官惠校本作州長已下此誤

各憲之於其所治之國閩本毛本同宋本岳本嘉靖本無之字國字下屬與賈疏合余本衍之字唐石經於其所下損闕三字以字數計之當有之字監本刊落之字而誤併去國字石經考文提要無之字云從宋附釋音本周禮句解

知大詢詢國危閩監毛本知誤如

一曰詢國危已安庶民云國大詢于衆庶而致於朝宋本作一曰詢國危已下此亦云國大詢于衆庶而致於朝閩監毛本已改以於朝改于朝非唐石經已作於朝

州長

教謂十二教之外所施政令皆治之閩本同監毛本教謂十二之下有教字當由臆增〇按監毛本是他本誤也賈意於經教字一逗然黨正云政令教治則賈讀非也云治政令之法者謂十二教共十二

唯有歲之二時春秋耳惠校本作唯謂此誤

此知序州黨學者浦鏜云此知字疑誤倒

則帥而致之唐石經諸本同余本致作置誤

黨正

一年七度讀法者　閩監毛本七誤十

鄭知祭謂雩禜水旱之神者　惠校本祭下有禜此脫

壹命齒于鄉里　唐石經余本岳本嘉靖本同閩監毛本壹作一非

見孝悌之道也　閩監毛本同宋本岳本嘉靖本悌作弟案釋文及賈疏引注皆作孝弟加心旁者俗字

比鄉民雖爲鄉大夫　余本閩本同宋本嘉靖本比作此監本作比鄉民雖爲鄉大夫毛本作此鄉民雖爲鄉大夫案賈疏引注作此鄉民雖爲鄉大夫作比及鄉大夫者誤也

民內有爲一命已上　惠校本一作壹此非下並同

禮年六十已上　惠校本同閩監毛本已作以非下文有一命已上觀禮同

以其一命　毛本一字空缺惠校本作壹

年幾必小於鄉大夫等　案幾疑歲之誤○按年幾卽今俗語云年計唐人語已如此

掌其戒禁　唐石經諸本同岳本毛本戒禁誤倒

上州之祭祀大喪義異　浦鏜云上疑與字誤

州長又致與鄉大夫　閩監毛本作鄉大夫此誤下同

以歲時涖校比唐石經諸本同毛本校改挍注及下同五經文字手部云挍經典及釋文或以爲比挍字字書無文○按以夏官校人注律之則經當作校注當作校

辨其貴賤老幼廢疾可任者宋本岳本作癈疾

族師宋本周禮疏卷第十三

釋曰云各掌其族之戒令政事惠校本下有者此脫

各自受法于上毛本于作如如蓋於之訛

黨正直書德行道藝具言浦鏜云直疑所字誤

則月與上政字連毛本字誤事

且族師親民讀法宜數惠校本且作但此誤

則與黨正同按黨正字乃州長之誤

則未知此世所云蝝螟之酺與監本未誤不毛本蝝誤蟓

亦爲水旱與物爲烖害惠校本物上有人此脫

直以疑之今此爲正閩本正作酺餘與此同監毛本改作直以此經今文爲正

云則未知此世所爲蝝螟之酺與惠校本爲作云此誤

癈疾謂癈於人事疾病閩監毛本癈皆改廢○按賈云癈疾謂廢於人事疾病是賈本作廢字乃賈之誤耳說文云癈固病也

則可任也者閩本同監毛本改作者也

以相葬埋之唐石經諸本同釋文埋本或作貍案經當用貍字此淺人以俗字改

門內尙否惠校本同閩監毛本改作尙寬非

故鄭云亦因爲卒長也惠校本云作言

閭胥

以勑戒之嘉靖本監本毛本同宋本勑作勅閩本作勅

故書旣爲曁漢讀考作故書曁爲旣下作杜子春讀旣爲曁經旣比作曁比今本係以注改經又以經改注誤甚○按注以及訓曁則段玉裁是旣不訓及

以觵罰在之上宋本同疑觵當衍閩監毛本增作觵撻罰

故從經爲正者也宋本無者此衍

比長

民有願猒於本居之處 閩監毛本猒改厭○按所改非也以字義則猒飽猒倦是一字惟猒飽斯猒倦也與厭字義各殊

郤釋經徙于國中之文也 閩本同監毛本郤誤欲○按當作郤俗作却經文先國中後郊注則先郊後國中故云却

則呵問 葉鈔釋文作則荷嘉靖本呵字剜改葢本作荷

閔於出之 諸本同言所憐閔在於出獄也浦據疏語改作閔念非

但獄斷獄之法 閩本同監本剜刊上斷字毛本無上獄字

封人

是封乎諸侯立社稷之法也 宋本無乎此衍

共其水槀 唐石經宋本同宋本載音義及葉鈔釋文皆作槀下從木岳本嘉靖本閩監毛本及通志堂釋文作稾下從禾注及疏準此

飾謂刷治潔清之也 嘉靖本潔作絜○按此古飾字正解說文云飾㕞也㕞飾也今人多昧於此義

凡祭至水槀 閩監毛本槀改稾下並同

楅者相楅迫之義 案楅迫當爲逼迫

漢時有置于犬之上謂之椵 漢制考此句下有音加二小字當亦賈疏本文

故舉以之爲況衡者也閩本剜改以之作之以監毛本從之非也案爲字疑衍

賓客有殺牲之者浦鏜云之當衍字

鼓人

案眂瞭職發首云宋本首作言

下云以鼗鼓鼓役事是也惠校本作鼖鼓此誤

則田鼓當與軍事同宋本同閩本剜改事作士監毛本承之

和比曰音閩監毛本作雜比

以雷鼓鼓神祀唐石經諸本同余本上作鼓下作鼓非下同○按宋人鐘鼓作鼓鼓擊作鼓誤認說文攴部之錄切之鼓爲擊鼓妄改經典鼓爲紕繆

則禘祫鼓四時浦鏜云及誤鼓據儀禮通解續校

門社軍以鼖爲正惠校本門社作則在此誤

以鼛鼓鼓役事說文鼓部鼓字下引周禮作皋鼓

謂樂作擊編鍾葉鈔釋文作編鐘

釋曰凡作樂則先擊鍾 監本釋誤鄭惠校本則作皆此誤

並出彼文而知之 惠校本及漢制考下有也此脫

無舌有秉 釋文秉本亦作柄案秉古柄字

帗五采繒 惠校本帗下有析此脫

昏鼓四通爲大鼜 說文壴部云鼜夜戒守鼓也从壴蚤聲禮昏鼓四通爲大鼓夜半三通爲戒晨旦明五通爲發明讀若戚案此注云鼜夜戒守鼓也同許說說文壴鼓異部鼜字從壴蚤聲今禮經注釋文皆從鼓作鼜訛戒晨今注作晨戒誤倒當從此所引大鼓爲大鼜之誤發明爲發眴之誤當從禮注校正

動旦行 余本嘉靖本閩監毛本同宋本岳本旦作且賈疏亦作且字案上夜鼓鼜注云旦明五通爲發眴故此以軍動爲旦行也動卽行而云旦行恐誤

鄭云動且行 閩監毛本同惠校本且作旦

則非只兩面之鼓 惠校本同閩監毛本只改止

聲大異者 惠校本作聲大異言聲大異者此脫

舞師 閩監毛本師誤帥

皇舞蒙羽舞書或爲䍿漢讀考作䍿舞蒙羽舞書或爲皇

不得舞宗廟之酎毛本舞誤武監本宗字空缺閩本酎字實缺是也

以漢爲聲者宋本作聲省此誤

皇舞象羽舞者惠校本象作蒙此誤

若宮中七舞之等則無舞浦鏜云七祀誤七舞

周禮注疏卷十二校勘記

附釋音周禮注疏卷第十三

鄭氏注　　賈公彦疏

牧人掌牧六牲而阜蕃其物以共祭祀之牲牷六牲謂牛馬羊豕犬雞鄭司農云牷純也玄謂牷體完具○蕃音煩牷音全

疏牧人至牲牷○釋曰云掌牧六牲而阜蕃其物者阜盛也蕃息也物謂毛物言使肥盛蕃息各有毛物謂五官各有牛人羊人犬人豕人之等擇取純毛物者以供牧人牧人又供與充人芻之三月以祭祀故云以共祭祀之牲牷也○注六牲至完具○釋曰案爾雅所釋六畜有馬牛羊豕犬雞故鄭依而釋之案膳夫供六牲鄭注云始養之曰畜將用之曰牲此云牲亦據將用爲言也司農云牷純也後鄭不從者尚書云犧牷對犧不得爲純色其純下文毛之者是也故玄易之云牷體完具也

凡陽祀用騂牲毛之陰祀用黝牲毛之望祀各以其方之色牲毛之騂牲赤。色毛之取純毛也陰祀祭地北郊及社稷也望。祀五嶽四鎮四瀆也鄭司農云陽祀春夏也。黝讀爲幽幽黑也玄謂陽祀祭天於南郊及宗廟○黝於糾反司農音幽

疏凡陽至毛之○釋曰言凡與下陽祀陰祀望祀等爲目故云凡云凡以廣之也○注騂牲至宗廟○釋曰騂牲知是赤色者見明堂位周人騂剛檀弓云周人牲用騂周尚赤而云用騂故知騂是赤也云毛之取純毛也者對下文云尨是雜色則此經云毛之者皆是取純毛也云陰祀祭地北郊及社稷也者陽祀祭天於南郊及宗廟者但天神與宗廟爲陽地與社稷爲陰案大宗伯云蒼璧禮天黃琮禮地謂。圜丘方澤下云牲幣各放其器之色則昊天與崐崙牲用蒼用黃四時迎五方天帝又各依其方色牲則非此騂牲黝牲惟有郊天及宗廟社稷一等不見牲色在此陽祀陰祀之中可知案郊特牲云郊之祭也大報天而主日兆于南郊就陽位也牲用騂是南郊用騂也檀弓云殷尚白周尚赤是祭宗廟。時赤也據此而言則祭天於南

郊及宗廟用騂也郊特牲云社祭土而主陰氣也是社稱陰孝經緯鉤命決云祭地于北郊就陰位彼對郊天就陽位則是神州之神在北郊而稱陰以是知陰祀中有祭地于北郊及社稷也不從先鄭陽祀春夏者周祭宗廟四時同用騂夏至祭地方澤牲用黃春夏迎氣牲各隨方之色明不得同用騂故不從也又知望祀是四望者以其言望與四望義同故知是四望五嶽等也云黝讀爲幽幽黑也者以其幽是北方故從幽爲黑也後鄭先解陰祀後釋陽祀者陽祀待先鄭釋訖隨後破之故也

凡時祀之牲必用牷物時祀四時所常祀謂山川以下至四方百物

【疏】○凡時至牷物○釋曰時言凡者山川已下非一故亦言凡以廣之也必用牷物者對上方色是隨其方色下用尨尨是雜色則此牷物者非方非雜雖不得隨方之色要於一身之上其物色須純其體須完不得雜也假令東方或純黃純黑南方或純白純青皆得也○注時祀至百物○釋曰知時祀是山川以下至四方百物者案司服山川羣小祀林澤四方百物在四望下此上文云天地四望此時祀又在四望下又四方山川之等亦依四時而祀故知時祀是山川至百物鄭唯據地之時祀若天之時祀日月已下亦在此時祀中也

凡外祭毀事用尨可也外祭謂表貉及王行所過山川用事者故書毀爲甈尨作龙杜子春云甈當爲毀龙當爲尨尨謂雜色不純毀謂副。辜。侯禳毀除殃咎之屬○尨亡江反貉莫霸反甈丘例反副普逼反辜音孤禳如羊反

【疏】凡外至可也○釋曰外祭毀事其神非一故云凡以廣之也○注外祭至之屬○釋曰知外祭中有表貉者據上文外神之中已云天地至四方百物依時而祭者已盡此別言外祭則外祭中唯有表貉之等案大司馬田獵之時立表而貉祭司几筵亦云貉用熊席又知外祭中有王行所過山川用事者案校人云凡將事于四海山川則飾黃駒大祝云大會同過大山川則用事焉亦是非常外祭之事若然此云尨校人用黃駒者從地色黃亦據尨中有黃色者用之不必。純注云毀謂副辜侯禳毀除殃咎之屬者此文承子春之下不言玄謂當是子春所解也案宗伯云。副辜祭四方百物而引九門磔禳又案小祝職云將事侯禳皆是禱祈

除殃咎非常之祭用尨之類故引以爲證也

凡祭祀共其犧牲以授充人繫之犧牲毛羽完具也授充人者當殊養之周景王時賓起見雄雞自斷其尾曰雞憚其爲犧○憚特旦反

疏凡祭至繫之○釋曰牧人養牲臨祭前三月授與充人繫養之故云凡祭祀共其犧牲以授充人繫之○注犧牲至爲犧○釋曰云犧牲毛羽完具也者云犧牲不云牷則惟據純毛者而鄭云完具者祭祀之牲若直牷未必純犧若犧則兼牷可知故鄭以完具釋犧云授充人者當殊養之者牧人之牲未用祭者總在一處不殊今將以祭者則殊別繫養之云周景王時者此春秋左氏傳昭二十二年王子朝賓起有寵於景王王與賓孟說之欲立之又云賓孟適郊見雄雞自斷其尾問之侍者曰自憚其犧也遽歸告王且曰雞其憚爲人用乎人異於是注犧者以喻人之有純德實宜爲君彼直云自憚其犧不云雞鄭以義增之耳引之者證犧是純色之意也

凡牲不繫者共奉之謂非時而祭祀者

疏注謂非至祀者○釋曰云不繫者謂若上文凡外祭毀事用尨可也是非時而祭祀者也

牛人掌養國之公牛以待國之政令公猶官也

疏牛人至政令○釋曰云掌養國之公牛以待國之政令者政令則諸侯所須牛及牧人之事則供送之也○注公猶官也○釋曰訓公爲官者恐有公君之嫌但王家之牛若公廨之牛故須訓公爲官是官牛也

凡祭祀共其享牛求牛以授職人而芻之鄭司農云享牛前祭一日之牛也求牛禱於鬼神祈求福之牛也玄謂享獻也獻神之牛謂所以祭者也求終也終事之牛謂所以繹者也宗廟有繹者孝子求神非一處職讀爲樴樴謂之杙可以繫牛樴人者謂牧人充人與芻牲之芻牛人擇於公牛之中而以授養之○職戚音特或餘式反劉之式反注樴同繹音亦徐音夕杙餘式反劉餘則反

疏凡祭至芻之○釋曰云凡祭祀者祭祀非一故亦言凡以廣之云享牛者謂正祭之牛云求牛者謂繹祭之牛云以授職人而芻之者謂授充人繫養者也○注鄭司至養之○釋曰先鄭云享牛前祭一日

之牛也者若以此爲祭前一日夕牲時而言仍是正祭牛則不應以正祭而云前祭一日若不據祭祀以爲齊時所食齊則十日不應惟止一日而已其言無據故後鄭不從也云求牛禱於鬼神祈求福之牛也者案上文凡牲不繫者共奉之謂非時而祭則不繫之此經授職人繫之。明非禱祈非時祭者故後鄭亦不從也玄謂享獻也獻神之牛謂所以祭者也者以其宗伯祭宗廟六者皆云享則享是正祭可知破先鄭爲前祭一日之牛也云求終也終事之牛謂所以繹。者也者今日正祭于廟明日繹祭在門外之西室故鄭云孝子求神非一處以解求牛爲繹祭之牛也故郊特牲云祭于祊尚曰求諸遠者與是名繹祭爲求也云職讀爲樴樴者凡官皆有職直云職人無所指斥但職樴聲相近誤爲職故讀從樴充人置樴入地之時樴樴然作聲故以聲名其官也云樴謂之杙者爾雅釋宮文郭注云橜也云樴人者謂牧人充人與者與疑辭疑之者凡牲堪祭祀者則牛人選入牧人臨祭之前牧人乃授充人充人乃繫養之今若即以樴人爲充人則隔牧人故連牧人而言之明先至牧人乃至充人經據後而言之耳云牛人擇於公牛之中而以授養之者鄭直言養之者則養者之中還兼有牧人充人也

凡賓客之事共其牢禮積膳之牛

牢禮飧饔也積所以給賓客之用若司儀職曰主國五積者也膳所以。間禮賓客若掌客云殷膳太牢○積子賜反注同飧音孫

【疏】凡賓至之牛○釋曰言凡賓客者謂五等諸侯來朝兼有臣來聘皆共牢。積。禮膳之牛也○注牢禮至太牢○釋曰鄭知牢禮飧饔者此一經皆謂致與賓客者下云饗食。是速賓之禮也案大行人掌客皆云上公飧五牢饔餼九牢五積侯伯飧四牢饔餼七牢四積子男飧三牢饔餼五牢三積積之多少各視飧牢其膳則五等諸侯皆大牢故云牢禮飧饔也云積所以給賓客之用者謂行道之用遺人所云者是也又引司徒職曰。王國五積者據上公而言也云膳所以間禮賓客者謂賓客未去之間致禮也又引掌客云殷膳大牢彼注云殷中也中間未去卽是間禮賓客也

饗食賓射共其膳羞之牛

羞進也所進賓之膳燕禮小臣請執冪者與羞膳者至獻賓而膳宰設折俎王之膳羞亦

猶此○食音嗣下文同羃民狄反折之設反疏饗食至之牛○釋曰饗者亨大牢以飲賓獻依命數食者亦亨大牢以食食禮九舉七舉五舉亦依命數無酒獻酬耳皆在於廟以速賓射者謂大射及與賓客射于朝天子諸侯射先行燕禮皆有殽俎故有牛也云共其膳羞之牛者謂獻賓時宰夫所進俎是也○注羞進至猶此○釋曰引燕禮小臣請執羃者與羞膳者至獻賓而膳宰設折俎者案燕禮立賓後公卿大夫升就席小臣阼階下北面請執羃者與羞膳者注云執羃者執瓦大之羃也方圜壺無羃羞膳者羞於公謂庶羞云云至主人獻賓賓西階上拜筵前受爵反位主人賓右拜送爵膳宰薦脯醢賓升筵膳宰設折俎此王與賓饗及賓射設俎時節及設人無文故云王之膳羞亦猶此也若然饗食有牛俎至於射禮天子諸侯皆先行燕禮其牲猶得有牛者但天子諸侯雖用燕禮直取一獻之禮未旅而行射節其用牲則左傳云公當饗雖然燕禮亦用牛與饗同若然云膳羞則庶羞也不言正俎之牛者據庶羞而言其賓兼正俎矣

軍事共其槁牛鄭司農云槁師之牛○槁苦報反注同疏軍事共其槁牛○釋曰謂將帥在軍枯槁之賜牛謂之槁牛也○注鄭司至之牛○釋曰案左氏傳僖公三十三年秦師襲鄭鄭商人弦高將市於周遇之以乘韋先牛十二犒師雖非己之軍師亦是犒師之牛故引以為證也

喪事共其奠牛謂殷奠遣奠也喪所薦饋曰奠○遣棄戰反疏注謂殷奠遣奠也○釋曰喪中自未葬已前無尸飲食直奠停置于神前故謂之為奠朝夕之奠無尊卑皆脯醢酒而已無牲體殷大也唯有小斂大斂朔月月半薦新祖奠及遣奠時有牲體大遣奠非直牛亦有馬牲耳故鄭云謂殷奠遣奠也鄭云喪所薦饋曰奠以無尸故也

凡會同軍旅行役共其兵軍之牛與其牽徬以載公任器牽徬在轅外輓牛也人御之居其前曰牽居其旁曰徬任猶用也○徬薄浪反注同疏凡會至任器○釋曰會同軍旅兼言行役謂王行巡守皆六軍從也云共其兵車之牛者但兵車駕四馬之外別有兩轅駕牛以載任器者亦謂之為兵車故云兵車之牛也○注牽徬至用也○釋曰云牽徬在轅外

輓牛也者上云兵車之牛據在轅內者別言與其牽傍故云在轅外輓牛也若然轅外在前者曰牽在旁者曰傍故鄭覆云人御之居其前曰牽居其旁曰傍言人御之者以其在轅外將御爲難故特言人御之也云任猶用也者謂在軍所須之器物皆是也

凡祭祀共其牛牲之互與其盆簝以待事鄭司農云互謂楅衡之屬盆簝皆器名盆所以盛血簝受肉籠也玄謂互若今屠家縣肉格○互劉音護徐音牙簝音寮劉魯討反盛音成縣音玄

疏注鄭司至肉格○釋曰先鄭上文楅衡共爲一物後鄭已不從。合以互與楅衡共一彌不可玄謂互若今屠家縣肉格其義可知但祭祀殺訖即有薦爛薦孰何得更以肉縣于互乎然當是始殺解體未薦之時且縣于互待解訖乃薦之故得有互以縣肉也故詩云或剝或亨或肆或將注云肆陳也謂陳於互者也

充人掌繫祭祀之牲牷祀五帝則繫于牢芻之三月牢閑也必有閑者防禽獸觸齧養牛羊曰芻三月一時節氣成

疏充人至三月○釋曰云充人掌繫祭祀之牲牷者但祭祀之牲皆體。牷具故以牷言之也云祀五帝者上云掌繫祭祀之牲牷則總養天地宗廟之牲下別言祀五帝則略舉五帝而已其實昊天及地祇與四望社稷之等外神皆繫之也○注牢閑至氣成○釋曰云牢閑也者校人養馬謂之閑此養牛羊謂之爲牢言閑見其閑衞言牢是其牢固所從言之異其實一物也云必有閑者防禽獸觸齧者案春秋有郊牛之口傷鼷鼠食其角自外恐更有禽獸觸齧故鄭總云焉云養牛羊曰芻者此經云繫于牢芻之惟據牛羊若犬豕則曰豢又不繫之矣云三月一時節氣成者釋必以三月之意案宣三年公羊云帝牲在于滌三月何休云滌宮名養帝牲三牢之處也三牢者各主一月取三月一時足以充天牲是其三月之義也

享先王亦如之

疏享先王亦如之○釋曰上經天地外神已別于上故今以先王亦如之亦繫于牢芻之三月也

凡散祭祀之牲繫于國門使養之

散祭祀謂司中司命山川之屬國門謂城門司門之官鄭司農云使養之使守門者養之○散素但反注同疏凡散至養之○釋曰云散祭之牲直言繫于國門使養之不言三月則或一旬之內而已不必三月也案楚昭王問于觀射父曰芻豢牲則不必三月其諸侯祭祀養牲幾何對曰遠不過三月近不過浹日孔注云遠牛羊豕近犬雞之屬則諸侯祭祀養牲亦得三月及旬則天子亦有浹日之義若然此散祭祀亦可浹日而已○注散祭至養之○釋曰鄭知散祭祀謂司中司命山川之屬者見上文陽祀陰祀望祀皆云毛之社稷四望已入毛之科內下別云凡時祀用牲物其中無社稷四望唯有天神司中司命以上地神山川以下此散祭祀則上時祀之神也故知散祭祀是司中以下言之屬者其中兼有林澤百物之等也云國門謂城門司門之官者司門總主王城十二門皆別有下士及府史胥徒今養牲者是十二門而云司門之官者總官首而言之其實非司門自養則先鄭云使守門者養之是也

展牲則告牷。

鄭司農云展具也具牲若今時選牲也充人主以牲牷告展牲者也玄謂展牲若今夕牲也特牲饋食之禮曰宗人視牲告充舉獸尾告備近之○近附近之近疏注鄭司至近之○釋曰先鄭以為選牲時後鄭不從者若是選牲時應在牧人牧人選訖始付充人今既在繫養之下乃言展牲則告牷明非初選牲故不從玄謂展牲若今夕牲也者此舉漢法以況之又引特牲禮者以其天子禮亡故舉以言焉案彼宗人視牲告充亦謂祭前之夕夕牲時云舉獸尾者士用兎腊言獸尾止謂兎也言近之者彼謂士禮引證天子法故云近之

碩牲則贊

贊助也君牽牲入將致之助持之也春秋傳曰故奉牲以告曰博碩肥。腯疏碩牲則贊○釋曰上經夕牲時此經據正祭時言碩牲者謂君牽牲入廟卿大夫贊幣而從皆云。博碩肥。腯此充人既是養牲之官當助持牛紖而牽之○注贊助至肥腯○釋曰鄭知有君牽牲者見祭義云君牽牲穆答君卿大夫序從天子亦當然又引春秋傳者此春秋左氏傳楚武王侵隨隨少師請追楚師季。梁。止之曰天。方授楚楚之羸其誘我也臣聞小之能敵大也小道大淫又云今民餒而君逞欲祝史矯舉以祭臣不知其可也公曰

吾牲牷肥腯粢盛豐備何則不信對曰夫民神之主也是以聖王先成民而後致力於神故奉牲以告曰博碩肥腯謂民力之普。存是其事也

地官司徒下。

載師掌任土之灋以物地事授地職而待其政令任土者任其力勢所能生育且以制貢賦也物物色之以知其所宜之事而授農牧衡虞使職之

疏載師至政令○釋曰此經與下經爲目言任土之法者任謂任其力勢所能生育即下經云廛里任國中之地以下是也云以物地事者此文還於任其力勢而物色之知其種植所宜何種云授地職者既知地勢所宜而授有職事於地者云而待其政令者謂因其職事使出賦貢即下經圜廛二十而一以下是○注任土至職之○釋曰云任土者任其力勢所能生育者力勢生育即下文物色是也云且以制貢賦也者地勢所能生育本以字民但百姓足君孰與不足故因民九職。以制貢故云且以制貢賦也但地之所出唯貢而已口率出錢及軍法乃名賦鄭幷言賦者以民有地貢即有錢賦及軍賦故鄭兼言賦也且禹貢地貢亦名賦故。云厥賦唯上上之等也云物物色之以知其所宜之事者此言出於孝經緯故孝經緯援神契云五岳藏神四瀆含靈五土出利以給天下黃白宜種禾黑墳宜種麥蒼赤宜種菽洿泉宜種稻所宜處多故鄭云之屬也但草人所云物地者據觀形色布種所宜故二處皆云物地也云而授農牧衡虞使職之者既物地知所宜須有職事案大宰職九職皆主營地以出貢山虞澤虞川衡林衡亦主地以出稅故知授地職中有此農牧衡虞之等但九職中略舉農牧二者案小司徒職云分地域而辨其守施其職彼守職文具故彼鄭注守謂衡虞職謂九職此經無守惟有地職故鄭以地職中兼見衡虞之守也

以廛里任國中之地以場圃任園地以宅田士田賈田任近郊之地以官田牛田賞田牧田任遠郊之地以公邑之田任甸地以家邑

之田任稍地以小都之田任縣地以大都之田任畺地故書廛或作壇郊或爲蒿稍或作削鄭司農云壇讀爲廛廛市中空地未有肆城中空地未有宅者民宅曰宅宅田者以備益多也士田者士大夫之子得而耕之田也賈田者吏爲縣官賣財與之田官田者公家之所耕田牛田者以養公家之牛賞田者賞賜之田牧田者牧六畜之田司馬法曰王國百里爲郊二百里爲州三百里爲野四百里爲縣五百里爲都杜子春云蒿讀爲郊五十里爲近郊百里爲遠郊玄謂廛里者若今云邑里居矣廛民居之區域也里居也圃樹果蓏之屬季秋於中爲場樊圃謂之園宅田致仕者之家所受田也士相見禮曰宅者在邦則曰市井之臣在野則曰草茅之臣士讀爲仕仕者亦受田所謂圭田也孟子曰自卿以下必有圭田圭田五十畮賈田在市賈人其家所受田也官田庶人在官者其家所受田也牛田牧田畜牧者之家所受田也公邑謂六遂餘地天子使大夫治之自此以外皆然二百里三百里其上大夫如州長四百里五百里其下大夫如縣正是以或謂二百里爲州四百里爲縣云遂人亦監焉家邑大夫之采地小都卿之采地大都公之采地王子弟所食邑也畺五百里王畿界也皆言任者地之形實不方平如圖受田邑者遠近不得盡如制其所生育賦貢取正於是耳以廛里任國中而遂人職授民田夫一廛田百畮是廛里不謂民之邑居在都城者與凡王畿內方千里積百同九百萬夫之地也有山陵林麓川澤溝瀆城郭宮室涂巷三分去一餘六百萬夫又以田不易一易再易上中下相通定受田者三百萬家也遠郊之內地居四同三十六萬夫之地也三分去一其餘二十四萬夫六鄉之民七萬五千家通不易一易再易一家受二夫則十五萬夫之地其餘九萬夫廛里也場圃也宅田也士田也賈田也官田也牛田也賞田也牧田也九者亦通受一夫焉則半農人也定受田十二萬家也食貨志云農民戶一人已受田其家衆男爲餘夫亦以口受田如比士工商家受田五口乃當農夫一人今餘夫在遂地之中如此則士工商以事入在官而餘夫以力出耕公邑甸稍縣都合居九九十六同八百六十四萬夫之地城郭宮室差少涂巷又狹於三

分所去六而存一焉以十八分之十三率之則其家餘六百二十四。萬夫之地通上中下六家而受十三夫定受田二百八十八萬家也其在甸。七萬五千家爲六遂餘則公邑○廛直連反場直良反圃布古反又音布賈音古注同畺居良反吏爲于僞反瓠力果反州長丁丈反後皆同監古銜反盡津忍反者與音餘麓音鹿涂音徒去起呂反下同如比徐方二反率音律又音類

疏以廛至畺地○釋曰此一經論任土之法但天子畿內千里中置國城四面至畺各五百里百里爲一節封授不同今則從近向遠發國中爲始也但自遠郊百里之內置六鄉七萬五千家自外餘地有此廛里以至牧田九等所任也云以公邑之田任甸地者郊外曰甸甸在遠郊之外其中置六遂七萬五千家餘地。既九等之人所受以爲公邑也但自此以至畿畺四處皆有公邑故據此而言也云以家邑之田任稍地者謂天子大夫各受采地二十五里在三百里之內也云以小都之田任縣地者謂天子之卿各受五十里采地在四百里縣地之內也云以大都之田任畺地者謂三公及親王子母弟各受百里采地在五百里畺地之中也都名三百里地爲稍者以大夫地少稍稍給之故云稍也四百里爲縣者以四百里采地之外地爲公邑主之者尊卑如縣正故司馬法亦名四百里爲縣也五百里爲畺者以外畔至五百里畿畺故以畺言之○注故書至公邑○釋曰云故書廛或作壇已下先鄭及子春等不從故書者以其壇與薦削義無所取故也鄭司農云廛市中空地未有肆城中空地未有宅後鄭不從者以其廛者廛縣於中里又訓爲居不得爲空地若空地何因有二十而稅乎且司農又不釋里之與廛義異故後鄭以爲民居之區域與孟子五畝之宅及遂人夫一廛一物解之也司農云民宅曰宅宅田以備益多也者司農意以宅本一夫受一廛一區恐後更有子弟國中不容故別受宅田於近郊以備於後子弟益多出往居之後鄭不從者依士相見禮致仕者有宅在國宅在野二者依彼稱宅與此宅田文同故不從先鄭依彼解之司農云士田者士大夫之子得而耕之田也後鄭不從者以此士字言之不得兼大夫又禮記士之子不免農大夫之子免農矣不得爲大夫子得而耕之田故後鄭破此士爲仕仕謂卿大夫以下仕

官得田依孟子圭田解之司農云賈田者吏爲縣官賣財與之田後鄭不從者依周禮之內云賈人者皆仕在官府史之屬受祿於公家何得復受田乎故後鄭以爲賈人其家所受田也司農云官田者公家之所耕田後鄭不從者下云近郊十一皆據此士官田之等若官田是公家所耕何得有稅乎故後鄭以爲府史之等仕在官家人所受田也司農云牛田者以養公家之牛後鄭不從者若是養公家牛何得下文有稅故後鄭亦爲牛人之家所受田也司農云賞田者賞賜之田此卽夏官司勳云賞田一也故後鄭從之司農云牧田者牧六畜之田司農意此卽牧人掌牧六牲者也後鄭不從者若是牧人牧六牲則是公家放牧之地何得下文有稅乎故後鄭亦云牧人家人所受田也司農引司馬法已下者證經遠郊百里四百里爲縣五百里畺畺卽都一也無取於州與野之義連引之耳子春云五十里爲近郊後鄭義亦然故書序云周公既沒命君陳分正東郊成周鄭注云天子之國五十里爲近郊今河南洛陽相去則然是近郊五十里之驗也子春又云遠郊百里此與司馬法同故後鄭從之也玄謂里居也案爾雅釋言云里邑也今云里居者但里居城邑之中故爾雅云里邑不謂訓里爲邑故鄭云里居也云圃樹果蓏之屬者此謂田首之界家有二畝半以爲井竈葱韭者故得種樹果蓏之屬云季秋於中爲場者七月詩云九月築場圃是也云樊圃謂之園者大宰九職有園圃毓草木幷園言之詩云折柳樊圃故云樊圃謂之園也引士相見者破先鄭以爲宅田爲民宅之義也云士讀爲仕仕者後鄭之意單士恐不兼卿大夫故破從仕官之仕云所謂圭田也者所謂王制夫圭田無征復是殷法故圭田無稅入天子法故言無征此是周法故有近郊十一而稅引孟子者證圭田卿大夫士皆有之義也云賈田已下至畜牧者之家所受田也者皆是不從司農之義云公邑謂六遂餘地者欲見六鄉之外有九等之田無公邑之意云天子使大夫治之者以其四等公邑非鄉遂又非采地不見有主治之以司馬法云二百里曰州四百里曰縣言之故知天子使大夫治之也云自此以外皆然者以大宰九賦有邦甸家稍邦都之賦非采地是公邑可知又三百里以外其地既廣三等采地所受無多故唯九十三

國明自外皆是餘地爲公邑也若然是公邑之地有四處也云二百里三百里其大夫如州長四百里五百里其大夫如縣正者此約司馬法二百里曰州四百里曰縣而言則從二百里向外有四百里二百里爲一節故二百里三百里大夫治之尊卑如州長中大夫也四百里五百里尊卑如縣正下大夫也云是以或謂二百里爲州四百里爲縣云者此還據司馬法而言無正文約與彼同故言或謂又言云以疑之也云遂人亦監焉者案遂人云掌野鄭云郊外野大總言之則自百里外置六遂爲野自百里外至五百里畿皆曰野是以彼下又云夫閒有遂云云而言以達于畿但鄉遂及公邑皆爲溝洫法是以遂人亦監焉云家邑大夫之采地小都卿之采地大都公之采地者此經有家邑小都大都之文小司徒有四丘爲甸四甸爲縣四縣爲都彼據稅入天子而言此總據采地大小而言則家邑二十五里大都百里通治溝洫及澮而言也云王子弟所食邑也者王子弟者據春秋之義。兄言弟者皆王之同母弟則母弟與王之庶子與公同食百里地在畺稍疏者與卿同食五十里地在縣又疏者與大夫同食二十五里地在稍故在下別言王子弟所食邑云皆言任者地之形實不方平如圖者上經注任土者任其力勢所能生育彼幷言土故云任言任其生育此經皆單言任故以任其曲直高下形實解之言任義得兩含也云受田邑者遠近不得盡如制者地既不可方平如圖明受田受邑者不得盡如制制還是圖也云其所生育賦貢取正於是耳者此鄭還釋任義非直任其形實兼解任其生育貢賦取正也是以上注云任其生育且以制貢賦也云以廛里任國中而遂人職。受民田夫一廛田百晦引之者覆破司農謂廛爲空地故云是廛里不謂民之邑居在都城者與言正是民之邑居在都城者。幷解之也云凡王畿內方千里者據大司徒大司馬皆云王畿千里而言也云積百同者王畿千里開方之方千里爲方百里者百百里爲一同故云積百同云九百萬夫之地也者一同百成成九百夫十成九千夫百成九萬夫百同故九百萬夫之地也云有山陵林麓川澤溝瀆城郭宮室涂巷三分去一餘六百萬夫者案大司徒注積石曰山大阜曰陵注瀆曰川水鍾曰澤爾雅釋山山足曰麓此瀆非四瀆其溝亦非田閒廣深四尺之溝直是通水之溝瀆也城謂方十二里郭謂郛郭宮室謂城郭之內官民宮室涂巷謂城內九經九緯及民閒街巷之等三分去一謂九百萬夫之中三分去一故云餘六百萬夫也案洛邑千里之中山林之等多於平地而鄭以三分去一據大較而言也云又以田不易一易再易上中下相通者此相通三家受六夫之地也云定受田者三百萬家也者亦據六百萬夫相通者通而言也云遠郊之內地居四同三十六萬夫之地也者以其遠郊百里內置六鄉四面相距二百里二二而四故四同每同有九萬夫四九三十六故知三十六萬夫之地云三分去一其餘二十四萬夫者前文總據畿內方千里三分去一此更據四同之內山陵之等三分去一故其餘二十四萬夫也云六鄉之民七萬五千家者鄉有萬二千五百家六鄉故七萬五千家云通不易一易再易一家受二夫則十五萬夫之地者此亦相通而言也云其餘九萬夫者據二十四萬夫除十五萬夫故餘九萬夫也云廛里已下至半農人也鄭意九者未必各整萬家以一大抵九者各爲萬家解之據整數而言耳云亦通受一夫焉者其中亦有不易一易再易相通而各受一夫焉云半農人也者農人相通各受二夫之地此受一夫故云半農人也云定受田十二萬家也者此鄭總計六鄉七萬五千家此九者二夫爲一夫九萬爲四萬五千四萬五千添七萬五千爲十二萬夫據實受地爲定數故云定也云食貨志云農民戶一人已受田其家衆男爲餘夫亦以口受田如比引之者證六鄉七萬五千家一以七夫爲計餘子弟多三十壯有室其合受地亦與正夫同故遂人云夫一廛田百晦餘壯亦如之是其餘衆男爲餘夫亦以口受田如正夫之比類若然案孟子云圭田五十畝餘夫二十五畝彼餘夫與正夫不同者彼餘夫是年二十九已下未有妻受口田故二十五畝若三十有妻則受夫田百畝故鄭注內則云三十受田給征役鄉大夫注亦云有夫有婦乃成家何休亦云一夫一婦受井田百畝云士工商家受田五口乃當農夫一人者此謂士與工商之家丈夫成人受田各受一夫則上云半農人者是也其家內無丈夫其餘家口不得如成人故五口乃當農夫一人矣云今餘夫在遂地之中者謂百里內置六鄉以九等受地

皆以一夫爲計其地則盡至於餘夫無地可受則六鄉餘夫等並出耕在遂地之中百里之外其六遂之餘夫並亦在遂地之中受田矣故總云今餘夫在遂地之中也云如此則士工商以事入在官而餘夫以力出耕公邑者案食貨志士農工商四民有業學以居位曰士闢土殖穀曰農作巧成器曰工通財粥貨曰商聖王量能授事四民陳力受職故地無曠土又云農民戶一人已受田其家衆男爲餘夫亦以口受田如。比又云士工商家受田五口乃當農夫一人此謂平土可以爲法又見齊語管子對桓公亦云昔者聖王處士以閑燕處工就官府處商就市井處農就田野皆云少而習焉其心安焉據此二文皆有四民但民農已於上鄉遂公邑受地故此唯說士工商三者也其身得祿免農其子不免農故禮記問士之子長曰能耕矣大夫已上之子則免農矣故禮運云大夫有田以處其子孫然士既有祿沾及子弟故其家一田亦五口乃當農夫一人也其工商比農民爲賤故其家人亦五口乃當農夫一人此工商則與上賈人別彼賈人仕在官若府史但異名耳此工商有事時復爲官所使故云以事入在官云餘夫以力出耕公邑者還是五口之內有丈夫非士工商之身即曰餘夫百里內既置六鄉及九等無地可居故知亦出耕公邑也云甸稍縣都合居九十六同八百六十四萬夫之地者經有任甸稍縣都遠郊之內已入六鄉與九等故此特據甸地已外至五百里但王畿千里總計有百同已取四同爲百里內故餘有九十六同同有九萬夫百同則九百萬夫其中除四同三十六萬夫故餘爲九十六同八百六十四萬夫之地也云城郭宮室差少涂巷又狹者鄭欲解於三分所去而存二之意但百里之外雖有公邑采地城郭宮室比百里之內爲狹少耳云於三分所去六而存一焉以十八分之十三率之者但百里之內則三分所去六。不存一今於此三分所去之中六內而存取其一則十八分之十三率之是也言十八分之十三率之者若不六而存一則十八分之三六十八去一分有十二存今於所去六中存取其一以益十二則所去者五所存者十三故云十八分之十三率之也案張逸問注十八分之十三率之何謂鄭答曰六鄉之民上地不易家百畝。一易家二百畝再易家三百畝相通三夫六百畝六遂之民上地家百畝萊五十畝中地家百畝萊百畝下地家百畝萊二百畝相通三夫而六百五十畝以三分去一之法當餘十二遂地以有五十畝萊於三分去一乃得十三若據此而言則於三分所去六而存一唯據上地有萊五十畝而說而鄭云城郭宫室差少涂巷又狹者但六而存一指據六夫受十三夫地而言今言城郭少涂巷狹者鄭意遠郊外上地有萊五十畝故言於城郭少涂巷狹中出此萊地焉云則其餘六百二十四萬夫之地通上中下六家而受十三夫定受田二百八十三萬家也者三分所去六而存一之法即於同上計之先取九十同更別借取九十同添爲百八十同是十八分之十三率之所得者百三十所去者五十向者借半今於百三十中還半餘有六十五同存仍有六同未分於六同別借取十二同添六爲十八同三分所去六而存一則得十三同所去者五同向借十二同是三分借二分今還他二分則十三同中取十二同還他八同得四同一同者分爲九萬夫還他六萬夫得三萬夫將此四同三萬夫添前六十五同總爲六十九同三萬夫矣一同九萬夫取六十同六九五十四萬夫爲五百四十萬夫又有九同有九萬夫九九八十一又爲八十一萬夫通前三萬夫爲八十四萬夫又添五百四十萬夫總爲六百二十四萬夫之地故云十八分之十三率之則其餘六百二十四萬夫也云上中下者上地家百畝萊五十畝中地家百畝萊百畝下地家百畝萊二百畝云六家而受十三夫者以上地有萊五十畝故三夫受六夫半六夫受十三夫矣云定受田者二百八十八萬家也者以六家受十三夫則六十萬家受百三十萬夫百二十萬家受二百六十萬夫之地又倍之二百四十萬家受五百二十萬夫之地餘有四十八萬家於上借十二萬家爲六十萬家是五分借一整數計之則六十萬家受百三十萬夫之地向五萬家分借一今還五分除一六十除十二餘有四十八萬家在地亦五分除一百三十除二十六萬夫餘有一百四萬夫地在將此四十八萬家添前二百四十萬爲二百八十八萬家又將此一百四萬夫地添前五百二十萬夫總爲六百二十四萬夫矣云其在甸七萬五千家爲六遂餘則公邑者。鄭總計畿內遠郊之外訖別更計二百里之中者以三百里已外封三等采地采地多少不定不可計其六遂與六鄉相對故特計之以其六遂家數與六鄉相似但六鄉之內餘地有九等所居六遂餘地無九等故以餘地爲公邑也但邦畿千里唯民所止若東都地中言之東面雖有平地至於三面山林。雜有今鄭所計雖三分去豈有二分平土乎且六鄉之民雖可以數計之其九等之地豈各萬夫爲定乎但鄭欲以開悟後人聊以整數爲算法耳

凡任地國宅無征園廛二十而一近郊十一遠郊二十而三甸稍縣都皆無過十二唯其漆。林之征二十而五

征稅也言征者以共國政也鄭司農云任地謂任土地以起稅賦也國宅城中宅也無征無稅也故書漆林爲桼林杜子春云當爲。桼林玄謂國宅凡官所有宮室吏所治者也周稅輕近而重遠近者多役也園廛亦輕之者廛無穀園少利也古之宅必樹而畺。場有瓜◯桼本又作漆音七

【疏】凡任地至十而五◯釋曰上經言任地所在此經言。出稅多少不同之事云國宅無征者征稅也謂城內官府治處無稅也云園廛二十而一者園即上經場圃任園地廛即上經廛里在國中之地并言之者以其出稅同故也云近郊十一者即上經宅田士田賈田任在近郊者同十一而稅也云遠郊二十而三即上經官田牛田賞田牧田任遠郊之地同二十而稅三也云甸稍縣都皆無過十二者即上經公邑之田任甸地已下至任畺地四處皆無過十而稅二但此四處出稅不同據上文直言公邑之田任甸地則甸地之中兼有六遂矣其稍縣都上文推言家邑小都大都三等采地爲井田助法不見公邑則三者之中皆有公邑故上注云自此已外皆然若然則此云十二者除三等采地而言以其鄉遂公邑皆爲夏之貢法故也云漆林之征二十而五者上之三等爲輕近重遠法此漆林之稅特重以其漆林自然所生非人力所作故也◯注征稅至有瓜◯釋曰司農云國宅城中宅也無征無稅也者先鄭意廛既爲空地非民宅則此國宅城中宅謂民宅也後鄭不從者後鄭意以廛里既爲民宅則此國宅非民宅是以爲官府治事處解之玄謂國宅凡官所有宮室吏所治者也者吏即卿大夫等則匠人云外有

九室九卿治之是也故無征也云周稅輕近而重遠近者多役也者以其城內
及城外近城者給公。吏使役多於稅上輕而優之遠城者役少故於稅上重而
苦之故不依十一而稅唯近郊之內當十一耳云園廛亦輕之者廛無穀園少
利也者以其廛則五畝之宅在。國中則孟子云五。畮之宅樹之以桑麻是廛無
穀也園少利者此園則百。畮田畔家各二。畮半以爲井竈種葱韭及瓜是園少
利故亦輕之云古之宅必樹者卽孟子桑麻是也云畺場有瓜者是信南山詩
云中田有廬畺場有瓜鄭云中田田中作廬以便其事於其畔種瓜瓜成又入
其稅天子剝削淹漬以爲菹獻之皇祖是其園廛皆有稅之事也異義第五田
稅今春秋公羊說十一而稅過於十一大桀小桀減於十一大貉小貉十一稅
天子之正十一行而頌聲作故周禮國中園廛之賦二十而一稅一近郊十。二稅
一遠郊二十而稅三有軍旅之歲一井九夫百。畮之賦出禾二百四十斛芻秉
二百四十六釜米十六斗案公羊十一稅遠近無差漢制收租田有上中下與
周禮同義玄之聞也周禮制稅法輕近而重遠者爲民城道溝渠之役近者勞
遠者逸故也其授民田家所養者多與之美田所養者少則與之薄田其調均
之而。是故可以爲常法漢無授田之法富者貴美且多貧者賤薄且少美薄之
收不通相倍。從。而上中下。也與周禮同義未之思也又周禮六篇無云軍旅之
歲一井九夫百。畮之稅出禾芻秉釜米之事何以得此言乎若然周禮稅法據
王畿公羊稅法據諸侯邦國諸侯邦國無遠近之差者以其國地狹少役賦事
暇故無遠近之差也

凡宅不毛者有里布凡田不耕者出屋粟凡民無職事者出夫家之征

鄭司農云宅不毛者謂不樹桑。麻也里布者布參印書廣二寸長二尺以爲
幣貿易物詩云抱布貿絲抱此布也或曰布泉也春秋傳曰買之百兩一布
又廛人職掌斂市之次布儳布質布罰布廛布孟子曰廛無夫里之布則天下
之民皆說而願爲其民矣故曰宅不毛者有里布民無職事出夫家之征欲令
宅樹桑麻民就四業則無稅賦以勸之也故孟子曰五。畝之宅樹之以桑則五
十者可以衣帛不知言布參印書者何見舊時說也玄謂宅不毛者罰以一里

二十五家之泉空田者罰以三家之稅粟以共吉凶二服及喪器也民雖有閒無職事者猶出夫稅家稅也夫稅者百畝之稅家稅者出士徒車輦給繇役○儳劉音讒徐才鑒反皆說音悅令力呈反以衣於既反下同間音閑

【疏】凡宅至之征○釋曰以草木爲地毛民有五畝之宅廬舍之外不樹桑麻之毛者罰以二十五家之稅布謂口率出泉漢法口百二十也云凡田不耕者出屋粟者夫三爲屋民有百畝之田不耕墾種作者罰以三家之稅粟云凡民無職事者出夫家之征者此則大宰閑民無常職轉移執事之人雖不當家田宅無可賦稅仍使出夫稅家稅之征以勸之使樂業也○注鄭司至繇役○釋曰先鄭云不毛者謂不樹桑麻據孟子爲說也云里布至抱此布此說非故後鄭自破之也云或曰布泉以下至廛布子此說合義也云春秋傳曰買之百兩一布此昭公二十六年左氏傳文案彼文齊侯以師欲納昭公申豐從女賈以幣錦二端以適齊師謂子猶之人高齮能貨子猶爲高氏後高齮以錦示子猶子猶欲之齮曰魯人買之百兩一布杜注云言魯人買此甚多布陳之以百兩爲數杜以爲布爲陳不爲布泉此先鄭以彼布與此布及外府邦布皆爲泉與杜義異也云廛人職掌斂市之次布已下彼注先鄭云次布列肆之稅布總布後鄭云總謂如租稯之稯稯布謂守斗斛銓衡之布質布謂質人所罰犯質劑者之布罰布者謂犯市令者之泉廛布者貨賄諸物邸舍之稅彼諸布皆是泉故引以爲證也引孟子廛無夫里之布亦謂口率出泉宅不毛無一里之罰布天下民願爲之民矣云欲令民就四業則無稅賦以勸之者案閭師四業畜也耕也樹也蠶也或說以四時之業也玄謂宅不毛者罰以一里二十五家之泉者此就足司農之義空田者罰以三家之稅粟者以夫三爲屋以三夫解屋也云以共吉凶二服及喪器也者案鄉師職云比共吉凶二服閭共祭器族共喪器黨共射器州共賓器但射器賓器等爲國行禮故出官物爲之惟吉凶二服及喪器是民自共用不可出官物故比族主集此罰物爲之故鄭唯據此二事而言也云夫稅者百畝之稅知者以家稅爲士徒故知是一夫之田所稅粟也云家稅者出士徒車輦給繇役知者案縣師云若將有軍旅會同作其衆庶及馬牛車輦

故知家稅是士徒車輦也趙商問載師職凡宅不毛乃罰以一里布田不耕者罰屋粟商以田不耕其罪莫重宅不毛其罰當輕宅不毛乃罰以二十五家之布田不耕則罰之三家之稅粟未達罰之云爲之旨輕重之差鄭答此法各當罰其事於當其有故何以假他輕重乎

以時徵其賦

疏 以時徵其賦○釋曰閭師徵斂六鄉之賦貢遂師旅師斂六遂已外之賦貢自有常官但徵斂事重以載師既掌畿內地事因亦徵其賦相左右也案下閭師注賦謂九賦及九貢則此賦貢含有也至於里布屋粟及閭民夫家之征亦可斂之

閭師掌國中及四郊之人民六畜之數以任其力以待其政令以時徵其賦

國中及四郊是所主數六鄉之中自廛里至遠郊也掌六畜數者農事之本也賦謂九賦及九貢

疏 閭師至其賦○釋曰閭師徵斂百里內之賦貢故云掌國中及四郊之人民及六畜之數以其人民是出賦之數其六畜是營作之本故須知數也云以任其力者謂以人民六畜任使其力也云以待其政令者政令謂賦役皆是也以時徵其賦者賦貢所徵當順其四時故云以時也○注國中至九賦貢○釋曰云國中及四郊是所主數者以其六鄉之民居在國中及四郊其政教自有鄉大夫以下施之今閭師主徵斂直知其人數而已故云是主數也云六鄉之中自廛里至遠郊也者此鄭重解國中及四郊之義據上言廛里至任遠郊之地其中含有六鄉七萬五千家故鄭指六鄉而言也云掌六畜數者農事之本也者六畜謂馬牛羊豕犬雞則唯牛可爲農事而鄭總云農事之本者羊馬犬雞雖不用爲農事皆是人之相資藉以爲用故總入農事之中是以閭師主徵斂亦總知其數也云賦謂九賦者案下又陳貢故知賦中兼有貢經直言賦者以賦爲主耳賦謂口率出泉若然案大宰九賦從邦中以至幣餘爲九等此國中及四郊於九賦之中惟有二賦而言九賦者亦大總而言也其九貢又與大宰別彼九貢者與小行人春入貢爲一謂諸侯之九貢即大宰九職之貢與下文貢九穀之等是一也

凡任民任農以耕事

貢九穀任圃以樹事貢草木任工以飭材事貢器物任商以市事貢貨賄任牧以畜事貢鳥獸任嬪以女事貢布帛任衡以山事貢其物任虞以澤事貢其物

貢草木謂葵韭果蓏之屬〇飭音勑以畜許六反下同

疏 凡任至其物〇釋曰案太宰以九職任萬民謂任使萬民各有職事有職事必有功有功卽有貢故此論貢之法也言凡任民謂任使萬民使出貢與下為目云任農以耕事貢九穀者案太宰職云一曰三農生九穀故此還使貢九穀九穀之數太宰已注訖云任圃以樹事貢草木者太宰云二曰園圃毓草木故還使貢草木謂菓蔬果蓏之屬云任工以飭材事貢器物者大宰云五曰百工飭化八材。故八材飭治以為器物故此還使貢之也云任商以市事貢貨賄者大宰云六曰商賈阜通貨賄故還使貢貨賄也云任牧以畜事貢鳥獸者大宰云四曰藪牧養蕃鳥獸故還使貢鳥獸也云任嬪以女事貢布帛者大宰云七曰嬪婦化治絲枲故還使貢布帛女卽彼嬪婦也云任衡以山事貢其物者大宰云三曰虞衡作山澤之材材卽物也以其山澤所出物多故云物若禹貢云海物然也序官山澤稱虞川林稱衡此文云任衡以山事山不稱虞者欲見山中可以兼川林亦貢物故互見為義也此文次第與大宰不同者彼依事大小為次此不依彼為次者欲見事無常故也且彼有九職仍并山澤為一此文分山澤為二唯有八者任九職有臣妾及閒民此無者以周公設經任之則有臣妾使得自生若貢稅則無以其聚斂疏材無可稅故也其閒民載師已見出夫家之征故於此不言之矣其分山澤為二者以山澤。山貢不同故分為二以充八通閒民為九耳〇注貢草至之屬〇釋曰案大宰注疏材百草根實與此注不同者但百草根實卽葵韭果蓏百草中可以兼木矣

凡無職者出夫布

獨言無職者掌其九賦

疏 凡無至夫布釋曰無職非一故言凡此無職卽大宰閒民無常職轉移執事者也轉移執事卽是有職而言無職者為有職者執事當家廛地不事卽無職也云出夫布者亦使出一夫口稅之泉也〇注獨言至

九職○釋曰云獨言無職者掌其九賦者上皆論貢不言賦惟此無職之人言夫布夫布卽賦也以其掌九賦者上雖直云貢九賦亦掌之故云掌其九賦案劉琰問載師職云凡民無職事者出夫家之征閭師職云凡無職者出夫布夫家之征與夫布其異。如。何鄭答云夫家之征者田稅如今租矣夫布者如今算斂在九賦中者也以此言之若今租卽夫征不得兼言家鄭連言家挾句耳劉琰又問閭師職云凡任民任農以耕事貢九穀下至任虞凡八貢不道九賦下言凡無職者出夫布注云獨言無職者掌其九賦若此者豈上八貢者復出八賦與無職所出夫布凡爲九將自布賦不同重計八貢未之能審也鄭答曰讀天官冢宰職則審矣無職在九賦中今此不言其餘獨言此者此官掌斂賦嫌無職者不審出算故言耳鄭云讀天官冢宰則審者案冢宰職九職九賦別九賦自邦中以至邦都六也加以關市山澤及幣餘爲九九職不言服數或一服之中而有職安得八賦依八貢出之乎言審矣者審八賦不依九職爲九可知故云審矣若然無職在賦中其句下讀爲義不連於上也欲明無職之人非直在九職中亦在九賦中故云無職在九賦中也

凡庶民不畜者祭無牲不耕者祭無盛不樹者無椁不蠶者不帛不績者不衰掌罰其家事也盛黍稷也椁周棺也不帛不得衣帛也不衰喪不得衣衰也皆所以恥不勉○衰七回反下同

疏凡庶至不衰○釋曰云庶人不畜者祭無牲者案孟子云庶人五母雞二母彘無失其時是以不畜者當罰之故死後祭無牲也庶人用牲之法若王制云韭以卵麥以魚黍以豚稻以鴈注云庶人無常牲取以新物相宜而已是也云不耕者祭無盛者黍稷曰盛耕者所以殖黍稷今惰農自安不殖黍稷故死後祭之無盛也云不樹者無椁者庶人五畝之宅樹以桑麻今宅不毛非直罰以里布死後又無五寸之椁也云不蠶者不帛者蠶則得帛孟子云五十可以衣帛以不蠶故身不得衣帛云不績者不衰者緝績者得布其衰裳以布爲之其婦人不績其麻者死則不爲之著衰裳以罰之也

縣師掌邦國都鄙稍甸郊里之地域而辨其夫家人民田萊之數及其六畜車輦之稽三年大比則以考羣吏而以詔廢置郊里郊所居也自邦國以及四郊之內是所主數周天下也萊休不耕者郊內謂之易郊外謂之萊善言近○比毗志反後放此

疏縣師至廢置○釋曰云掌邦國據畿外諸侯言都鄙據畿內五百里四百里大都小都言稍據三百里家邑言甸據二百里六遂言郊里據從遠郊至國中六鄉之民也從外向內而說之言地域者從邦國至六鄉各有地域廣狹云而辨其夫家人民田萊之數者夫家猶言男女人民謂奴婢田萊見田及荒不耕者之萊其數皆知故云之數也云及其六畜車輦之稽者六畜馬牛羊豕犬雞車所以駕馬輦人挽行之稽計也謂所計之數皆知之云三年大比則以攷羣吏而以詔廢置者古者亦三年一大案且戶口則考校主民之羣吏校其功過以詔告在上有功者置之以進爵位有過者廢退之○注郊里至言近○釋曰云郊里郊所居也者謂六鄉之民布在國中外至遠郊故有居在郊者也案遺人云鄉里之委積又云郊里之委積彼云鄉里據國中云郊里據在郊與此同也必知鄉民有居在郊者見比長云從于國中及郊則從而授之若徙于他則爲之旌節而行之國中及郊不云他明郊與國中同是鄉民也云自邦國以及四郊之內是所主數者其義若閭師耳云周天下也者邦國則六服四郊則兼國中故云周徧天下也云萊休不耕者詩云田卒汙萊注云下者汙高者萊是萊謂草萊之萊若上地萊五十晦之類也云郊內謂之易郊外謂之萊善言近者郊外言萊即此經田萊據郊而言遂人亦云萊五十晦百晦之類是萊爲草萊穢汙之稱也郊內謂之易無文案大司徒云凡造都鄙制其地域云上地不易中地一易下地再易司徒主六鄉則六鄉之地從易可知不言萊直言易者善言近也

若將有軍旅會同田役之戒則受灋于司馬以作其衆庶及馬牛車輦會其車人之卒伍使皆備旗鼓兵器以帥而至

受法於司馬者知所當徵衆寡○卒子忽反疏若將至而至○釋曰云若將有軍旅者言若謂若有若無不定之辭○將有謂事未至軍旅謂征伐會同謂時見殷見田役謂四時田獵之戒。者。謂有此數事則豫戒令之云受法于司馬者司馬主將事故先於司馬處受出軍多少及法式也云以作其衆庶者謂於司馬處得法乃作起其庶衆已下云會其車人之卒伍者謂會合車人人則百人爲卒五人爲伍車亦有卒伍云使皆備旗鼓兵器者旗謂若司馬云秋辨旗物王載大常已下鼓謂司馬云春辨鼓鐸王執路鼓已下兵器謂弓矢殳矛戈戟也以帥而至者鄉師云以旗致萬民此云而至者謂帥而至鄉師也

凡造都邑量其地辨其物而制其域物謂地所有也名山大澤不以封○量音良疏凡造至其域○釋曰言造都謂大都小都邑謂家邑也云量其地者家邑二十五里大都百里小都五十里也云辨其物者三等之地所有不同云制其域者。域即疆域大小是也○注物謂至以封○釋曰云物謂地所有也者若地物無所有不得耕墾若山澤者不授之故引王制云名山大澤不以封也以歲時徵野之賦貢野謂甸稍縣都也所徵賦貢與閭師同疏以歲至賦貢○釋曰以郊內賦貢閭師徵斂郊外曰野所有賦貢縣師徵之遂師旅師斂之故云徵野之賦貢○注野謂至師同○釋曰知野含有甸稍縣都者以其縣師弁掌天下既邦國與畿內不同明野中唯含有此四者也云所徵賦貢與閭師同者但閭師徵六鄉賦貢弁斂之此縣師所徵四處賦貢與閭師同若。徵野之賦貢是遂師旅師也故直云徵之同明斂則異也

遺人掌邦之委積以待施惠鄉里之委積以恤民之囏阨門關之委積以養老孤郊里之委積以待賓客野鄙之委積以待羈旅縣都之委積以待凶荒委積者廩人倉人計九穀之數足國用以其餘共之所謂餘法用也職內邦之移用亦如此也皆以餘財共之少曰委多曰積鄉里鄉所居也。艱阨猶困乏也門關以養

老孤人所出入易以取餼廩也羇旅過行寄止者待凶荒謂邦國所當通給者也故書艱阨作。㨖阨羇作寄杜子春云㨖阨當爲艱阨寄。當爲羇○遺唯季反劉音遂施惠式豉反後施惠皆同廩良甚反易以豉反㨖音艱又音謹【疏】遺人至凶荒○釋曰此官主施惠故掌邦之委積以待施惠此與下爲總目也云鄉里之委積以恤民之艱阨者此下數者皆謂當年所稅多少總送帳於上在上商量計一年足國用外則隨便留之以爲恤民之艱阨之等也艱阨謂年穀不熟民有困乏則振恤之云門關之委積以養老孤者門謂十二國門關。十二關門出入皆有稅所稅得者亦送帳多少足國用之外留之以養老孤故司門云以其財養死政之老與其孤注云財所謂門關之委積也是其所留之財也云郊里之委積以待賓客者里居也郊民所居即六鄉之民所居郊者其委積留之以待賓客者其賓客至郊與主國使者交接因即與之廩餼便欲以待賓客也云野鄙之委積以待羇旅者上既言郊里據遠郊則此野鄙據六遂在郊外曰野六遂中有五百家鄙故以鄙表六遂耳則野鄙中可以兼得公邑在甸地者也旅客也謂客有羇縶在此未得去者則於此惠之但羇旅處處皆有獨於此見惠者但甸地在二百里中於外內有羇旅皆得取之故獨見於此也云縣都之委積以待凶荒者縣謂四百里都謂五百里不見稍三百里則縣都中可以兼之凶荒謂年穀不熟則曲禮云歲凶年穀不登是也特於此三處見凶荒其凶荒則畿內畿外皆有若畿外凶荒則入向畿內取之畿內凶荒則向畿外取之是以鄭君通給解之故於近畿三百里之外言待凶荒之事也○注委積至爲羇○釋曰倉人主藏穀廩人主藏米自計九穀之數至餘法用皆約倉人文案倉人云辨九穀之物以待邦用若穀不。熟則止餘法用有餘則藏之以待凶而頒之注止年穀餘法用謂道路之委積所以豐優賓客之屬又案廩人云掌九穀之數以待國之分頒謂若委人之職諸委積以稍聚待賓客以甸聚待羇旅是廩人亦云委積若然穀不足止餘法用則此鄉里已下皆無人委積之事故云止餘法用也雖無新物以入委積其舊委積所藏者則給艱阨老孤之等故倉人云藏之以待凶而頒之掌客云凶荒則殺禮者謂除道路委積之外也云職內邦之移用亦如此也者職內所云亦謂本司所用有餘乃移於他處故云亦如此也云少曰委多曰積者據此文三十里言委五十里言積相對而言若散文則多亦曰委委人所云薪蒸亦曰委是也云囏阨猶困乏也者案書傳云行而無資謂之乏居而無食謂之困

凡賓客會同師役掌其道路之委積凡國野之道十里有廬廬有飲食三十里有宿宿有路室路室有委五十里有市市有候館候館有積廬若今野候。徙有庌也宿可止宿若今亭有室矣候館樓可以觀望者也一市之間有三廬一宿○庌劉音雅

疏凡賓至有積○釋曰上經委積隨其所須之處而委積此經所陳委積據會同師役行道所須故分布於道路遠處須多故有積近處須少故有飲食及委也○注廬若至一宿○釋曰云廬若今野候徙有庌也者此舉漢法以況義漢時野路候迎賓客之處皆有庌舍與廬相似云宿可止宿若今亭有室矣者案漢法十里有亭亭有三老人皆有宮室故引以爲況也云一市之間有三廬一宿者十里二十里有廬三十里有宿四十里又有一廬五十里有市是其一市之間三廬一宿凡廬有四義十里有廬一也中田有廬二也易剝之上九云君子得輿小人剝廬注云小人傲狠當剝徹廬舍而去三也公劉詩云於時廬旅鄭云廬舍安民館舍施教令四也

凡委積之事巡而比之以時頒之

疏凡委至頒之○釋曰言凡委積上二文委積之事是也以時頒之則以待者是也

附釋音周禮注疏卷第十三

周禮注疏卷十三校勘記　　阮元撰盧宣旬摘録

附釋音周禮注疏卷第十三

牧人

騂牲赤色　監本作色赤誤倒

望祀五嶽　賈疏本望祀下有四望二字

黝讀爲幽幽黑也　漢讀考作幽讀爲黝黝黑也經黝牲作幽牲謂今本是經注互改之故

謂圜丘方澤　閩本同監毛本圜改圓

是祭宗廟時赤也　浦鏜云用誤時

下用尨　惠校本同閩監毛本下誤不

故書毁爲甈尨作龙　閩監毛本作尨作庬亦非宋本余本岳本嘉靖本作龙作龍當據以訂正下尨當爲龙據余岳嘉靖本亦作龍當爲龙又此及閩監本甈舊作瓿譌今訂正

毁謂副辜侯禳　監毛本侯誤候疏中同閩本此字空闕毛本辜作辠譌

不必純注云　閩本同監毛本純下衍黄

貍辜祭四方百物　閩本同監毛本貍改副

則惟據純毛者　閩本同監毛本惟據作唯束非

牛人

祈求福之牛也　宋本祈作所案上云求牛禱於鬼神此復云祈求福祠意煩複宋本作所是也

明非禱祈非時祭者　此本此句剜擠當有誤

謂所以繹者也者　宋本無上者

經據後而言之耳　惠校本之下有中蓋涉下之中誤衍

膳所以間禮賓客　宋本余本嘉靖本毛本同此本及閩監本間誤問疏中同今訂正

皆共牢積禮膳之牛也　閩本同監毛本作牢禮積膳此誤倒

是速賓之禮也　毛本是字誤爲客走二字

王國五積者　浦鏜云主誤王

亨大牢以飲賓　監毛本亨誤享下同

軍事共其槁牛　唐石經余本同釋文犒牛苦報反注同葉鈔本作槁牛余本及此本載音義同是經注皆從木作槁當據以訂正宋本嘉靖本

閩監毛本作犒牛注及疏同非也案賈疏云謂將帥在軍枯槁之賜牛謂之槁牛此經文從木明證賈疏未誤也序官槀人疏亦云以在朝之人不得歸家亦枯槁以須犒勞之故名其官爲槁人

謂將帥在軍枯槁之賜牛 閩本同監毛本枯槁誤牯犒下槁字同○謂槁而槁之一上一去猶勞而勞之一平一去也

亦是犒師之牛 案此犒字亦當作槁

無尸飲食飲食直奠告于神前 閩監毛本作無尸飲食直奠停置于神前此誤複飲食二字係剜擠○按此當複無尸二字而誤複飲食二字也

合以互與楅衡共一 浦鏜云今誤合

充人

皆體牷具 毛本牷誤牲

釋曰云散祭之牲 惠校本祭下有祀此脫

展牲則告牷 毛本牷誤牲

君牽牲入 此本及閩監本牽誤率今據宋本余本嘉靖本毛本訂正

博碩肥腯 宋本下有也字諸本博作溥從十疏中同

季粱止之曰天方授楚 毛本粱誤㒵止誤正閩監本方誤子

謂民力之普存 惠校本下有也此脫

地官司徒下 唐石經周禮卷第四宋本余本嘉靖本同宋本周禮疏卷第十四閩監毛本仍卷十三與此本同

載師

故因民九職以制貢 毛本以字誤倒九職上

故云厥賦唯上上之等也 惠校本云作名名蓋言之誤

以家邑之田任稍地 說文鄁國甸大夫稍稍所食邑从邑肖聲周禮曰任鄁地在天子三百里之內案許君以稍稍訓削則稍地字當以從邑作鄁爲正稍其義訓也

稍或作削 漢讀考云說文邑部引周禮任鄁地疑削即鄁之訛大宰家削之賦音義云本又作鄁

禮讀爲廛 閩監本同誤也宋本余本嘉靖本毛本皆作壇讀爲廛當訂正

若今云邑里居矣 岳本嘉靖本作邑居里案當作若今云邑居矣里衍文下云民之邑居在都城者可證

圭田五十畮 宋本畮作畝下田百畮同案注多用畮字不當岐出

二百里三百里其上大夫如州長四百里五百里其下大夫如縣正 宋本閩監毛本

同嘉靖本無上下二字惠校本亦無此二字云據諸家本無此二字宋本亦無獨萬卷堂本有案賈疏引注云二百里三百里其大夫如州長四百里五百里其大夫如縣正亦無上下二字今本蓋據下疏云其尊卑如州長中大夫其尊卑如縣正下大夫遂妄增

受田邑者　岳本受作授誤

取正於是耳　宋本岳本嘉靖本同閩監毛本耳改爾非案賈疏引注亦作耳

而遂人職授民田　諸本同賈疏引注亦作而惠校本作如遂人云余本仍作而

餘六百萬夫　宋本萬作万下並同

亦以口受田如比　宋本余本岳本同與漢書合嘉靖本閩監毛本比作此誤釋文如比徐方二反疏云如正夫之比類可證

如此則士工商以事入在官　諸本同浦鏜云此亦當作比非賈疏亦作如此文屬下

十萬五千家爲六遂　閩監本同誤也宋本余本嘉靖本毛本皆作七萬當據以訂正疏引注亦作七

餘地既九等之人所受以爲公邑也　浦鏜云既當卽字譌

故破從仕宦之仕　閩監毛本宦作官誤上云仕宦得田可證

兄言弟者皆王之同母弟　浦鏜云凡誤兄

而遂人職受民田　惠校本受作授此誤

聲解之也 惠校本同聲字疑誤閩監毛本改作犿

鄭意九者未畢各整萬家 閩監本同誤也毛本畢作必當據正

餘壯亦如之 惠校本作餘夫此誤

亦以口受田如比又云 閩本同監毛本比作此非

則三分所去六不存一 閩監毛本同浦鏜云而訛不

萊易家二百畝 閩本同監毛本作一易

鄭總計畿內遠郊之外訖 惠校本鄭下有既

六遂餘地無九等 惠校本地下有既

山林雜有 惠校本作徧有

唯其漆林之征 唐石經諸本同釋文桼林本又作漆漢讀考云經當作桼林注當作故書桼林爲漆林杜子春云當爲桼林

當爲桼林 閩監毛本同宋本余本岳本嘉靖本作漆林

而疊場有瓜 釋文疊場音亦諸本場多誤場

此經言出稅多少不同之事 此本出誤也令據惠校本訂正閩監毛本改也爲地

給公吏使役多閩監毛本改公家

則五畝之宅在國中宋本作園中此誤

五晦之宅閩本同監毛本晦改畝閭師疏同

近郊十二稅一惠校本二作而此誤

其調均之而是閩監毛本是作疋非

不通相倍從而上中下也惠校本從作徙此誤疑而下脫云也當衍○按莊述祖云無也見其所集異義

謂不樹桑麻也宋本脫麻

五畝之宅宋本閩監本毛本同余本岳本嘉靖本畝作晦下同

罰以三家之稅粟閩本同監毛本家作夫

以幣錦二端閩監毛本改二兩

總謂如租穗之穗浦鏜云讀誤謂

亦可斂之閩監毛本斂改徵

閭師

云賦謂九賦者案下又陳貢浦鏜云謂九賦下當脱及九貢三字毛本又誤文此本及閩監本皆作又

故八材飭治以爲器物惠校本故作但

以山澤山貢不同浦鏜云山貢當所貢之誤

其異如何漢制考作何如

縣師

善言近宋本近下有之當衍

古者亦三年一大案且戶口毛本者誤云惠校本且作比此誤

是萊謂草萊之萊惠校本作之地此誤

是萊爲草萊汚穢之稱也惠校本作汚惡毛本爲作是汚穢倒

有戒有此數事惠校本無有戒二字此衍閩監毛本改作者謂○按者謂是也疏摘經文之戒二字而發明之

域即疆域大小是也惠校本無上域

若徵野之賦貢惠校本徵作斂此依經改非○按毛本作徵

遺人

鞻阸猶困乏也宋本岳本嘉靖本同閩監毛本鞻作韄下同按此亦段玉裁經用古字注用今字之證

故書鞻阸作㨷阸釋文作㨷音鞻又音謹宋本閩監毛本作㨷岳本嘉靖本作槿宋本載音義作僅皆非

寄當爲䩭毛本云當作䩭失其舊

闟十二闟門惠校本十上有謂此脫

若轂不熟浦鏜云足誤熟

盧若今野候徙有庌也閩監毛本同誤也宋本岳本嘉靖本徙作徒當據以訂正漢制考亦引作徒疏中同

周禮注疏卷十三校勘記

附釋音周禮注疏卷第十四

鄭氏注　賈公彥疏

均人掌均地政均地守均地職均人民牛馬車輦之力政 政讀爲征地征謂地守地職之稅也地守衡虞之屬地職農圃之屬力征人民則治城郭涂巷溝渠牛馬車輦則轉委積之屬○政音征出注下同 [疏]均人至力政○釋曰均人所均地政已下總均畿內鄉遂及公邑云均地政者謂均地守地職二者之稅使皆十一而出稅又均人民已下力征之事○注政讀至之屬○釋曰鄭破政爲征者以經政是政教之政非征稅之征故破之也鄭又知地征是地守地職之稅者以其出稅無過地守地職二者故知之也云地守衡虞之屬者亦謂畿內川衡林衡山虞澤虞皆遣其地之民守護之及其入山林川澤取之者使出稅以當邦賦云地職農圃之屬者此卽大宰九職云一曰三農二曰園圃之屬以九職任之因使出稅也云力征已下幷車輦並是力之征稅若然土均云掌平地之政以均地守以均地事以均地貢注云所平之稅邦國都鄙也與此鄉遂及公邑別彼又云地貢鄭云謂諸侯之九貢與此九職之貢又不同也

凡均力政以歲上下豐年則公旬用三日焉中年則公旬用二日焉無年則公旬用一日焉 歲上下豐年人食四鬴之歲也人食三鬴爲中歲人食二鬴爲無歲歲無贏儲也公事也旬均也讀如畇畇原隰之畇易坤爲均今書亦有作旬者○上時掌反鬴房甫反畇音均又舒均反又音旬聶氏常純反 [疏]凡均至日焉○釋曰此所均力政者卽上人民之力征不通牛馬車輦故禮記王制云用民之力歲不過三日是此亦據人而言也云以歲上下者上卽豐年下卽儉年也豐年則公旬用三日者公事也旬均也謂爲事均用三日也○注豐年至旬者○釋曰鄭知豐年人食四鬴已下者案廩人云人四鬴上也人三鬴中也人二鬴下也而知

之彼又云不能人二鬴則令邦移民就穀此時則無力征矣若然此食二鬴而
言無年無年者鄭云無贏儲仍未移民就賤此無年與彼不能人二鬴之歲不
同彼不能人二鬴自然無贏儲也云公事也者此天子之法非諸侯之禮不得
爲公君解之故從公事而釋也云旬均也者王制既云用民歲不過三日明不
得爲旬十日解之故破從均恐不平故云均也云讀如𤲸𤲸原隰之𤲸者彼詩
𤲸𤲸是均田之意故讀從之云易坤爲均今書亦有作旬者彼易坤爲地地德
均平是以均爲義今書今易書有作旬字者
旬與均旬與均俱有均平之意故引爲證也
凶札則無力政無財賦無力政恤其勞也無財賦恤其乏困也財賦九賦也疏凶札至財賦○釋曰凶謂年穀不孰札謂天下疫病則無此力征及財賦二事此即廩人云不能人二鬴之歲○注無力
至賦也○釋曰云財賦九賦也者此即大宰九賦謂口率出泉知賦中惟是九
賦者以下文有地守地職故此惟有九賦也若然上均地政不言均九賦亦均之可知
不收地守地職不均地政不收山澤及地稅亦不平計地稅也非凶札之歲當收稅乃均之耳三年大比則
大均有年無年大平計之若久不脩則數或闕疏注有年至或闕○釋曰經既云大均明知有年及無年皆須大平均計之也云久不脩則數或闕者
三年一闕是其久久不脩謂不大平計則
其中間不知其數不知其數則是數闕也
師氏。掌以媺詔王告王以善道也文王世子曰師也者教之以事而諭諸德者也○媺音美疏師氏至詔王○釋曰媺美也師氏掌以前
世美善之道以詔告於王庶王行其美道也○注告王至者也○釋曰引文王
世子者彼是師氏教世子禮引爲詔王者但詔王以道無文彼教世子與教王
同故取以爲證也諭曉也諸於也彼謂教世子以君臣
父子長幼之事而曉之以德今詔王亦曉之以德也
以三德教國子一曰至
德以爲道本二曰敏德以爲行本三曰孝德以知逆惡教三行一曰孝行以親

父母二曰友行以尊賢良三曰順行以事師長德行內外之稱在心爲德施之爲行至德中和之德覆燾持載含容者也孔子曰中庸之爲德其至矣乎敏德仁義順時者也說命曰敬孫務時敏厥脩乃來孝德尊祖愛親守其所以生者也孔子曰武王周公其達孝矣乎夫孝者善繼人之志善述人之事者也孝在三德之下三行之上德有廣於孝而行莫尊焉國子公卿大夫之子弟師氏教之而世子亦齒焉學君臣父子長幼之道○行下孟反下及注同知音智稱尺證反燾徒報反說音悅孫音遜夫音扶

疏以三至師長○釋曰以此三德教國子王大子已下至元士之適子也云一曰至德以爲道本者至德謂至極之德以爲行道之本也二曰敏德以爲行本者謂敏達之德以爲行行之本也三曰孝德以知逆惡者善父母爲孝以孝德之孝以事父母則知逆惡不行也此上三德皆在心而行不見故鄭云在心爲德也云以一曰孝行以親父母者行也善事父母之行則能親父母冬溫夏。凊昏定晨省盡愛敬之事也云二曰友行以尊賢良者此行施於外人故尊事賢人良人有德行之士也云三曰順行以事師長者此亦施於外人行遜順之行事受業之師及朋友之長也○注德行至之道○釋曰云德行。內。外之稱在心爲德施之爲行者案禮記云恥有其德而無其行則德在內行在外也又見經至德敏德道行爲本道行是施之於外之名又孝德行知逆惡亦是在外之事則知三德皆在內與外行爲本又三行云親父母之等故云施之爲行也云至德中和之德者案禮記中庸云致中和天地位焉故知至德是中庸之德也云覆燾持載含容者也者此至德即中庸所云至誠一也彼說至誠無息不息則久久則徵徵則悠遠悠遠則博厚博厚則高明博厚所以載物高明所以覆物是至德若天地覆燾持載含容者也云孔子曰中庸之爲德其至矣乎者此是論語雍也之文引之者證此至德與中庸之德爲一之意云敏德仁義順時者是也者人君施政春夏行賞爲仁秋冬行罰爲義是仁義順時敏疾爲德者也又引說命曰敬遜務時敏厥脩乃來者尚書說命之篇傅說告高宗以學問之事孫順也敏疾也厥其也爲君之法當恭敬順道務在順時疾而行之則其德之脩乃從學而來引之者證仁義順時之義也云孝德尊祖愛親守其所以生者也者孝德不如上二德直能善父母爲孝施德於親而已故云守其所以生者也又引孔子曰武王周公其達孝矣乎至之事是禮記中庸文言二人通達行孝者也云夫孝者善繼人之志善述人之事者案中庸上文云無憂者其惟文王乎父作之子述之則善繼人之志據周公以武王時未大平不得制禮作樂周公攝政六年大平乃制作禮樂爲善繼文王之志則尚書云考朕昭子刑乃單一文祖德是也善述人之事者據武王能述父以伐紂之事則尚書序云惟十有一年武王伐殷是也云孝在三德之下三行之上德有廣於孝而行莫尊焉者欲見至德敏德五帝已上所行直明在心爲德而已不見其行孝德是三王已下所行德行兼見之矣故三德以孝德爲下故云德有廣於孝則至德敏德是二德廣於孝德也而行莫尊焉者三行之中孝行施於父母爲上順行友行施於外人爲下故云而行莫尊焉莫無也無尊於事父母也云國子公卿大夫之子弟者此經直言國子案禮記王制云春秋教以禮樂冬夏教以詩書下文云王大子王子羣后之太子卿大夫元士之適子皆造焉故知國子之中有卿大夫之子也鄭不言王大子及元士之適子者略言之其實皆有也王制惟言卿大夫子適子不言弟鄭知兼有弟者大司樂及此下文皆云教國子弟連弟而言故鄭兼言弟也云師氏教之而世子亦齒焉學君臣父子長幼之道者此約文王世子文也案彼云行一物而三善皆得者惟世子而已其齒於學之謂也故世子齒於學國人觀之曰將君我而與我齒讓何也曰有父在則禮然然而衆知父子之道矣其二曰將君我而與我齒讓何也曰有君在則禮然然而衆著於君臣之義矣其三曰將君我而與我齒讓何也曰長長也然而衆知長幼之節矣是世子與國人學生齒焉之事案此經有至德敏德孝德老子亦有三等之德案老子道經云道可道非常道河上公云謂經術政教之道非自然長生之道常道當以無爲養神無事安民含光藏曜滅跡匿端不可稱以道又案德經云上德不德凡以有德河上公注云上德大古無名號之君德有無上故言上德不德言不以德教民因循自然其德不見故言不德是以有德者

也又云下德不失德是以無德注云下德謂號謚之君德不及上德故言不失德以其德見其功稱是以謂之無德又云失道而後德失德而後仁失仁而後義失義而後禮注云道衰德化德衰而仁愛見仁衰而忿爭明義衰而聘行玉帛又案握河紀堯曰皇道帝德非朕所專又中候義明云洞五九禮闕鄭注云闕止鄭過言五帝後洞三王之世其治各九百歲當以禮止過也案此諸文言之此至德覆燾持載含容之德同於天地與老子常道及上德不德爲一物皆是燧皇已上無名號之君所行故河上公云上德無名號之君所行也此敏德則老子云可道之道非常道下德不失德之德亦一也故河上公云行政教經術有名號之君所以其三皇五帝爲政皆須仁義順時故鄭云敏德仁義順時也若然老子云失道而有德失德而有仁者是三皇行可道之道五帝行下德不失德之德即堯云皇道帝德亦謂此道德於此經同爲敏德也其三王同行孝德耳其老子又云失德而有仁失仁而有義失義而有禮禮專據三王之時故云洞五九禮闕鄭若然仁義在禮前德後則五帝與三王俱有仁義故禮記云堯舜率天下以仁而民從之又云禹立三年百姓以仁遂焉是以仁義關在五帝三王之間者也若然禮記云生乎今之世反古之道謂不行今之法全行古之道故非之也

居虎門之左司王朝虎門路寢門也王日視朝於路寢門外畫虎焉以明勇猛於守宜也司猶察也察王之視朝若有善道可行者則當前以詔王○朝直遙反注及下皆同疏居虎至王朝○釋曰言師氏之官既知三德三行○故居路門之左畫虎之處司察王朝若有善事可行者則前告王有所改爲也○注虎門至詔王○釋曰鄭知虎門是路寢門者其路寢庭朝及庫門外之朝非常朝之處司士所掌路門外是常朝日所朝之所經云司王朝明據此朝故鄭以路寢門外解之此即上文以美詔王之義也

掌國中失之事以教國子弟教之者使識舊事也中中禮者也失失禮者也故書。中爲。得杜子春云當爲得記君得失若春秋是也○中鄭丁仲反注中中禮者同杜音得疏掌國至子弟○釋曰以其師氏知德行識其善惡得失故掌國家中禮失禮之事以教國之子弟國之子

弟卽王大子已下言弟卽王庶子以其諸侯已下皆以適子入國學庶子不入
故知也○注教之至是也○釋曰云教之使識舊事也者卽中失之事是也云
中中禮也又引子春之義從古書中爲得。謂得禮者中與得俱合於義故兩從
之言若春秋者玉藻云動則左史書之言則右史書之是記君得失之事故云
若春秋也此春秋卽魯史是也謂記君之事也

凡國之貴遊子弟學焉 貴遊子弟王公之子弟遊無官司者杜子春云遊當爲猶言雖貴猶學 疏 凡國至學焉○釋曰言凡國之貴遊子弟卽上國之子弟言。遊者以其未仕而在學遊暇習業○注貴遊至猶學○釋曰云王公之子弟者此卽王制云王大子王子羣后之大子卿大夫元士之適子公卿三公羣后卿大夫元士之子略言之也云遊無官司者官司則事繁不得爲游故鄭以無官司解之鄭既以游爲無官司又引子春游當爲猶言雖貴猶學者亦義得兩通故引之在下也

凡祭祀賓客會同喪紀軍旅王舉則從 舉猶行也故書舉爲與杜子春云當爲與謂王與會同喪紀之事○從才用反與音預下同 疏 凡祭至則從○釋曰祭祀則郊廟及山川社稷總是也賓客謂諸侯及卿大夫來朝聘或在朝或在廟會同亦或在畿內或在畿外軍旅謂出畿外征伐王舉者舉行也此數事王行之時師氏則從以王所在皆須詔王以美道故也○注舉猶至之事○釋曰既訓舉爲行又引子春從故書爲與者亦義得兩通故亦引之在下也

聽治亦如之 謂王舉於野外以聽朝○治直吏反下同 疏 聽治亦如之○釋曰卽上數事王所在皆有朝以聽治之故從王亦如上虎門之左同故云亦如之

使其屬帥四夷之隸各以其兵服守王之門外且蹕 兵服旃布弓劍不同也門外中門之外蹕止行人不得迫王宮也故書隸或作肆鄭司農云讀爲隸○蹕音畢 疏 使其至且蹕○釋曰云使其屬者屬卽序官師氏中大夫之下有屬官上士二人并有府史胥徒之等使此人。帥四夷之隸若秋官蠻隸之等各使四夷隸以其本國之兵器及其服以守王之門外以衞王幷使蹕止行人故云且蹕也○注兵服至爲隸○釋曰云

兵服旃布及弓劍者東方南方其服布其兵劍西方北方其服旃其兵弓矢云門外中門之外者案閽人掌中門之禁則中門內也人不得入明在中門之外

朝在野外則守內列內列蕃營之在內者也其屬亦帥四夷之隸守之如守王宮疏朝在至內列○釋曰云朝在野外卽上文聽治是也○注內列至王宮○釋曰云內列蕃營之在內者言蕃營之在內謂若司戈盾云及舍設蕃盾者也案司隸職云守野舍之厲禁上文云使其屬帥四夷之隸則二處皆帥四夷隸守之故云其屬亦帥四夷之隸守之如守王宮也

保氏掌諫王惡諫者以禮義正之文王世子曰保也者愼其身以輔翼之而歸諸道者也疏保氏掌諫王惡○釋曰掌諫王惡者師氏掌三德三行以美道詔王保氏以師氏之德行審喩王王有惡則諫之故云掌諫王惡○注諫者至者也○釋曰云諫者以禮義正之者君臣主義故知諫者以禮義諫正王也引文王世子者彼亦是教世子法以教世子法保護王身同故引之以其保者是保安之義故使王謹愼其身而歸於道而養國子以道乃教之六藝一曰五禮二曰六樂三曰五射四曰五馭五曰六書六曰九數乃教之六儀一曰祭祀之容二曰賓客之容三曰朝廷之容四曰喪紀之容五曰軍旅之容六曰車馬之容養國子以道者以師氏之德行審諭之而後教之以藝儀也五禮吉凶賓軍嘉也六樂雲門大咸大韶大夏大濩大武也鄭司農云五射白矢參連剡注襄尺井儀也五馭鳴和鸞逐水曲過君表舞交衢逐禽左六書象形會意轉注處事假借諧聲也九數方田粟米差分少廣商功均輸方程贏不足旁要今有重差夕桀句股也祭祀之容穆穆皇皇賓客之容嚴恪矜莊朝廷之容濟濟蹌蹌喪紀之容涕涕翔翔軍旅之容闞闞仰仰車馬之容顛顛堂堂玄謂祭祀之容齊齊皇皇賓客之容穆穆皇皇朝廷之容濟濟翔翔喪紀之容纍纍顛顛軍旅之容暨暨詻詻車

馬之容匪匪翼翼○馭音御德行下孟反下文及注同剡羊甚反注之樹反下同襄音讓本作讓諸○音非差初佳反又初宜反下同重直龍反夕桀音的沈祥易反此二字非鄭注嚴如字又音儼濟子禮反蹌七良反闞呼檻反仰本又作卬五剛反濟皇上子禮反又音齊下于況反又音往彙顛上律悲反下音田又如字暨其器反詻五格反匪芳非反

疏而養至教之○釋曰此道即上師氏三德三行故鄭云以師氏之德行審喻之乃教之六藝已下此乃保氏所專教也○注養國至翼翼○釋曰案文王世子云大傅審父子君臣之道以示之少傅奉世子以觀大傅之德行而審喻之師也者教之以事而喻諸德者也保也者慎其身以輔翼之而歸諸道者也不云保氏以師氏之德行審喻之者鄭以義約之少傅既以大傅之德審喻之明保氏亦以師氏之德行審喻之可知故鄭言之耳云五禮吉凶賓軍嘉大宗伯文六樂雲門已下大司樂文先鄭云五射白矢已下無正文或先鄭別有所見或以義而言之云白矢者矢在侯而貫侯過見其鏃白云參連者前放一矢後三矢連續而去也云剡注者謂羽頭高鏃低而去剡剡然云襄尺者臣與君射不與君並立襄君一尺而退云井儀者四矢貫侯如井之容儀也云五馭者馭車有五種云鳴和鸞者和在式鸞在衡案韓詩云升車則馬動馬動則鸞鳴鸞鳴則和應先鄭依此而言云逐水曲者無正文先鄭以意而言謂御車隨逐水勢之屈曲而不墜水也云過君表者謂若毛傳云褐纏旃以爲門裘纏質以爲槸間容握驅而入。擊則不得入穀梁亦云艾蘭以爲防置旃以爲轅門以葛覆質以爲槷流旁握御。擊者不得入是其過君表即褐纏旃是也云舞交衢者衢道也謂御車在交道車旋應於舞節云逐禽左者謂御驅逆之車逆驅禽獸使左當人君以射之人君自左射故毛傳云故自左膘而射之達于右腢爲上殺又禮記云佐車止則百姓田獵是也云六書象形之等皆依許氏說文云象形者日月之類是也象日月形體而爲之云會意者武信之類是也人言爲信止戈爲武會合人意故云會意也云轉注者考老之類是也。類一首文意相受左右相注故名轉注云處事者上下之類是也人在一上爲上人在一下爲下各有其處事得其宜故名處事也云假借

者令長之類是也一字兩用故名假借也六曰云諧聲者卽形聲一也江河之
類是也皆以水爲形以工可爲聲但書有六體形聲實多若江河之類是左形
右聲鳩鴿之類是右形左聲草藻之類是上形下聲婆娑之類是上聲下形圃
國之類是外形內聲。闕闠衡銜之類是外聲內形此聲形之等有六也依鄭義
案孝經緯援神契三皇無文則五帝已下始有文字故說者多以蒼頡爲黃帝
史而造文字起在黃帝於後滋益而多者也云九數者方田。已下皆依九章算
術而言云令有重差夕桀句股也者此漢法增之馬氏注以爲今有重差夕桀
夕桀亦是算術之名與鄭異案今九章以句股替旁要則旁要句股之類也云
祭祀之容穆穆皇皇至堂堂者皆是先鄭以意所釋不依經典故後鄭不從後
鄭云祭祀之容齊齊皇皇賓客之容穆穆皇皇朝廷之容濟濟翔翔已上皆禮
記少儀文喪紀之容纍纍顛顛軍旅之容暨暨詻詻禮記玉藻之文凡祭祀賓
車馬之容匪匪翼翼亦少儀文故鄭少儀注還引此六儀以證彼也

客會同喪紀軍旅王舉則從聽治亦如之使其屬守王闈闈宮中之巷門○闈音韋疏凡祭至王
闈○釋曰言亦如之已上與師氏同從王之事其屬守
王闈者亦謂在國其師氏守中門外此保氏守王闈門

司諫掌糾萬民之德而勸之朋友正其行而強之道藝巡問而觀察之以時書
其德行道藝辨。其能而可任於國事者朋友相切磋以善道也強猶勸也學記
曰強而弗抑則易巡問行問民間也可
任於國事任吏職○强其丈反注同易以豉反疏司諫至事者○釋曰以時書其德行道藝者此萬民
時所習卽大司徒所云以鄉三物教萬民一曰六德
知仁聖義忠和二曰六行孝友睦婣任恤此德行也彼又云三曰六藝禮樂射
御書數卽此道藝也云辨其能而可任於國事者案鄉大夫職云與賢者能者
賢謂德行能謂道藝彼則賢能俱與此直云辨其能可任於國事不言賢者旣
。辨其能則賢者自然亦。辨而舉之可知也○注朋友至吏職○釋曰案鄭注論

語同門曰朋同志曰友則彼其共在學者切磋以道義此勸萬民爲友朋則若孟子所云守望相助出入相友者同故鄭云切磋以善道也云任吏職者案鄉大夫所舉者謂鄉民之有德行道藝云辨其能爲吏職者亦謂以人治之若然任吏職者謂使爲比長閭胥族師之類是也

以攷鄉里之治以詔廢置以行赦宥因巡問勸強萬民而考鄉里吏民罪過以告王所當罪不〇行下孟反注同

疏注因巡至罪不〇釋曰司諫考鄉里之治者由上文巡問即察官民善不也云而考鄉里吏民罪過者以巡問觀察萬民則知吏之治不故鄭兼吏民總言之

司救掌萬民之衺惡過失而誅讓之以禮防禁而救之。衺惡謂侮慢長老語言無忌而未麗於罪者過失亦由衺惡酗醟好訟若抽拔兵器誤以行傷害人麗於罪者誅誅責也古者重刑且責怒之未即罪也〇救如字劉音拘衺似嗟反注作邪同酗況付反醟音詠好訟呼報反

疏司救至救之〇釋曰云掌萬民之衺惡過失而誅讓之者此經與下文二經爲總目也則云衺惡謂坐嘉石之罷民不入圜土者過失謂不坐嘉石入圜土者也云而誅讓之者即下二文三讓是也云以禮防禁而救之者此衺惡及過失皆去冠飾其過失者又使入圜土耳云救之者皆使困苦而令改惡從善是救之也〇注衺惡至罪也〇釋曰衺惡云未麗於罪者謂未附於圜土之罪也云酗醟者孔注尚書曰以酒爲凶曰酗此據字酒旁爲凶是因酒爲凶者也若然醟者榮下作酉小人飲酒一醉日富亦因酒爲榮俱是酒之省水之字也云麗於罪者謂附圜土罪者也云古者重刑且責怒之未即罪也者鄭云古者重刑者據周時爲古云責解經誅怒之解經罰也云未即罪者各有所對此圜土對五刑之刑人則是未即罪也以其未入五刑之罪且役之耳鄉必知過失亦由衺惡者司寇職云以嘉石平罷民又云圜土收教罷民二者同名罷民以其爲惡大者皆因小以致大故知過失之重亦因衺惡之輕也

凡民之有衺惡者三讓而罰三罰而士加明刑恥諸嘉石役諸司空罰謂撻擊之也

加明刑者去其冠飾而書其衺惡之狀著之背也嘉石朝士所掌在外朝之門左使坐焉以恥辱之既而役諸司空使事官。之。作也坐役之數存於司寇○去起呂反著直略反一音丁略反疏凡民至司空○釋曰此一經論衺惡嘉石之罷民也云三讓而罰者凡欲治罰人者皆先以言語責讓之乃行治罰云三罰而士加明刑三罰既訖乃送司寇使朝士於外朝坐嘉石恥之也云役諸司空者坐訖乃送司空使役之也○注罰謂至司寇○釋曰云加明刑者去其冠飾者案司圜云凡害人者弗使冠飾彼據過失入圜土者但冠尊不居肉袒之體豈嘉石之罷民而著冠乎明其去冠飾也知書其罪。狀以其稱明刑既不虧體明知書其罪狀著於背爲明刑也云嘉石朝士至外朝之門左並朝士職文故彼云左嘉石平罷民也云役諸司空使事官作之也者以其司空主事故也云坐役之數存於司寇者司寇云重罪旬有三日坐朞役其次九日坐九月役其次七日坐七月役其次五日坐五月役其下罪三日坐三月役是其坐役之數也

其有過失者三讓而罰三罰而歸於。圜土圜土獄城也過失近罪。晝日任之以事而收之夜藏於獄亦如明刑以恥之不使坐嘉石其罪已著未忍刑之○近附近之近疏其有至圜土○釋曰此經論圜土之刑人云三讓而罰者亦如上三度責讓乃治罰之三罰訖乃歸與司寇使納之圜土也○注圜土至刑之○釋曰云過失近罪者謂對衺惡未近罪此圜土之刑人近五刑之罪故入圜土也云晝日任之以事者亦使司空使之云收之者以其罪重使人收斂之不使漫游云夜藏於獄者此與嘉石者異云亦加明刑者亦如嘉石以書其罪狀著於背以恥之云不使坐嘉石其罪已著者彼坐嘉石者罪輕未著須坐嘉石使衆人知之此等罪重已著不須坐嘉石也云未忍刑之者比五刑之罪又輕故未忍刑之也

凡歲時有天患民病則以節巡國中及郊野而以王命施惠天患謂烖害也節旗節也施惠賙。恤之疏注天患至恤之○釋曰天患謂烖害也者謂天與人物爲烖害謂水旱之烖及疫病之害也知節是旌節者道路用旌節此經巡國及郊野是道路之事故知旌節

也

調人掌司萬民之難而諧和之難相與爲仇雠諧猶調也疏調人至和之○釋曰此一經與下經爲總目言萬民之難卽下經凡和難已下是也○注難相與爲仇雠○釋曰言仇雠者案左氏桓公傳云怨耦曰仇則仇是怨也雠謂報也卽下文父之雠已下皆是怨當報之故云仇雠也

凡過而殺傷人者以民成之過無本意也成平也鄭司農云以民成之謂立證佐成其罪也一說以鄉里之民共和解之春秋傳曰惠伯成之之屬疏凡過至成之○釋曰此謂非故心是過誤攻殺或傷於人者成平也既非故心故共鄉里之民共和解之○注過無至之屬○釋曰先鄭雖爲兩說後鄭以後說爲是故下注云上說立證佐成其罪似非也此過失卽司刺云再宥曰過失是也引春秋者左氏文七年傳云魯穆伯娶於莒曰戴已其娣聲已戴已卒又聘於莒莒人以聲已辭則爲襄仲聘焉又云且爲仲迎及鄢陵登城見之美自爲娶之仲請攻之公將許之叔仲惠伯諫曰臣聞兵作於內爲亂於外爲寇寇猶及人亂自及也今臣作亂而君不禁以啓寇雠若之何公止之惠伯成之注云平二子使仲舍之公孫敖反之復爲兄弟如初是其事也

鳥獸亦如之過失殺傷人之畜產者○畜許又反疏鳥獸亦如之○釋曰亦謂過誤殺傷人之鳥獸若鷹隼牛馬之屬亦以民平和之案今殺傷人牛馬之等償其價直耳和之使辟於此不得就而仇之

凡和難父之雠辟諸海外兄弟之雠辟諸千里之外從父兄弟之雠不同國君之雠眡父師長之雠眡兄弟主友之雠眡從父兄弟和之使辟於此不得就而仇之九夷八蠻六戎五狄謂之四海主大夫君也春秋傳曰晉荀偃卒而視不可含宣子盥而撫之曰事吳敢不如事主○辟音避下同從才用反眡音視盥音管疏凡和至兄弟○釋曰云父之雠辟諸海外已下皆是殺人之賊王法所當討卽合殺之但未殺

之間讎。以會赦猶當使離鄉辟讎也是以父之讎辟之海外兄弟之讎辟諸千里之外從父兄弟之讎不同國別國即得云君之讎眡父者謂同國之人殺君眡猶比父。亦辟之海外云師長之讎眡兄弟者師長謂見受業師與兄弟同云主友之讎眡從父兄弟者注云主大夫君也此經略言其不言者皆以服約之伯叔父母姑姊妹女子子在室及兄弟子衆子一與兄弟同其祖父母曾祖父母高祖父母其孫承後皆斬衰皆與父同其不承後者祖與伯叔同曾祖高祖齊衰三月皆與從父兄弟同以其同繼履故也自外不見者據服爲斷也其兄弟及從父兄弟師長主友皆爲無子復無親於己者故據己親疎爲遠近若有子及親於己則自從親爲斷之○注和之至事主○釋曰云和之使辟於此者此謂海外千里外之等云九夷之等據職方明堂位而言案漢時徐州刺史荀文若問玄周禮父之讎辟之海外今青州人讎在遼東可以王法縱不討乎當問之時玄已年老昏。耄意忘九夷八蠻六戎五狄謂之四海然則周禮在四海之外釋之如是亦是遠矣近則青州遼東作難未達周公聖意所趣若文若之難海水爲四海故今。辨之然讎近東夷之人當辟之西戎餘皆放此引春秋者襄十八年左氏晉荀偃伐齊十九年反荀偃癉疽生瘍於頭濟河及著雍病目出士匄請見不納請後曰鄭甥可甲寅卒而視不可含宣子盥而撫之曰事吳敢不如事主是也趙商問調人職稱父之讎辟諸海外君亦然注使辟於此不得就而讎之主商以春秋之義子不復讎非子臣不討賊非臣楚勝之徒猶言鄭人在此讎不遠矣不可以見讎而不討於是伐之臣感君恩孝子思其親不得不報和之讎而已子夏曰居父母之仇如之何孔子曰寢苦枕干不仕不與共天下遇諸市朝不反兵天下尚不反兵海內何爲和之豈宜不達二禮所趣小子曰惑少蒙解說鄭答曰讎在九夷之東八蠻之南六戎之西五狄之北雖有至孝之心能往討不乎子之所云偏於此義案楚勝平王之孫子木之子平王爲子木聘女於秦而自納之子木奔鄭子木爲鄭人殺之案哀十六年云子木其子勝在吳子西召之使處境爲白公請伐鄭子西曰楚未節也不然吾不忘也他日又請許之未起師晉人伐鄭楚救之與盟勝怒曰鄭人在此讎不遠矣又云秋七月殺子西子期于朝是其事也若然鄭云雖有至孝之心能往討之不乎者欲明孝子雖會赦恆有復讎之心故。逆之海外使絕忠臣孝子心使無往之
緣其孔子云寢苫枕干不仕者可通之會赦之後恆然其君亦然恐來入中國則殺之也復讎之法依異義古周禮說復讎可盡五世五世之內五世之外施
之於己則無義施之於彼則無罪所復者惟謂殺者之身乃在被殺者子孫可盡五世得復之鄭從之也弗辟則與之瑞節而以執
之瑞節玉節之。剡。圭也和之而不肯辟者是從王命也王以剡圭使調人執之治其罪不疏弗辟至執之○釋曰此經使辟者其人戀鄉不肯辟是違
王命之大則在上與調人瑞節執而付秋官與之罪也○注瑞節至其罪○釋曰鄭知瑞節是。玉圭者案典瑞云玉圭以和難故知是玉圭也鄭又知使調人
執瑞節不使死家執之者此王法。知瑞之明使調人之官執之也凡殺人有反殺者使邦國交讎之反復也復殺之者此欲除
害弱敵也邦國交讎之明不和諸侯得者即誅之鄭司農云有反殺者謂重殺也○重直用反疏凡殺至讎之○釋曰云有反殺者反復也謂既殺一人其
有子弟復殺之恐後與己爲敵而害己故鄭云欲除害弱敵也云邦國交讎之者其殺人者或逃向鄰國所之之國得則讎之故云邦國交讎之也凡殺
人而義者不同國令勿讎讎之則死義宜也謂父母兄弟師長嘗辱焉而殺之者如是爲得其宜雖所殺者人之父兄不
得讎也使之不同國而已疏注義宜至而已○釋曰論語云見義不爲無勇也彼義則此有義者也故云義宜也謂父母兄弟師長三者嘗辱焉子弟及弟
子則得殺之是得其宜也云雖所殺者人之父兄不得讎也者直言父兄不言子弟略之也古者質故三者被辱即得殺之也凡有鬬怒者成
之不可成者則書之先動者誅之鬬怒辨訟者也不可成不可平也書之記其姓名。辨本也鄭司農云成之謂和之也和之
猶。令二千石以令解仇怨後復相報移徙之此其類也玄謂上言立證佐成其罪似非○復扶又反下不復聽同疏凡有至誅之○釋曰言鬬怒則是言

語忿爭未至毆擊故成之若相毆擊則當罪之也故鄭云鬭怒謂辨訟也○注玄謂至似非○釋曰云上言立證者卽經云過而殺傷人者以民成之司農於
彼注兩解之初解成謂立證佐成其罪復一解成爲和平之義此注先鄭復云成之謂和之以和解成則上文云立證佐成其罪似非取以破前也

媒氏掌萬民之判判半也得耦爲合主合其半成夫婦也喪服傳曰夫妻判合鄭司農云主萬民之判合疏注判半至判合○釋曰云
得耦爲合者始雖以萬民爲主上至天子皆得耦爲合主於萬民而言但士以上兼妾媵爲異耳引喪服傳者證判爲合義

凡男女自成名以上皆書年月日名焉鄭司農云成名謂子生三月父名之○上時掌反疏凡男至名焉○釋曰此經論媒氏之官合男女必先
知男女年幾故萬民之男女自三月父名之以後皆書年月日及名以送與媒氏媒氏官得之以勸男三十女二十配成夫婦也○注成名至名之○釋曰子
生三月父名之禮記內則文案內則三月之末父執子右手孩而名之又云夫告宰名宰辨告諸男名書曰某年某月某日某生而藏之注引桓六年九月丁
卯子同生是也

令男三十而娶女二十而嫁二三者天地相。承覆之數也易曰參天兩地而。奇數焉○奇於豈反本或作倚音同
疏注二三至數焉○釋曰云二三者天地相承覆之數也者比二十女三十男法天地相承覆之數也云易曰參天兩地而奇數焉者案易繫辭云天一地
二天三地四天五地六是就奇數之中天三度生地二度生象天三覆地二故云天地相承覆之數也

凡娶判妻入子者皆書之書之者以別未成昬禮者鄭司農云入子者謂嫁女者也玄謂言入子者容媵姪娣不。聘之者○別彼列反下同疏凡娶至書之○釋曰云凡者以其此
經總說天子已下娶妻及媵之事故云凡以廣之○注書之至之者○釋曰媒氏以男女既有未成昬之。籍書其已成昬者以別未昬以待後昬也先鄭云入
子者謂嫁女後鄭不從者經判妻已是嫁女後更言入子明非嫁女也故後鄭云玄謂言入子者容媵姪娣不聘之者也案成公九年春二月伯姬歸于宋夏

晉人來媵是媵也姪娣而書者謂待年於父母者也隱二年冬伯姬歸于紀七年春三月叔姬歸于紀何休云叔姬者伯姬之媵也至是乃歸者待年父母國也婦人八歲備數十五從嫡二十承事君子媵賤書者後爲嫡終有賢行鄭君或與何休異如是言娶判妻姪娣後去者則存焉故入子謂媵與姪娣後去者也案昏禮云雖無娣媵先則媵與姪娣一也此鄭云媵姪娣不止是一者既言媵又云姪娣故知別且媵與姪娣相對則姪娣無媵稱故莊公十九年秋公子結媵陳人之婦于鄄公羊云媵者何諸侯娶一國則二國往媵之以姪娣從是其義也媒人氏掌萬民之判得有媵與姪娣者庶人或無妾亦容有者且媒氏所掌雖以萬民爲主亦容有尊者娶法故鄭云容媵姪娣不聘也知不聘者見內則云聘則爲妻奔則爲妾故也王肅曰周官云令男三十而娶女二十嫁謂男女之限嫁娶不得過此也三十之男二十之女不待禮而行之所奔者不禁娶何三十之限前賢有言丈夫二十不敢不有室女子十五不敢不有其家家語魯哀公問於孔子男子十六精通女子十四而化是則可以生民矣聞禮男三十而有室女二十而有夫豈不晚哉孔子曰夫禮言其極亦不是過男子二十而冠有爲人父之端女子十五許嫁有適人之道於此以往則自昏矣然則三十之男二十之女。中。春。之。月者所謂言其極法耳昭曰禮記本命曰。中男三十而娶女二十而嫁合於中節大古男五十而有室女三十而嫁尚書大傳曰孔子曰男三十而娶女二十而嫁通於織紝紡績之事黼黻文章之美不若是則上無以孝於舅姑而下無以事夫養子穀梁傳曰男子二十而冠冠而列丈夫三十而娶尹更始云男三十而娶女十五許嫁笄二十而嫁曲禮三十曰壯有室盧氏云三十盛壯可以娶女內則三十而有室始理男事女子十五笄二十而嫁有故二十三而嫁經有夫。婦之長殤舊說三十而娶而有夫。婦長殤者何關盛衰一說關畏厭溺而傷之盧氏以爲衰世之禮也張融從鄭及諸家說又春秋外傳越王勾踐蕃育人民以速報吳故男二十而娶女子十七而嫁如是足明正禮男不二十娶女不十七嫁可知也

中春之月令會男女中春陰陽交以成昏禮順天時也

疏○中春至男女○釋曰王肅

論云吾幼爲鄭學之時爲謬言尋其義乃知古人可以於冬自馬氏以來乃因周官而有二月詩東門之楊其葉牂牂毛傳曰男女失時不逮秋冬三星參也十月而見東方時可以嫁娶又云時尚暇務須合昬因萬物閉藏於冬而用生育之時娶妻入室長養之母亦不失也孫卿曰霜降逆女冰泮殺止詩曰將子無怒秋以爲期韓詩傳亦曰古者霜降逆女冰泮殺止士如歸妻迨冰未泮爲此驗也而玄云歸使之來歸於己謂請期時來歸之言非請期之名也或曰親迎用昬而曰旭日始旦何用哉詩以鳴鴈之時納采以感時而親迎而周官中春令會男女之無夫家者於是時奔者不禁則昬姻之期非此日也孔子家語曰霜降而婦功成嫁娶者行焉冰泮而農業起昬禮殺於此又曰冬合男女秋班時位也詩曰有女懷春吉士誘之春日遲遲女心傷悲綢繆束芻三星在隅我行其野蔽芾其樗倉庚于飛熠燿其羽詩殷頌曰天命玄鳥降而生商月令仲春玄鳥至之日以大牢祠于高禖天子親往玄鳥生乳之月以爲嫁娶之候天子重之而祀焉凡此皆與仲春嫁娶爲候者也夏小正曰二月冠子嫁女娶妻之時秋以爲期此淫奔之詩夏小正曰二月綏多士女交昬於仲春易泰卦六五帝乙歸妹以祉元吉鄭說之五爻辰在卯春爲陽中萬物以生生育者嫁娶之貴仲春之月嫁娶男女之禮福祿大吉易之咸卦柔上剛下二氣感應以相與皆說男下女召南草蟲之詩夫人待禮隨從在塗見采蕨者以詩自興又云士如歸妻迨冰未泮舊詩云士如歸妻我尚及冰未定納其篇義云嫁娶以春陽氣始生萬物嫁娶亦爲生類故管子篇時令云春以令男女融謹案春秋魯送夫人嫁女四時通用無譏文然則孔子制素王之法以遺後世男女以及時盛年爲得不限以日月家語限以冬不附於春秋之正經如是則非孔子之言嫁娶也以仲春著在詩易夏小正之文且仲春爲有期之言秋冬春三時嫁娶何自違也家語冬合男女窮天數之語詩易禮傳所載咸泰歸妹之卦國風行露綢繆有女懷春倉庚于飛熠燿其羽春日遲遲樂與公子同歸之歌小雅我行其野蔽芾其樗之歎此春娶之證也禮諸侯越國娶女仲春及冰未散請期乃足容往反也秋如期往淫奔之女不能待年故設秋迎之期標有梅之詩

殷紂暴亂娶失其盛時之年習亂思治故戒文王能使男女得及其時陳晉棄周禮爲國亂悲傷故刺昏姻不及仲春玄說云嫁娶以仲春既有羣證故孔晁曰有女懷春毛云春不暇待秋春日遲遲女心傷悲謂蠶事始起感事而出蔽芾其樗喻愚惡夫熠燿其羽喻嫁娶之盛飾三星在隅孟冬之月參見東方舉正昏以刺時此雖用毛義未若鄭云用仲春爲正禮爲密也是以詩云匏有苦葉濟有深涉箋云匏葉苦而渡處深謂八月時陰陽交會始可以爲昏禮納采問名又云士如歸妻迨冰未泮箋云歸妻使之來歸於己謂請期冰未散正月中以前二月可以爲昏然則以二月爲得其實惟爲有故者得不用仲春

於是時也奔者不禁重天時權許之也

疏注重天至之也○釋曰云於是時謂是仲春時此月既是娶女之月若有父母不娶不嫁之者自相奔就亦不禁之但人而無禮胡不遄死以當禮乃可得爲配言奔者不禁者鄭云權許之其實非正禮也

若無故而不用令者罰之無故謂無喪禍之變也有喪禍者娶得用非中春之月雜記曰己雖小功既卒哭可以冠子娶妻○冠古喚反

疏注無故至娶妻○釋曰言令者即上中春之月令會男女男女有喪禍之故得不用中春令無故不用令則罪罰之也注引雜記者證喪禍之故於月數滿雖非中春可以嫁娶也云己雖小功者彼上文有父小功之末可以冠娶故云己雖小功也

司男女之無夫家者而會之司猶察也無夫家謂男女之鰥寡者

疏司男至會之○釋曰上文已云令會男女謂無夫家者也今又言司察男女無夫家○是嘗已有匹配故鄭云無夫家謂男女之鰥寡者也

凡嫁子娶妻入幣純帛無過五兩純實緇字也古緇以才爲聲納幣用緇婦人陰也凡於娶禮必用其類五兩十端也必言兩者欲得其配合之名十者象五行十日相成也士大夫乃以玄纁束帛天子加以穀圭諸侯加以大璋雜記曰納幣一束束五兩兩五尋然則每端二丈○純則其反依字從糸才

疏注純實至二丈○釋曰凡嫁子娶妻舍尊卑但云緇帛文主庶人耳注純實緇字也古緇以才爲聲者緇以絲爲形才爲聲故誤爲純字但古之緇

有二種其緇布之緇糸旁甾後不誤故禮有緇布冠緇布衣存古字若以絲帛之緇則糸旁才此字諸處不同絲理明者即破爲色此純帛。交祭義蠶事以爲純服。故論語云麻冕禮也今也純儉如此之類皆絲理自明即爲色解之昏禮云女次純衣鄭云純衣絲衣以昏禮直云純衣絲理不明故爲絲衣解之也云五兩十端者古者二端相向卷之共爲一兩五兩故十端也云十者象五行十日相成者左傳云天有六氣降生五行行各有二日東方木爲甲乙南方火爲丙丁中央土爲戊己西方金爲庚辛北方水爲壬癸是十日言相成者。木八爲金九妻火七爲水六妻土十爲木八妻金九爲火七妻水六爲土五妻所尅者爲妻是夫妻相成之數云士大夫乃以玄纁束帛者案士昏禮玄纁束帛大夫昏禮而有改娶者依。士禮用玄纁故云士大夫用玄纁云天子加以穀圭諸侯加以大璋者玉人文謂加於玄纁束帛之上以行禮引雜記者證五兩兩五尋四十尺之意云納幣一束束五兩兩五尋者尋八尺則一兩四十尺五兩四五二十總二百尺故鄭玄云然則每端二丈若餘行禮則用制幣丈八尺取儉易共此昏禮每端二丈取誠實之義故以二丈整數爲之也

禁遷葬者與嫁殤者遷葬謂生時非夫婦死既葬遷之使相從也殤十九以下未嫁而死者生不以禮相接死而合之是亦亂人倫者也鄭司農云嫁殤者謂嫁死人也今時娶會是也

疏禁遷至殤者○釋曰遷葬謂成人鰥寡生時非夫婦死乃嫁之嫁殤者生年十九已下而死死乃嫁之不言殤娶者舉女殤男可知也

凡男女之陰訟聽之于勝國之社其附于刑者歸之于士陰訟爭中冓之事以觸法者勝國亡國也亡國之社奄其上而棧其下使無所通就之以聽陰訟之情明不當宣露其罪不在赦宥者直歸士而刑之不復以聽士司寇之屬詩云牆有茨不可。埽也中冓之言不可道也所可道也言之醜也○冓古候反棧士板反劉才產反或士諫反茨音疾私反

疏注陰訟至醜也○釋曰云陰訟爭中冓之事者謂若詩之中冓以觸法也云勝國亡國也者此社有四名若此往勝得彼國將社來謂之勝國即此文是也若據彼國喪亡則謂之亡國之社引公羊傳

者是也。又名喪國之社，郊特牲云「喪國之社必屋之」是也。據其地則曰亳社，則左傳云「亳社裁」是也。故云勝國亡國也，故鄭引公羊傳云「勝國亡國也」。云「亡國之社」者，公羊傳文。云「奄其上」者，即郊特牲「屋之不受天陽」者是也。云「棧其下」者，謂於下著柴以棧之，使不通陰故也，故云使無所通也。云「就之以聽陰訟之情明不當宣露」者，以其勝國社上下不通，是不宣露，中冓之言亦不宣露，故就而聽之也。若然，案詩召伯聽男女之訟於小棠之下，不在勝國社者，彼謂周公未制禮前，此據制禮之後，故不同。云「其罪不在赦宥者直歸士而刑之不復以聽」，釋經附於刑者歸於士。若然，赦宥者媒氏聽之。云「士司寇之屬」者，案司寇有士師之等，屬司寇，故云之屬。是以鄭注詩亦云「士師所當審也」。○詩者，邶詩刺衛宣公之詩，引之者，證經所聽者是中冓之言也。

司市掌市之治教政刑量度禁令，量，豆區斗斛之屬。度，丈尺也。○治，直吏反，下及大治小治同。區，爲候反。

疏「司市至禁令」○釋曰：此經與下文爲總目。云「掌市之治」者，下文云聽大治小治是也。教即此下文以次敘分地之等，謂教之處置貨物是也。政者，即下文云以政令禁物靡等是也。刑者，即下文云以刑罰禁虣是也。量度即下文云以量度成賈是也。禁令者，即下文云以賈民禁僞是也。○注「量豆至尺也」○釋曰：「豆區斗斛之屬」者，豆區即昭三年晏子云「齊舊四量，豆區釜鍾」是也。云斗斛，即律曆志云「籥合升斗斛」是也。此不言釜鍾與籥升者，之屬中兼之也。

以次敘分地而經市，次，謂吏所治舍，思次、介次也，若今市亭然。敘，肆行列也。經，界也。○行，戶剛反，下行列同。

疏「以次至經市」○釋曰：司市之官以次敘二事分地而置之，而以經界其市，使各有處所，不相雜亂也。○注「次謂至界也」○釋曰：云「次謂吏所治舍」者，吏即下文司市、賈師治思次、介次者是也。云「若今市亭然」者，舉漢法而言。云「敘肆行列也」者，以其言敘即行肆之列，故爲行列解之。案內宰職云「設其次，置其敘，正其肆」，注云「次，思次；敘，介次」，不爲行列，與此注違者，彼云次與敘，下更云正其肆，則肆爲行列，故分次爲思次，以敘爲介次也。此文不具，直有次敘，無言正其肆，故幷思次同名爲次，敘爲行列，此鄭望文爲義，故注

不同

以陳肆辨物而平市陳猶列也辨物物異肆也肆異則市平

疏以陳至平市○釋曰陳列也謂行列其廛肆而辨其物物異則市賈平故云平市也

以政令禁物靡而均市物靡者易售而無用禁之則市均鄭司農云靡謂侈靡也○易以豉反下之易同售受又反

疏釋曰司市出政令而禁其物貨細靡者但物貨細靡人買之者多貴而無用令使麤物買之者少而賤使市賈不平令禁之則市物均平故云均市也

以商賈阜貨而行布通物曰商居賣物曰賈阜猶盛也鄭司農云布謂泉也○賈音古注曰賈下商賈賈師皆同

疏以商至行布○釋曰鄭知通物曰商者易云至日閉關商旅不行除至之日商旅則行故鄭注大宰云行曰商行商則是通物者也鄭知居賣物曰賈者商既通物明賈則在市而居賣物者也故鄭注大宰云處曰賈也由此二等商賈或通貨或在市賣之故貨賄阜盛而布泉得行故云阜貨而行布也

以量度成賈而徵儥徵召也儥買也物有定賈則買者來也○成賈音嫁注下不音者皆同聶氏及沈云成賈定賈買鬻物賈其賈平大賈小賈賈賤恆賈而故賈凡十二音嫁餘音古儥劉音育聶氏音笛字林他竺反

疏以量至徵儥○釋曰量以量穀粱之等度以度布絹之等成定也二物以量量度以定物賈徵召也儥買之物賈定則召買者來故云徵儥也○注徵召也儥買也物有定賈則買者來也○釋曰知儥為買者以言徵召買者故以儥為買此字所訓不定案下文所云賣儥者鄭注貴賣之鄭亦望文為義故注不同也

以質劑結信而止訟質劑謂兩書一札而別之也若今下手書言保物要還矣鄭司農云質劑月平○劑子隨反平皮命反下月平同

疏以質至止訟○釋曰質劑謂券書恐民失信有所違負故為券書結之使有信也民之獄訟本由無信既結信則無訟故云止訟也○注質劑至月平○釋曰下質人云大市以質小市以劑故知質劑是券書是以鄭云兩書一札而別之古者未有紙故以札書小宰職注云兩書一札同而別之此不云同明亦有同義也鄭云若今下手書者漢時下手書即今畫指券與古質劑同也先鄭云質劑月平小

宰先鄭注亦如此解以爲月平若今之市估文書亦得爲一義故後鄭每引之在下也以賈。民禁僞而除詐賈民胥師賈師之屬必以賈民爲之者知物之情僞與實詐〇賈民劉音嫁聶沈音古注賈民同〇疏以賈至除詐〇釋曰司市之官用賈民知物眞僞者使禁物之僞而除去人之詐虛也〇注賈民至實詐〇釋曰知賈民是胥師賈師之屬者案下胥師職云察其詐僞飾行儥慝者而誅罰之故知此賈民禁僞是胥師賈師之屬謂屬胥師賈師受其役使也云知物之情僞與實詐者直依經解之情則眞也情僞既據物而言則言實詐據人而說也以刑罰禁虣而去盜刑罰憲。徇。扑〇虣薄報反去起呂反扑普卜反下文同疏以刑至去盜〇釋曰刑期於無刑以殺止殺故以刑罰禁虣亂之人又去其相盜竊也〇注刑罰憲徇扑〇釋曰知刑罰是憲徇扑者司市所施惟施於市中者故下云小刑憲罰中刑徇罰大刑扑罰其附於刑者歸於士故知惟有此三者也以泉府同貨而斂賒。同共也同者謂民貨不售則爲斂而買之民無貨則賒。貫而予之〇賒。傷蛇反共如字爲于僞反下爲民同貫音世貸也劉傷夜反一時夜反疏以泉至斂賒。〇釋曰下文有泉府職掌。於市之。罰布之等藏之今司市之官以泉府所藏之布物與民同行其貨而民無財者。賒而予之後斂取其直故云同貨而斂賒。也〇註同共至予之〇釋曰云同者謂民貨不售則爲斂而買之者民賣物不售則以泉府之物買取之釋經同貨也民無貨則。賒貫而予之者此謂所買得之物民有急須而無貨者則貫。予之有時斂取其直釋經斂。賒也但。賒貫二字通用也大市日昃。而市百族爲主朝市朝時而市商賈爲主夕市夕時而市販夫販婦爲主日昃。昳中也市雜聚之處言主者謂其多者也百族必容來去商賈家於市城販夫販婦朝資夕賣因其便而分爲三時之市所以了物極衆鄭司農云百族百姓也〇昃音側本又作昃販方萬反便皮面反疏大市至爲主〇釋曰案下文市朝一夫各方百步就百步而分爲三時之市恐不可若然則一夫者據市亭置次與敘司市及賈師胥師聽事之處取其列行肆之處則居地多矣今經有三時之市不一先言朝市夕市而先言日。昃者據向市人多而稱大市故先言之此三市皆於一院內爲之大市於中朝市於東偏夕市於西偏郊特牲所云是也○注日昃至姓也○釋曰云日昃昳中也者昃者傾側之義昳者差昳之言故以昳解昃也是以尚書無逸云文王至於日中昃不遑暇食是中後稱昃也云市雜聚之處言主者謂多者也者謂言百族爲主則兼有商賈販夫販婦云商賈爲主則兼有百族販夫販婦云販夫販婦爲主則兼有百族與商賈也云百族必容來去者百族或在城。內或在城外者容其來往故於日昃以後主之云商賈家於市城者行曰商居曰賈卽賈家於市今弁言者其商雖行通物亦容於市也云朝資夕賣者資若冬資。綿夏資。絺之類則資者朝買資之至夕乃賣故以資言之云所以了物極衆者以分爲三市者欲了其所賣之物極盡其衆也先鄭云百族百姓也者欲見此百。姓異於秋官司寇戒於百族彼百族是府史以下此據市人稱百族明據天下百姓亦非百官百姓對則正姓與氏族異通而言之氏族則庶姓故以百姓爲百族

凡市入則胥執鞭度守門市之羣吏平肆展成奠賈上旌于思次以令市市師涖焉而聽大治大訟胥師賈師涖于介次而聽小治小訟

凡市入謂三時之市市者入也胥守門察僞詐也必執鞭度以威正人衆也度謂殳也因刻丈尺耳羣吏胥師以下也平肆平賣物者之行列使之正也展之言整也成平也會平成市物者也奠讀爲定。整。勑會者使定物賈防誑豫也上旌者以爲衆望也見旌則知當市也思次若今市亭也市師司市也介次市亭之屬別小者也故書涖作立杜子春云奠當爲定鄭司農云思辭也次市中候樓也立當爲涖涖視也玄謂思當爲司字聲之誤也○奠音定又田見反上時掌反注同殳音殊誑九況反

【疏】注凡市至誤也○釋曰鄭知凡市入是上三時之市者以其言凡明總三時之市云胥守門察僞詐也者以其執度之故也云必執鞭度以威正人衆也者鞭以威人衆度以正人衆故弁言之也云度謂殳也者案下

文廬人云轂兵同强注云改句言轂容夊無乃此文鞭度連言則一物以爲二用若以繫鞘於上則爲鞭以長丈二因。剋丈尺則爲度知羣吏胥師以下者見下司稽職云執鞭度而巡其前此亦執鞭度故知是胥師以下敘官云胥師二十肆則一人胥二肆則一人鄭云此胥師領羣胥則胥師已下非直巡行肆亦更來守門故鄭總云胥師以下知平肆是平賣物者之行列使之正者以是經直云平肆肆是行列恐其行肆不正以正之也云物展之言整也成平也會平成市物者也云奠讀爲定者鄭以爲平成市整。敕會者使定物價恐有豫爲誑欺故云防誑豫先鄭云思辭也後鄭以爲思則司字聲之誤也者下云介次不爲辭明思不得爲辭直是思司聲同故誤爲思也此思司聲同不得爲字誤今有本云字聲之誤兼有字者讀當云思當爲司字字絕讀之乃合義也

凡萬民之期于市者辟布者量度者刑戮者各於其地之敘期謂欲賣買期決於市也量度者若今處斗斛及丈尺也故書辟爲辭鄭司農云辭布辭訟泉物者也玄謂辟布市之羣吏考實諸泉入及有遺忘

疏凡萬至之敘○釋曰云凡萬民之期于市有此已下三事有辟布者度量者刑戮者各於其地之敘則諸物行肆之所也○注期謂至遺志○釋曰云期決於市也者謂人各自爲期限使了市事於市也云若今處斗斛及丈尺者謂斗斛處置於米粟之肆處置丈尺於絹布之肆案前注量豆區斗斛此中不云豆區前注廣解量名此略云市所用故注不同案律曆志度量衡皆起於黃鍾之律故彼云以子穀秬黍中者一黍一分九十黍黃鍾之長則一黍爲一分十黍爲寸十寸爲尺十尺爲丈十丈爲引五度審矣又云子穀秬黍中者千二百黍其實一籥十籥爲合十合爲升十升爲斗十斗爲斛五量審矣先鄭從故書辟爲辭訟之布後鄭不從而爲羣吏考實諸泉入者若辭訟之布當歸其本主何得各。有地之敘乎明不得爲辭訟之布也云考實諸泉入者辟法也謂民將物來於肆賣者肆長各考量物數得實稅入於市之泉府知民將物來於市有稅者案下文云國凶荒市無征明不凶荒有征矣其實者則宜置於地之敘欺者沒入官是其法也云及有遺忘者謂羣吏考實泉之

處有遺忘者便歸令本主識認之下文得貨賄六畜之等是依列肆失者與此文別也凡得貨賄六畜者亦如之三日而

舉之得遺物者亦使置其地貨於貨之肆馬於馬之肆則主求之易也三日而無識認者舉之沒入官【疏】凡得至舉之○釋曰此謂在列肆遺忘闌

失者吏各歸本肆吏主識認取之凡治市之貨賄六畜珍異亡者使有利者使阜害者使亡靡

者使微利利於民謂物實厚者害害於民謂物行苦者使有使阜起其賈以徵之也使亡使微抑其賈以卻之也侈靡細好使富民好奢微之而已鄭

司農云亡者使有無此物則開利其道使之有○物行遐孟反又如字聶胡剛反苦音古卻起略反好呼報反【疏】注利利至之有○釋曰云使有使阜者總

釋經亡者利者云起其賈者謂增起其賈引物自然來故使有使阜盛也云微之而已謂少抑其賈使微少不絕而已先鄭云亡者使有無此物則開利其道

使之有與後鄭起其賈義異引之者義得兩通故後鄭亦從之也凡通貨賄以璽節出入之璽節印章如今斗檢封矣使人執之

以通商以出貨賄者王之司市也以內貨賄者邦國之司市也【疏】凡通至入之○釋曰金玉曰貨布帛曰賄其璽節餘物亦通而直云通貨賄者以物之貴

及民之所用多者莫過貨賄故舉以言之無妨餘物亦通之○注璽節至市也○釋曰云璽節印章如金斗檢封矣者案漢法斗檢封其刑方上有封檢其內

有書則周時印章上書其物識事而已云使人執之以通商者以其商旅主通貨賄故知執璽節者是通商也云出貨賄者王之司市也者以其商旅買貨賄

於市以出向邦國故知是王之司市給璽節也云內貨賄者邦國之司市也者以其貨賄從邦國來當入王畿故知還是邦國之司市給璽節也此經直云入

之鄭雖云內貨賄者邦國之司市亦容有從畿內入市者故下掌節云貨賄用璽節鄭云變司市言貨賄者貨賄非必由市或資於民家若然商資於民家得

出向邦國若資於民家亦容入來向王市賣之則璽節受之於門關矣國凶荒札喪則市無征而作布有災害物貴市不稅

金銅無凶年因物貴大鑄泉以饒民爲民乏困也【疏】國凶至作布○釋曰凶荒謂年穀不熟札謂疫病喪謂死喪恤其乏困故市無征也○注金銅無年○釋曰以其凶年穀則貴金銅凶年亦賤故云無凶年是以諺云豐年粟儉年玉因云物貴者其物止謂米穀餘物並賤也

凡市僞飾之禁在民者十有二在商者十有二在賈者十有二在工者十有二鄭司農云所以俱十有二者工不得作賈不得粥商不得資民不得畜玄謂王制曰用器不中度不粥於市兵車不中度不粥於市布帛精麤不中數幅廣狹不中量不粥於市姦色亂正色不粥於市五穀不時果實未熟不粥於市木不中伐不粥於市禽獸魚鼈不中殺不粥於市亦其類也於四十八則未聞數十二焉○賈音古注同粥音育下同中丁仲反下同狹音洽數色主反【疏】凡市至有二○釋曰云凡僞飾之禁此與在民以下爲總目故云凡以廣之○注鄭司至二焉○釋曰先鄭云所以俱十有二者工不得作以下云云謂民與商賈及工四者皆同十二云工不得作者工匠主營作故云不得作云賈不得粥者以其處曰賈賈主賣粥故云不得粥云商不得資者商主通貨賄貨賄皆當豫資貯故云不得資云民不得畜者萬民非作非粥非資故以畜聚而言也玄謂王制曰用器不中度不粥於市者案彼鄭注云用器弓矢耒耜耒耜長六尺弓長六尺六寸之等矢長三尺之類皆有長短度數也云兵車不中度不粥於市者案考工記輪人爲兵車乘車之輪崇六尺六寸成出革車一乘出於民間故民亦有粥兵車之法云布帛精麤不中數廣狹不中量不粥於市布之精麤謂若朝服十五升斬衰三升齊衰有三等或四升或五升或六升大功已下有七升八升九升小功有十升十一升十二升緦麻有十五升抽去半其帛之升數禮無明文云廣狹不中量者布幅則廣二尺二寸共繒幅則依朝貢禮廣二尺四寸云姦色亂正色不粥於市者論語孔子惡紫之奪朱則朱是南方正色紫是北方姦色紫奪朱色是姦色亂正色故孔子惡之若然自餘四方皆有姦色正色若紅綠及碧等皆有亂正色之義也云五穀不時果實未熟不粥於市鄭彼注云皆謂不利人木不中伐

不粥於市者，鄭彼注引山虞職云仲冬斬陽木，仲夏斬陰木，以爲證是非此時則木不中伐。云禽獸魚鼈不中殺，不粥於市者，案鼈人職云秋獻鼈蜃，冬獻龜魚。案禮記王制云獺祭魚，然後虞人入澤梁；豺祭獸，然後殺。是殺禽獸魚鼈之時，得粥於市，非此時則不可也。云亦其類也者，王制所云不中度之類是在上者，不中數、不中量、姦色亂正色是在商者，不時及未熟是在農者，此等亦兼有在賈者，故云亦其類也。云於四十八則未聞數十二者，王制之文從用器爲一，兵車爲二，布三，帛四，姦色五，五穀六，果實七，木八，禽九，獸十，魚十一，鼈十二，是聞之十二矣，於四十八則未聞三十六，故云未聞數十二也。

市刑，小刑憲罰，中刑徇罰，大刑扑罰，其附于刑者歸于士。徇舉以示其地之衆也。扑，撻也。鄭司農云：「憲罰，播其肆也。」故書附爲柎，杜子春云當爲附。○柎，劉方符反，沈音附。

【疏】市刑至于士○釋曰：附於刑者歸於士者，此刑各有所對言之，市刑雖輕，亦名爲刑，若對五刑則五種者爲刑，故云附於刑歸於士，士謂秋官士師、鄉士、遂士之屬，其人屬彼者，各歸之，使刑官斷之也。○注徇舉至爲附○釋曰：徇舉以示其地之衆也者，徇者，徇列之名，故知舉其人以示其地肆之衆，使衆爲戒也。云扑撻也者，大射云司射搢扑，尚書云扑作教刑，皆是笞撻爲扑，故云扑撻也。先鄭云憲罰播其肆也者，憲是表顯之名，徇既將身以示之，則此憲是以文書表示於肆，若布憲之類也。

國君過市則刑人赦，夫人過市罰一幕，世子過市罰一帟，命夫過市罰一蓋，命婦過市罰一帷。謂諸侯及夫人世子過其國之市，大夫內子過其都之市也。市者，人之所交利而行刑之處，君子無故不遊觀焉，若遊觀則施惠以爲說也。國君則赦其刑人，夫人世子命夫命婦則使之出罰，異尊卑也。所罰，謂憲徇扑也。必罰幕帟蓋帷，市者衆也，此四物者在衆之用也。此王國之市，而說國君以下過市者，諸侯之於其國與王同，以其足以互明之。○幕，劉音莫。帟音亦。觀，古亂反，下同，或音官。爲說，如字，解說也，聶如銳反。○

【疏】注謂諸至明之○釋曰：云大夫內子者，大夫中含有卿，內子卿之妻，含大夫之妻命婦也故經云命婦注云內子也若然此經大夫命婦是諸侯科中不見天子卿大夫則天子卿大夫與諸侯卿大夫及命婦亦是互見爲義也云所罰謂憲徇扑也者其憲徇刑之輕者而赦之使出帷幕難備之物者出物雖重而無恥憲徇雖輕而有愧故以出物爲輕也案幕人云掌供帷幕幄帟綬帷幕用布幄帟用繒在上曰幕在旁曰帷帟承塵其蓋當是於衆中障暑兩之蓋未必是輪人所作蓋弓二十有八在車者也云諸侯之於國與王同以其足以互明之者此王國之市若直見王后世子過市則不見諸侯已下今以王國之市而見諸侯已下過市。足得互見王已下過市故云互明之也

凡會同師役市司帥賈師而從治其市政掌其賣儥之事市司司市也儥買也會同師役必有市者大衆所在來物以備之

疏凡會至之事○釋曰王與諸侯行會同及師役征伐之等或在畿內或在畿外皆有市則市司帥賈師而從以其知物賈故使從不帥胥師者胥師不知物賈於事緩故不從也

附釋音周禮注疏卷第十四

周禮注疏卷十四校勘記　阮元撰盧宣旬摘錄

附釋音周禮注疏卷第十四

均人

並是力征之稅　惠校本作力之征稅

易坤爲均　監本坤字空闕

恤其乏困也　宋本作困乏

師氏　宋本周禮疏卷第十五

冬溫夏清　監本清誤凊今據毛本正此本及閩本皆缺一頁

釋曰云德行內外之稱　監本倒作外內今據毛本正

考朕昭子刑　監毛本子誤予今訂正

故書中爲得杜子春云當爲得　九經古義云三蒼中得也封禪書康后與王不相中周勃傳勃子勝之尙公主不相中皆訓爲得呂覽禹爲司空以通水潦顏色黎黑步不相過竅氣不通以中帝心高誘曰中猶得然則中失猶得失故鄭用杜說而不改字

謂得禮者　惠校本謂上有得此脫

卽上國之子弟言游者閩監毛本游作遊下並同此惟國之貴遊子弟作遊蓋淺人所改賈疏蓋本作貴游子弟與唐石經不同○按游爲正字遊爲俗字

使此人帥四夷之隸惠校本閩本同監毛本帥改率

保氏

白矢參連剡注襄尺釋文襄音讓本作讓禮說云廣韻白矢作白勻襄尺作讓尺參連作參遠賈疏云臣與君射不與君並立襄君一尺而退則襄讀爲讓新序云左把彈右攝丸定操持審參連吳越春秋云射之道從分望敵合以參連連誤爲遠失其義矣

過君表諸本同浦鏜云軍誤君疏同

六書象形會意轉注宋本余本岳本嘉靖本閩本同監毛本注改註非疏中同釋文上剡注字出音云下同

贏不足旁要諸本同漢制考贏作嬴古多用通借字

今有重差夕桀句股也諸本同釋文夕桀沈祥易反此二字非鄭注經義雜記曰疏云馬氏注以爲今有重差夕桀夕桀亦算術之名與鄭異今九章以句股替旁要禮記少儀正義引此注云今有重差句股馬融干寶等更云今有夕桀未知所出據此知鄭注本云今有重差句股馬干注云今有重差夕桀鄭有句股無夕桀馬干有夕桀無句股沈重陸德明本則與馬干同故皆爲夕桀作音釋文云此二字非鄭注是宋以來校者之辭非陸語蓋後人據賈疏本以校釋文而附著之今注疏中句股上有夕桀二字又後人據釋文所加困學紀聞所據本已如是

擊則不得入　閩監本同誤也毛本擊作轚當據以訂正

御轚者不得入　毛本同閩監本轚誤擊

建類一首　此本及閩本脫建據監毛本補

闕闐衡衜之類　閩本同監毛本闕作闠

云九數者方田已下　惠校本閩本同監毛本已改以

司諫

辨其能而可任於國事者　此本及閩本辨誤辦今據唐石經諸本訂正疏中此本及閩監毛本皆誤

司救

衺惡謂侮慢長老　釋文出經之衺二大字云似嗟反注作邪同此經作古衺字注作今邪字之明證今本皆依經改作衺矣下文亦由衺惡同

孔注尚書曰　惠校本曰作云

使事官之作也　閩監本同宋本嘉靖本毛本皆云使事官作之也此誤倒當據以訂正疏中不誤

知書其罪狀以其稱明刑　閩本同監本狀下剜增者字毛本遂排入○按有者字是

三罰而歸於圜土閩監毛本同唐石經宋本余本嘉靖本㫈作于當據正

晝日任之以事而收之宋本余本嘉靖本毛本同此本及閩監本晝誤書今訂正監本疏中不誤

施惠賙恤之監本恤作䘏訛疏中同

調人

雖以會赦浦鏜云以當巳字誤

比父亦辟之海外此本亦字剜擠閩監毛本排入

元巳年老昏旄閩本同監毛本旄改耄○按耄是也唐人作疏不當用古文假借字

故今明之閩本同監毛本明改辨

故逆之海外浦鏜云逆當避字誤

玉節之剡圭也按剡圭字當依典瑞玉人作玉圭此非經用古字注用今字之例直是僞字耳下王以剡圭同

鄭知瑞節是玉圭者閩本同監毛本依注玉改剡非賈疏蓋本用玉字下並同○按疏內三剡字皆當作玉疏當引典瑞云玉圭以易行以除慝而誤云玉圭以和難考典瑞但有穀圭以和難之文

此王法知之閩本同監毛本作治之

辨本也余本閩本同宋本監毛本嘉靖本辨皆作辯

猶令二千石以令解仇怨閩監本同誤也宋本余本嘉靖本毛本作猶今當訂正

媒氏

天地相丞覆之數也閩本同諸本丞皆作承疏中同

參天兩地而奇數焉釋文奇本作倚案釋曰就奇數之中天三度生地二度生象天三覆地二則作倚非也

不聘之者宋本嘉靖本聘作娉

媒氏以男女既有未成昏之藉浦鏜云籍誤藉

然則三十之男二十之女中春之月者浦鏜云中春之月四字疑衍文

中男三十而娶經義雜記曰中下脫古字據大戴禮記補

經有夫婦之長殤通典嘉禮四引作夫姊之長殤此作婦訛當據正○按喪服經緦麻章有爲夫之姑姊妹之長殤引之者謂三

十而娶則不當有姊也

以感時而親迎經義雜記作以昏時云感字誤

秋班時位也經義雜記作春班爵位云舊作秋班時位誤也家語作春頒爵位東門之楊正義所引同

熠熠其羽 監本燿誤熠下同

夏小正曰二月冠子嫁女娶妻之時 經義雜記云曰字疑衍今夏小正無嫁女娶妻作娶婦

此淫奔之詩 惠校本詩作時此誤

鄭說之五爻辰在卯 通典嘉禮四引作舊說六五爻辰在卯此誤

在塗見采鼈者 閩本同監毛本鼈改蔽非

舊詩云 經義雜記作舊說云此誤

尚及冰未定納 經義雜記作及冰未泮此脫泮字

故管子篇時令云 經義雜記曰當作時令篇云今管子闕

且仲春爲有期之言秋冬春三時嫁娶 經義雜記曰當作無仲春爲期盡之言又春秋四時嫁娶毛本改作有譏之言誤甚

何自違也家語冬合男女窮天數之語 經義雜記曰也字當在之語下

故戒文王能使男女得及其時 經義雜記曰戒當作嘉

感事而出 經義雜記作感事而悲此誤

娶得用非中春之月〔宋本余本嘉靖本毛本同閩監本中改仲非疏中仍作中春〕

此純帛及祭義蠶事以爲純服故論語云〔此本及字匑改作交閩監毛本承其誤今據惠校本訂正浦鏜云故當又之誤〕

木八爲金九妻〔閩監毛本木誤水〕

依士禮用元纁〔惠校本作依此禮此作士誤〕

不可埽也〔余本嘉靖本同閩監毛本埽作掃非〕

於小棠之下〔閩本同監毛本作甘棠非〕

赦宥者媒氏聽之〔惠校本赦上有在此脫〕

司市

彼云次與敘下〔惠校本作彼文此誤〕

故幷思次同名爲次〔案思次當爲思介〕

明買者在市而居賣物者也〔此本者字實缺據惠校本補閩監毛本作則非〕

由此二等之人〔此本之人二字實缺據惠校本補閩監毛本作商賈非〕

物有定賈岳本嘉靖本閩本同宋本監毛本賈作價俗字疏中監本作賈毛本作價

量以量穀粱之等浦鏜云粱誤粱

以賈民禁僞而除詐葉鈔釋文賈民劉音嫁聶沈音古注賈民同

刑罰憲徇扑宋本作憲徇朴監毛本徇作狥非○按扑是朴非攴之隸變爲扑才卽又也扑訓擊因而名擊之之物曰扑凡經典扑改朴者非

以泉府同貨而斂賖唐石經宋本余本嘉靖本閩本同監毛本賖改賒俗字注及疏準此○按賖从貝余聲余上从入

掌於市之罰布之等藏之浦鏜云以誤於征誤罰

則貰予之毛本同閩監本予改與

日厄而市唐石經諸本同釋文厄本又作昊案此本疏中作日昊

日厄昳中也諸本同案大司徒注云日跌景乃中此昳當作跌賈疏云厄者傾側之義昳者差跌之言今諸本俱誤爲差昳矣○按跌昳二字上正下俗大司徒注作跌可證

而先言日昊者閩本同監毛本昊改厄

百族或在城內毛本內誤由

資若冬資絺夏資緦之類 閩監毛本作冬資緦夏資絺誤甚

欲見此百姓異於秋官司寇戒於百族 惠校本百姓作百族此誤

奠讀爲定整勑會者 宋本定下空缺一字此本疏中勑作敕

以長丈二因剋丈尺 閩本同監毛本剋作刻

鄭以爲平成市整敕會者 閩監毛本敉作敕非

何得各有地之敍乎 浦鏜云有當於字誤

謂物行苦者 閩監毛本同宋本岳本嘉靖本苦作沽

抑其賈以卻之也 監毛本卻誤郤

釋曰云使有使皁者 閩監毛本脫釋曰

如今斗檢封矣 諸本同毛本檢改撿非

因云物貴者 浦鏜云因云字當誤倒

布帛精麤不中數也 岳本嘉靖本麁作麤○按从三鹿者正字也作麁者俗字

乘車之輪崇六尺六寸 浦鏜云兵譌乘字按浦鏜誤疏固兼引考工記兵車乘車之輪皆崇六尺六寸矣

成出革車一乘出於民閒 閩監毛本成誤或監本閒誤開

故書附爲柎 宋本余本嘉靖本毛本同閩監本柎作袝宋本載音義亦作柎

足得互見王巳下過市 毛本同閩監本足作是誤

周禮注疏卷十四校勘記

附釋音周禮注疏卷第十五

鄭氏注　賈公彥疏

質人掌成市之貨賄人民牛馬兵器珍異成平也會者平物賈而來主成其平也人民奴婢也珍異四時食物

疏質人至珍異○釋曰此質人若今市平準故掌成平市之貨賄已下之事○注成平至食物○釋曰云會者平物賈而來主成其平也者會謂古人會聚買賣止爲平物而來質人主爲平定之則有常估不得妄爲貴賤也此知人民奴婢也者以其在市平定其賈故知非良人是奴婢也云珍異四時食物者見下塵人云凡珍異之有滯者斂而入于膳府即果實及諸食物依四時成熟者也

凡賣儥者質劑焉大市以質小市以劑鄭司農云質劑月平賈也質大賈劑小賈玄謂質劑者爲之券藏之也大市人民馬牛之屬用長券小市兵器珍異之物用短券○長如字

疏注鄭司至短券○釋曰先鄭以質劑爲月平大小賈若今市估文書先鄭注小宰聽賣買以質劑亦如此解後鄭以爲券書者上文成市之貨賄之等已是市平文書則此經云大市以質小市以劑及小宰云聽賣買以質劑文勢不得爲月平故以券書可知也玄謂大市人民馬牛已下鄭以意分之爲大小就大者而言若人民則未成齓已下牛馬未著齒已前亦得爲小者也

掌稽市之書契同其度量壹其淳制巡而攷之犯禁者舉而罰之稽猶考也治也書契取予市物之券也其券之象書兩札刻其側杜子春云淳當爲純純謂幅廣制謂匹長也皆當中度量玄謂淳讀如淳尸盥之淳○其淳音准廣光曠反長直亮反中丁仲反淳尸劉章純反下同

疏注稽猶至之淳○釋曰云稽猶考也治也者幷取治質劑幷解之故兼云治也書契取予市物之券者幷案小宰職云聽取予以書契經既云書契故知與彼同非上質劑之市買者也云其券之象書兩札刻其側者小宰注云

兩書一札同而別之云刻其側若今畫指也杜子春云淳當爲純純謂幅廣制謂匹長也者即丈八尺後鄭從之後鄭不從杜子春純者純止可爲絲爲緇不得爲幅廣狹故讀從士虞禮淳尸盥之淳故內宰注依巡守禮淳四咫鄭荅志咫八寸四當爲三三咫謂二尺四寸也

凡治質劑者國中一旬郊二旬野三旬都三月邦國朞。期內聽期外不聽謂齎券契者來訟也以期內來則治之後期則不治所以絶民之好訟且息文書也郊遠郊也野甸稍也都小都大都○朞如字本或作朞同好呼報反疏注謂齎至大都○釋曰云謂齎券契者來訟也者云此經總上質劑與書契來訴者知郊是遠郊者以其內有國中外云野野遠郊之外明知郊是遠郊也知野是甸稍者郊外曰野是大總之言下有都都是四百五百里明此是二百里甸三百里稍可知又知都中舍大都小都者此質人總聽畿外明此都兼大小二都可知

廛人掌斂市絘。布總。布質布罰布廛布而入于泉府布泉也鄭司農云絘布列肆之稅布杜子春云總當爲儳謂無肆立持者之稅也玄謂總讀如租。穮之穮穮布謂守斗解銓衡者之稅也質布者質人。之所罰犯質劑者之泉也罰布者犯市令者之泉也廛布者貨賄諸物邸舍之稅○絘音次本或作次總劉依杜音儳鄭音摠儳音讒穮音摠疏注布泉至之稅○釋曰知布泉一物者此布皆入泉府故知泉布一也是以外府云掌布注云取其水泉流通無不徧也先鄭云絘布列肆之稅布者謂在行肆坐賣物之常稅也杜子春云總當爲儳謂無肆立持者之稅也者後鄭不從爲守斗斛銓衡者之稅也者此經廛人掌依行肆者故不得爲無肆立持故破從租穮之穮穮布是守斗斛銓衡之稅下肆長云斂其總布是無肆立持故注從子春總當爲儳也云質布者質人所罰犯質劑者之泉也者謂犯質劑違券書罰泉也云罰布者犯市令者之泉也者謂司市有教令其人犯之使出泉云廛布者貨賄諸物邸舍之稅者謂在行肆官有邸舍人有置物於中使之出稅故云廛布也

凡屠者斂其皮角筋骨入

于玉府以當稅給作器物也其無皮角及筋骨不中用亦稅之疏凡屠至玉府○釋曰云屠者謂屠殺豕羊之類其人亦有地稅因其屠卽取皮角筋骨堪飾器物者使入玉府也○注以當至稅之○釋曰知以當稅者謂若山虞澤虞之等所出稅皆云以當邦賦邦賦卽地稅之類是也云無皮角及筋骨不中用亦稅之謂若羊牛有皮角及筋骨其豕則無之類是不中用亦使出物之稅以當邦賦之處

凡珍異之有滯者斂而入于膳府故書滯或作廛鄭司農云謂滯貨不售者官為居之貨物沈滯於廛中不決民待其直以給喪疾而不可售買賤者也廛謂市中之地未有肆而可居以畜藏貨物者也孟子曰市廛而不征法而不廛則天下之商皆說而願藏於其市矣謂貨物。猪。藏於市中而不租稅也故曰廛而不征其有貨物久滯於廛而不售者官以法為居取之故曰法而不廛玄謂滯讀如沈滯之滯珍異四時食物也不售而在廛久則將。瘦。臞腐敗為買之入膳夫之府所以紓民事而官不失實○官為于僞反下同畜勑六反說音悅猪知呂反本或作貯又作褚皆同藏如字○劉本作葬音同瘦本又作膄所又反臞其俱反又作臞音稍紓音舒　劉常汝反疏凡珍至膳府○釋曰云凡珍異之有滯者謂四時珍美異味買者遂少沈滯不售者也云斂而入于膳府者謂官以泉府之財買取之入於膳夫之府以供官食○注故書至失實○釋曰先鄭云謂滯貨不售者官為居之經有為珍異非貨物先鄭以貨物解之故後鄭不從也先鄭又云廛謂市中之地未有肆而可居以畜藏貨物者但廛雖非肆是官之邸舍不得為空地故後鄭不從引孟子市廛而不征者周則廛有征上文廛布是也云不征者非周法又云法而不廛則與此經同故先鄭引之後鄭增成其義也云久則將瘦。臞腐敗者考工記梓人云大胸臞後臞是細小之義故云瘦。臞腐敗是以為買之

胥師各掌其次之政令而平其貨賄憲刑禁焉憲。長縣之○縣音玄疏胥師至禁焉○釋曰案序官云胥師

二十肆則一人故云各掌其次之政令云憲刑禁焉者刑謂市中之刑憲徇扑禁謂市中之禁謂。司當時設禁令非士師五禁也鄭云憲謂表縣之則經憲非爲憲徇扑之憲

察其詐僞飾行價慝者而誅罰之鄭司農云價賣也慝惡也謂行且賣姦僞惡物者玄謂飾行價慝謂使人行賣惡物於市巧飾之令欺誑買者〇行下孟反慝他得反巧苦教反又如字令力呈反下文同

疏注鄭司至買者〇釋曰鄭云價賣也者此經云飾行價慝明價爲賣不得爲買上文每云賣價價不得爲賣故爲買是鄭望文爲義故不定也先鄭云謂行且賣姦僞惡物以且閒之則行是行步之行不爲行濫之行故後鄭不從以爲行濫解之

聽其小治小訟而斷之〇治直吏反下之治同斷丁亂反

疏聽其至斷之〇釋曰上司市已云胥師賈師涖於介次而聽小治小訟上總言之此。止當職故申敘之也

賈師各掌其次之貨賄之治辨其物而均平之展其成而奠其賈然後令市辨別也〇賈音古下注賈師同奠音定別彼列反

疏賈師至令市〇釋曰案序官云賈師二十肆則一人與胥師數同故云各掌其次之貨賄之治也云辨其物而均平之者此與胥師所掌同云展其成而奠其賈者則與胥師異以其知物價故也

凡天患禁貴價者使有恆賈恆常也謂若豬米穀棺木而睹久雨疫病者貴賣之因天災害阨民使之重困〇重直用反

疏注恆常至重困〇釋曰鄭云謂若豬米穀棺木者以其天患無過凶荒札喪故鄭知富人豫豬米穀以擬凶荒豫豬棺木以擬死而睹久雨疫病賣之也

四時之珍異亦如之薦宗廟之物

疏四時至如之〇釋曰此珍異亦是富人賤時豫豬而後貴時賣之〇注薦宗廟之物釋曰案月令四時有珍異之物皆云先薦寢廟故鄭以爲薦宗廟舉重而言也

凡國之賣價各帥其屬而嗣掌其月。價買也故書賣爲買鄭司農云謂官有所斥令賣買師帥其屬而更相代直月爲官賣之

均勞逸○更音庚爲官于僞反疏注儥買至勞逸○釋曰先鄭云謂官有所斥賣者斥謂指斥出之故鄭注大宰亦云幣餘謂占賣國之斥幣義與此同也云買師帥其屬而更相代者買師之下有羣買亦二肆則一人者使之更互相代也凡師役會同亦如之疏凡師至如之釋曰此亦從爲所在當直行官賣買也

司虣掌憲市之禁令禁其鬭嚻者與其虣亂者出入相陵犯者以屬遊飲食于市者嚻讙也鄭司農云以屬遊飲食羣飲食者○嚻五羔反又許驕反讙音歡疏注嚻讙至食者○釋曰此屬遊飲食謂聚而羣遊飲食者禁之若不羣遊則得飲若不可禁則搏而戮之○搏音博下同

司稽掌巡市而察其犯禁者與其不物者而搏之不物衣服視占不與衆同及所操物不如品式○操七曹反疏注不物至品式釋曰案大司徒民當同衣服今有人衣服不與衆人同又視占亦不與衆人同及所操物不如品式此皆違禁之物故搏之也掌執市之盜賊以徇且刑之○徇辭俊反疏掌執至刑之釋曰上司市市中之刑無過憲徇扑附於刑者歸於士此掌執市之盜賊以徇且刑之亦無過小盜徇扑而已故云以徇且刑之若直徇者不必有刑其刑者必徇故徇刑兩言之也

胥各掌其所治之政執鞭度而巡其前掌其坐作出入之禁令襲其不正者作起也坐起禁令當市而不得空守之屬故書襲爲習杜子春云當爲襲謂掩捕其不正者疏胥各至正者○釋曰案序官胥二肆則一人故亦云各掌其所治之政則一人掌二肆者也云執鞭度而巡其前者此鞭度亦如上文守門者謂以殳爲鞭而量物也○注作起至正者○釋曰杜子春從襲不從古書習者

習是習學之習襲是掩襲之義故從襲是以左氏公羊皆有不聲鍾鼓爲襲是掩其不備也凡有罪者撻戮而罰之罰之使出布

疏注罰之使出布○釋曰此罰布卽上廛人職云罰布一也故彼注云罰布者犯市令之布也

肆長各掌其肆之政令陳其貨賄名相近者相遠也實相近者相爾也而平正之爾亦近也俱是物也使惡者遠善善自相近鄭司農云謂若珠玉之屬俱名爲珠俱名爲玉而賈或百萬或數萬恐農夫愚民見欺故別異令相遠使賈人不得雜亂以欺人○近附近之近遠于萬反注同數色主反令力呈反賈音古疏肆長至正之○釋曰此肆長謂一肆立一長使之檢校一肆之事若今行頭者也○注爾亦至欺人○釋曰云俱是物也者卽司農云俱名爲珠俱名爲玉之類是也云使惡者遠善者釋經名相近者相遠也云善自相近者釋經實相近者相爾也先鄭云謂若珠玉之屬已下直釋經名相近者相遠不釋實相近者其義可知故也先鄭雖舉珠玉貴者而餘物亦爾斂其總布掌其戒禁。杜子春云總當爲儳疏注杜子至爲儳○釋曰此肆長各主一肆故罰其無肆立持之布故後鄭引而從之也

泉府掌以市之征布斂市之不售貨之滯於。民用者以其賈買之物楬而書之以待不時而買者買者各從其抵都鄙從其主國人郊人從其有司然後予之故書滯爲癉杜子春云癉當爲滯鄭司農云物。楬而書之物物爲。揃書書其賈楬著其物也不時買者謂急求者也抵故賈也主者別治大夫也然後予之爲封符信然後予之玄謂。抵實。柢字。柢本也本謂所屬吏主有司是。也○楬音竭抵音帝又都禮反癉音旦又丁左反揃音賤又倉廉反著直略反治直吏反

疏泉府至予之○釋曰云掌以市之征布者卽上廛人紋布已下之布並入泉府而藏之故總云征布也云各從其抵者抵謂本主所屬之吏乃付之卽都

鄙從其主國人郊人是也云都鄙者可兼大小都及家邑云國人者謂住在國城之內卽六鄉之民也云郊人者卽遠郊之外六遂之民也○注故書至司。是○釋曰先鄭云抵故賈也後鄭不從者假令官前買時賣後或賤今依故賈與之卽損民故不得依故賈以解抵也先鄭云主者別治大夫也者義或然以其公卿大夫常在王朝其都鄙則遣人治之若季氏費宰公山弗擾之輩天子都鄙蓋亦然先鄭云爲封符信然後予之者封符信謂有符信文書皆封題之計買者得主及有司然後賣不須封信文書但於理無害故後鄭不破之也後鄭破抵從柢者經是抵欺之抵故破從木傍柢柢得爲本義也云本謂所屬吏主有司是一者鄭欲解柢與主有司爲一。云主有司是也

凡賒者祭祀無過旬日喪紀無過三月鄭司農云賒貰也以祭祀喪紀故從官貰買物

疏注鄭司至買物○釋曰先鄭之意以祭祀喪紀二者事大故賒與民不取利

凡民之貸者與其有司辨而授之以國服爲之息有司其所屬吏也與之別其貸民之物定其賈以與之鄭司農云貸者謂從官借本賈也故有息使民弗利以其所買之國所出爲息也假令其國出絲絮則以絲絮償其國出絺葛則以絺葛償玄謂以國服爲之息以其於國服事之稅爲息也於國事受園廛之田而貸萬泉者則朞出息五百王莽時民貸以治產業者但計贏所得受息無過歲什一○之貸音待注不出者同別彼列反貸民音吐代反本賈音嫁一音古所賈音古令力呈反償時亮反

疏凡民至之息○釋曰貸者卽今之舉物生利與上文不同云與其有司辨而授之者謂別其所授之物以與之云以國服爲之息者所出之利各以國服而爲息也○注有司至什一○釋曰云有司其所屬吏也者此則上文有司一也若然此經不言都鄙主者有司中兼之故上注亦云本所屬吏是柢本中兼二者云與之別其貸民之物者但泉府中所藏之物種類不同欲授民之時先當分別又當定其賈數以與之先鄭以所買之國所出爲息已下後鄭不從者凡言服者服事爲名此經以民之服事唯出稅是也則載師云二十而一已下是也是以鄭引載師受園廛之田而貸萬泉者

則朞出息五百萬泉出息五百計當二十而取一若然近郊十一者萬泉朞出息一千遠郊二十而三者萬泉朞出息一千五百甸稍縣都之民萬泉朞出息二千鄭直云園廛者略舉以言之也云王莽時民貸以治產業者但計贏所得受息無過歲什一者此則與周少異周時不計其贏所得多少據本徵利王莽時雖計本多少爲定及其徵科唯據所贏多少假令萬泉歲還贏萬泉徵一千贏五千徵五百餘皆據利徵什一也

凡國之財用取具焉歲終則會其出入而納其餘會計也納入也入餘於職幣○會古外反後放此

疏云凡國至其餘○釋曰云凡國事之財用取具焉者言事謂有司爲國家之事興作用財物者皆來向泉府取財爲具焉泉府財盡乃於餘府別取焉云歲終則會其出入出謂出府會計用財入謂於廛人斂取絘布已下云納其餘者若國家來取財不盡而有餘則納與天官職幣職幣別出與入故云納其餘也

司門掌授管鍵以啓閉國門鄭司農云鍵讀爲蹇管謂籥也鍵謂牡○鍵其展反又其偃反司農音蹇居免反籥羊略反

疏司門至國門○釋曰云掌授管鍵以啓閉國門者謂用管籥以啓門用鍵牡以閉門故雙言以啓閉國門則王城十二門者也○注鄭司至謂牡○釋曰先鄭讀鍵爲蹇者欲取其蹇。澀之意云管謂籥也者即月令注管籥搏鍵器是也云鍵謂牡者以入爲牡容者爲牝者若爾雅走曰牝牡也

幾出入不物者正其貨賄凡財物犯禁者舉之不物衣服視。占者不與衆同及所操物不如品式者正讀爲征征稅也犯禁謂商所不齎者舉之沒入官○正其音征

疏注不物至入官○釋曰鄭知不物是衣服之等者見王制云關執禁以幾禁異服識異言闇人云潛服賊器不入宮奇服怪民不入宮明此司門亦然故鄭以不物衣服之等解之但鄭釋不物之中有三事一者衣服二者占視皆不與衆同三者手所操持不如尋常品式以其特異於人此三者皆須訶問所以也云正讀爲征征稅也者下文云國凶札無關門之征明無凶札之時有征稅故讀從征稅之字也云犯禁者謂商所不

資者商所資者謂若國語云冬資絺夏資皮之類是商所豫資待時以其財養而賣者乃不爲犯其商所不資謂非民常用之物則舉之沒入官也

死政之老與其孤財所謂門關之委積也死政之老死國事者之父母也孤其子疏注財所至其子○釋曰云財所謂門關之委積也者卽上遺人云門關之委積以養老孤云死政之老死國事者之父母也孤其子者卽外饔云邦饔耆老孤子義與此同

祭祀之牛牲繫焉監門養之監門門徒○毄音計本又作繫監古銜反注同疏注監門門徒○釋曰牧人六牲至祭前三月則使充人繫而養之若天地宗廟則繫於牢芻之三月若其散祭祀之牲則不在牢遺此監門門徒養之不必三月也

凡歲時之門受其餘鄭司農云受祭門之餘疏凡歲至其餘○釋曰凡歲時之門者歲之四時祭門非一故云凡以總之若月令秋祭門者是祭廟門此門亦謂國門十二者除四時祭一外仍有爲水祈禱故左氏莊公二十五年秋大水有用牲于門之事

凡四方之賓客造焉則以告造猶至也告告於王而止客以俟逆○造七到反注同疏凡四至以告○釋曰謂四方諸侯來朝覲至關關人告王至郊郊人告王至國門門人告王王得告皆遣人往迎故先鄭云止客以俟逆也

司關掌國貨之節以聯門市貨節謂商本所發司市之璽節也自外來者則案其節而書其貨之多少通之國門國門通之司市自內出者司市爲之璽節通之國門國門通之關門參相聯以檢猾商○猾音滑疏注貨節至猾商○釋曰案下文掌節云貨賄用璽節則璽節主通貨賄若然璽節亦可先從王司市而出鄭今解經璽節先從邦國向內而言者以其司關在境而先云掌國貨之節後云以聯門市是從外向內之言故鄭亦順經先從邦國司市解之也云案其節而書其貨之多少通之國門國門通之司市者將送商人而執節者別有過所文書若下文節傳當載人年幾及物多少至關至門皆別寫一通入關家門家乃案勘而過其自內出者義亦然云參相連以檢猾商者司市與關及門三處相連恐姦猾商人或以多爲少或隱而不

出而避稅故相連以檢括之也其遠郊近郊雖不置官掌之亦應有人幾問但無稅法故不言耳

司貨賄之出入者掌其治禁與其征廛征廛者貨賄之稅與所止邸舍也關下亦有邸。客。舍其出布如市之廛○治直吏反

疏司貨至征廛○釋曰司主也主貨賄出入謂上經以聯門市者是也云與其征廛者征謂稅廛謂邸舍。二事雙言也○注征廛至之廛○釋曰云關下亦有邸客舍其出布如市之廛者案上文廛人有廛布鄭云廛邸舍此關亦有邸舍商人於關停止則有稅故云如市之廛也

凡貨不出於關者舉其貨罰其人不出於關謂從私道出辟稅者則沒其財而撻其人○辟音避一音芳益反

疏注不出至其人○釋曰注云沒其財者解經舉其貨撻其人者解經罰其人案上憲罰之等皆是撻但舉其貨已是罰物故知罰其人是撻之可知也

凡所達貨賄者則以節傳出之商或取貨於民間無璽節者至關關為之璽節及傳出之其有璽節亦為之傳傳如今移過所文書○傳張戀反注下皆同

疏凡所至出之○釋曰此文重釋上國貨之節上直云璽節此經兼有傳傳則過所文書○注商或至文書○釋曰鄭云商或取貨於民間無璽節者至關關為之璽節者若本由王市而出則司市為之璽節商或於民間者或在郊內關內民間買得物貨不得向司市取璽節故因向關外則便於關取節而出若在城內民間資貨者司關為璽節以出之授節。節者即授傳與之

國凶札則無關門之征猶幾鄭司農云凶謂凶年。饑荒也札謂疾疫死亡也越人謂死為札春秋傳曰札瘥夭昏無關門之征者出入關門無租稅猶幾謂無租稅。猶。苛察不得令。姦人出入孟子曰關幾而不征則天下之行旅皆說而願出於其塗○札側八反又音截瘥才何反病也苛呼多反又音何令力呈反說音悅

疏國凶至猶幾○釋曰此司關所掌兼言門者門關同類無征是同司門既不言故於關幷言門也○注鄭司至其塗○釋曰上注札為疫病此司農以札為死則札因病而死義得兩兼是以引越人謂死為札也云春秋傳者昭十九年左氏云鄭駟偃卒其父兄立子瑕

子產曰寡君之二三臣札瘥夭昏注云大死曰札小疫曰瘥短折曰夭未名曰
昏又洪範云六極一曰凶短折注云未齔曰凶未冠曰短未昏曰折並無正文
望經爲說耳引春秋者證札爲大疫也引孟子者案孟子云尊賢使能俊傑在
位則天下之士皆說而願立於朝矣市廛而不征法而不廛則天下之商皆說
而願藏於市矣關譏而不征則天下之行旅皆說而願出於其塗矣耕者助而
不稅則天下之民皆說而願耕於其野矣廛無夫里之布則天下之民皆說而
願爲之民矣信能行此五者則鄰國之民仰之如父母矣率其子弟以攻其父
母自有生民已來未有能濟者也如是則無敵於天下無敵於天下然而不王
者未之有也此陳正法與周異引之者彼正法不征商旅
則有說此經有故不征亦所以說民故取一邊爲證也

凡四方之賓客敂關則爲之告謂朝聘者也。敂關猶謁關人也鄭司農說以國語曰周之秩官有之曰敵國賓至關尹以告行理以節逆之○敂音叩苦狗反爲于僞反朝直遙反【疏】凡四至之告○釋曰敂猶至也畿外諸侯來朝使卿大夫來大聘小聘但至關門皆先謁關人關人止客則奔告王王使小行人逆勞於畿也○注謂朝至逆之○釋曰案小行人云凡諸侯入王則逆勞於畿聘禮使者至謁關人此經亦總云賓客敂關則爲之告是以鄭云謂朝聘者也云叩關猶謁關人者猶聘禮關人也先鄭說以國語曰周之秩官有之者案國語定王使單襄公聘於宋遂假道於陳以聘楚侯不出疆司空不視塗單子歸告於王曰陳侯不有大咎國必亡矣又云周之秩官有之曰敵國賓至關尹以告行理以節逆之韋昭注云理吏也行理小行人掌國賓客禮以待四方使逆賓客候人爲導卿出郊勞司里授館引之者國語云關尹以告則此經司關爲之告。一也云行理以節逆之者證關尹告王王使小行人以節迎之也

有外內之送令則以節傳出內之有送令謂奉貢獻及文書以常事往來環人之職所送迎通賓客來至關則爲之節與傳以通之【疏】有外至內之○釋曰此雙言之云有外之送令者則以節傳內之謂從諸侯之國畿外而入者則關人以節及傳內之至王又云有內之送令則以節傳出之

者謂有王命從王國而出則亦以節傳出之送至畿上也〇注有送至通之〇釋曰案秋官環人職云掌送逆邦國之通賓客以路節達諸四方注云路節旌節也四方圻上與此義同故引以言之

掌節掌守邦節而辨其用以輔王命邦節者珍圭牙璋穀圭琬圭琰圭也王有命則別其節之用以授使者輔王命者執以行爲信〇別彼列反下相別同使所吏反下之使注使節使者同【疏】掌節至王命〇釋曰此一經論王國之節對下文邦國是諸侯故此王國文單言邦也〇注邦節至爲信〇釋曰云邦節者珍圭之等皆約典瑞言之案典瑞云珍圭以徵守以恤凶荒牙璋以起軍旅以治兵守穀圭以和難以聘女琬圭以治德以結好琰圭以易行以除慝是其邦節也不數自外璧羨以起度之等以其彼是王國所用非使者之節故不言之云王有命則別其節之用以授使者此釋經而辨其用故典瑞注亦皆云王使之瑞節也

守邦國者用玉節守都鄙者用角節謂諸侯於其國中公卿大夫王子弟於其采邑有命者亦自有節以輔之玉節之制如王爲之以命數爲小大角用犀角其制未聞【疏】注謂諸至未聞〇釋曰云謂諸侯於其國中者釋經守邦國者用玉節云公卿大夫王子弟於其采邑者釋經守都鄙者用角節畿內公卿大夫亦是畿內之國但對幾外諸侯爲尊故公卿已下言都鄙也云有命者亦自有節以輔之者亦如上文王有命有節以輔之者玉節之制如王爲之以命數爲小大者以邦國與王同稱玉節故知邦國亦有數等之節亦皆以玉爲之以其諸侯國內亦有徵守好難起軍旅之等故知與王同知以命數爲小大者以其命圭之等依命數故知亦以九以七以五爲節也其天子玉節自以大小爲數故琬圭琰圭俱同九寸穀圭牙璋俱七寸唯有珍圭無文鄭云大小當與琬琰相依云角用犀角者案釋獸云犀似豕注云角在鼻上犀角是角中之貴故知不得用玉者當用犀角云其制未聞者以其邦國之玉節可以約王之玉節都鄙之角節無可依約既無舊制故云其制未聞此云都鄙用角節

注謂公卿大夫王子弟於其采邑是都鄙之主案小行人都鄙用管節注謂公之子弟及卿大夫之采地之吏也故用管節與此不同彼諸侯采地亦同用管節亦異外內也若天子公卿大夫采邑之吏下注約入道路用旌節

凡邦國之使節山國用虎節。土國用人節。澤國用龍節皆金也以英蕩輔之。

使節使卿大夫聘於天子諸侯行道所執之信也土平地也山多虎平地多人澤多龍以金爲節鑄象焉必自以其國所多者於以相別爲信明也今漢有銅虎符杜子春云蕩當爲帑謂以函器盛此節或曰英蕩畫函○蕩如字又吐黨反帑吐黨反盛音成

【疏】注使節至畫函○釋曰云使節使卿大夫聘於天子諸侯行道所執之信也者對山澤非平地也云山多虎者若晉國之類也云平地多人者若衞國之類也云澤多龍者若鄭國之類也云以金爲節鑄象焉者釋經皆金也云必自以其國所多者於以相別爲信明也者山澤與平地人虎龍皆雜有今言山國用虎澤國用龍土國用人皆據多者相別爲信以自明也引漢有銅虎符者證周時節用銅之意也杜子春云蕩當爲帑者音以湯蕩反之今人猶言帑也帑則函故云謂以函器盛此節也云或曰英蕩畫函者其函猶是蕩但以英華有畫義故更云畫函也經云輔之者以函輔此法使不壞損也案昭二十九年公在鄆賜公衍羔裘使獻龍輔於齊侯注龍輔玉名所以輔龍節與此別也

門關用符節貨賄用璽節道路用旌節皆有期以反節

門關司門司關也貨賄者主通貨賄之官謂司市也道路者主治五涂之官謂鄉遂大夫也凡民遠出至於邦國邦國之民若來入由門者司門爲之節。由關者司關爲之節。其商則司市爲之節其以徵令及家徙則鄉遂大夫爲之節唯時事而行不出關不用節也變司市言貨賄者璽節主以通貨賄非必由市或資於民家爲變鄉遂言道路者容公邑及小都大都之吏皆主治五塗亦有民也符節者如今宮中諸官詔符也璽節者今之印章也旌節今使者所擁節是也將送者執此節以送行者皆以道里日時課

如今郵行有程矣以防容姦擅有所通也凡節有法式藏於掌節○郵音尤字從垂作御誤

【疏】注門關至掌節○釋曰鄭知門關是司門司關者以其人之出入必由門由關而授節者非門關之官不可。輒授故知主守門及關者故以司門司關解之也云貨賄者主通貨賄之官不謂司市也者以其貨賄所得皆由於市乃得通之於外亦非官不可。輒授故知貨賄用璽節必是王之司市也云道路者主治五溝五涂之官謂鄉遂大夫也謂以其授節非官不可言路卽遂人徑畛涂道路之涂也鄉之田制與遂同故知旌節是鄉遂大夫所授也云凡民遠出至於邦國邦國之民若來入由門者司門爲之節由關者司關爲之節者據此注凡民出至邦國若宅在國城中先由。則司門授之節若宅在關內者則由關司關授之節也若邦國之民來入則先由關司關授之節若然邦國之民入其節直由關不由門亦云由門者因王國之民出由門故總言之於義無妨也云其商則司市爲之節者此王之掌節而言貨賄用璽節明是王之司市非邦國之司市其實商徒從邦國來卽邦國司市爲節故上司關注云貨節謂商本所發司市之璽節自外來者卽案其節是邦國之璽節也云其以徵令及家徒則鄉遂大夫爲之節者知徵令有節者見鄉大夫云國有大故以旌節輔令則達之注云民雖命行其將之者無節不得通是徵令有節之事又知家徙有節者見比長云若從於佗則爲之旌節而行之是家徙有節也又云唯時事而行不出關不用節也者時事行若比長云徙於郊徙於國當鄉徙及非徵令皆不須節兼言不出關者關內當都當邑當行不出關皆不須節也云變司市言貨賄者司市本出璽節授商今不言市而變言貨賄故鄭云璽節主以通貨賄貨賄非必由市或資於民家則由門者司門與之節由關者司關授之節故變言貨賄也云變鄉遂言道路者容公邑及小都大都之吏皆主治五涂亦有民也者鄉遂公邑爲溝洫法三等采地爲井田法井田與溝洫雖俱爲溝洫稀稠有異皆有五涂以官主當其民出入皆受旌節故變鄉遂而言道路以容此等之官云之吏者以其都鄙之主在王朝唯吏在都鄙故以吏言之也云符節已下周法無文故皆約漢法況之案太史公本紀漢文帝二年九月初與郡國守相爲銅虎符竹使符應劭曰銅虎符第一至第五國家當發兵遣使者至郡國合符符合乃聽受之竹使符者皆以竹箭五枚長五寸。鐫刻篆書第一至第五張晏曰符以代古之圭璋從簡易也鄭引之者欲明漢時銅虎符本出於此也

凡通達於天下者必有節以傳輔之必有節言遠行無有不得節而出者也輔之以傳者節爲信耳傳說所齎操及所適

疏凡通至輔之○釋曰此經總解上經門關諸有節井有傳輔成信驗或有節無傳或有傳無節或節傳俱無則不得通達於天下也

無節者有幾則不達圜土內之

疏無節至不達○釋曰此亦總解上門關已下應有節傳今無節者非直被幾又不通達前所也○注圜土內之釋曰知圜土內之者見比長云無節無授圜土內之故也

遂人掌邦之野。郊外曰野此野謂甸稍縣都

疏注郊外至縣都釋曰遂在遠郊百里之外卽遂人所掌之野在郊外曰野之中故鄭云郊外曰野鄭又知此野謂甸稍縣都者從二百里至五百里皆名野者此遂人不言掌遂又見下文云以達于畿明遂人掌野通至畿疆也但遂人雖專掌二百里之中乃兼掌三百里以外其有溝洫井田之法皆知之也

以土地之圖經田野造縣鄙形體之灋五家爲鄰五鄰爲里四里爲酇五酇爲鄙五鄙爲縣五縣爲遂皆有地域溝樹之使各掌其政令刑禁以歲時稽其人民而授之田野簡其兵器教之稼穡經形體皆謂制分界也鄰里酇鄙縣遂猶郊內比閭族黨州鄉也鄭司農云田野之居其比伍之名與國中異制故五家爲鄰玄謂異其名者示相變耳遂之軍法追胥起徒役如六鄉○酇作管反後同分扶問反又如字下分制同比毗志反下同追如字劉張類反

疏以土至稼穡○釋曰遂人以土地之圖據圖以經界其田野田野謂田在百里之外野中所經界者卽造縣鄙已下是也云造縣鄙者此與下五家爲鄰之等爲總目五家。已下有六等略言二者耳云皆有地域溝樹之者

從五家已下據地境界四邊營域爲溝溝上而樹之也云使各掌其政令刑禁者五家則鄰長施政令五鄰則里宰施政令已上皆施之云以歲時稽其人民者稽計也人民猶言夫家夫家男女也以歲之四時計其所管男女多少而損益之云授之田野者若下文一廛田百畮云簡其兵器者若族師旗鼓兵革云教之稼穡者亦若計耦耕事○注經形至六鄉○釋曰云經形體皆謂制分界也者以田野云經縣鄙云造形體之法明是爲田野云經緯爲縣鄙云形體二者同實而異名明俱爲分界處𠇍也云鄰里鄰鄙縣遂猶郊內比閭族黨州鄉以家數相對是同故云猶郊內也先鄭云田野之居其比伍之名與國中異制者田野之居釋經經田野比伍之名謂夫一廛田百。晦也言比。五則經中言五皆是也名與國中異制亦異以其六遂之內上地有萊五十晦并下劑致甿並異也玄謂異其名者示相變耳者此後鄭直增成先鄭家數雖同其名異之意云遂之軍法追胥起徒役如六鄉者案小司徒云乃會萬民之卒伍而用之五人爲伍五伍爲兩四兩爲卒五卒爲旅五旅爲師五師爲軍以起軍旅以作田役以比追胥以令貢賦注云鄉之田制與遂同但彼鄉中唯見出軍無田制此遂人唯見田制無出軍法故鄭彼注云鄉之制與遂同此遂之軍法追胥起役如彼六鄉互見其義明彼此皆有也但彼此雖相如據大較而言細論之仍有少異以其六鄉上劑致民六遂下劑致甿六鄉上地無萊六遂上地有萊。有。萊是其稍異也○

凡治野以下劑致甿。以田里安甿以樂昬。擾甿以土宜教甿稼穡以興耡。利甿以時器勸甿以彊。予任甿以土均平政

變民言甿異外內也甿猶。懵。懵無知。貌也致猶會也民雖受上田中田下田及會之以下劑爲率謂可任者家二人樂昬勸其。昬姻如媒氏會男女也擾順也時器鑄作耒耜錢鎛之屬彊予謂民有餘力復予之田若餘夫然政讀爲征土均掌均平其稅鄭大夫讀耡爲藉杜子春讀耡爲助謂起民人令相佐助○甿亡耕反耡音助李又音鉏彊其良反懵本又作懜莫崩反又音蒙李武冰反猶會古外反下一字同率音律又音類錢音翦劉音踐鎛音博復

扶又反疏凡治至平政○釋曰云以下劑致甿者對六鄉之中其家一人爲正卒已下皆爲羨卒此六遂之中家一人爲正卒第二者爲羨卒自外並爲餘夫家取二人爲下劑致甿也云以田里安甿者田則爲百畮之田里則五畮之宅民得業則安故云安甿也以樂昏擾甿者男女人所樂故云樂昏飲食男女人之大欲存焉故配以昏姻即順民意也以土宜教甿稼穡者高田種黍稷下田種稻麥是教之稼穡云以興耡利甿者耡助也興起其民以相佐助是與民爲利故云利甿也○注變民至佐助○釋曰此案大司徒小司徒主六鄉皆云民不言甿此變民言甿者直是異外內而已無義例以其民者冥也甿者懵懵皆是無知之皃也云雖受上田中田下田者即此下文夫一廛以下是也云以下劑爲率謂可任者家二人者則其外爲餘夫是也云耒耜錢鎛之屬者詩云時乃錢鎛仍有慈基之等故云之屬鄭大夫讀耡爲藉藉借也謂借民力所治之田民相於無此事故後鄭謂相佐助從子春也

辨其野之土上地中地下地以頒田里上地夫一廛田百畮萊五十畮餘夫亦如之中地夫一廛田百畮萊百畮餘夫亦如之下地夫一廛田百畮萊二百畮餘夫亦如之

萊謂休不耕者鄭司農云戶計一夫一婦而賦之田其一戶有數口者餘夫亦受此田也廛居也楊子雲有田一廛謂百畮之居也玄謂廛城邑之居孟子所云五畮之宅樹之以桑麻者也六遂之民奇受一廛雖上地猶有萊皆所以饒遠也王莽時城郭中宅不樹者爲不毛出三夫之布○令力呈反畮音畝萊音來數色主反奇居宜反疏辨其至如之○釋曰此據在六遂之中爲野故以野言之幷上地中地下地以頒其田里此皆與已下爲總目也此直言上中下地亦當如小司徒云上地家七人中地家六人下地家五人也○注萊謂至之布○釋曰案詩云田卒汙萊注高者萊下者汙是萊謂休不耕者也先鄭引楊子雲有田一廛謂百畮之居也後鄭不從以爲廛與孟子五畮之宅同者此經上中下地皆云夫一廛田百畮百畮與一廛別言之則此廛與廛人皆謂廛緜於

其中則此乃是廛里任國中之地一也不得同爲百畝之田詩所云三百廛兮者自是三百家之稅故亦廛表稅也云六遂之民奇受一廛者釋經餘夫亦如之則餘夫皆有田有廛是餘夫奇別更受廛備後離居之法故奇受一廛也云雖上地猶有萊者對六鄉不言餘夫之廛上地又無萊故云皆。所饒遠也引王莽時事者證廛是城郭中言

凡治野夫閒有遂遂上有徑十夫有溝溝上有畛百夫有洫洫上有涂千夫有澮澮上有道萬夫有川川上有路以達于畿

十夫二。鄰之田百夫一酇之田千夫二鄙之田萬夫四縣之田遂溝洫澮皆所以通水于川也遂廣深各二尺溝倍之洫倍溝澮廣二尋深二仞徑畛涂道路皆所以通車徒於國都也徑容牛馬畛容大車涂容乘車一軌道容二軌路容三軌都之野涂與環涂同可也萬夫者方三十三里少半里九而方一同。以南畝圖之則遂從溝橫洫從澮橫九澮而川周其外焉去山陵林麓川澤溝瀆城郭宮室涂巷三分之制其餘如此以至于畿則中雖有都鄙遂人盡主其地○畛之忍反劉音真洫況域反澮古外反乘繩證反從子容反下同去起呂反盡津忍反

疏

凡治至于畿○釋曰遂人所掌卽六遂之中爲溝洫之法遂地在郊外田野之中故云凡治野云夫閒有遂已下五溝所以通水入川五涂所以通道向都及國城也○注十夫至其地○釋曰云十夫二鄰之田已下以遂之中有鄰里酇鄙縣遂故十夫以下還以鄰酇鄙縣地當之鄭知遂廣深各二尺溝倍之洫倍溝澮廣二尋深二仞者此雖溝洫法與井田異制其遂溝洫澮廣深亦與井田溝澮廣深同故鄭還約匠人井田之法而言也鄭知徑容牛馬之等義如此者此從川上有路差之凡道皆有三塗川上之路則容三軌道容二軌塗容一軌軌皆廣八尺其畛差小可容大車一軌軌廣。八尺自然徑不容車軌而容牛馬及人之步徑是以春秋有牽牛蹊田卽徑也云都之野涂與環涂同可也者案匠人云環涂以爲諸侯。經涂野涂以爲都。經涂鄭注云。經亦謂城中道諸侯環涂五軌其野涂及都環涂皆三軌彼注亦與此注同皆以爲都之野涂與環涂同依內則云道有三

涂男子由右女子由左車從中央是以鄭解川上之路及都之野涂皆容三軌也云萬夫者方三十三里少半里者此解經萬夫有川之意從西北隅北畔至東頭有十洫一洫百夫十洫千夫千夫萬步萬步有三三十三里百步百步是少半里以九澮總而言之則萬夫矣故言萬夫者三十三里少半里矣云九而方一同者案匠人云廣尺深尺謂之甽以至方百里爲同同間廣二尋深二仞彼井田法溝澮稀少而云同此雖溝洫法溝澮稠多與彼井田相準擬而言也云以南畮圖之遂從溝橫洫從澮橫九澮而川周其外焉者案詩有今適南畝又云南東其畝故以南畝圖之其田南北細分者是一行隔爲一夫十夫則於首爲橫溝十溝即百夫於東畔爲南北之洫十洫則於南畔爲橫澮九澮則於四畔爲大川此川亦人造雖無丈尺之數蓋亦倍澮耳此川與匠人澮水所注川者異彼百里之間一川謂大川也云去山林之等其餘如此者鄭注載師亦以此等三分去一皆大判而言之耳是以田之法一成九百夫亦三分去一以其餘通計出稅故每云三百家也云以至于畿則中雖有都鄙遂人盡主其地者遂人主六遂與司徒主六鄉同唯在二百里以內今經云以達于畿明畿以內之中雖有都鄙作井田之法遂人亦盡主其地明不可細井田尙主公邑之中爲溝洫之法與鄉遂人盡主之可知也主

以歲時登其夫家之衆寡及其六畜車輦辨其老幼癈疾與其施舍者以頒職作事以令貢賦以令師田以起政役登成也猶定也夫家猶言男女也施讀爲弛職謂民九職也分其農牧衡虞之職使民爲其事也載師職云以物地事授地職互言矣貢九貢也賦九賦也政役出士徒役○施式氏反下施舍皆同政音征注同

疏以歲至政役○釋曰云以歲時以主其夫家已下亦如族師所云以歲之四時成定男女之等○注登成至徒役○釋曰云施讀爲弛者以其文承老幼癈疾之下下又別云以起政役明此不得爲施政役破施爲弛謂弛捨其政役也云職謂民九職也者以其頒職而作事是民之九職使之作事而遣出九貢也云分其農牧衡虞之職者農即三農牧即藪牧衡虞即虞衡

作山澤之材不言商賈嬪婦臣妾之等者略之也云載師職云以物地事授地職互言矣者彼云物地事不云貢此云令貢賦不云物地事地事貢賦當相互皆有也云貢九貢也者即九職之九貢非諸侯之九貢也賦者即亦大宰九賦一曰邦中之賦二曰四郊之賦之等是也云政役出士徒役者即上注遂之軍法如六鄉者是也

若起野役則令各帥其所治之民而至以遂之大旗致之其不用命者誅之 役謂師田若有功作也遂之大旗熊虎 【疏】若起至誅之○釋曰此文起野役若小司徒凡起徒役毋過家一人之類也云則令各帥其所治之民而至者謂令縣正已下縣正云若將用野民師田行役移執事則帥而至治其政令是縣正受遂人之令也云以遂之大旗致之者以其遂人雖是大夫合用鳥隼之旗致衆今遂人掌衆與大司徒同故致衆得用熊虎爲旗也○注役謂至熊虎○釋曰知役謂師田若功作也者以其縣正所云用野民師田行役移執事爲此事致之明此役與彼同其云功作則移執事之等是也云大旗熊虎者司常職文

凡國祭祀共野牲令野職 共野牲入於牧人以待事也野職薪炭之屬 【疏】注共野至之屬○釋曰云共野牲入於牧人以待事者謂牛羊豕在六遂者故曰野牲牧人云掌牧六牲以待祭祀故知此野牲亦入牧人以待事也云野職薪炭之屬者此官令之委人斂之故下委人云掌斂野之賦又云斂薪芻凡疏材木材凡畜聚之物言之屬者兼此諸物也

凡賓客令脩野道而委積 委積於廬宿市 【疏】○凡賓至委積○釋曰案大司徒云令野脩道委積彼謂總令遺人此於百里外野道又令之故注云委積於廬宿市是亦令遺人也

大喪帥六遂之役而致之掌其政令及葬帥而屬六綍及窆。陳役 致役致於司徒給墓上事及。竁也綍舉棺索也葬舉棺者謂載與說時也用綍旁六執之者天子其千人與陳役者主陳列之耳匠師帥監之鄉師以斧涖焉大喪之正棺殯啓朝及引六鄉役之載及窆六遂役之亦即遠相終始也鄭司農云窆謂下棺時遂人主陳役也禮記謂之封春秋謂之堋皆葬下棺也聲相似○屬音燭綍音弗窆劉昌絹反穿也本作窆戚彼驗反與注相應與說始銳反人與音餘朝直遙反之封彼驗反或如字堋補鄧反【疏】注致役至相似○釋曰鄭知致役致於司徒給墓上事及窆也者以其殯及引皆六鄉役之其墓上事及窆等六遂役之故知致役給墓上墓上則說載下棺之等窆謂穿壙之等不言在廟載事亦六遂役之不言者略也必致於司徒者司徒雖主六鄉以其地官之卿掌徒庶之役亦兼掌六遂之役故也云綍舉棺索者以其據在棺則曰綍據在道則曰引六遂之役不在道故據在棺而言綍也云葬舉棺者謂載與說時也者以其經云屬六綍不據在道故知在廟載時及在壙說時也云用綍旁六執之者天子其千人與者案雜記諸侯執綍五百人大夫三百人以此約之天子千人無正文故云與以疑之云陳役者主陳列之耳者以其經云及窆窆謂下棺下棺之時千人執綍背碑負引須陳列其人故知謂陳列之也云匠師帥監之鄉師以斧涖焉者案其鄉師職知之云大喪之正棺殯啓朝及引六鄉役之載及窆六遂役之知義然者案大司徒職云大喪帥六鄉之衆庶屬其六引此遂人云帥六遂之役屬六綍及窆陳役鄭據此二文言之以六鄉近使主殯及啓朝爲始在祖廟之中將行載棺於蜃車屬六綍則六遂爲終也至於在道言引則還使六鄉爲始至壙窆之下棺則還使六遂爲終以二處合自共爲終始故云卽遠相終始也是以大司徒注云六鄉主六引六遂主六綍也云禮記謂之封者據檀弓云庶人縣棺而封及喪大記下棺亦云封是也春秋謂之堋者左氏葬鄭簡公有司墓之室當道毀之則朝而堋是也窆堋封三者字雖不同皆是下棺也云聲相似者窆封堋皆以去聲言之故云聲相似也

凡事致野役而師田作野民帥而至掌其政治禁令○治直吏反下治訟皆同【疏】凡事至禁令○釋曰此居職末總結之言也

遂師各掌其遂之政令戒禁以時登其夫家之衆寡六畜車輦辨其施舍與其

可任者經牧其田野辨其可食者周知其數而任之以徵財征作役事則聽其治訟施讀亦弛也經牧制田界與井也可食謂今年所當耕者也財征賦稅之事疏遂師至治訟〇釋曰以遂師下大夫四人所掌六遂亦如鄉師主六鄉亦二人共主三遂故云各掌其遂之政令戒禁幷以時登其夫家衆寡六畜已下皆如鄉師之職但鄉師云輦又云老幼貴賤癈疾此不言之此云經牧其田野之等彼不言之皆是互換爲義故設文不同也云周知其數而任之以徵財征者謂周徧知其夫家六畜及田野。之。等任之據人民之數徵財征據田野之數也云作役事則聽其治訟者役事中可兼軍役田獵功作之等皆聽其治訟也〇注施讀至之事釋曰云施讀亦弛也者此注與鄉師同以其與其可任者對而言明施不得爲施功之事故讀爲弛與舍同爲捨放之事云經牧制田界與井也者但六遂制溝洫法上文所云者是令以爲制界與井也又爲井田法者以其遂人兼掌采地故上云掌野鄙兼言稍縣都以采地有井田法故此經云經牧其田野與小司徒文同故鄭亦兼言井也云可食謂今年所當耕者也者六遂以外上地亦有萊中下之地自然皆有萊不耕者故云今年所當耕者也云財征賦稅之事者征是賦稅財是地稅故云財征賦稅之事也雖以地稅爲正其中亦兼以有口率出泉也巡其稼穡而移用其民以救其時事移用其民使轉相助救時急事也四時耕耨斂芟地之宜晚早不同而有天期地澤風雨之急〇耨奴豆反芟音刈疏巡其至時事〇釋曰遂師各自巡其春種曰稼秋斂曰穡〇注移用至之急〇釋曰云地之宜。晚。早不同者其地有宜早種早收有宜晚種晚收故云晚早不同云而有天期地澤風雨之急者山出雲雨大風有隧皆由天期而有故以天期而言此並須移用其民救其時事故幷言之也凡國祭祀審其誓戒共其野牲審亦聽也疏凡國至野牲〇釋曰案冢宰職云大祭祀掌百官之誓戒大司寇涖誓百官幷戒百族此官主審其戒戒遂之民故不同也入野職野賦于玉府民所入貨

賄以當九職九賦中玉府之用者疏注民所至用者〇釋曰云野職謂民九職之貢野賦謂民九賦自邦甸家稍縣都之等口率出泉以其在遠郊之外
故皆以野言之也云中玉府之用者亦是遂師自當徵其穀稅泉以入大府分之衆府也若然案大府職云式貢之餘財以共玩好之用入於玉府彼入玉府
者是式貢之餘財財之美者由大府乃入玉府此。經入玉府者非財之美不堪王之玩好者也賓客則巡其道脩庀其委積巡其
道脩行治道路也故書庀爲比鄭司農云比讀爲庀庀具也〇庀又作庀匹爾反具也劉副美反一音芳米反脩行下孟反疏賓客至委積〇釋曰巡其
道脩者大司徒云野脩道委積據國外曰野在六鄉之中者此據六遂之中者大喪使帥其屬以幄帟先道野役及窆
抱磨。共丘籠及蜃車之役使以幄帟先者大宰也其餘司徒也幄帟先所以爲葬窆之間先張神坐也道野役帥以至墓也丘籠之
役竁復土也其器曰籠蜃車柩路也柩路載柳四輪迫地而行有似於蜃因取名焉行至壙乃說更復載以龍輴蜃禮記或作。摶或作輇役謂執紼者鄭司農
云抱磨磨下車也玄謂磨者適歷執紼者名也遂人主陳之而遂師以名行校之〇磨劉音歷籠力董反蜃市軫反以爲于僞反坐才臥反復音服或音福乃
說始銳反或吐活反更復扶又反輴勑倫反摶市專反李徒官反輇市專反適音的又音釋疏大喪至之役〇釋曰大喪謂王喪也云使帥其屬以幄帟
先者謂大宰官使其屬以幄帟先行至壙云道野役者謂司徒導引野中之役出國城至壙云及窆抱磨者及至也謂柩車至壙窆下棺也下棺之時遂師帥
其執紼者之人名歷適而校數之也云共丘籠者土曰丘謂共爲丘之籠器以盛土也云及蜃車之役者。謂祖廟中將行共蜃車以載柩之役人也〇注使以
至校之〇釋曰知使以幄帟先是大宰者以其天官幕人掌共帷幕幄帟綬屬大宰故知使幕人以幄帟先是大宰也云其餘司徒也者以其司徒主衆庶故
知野役之徒皆司徒令之也云幄帟先所以爲葬窆之間先張神坐也者謂柩至壙脫載除。節柩則在地未葬窆之間須有凶靈神坐之所故知大幕之下宜

有幄之小帳小帳之內而有帟之承塵以爲神坐也云道野役帥以至墓也者以其云導導是帥引之言故知從廟帥引往至墓所也云丘籠之役竁復土也者竁謂穿地復土謂下棺之後以壙上土反復而爲丘壟皆須籠器以盛土也云蜃車柩路也者人君所居皆曰路故云柩路也云柩路載柳四輪迫地而行者謂在祖廟中遂匠納車於階間卻而上載之乃加帷荒帷荒即柳也四輪迫地而行即輇車以二軸而貫四輪四輪即許氏說文云無輻曰輇者也云似於蜃因取名焉者此解名爲蜃車之意云行至壙乃說更復載以龍輴者以其天子諸侯殯時用輴車即檀弓所云菆塗龍輴天子之禮是也諸侯不龍其輴而已殯既用輴明葬時用輴可知云蜃禮記或作槫或作輇者案雜記云載以輲車鄭注云輲讀爲輇或作輇彼經作輲一部禮記作輇或作。摶彼經不爲輇者但輲輇字雖異其義同故此云或作輇也但爲摶者非車之體不從之取其輲字或有作團字團又轉誤爲國字者故既夕記云遂匠納車於階間注云車載柩車周禮謂之蜃車雜記謂之團車喪大記又謂之國車也先鄭云抱磨下車也者於義無所當故後鄭不從也後鄭云適歷執綍者名也者謂天子千人分布於六綍之上謂之適歷者分布稀疏得所名爲適歷也云遂人主陳之者案上遂人云及窆陳役是也云而遂師以名行校之者但執綍之人背碑負引而退行遂師抱持版之名字巡行而校錄之以知在否故云抱磨也

軍旅田獵平野民掌其禁令比敘其事而賞罰

平謂正其行列部伍也鄭司農云比讀爲庀○比敘四爾反出注行列戶剛反

疏軍旅至賞罰○釋曰軍旅謂征伐田獵謂四時田云平野民者謂遂師平正六遂之民故云平野民也云比敘其事而賞罰者遂師校比次敘其行伍而行賞罰也○注平謂至爲庀○釋曰周禮之內云比者後鄭皆爲校比先鄭皆爲庀庀爲具得通一義故引之在下也

遂大夫各掌其遂之政令以歲時稽其夫家之衆寡六畜田野辨其可任者與

其可施舍者以教稼穡以稽功事掌其政令戒禁聽其治訟施讀亦爲弛功事九職之事民所以爲功業疏遂大至治訟○釋曰此一經與遂師職意同但互見其義耳○注施讀至功業○釋曰云功事九職之事民所以爲功業者大宰以九職任萬民彼云任卽此功事謂任之使有功者也

令爲邑者歲終則會政致事不言其遂之吏而言爲邑者容公邑及卿大夫王子弟之采邑政令戒禁遂大夫亦施焉疏注不言至施焉○釋曰言之者若直言遂之吏則不容公邑與采邑令遂大夫不言遂之吏變云爲邑則遂中可以兼公邑采邑二者故云政令戒禁遂大夫亦施焉以其遂人云掌野又云以達于畿故知亦施政令戒禁

正歲簡稼器脩稼政簡猶閱也稼器耒耜鎡基之屬稼政孟春之月令所云皆脩封疆審端徑術相丘陵阪險原濕土地所宜五穀所殖以教道民必躬親之○術音遂相息亮反道音導疏注簡猶至親之○釋曰云稼器耒耜鎡基之屬者其器中含有錢鎛之等故云之屬也云稼政孟春之月令所云皆脩封疆者此是月令鄭注彼封疆謂田首之分界也云審端徑術者鄭彼注術當爲遂引遂人職云夫閒有遂遂上有徑當審之使脩理也云善相丘陵阪險原濕者土之高者曰丘大阜曰陵坡者曰阪險下濕者曰隰高平曰原也云土地所宜者卽丘陵已下若高田種黍稷下田種稻麥丘陵阪險種桑棗是也云以教道民必躬親之者彼約束典田大夫必身親檢校之以證稼政之事

三歲大比則帥其吏而興甿明其有功者屬其地治者興甿舉民賢者能者如六鄉之爲也興猶舉也屬猶聚也又因舉吏治有功者而聚敕其餘以職事○比毗志反下徵比及注同屬音燭聚也注同治直吏反疏三歲至治者○釋曰云三歲大比已下若鄉大夫三歲大比興賢者能者其義同變之耳云帥其吏者則遂大夫已下縣正至鄰長○注興甿至職事○釋曰云興甿舉民賢者能者如六鄉之爲也者此文不具故鄭就鄉大夫解之彼以鄉飲酒興賢能者厥明獻賢能之書於王王拜而受之登於天府內史貳之此職亦然也

云興猶舉也屬猶聚也者謂當興舉之時因舉治民之吏鄰長以上吏之有功者而升之又聚其地治鄰長以上勑之以職事使之不慢也凡爲邑

者以四達戒其功事而誅賞廢興之四達者治民之事大通者有四夫家衆寡也六畜車輦也稼穡耕耨也旗鼓兵革也

疏凡爲至興之○釋曰此言爲邑者義如上不言遂之吏而言爲邑者容公邑及采邑也云以四達戒其功事者達通也謂將四通之事以戒勑其功事功事即上注九職之功業也云而誅賞廢興之者此亦如天官注大有功不徒興又賞之大無功不徒廢又誅之故誅賞廢興連言之也○注四達至革也○釋曰鄭知四達是夫家已下者此無正文唯約上下文而知義爾案遂師云夫家衆寡六畜車輦此遂大夫亦云夫家衆寡以教稼穡鄰長云以旗鼓兵革帥而至又云趨其耕耨鄭據而言故以四事當此四達

縣正各掌其縣之政令徵比以頒田里以分職事掌其治訟趨其稼事而賞罰之徵徵召也比案比○趣如字李倉苟反本又作趨音促疏縣正至罰之○釋曰以一遂有五縣故云各掌其縣之政令徵比者謂政教號令徵發校比之等也云以頒田里者亦如上文夫一廛田百畮也云以分職事者即九職之功事也若將用野民師田行役移執事則帥而至治其政令移執事移用其民鄭司農云謂轉相佐助疏若將至政令○釋曰云若將用野民者言將事未至之時預徵召野民也言師田謂出師征伐及田獵也言行役謂若巡狩及功役言移執事謂移徙用民以執事也既役則稽功會事而誅賞疏既役至誅賞○釋曰此經結上文功役之事事訖乃稽考其功多少當計會其事之可否而有功者賞無功者誅也

鄙師各掌其鄙之政令祭祀祭祀祭禜也○禜音詠疏鄙師至祭祀○釋曰五鄙爲縣五百家爲鄙故云各掌其鄙之政令

也〇注祭祀祭禜也〇釋曰知鄙祭禜者鄙與六鄉黨同黨祭禜故知此鄙所祭祀謂祭禜也

凡作民則掌其戒令作民謂起役也【疏】注作民謂起役也〇釋曰知作民是起役者案下鄰長云若作其民而用之則以旗鼓兵革帥而至又上文每云野役者故知此作民亦是起役事也

以時數其衆庶而察其媺惡而誅賞時四時也〇數色主反下同媺音美【疏】注時四時也〇釋曰知時四時者見鄉師職云凡四時之徵令則凡言歲時者皆是四時唯鄉師云賙萬民之囏阨而云歲時巡國及野者鄭注云隨其事之時不必四時囏阨非常故也

歲終則會其鄙之政而致事

鄰長各掌其鄰之政令以時校登其夫家比其衆寡以治其喪紀祭祀之事校猶數也【疏】鄰長至之事〇釋曰以其一鄰五鄰故云各當其鄰之政令也云以治其喪紀者謂民之喪紀若鄉師所云族共喪器之類治其祭祀者謂若族祭酺之類若然縣當祭社與州同縣正鄙師鄰長皆不言所祭神者六遂與六鄉互見其義也

若作其民而用之則以旗鼓兵革帥而至若歲時簡器與有司數之簡器簡稼器也兵器亦存焉有司遂大夫【疏】若作至數之〇釋曰言作作其民而用之者謂師田及巡守之等直言以旗鼓兵革不言車輦文不具〇注簡器至大夫〇釋曰云簡器簡稼器也者見遂大夫職云正歲簡稼器脩稼政則此官與遂大夫共簡之故注云有司遂大夫也知兵器亦存焉者以遂大夫云簡稼器此不言稼直云器故知器中兼有兵器旗鼓兵革亦有在其中也

凡歲時之戒令皆聽之趨其耕耨稽其女功聽之受而行之也女功絲枲之事【疏】凡歲至女功〇釋曰此鄰長彌親民故趨其耕耨并稽考女功之事〇注聽之受至之事〇釋曰鄭知聽之爲受而行之非聽斷之者以鄰長中士官惟承受遂人已下之事不得專聽斷故知聽

謂受聽而行之也知女功絲枲者案禮記內則論女功云執麻枲治絲繭故知此女功亦治絲枲以爲布帛

里宰掌比其邑之衆寡與其六畜兵器治其政令邑猶里也疏里宰至政令○釋曰里宰二十五家不言各者文承遂師以下皆言各掌此亦各掌可知○注邑猶里也○釋曰邑是人之所居之處里又訓爲居故云邑猶里也

以歲時合耦于耡以治稼穡趨其耕耨。行其秩敘以待有司之政令而徵斂其財賦考工記曰耜廣五寸二耜爲耦此言兩人相助耦而耕也鄭司農云耡讀爲藉杜子春云耡讀爲助謂相佐助也玄謂耡者里宰治處也若今街彈之室於此合耦使相佐助因放而爲名季冬之月令命農師計耦耕事脩耒耜具田器是其歲時與合人耦則牛耦亦可知也秩敘受耦相佐助之次第○治處直吏反街音佳彈如字一音丹放沈方往反疏以歲至財賦○釋曰云歲時者亦謂歲之四時云合耦于耡者耡助也謂合兩兩相佐助於里宰處云以治稼穡者謂治理其民使爲春稼秋穡之事云趨其耕耨者謂使民趨時以春耕夏耨云行其秩敘者謂民使行其合耦使有次第云以待有司之政令而徵斂其財賦者以六遂之賦稅縣師徵之旅師斂之則此財賦言待有司徵斂者謂一縣師旅師也○注考工至次第○釋曰鄭引考工記者欲證合耦爲二人共發一尺之地乃成畎以通水之意也○先鄭云耡讀爲藉者藉借也非相佐助之義故後鄭不從之也杜子春讀耡爲助謂相佐助也於義合但。文。今不足故後鄭。增其義也玄謂鋤者里宰治處也若今街彈之室者鄭以漢法況之漢時在街置室檢彈一里之民於此合耦使相佐助因放之而名耡也引月令者證漢歲時合耦之事秦周政令或異故云是其歲時與言與以疑之也云合人耦則牛耦亦可知也者周時未有牛耦耕至漢時搜粟都尉趙過始教民牛耕今鄭云合牛耦可知者或周末兼有牛耦至漢趙過乃絶人耦專用牛耦故鄭兼云焉云秩敘受耦相佐助之次第者或家有一夫二夫共耦若長沮桀溺耦而耕或先後次第相佐助爲之也鄰長掌相糾相受相糾相舉察相受○釋曰鄰長不命之士爲之各領五家使五家有過各相糾察宅舍有故又相容受也疏鄰長至相受○釋曰鄰長不命之士爲之各領五家使五家有過各相糾察宅舍有故又相容受也

凡邑中之政相贊長短使相補助疏凡邑至相贊○釋曰云邑中者亦謂一里之內有上政令徵求則五鄰共相贊助此則以長補短故鄭云長短使相補助也

徙于他邑則從而授之從猶隨也授猶付也疏徙于至授之○釋曰古者三年大比民或於是徙謂不便其居則從於他遷向他遂非直從授之明無罪過亦當以旌節將行如六鄉比長云徙於他則以旌節而行之出鄉無節則唯圜土內之是也

附釋音周禮注疏卷第十五

周禮注疏卷十五校勘記　阮元撰盧宣旬摘錄

附釋音周禮注疏卷第十五

質人

會謂古人會聚買賣　閩本同監毛本作市是也

此知人民奴婢也者　浦鏜云此知二字當誤倒案人民下當脫爲

質劑月平賈也　余本嘉靖本閩監本同毛本也誤九宋本岳本無也

淳當爲純　九經古義云經淳制管子作綧制制分篇云衡石一稱斗斛一量丈尺一綧制戈兵一度○按綧字不見於說文未可從也

云其券之象書兩札刻其側者　毛本同閩監本札改劄○按此可證宋人用劄爲札

邦國朞　唐石經諸本同釋文國朞如字本或作朞同案儀禮士虞禮注云古文朞皆作基周禮古文與儀禮正同此當從陸本○按近人以朞年字別於期會直是俗字然自廣韻已如此分別矣凡經典如此分別者非也

廛人

掌斂市絘布總布　唐石經宋本嘉靖本同閩監毛本總改總非注及疏同釋文絘布音次本或作次案經當作絘注當作次

總讀如租稯之稯　漢讀考云租稯當是組總之訛見巾車職

質布者質人之所罰余本閩監毛本同宋本岳本嘉靖本無之案賈疏引注亦無之字有者衍文

謂貨物𥡴藏於市中釋文諸本作貯又作褚藏劉本作葬案葬也者藏也故以𥡴葬釋藏○按𥡴从宁者聲宁之或字也宁者辨積物也

久則將瘦臞腐敗釋文瘦本又作膄臞其俱反又作臞音稍案賈疏本作瘦臞○按臞之義在考工梓人

云久則將瘦臞腐敗者閩本同監毛本臞改臞非下同

胥師

憲長縣之余本同誤也宋本嘉靖本閩監毛本長作表當據正

謂司當時設禁令閩本同監本司上剜擠市字毛本遂排入

此止當職宋本當字缺浦鏜云止蓋正之誤

賈師

謂官有所斥令賣余本閩監毛本同宋本岳本嘉靖本無令字案賈疏引注云謂官有所斥賣則有令者衍文

肆長

掌其戒禁唐石經宋本余本嘉靖本毛本同閩監本禁作令非石經考文提要云宋本九經宋纂圖互注本宋附釋音本余仁仲本皆作禁

泉府

貨之滯於民用者 漢讀考於作于

物楬而書之物物爲揃 嘉靖本閩本楬作揭毛本揃作楠皆訛

元謂抵實柢字柢本也 宋本柢皆作抵誤監本上柢誤抵

主有司是也 余本閩監毛本同宋本嘉靖本無也案此本疏標起止云注故書至司是則賈疏本無也有者衍文

注故書至司是 閩監毛本因注中衍也字因改此作故書至是也

云主有司是也 浦鏜云云上當脫故

凡賒者 監毛本賒改賖注及疏同

凡國事之財用取具焉 唐石經宋本嘉靖本毛本同監本國事倒作事國此本及閩本脫事字今補正

凡國至其餘 閩毛本同監本國改事

司門

鍵讀爲蹇 漢讀考云經本作蹇注本作蹇讀爲鍵此以注改經復以經改注之一也案此易蹇爲鍵故下云鍵謂牡賈疏云先鄭讀爲蹇者欲取其蹇澁之意然則唐初本已誤

欲取其蹇澁之意 閩本同監毛本澁作澀

衣服視占 宋本余本嘉靖本毛本同閩監本占改瞻疏中同按作瞻非也視占謂可占驗處

祭祀之牛牲繫焉 唐石經諸本同釋文繫作𣪠云本又作繫案古繫字多作𣪠易繫辭本作𣪠

故左氏莊公二十五年 閩監毛本作左傳

司關

參相聯以檢猾商 賈疏引注作參相連以檢猾商注當本用連此改聯非宋本檢作撿此本疏中檢撿錯出

關下亦有邸客舍 諸本同段玉裁云當作舍客謂以邸舍客也

二事雙言也 惠校本二作一此誤

此關亦有邸舍 惠校本關下有旁此脫

授節節者卽授傳與之 監本剜去一節字此衍

凶謂凶年饑荒也 宋本嘉靖本饑作飢非

猶苛察不得令姦人出入 釋文苛呼多反又音何姦作奸嘉靖本猶誤循案苛蓋本作荷謂呵問審察也○按古呵問字或作苛或作荷此作苛不誤

敂關猶謁關人也宋本嘉靖本敂作叩案賈疏引注作叩關是注本用叩字此仍依經改敂非○按叩乃俗字古祇作敂不當云經敂

注叩也

猶聘禮關人也惠校本禮下有謁

敵國賓至關關尹以告惠校本無上關此行

則此經司關爲之告一也惠校本無一

掌節

守邦國者用玉節說文卩部作守國者用玉卩云卩象相合之形

玉節之制如王爲之以命數爲小大此本王誤土嘉靖本誤玉今據諸本訂正通典七十五引作以命數爲大小浦鏜改作以玉爲之云據儀禮經傳通解校案賈疏云以邦國與王同稱玉節亦皆以玉爲之以其諸侯國內亦有徵守好難起軍旅之等故知與王同然則注正作如王浦鏜輕據他書竄改誤甚

可以約王之玉節惠校本無以此行

凡邦國之使節山國用虎節土國用人節澤國用龍節說文卩部云使山邦者用虎卩土邦者用人卩澤邦者用龍卩國字皆作邦爲異

入由門者司門爲之節由關者司關爲之節宋本司門爲之節下有也入二字司關爲之節下有也故二字並衍

其以徵令及家徒余本同誤也宋本嘉靖本閩監毛本皆作家徙當訂正案賈疏引注作家徙又引比長若徙於他則爲之旌節而行之以證

非門關之官不可輒授監本輒訛輙下同

云道路者主治五溝五涂之官謂鄉遂大夫也謂浦鏜云下謂當作者

若宅在國城中先由則司門授之節閩本則改門監毛本承之案則上當有門字惠校本門則二字並有

鑴刻篆書閩監毛本鑴作鐫

遂人

此野謂甸稍縣都宋本余本岳本嘉靖本同閩監毛本謂誤爲下節注皆謂制分界也同

五家已下有六等閩監毛本已改以

田百畮也閩監毛本畮改畝

言比五則經中言五皆是也浦鏜云比伍誤比五

上地有萊有萊 盧文弨曰下有萊疑衍

以下劑致甿 漢讀考云宋本周禮音義詩衛風正義白帖宋刻卷廿二廿三引周禮甿皆作氓知開成石經作甿以氓爲亡民而改之也

以樂昬擾甿 宋本余本嘉靖本同唐石經閩監毛本昬作昏注中準此

以興耡利甿 說文耒部云耡商人七十而耡耡耤稅也从耒助聲周禮曰以興耡利萌案鄭大夫注讀耡爲藉與許君訓耡爲藉意同

以疆予任甿 閩監毛本同誤也唐石經宋本余本嘉靖本疆皆作彊當訂正注中同釋文亦誤作疆余本載音義作彊

甿猶懵懵無知貌也 釋文懵懵本又作懜宋本嘉靖本貌作皃此本疏中亦作皃漢讀考云說文引周禮以興耡利萌漢人謂民爲萌注當云變民言萌萌猶懵懵艸木始生曰萌故訓曰懵若氓則毛傳說文訓爲民也

詩云跱乃錢鎛 惠校本同閩監毛本跱改庤

故云皆所饒遠 浦鏜云所下脫以

十夫二鄰之田 毛本鄰改隣此本誤都今據諸本訂正

以南畝圖之 閩監毛本同宋本作而南晦圖之余本岳本嘉靖本畝皆作晦此本疏中引注亦作晦當訂正

軌廣八尺 惠校本作九尺○按惠棟誤也軌無容九尺者

環涂以爲諸侯經涂 惠校本閩本同監毛本經誤徑下同○按毛本此二行三經字皆譌爲徑

辨其老幼癈疾　監本癈誤廢疏中同

及窆陳役　釋文作及竁云劉昌絹反穿也本作窆彼驗反與注相應案陸從劉昌宗作竁與注乖當從咸衮本作窆今本是也

給墓上事及竁也　宋本竁誤毳

春秋謂之塴　宋本塴作傰載音義同葉鈔釋文亦作傰

遂師

施讀亦弛也　諸本同案亦下當脫爲字均注云施讀亦爲弛也可證浦改作施讀爲弛非此承上遂人注施讀爲弛言之故云亦

謂周徧知其夫家六畜及田野之等任之　此本之等二字剜擠閩監毛本遂排入

云地之宜晚早不同者　閩監毛本晚早誤倒

此經入玉府者　惠校本經作徑此誤

及窆抱磨　閩監毛本同誤也余本嘉靖本磨作曆注中同當據正葉鈔釋文抱曆劉音歷通志堂本亦誤磨困學紀聞云遂師抱曆音歷史記樂毅書故鼎反乎曆室徐廣注曆歷也戰國策新序作歴室蓋古字通用

禮記或作摶　余本岳本閩監本同釋文亦作摶音市專反宋本嘉靖本誤作搏毛本誤作摶

謂祖廟中將行　惠校本謂下有在此脫

脫載除節 閩本同監毛本節作飾○按飾是

或作摶 閩本同監毛本摶改慱下但為摶者同案宋本注作摶當即摶之譌

遂大未

施讀亦為弛 宋本弛作弛

耒耜鎡基之屬 嘉靖本鎡基作茲其從金從土蓋後人所加此本疏中引注作鎡其

審端徑術 諸本同釋文亦出徑術二字岳本徑作經誤

引遂人職云 惠校本引上有即此脫

勑之以職事 惠校本勑作勅下節疏同

縣正

云頒田里者 閩本同監本云下𠜱擠以字毛本遂排入

夫一廛田百晦也 監本晦改畝

酇長

飦稽考女功之事 惠校本之下有等

里宰

趨其耕耨　毛本耨誤耕

但文今不足故後鄭增其義也　閩監毛本增改從文今疑誤

鄰長

徙于他邑　嘉靖本徙誤徒

周禮注疏卷十五校勘記

附釋音周禮注疏卷第十六

鄭氏注　賈公彥疏

旅師掌聚野之耡粟屋粟閒粟野謂遠郊之外也耡粟民相助作一井之中所出九夫之稅粟也屋粟民有田不耕所罰三夫之稅粟閒粟閒民無職事者所出一夫之征粟〇閒音閑注同疏旅師至閒粟〇釋曰此旅師斂六遂之稅六遂在野故云掌聚野之耡粟之等〇注野謂至征粟〇釋曰云野謂遠郊之外也者案鄉大夫野自六尺彼野謂城外此野據遠郊之外六遂之中也云耡粟民有相助作一井之中所出九夫之稅粟也者六鄉六遂與公邑三處皆爲溝洫法三等采地乃爲井田今此六遂之中鄭云一井之中出九夫之稅粟以爲井田與例違者但鄉遂之中雖爲溝洫法及其出稅亦爲井田稅之是以小司徒職云考夫屋注云夫三爲屋屋三爲井出地貢者三三相任是出地稅亦取井有九夫三三相保而稅之故以井言之云屋粟民有田不耕所罰三夫之稅粟閒粟閒民無職事者所出一夫之征粟者此並載師職文但彼云出夫家之征彼注云夫稅者百。晦之稅家稅者出士徒車輦此經云粟無取於家征之義故略不言也而用之以質劑致民平頒其興積施其惠散其利而均其政令而讀。爲若聲之誤也若用之謂恤民之艱阨委積於野如遺人於鄉里也。以質劑致民案入稅者。名會而貸之與積所與之積謂三者之粟也平頒之不得偏頗有多少縣官徵聚物曰興今云軍興是也是粟縣師徵之旅師斂之而用之以賙衣食曰惠以作事業曰利均其政令者皆以國服爲之息〇而用而音若出注積子賜反注同疏而用至政令〇釋曰若用謂用上者之粟也〇注而讀至之息〇釋曰鄭必讀而爲若者所聚之粟民有艱阨乃用之無則貯待凶年則若爲不定之辭其而字無義例故鄭轉爲若也云若用之謂恤民之艱阨者案遺人云鄉里之委積以恤民之囏阨此六遂即鄉里也故鄭云委積於野如遺人之於鄉里也云以貲劑致民案入稅者名會而貸之者所聚之粟。遷擬凶年。振恤所輸入之人欲與之粟還案入稅者之人名會計多少以貸之簿書若市券有長短故云貲劑也云縣官徵聚物曰興者六遂已外縣師徵之故云縣官徵聚物曰興云今云軍興是也者鄭舉漢法況之興皆是積聚之義也云是粟縣師徵之者案上縣師職云歲時徵野之賦貢故知也云旅師斂之者卽上文聚三等粟是也云而用之則若用之是也云以賙衣食曰惠知者以衣食先當時用不生其利故云惠所爲事業後卽有利故云利此對文惠利兩有故爲此釋若通而言之惠利爲一故論語孔子云因民所利而利之不亦惠而不費是惠利通也云均其政令者皆以國服爲之息者亦如泉府凡民之貸者以國服爲之息鄭彼注云以其於國服事之稅而出息也於國事受園廛之田而貸萬泉者則期出息五百若然近郊之田貸萬泉期出息一千已外遠郊甸稍縣都皆依國可知

凡用粟春頒而秋斂之

困時施之饒時收之【疏】凡用至斂之○釋曰上經所云是貸而生利此經所云是直給不生利也官得舊易新民得濟其困乏官民俱益之也

凡新甿之治皆聽之使無征役以地之㜸惡爲之等

新甿新徙來者也治謂有所求乞也使無征役復之也王制曰自諸侯來徙。家期不從政以地美惡爲之等七人以上授以上地六口授以中地五口以下授以下地與舊民同旅師掌斂地稅而又施惠散利是以屬用新民焉○治直吏反注同復音福期音基上時掌反【疏】注新甿至民焉○釋曰云新甿新徙來者也者卽上徙於他者是也云治謂有所求乞也者此無正文鄭以意解之以其無征役可治又新來未有業次故知治是求乞也引王制自諸侯來徙於家期不從政者彼仍有自家徙於諸侯三月不從政不引之者略引之以證有復除之法云以地美惡爲之等七人以上授之以上地已下者此皆據小司徒職文此三等據中地而言故注云有夫有婦乃成家自二人以至十人爲九等七六五者爲其中但彼六鄉上地無萊此據六遂上地有萊五十畮已外中地下地外內同皆三百畮耳

稍人掌令丘乘之政令丘乘四丘爲甸甸讀與惟禹敶之敶同其訓曰乘由是改云是掌令都鄙脩治井邑丘甸縣都之溝涂云丘甸者舉中言之溝涂之人名井別邑異則民之家數存焉○丘乘繩證反注丘乘曰乘丘甸井爲甸甸讀禹敶之敶皆同音【疏】稍人至政令○釋曰云掌令丘乘之政令者四井爲邑四邑爲甸甸出長轂一乘故云丘乘不言令井邑者舉中而言也言令者謂三等采地之中爲溝涂之法耳○注丘乘至存焉○釋曰丘乘四丘爲甸據小司徒而言之也云甸讀與惟禹敶之敶同者案毛詩云惟禹甸之不言敶者鄭先通韓詩此據韓詩而言敶敶是軍陳故訓爲乘言由是改云者由甸出車一乘可以爲軍故改云乘不爲甸也云是掌令都鄙脩治井邑丘甸縣都之溝涂云丘甸者舉中言之者此據小司徒職云四井爲邑四邑爲丘四丘爲甸四甸爲縣四縣爲都而言也知直令爲溝涂者以下文云若有會同則以縣師之法作其同徒役是令軍法明此惟令治溝涂者而已云溝涂之人名井別邑異則民之家數存焉者謂甸方八里其中六十四井出田稅外加一里三十六井使治溝洫不出稅云民之家數存者假令上地一井地有九夫中央一夫助入去一傍八夫各治一夫以自入則一井地有九夫家則有八四井爲邑三十二家據一成而言則三十六井使治溝涂各有人名故云溝涂之人名井別邑異民之家數存在於一成之中矣

若有會同師田行役之事則以縣師之灋作其同徒輂輦帥而以至治其政令以聽於司馬有軍旅會同田役之戒縣師受法於司馬邦國都鄙稍甸郊里唯司馬所調以其法作其衆庶及馬牛車輦會其車人之卒伍使皆備旗鼓兵器以帥而至是以書令之耳其所調若在家邑小都大都則稍人用縣師所受司馬之法作之帥之以致於司馬也同徒司馬所調之同凡用役者不必一時皆偏以人數調之使勞逸遞焉○輂居錄反卒伍子忽反調徒弔反下同偏音遍遞徒禮反又音弟本又作適音釋【疏】若有至司馬○釋曰云若者此等或有或無故云若爲不定之辭也云會同者謂時見曰會殷見曰同云師田者謂出師征伐

及田徵云行役者謂巡守及興役云則以縣師之法作其同徒者稍人屬縣師受縣師屬大司馬大司馬得王進止縣師即受法於司馬縣師既得法稍人又受法於縣師故云以縣師之法作其同徒也既作同徒乃致與大司馬故云以聽於司馬也○注有軍至遞焉○釋曰有軍旅會同田役之戒縣師受法於司馬邦國都鄙稍甸郊里唯司馬所調者縣師注云郊里郊所居也謂六鄉之民布在國中外至遠郊故有居在郊者也云以其法作其衆庶及馬牛車輦會其車人之卒伍使皆備旗鼓兵器以帥而至者並縣師職云其間云縣師及邦國都鄙稍甸郊里唯司馬所調以其法並鄭所加加之者欲見縣師受法於司馬稍人又受法於縣師之意也云是以書令之耳者此鄭君之言是以此稍人書而令作其同徒之事云其所調若在家邑小都大都則稍人用縣師所受司馬之法作之帥之以致於司馬也者此鄭取縣師之文合於此經共°文此稍人受法於縣師之所受司馬之法云同徒司馬所調之同者此即縣師受法於司馬者也云凡用役者不必一時已下此釋其同徒同其勞逸遞等也

大喪帥蜃車與其役以至掌其政令以聽於司徒蜃車及役遂人共之稍人者野監是以帥而致之既夕禮曰既正柩賓出遂匠納車于階間則天子以至于士柩路皆從遂來

疏大喪至司徒○釋曰此經釋天子之喪將葬使稍人帥蜃車及役人使至之事云以聽於司徒者以其司徒地官卿掌徒庶之政令故稍人帥衆以聽於司徒也○注蜃車至遂來○釋曰鄭知蜃車及役遂人共之者案遂人職云大喪帥六遂之役而致之又云及葬帥而屬六綍又遂師職亦共丘籠及蜃車之役故知遂人共之也云稍人者野監是以帥而致之者此欲釋得在稍人之意以其監三等采地是野監故得并監六遂蜃車之事也云天子以至于士柩路皆從遂來者此經上舉天子既夕下舉士則其中有諸侯卿大夫之喪蜃車柩路皆從遂人而來可知

委°人掌斂野之賦斂薪芻凡疏材木材凡畜聚之物野謂遠郊以外也所斂野之賦謂野之園圃山澤之

賦也凡疏材草木有實者也凡畜聚之物瓜瓠葵芋禦冬之具也野之農賦旅師斂之工商嬪婦遂師以入玉府其牧則遂師又以共野牲○具斂力豔反畜勑六反注同芋于附反

疏 注野謂至野牲○釋曰委人所斂皆據六遂以外至王畿故鄭云野謂遠郊以外總言之也云所斂野之賦謂野之園圃山澤之賦也者此則九職所出貢貢賦通言之九職之中有園圃毓草木又有虞衡作山澤之材故以園圃山澤言之也云凡疏材草木有實者也者疏是草之實材是木之實故鄭並言之九職中有臣妾聚斂疏材鄭彼注云疏材百草根實不以木解材文略也彼臣妾聚斂雖無貢法要知此疏材亦是草木有根實者鄭不言根亦略言之也云凡畜聚之物瓜瓠葵芋禦冬之具也者七月詩有八月斷壺壺瓠也有甘可食者信南山詩疆埸有瓜士喪禮又有葵菹芋故知畜聚物中有瓜瓠葵芋之等但士喪禮籩豆差之葵菹芋芋爲長菹不得爲芋子其南方有芋子堪食與士喪禮芋別也云野之農賦旅師斂之者卽上旅師所云聚野之耡粟之等是也云工商嬪婦遂師以入玉府者案遂師云入野職野賦于玉府雖不言工商嬪婦但遂師旣入野之賦貢明嬪婦工商之賦也知者以其玉府掌玩好之物其工商嬪婦所作堪爲玩好故入玉府者工商嬪婦也云其牧則遂師又以共野牲者上遂師云凡國祭祀共其野牲是知九職之中藪牧養鳥獸者遂師共之也

以稍聚待賓客以甸聚待羈旅聚凡畜聚之物也故書羈作奇杜子春云當爲羈○聚俗裕反下文同

疏 以稍至羈旅○釋曰委人掌斂野賦故以三百稍地之聚二百里甸之聚以待羈旅過客之等○注聚凡至爲羈○釋曰鄭知聚是凡畜聚者見上文凡畜聚之物故知此聚亦是畜聚之物

凡其余聚以待頒賜余當爲餘聲之誤也餘謂縣都畜聚之物

疏 注余當至之物○釋曰知餘聚是縣都者以其委人掌斂野物從二百里至王畿上已云甸稍明此言餘聚是縣四百里都五百里中畜聚之物如上稍甸畜聚之物也

以式灋共祭祀之薪蒸木材賓客共其芻薪喪紀共其薪蒸木材軍旅共其委積薪芻

凡疏材共野委兵器與其野囿財用式法故事之多少也薪蒸給炊及燎麤者曰薪細者曰蒸木材給張事委積薪芻者委積之薪芻也軍旅又有疏材以助禾粟野委謂廬宿止之薪芻也其兵器謂守衛陳兵之器也野囿之財用者苑。囿。藩。羅之材〇羅音羅本亦作羅

【疏】以式至材用〇釋曰此一經以委人掌斂野賦故所有委積皆供之〇注式法至之材〇釋曰云式法故事之多少也者總此一經皆當依舊法式用之故以法法式目之也云薪蒸給炊及燎者以其祭祀所用薪蒸無過炊米與燔燎也知麤者曰薪細者曰蒸者左氏傳云其父析薪薪既云析明其大者曰薪其蒸不言析明其細也云木材給張事者以其祭祀而云木材等更無用木材之處案掌次云張大次小次及幕並須木材明據此所用故云給張事云委積薪芻者委積之薪芻也者案大行人掌客皆有委積委積之中有牲牢米禾薪芻之等委人所供惟供薪芻鄭恐委積之中有米牲牢亦供之故云委積薪芻是委積之中供薪芻以別之也云軍旅又有疏材以助禾粟者以其疏材是百草根實可得助禾粟以供馬牛故云助禾粟也云野委謂廬宿止之薪芻也者案遺人云十里有廬廬有飲食三十里有宿宿有委五十里有市市有積委積之中有芻薪在野外故云野委也其六鄉之廬宿委積薪芻自六鄉供之云其兵器謂守衛陳兵之器也者其文承野委之下明與野委同爲賓客所用故知是守衛賓客陳兵之器也云野囿之。財用者苑囿藩羅之材者委人所爲皆據二百里上經稍聚待賓客據。二百里此囿故知在野故鄭以野囿言之古者田獵皆在囿故書傳云嚮之取於囿是勇力取今之取於澤是揖讓取若然田在澤澤中有囿田在山山中有苑其苑囿藩羅以遮禽獸故云野囿野用也

凡軍旅之賓客館焉館舍也必舍此者就牛馬之用

【疏】凡軍至館焉〇釋曰言軍旅賓客者謂諸侯以軍旅助王征討者故謂之軍旅之賓客也

土均掌平土地之政以均地守以均地事以均地貢政讀爲征所平之稅邦國都鄙也地守虞衡之屬地

事農圃之職地貢諸侯之九貢〇之政音征出注【疏】注政讀至九貢〇釋曰鄭破政爲征者不取於政教之政故破從征稅之征也云所平之稅邦國都鄙也者案下文云以和邦國都鄙者故知此平者亦據邦國都鄙若六鄉六遂及公邑征稅自均人平之云地守虞衡之屬者案下文山虞澤虞川衡林衡之屬皆云守故知地守是虞衡之屬也云地事農圃之職者九職任萬民使民事之故知地事是九職三農園圃之職也云地貢諸侯之九貢者此土均邦國都鄙而云均地貢明據大宰九貢而言但諸侯九貢是歲之常貢則小行人春令入貢者是也其諸侯九貢皆民之地稅不貢王市取美物若禹貢厥篚厥貢之類是也

以和邦國都鄙之政令刑禁與其施舍禮俗喪紀祭祀皆以地㜸惡爲輕重之灋而行之掌其禁令施讀爲弛也禮俗邦國都鄙民之所行先王舊禮也君子行禮不求變俗隨其土地厚薄爲之制豐省之節耳禮器曰禮也者合於天時設於地財順於鬼神合於人心理於萬物〇爲于僞反省所景反【疏】以和至禁令〇釋曰土均主調即是和義故土均以和畿外邦國畿內都鄙之政令及五刑五禁與其施舍不役之等並須調和之使之得所也云禮俗喪紀祭祀皆以地㜸惡爲輕重之法而行之者自禮俗喪紀祭祀三事皆以地之美惡輕重者地美則重行之地惡則輕行之以其禮許儉不非無故也云掌其禁令者恐有僭踰與下逼故禁令也〇注施讀至萬物〇釋曰云施讀亦爲弛也者上遂人注已云施讀爲弛故此云亦云禮俗邦國都鄙民之所行先王舊禮也者此土均和邦國都鄙俗者續也續代不易是知先王舊禮故引曲禮君子行禮不求變俗以證之謂若周公封康叔於殷墟其民還行殷之禮俗者也云隨其土地厚薄爲之制豐省之節耳者以厚薄解經㜸惡豐省解經爲輕重之法也云禮器曰禮也者合於天時者天有四時四時生者則將爲禮是合於天時也云設於地財者土地有財爲禮是所設依於地之財也云順於鬼神者鬼神享德不享味若不合天時不設地財而爲禮則鬼神不享若能合天時設地財則鬼神享之是順於鬼神也云合於人心者若不合

天時不設地財則不合人心若合天時設地財則合人心也云理萬物者若順鬼神合人心則萬物得其道理故可以理萬物也引之證行禮依地美惡之義

草人掌土化之法以物地相其宜而爲之種土化之法化之使美若氾勝之術也以物地占其形色爲之種黃白宜以種禾之屬〇相息亮反種章勇反注除種禾以外並同氾芳劍反李又音凡疏草人至之種〇釋曰掌土化之法者卽下經所云糞種是化土使和美〇注土化至之屬〇釋曰云化之使美者謂若騂剛用牛糞種化騂剛之地使美也云若氾勝之術也者漢時農書有數家氾勝爲上故月令注亦引氾勝故云氾勝之術也云黃白宜以種禾之屬者鄭依孝經緯援神契而言也凡糞種騂剛用牛赤緹用羊墳壤用麋渴澤用鹿鹹潟用貆勃壤用狐埴壚用豕彊㯺用蕡輕㶐用犬凡所以糞種者皆謂煑取汁也赤緹縓色也渴澤故水處也潟鹵也貆貒也勃壤粉解者埴壚黏疏者強㯺強堅者輕㶐輕脆者故書騂爲挈墳作盆杜子春挈讀爲騂謂地色赤而土剛強也鄭司農云用牛以牛骨汁漬其種也謂之糞種墳壤多蚡鼠也壤白色蕡麻也玄謂墳壤潤解〇糞粉運反本亦作糞緹音抵李宅奚反𪖥吐弟反墳符粉反麋音眉潟其列反潟音昔一音鵲貆呼丸反又音丸李一音喜元反埴時力反一音職壚音盧李一音閭強其兩反注同㯺本又作壆呼覽反劉音檻蕡扶云反一音蒲悶反㶐孚照反李音婦堯反縓七絹反鹵音魯貒它官反解胡買反下同盆符粉反疏凡糞至用犬〇釋曰案禹貢冀州云白壤青州云白墳兖州云黑墳徐州云赤埴墳揚州荆州云塗泥豫州云墳壚梁州云青黎雍州云黃壤九等與此騂剛之屬爲九等不同者以禹貢自是九州大判各爲一等此九等者無妨一州卽有此九等之類故不同也〇注凡所至潤解〇釋曰云凡所以糞種者皆謂煑取汁也者雖無正文以意量之用牛羊之類不可以骨肉明煑取汁和種也云赤緹縓色也者爾雅云一染謂之縓故以縓。赤當之也云渴澤故水處也者以水鍾曰澤今澤云渴明是故時停水今乃渴故云故水處也云潟鹵也者送水之處水以寫去其地爲鹹鹵故云潟鹵也云貆貒也者案爾雅云貆子貒或曰貆故以貆貒爲一也云勃壤粉解者壤是和緩故爲粉解也云埴壚黏疏者以埴爲黏以壚爲疏故云黏疏也云彊檃彊堅者以檃爲監故爲彊堅云輕㶿輕脆者㶿脆聲相近故知㶿卽脆也先鄭云用牛以牛骨汁漬其種也者此與後鄭義合也云墳壤多蚡鼠也壤白色後鄭皆不從者餘八等之地皆據地之形色唯此墳壤以蚡鼠外物爲名於義不可故還從墳爲正謂潤解也又禹貢有黃壤則此壤不得專據。白。色解之故不從壤白色也

稻人掌稼下地以水澤之地種穀也謂之稼者有似嫁女相生【疏】稻人掌稼下地○釋曰以下田種稻麥故云稼下地以豬畜水。鄭司農說豬防

以防止水以溝蕩水以遂均水以列舍水以澮寫水以涉揚。其芟作田以春秋傳曰町原防規偃豬以列舍水列者非一道以去水也以涉揚其芟以其水寫故得行其田中舉其芟鉤也杜子春讀蕩爲和蕩謂以溝行水也玄謂偃豬者畜流水之陂也防豬旁隄也遂田首受水小溝也列田之畦埒也澮田尾去水大溝作猶治也開遂舍水於列中因涉之揚去前年所芟之草而治田種稻○畜勑六反注同蕩如字李吐黨反列祿計反注同澮古外反寫戚如字劉殤故反芟所銜反町徒頂反去起呂反下同畦劉音圭又下圭反埒音劣

【疏】以豬至作田○釋曰所爲防豬之法皆具鄭注○注鄭司至種稻○釋曰春秋傳者事在襄二十五年楚蔿掩書土田法以授子木之事彼云町原防規偃豬是楚之惡地有防豬之法與此防偃同故引爲證也先鄭云以列舍水列者非一道去水也者以舍爲舍去之舍後鄭以爲止舍之舍以澮是寫去水以舍爲止水於其中故不從先鄭也

凡稼澤夏以水殄草而芟夷之。以殄病也絶也鄭司農說芟夷以春秋傳曰芟夷蘊崇之今時謂禾下。麥爲。荑下麥言芟刈其禾於下種麥也玄謂將以澤地爲稼者必於夏六月之時大雨時行以水病絶草之後生者至秋水涸芟之明年乃稼○荑

音夷蘊紆粉反或憂羣反涸胡洛反疏注殄病至乃稼○釋曰春秋傳者隱六年五月鄭伯侵陳大獲往歲鄭伯請成於陳陳侯不許五父諫云周任有言
曰爲國家者見惡如農夫之務去草焉芟夷蘊崇之注云芟刈蘊積崇聚也絕其本根勿使能殖引之者證芟夷爲刈殺之義也玄謂必於夏六月之時大雨
時行者此月令文引之證經夏以水殄草之義也云至秋水涸芟之者解經芟夷之義也

澤草所生種之芒種鄭司農云澤草之所生其
地可種芒種芒種稻麥也○芒種章勇反注芒種同疏澤草至芒種○釋曰澤草所生種之芒種者但水鍾曰澤有水及鹹鹵皆不生草卽不得芒種種故云
草所生

旱暵共其雩斂稻人共雩斂稻急水者也鄭司農云雩事所發斂○暵呼但反斂戚力驗反注同疏旱暵共其雩斂○釋曰此
旱雩據夏五月已後脩雩云暵者旱之熱氣若四月龍見而雩未必旱暵也然二種雩皆供雩斂也○注稻人至發斂○釋曰鄭意餘官不言共雩斂於此官
特言共者以稻是水穀急須水故旱時特使共雩之發斂也

喪紀共其葦事葦以闉壙禦濕之物○闉音因疏注葦以至之物○釋曰春
秋左氏有井闉闉塞也鄭知葦以闉壙所以約之爲塞壙言禦水之物則在棺下用之或以抗席卽是禦土與禦水義乖恐非也

土訓掌道地圖以詔地事道說也說地圖九州形勢山川所宜告王以施其事也若云荊揚地宜稻幽并地宜麻○麻如字一本作
麋李及聶氏亡皮反劉沈皆作麇音紀紀倫反案注辨土所宜荊揚皆言穀幽并不應論獸紀倫之音恐非疏注道說至宜麻○釋曰其九州地圖乃是諸國
所獻以入職方今土訓乃於職方取九州地圖依而說向正使依而責其貢獻之物云若云荊揚地宜稻幽并地宜麻者案職方荊揚之州實宜稻幽并之州
並不言宜麻者鄭以目驗見宜麻職方不言麻乃非民所要用故也

道地慝以辨地物而原其生以詔地求地慝若障
蠱然也辨其物者別其所有所無原其生生有時也以此二者告王之求也地所無及物未生則不求也鄭司農云地慝地所生惡物害人者若虺蝮之屬○地

慝他得反虺虛鬼反蝮孚目反【疏】注地慝至之屬○釋曰云若障蠱然也者謂土地所生惡物障卽障氣出於地也蠱卽蠱毒人所爲也云別其所有所無者若職方九州所有所無也云原其生生有時也者雖是當州所有而生有時也云以此二者告王之求也者謂辨地物原其生者告王求地所育也地所無及物未生則不求也先鄭云地慝所生惡物害人者若虺蝮之屬者此與後鄭障蠱義不同引之在下亦得爲一義也

王巡守則夾王車巡守行視所守也天子以四海爲守○行下孟反【疏】注巡守至爲守○釋曰夾王車者亦在國掌道地圖已下之事鄭云行視所守也者此解諸侯爲天子守土云天子以四海爲守者此解天子自守天下之義若巡守之中含此二義

誦訓掌道方志以詔觀事說四方所識久遠之事以告王觀博古所識若魯有大庭氏之庫殽之二陵【疏】誦訓至觀事○釋曰云掌道方志者志卽今之識也謂道四方所記識久遠之事以告王也云以詔觀事者謂告王觀博古之事也○注說四方至二陵○釋曰左氏傳昭十八年宋衞陳鄭皆火梓愼登大庭氏之庫以望之注云大庭氏古亡國之君在黃帝前其處高顯殽之二陵僖三十二年秦之蹇叔子見師襲鄭哭而送之曰晉人禦師必於殽殽有二陵焉其南陵有夏后皋之墓也其北陵文王之所避風雨也並所識久遠之事故引之以證方志之義

掌道方慝以詔辟忌以知地俗方慝四方言語所惡也不辟其忌則其方以爲苟於言語也知地俗博事也鄭司農云以詔辟忌不違其俗也曲禮曰君子行禮不求變俗○辟音避注同惡烏路反【疏】掌道至地俗○釋曰誦訓又掌說四方言語所惡之事以詔告令王避其忌惡所以然者使王博知地俗言語之事故鄭云博事也○注方慝至變俗○釋曰引曲禮君子行禮不求變俗者上土均云禮俗注亦引此文彼謂先王舊俗是禮事不變之此引不求變俗謂不變其鄉俗所嫌惡皆是不求變俗各證一邊之義故不同也

王巡守則夾王車【疏】王巡至王車○釋曰此亦與土訓同各以所掌以告王也

山虞掌山林之政令物爲之厲而爲之守禁物爲之厲每物有蕃界也爲之守禁爲守者設禁令也守者。謂其地之民占伐林木者也鄭司農云。厲遮列守之〇爲守者于僞反下爲久同疏山虞掌至守禁〇釋曰案下文林自有衡官掌之今山虞兼云林者彼林是竹木生平地者林衡掌之此山林幷云者自是山內之林卽山虞兼掌之〇注物爲至守之〇釋曰但山內林木金玉錫石禽獸所有不同每物各有藩界設禁亦不同云守者謂其地之民占伐林木者也者案下澤虞職云使其地之人守其財物以時入之于玉府頒其餘于萬民彼是其地之民占取澤物者守之明此山虞所守亦然是以此下文亦令萬民時斬材有期日明是守山林之人也仲冬斬陽木仲夏斬陰木鄭司農云陽木春夏生者陰木秋冬生者若松柏之屬玄謂陽木生山南者陰木生山北者冬斬陽夏斬陰堅濡調〇濡戚如兗反又音柔疏注鄭司至濡調〇釋曰先鄭云陽木春夏生者陰木秋冬生者若松柏之屬後鄭不從以爲山南爲陽木北爲陰木者案月令十一月日短至伐木取竹箭竹箭秋冬生不用仲夏斬之故知先鄭之義非也凡服耜斬季材以時入之季猶穉也服與耜宜用穉材。尚柔忍也服牝服車之材〇忍音刃疏凡服至入之〇釋曰服謂牝服卽車平較皆有鑿孔以軨子貫之故謂之牝服也耜謂耒耜踰曲長六尺六寸車人所造者二木皆須堅刃故斬季材少木爲之云時入者以其須堅故須依上文仲冬仲夏之時也令萬民時斬材有期日時斬材斬材之時也有期日入出有日數爲久盡物疏令萬至期日〇釋曰案禮記王制云草木零落然後入山林彼據萬民伐木之時謂十月之中此云萬民時斬材亦謂十月時〇注時至盡物釋曰鄭云時斬材斬材之時也者正在十月也云有期日入出有日數爲久盡物者經直云有期日鄭云有日數蓋當有日數多少但無文不知幾日爲限也凡邦工入山林而掄材不禁掄猶擇也不禁者山林國之有不拘日也〇掄魯門反又音倫拘音俱本亦作佝音同疏凡邦至不禁釋曰上文云仲冬斬陽木仲夏斬陰木彼據堅刃之極時但國家須材不要在仲冬仲夏故此邦工入山林不禁又不言時節須即取足之故也○注掄猶至日也○釋曰此對萬民
不得非時入入又有日數春秋之斬木不入禁非冬夏之時不得入所禁之中斬木也斬四野之木可疏注非冬至木可○釋曰上
經云邦工入山林不禁此又云春秋之斬木不入禁與上違者上文據國家使工取擇木故非冬夏亦得入山林此據萬民取木故十月入山春秋之斬木不
入禁故鄭云斬四野之木可雖斬四野木至於三月不得伐桑柘故月令季春云無伐桑柘彼注愛蠶食也凡竊木者有刑罰竊盜也
疏凡竊至刑罰○釋曰此謂非萬民入山之時而民盜山林之木與之以刑罰若祭山林則爲主而脩除且蹕爲主主辨
護之也脩除治道路場壇○壇徒丹反或音禪疏若祭至且蹕○釋曰此山林在畿內王國四方各依四時而祭云則爲主者謂主當祭事者也而脩除者
謂掃除糞灑云且蹕者且復蹕止行人也○注爲主至場壇○釋曰云爲主主辨護之也者案中候握河紀堯受河圖云帝立壇磬折西向禹進迎舜契陪位
稷辨護注云辨護者供時用相禮儀則此云辨護者亦謂其時用相禮儀者也云脩除治道路場壇者案守祧職云其廟則有司脩除之鄭云有司恆主脩除
謂掃除糞灑場謂墠即除地之處壇神位之所也若大田獵則萊山田之野及弊田植虞旗于中致禽
而珥焉萊除其草萊也弊田田者止也植猶樹也田。上樹旗令獲者皆致其禽而校其耳以知獲數也山虞有旗以其主山得畫熊虎其仞數則短也
鄭司農云珥者取禽左耳以效功也大司馬職曰獲者取左耳○植時力反又音值珥如志反又音耳○疏若大至珥焉○釋曰言大田獵者謂王親行若
田在山則山虞芟萊草木於可陳之處故云萊山田之野又及弊田植虞旗于中使民得禽牲者望見之致禽於其所而珥焉珥當爲衈謂輸禽者割取左耳
以效功也○注萊除至左耳○釋曰云萊除其草萊也者謂於防南擬教戰之處芟去草萊南北二百五十步東西步數雖未聞廣狹可容六軍三三而居一

偏耳云山虞有旗以其主山得畫熊虎其仞數則短也者案司常云師都建旗大夫建物此山虞是士不建物而建旗者以其主山山多熊虎故得有旗禮緯旌旗之杠天子九仞諸侯七仞大夫五仞士三仞若軍吏是卿大夫則杠長五仞今山虞是士雖有熊虎爲旗仞數則短宜三仞必取左耳者以其聽鄉任左故皆取左耳也

林衡掌巡林麓之禁令而平其守平其守者平其地之民守林麓之部分○麓音鹿分扶問反下同疏林衡至其守○釋曰此林衡兼麓者以爾雅山足曰麓雖連於山山虞不掌以麓上有林故屬林衡也○注平其至部分○釋曰經直言平其守明不平其稅而平均其守而已故云平其地之民守林麓之部分謂部伍有多少遠近之分也

以時計林麓而賞罰之計林麓者計其守之功也林麓蕃茂民不盜竊則有賞不則罰之○蕃扶袁反疏以時至罰之○釋曰此時考校而計林麓以行賞罰者林衡之官既平民之守護林麓而會計民有功者賞之損麓之財者罰之故注云不則罰之也○

若斬木材則受灋于山虞而掌其政令法萬民入出時日之期疏若斬至政令○釋曰上山虞官尊故設之是以此林衡若斬木材期於虞邊受焉○注法萬至之期○釋曰案山虞云仲冬仲夏及春秋是時之期號令萬民斬材有期日是日之期也

川衡掌巡川澤之禁令而平其守以時舍其守犯禁者執而誅罰之舍其守者時案視守者於其舍申戒之○疏川衡至罰之○釋曰川注瀆者皆是也水鍾曰澤澤與川不同官今川衡兼云澤者澤與川連者則川衡兼掌之謂若濟水溢爲滎澤滎澤則與濟連則管濟川者兼滎澤掌之如此之類皆是○注舍其至戒之○釋曰此舍其守謂川衡之官時復巡行所守之民當案視其所守守人當於

其舍申重戒。粉之也

祭祀賓客共川奠川奠籩豆之實魚鱐蜃蛤之屬○奠音鼃下同鱐所留反蜃上忍反蛤古答反【疏】注川奠至之屬釋曰鄭此注皆據醢人及籩人而言案籩人職云朝事之籩有鱐蕡白黑形鹽膴鮑魚鱐醢人云饋食之豆有蜃醢蠯蚳。蜃蠯是蛤則魚鱐及蜃皆川中所生之物故引為證川奠也言之屬者具有蠃醢亦是川奠故云之屬

澤虞掌國澤之政令為之厲禁使其地之人守其財物以時入之于玉府頒其餘于萬民其地之人占取澤物者因以部分使守之以時入之于玉府謂皮角珠貝也入之以當邦賦然後得取其餘以自為也入出亦有時日之期○當丁浪反後文皆同為于偽反下注同【疏】澤虞至萬民○釋曰案上山虞林衡川衡皆不言國獨澤虞云國澤者周公設經二虞二衡文有不同皆是互見為義故也此澤虞云以時入之于玉府頒其餘于萬民亦據中所出入玉府者多故特言之無妨山虞川衡之等亦入玉府亦是互見其義也○注其地至之期○釋曰以時入之于玉府者但萬民入澤雖無正文案王制獺祭魚然後虞人入澤梁草木零落然後入山林則萬民入澤可同時云謂皮角珠貝也者澤中所出無過此四物皮謂犀皮角麋角犀角珠出於蜯蛤蜯蛤在澤其。具亦出澤水故知之也云入出亦有時日之期者亦如山虞職所云也

凡祭祀賓客共澤物之奠澤物之奠亦籩豆之實芹茆蔆芡之屬○芹音勤茆音卯蔆音陵芡音儉【疏】注澤物至之屬○釋曰案籩人職加籩之實有蔆芡朝事之豆有茆菹加豆之實有芹菹是皆澤中所出故引證澤物之奠也言之屬者兼有深蒲昌本之等故云之屬

喪紀共其葦蒲之事葦以闉壙蒲以為席【疏】注葦以至為席○釋曰蒲以為席者謂抗席及禮記云虞卒哭苄翦不納者是也

若大田獵則萊澤野及弊田植虞旌以屬禽屬禽猶致禽而珥焉澤虞有旌以其主澤澤鳥所集故得。注析羽【疏】若大至屬禽○釋曰

萊所田之野一如山虞之職也○注屬禽至析羽○釋曰云屬禽猶致禽者案山虞致禽之義謂輸之於公當致之於虞旗之中而珥焉以效功此云屬禽者謂百姓致禽訖虞人屬聚之別其等類每禽取三十焉若然則致禽與屬不同而鄭云屬禽猶致禽者鄭欲明山虞澤虞文皆不足故互見爲義彼此有其事故云屬禽猶致禽而珥焉云澤虞有旌以其主澤澤鳥所集故得注析羽者以澤是鳥之所集故得建析羽之旌

迹人掌邦田之地政爲之厲禁而守之田之地若今苑也疏迹人至守之○釋曰迹人知禽獸之處故○知掌邦田之地政云爲之厲禁而守之者有禽獸之處則爲苑囿以林木爲藩羅使其地之民遮厲守之故鄭云田之地若今苑也凡田獵者受令焉令謂時與處也疏注令謂時與處也○釋曰云時與處者謂若仲春仲夏仲秋仲冬是其時云處者謂山澤也其受令者謂夏官主田獵者禁麛卵者與其毒矢射者爲其夭物且害心多也麛麋鹿子○麛音迷卵力管反疏注爲其至多也○釋曰此謂四時常禁案月令孟春云不麛不卵又王制云國君春田不圍澤大夫不掩羣士不麛不卵者彼以春時先乳特禁之其月令季春云餧獸之藥毋出九門者彼亦崇其春時彼鄭注云凡諸罟及毒藥禁其出九門明其常有時不得用耳云爲其夭物釋經禁麛卵者且害心多釋毒矢射者也

丱人掌金玉錫石之地而爲之厲禁以守之錫鈏也○丱華猛反又號猛反劉侯猛反沇工猛反錫星歷反鈏以忍反劉常忍反疏丱人至守之○釋曰此金玉錫石四者皆在於山言地者即山也爲之厲禁亦謂使其地之民遮護守之若以時取之則物其地圖而授之物地占其形色知鹹淡也授之教取者之處○啖音直覽反本亦作淡疏若以至授之○釋曰取此四者雖無四時之文當取之日應亦有時故云以時取之○注物地至之處○釋曰經云物故以占其形色言之云知鹹淡者鄭以當時有人採者嘗知鹹淡即知有金玉故

以時事言之也

巡其禁令

行其禁明其令

角人掌以時徵齒角凡骨物於山澤之農以當邦賦之政令

山澤出齒角骨物大者犀象其小者麋鹿

【疏】角人至政令○釋曰角人止應徵角物兼言齒骨者以其齒骨並是角類以細小之事因類兼掌之云以當邦賦者言農則皆有夫田出稅今以此農近山澤山澤有此骨角及齒此三者國之所須故使以時入採而稅之以當地稅民益國之事者自此已上皆不言以當邦賦者皆文不具舉此一事餘可知並是省文之義也○注山澤至麋鹿○釋曰鄭言齒角骨物者欲見不言川林直言山澤以其不出川林故特言山澤也云大者犀象其小者麋鹿者無正文鄭以意目驗而知之犀牛有角而象有牙是其大者也月令十一月麋角解五月鹿角解是其小者也

以度量受之以共財用

骨入漆浣者受之以量其餘以度度所中○浣戶翫反度度上如字下待洛反

羽人掌以時徵羽翮之政于山澤之農以當邦賦之政令

翮羽本○翮戶革反

【疏】羽人至政令○釋曰此羽人所徵羽者當入於鍾氏染以爲后之車飾及旌旗之屬也○

凡受羽十羽爲審百羽爲摶十摶爲縳

審摶縳羽數束名也爾雅曰一羽謂之箴十羽謂之縳百羽謂之緷其名音相近也一羽有名蓋失之矣○摶除轉反注同劉徒端反縳劉古本反沈除轉反箴之林反緷古本反劉音渾一音戶本反李又基遠反近附近之近

【疏】注審摶至之矣○釋曰鄭引爾雅說乃云名音相近也一羽有名蓋失之矣者規爾雅誤意所以爾雅一羽則有名者只由一者十數之始十爲百數之始是名相近既有十百故誤一羽遂有名也

掌葛掌以時徵絺綌之材于山農凡葛征徵草貢之材于澤農以當邦賦之政

令草貢出澤蕢紵之屬可緝績者○蕢苦迴反緝七入反○疏掌葛至政令○釋曰所以徵絺綌於山農者以其葛出於山故也凡葛征者其徵絺綌之材即葛是也又云凡葛征者總結之也云徵草貢之材于澤農者以蕢紵出於澤故也經直言草貢不言蕢紵者設文以互換為義故以其絺綌亦以葛草草貢亦是蕢紵者也以權度受之以知輕重長短也故書受或為授杜子春云當為受疏以權度受之○釋曰上角人齒骨與角不須稱直言度量此經葛草等不須量故以權度受之。使知斤兩長短故也

掌染草。掌以春秋斂染草之物染草茅蒐。橐蘆豕首紫茢之屬○茅如字劉音妹蒐所留反茅蒐蒨也橐音託又音妒茢音列劉閭計反或音例○疏注染草至之屬○釋曰案爾雅茹藘茅蒐郭注云今之蒨也可以染絳橐盧者爾雅無文豕首者爾雅云茢薽豕首郭注云本草曰彘蘆一名蟾蠩蘭今江東呼豨首可以燭蠶蛹郭氏雖有此注不言可染何色則此橐蘆豕首未審鄭之所據也紫茢者爾雅云藐茈草郭注云可以染紫一名茈莀廣雅云即此紫茢也言之屬者更有藍。早象斗之等眾多故以之屬兼之也以權量受之以待時而頒之權量以知輕重多少時染夏之時○染夏如琰反疏注時染夏之時○釋曰案天官染人云春暴練夏纁玄秋染夏夏為五色至秋染五色故鄭云染夏之時時謂秋時也○

掌炭掌灰物炭物之徵令以時入之灰炭皆山澤之農所出也灰給澣練炭之所共多○疏注灰炭至所出○釋曰灰炭既出山澤不云徵于山澤之農者義可知經略而不言也○以權量受之以共邦之用凡炭灰之事

掌荼。掌以時聚荼以共喪事共喪事者以著物也既夕禮曰茵著用荼疏注共喪至用荼○釋曰云共喪事者以著物也者即

引既夕禮茵著用荼是也案既夕禮爲茵之法用緇翦布謂淺黑色之布各一幅合縫著以荼柩未入壙之時先陳於棺下縮二於下橫三於上乃下棺於茵上是也

徵野疏材之物以待邦事凡畜聚之物荼茅莠疏材之類也因使掌焉徵者徵於山澤入於委人○畜勑六反莠音秀劉音酉○疏注荼茅至委人○釋曰知掌荼所徵入委人者以其委人掌斂野之賦凡疏材木材所斂者衆故知此掌荼所徵亦入委人也

掌蜃掌斂互物蜃物以共闉壙之蜃互物蚌蛤之屬闉猶塞也將井椁先塞下以蜃禦濕也鄭司農說以春秋傳曰始用蜃炭言僭天子也○互戶故反蚌蒲項反御魚呂反本亦作禦疏掌蜃至之蜃○釋曰斂互物者以其互物是蜃之類故因類使兼掌之又云蜃物者共百事之蜃與下共闉壙之蜃別○注互物至子也○釋曰云互物蚌蛤之屬者案鼈人云掌取互物先鄭云互物謂有甲蒴胡龜鼈之屬此後鄭互物爲蚌蛤者彼下文別有廬蠯即蛤故從先鄭爲龜鼈至此別爲蚌蛤亦是有甲蒴胡故也云將井槨先塞下以蜃禦濕也者案士喪禮筮宅還井槨於殯門之外注云既哭之則往施之竁中是未葬前井槨材乃往施之壙中則未施槨前已施蜃灰於椁下以擬禦濕也引春秋者是成公二年宋文公卒始厚葬用蜃炭雖二王之後不得純如天子亦用蜃○故被譏引之者證天子之宜也○

祭祀共蜃器之蜃飾祭器之屬也鬯人職曰凡四方山川用蜃器春秋定十四年秋天王使石尚來歸蜃蜃之器以蜃飾因名焉鄭司農云蜃可以白器令色白○白器如字劉薄霸反疏注飾祭至色白○釋曰經直云蜃蜃器之蜃鄭總云祭器之屬不辨宗廟及社稷之器則宗廟社稷皆用蜃飾之知義然者案此注引左氏云石尚來歸蜃公羊以爲宜社之肉以蜃器而盛肉故名肉爲蜃是祭社之器爲蜃也大行人云歸脤以交諸侯之福彼則宗廟社稷之器物謂之爲脤是其宗廟社稷之器皆蜃灰飾之事也

共白盛之蜃盛猶成也謂飾牆使白之蜃也今東萊用蛤謂之义灰云疏注盛猶至灰云○釋曰言白成謂飾牆使白之蜃也案爾雅云地謂之黝牆謂之堊黝黑也堊

白也若然此經所云白盛主於宗廟堊牆也云今東萊用蛤謂之义灰云者蜃蛤在泥水之中東萊人义取以為灰故以蛤灰為义灰云也

囿人掌囿游之獸禁囿游囿之離宮小苑觀處也養獸以宴樂視之禁者其蕃衞也鄭司農云囿游之獸游牧之獸○觀古亂反樂音洛

【疏】注囿游至之獸○釋曰鄭云囿游囿之離宮小苑觀處也者案孟子文王之囿七十里芻蕘者往焉天子之囿百里並是田獵之處又書傳云鄉之取於囿是勇力取今之取於澤是揖讓取是為蒐狩之常處也今此云禁故知非大囿是小苑觀處也云禁者其蕃衞也者卽非守門者也其守門則墨者故閽人云王宮每門四人囿游亦如之鄭云墨者使守門是也言離宮者謂於王宮之外於苑中離別為宮故名離宮以宮外為客館亦名離宮也先鄭云囿游之獸游牧之獸者此與後鄭義異謂獸之游非人游觀引之在下亦得為一義故也

牧百獸備養衆物也今掖庭有鳥獸自熊虎孔雀至於狐狸鳧鶴備焉○鶴戶各反又作鸖古亂反

【疏】牧百獸○釋曰此於小囿中牧養百獸言百者舉成數而言雖以百獸為主其中亦有飛鳥故鄭注引漢之掖庭有鳥獸自熊虎孔雀至於狐狸鳧鶴備焉為證也

祭祀喪紀賓客共其生獸死獸之物

場人掌國之場圃而樹之果蓏珍異之物以時斂而藏之果棗李之屬蓏瓜瓠之屬珍異蒲桃枇杷之屬○枇蒲梨反或房迷反杷白加反

【疏】場人至藏之○釋曰場圃連言場圃同地耳春夏為圃秋冬為場其場因圃而為之故並言之也○注果棗至之屬○釋曰張晏云有核曰果無核曰蓏臣瓚以為在地曰蓏在樹曰果則不辨有核無核則鄭不指定言不知義從何者案閭師云任圃以樹事貢草木此場人又掌之者此據祭祀喪紀賓客者場人徵斂藏之其餘則閭師徵斂之也

凡祭祀賓客共其果蓏享亦如之享納牲○享許丈反劉凡享皆音向後放此○

【疏】注享納牲○釋曰享納牲謂祭祀宗廟二灌後君迎牲納之於庭時后夫人薦朝事之豆籩豆籩中有果蓏之物故

云享亦如之若然上言祭祀餘祭祀也

廩人掌九穀之數以待國之匪頒賙賜稍食匪讀爲分分頒謂委人之職諸委積也賙賜謂王所賜予給好用之式也稍食祿。廩○匪頒上音分亦如字下音班食音嗣注同好呼報反○[疏]廩人至稍食○釋曰廩人掌米倉人掌穀今廩人云九穀者以廩人雖專主米亦兼主穀故以九穀言之也○注匪讀至祿廩○釋曰破匪爲分者米穀非是匪所盛之物又以爲廬宿市在道分頒義合故不爲匪也云分頒謂委人之職諸委積也者委人委積之文具於彼云賙賜謂王所賜予給好用之式也者此即九式之中九曰好用之式是也故彼注好用燕好所賜予也云稍食祿稟者此即司士以功詔祿又王制云下士視上農夫九人祿中士倍下士之類是也。[原缺二字]法有數名春秋桓十四年八月御廩災天子亦有御廩畢云廩則平常藏米之廩此不言御廩則廩中可以兼之矣明堂位魯有米廩有虞氏之學以有虞氏尚孝合藏粢盛之委故名學爲米廩非廩稱也詩云亦有高廩又云萬億及秭注云廩所以藏粢盛之穗以其萬億及秭數多非藏米之數故以藏穗言之與常廩御廩又異

以歲之上下數邦用以知足否以詔穀用以治年之凶豐數猶計也○上下時掌反司稼職同數色主反注同[疏]以歲至凶豐釋曰上下即豐凶廩人之官以歲之豐凶得稅物多少之帳計國之用以知足否若歲凶稅物少而用多則不足廩人既知多少足否乃詔告在上用穀之法以治年之凶豐此則王制云制國用必於歲之。杪者是也

凡萬民之食食者人四鬴上也人三鬴中也人二鬴下也此皆謂一月食米也六斗四升曰鬴[疏]凡萬至下也○釋曰此謂給萬民糧食之法故云凡萬民之食食者謂民食國家糧食者人四鬴上也上謂大豐年也人食三鬴中也謂中豐年人食二鬴下也謂少儉年此雖列三等之年以中年是其常法鬴當今六斗四升卽今給請亦然○注此皆至曰鬴○釋曰知此皆謂

一月食米者計中歲頒祿人食三鬴不得爲數月古今皆月月給請故知此皆一月食米也六斗四升曰鬴昭公傳晏子辭

若食不能人二鬴則令邦移民就穀詔王殺邦用就穀就都鄙之有者殺猶減也○就殺所界反下注同疏若食至邦用○釋曰此卽穀粱傳所云五穀不熟謂之大侵謂大凶年之時用如此法也○注就穀至有者○釋曰知就都鄙之有者此據天子畿內六鄉六遂及公邑純屬天子與三等采地不同若民有不能人二鬴之歲移民就賤當先嚮都鄙三等采地之中都鄙亦凶乃出嚮畿外也故知就都鄙之有者也○

凡邦有會同師役之事則治其糧與其食行道曰糧謂糒也止居曰食謂米也○糒音備疏凡邦至其食○釋曰此會同師役皆有軍人給糧食故須治之使均給之也○注行道至米也○釋曰案書傳云行而無資謂之乏居而無食謂之困是止居曰食謂此稟人米也詩云乃裹餱糧是行道曰糧謂糒也者卽尙書費誓云峙乃糗糧卽糒也

大祭祀則共其接盛接讀爲一扱再祭之扱扱以受舂人舂之大祭祀之穀藉田之收藏於神倉者也不以給小用○接依注音扱扱初洽反劉初輒反又差及反李聶創陟反疏注接讀至小用○釋曰此卽稟人兼掌御稟所藏藉田之收以供祭祀之用者也鄭必讀接爲一扱再祭之扱者此齍米與舂人舂之當頒扱與舂人無取於接義故讀如特牲少牢云藏於神倉者也者據月令而言知不給小用者祭義云天子藉田千畝諸侯藉田百畝以事天地社稷先公敬之至也是不給小用也

舍人掌平宮中之政分其財守以灋掌其出入政謂用穀之政也分其財守者計其用穀之數分送宮正內宰使守而頒之也而行出於稟人其有空缺則計之還入○疏舍人至出入○釋曰舍人總主給米之事而掌平王宮中之政謂平其給米多少不得特多特少也云分其財守者財卽米也故喪大記云納財朝一溢米亦謂米爲財謂分米與宮正內宰守禁之所使頒與所使守之人云以法掌其出入者出謂米出

於庫人以出給入謂其有空缺則還入庫人皆當以法不可虛也○注政謂至還入○釋曰必送米與宮正內宰者此二宮皆有宿衛之人須米料之數故也

凡祭祀共簠簋實之陳之方曰簠圓曰簋黍稷稻粱器○簠音甫或音蒲李又方于反疏凡祭至陳之○釋曰祭祀言凡則天地宗廟大次小祭皆有黍稷於簠簋實之陳之故云凡以廣之也○注方曰至粱器○釋曰云方曰簠圓曰簋皆據外而言案孝經云陳其簠簋注云內圓外方受斗二升者直據簠而言若簋則內方外圓知皆受斗二升者旊人云爲簋實一觳豆實三而成觳豆四升三豆則斗二升可知但外神用瓦簋宗廟當用木故易損卦云二簋可用享損卦以離巽爲之離爲日日圓巽爲木木器圓簋象是用木明矣云盛黍稷稻粱器者案公食大夫簠盛稻粱簋盛黍稷故鄭總云黍稷稻粱器也

賓客亦如之共其禮車米筥米芻禾禮致饔餼之禮○筥姜呂反又音呂疏賓客至芻禾○釋曰云亦如之者亦有簠簋實之陳之事故亦如祭祀也言實之陳之則據饔餼及饗食之時也云共其禮車米筥米芻禾者鄭云禮致饔餼之禮案聘禮曰致饔使卿韋弁歸饔餼米百筥設于中庭車米三十車陳於門外禾三十車芻薪倍禾又案掌客上公米百有二十筥車米四十車禾五十車芻薪倍禾侯伯米百筥車米三十車禾四十車芻薪倍禾子男米八十筥車米二十車禾三十車芻薪倍禾皆言陳是其饔餼車米筥米芻禾所陳多少之事

喪紀共飯米熬穀飯所以實口不忍虛也君用粱大夫用稷士用粱皆四升實者唯盈熬穀者錯于棺旁所以惑蚍蜉也喪大記曰熬君四種八筐大夫三種六筐士二種四筐加魚腊焉○飯扶晚反注同熬五羔反錯七故反蚍鼻夷反蜉音孚種章勇反下同疏注飯所至腊焉○釋曰云飯所以實口不忍虛也者案檀弓云飯用米貝不忍虛也不以食道用美焉爾故云不忍虛也故君用粱大夫用稷士用粱者此喪大記文彼據沐時所用今引證飯者但飯米沐米與重鬲所盛用米皆同是以士喪禮云貝三實于笄稻米一豆實於筐據飯含所用下即云祝淅米管人受潘煑于垼外御者沐又云鬻餘飯盛以二鬲是其三者用

米同故引沐法以證飯也但喪大記注士沐粱蓋天子之士以其士喪禮諸侯之士沐稻喪大記注又云差率而上天子沐黍與則天子飯用黍也云皆四升者用米不同別貴賤但人口大小同故知皆四升也云實者惟盈者士喪禮文故彼云主人左扱米實于右三實一貝左中亦如之又實米惟盈是也云熬穀者錯于棺旁所以惑蚍蜉也者解穀所以熬之將殯設之者將熬穀以惑蚍蜉又有魚腊香蚍蜉欲向棺值此惑之故云所以惑蚍蜉也引喪大記者見尊卑用筐穀多少不同之意云熬君四種八筐大夫三種六筐士二種四筐加魚腊焉鄭彼注引士喪禮曰熬黍稷各二筐又曰設熬旁一筐大夫三種加以粱君四種加以稻四筐則首足皆一其餘設於左右若然天子當加麥苽六種十筐首足亦各一筐其餘亦設於左右也

以歲時縣穜稑之種縣之者欲其風氣燥達也鄭司農云春王當耕于藉則后獻其種也后獻其種見內宰職○縣音玄注下同穜稑直龍反下音六司稼職同見賢遍反以共王后之春獻種

疏以歲至獻種○釋曰內宰注云先種後熟謂之穜後種先熟謂之稑彼內宰上春后獻種示不敗壞且助王耕事此云歲時縣者從納禾治得子即縣之以至春獻之是以先鄭云春王當耕于藉則后獻其種也

掌米粟之出入辨其物九穀六米別爲書

疏掌米至其物○釋曰大宰九職有九穀月令有五穀今正言粟者粟即粢也爾雅釋草粢稷也稷爲五穀之長故特舉以配米也其實九穀皆有○注九穀至爲書○釋曰九穀之名已見大宰注今云六米者九穀之中黍稷稻粱苽大豆六者皆有米麻與小豆小麥三者無米故云九穀六米別爲書釋經辨其物也

歲終則會計其政政用穀之多少

倉人掌粟入之藏九穀盡藏焉以粟爲主

疏注九穀至爲主釋曰案月令首種不入鄭注引舊。記首種謂稷即種粟是五穀之長下文辨九穀此云粟是以粟爲主也

辨九穀之物以待邦用若穀不足則止餘灋用有餘則藏之以

待凶而頒之止猶殺也殺餘法用謂道路之委積所以豐優賓客之屬疏注止猶至之屬○釋曰知殺餘法用是道路之委積者案上遺人注委積者稟人倉人計九穀之數足國以其餘共之所謂餘法用也則彼委積是法用以此餘者爲之是豐優賓客者今倉人穀不足故止彼餘法用故鄭據遺人而言焉鄭云之屬者彼遺人注云職內邦之移用亦如此也今穀不足亦止之故云之屬 凡國之大事共道路之穀積食飲之具大事謂喪戎疏注大事謂喪戎○釋曰案左氏成公傳國之大事在祀與戎不言喪事今此喪戎不言祀者此經云共道路惟軍戎及喪在外行於道路故據而言焉祭祀遠無過在近郊之內無在道共糧之事故不言祭祀也

司祿闕

司稼掌巡邦野之稼而辨穜稑之種周知其名與其所宜地以爲灋而縣于邑閭周猶徧也徧知種所宜之地縣以示民後年種穀用爲法也○種章勇反注知種同徧音遍下同○疏司稼至邑閭○釋曰云巡邦野之稼者謂秋熟之時觀之矣若然春稼秋穡不云穡云稼者穡由稼而有故本之言稼也 而巡野觀稼以年之上下出斂灋斂法者豐年從正凶荒則損若今十傷二三實除減半○斂力驗反注同疏巡野至斂法○釋曰此觀稼亦謂秋熟時觀稼善惡則知年上下豐凶以此豐凶而出稅斂之法○注斂法至減半○釋曰鄭云豐年從正者年雖豐與中平一皆從正法十一而稅之也云凶荒則損者凶荒謂年穀不熟則減於十一而稅之云若今十傷二三實除減半者鄭舉漢法以況義十傷二三者謂漢時十分之內傷二分三分餘有七分八分在實除減半者謂就七分八分中爲實在仍減去半不稅於半內稅之以凶荒所優饒民可也 掌均萬民之食而賙其急而平其興均謂度其多少賙稟其艱阨興所徵賦疏

釋曰詩云缾之罄矣維罍之恥詩刺王不能富分貧以是司稼既知民之禾稼多少則使之均萬民之食減取多者以賙給其急困者云平其興者興謂徵賦當各計十一而稅不得特多特少是平其興也

舂人掌共米物米物言非一米疏釋曰案上文倉人廩人言物者據米穀多者而言故鄭言米物言非一米是也祭祀共其齍盛之米齍盛謂黍稷稻粱之屬可盛以為簠簋實疏釋曰器實曰齍則黍稷稻粱是也在器曰盛則簠簋是也故鄭總言齍盛謂黍稷稻粱之屬屬中兼有麥苽可盛以為簠簋之實也賓客共其牢禮之米謂可以實筐筥疏釋曰下別言饗食則此言牢禮謂饔餼之米鄭云實筐筥知非車米者以其公車米四十侯伯車米三十子男車米二十非舂人所供故知惟謂筐筥者也若然車米出於民稅故禹貢云五百里納米是也凡饗共其食米饗有食米則饗禮兼燕與食疏釋曰燕禮無食米食禮無飲酒若饗禮有飲酒有食米故云饗禮兼燕與食也者若然經云其食米則饗禮俱供食米也掌凡米事

饎人掌凡祭祀共盛炊而共之疏釋曰鄭知炊而共之者以其饎人主以炊米而盛之共王及后之六食於器今云共盛明炊而共之共王及后之六食六食六穀之飯疏釋曰案醫師云和王六食六食即飯也膳夫云饋六穀六穀即六食故鄭合而解之凡賓客共其簠簋之實謂致飧饔疏釋曰鄭知是致飧饔者下云饗食亦如之故知此是飧饔也饗食亦如之

稾人掌共外內朝冗食者之食外朝司寇斷獄弊訟之朝也今司徒府中有百官朝會之殿云天子與丞相舊決大事焉是外朝之存者與內朝路門外之朝也冗食者謂留治文書若今尚書之屬諸直上者疏釋曰天子三朝路寢庭朝是圖宗人嘉事之朝大僕掌之又有路門

外朝是常朝之處司士掌之又有外朝在皋門內庫門外三槐九棘之朝是斷獄弊訟之朝朝士掌之今言外內朝明據三槐與路門外二者以其路寢庭非常朝之處也鄭引今司徒府已下說義也云宂食者謂留治文書若今尚書之屬諸直上者者亦引漢法說之謂以次當直留在朝宿不還須以食供之宂食者宂散也外內朝上直諸吏謂之宂吏亦曰散吏以上直不歸家食稾人供之因名宂食者

若饗耆老孤子士庶子共其食士庶子卿大夫士之子弟宿衛王宮者【疏】釋曰耆老謂死王事者之父孤子謂死王事者之子國家春饗孤子秋食耆老及士庶子謂若宮正宮士謂適子庶子其支庶宿衛王宮者國家饗養之則亦稾人供其食也

掌豢祭祀之犬養犬豕曰豢不於饎人言。其共至尊雖其潘瀾。戔餘不可褻也【疏】釋曰養犬曰豢此經是也知養豕亦曰豢者見禮記樂記云豢豕作酒非以爲禍是養豕曰豢也云不於饎人言。其共至尊雖其潘瀾戔餘不可。褻也者以其饎人所炊米爲祭祀及共王與后並是至尊故雖米之潘瀾戔餘亦不得褻之與犬故於此言之也

附釋音周禮注疏卷第十六

周禮注疏卷十六校勘記　阮元撰盧宣旬摘錄

附釋音周禮注疏卷第十六

旅師

云夫稅者百晦之稅　閩監毛本晦改畝

而讀爲若　宋本爲誤實

以質劑致民案入稅者名　毛本以誤若宋本名誤各

遷擬凶年振恤所輸入之人　閩本同監毛本振誤賑浦鏜云遷當還之誤○按振正字賑俗字

自諸侯來徙家　閩本同宋本余本嘉靖本監毛本徙下有於賈疏引注同

稍人

甸讀與惟禹陬之之陬同　宋本嘉靖本同閩監毛本惟改維案賈疏引注亦作惟

師之以致於司馬也　宋本致誤至

同徒司馬所調之同　賈疏余本嘉靖本同閩監毛本同徒誤司徒此本調誤謂閩本先誤謂後剜改作調今訂正

共文此稍人受法於縣師　惠校本作共釋

委人 委人職當提行此本誤連上稍人職閩監毛本承之○今訂正

故鄭並言之 惠校本閩本同監毛本並改幷非

苑囿藩羅之材 賈疏余本嘉靖本同閩監毛本羅作蘿宋本作苑圃藩蘿之材案釋文作藩蘿云本亦作羅○按依疏則囿是圃非

云野囿之財用者 閩監毛本財改材

上經稍聚待賓客據二百里 案二當作三

土均 閩監毛本誤連上委人職不提行

施讀爲弛也 岳本閩本同宋本余本嘉靖本監毛本施讀下有亦字當據補賈疏有申釋亦字之文

理於萬物 賈疏岳本嘉靖本皆無於有者衍文案禮器本無於字

皆以地之美惡輕重者 閩監毛本美改媺非下並同

草人

凡糞種 唐石經諸本同

勃壤用狐 唐石經諸本同閩監毛本勃作勃訛

彊檕用蕡 唐石經宋本余本嘉靖本同閩監毛本彊作疆注及疏同案釋文羣經音辨皆誤作疆從土宋本載音義作彊不誤釋文檕本又作堅

輕㒨用犬 唐石經諸本同釋文㒨作輿○按釋文是也與篆體合

強檃強堅者 宋本同嘉靖本作彊檃強堅者

墳壤多蚡鼠也 諸本同漢讀考作蚡壤云司農依故書作蚡如其字解之故云多蚡鼠今各本云墳壤誤鄭君則依今書作墳

元謂墳壤潤解 宋本潤作閏

故以縓赤當之也 浦鏜云赤當色字誤

以檃爲監 段玉裁云監當作緊

則此壤不得專據白色解之故不從壤白色也 惠校本上白色作色白監本下白誤日

稻人

以瀦畜水 余本閩監毛本同唐石經宋本嘉靖本瀦作豬此本注及疏皆作豬

以涉揚其芟作田 唐石經宋本余本嘉靖本同閩監毛本揚改楊誤注中同

夏以水殄草而芟夷之 宋本同唐石經余本嘉靖本閩監毛本夷作薙釋文作薙音夷宋本注無案秋官薙氏經注皆作夷漢制考引此經芟夷注爲夷皆與宋本同

芟夷蘊崇之 宋本余本嘉靖本監毛本同岳本閩本薀作蘊非案釋文亦作薀○按蘊者薀之俗字

今時謂禾下麥爲荑下麥 宋本嘉靖本荑作夷○按唐石經宋刻本凡麥字皆作麥下从夂今人作麥从夕始於前明不可不

正

土訓

若云荊揚地宜稻 余本嘉靖本同閩監毛本揚改楊

幽并地宜麻 釋文麻如字一本作糜李及聶氏亡皮反劉沈皆作麇音紀倫反恐非漢讀考云以李聶反語訂之當云一本作糜或省作麋是以誤糜及麇也

地慝若障蠱然也 余本岳本嘉靖本同宋本閩監毛本障改瘴俗字疏中同

誦訓 閩監毛本誤連上文不提行

謂告王觀博古之事也 監毛本古誤占當從閩本作博古○今訂作古

並所識久遠之事 閩本同監毛本並改并

不辟其忌 余本岳本嘉靖本同閩監毛本辟作避非釋文音經辟忌云音避注同可證注本作辟也

山虞

謂其地之民 宋本謂誤爲

厲遮列守之 禮說云厲古列字厲禁玉藻所謂山澤列而不賦也列山氏一作厲山氏詩垂帶如厲左傳鞶厲游纓康成皆訓厲爲裂漢郊祀歌迣萬里晉灼曰迣古列字讀爲厲○按說文作迾迾者遮也列厲皆叚借字

堅濡調 釋文堅濡戚如衮反又音柔案據戚衮音如衮反則濡本作耎考工記需字如兗反陸氏皆本戚音又音柔則仍濡字之音

凡服耜 監毛本耜誤梠注及疏同

季猶穉也 宋本岳本穉作稺下同

尙柔忍也 岳本嘉靖本忍作刃案疏中堅刃字作刃釋文柔忍音刃

皆有鑿孔以軨子貫之 浦鏜云軫訛軨從集注校○按軨字不誤或妄改作軫知其疏於車制矣軨車闌也

田止樹旗 此本止作上閩監毛本同誤也據宋本余本嘉靖本訂正

林衡

掌巡林麓之禁令 唐石經諸本同釋文麓作禁案序官釋文云麓本亦作禁

民不盜竊 嘉靖本同宋本閩監毛本作竊盜

川衡

申重戒勅之也 惠校本同閩監毛本勅改飭

蜃蠯是蛤閩監毛本蜃改蜄失其舊

澤虞

其具亦出澤水監毛本同誤也當從閩本作其貝

芹茆蔆芡之屬余本嘉靖本同釋文亦作蔆閩監毛本作菱非

故得注析羽監毛本注作註疏中同

迹人

故知掌邦田之地政惠校本知作云

以林木爲藩羅惠校本林作材此誤

且害心多也宋本同嘉靖本閩監毛本心作必蓋心字誤○按心字是此聖人教天下以仁心也疏內正作心

卝人余本同釋文唐石經諸本作丱人

角人

以當地稅民益國之事者此句當有脫誤

以共財用監本財誤則

骨入漆浣者 釋文亦作漆浣段玉裁云浣乃垸之訛以桼和灰丸而髹也

羽人

一羽有名 宋本岳本嘉靖本羽下有則字此脱疏同

掌葛

使知斤兩長短故也 惠校本作便知

掌染草 唐石經葉鈔釋文染作染

茅蒐橐蘆豕首紫茢之屬 余本嘉靖本同閩監毛本橐作槖非嘉靖本首誤目

更有藍阜象斗之等 此本誤早閩監毛本改阜是也今依訂正

掌荼 釋文唐石經諸本同宋本荼作茶非注並同

掌蜃

以蜃禦濕也 釋文作御濕云本亦作禦○按漢人多用御為禦

云互物蜯蛤之屬者 惠校本蜯作蚌下同毛本下作蚌

此後鄭互物爲蚌蛤者 閩本同監毛本蚌作蜯

是成公二年 儀禮通解所載同閩監毛本二年作之時非

飾祭器之屬也 宋本飾誤飭

釋曰言白成 閩監毛本成改盛

囿人

掌囿游之獸禁 唐石經諸本同岳本游改遊注同

注囿遊至之獸 閩監毛本遊作游此本下並作游

場人

蒲桃枇杷之屬 宋本岳本嘉靖本同余本閩監毛本桃改萄非

廩人

稍食祿廩 嘉靖本廩作稟當據正此本疏中引注亦作祿稟

倍下士之類是也□□法有數名 補是也下此本空缺二字毛本補廩字

必於歲之抄者是也 浦鏜云杪誤抄

大祭祀則共其接盛 釋文則接依注音扱案陸本則共其二字為衍

接讀爲一扱再祭之扱 余本嘉靖本一作壹非鄭於注中皆不用古字釋文作一扱可證

當頒扱與舂人 惠校本頒作須此誤

舍人 此本誤連上職不提行○今訂正

士用粱 岳本粱作稻非監本粱誤梁

貝三寶于笲 閩監毛本貝誤具下同

倉人

鄭注引舊記 案記當說之誤

計九穀之數足國 惠校本下有用此脫

司祿

闕 困學紀聞云孟子諸侯惡其害己也而皆去其籍趙氏注今周禮司祿之官無其職是諸侯皆去之故不復存

司稼

凶荒則損 諸本同浦鏜云大司徒職疏兩引皆作儉有所殺

以凶荒所優饒民可也 此本及閩本缺一頁今據監毛本互校漢制考可作法

掌均萬民之食 監毛本誤提行○今訂正

賙稟其艱阨 嘉靖本同宋本岳本稟作廩非

舂人

齍盛謂黍稷稻粱之屬 釋文音經其齍音資注同本亦作粢案經作齍注作粢此當作粢盛

饎人 嘉靖本作饎人與序官合余本舂人音義引此同小宗伯注亦作饎人

謂致飧饔 余本岳本嘉靖本同監毛本飧訛殯今訂正釋文致飧音孫

槀人 監毛本同釋文唐石經宋本余本作槁人漢制考困學紀聞所引同岳本改作犒人非嘉靖本作槀人與序官唐石經合是也禮說云司農讀槀爲犒蓋本書序槀飫篇服虔曰以師枯槁故饋之飲食潤澤謂之槁猶存謂之徂治謂之亂故謂之今古語皆然也小行人國有師役則令槁禬之大戴禮朝事儀亦作槁古文也兩傳皆作犒似後人所改而古無之故說文不載○今訂作槀

不還須以食供之 漢制考還作復

不於饎人言其 宋本余本監毛本同誤也岳本嘉靖本其作者當據以訂正

雖其潘瀾戔餘不可䙝也 釋文潘本或作蕃戔本亦作殘嘉靖本䙝作褻

附釋音周禮注疏卷第十七

春官宗伯第三【疏】釋曰鄭目錄云象春所立之官也宗尊也伯長也春者出生萬物天子立宗伯使掌邦禮典禮以事神爲上亦所以使天下報本反始不言司者鬼神示人之所尊不敢主之故也

鄭氏注　　賈公彥疏

惟王建國辨方正位體國經野設官分職以爲民極乃立春官宗伯使帥其屬而掌邦禮以佐王和邦國禮謂曲禮五吉凶賓軍嘉其別三十有六鄭司農云宗伯主禮之官故書堯典曰帝曰咨四岳有能典朕三禮僉曰伯夷帝曰俞咨伯汝作秩宗宗官又主鬼神故國語曰使名姓之後能知四時之生犧牲之物玉帛之類采服之宜彝器之量次主之度屏攝之位壇場之所上下之神祇氏姓之所出而率舊典者爲之宗春秋禘于大廟躋僖公而傳曰夏父弗忌爲宗人又曰使宗人釁夏獻其禮禮特牲曰宗人升自西階視壺濯及豆籩然則唐虞歷三代以宗官典國之禮與其祭祀漢之大常是也○僉七潛反皆也俞羊朱反然也李一音由女秩音汝氏姓如字劉音紙大廟音泰下放此隮本又作躋子兮反升也父音甫釁虛覲反【疏】惟王至邦國○釋曰云掌邦禮以佐王和邦國者樂主和同禮主簡別案樂記云樂勝則流禮勝則離鄭云離謂析居不和恐其不和是以禮言和論語云禮之用和爲貴也○注禮謂至是也○釋曰云禮謂曲禮五者案禮序云禮者體也履也一字兩訓蓋有以也統之於心名爲體周禮是也踐而行之名曰履儀禮是也既名儀禮亦名曲禮故禮器云經禮三百曲禮三千鄭玄云經禮謂周禮也曲猶事也事禮謂今禮也其中事儀三千若然則儀禮爲曲禮今此鄭云禮謂曲禮五者對文則儀禮是曲禮周禮是經禮散文此周禮亦名曲禮是以藝文志云

帝王世有損益至周曲爲之防是指此周禮爲曲禮也云吉凶。賓。軍嘉其別三十有六者並據下文而知鄭司農云宗伯主禮之官而引書堯典帝曰者謂舜
咨四岳曰有能典朕三禮三禮者謂天地人之禮也云僉曰伯夷者四岳同辭而對共舉伯夷也云帝曰俞者俞然也然其所舉云咨伯女作秩宗者帝舜命
伯夷使爲秩宗秩次也言宗伯主次序鬼神之事案彼虞書云脩五禮下又云典朕三禮三五不同者鄭義上云脩五禮與下五玉連文五玉是諸侯所執玉
則五禮非吉凶賓軍嘉之五禮故鄭云五禮公侯伯子男之禮是以禮論云唐虞有三禮至周分爲五禮若然云三禮不言五禮則三禮中含有五禮矣引國
語者是楚昭王問於觀射父觀射父對此辭言名姓之後者孔服注以爲聖人大德之後云能知四時之生犧牲之物者孔服皆以爲生謂粢盛犧謂純毛色
牲謂牛羊豕云玉帛之類者孔服皆以爲禮神玉帛謂若宗伯云蒼璧黃琮牲幣各放其器之色是也云采服之宜者服氏云祭祀之所服色謂若司服袞冕
以下是也云彝器之量者服云量數也祭祀之器皆當其數云次主之度者服云次廟主之尊卑先後遠近之度云屏攝之位者服氏云屏猶并也謂攝主不
備并之其位不得在正主之位即引曾子問云若宗子有罪居于他國庶子爲大夫其祭也祝曰孝子某使介子某執其常事又云攝主不厭祭不旅不假不
綏祭不配是其攝主并之事左氏昭十八年夏五月宋衛陳鄭灾時鄭子產使子寬子上巡羣屏攝彼鄭司農云束茅以爲屏蔽祭神之處尊易然故巡行之
此屏攝義與國語異云壇場之所者孔云去廟爲祧去祧爲壇去壇爲墠孔又云場祭道神會子問道而出是也云上下之神祇者孔氏云上謂凡在天之神
天及日月星下謂凡在地之神謂地山林川谷丘陵也云氏姓之所出而率舊典者爲之宗者孔氏云既非先聖之後又非名姓之後但氏姓所出之後子孫
而心常能循舊典者則爲大宗大宗者於周爲宗伯云春秋禘於大廟者是文二年秋八月公羊云大事者何大祫也大祫者何合祭也其合祭奈何毀廟之
主陳於大祖未毀廟之主皆升合食於大祖列昭穆序父子云躋僖公者案左氏云逆祀也時夏父弗忌爲宗人逆祀者弗忌云吾見新鬼大故鬼小躋升也

謂升僖公主於閔公之上引之者證宗是宗人主鬼神也云又曰使宗人釁夏獻其禮者此哀公二十四年公子荆之母嬖將以爲夫人使宗人釁夏獻其立夫人之禮對曰無之公怒曰汝爲宗司立夫人國之大禮也何故無之對曰周公及武公娶於薛孝惠娶於商自桓以下娶於齊此禮也則有若以妾爲夫人則固無其禮也公卒立之引之者亦證宗人主禮也又引禮特牲者此特牲饋食禮是宿賓之明夕視濯主人與衆兄弟及賓入即當下位宗人升自西階視壺濯及豆籩反降東北面告濯具注云東北面告緣賓意欲聞也引此者亦證宗人主禮也云唐虞歷三代以宗官典國之禮與其祭祀者所云虞書是虞法弁云唐者堯舜道同故引虞則唐亦與虞同也言歷三代者上舉唐虞下舉周法則其中夏殷亦宗官掌禮可知故摠以三代言之也云則漢時大常是也者以代異法殊禮有沿革故至漢時祭祀之禮使大常主之故云漢之大常是也但此宗伯主禮弁下文主鬼神自分明必引諸文爲證者當時張包周孟子何休等不信周禮是周公所制以爲六國時陰謀之書故先鄭以諸文爲證也

禮官之屬大宗伯卿一人小宗伯中大夫二人肆師下大夫四人上士八人中士十有六人旅下士三十有二人府六人史十有二人胥十有二人徒百有二十人肆猶陳也肆師佐宗伯陳列祭祀之位及牲器粢盛

疏肆師至十人○釋曰此一經與下五十九官爲長此官大宗伯小宗伯肆師並別職上士已下卽三職同有此官。可謂別職同官者也大宗伯則摠掌三十六禮之等小宗伯副貳大宗伯之事肆師主陳祭位之等此並亦轉相副貳之事也○注肆猶至粢盛○釋曰鄭知肆師佐宗伯陳列祭祀之位者案小宗伯云掌建邦之神位肆師云立大祀用玉帛牲牷之等故知佐宗伯陳列祭祀之位也知亦陳牲器粢盛者案其職云大祭祀展犧牲繫于牢頒于。職人又云祭之日表齍盛告。絜展器陳告備是其陳牲器粢盛之事也鬱人下士二人府二人史一人徒八人鬱鬱金香草宜以和鬯○鬱於物反疏注鬱鬱至和鬯○釋曰凡敘官不以官尊爲先後有以緩急急者爲先鬱人爲首者祭祀宗廟先灌灌用鬱故其職云掌陳器故宜先陳也鄭云鬱鬱金香草者王度記謂之鬯鬯即鬱金香草也云宜以和鬯者鬯人所掌者是秬米爲酒不和鬱者若祭宗廟及灌賓客則鬯人以鬯酒入鬱人鬱人得之築鬱金草煑之以和鬯酒則謂之鬱鬯也

鬯人下士二人府一人史一人徒八人鬯釀秬爲酒芬香條暢於上下也秬如黑黍一稃二米○鬯勑亮反秬其許反李其虛反稃音孚疏注鬯釀至二米○釋曰鬯人在此者案其職云掌其秬鬯祭社禜門先用鬯故宜先言未有鬱條暢得名云條暢於上下也者若宗廟及賓客以灌地此雖無鬱至於下經用鬯祭祀者亦尸所飲以灌地灌地者其汁下入於地其氣上升於天故云條暢於上下也云秬如黑黍一稃二米者案爾雅云秬黑黍秠一稃二米此爾雅上文云秬黑黍是一米之秬直以秬爲名下文云秠一稃二米亦是黑黍但無黑黍之名但二米之秬貴此鬯酒用二米者故鄭云秬如黑黍此據爾雅下文二米之秬其狀如上文黑黍者若然爾雅云秠一稃二米不言黑黍者爾雅主爲釋詩案生民詩云維秬維秠爾雅云秬黑黍即是維秬者爾雅云秠一稃二米即是維秠者也若然爾雅及詩云秠者即黑黍之皮以皮而見秬是以鄭志張逸問云鬯人職注云秬如黑黍一稃二米案爾雅秠一稃二米未知二者同異鄭荅云秠即其皮稃亦皮爾雅重言以曉人更無異稱也鄭云重言者秠既是皮復云稃亦皮是重言也恐人不知秠是皮故重言稃稃秠是一還是秬故云更無異稱也

雞人下士一人史一人徒四人疏雞人○釋曰雞人在此者案雞人職云共雞牲大祭祀夜呼旦雞又屬木在春故列職於此也

司尊彝下士二人府四人史二人胥二人徒二十人彝亦尊也鬱鬯曰彝彝法也言爲尊之法也。疏司尊彝○釋曰在此者案職云掌六彝六尊之位尊彝是祭祀之事故列職於此也○注彝亦至法也○釋曰彝亦尊者以其同是酒器但盛鬱鬯與酒不同故異其名耳云鬱鬯曰彝彝法也者祭宗廟在室先陳後乃向外陳齊酒之尊以彝爲法故名此鬱鬯曰彝也是以鄭云言爲尊之法也

司几筵下士二人府二人史一人徒八人筵亦席也鋪。陳曰筵藉之曰席然其言之筵席通矣○鋪普吳反又音孚藉在夜反疏司几筵○釋曰在此者凡祭祀先設席故其職云掌五几五席辨其用與其位故列職於此也○注筵亦至通矣○釋曰云鋪陳曰筵藉之曰席者設席之法先設者皆言筵後加者爲席故其職云設莞筵紛純加繅席畫純假令一席在地或亦云筵儀禮少牢云司宮筵於奧是也是先設者爲鋪。陳曰筵藉之曰席也云然其言之筵席通矣者所云筵席惟據鋪之先後爲名其筵席止是一物故云然其言之筵席通矣

天府上士一人中士二人府四人史二人胥二人徒二。十人府物所藏言天者尊此所藏若天物然疏天府○釋曰天府在此者其職云掌祖廟之守藏大祭祀則出而陳於廟庭故亦列職於此也○注府物至物然○釋曰云府物所藏者鄭總解府義府聚也凡物所聚皆曰府官人所聚曰官府在人身中飲食所聚謂之六府詩云叔在藪火烈具舉注藪澤禽之府也大府王府外府內府泉府皆是藏財貨鄭云藏財貨曰府亦是物所藏也云言天者尊此所藏若天物然者案其職云凡國之玉鎮大寶器藏焉是尊此所藏若天物然故名此府爲天府也

典瑞中士二人府二人史二人胥一人徒十人瑞節信也典瑞若今符璽郎疏典瑞○釋曰在此者案其職云掌玉瑞玉器之藏下又云王搢大圭執鎮圭以朝日則是玉瑞祭時所執玉器所以禮神雖有餘事以事神爲主在此宜也○注瑞節至璽郎○釋曰云

瑞節信也者其天子所執者若受天之應瑞然其諸侯所執者若受得玉瑞亦如天之應瑞故云節信也云典瑞若今符璽郎者鄭意周時典瑞似漢時符璽郎故舉漢法而況之

典命中士二人府二人史二人胥一人徒十人命謂王遷秩羣臣之書疏典命○釋曰在此者案其職云掌諸侯之五儀諸臣之五等之命凡官之所屬義有多種以宗伯主禮及祭祀之事故凡是祭祀及禮事皆屬焉此典命遷秩羣臣亦是禮事又爵命屬陽故禮記云古者於禘也發爵賜服賞以春夏不於夏官者貴始故於春見之在此○注命謂至之書○釋曰凡言命者皆得爵策之命秩次也命出於王故云命謂王遷秩羣臣之書書卽爵策是也

司服中士二人府二人史一人胥一人徒十人疏司服○釋曰在此者案其職云掌王之吉凶衣服公羊傳云命者何加我服也再命已上得命卽得服故司服列職於典命之下也

典祀中士二人下士四人府二人史二人胥四人徒四十人疏典祀○釋曰在此者案其職云掌外祭祀之兆守皆有域掌其禁令若以時祭祀則帥其屬而脩除以其職祭事故列職於此也

守祧奄八人女祧每廟二人奚四人遠廟曰祧周爲文王武王廟遷主藏焉奄如今之宦者女祧女奴有才知者天子七廟三昭三穆奚女奴也○祧他堯反奄於檢反劉於驗反爲于僞反知音智昭上招反說文作佋疏守祧○釋曰遠廟爲祧案其職掌先王先公之廟祧若將祭祀則各以其服授尸故列職在此有奄八人者以其與女祧及奚婦人同處故須奄人通姜嫄爲八廟廟一人故八人也○注遠廟至奴也○釋曰遠

廟曰祧者案祭法云遠廟爲祧有二祧享嘗乃止鄭云祧之言超也超上去意也云周爲文王武王廟遷主藏焉者案王制及祭法云王立七廟有二祧之文
鄭知周之二祧是文武者鄭義二祧則祖宗是也故祭法云祖文王而宗武王鄭云祖宗通言爾是祖其有德宗其有功其廟不毀故云祧也知遷主藏焉者
以其顯考已下其廟毀不可以藏遷主文武既不毀明當昭者藏於武王廟當穆者藏於文王廟可知故云遷主藏焉若文武已上父祖不可入下子孫之廟
宜藏於后稷之廟。祖文武既爲二祧后稷爲大祖廟不可復稱祧故不變本名稱大祖也諸侯既不可與天子同有二祧其遷主則揔藏於大祖廟則謂大祖
廟爲祧故聘禮云不腆先君之祧既拚以俟矣是也云奄如今之宦者漢以奄人爲內。官則名奄人爲宦故舉以況之也云女奴有才智者亦若天官云
女酒女漿女祝下文云女史之類皆女奴有才智者爲之無才智者卽入奚類也云天子七廟已下並王制文七廟者據周而言若殷人已下依禮緯唐人五
廟夏亦五廟殷六廟與周不同也

世婦每宮卿二人下大夫四人中士八人女府二人女史二人奚十有六人世婦
后宮官也王后六宮漢始大長秋詹事中少府大僕亦用士。八人女府女史女奴有才。知者○少詩照反【疏】世婦○釋曰名世婦者以其主婦人之事王后
已下至女御言世婦舉中以爲名也在此者案其職云掌女宮之宿戒及祭祀比其具是祭祀故列職於此也云每宮卿二人者王后有六宮每宮卿二人則
十二人也此主婦人則卿大夫士並奄人爲之若然天官云內小臣奄上士四人鄭云奄稱士異其賢似卿大夫不用奄人者案彼天官之內職內有婦人者
皆用奄人獨此宮卿大夫士與下女府女史奚同居不用奄非其宜但此經不言奄故鄭亦不言奄其實是奄可知是以賈馬皆云奄卿也然鄭云漢始大長
秋亦見周時用奄之義也但天官惟有小臣是上士用奄人鄭卽云奄稱士異其賢也若然小臣上士言奄此不言奄者但上天官共婦人同職皆已言奄於

此略而不言耳案王之六卿皆六命十二小卿皆四命此六宮十二卿不言命數亦可當小宰小司徒等十二小卿同用四命中大夫爲之以其同十二人故也

內宗凡內女之有爵者內女王同姓之女謂之內宗有爵其嫁於大夫及士者凡無常數之言疏內宗○釋曰在此者案其職云掌宗廟之祭祀薦加豆籩並是助祭之人故列職於此也○注內女至之言○釋曰言內女明是王之族內之女故云王同姓之女爲內宗也云有爵其嫁於大夫及士者但婦人無爵從夫之爵今言內女有爵明嫁與卿大夫及士周之法爵亦及士故兼言士也不言數而言凡故鄭云凡無常數之言以其王之族內之女無定數故也

外宗凡外女之有爵者外女王諸姑姊妹之女謂之外宗疏外宗○釋曰在此者案其職云掌宗廟之祭祀佐王后薦玉豆眡豆籩亦是助祭祀之人故亦列職於此也○注外女至外宗○釋曰鄭知外宗是王諸姑姊妹之女者以其稱外明非己族故稱外宗外女也鄭不解有爵者已於內宗注訖明此亦是嫁與大夫及士可知也言凡亦是無常數之言也

冢人下大夫二人中士四人府二人史四人胥十有二人徒百有二十人。冢封土爲丘壟象。冢而爲之疏冢人○釋曰在此者案其職云掌公墓之地辨其兆域以昭穆爲左右雖非祭祀亦是禮事故亦列職於此也○注冢封至爲之○釋曰冢封土爲丘壟者案其職云以爵等爲丘封之度注云王公曰丘諸臣曰封此。臣云丘不言封言封亦有封可知案禮記云適墓不登壟是聚土亦爲壟故兼云壟也又禮記云古者墓而不墳又有墳稱秦漢已下天子之丘亦謂之陵也云象冢而爲之者案爾雅山頂曰冢故云象冢而爲之也若然云丘陵亦是象

丘陵爲之也

墓大夫下大夫二人中士八人府二人史四人胥二十人徒二百人墓冢塋之地孝子所思慕之處○塋音營疏墓大夫○釋曰案其職云掌凡邦墓之地域令國民族葬是掌天下萬民之墓地也不云冢云墓者禮記云庶人不封不樹故不言冢而云墓墓卽葬地故鄭云墓冢塋之地孝子所思慕之處也在此者死葬之以禮亦是禮事故列職於此也

職喪上士二人中士四人下士八人府二人史四人胥四人徒四十人職主也疏職喪○釋曰以其主公卿大夫之喪喪亦是禮事故列職於此也

大司樂中大夫二人樂師下大夫四人上士八人下士十有六人府四人史八人胥八人徒八十人大司樂樂官之長○長丁丈反後皆放此疏大司樂○釋曰大司樂掌教國子六樂六舞等在此者以其宗伯主禮禮樂相將是故列職於此但樂師教國子小舞與大司樂職別而同府史亦謂別職同官者也○注大司至之長○釋曰以其與樂師已下至鞮鞻氏已上爲長者

大胥中士四人小胥下士八人府二人史四人徒四十人胥有才知之稱禮記文王世子曰小樂正學干大胥佐之○稱尺證反疏大胥○釋曰在此者案其職云掌學士之版以待致諸子與大司樂教樂同類是亦禮事故列職在此但小胥掌樂縣之法亦與大胥別職而同官者也

大師下大夫二人小師上士四人瞽矇上瞽四十人中瞽百人下瞽百有六十
人眡瞭三百人府四人史八人胥十有二人徒百有二十人凡樂之歌必使瞽矇爲焉命其賢知
者以爲大師小師晉杜蒯云曠也大師也眡讀爲虎眡之眡瞭目明者鄭司農云無目眹謂之瞽有目眹而無見謂之矇有目無眸子謂之瞍○矇音蒙眡音
視鄭常至反瞭音了又力小反字林同云明也杜蒯如字劉音屠下苦怪反眹直忍反本又作眲或作暎劉又音睫瞍本又作瞍素口反說文云無目也字林
云目有眹無珠子也先久反 疏 大師○釋曰案其職云掌六律六同之等亦是樂事故在此此下直云瞽矇三百人無府史胥徒者以其無目不須人使
是以有眡瞭三百人而已○注凡樂至之瞍○釋曰云凡樂之歌必使瞽矇爲焉者此鄭欲解作樂使瞽矇之意以其無目無所覩見則心不移於音聲故不
使有目者爲之也云命其賢知者以爲大師小師者此乃師曠之徒亦無目者故引爲證也就瞽之中命大賢知爲大師其次賢知小者爲小師也其餘爲瞽
矇也云眡讀爲虎眡之眡者易頤卦六四云虎眡眈眈其欲逐逐无咎是也云眡瞭目明者以其工故使有目者爲之也先鄭云無目眹謂之瞽已下案詩有
矇瞍案尚書有瞽瞍於此云有瞽矇據此三文皆文不具司農參取三處而爲三等解之諸文皆瞽在上而矇瞍在下先鄭即以瞽爲無目眹當第一無目眹
謂無目之眹脉謂之瞽有目眹而無見謂之矇謂矇矇然有眹脉而無見也云有目無眸子謂之瞍者謂目精黑白分明而無眸子人者謂之瞍案其職大師
少師及瞽矇眡瞭四者皆別職又無府史而幷言之者以其大師少師爲長故連類言之

典同中士二人府一人史一人胥二人徒二十人同陰律也不以陽律名官者因其先言耳書曰協時月正日同律度量衡大師職曰執同律以聽軍聲○ 疏 典同○釋曰在此者案其職云掌六律六同以爲樂器亦是樂事故列職於此○注同陰至軍聲○釋曰

同陰律也者對律而爲陽律也云不以陽律名官者謂其官不名典律而云典同也云因其先言耳者謂諸文皆先云同後云律若陰陽亦先云陰之類故以同名官也引書曰者堯典之篇彼據舜之巡守於方岳之下命史官協時月者協合也謂合四時節氣之早晚及月之大小定分云正曰同律度量衡者謂正定日之甲乙陰同陽律之長短及正度之丈尺量之斗斛衡之斤兩六者皆正定之使依法又引大師職曰執同律以聽軍聲者所引之文皆證同在律上之義若然無取於時月日又度量衡連文引之耳案孔注尚書律爲法制當齊同之則同不爲陰律與鄭義別也

磬師中士四人下士八人府四人史二人胥四人徒四十人

疏 磬師○釋曰在此者案其職云掌教擊磬擊編鐘幷教縵樂亦是樂事故列職於此也

鐘師中士四人下士八人府二人史二人胥六人徒六十人

疏 鐘師○釋曰在此者案其職云掌金奏而奏九夏以其樂事故列職於此也

笙師中士二人下士四人府二人史二人胥一人徒十人

疏 笙師○釋曰在此者案其職云掌教吹竽笙塤籥已下亦是樂事故列職在此

鎛師中士二人下士四人府二人史二人胥二人徒二十人 鎛如鐘而大○鎛音博

疏 鎛師○釋曰在此者案其職云掌金奏之鼓亦是樂事故亦列職在此○注鎛如鐘而大○釋曰如鐘而大者以其形如鐘而大獨在一簴

韎師下士二人府一人史一人舞者十有六人徒四十人 鄭司農云以明堂位曰。韎東夷之樂讀如味。飲。食之味杜子春讀韎。爲。菋荎著之。菋玄謂讀如韎韐之韎〇韎戚莫拜反劉李音妹味食飲之味如字又莫介反菋莫戒反又音味荎直基反劉直梨反李音姪著直居反李張慮反韐古洽反又音閤

疏 韎師〇釋曰在此者案其職云掌教韎樂亦是樂事故列職於此也案鞮鞻氏掌四夷之樂今此特掌韎樂是周以木德王又見樂爲陽春是陽長養之方故特建此一官也〇注鄭司至之韎〇釋曰引明堂位者證韎是東夷之樂云讀如味食飲之味杜子春讀韎爲菋荎著之菋者讀從爾雅也此後鄭皆不從之後鄭云讀爲韎韐之韎者欲取韎爲赤色是以禮記檀弓云周人大事斂用日出鄭云日出時亦赤則東夷之樂名韎者取色赤東方之意

旄人下士四人舞者衆寡無數府二人史二人胥二人徒二十人旄旄牛尾舞者所持以指麾

疏 旄人〇釋曰在此者案其職云掌教舞散樂舞夷樂亦是樂事故列職於此也經云舞者衆寡無數其職云凡四方之以舞仕者屬焉以其能爲四夷之舞者即爲之故無數也〇注旄旄至指麾〇釋曰案山海經有獸如牛四節有毛是也其牛尾可爲旌旗之旄也云舞者所持以指麾者案樂師掌小舞有旄舞是舞者所持以指麾則此旄人舞夷樂而云旄人是亦舞者所持以指麾者若然下鞮鞻氏云主四夷之樂兩官共掌者但鞮鞻氏掌而不教此旄人教而不掌故二官共其事也

籥師中士四人府二人史二人胥二人徒二十人籥舞者所吹春秋宣八年壬午猶繹萬入去籥傳曰去其有聲者廢其無聲者詩云左手執籥右手秉翟〇籥餘若反繹音亦祭之明日又祭也字書作繹去起呂反下同

疏 籥師〇釋曰在此者案其職云掌教國子舞羽吹籥則此籥師所掌以教國子文樂左手執籥右手秉翟故名官爲籥師也〇注籥舞至秉翟〇釋曰案公羊宣八年傳文辛巳有事于大廟仲遂

卒于垂壬午猶繹萬入去籥傳曰去其有聲者廢其無聲者張逸問籥師注春秋傳曰去其有聲者廢其無聲者何謂鄭荅廢置也於去者爲廢故曰廢若然辛巳日有事於大廟仲遂卒卿佐卒輕於正祭則重於繹祭則不停正祭合停繹祭至於明日壬午仍爲繹祭故孔子爲經加猶以尤之但宣公乃有慼心於作樂之時去其有聲者用其無聲者也詩云左手執籥右手秉翟引之與詩者證籥師教國子舞羽吹籥之事也

籥章中士二人下士四人府一人史一人胥二人徒二十人 籥章吹籥以爲詩章 疏 籥章○釋曰在此者案其職云掌土鼓豳籥亦是樂事故列職於此○注籥章至詩章○釋曰案其職有豳詩豳雅豳頌是吹籥以爲詩章故官名籥章也

鞮鞻氏下士四人府一人史一人胥二人徒二十人 鞻讀如屨也鞮屨四夷舞者所扉也今時倡蹋鼓沓行者自有扉○鞮丁兮反許慎云履也鞻九具反又力具反呂忱云鞮革履也鞻者幹鞻屝房味反蹋徒臘反李吐臘反沓宅荅反又如字 疏 鞮鞻氏釋曰在此者案其職云掌四夷之樂與其聲歌亦是樂事故列職於此也○注鞻讀至有扉○釋曰此鄭讀從屨人之屨也案鄭注曲禮云鞮鞻無絇之扉也此鞮鞻亦是無絇之扉彼爲大夫欲去國行喪禮之屨此爲四夷舞者所扉其屨無絇一也云今時倡蹋鼓沓行者自有扉者謂漢時倡優作樂蹋地之人弁擊鼓沓沓作聲者行自有扉屨引之者證四夷舞者亦自有扉與中國不同也

典庸器下士四人府四人史二人胥八人徒八十人 庸功也鄭司農云庸器有功者鑄器銘其功春秋傳曰以所得於齊之兵作林鍾而銘魯功焉 疏 典庸○釋曰在此者案其職掌藏樂器庸器亦是樂事故列職於此○注庸功至功焉○釋曰先鄭所引春秋者左氏襄十九年季武子與晉師伐齊以所得齊之兵作林鍾而銘魯功焉藏武仲謂季孫曰非禮也夫銘天子令德諸侯言時計功大夫稱伐今稱伐則下

等也計功則借人也言時則妨民多矣何以爲銘引之者見其庸器之義

司干下士二人府二人史二人徒二十人干舞者所持謂楯也春秋傳曰萬者何干舞也○楯食允反又音允疏司干○釋曰在此者案其職云掌舞器祭祀授舞器亦是樂事故列職於此也○注干舞至舞也○釋曰云干舞者所持者謂若樂師云干舞則小舞也其夏官司兵云掌五兵祭祀授舞者兵則五兵俱掌但無干耳然彼注云謂朱干玉戚者鄭連言朱干耳

大卜下大夫二人卜師上士四人卜人中士八人下士十有六人府二人史二人胥四人徒四十人問龜曰卜大卜卜筮官之長疏大卜○釋曰此大卜有卜師及卜人皆士官而卜人無別職者以其助大卜卜師行事故也其卜師則與大卜別職亦是別職同官在此者案其職曰掌三兆三易之等但蓍龜卦兆有生數成數之鬼神是鬼神之事故列職於此也○注問龜至之長○釋曰卜赴也赴來者之心故曰卜對筮問也謂有疑來問於蓍二者互見爲義卜言赴來問之心亦先問乃赴筮言問者後亦赴來者之心也云卜筮官之長者謂與下龜人菙氏占人筮人等爲之長也

龜人中士二人府二人史二人工四人胥四人徒四十人工取龜攻龜疏龜人○釋曰在此者與卜人連類在此○注工取龜攻龜○釋曰案其職云取龜用秋時甲成之時也攻龜用春時風氣燥達之時故也

菙氏下士二人史一人徒八人燋焌用荊菙之類○菙時髓反燋哉灼反焌音俊又子寸反疏菙氏○釋曰在此者鑽龜用燋焌故與大卜連類在此○注燋焌用荊菙之類○釋曰案其職云掌共燋契即士喪禮云楚焞是也楚即荊故云用荊云菙之類者菙所以捶笞人馬用

荊竹爲之此亦用荊故云䇿之類也

占人下士八人府一人史二人徒八人占蓍龜之卦兆吉凶○蓍音尸疏占人○釋曰在此者案其職云掌占龜筮亦占筮之類故列職於此也

簭人中士二人府一人史二人徒四人問蓍曰筮其占易疏簭人○釋曰在此者案其職云掌九簭簭有生成數之鬼神故亦列職在此○注問蓍曰筮其占易○釋曰云問蓍曰筮者鄭意以筮爲問故易蒙卦云初筮告再三瀆瀆則不告是筮爲問也云其占易卽易之九六爻辭是也

占夢中士二人史二人徒四人疏占夢○釋曰在此者案其職云以日月星辰占六夢之吉凶夢是精神所感升日月星辰等是鬼神之事故列職於此

眡祲中士二人史二人徒四人祲陰陽氣相侵漸成祥者魯史梓慎云吾見赤黑之祲○祲子鴆反李且衽反疏眡祲○釋曰在此者案其職云掌十煇之法以觀妖祥辨吉凶亦是陰陽鬼神之事故列職於此

大祝下大夫二人上士四人小祝中士八人下士十有六人府二人史四人胥四人徒四十人大祝祝官之長疏大祝○釋曰大祝與小祝別職而同官故共府史胥徒在此者案其職云掌六祝之辭以事鬼神示亦是事鬼神之法故列職於此也○注大祝祝官之長○釋曰以其與下小祝喪祝甸祝詛祝等爲長也

喪祝上士二人中士四人下士八人府二人史二人胥四人徒四十人【疏】喪祝○釋曰在此者案其職云掌大喪勸防之事及辟令啓亦是禮事及事鬼神之法故列職於此也

甸祝下士二人府一人史一人徒四人甸之言田也田狩之祝○甸音電後不音者同【疏】甸祝○釋曰在此者案其職云掌四時之田表貉之祝從事鬼神之事故列職於此

詛祝下士二人府一人史一人徒四人詛謂祝之使沮敗也○詛側慮反祝之又反沮在呂反沈音敘【疏】詛祝○釋曰在此者案其職云掌盟詛類造攻說禬禜之祝號亦事鬼神故列職於此注云詛謂祝之使沮敗也者凡言盟者盟將來詛者詛往過故云祝之使沮敗也

司巫中士二人府一人史一人胥一人徒十人司巫巫官之長【疏】司巫○釋曰在此者案其職云若國大旱則帥巫而舞雩亦是事鬼神之事故列職於此○注司巫巫官之長○釋曰案其職云掌羣巫之政令與下男巫女巫神士等為師故云巫官之長

男巫無數女巫無數其師中士四人府二人史四人胥四人徒四十人巫能制神之處位次主者【疏】注巫能至主者○釋曰巫與神通亦是鬼神之事故列職於此案神士職云凡以神士者掌三辰之法以猶鬼神示之居注引孝經緯及國語並是制神之處位及次第主之事神士還是男巫為之故引彼以解此

大史下大夫二人上士四人小史中士八人下士十有六人府四人史八人胥四人徒四十人大史史官之長【疏】大史○釋曰在此者案其職云讀禮書祭之日執書以次位常是禮事及鬼神之事也故列職於此也小

史與大史別職而同官故共府史也○注大史史官之長○釋曰謂與下內史外史御史等爲長若然內史中大夫大史下大夫大史得與內史爲長者以大史知天道雖下大夫得與內史中大夫爲長是以稱大也

馮相氏中士二人下士四人府二人史四人徒八人馮乘也相視也世登高臺以視天文之次序天文屬大史月令曰乃命大史守典奉法司天日月星辰之行宿離不貸○馮相音憑相息亮反注同宿劉息就反一音夙離力計反貸吐得反或音二**疏**○釋曰在此者以其與大史同主天文故其職云掌歲月星辰之位故與大史連類在此○注馮乘至不貸○釋曰云世登高臺以視天文之次序者以其官有世功則以官名氏故云也其天子有靈臺諸侯有觀臺皆所以視天文故云登高臺也云之次序者馮相氏掌天文不變保章氏掌天文之變變則不依次序不變則如常有次序故以次序言之也云天文屬大史者案周語單子謂魯成公曰吾非瞽史焉知天道是大史知天道之事引月令曰乃命大史者證大史掌天文之事云宿離不貸者鄭彼注云離耦也謂其屬馮相氏保章氏掌天文者也謂其相與宿耦當審候伺不有差忒

保章氏中士二人下士四人府二人史四人徒八人保守也世守天文之變**疏**保章氏○釋曰在此者案其職云掌天星以志星辰日月之變動以觀天下之遷故與馮相氏連類在此也○注保守至之變○釋曰以其稱氏也故稱世守天文之變也

內史中大夫一人下大夫二人上士四人中士八人下士十有六人府四人史八人胥四人徒四十人**疏**內史○釋曰在此者案其職云掌八枋執國法及國令之貳策命羣臣皆禮事故列職於此也

外史上士四人中士八人下士十有六人胥二人徒二十人**疏**外史○釋曰在此者案其職云

掌書外令及三皇五帝之書亦禮書之類故列職於此

御史中士八人下士十有六人其史百有二十人府四人胥四人徒四十人御猶侍也進也其史百有二十人以掌贊書人多也【疏】御史○釋曰在此者案其職云掌贊書凡數從政者皆亦禮事故列職於此也○注御猶至多也○釋曰其職云凡治者受法令焉弁掌贊書故其史特多復在府上也

巾車下大夫二人上士四人中士八人下士十有六人府四人史八人工百人胥五人徒五十人巾猶衣也巾車車官之長○巾如字劉居覲反衣於既反【疏】巾車○釋曰在此者案其職云掌公車之政令辨其用與其旗物皆是禮事故列職於此也○注巾猶至之長○釋曰巾猶衣也者謂玉金象革等以衣飾其車故訓巾猶衣也云巾車車官之長者謂與下典路車僕等為長也

典路中士二人下士四人府二人史二人胥二人徒二十人路王之所所乘車【疏】典路○釋曰在此者案其職云掌王及后之五路亦是禮事故列職於此也○注路王至乘車○釋曰路大也若人君所居皆稱路故有路寢路門路馬之等皆稱路也

車僕中士二人下士四人府二人史二人胥二人徒二十人【疏】車僕○釋曰在此者案其職五戎之倅各有差等亦是禮事故亦列職於此也

司常中士二人下士四人府二人史二人胥四人徒四十人司常主王旌旗【疏】司常○釋曰在

此者案其職云掌九旗之物名亦各有差等亦是禮事故亦列職於此也○注司常主王旌旗○釋曰九旗之別自王已下尊卑所建不同不專主於王鄭云司常主王旌旗者以王爲主何妨尊卑皆掌

都宗人上士二人中士四人府二人史四人胥四人徒四十人都謂王子弟所封及公卿所食邑【疏】都宗人○釋曰在此者案其職云掌都祭祀之禮凡都祭祀致福于國皆是事。鬼及禮事故列職於此○注都謂至食邑○釋曰案載師云家邑任稍地小都任縣地大都任畺地則大夫采地不得稱都故據大都小都而言之下文家據大夫而說也此既掌祭祀不云伯而云宗人者避大官名夏官都家稱司馬得與大官同名者以其軍事是重故與大官同名也秋官都家以稱士者以其主都家萬民之獄訟以告方士故謂之士士者察也取其察審之義也

家宗人如都宗人之數家謂大夫所。食。采。邑【疏】家宗人○釋曰在此者案其職云掌家祭祀之禮凡祭祀致福亦是共鬼之事故亦列職於此

凡以神士者無數以其藝爲之貴賤之等以神士者男巫之俊有學問才知者藝謂禮樂射御書數高者爲上士次之爲中士又次之爲下士【疏】凡以至之等○釋曰此神士還是上羣巫中有學問者抽入神士以其能處置神位故以神爲名無數者有卽入之故無常數在都家之下者欲見都家神亦處置之在此者案其職云掌三辰之法當處置神之位次故列職於此

附釋音周禮注疏卷第十七

周禮注疏卷十七校勘記　　阮元撰盧宣旬摘録

附釋音周禮注疏卷第十七　唐石經周禮卷第五

春官宗伯第三　唐石經作第五非

吉凶賓軍嘉　諸本同惠校本作軍賓云余本仍作賓軍按惠棟當據宋本疏作軍賓小宗伯注吉凶軍賓嘉亦本作賓軍嘉〇按依大宗伯職經文次第先賓後軍則作賓軍是也自蔡沈書注曰五禮吉凶軍賓嘉也初學幼而熟誦乃不省周禮本文矣

汝作秩宗　余本閩監毛本同岳本嘉靖本汝作女釋文出女秩二字則此注本云女秩宗也

禮特牲曰宗人升自西階　監本毛本禮誤郊毛本階誤皆

云禮謂曲禮五者　惠校本謂作是

云吉凶賓軍嘉其別三十有六者　惠校本作吉凶軍賓嘉〇按此本非也

可謂別職同官者也　浦鏜云可疑所字誤

頒于職人　惠校本作檝人賈氏據鄭讀也此依經改職非

表齍盛告絜　惠校本同閩監毛本絜改潔非下並同

故其職云掌陳器　浦鏜云祼誤陳

復云稃亦皮 閩監毛本稃誤秠

言爲尊之法也 嘉靖本也作正

鋪陳曰筵 釋文作鋪之按釋曰所云筵席惟據鋪之牟後爲名則賈本亦作鋪之矣今本作陳非

天府徒二十人 余本嘉靖本閩監本同毛本二誤三唐石經缺

祖文武既爲二祧 惠校本作但文武此作祖誤

漢以奄人爲內官 閩監毛本同惠校本漢制考作內宦

亦用士八人 余本閩監毛本同嘉靖本作亦用士人無八字此衍文當刪正○按嘉靖本此條勝於各本

女奴有才知者 余本嘉靖本同閩監毛本知改智非釋文才知音智

冢人 嘉靖本閩監毛本同誤也唐石經余本作冢人注中同當據正○按字體正作冢从勹豕聲

此臣云丘 惠校本臣作直此誤

眡瞭三百人府四人史八人胥十有二人徒百有二十人 余本嘉靖本閩監毛本同唐石經此段全缺按釋曰此下直云瞽矇三百人無府史胥徒者以其無目不須人使是以有眡瞭三百人而已然則府四人已下四句係後人臆增賈疏本無也○按前說非也賈所云瞽矇三百人者謂上瞽四十人中瞽百人下瞽百有六十人也此三百人無府史胥徒眡瞭三百人有府史胥徒故云瞽矇三百人無府史胥徒

其實賈說不明經文府四人史八人胥十有二人徒百有二十人統屬於大師小師瞽矇眡瞭非瞽矇無府史胥徒也疏末云太師少師瞽矇眡瞭四者皆別職又無府史而幷言之此幷言之三字正謂此府史胥徒統屬於上四官亦可證經文府四人四句非衍矣由四官分職府史胥徒統屬於四官故經文合併爲一條如大司樂樂師合爲一條之例

眡讀爲虎眡之眡 余本嘉靖本閩監毛本同岳本爲作如

無目眹謂之瞽 余本岳本閩本毛本同此本眹誤眹監本誤眹今訂正嘉靖本眹作眣按釋文眹本又作眴或作眏玉篇謂眹與瞚同眴瞚亦一字也下同

云眡瞭目明者以其工 惠校本無云其下有扶此一衍一脫

於此云有瞽矇 惠校本云作文此誤

韎東夷之樂讀如味飲食之味 閩監毛本同嘉靖本作昧東夷之樂讀如味食飲之味釋文賈疏余本亦作味食飲之味此誤倒

杜子春讀韎爲菋荎著之菋 閩監毛本同釋文岳本嘉靖本菋作味漢讀考作讀韎如

經云舞者衆寡無數 惠校本作此經云

引之與詩者證籥師教國子 惠校本之作傳籥作樂此誤○按籥是也樂非也本職可攷

鞮鞻氏唐石經諸本同惠士奇云玉篇鞮作趧○按玉篇本說文說文作趧婁

鞻讀如屨也余本嘉靖本閩監毛本同誤也岳本作鞻讀爲屨當據正

四夷舞者所屝也余本嘉靖本閩監毛本同此本屝作屝與漢制考所引同誤也今訂正文選魏都賦注引此無所字按釋文出所屝二字則無所作屝者皆非說文屝履也所屝猶云所履也○按無所字者自是古本

謂楯也余本閩監毛本同釋文出謂楯二字嘉靖本楯作盾惠校本同○按盾者正字楯俗字

二者互見爲義惠校本同閩監毛本爲改其

占人史二人唐石經諸本同嘉靖本作史一人誤

亦占筮之類閩本同監毛本占改卜

簭人宋本余本閩監毛本同誤也唐石經嘉靖本簭作簭下從口當據以訂正此從石訛

女巫無數余本閩監毛本同皆連上文嘉靖本及惠校本別跳行下大史小史同唐石經此序缺○按經文其師以下統屬於男巫女巫則不跳行者是也此亦太師樂師一條之例

凡以神□者閩監毛本作神士者惠校本作神仕者云仍作士下神仕還是男巫爲之同此本兩神仕之仕字皆實缺

宿離不貸釋文作不貣○按貣是

以視天文之次序者閩監毛本視誤觀

皆是事鬼及禮事浦鏜云事鬼下疑脫神字

家謂大夫所食采邑余本閩監毛本同此本下三字實缺嘉靖本邑作地

周禮注疏卷十七校勘記

附釋音周禮注疏卷第十八

鄭氏注　　賈公彥疏

大宗伯之職掌建邦之天神人鬼地示。之禮以佐。王建保邦國建立也立天神地祇人鬼之禮者謂祀之祭之享之禮吉禮是也保安也所以佐王立安邦國者主謂凶禮賓禮軍禮嘉禮也。目吉禮於上承以立安邦國者互以相成明尊鬼神重人事〇示音祇本或作祇下神示地示之倒皆倣此下卷亦然佐本或作左音同享許丈反又後不音者同疏大宗至邦國〇釋曰大宗伯之職者以上列其官此列其職也云掌建邦之天神人鬼地示之禮者單言邦據王為言也云以佐王建保邦國者邦國連言據諸侯為說也〇注建立至人事〇釋曰云立天神地祇人鬼之禮者謂祀之祭之享之者經先云人鬼後云地祇鄭則先云地祇後云人鬼者經先云人鬼欲見天在上地在下人藏其間鄭後云人鬼者據下經陳吉禮十二先地祇後人鬼據尊卑為次故也云禮吉禮是也者案下云以吉禮事邦國之鬼神示則此亦吉禮故云禮吉禮是也云保安也所以佐王立安邦國者主謂凶禮賓禮軍禮嘉禮也者鄭知建保邦國中有凶禮已下者案下文其次有五禮具此經直云天神人鬼地示吉禮而已又邦國之上已空云建保故云建保中有四禮也是以鄭即云目吉禮於上承以立安邦國者互相成也互相成者王國云吉禮亦有凶禮已下邦國云四禮明亦有吉禮矣以其神非人不事人非神不福故又云明尊鬼神重人事也尊鬼神者據王國特云吉禮重人事者據諸侯特言凶禮已下各舉一邊欲見五禮皆重故也

以吉禮事邦國之鬼神示事謂祀之祭之享之故書吉或為告杜子春云書為告禮者非是當為吉禮書亦多為吉禮吉禮之別十有二。疏以吉至神示〇釋曰此已下敘五禮先以吉禮為上云事邦國之鬼神示者據諸侯邦國而言者也以其天子宗伯若還據天子則不見邦國若以天子宗伯

而見邦國則有天子可知故舉邦國以包王國○注事謂至有二○釋曰云事謂祀之祭之享之者還據已下所陳先後爲次若然經先云鬼與上下體例不同者欲見逢時則祭事起無常故先云人鬼也云吉禮之別十有二者從此下經以禋祀血祭二經天地各有三享人鬼有六故十二也○

以禋祀祀昊天上帝以實柴祀日月星辰以槱燎祀司中司命飌師雨師

禋之言煙周人尚臭煙氣之臭聞者槱積也詩曰芃芃棫樸薪之槱之三祀皆積柴實牲體焉或有玉帛燔燎而升煙所以報陽也鄭司農云昊天天也上帝玄天也昊天上帝樂以雲門實柴實牛柴上也故書實柴或爲賓柴司中三能三階也司命文昌宮星風師箕也雨師畢也玄謂昊天上帝冬至於圜丘所祀天皇大帝星謂五緯辰謂日月所會十二次司中司命文昌第五第四星或曰中能上能也祀五帝亦用實柴之禮云○禋音因李又音煙槱羊九反本亦作楢音同積也燎良召反飌音風芃薄工反一音房逢反棫音域樸音卜能他來反下同圜于權反○

疏

以禋至雨師○釋曰此祀天神之三禮以尊卑先後爲次謂歆神始也○注禋之至禮云○釋曰案尚書洛誥予以秬鬯二卣明禋注云禋芬芳之祭又案周語云精意以享謂之禋義並與煙得相叶也但宗廟用煙則郊特牲云臭陽達于牆屋是也天神用煙則此文是也鄭於禋祀之下正取義於煙故言禋之言煙也云周人尚臭煙氣之臭聞者此禮記郊特牲之文也彼云殷人尚聲周人尚臭尚臭者取煙氣之臭聞於天引之者證煙義也云槱積也詩云芃芃棫樸薪之槱之者此大雅棫樸之篇引之證槱得爲積也云三祀皆積柴實牲。至焉或有玉帛燔燎而升煙者此司中司命等言槱燎則亦用煙也於日月言實牲至昊天上帝言煙祀則三祀互相備矣但先言積柴次實牲後取煙事列於卑祀義全於昊天作文之意也但云或有玉帛則有不用玉帛者肆師職云立大祀用玉帛牲牷立次祀用牲幣立小祀用牲彼雖總據天地宗廟諸神今以天神言之則二大小次祀皆有也以肆師言之煙祀中有玉帛牲牷三事實柴中則無玉唯有牲幣槱燎中但止有牲故鄭云實牲體焉據三祀有其玉帛惟昊天

具之實柴則有帛無玉是玉帛於三祀之內或有或無故鄭云或耳云燔燎而
升煙所以報陽也者案郊特牲云升首於室以報陽彼論宗廟之祭以首報陽
今天神是陽煙氣上聞亦是以陽報陽故取特牲爲義也鄭司農云昊天天也
者案孝經云郊祀后稷以配天典瑞亦云四圭有邸以祀天故云昊天天也云
上帝玄天也者案廣雅云乾玄天易文言云夫玄黃者天地之雜也天玄而地
黃以天色玄故謂玄名天先鄭蓋依此而讀之則二者異名而同實也若然則
先鄭與王肅之等同一天而已似無六天之義故以天解昊天上帝爲一也云
昊天上帝樂以雲門者先鄭既無六天大司樂分樂而序之及六變俱有雲門
不知定取何者以祀天云實柴實牛柴上也者案肆師職此三者皆實牲先鄭
直據實柴爲實牛者偏據一邊而言耳其實皆牛也云故書實柴或爲賓柴者
賓柴無義後鄭雖不破當還從實柴也先鄭云司中三能三階也者案武陵太
守星傳云三台一名天柱上台司命爲大尉中台司中爲司徒下台司祿爲司
空云司命文昌宮星者亦據星傳云文昌宮第四曰司命第五曰司中二文俱
有司中司命故兩載之也云風師箕也者春秋緯云月離於箕風揚沙故知風師
箕也云雨師畢也者詩云月離於畢俾滂沱矣是雨師畢也若左氏傳云天有
六氣降生五味五味即五行之味也是陰陽風雨晦明六氣也下生金木水火土
之五行鄭義。大陽不變陰爲金雨爲木風爲土明爲火晦爲水若從妻所好言
之則洪範云星有好風星有好雨鄭注云箕星好風畢星好雨是土十爲木八
妻木八爲金九妻故東方箕星好風西方畢星好雨以此推之則北。官好。奧南
宮好暘中央四季好寒也皆是所剋爲妻是從妻所好之義也玄謂昊天上帝
冬至於圜丘所祀天皇大帝者案大司樂下文凡樂圜鍾爲宮云云冬日至於
地上之圜丘奏之若樂六變則天神皆降是也引之以破先鄭昊天上帝與五
天爲一之義云星謂五緯者五緯即五星東方歲星南方熒惑西方大白北方
辰星中央鎮星言緯者二十八宿隨天左轉爲經五星。左旋爲緯案元命包云
文王之時五星以聚房也星備云五星初起牽牛此云星明是五緯又案星備
云歲星一日行十二分度之一十二歲而周天熒惑日行三十三分度之一三

十三歲而周天鎭星日行二十八分度之一二十八歲而周天大白日行八分度之一八歲而周天辰星日行一度一歲而一周天是五緯所行度數之事且諸文皆星辰合解之故尚書堯典云曆象日月星辰洪範五紀亦云星辰鄭皆星辰合釋者餘文於義不得分爲二故合釋此文皆上下不見祭五星之文故分星爲五緯與辰別解若然辰雖據日月會時而言辰卽二十八星也案昭七年左氏傳晉侯問伯瑕曰何謂六物對曰歲時日月星辰是謂也公曰多語寡人辰而莫同何謂辰對曰日月之會是謂辰故以配日是其事但二十八星面有七不當日月之會直謂之星若日月所會則謂之宿謂之辰謂之次亦謂之房故尚書胤征云辰弗集于房孔注云房日月所會是也云司中司命文昌第五第四星者此破先鄭也何則先鄭以爲司中是三台司命是文昌星今案三台與文昌皆有司中司命何得分之故後鄭云文昌第五第四星必先言第五後云第四者案文昌第四云司命第五云司中此經先云司中後云司命後鄭欲先說司中故先引第五證司中後引第四證司命故文倒也案武陵大守星傳云文昌宮六星第一曰上將第二曰次將第三曰貴相第四曰司命第五曰司中第六曰司祿是其本次也云或曰中能者亦據武陵大守星傳而言云三台一名天柱上台司命爲大尉中台司中爲司徒下台司祿爲司空引此破先鄭也云祀五帝亦用實柴之禮云者案禮記祭義云大報天而主日配以月祭天以日爲主故知五帝與日月同用實柴也若然五帝與昊天其服同大裘其牲同繭栗於燔柴退與日月等者禮有損之而益亦如社稷服絺冕及其血祭卽在五嶽之上亦斯類也案春秋緯運斗樞云大微宮有五帝座星卽春秋緯文耀鉤云春起青受制其名靈威仰夏起赤受制其名赤熛怒秋起白受制其名白招拒冬起黑受制其名汁光紀季夏六月火受制其名含樞紐又元命包云大微爲天庭五帝以合時此等是五帝之號也又案元命包云紫微宮爲大帝又云天生大列爲中宮大極星星其一明者大一常居傍兩星巨辰子位故爲北辰以起節度亦爲紫微宮紫之言中此宮之中天神圖法陰陽開閉皆在此中又文耀鉤云中宮大帝其北極星下一明者爲大一之先合元氣以斗布常

是天皇大帝之號也又案爾雅云北極謂之北辰鄭注云天皇北辰。耀魄寶又
云昊天上帝又名大一。常。居以其尊大故有數名也其紫微宮中皇天上帝亦
名昊天上帝得連上帝而言至於單名皇天單名上帝亦得故尚書君奭云公
曰君奭我聞在昔成湯既受命時則有若伊尹格于皇天鄭注云皇天北極大
帝又掌次云張氈案設皇邸以旅上帝上帝即大帝堯典云欽若昊天皆是上
帝單名之事月令更無祭五帝之文故季夏云以供皇天上帝鄭分之皇天北
辰耀魄寶上帝大微五帝亦是大帝單號之事若然大帝得單稱與五帝同五
帝不得兼稱皇天昊天也異義天號等六今尚書歐陽說曰欽若昊。天夏曰蒼
天秋曰旻天冬曰上天總爲皇天爾雅亦然故尚書說云天有五號各用所宜
稱之尊而君之則曰皇天元氣廣大則稱昊天仁覆慜下則稱旻天自上監下
則稱上天據遠視之蒼蒼然則稱蒼天謹案尚書堯命羲和欽若昊天總勑四
時知昊天不獨春春秋左氏曰夏四月己丑孔子卒稱旻天不弔時非秋天玄
之聞也爾雅者孔子門人作以釋六藝之文言蓋不誤矣春氣博施故以廣大
言之夏氣高明故以遠言之秋氣或殺或生故以旻天言之冬氣閉藏而清察
以監下言之昊天者其尊大號六藝之中諸稱天者以己情所求言之非必正
順於時解浩浩昊天求之博施蒼天求之高明旻天不弔則求天殺生當得其
宜上天同雲求之所爲當順於時此之求猶人之說事各從主耳若察于時所
論從四時天各云所別故尚書所云者論其義也二者相須乃足此名非必紫
微宮之正直是人逐四時。五稱之鄭云皇天者其尊大之號不逐四時爲名似
本正稱此經星辰與司中司命風師雨師鄭君以爲六宗案尚書堯典禋于六
宗但六宗之義有其數無其名故先儒各以意說鄭君則以。北星也辰也司中
也司命也風師也雨師也六者爲六宗案異義今歐陽夏侯說六宗者上不及
天下不及地傍不及四時居中央恍惚無有神助陰陽變化有益於人故郊祭
之古尚書說六宗天地神之尊者謂天宗三地宗三天宗日月星辰地宗岱山
河海日月屬陰陽宗北辰爲星宗岱爲山宗河爲水宗海爲澤宗祀天則天文
從祀祀地則地理從祀謹案夏侯歐陽說云宗實一而有六名實不相應春秋

魯郊祭三望言郊天日月星河海山凡六宗魯下天子不祭日月星但祭其分野星其中山川故言三望六宗與古尚書說同玄之聞也書曰肆類于上帝禋于六宗望于山川徧于羣神此四物之類也禋也望也徧也所祭之神各異六宗言禋山川言望則六宗無山川明矣周禮大宗伯曰以禋祀祀昊天上帝以實柴祀日月星辰以槱燎祀司中司命風師雨師凡此所祭皆天神也禮記郊特牲曰郊之祭也迎長日之至也大報天而主日也兆於南郊就陽位也埽地而祭於其質也祭義曰郊之祭大報天而主日配以月則郊祭幷祭日月可知其餘星也辰也司中司命風師雨師此之謂六宗亦自明矣禮論王莽時劉歆孔昭以爲易震巽等六子之卦爲六宗漢武即位依虞書禋于六宗禮用大社至魏明帝時詔令王肅議六宗取家語宰我問六宗孔子曰所宗者六埋少牢於大昭祭時相近於坎壇祭寒暑王宮祭日夜明祭月幽禜祭星雩禜祭水旱孔安國注尚書與此同張融許從鄭君於義爲允案月令孟冬云祈來年於天宗鄭云天宗日月星辰若然星辰入天宗又入六宗其日月入天宗即不以血入六宗之數也以其祭天主日配以月日月旣尊如是故不得入宗也

祭祭社稷五祀五嶽以貍沈祭山林川澤以疈辜祭四方百物不言祭地此皆地祇祭地可知也陰祀自血起貴氣臭也社稷土穀之神有德者配食焉共工氏之子曰句龍食於社有厲山氏之子曰柱食於稷湯遷之而祀棄故書祀作禩疈爲罷鄭司農云禩當爲祀書亦或作祀五祀五色之帝於王者宮中曰五祀罷辜披磔牲以祭若今時磔狗祭以止風玄謂此五祀者五官之神在四郊四時迎五行之氣於四郊而祭五德之帝亦食此神焉少昊氏之子曰重爲句芒食於木該爲蓐收食於金脩及熙爲玄冥食於水顓頊氏之子曰黎爲祝融后土食於火土五嶽東曰岱宗南曰衡山西曰華山北曰恒山中曰嵩高山不見四竇者四竇五嶽之匹或省文祭山林曰埋川澤曰沈順其性之含藏疈疈牲胷也疈而磔之謂磔攘及蜡祭郊特牲曰八蜡以記四方四方年不順成八蜡不通以謹民財也又曰蜡之祭也主先嗇而祭司嗇也祭百種以報嗇也饗農及郵表畷禽

歎仁之至義之盡也○貍亡皆反劉莫拜反沈如字劉直蔭反疈孚逼反一音方麥反共音恭句古侯反下同厲如字本或作烈禩音祀又作祀罷如字一音
芳皮反磔張格反食此音嗣下食宗族同少昊詩照反下少昊同重直龍反該古來反蓐音辱同不見賢遍反此內不音者同竇音獨本亦作瀆下同省所景
反磔攘如羊反蜡七詐反種章勇反郵有牛反畷音綴井田閒道左思吳都賦云畛畷無數又陟劣反

疏

以血至百物○釋曰此一經言祭地示三等之
禮尊卑之次亦是歆神始也云以血祭祭社稷五祀五嶽者此皆地之次祀先薦血以歆神已下二祀不復用血也○注祭不言至盡也○釋曰云不言祭地此
皆地祇祭地可知也者此經對上經祭天天則大次小三者具此經雖見三祀唯有次小祀而已以其方澤與昊天相對此經方澤不見者此血祭下仍有貍
沈與疈辜二祀三祀具得與上天神三者相對故闕大地也且社稷亦土神故舉社以表地示鼓人職亦云靈鼓鼓社祭亦舉社以表地此其類也若大地方
澤當用瘞埋與昊天禋相對故鄭云不言祭地此皆地祇祭地可知也云陰祀自血起者對天爲陽祀自煙起貴氣臭同也云社稷土穀之神者案孝經緯援
神契云社者五土之總神稷者原隰之神五穀稷爲長五穀不可偏敬故立稷以表名郊特牲亦云社者神地之道社者土之神稷者穀之神故云土穀之神
也云有德者配食焉云云至而祀棄案左氏昭公二十九年傳云共工氏有子曰句龍爲后土后土爲社則是死乃配社食之云有厲山氏之子曰柱食於稷
湯遷之而祀棄者案左傳云有烈山氏之子曰柱爲稷案祭法云厲山氏之有天下也其子曰農能殖百穀夏之衰也周棄繼之故祀以爲稷若然稷祀棄實
在湯時云夏之衰者遷柱由旱欲見旱從夏起故據夏而言也是以書序云湯既勝夏欲遷其社不可作夏社注云犧牲既成粢盛既潔祭以其時而旱暵水
溢則變置社稷當湯代桀之時旱致災明法以薦而猶旱至七年故湯遷柱而以周棄代之欲遷句龍以無可繼之者於是故止其旱在夏之時驗也先鄭云
五祀五色之帝於王者宮中曰五祀者先鄭意此五祀卽掌次云祀五帝一也故云五五色之帝後鄭不從者案司服云祀昊天與五帝皆用大裘當在圜丘與

四郊上今退在社稷之下於王者宮中失之遠矣且五帝天神當在上經陽祀之中退在陰祀之內一何陋也云罷辜披磔牲以祭者此先鄭從古書罷於義未可故後鄭不從罷從經疈爲正其云披磔牲以祭仍從之矣云若今時磔狗祭以止風者此舉漢法以況疈辜爲磔之義必磔狗止風者狗屬西方金金制東方木之風故用狗止風也玄謂此五祀者五官之神在四郊四時迎五行之氣於四郊而祭五德之帝亦食此神焉者但迎氣迎五方天帝雖不言祭人帝案月令四時皆陳五德之帝大昊炎帝黃帝少昊顓頊等五德之帝弁五人神於上明知五人神爲十二月聽朔及四時迎氣而陳故鄭此注及下青圭赤璋之下注皆云迎氣時弁祭五人帝五人神也云少昊氏之子曰重已下案昭二十九年魏獻子問蔡墨曰社稷五祀誰氏之五官對曰少皞氏有四叔曰重曰該曰脩曰熙實能金木及水使重爲句芒該爲蓐收脩及熙爲玄冥世不失職遂濟窮桑此其三祀也顓頊氏有子曰犂爲祝融共工氏有子曰句龍爲后土此其二祀也后土爲社稷爲田正有烈山氏之子曰柱爲稷趙商問春秋昭二十九年左傳曰顓頊氏之子犂爲祝融共工氏有子曰句龍爲后土其二祀五官之神及四郊合爲犂食后土祭法曰共工氏霸九州也其子曰后土能平九州故祀以爲社社卽句龍答曰犂爲祝融句龍爲后土左氏下言后土爲社謂暫作后土無有代者故先師之說犂兼之因火土俱位南方此注云犂爲祝融后土食于火土亦惟見先師之說也云五嶽東曰岱宗南曰衡山西曰華山北曰恆山中曰嵩高山者此五嶽所在據東都地中爲說案大司樂云四鎭五嶽崩注云華在豫州嶽在雍州彼據鎬京爲說彼必據鎬京者彼據災異若據洛邑則華與嵩高並在豫州其雍州不見有災異之事故注有異也案爾雅江河淮濟爲四瀆爲定五岳不定者周國在雍州時。無西嶽故權立吳嶽爲西嶽非常法爾雅不載以東都爲定故爾雅載之也若然此南嶽衡案爾雅霍山爲南嶽者霍山卽衡山也故地理志楊州霍山爲南嶽者山今在廬山彼霍山與冀州霍山在嵩華者別云不見四。竇者四。竇五嶽之匹或省文者五嶽四瀆相對若天地故設經省文惟見五嶽也若然下云貍沈祭山林川澤五嶽歆神雖與社稷同用血五嶽四瀆山川之類亦當貍沈也爾雅云祭山曰庪縣者或異代法耳若然庪縣既非周法而校人云凡將事于四海山川則飾黃駒注云王巡守過大山川則有殺駒以祈沈禮與玉人云天子以巡守宗祝以前馬注云其祈沈以馬宗祝亦執勺以先之彼亦言祈沈者祈沈雖非周法引以況義無嫌也云祭山林曰埋川澤曰沈順其性之含藏者經埋沈祭山林川澤總言不析別而說故鄭分之以其山林無水故埋之川澤有水故沈之是。其。順性之含藏也云疈疈牲胷也者無正文蓋據當時疈磔牲體者皆從胷臆解析之故以胷言之云謂磔禳及蜡祭者案禮記月令云九門磔攘又十二月大儺時亦磔攘是磔牲攘去惡氣之禮也云及蜡祭者案彼云蜡也者索也歲十二月合聚萬物而索享之謂天子於周之十二月建亥之月於郊而爲蜡法此所引郊特牲曰八蜡已下彼據諸侯行蜡法彼云八蜡以。記四方不作祀作祀者誤云八蜡以記四方者謂八蜡之禮以記四方諸侯知順成不順成若年不順成則八蜡不通以謹民財也若四方諸侯年穀有不順四時成熟者其八蜡不得與四方成熟之處通祭八蜡也云以謹民財者八蜡既不通明民不得行黨正飲酒奢侈之事故云以謹民謹民謂謹節民之用財之法也又曰蜡之祭也主先嗇而祭司嗇者彼注云先嗇若神農者司嗇后稷是也云祭百種以報嗇也者謂合聚萬物而索享之以報收嗇之功故云祭百種以報嗇也云享農及郵表畷者彼注云農謂田畯與田大夫郵表畷畷止也謂田畯督約百姓於井間之處也是郵行往來立表畷止於其下是止息之處有神亦祭之云禽獸仁之至義之盡也者八蜡者案彼祭有先嗇一也司嗇二也農三也郵表畷四也貓虎五也坊六也水庸七也昆蟲八也蜡之中有貓虎是禽獸也云仁之至者據饗先嗇司嗇及農是仁恩之至義之盡者據饗貓虎坊與水庸郵表畷之等是義之盡引之者證祭亦磔牲之事也

以肆獻祼享先王以饋食享先王以祠春享先王以禴夏享先王以嘗秋

享先王以烝冬享先王宗廟之祭有此六享肆獻祼饋食在四時之上則是祫也禘也肆者進所解牲體謂薦孰時也獻獻醴謂薦血腥也祼之言灌灌以鬱鬯謂始獻尸求神時也郊特牲曰魂氣歸于天形魄歸于地故祭所以求諸陰陽之義也殷人先求諸陽周人先求諸陰灌是也祭必先灌乃後薦腥薦孰於祫逆言之者與下共文明六享俱然祫言肆獻祼禘言饋食者著有黍稷互相備也魯禮三年喪畢而祫於太祖明年春禘於羣廟自爾以後率五年而再殷祭一祫一禘○肆他歷反解骨體祼古亂反禴餘若反烝之承反祫戶夾反率五音律又音類〔疏〕以肆至先王○釋曰此一經陳享宗廟之六禮也此經若細而言之即有六禮總而言之則亦有三等之差肆獻祼是祫之大祭以饋食是禘之次祭以春享以下是時祭之小祭若以總用衮冕大牢言之此亦皆爲大祭也故酒正注云大祭者王服大裘衮冕所祭是也此六者皆言享者對天言祀地言祭故宗廟言享享獻也謂獻饌具於鬼神也○注宗廟至一禘○釋曰云宗廟之祭有此六享者此則吉禮十二之中處其六也云肆獻祼饋食在四時之上則是祫也禘也者但周法有三年一祫則文二年大事於大廟公羊傳云大事者何大祫也大祫者何合祭也毀廟之主陳于大祖未毀廟之主皆升合食于大祖列昭穆序父子是祫之義也若殷則祫於三時周則秋祫而已又有五年一禘禘則各於其廟爾雅云禘大祭者禘是總名祭法祭天圜丘亦曰禘大傳云王者禘其祖之所自出謂夏正郊天亦曰禘夏殷四時之祭夏祭亦曰禘但於周宗廟之祭則有五年禘禘雖小於祫大於四時亦是大祭之名也云肆者進所解牲體謂薦孰時也者薦孰當朝踐後爓祭時故禮運云腥其俎孰其殽鄭云孰其殽謂體解而爓之是其饋獻獻以盎齊之節故云薦孰時但體解之時必肆解以爲二十一體故云肆也云獻獻醴謂薦血腥也者此是朝踐節當二灌後王出迎牲祝延尸出戶坐於堂上南面迎牲入豚解而腥之薦於神坐以玉爵酌醴齊以獻尸后亦以玉爵酌醴齊以獻尸故云謂薦腥也云祼之言灌者經云祼者是古之祼字取神示之義故從示鄭轉從灌者以鬱鬯灌地降神取澆灌之義故從水言灌以鬱鬯謂始

獻尸求神時也者凡宗廟之祭迎尸入戶坐於主北先灌謂王以圭瓚酌鬱鬯以獻尸尸得之瀝地祭訖啐之奠之不飲尸爲神象灌地所以求神故云始獻尸求神時也言始獻對後朝踐饋獻酳尸等爲終故此稱始也郊特牲曰魂氣歸于天形魄歸於地故祭所以求諸陰陽之義也者人之獻吸出入之氣爲魂耳目聰明爲魄人死魂氣歸於天爲陽形魄歸於地爲陰祭時作樂爲陽是求諸陽灌地爲陰是求諸陰故云求諸陰陽之義也云殷人先求諸陽周人先求諸陰者此二代自相對殷人先求諸陽謂未灌先合樂周人先求諸陰謂未合樂先灌故云求諸陰灌是也引之者欲見周人祭先灌之意云祭必先灌乃後薦腥薦孰於祫逆言之者與下共文明六享俱然者。如向所說。具先灌訖王始迎牲次腥其組腥其組訖乃爓爓祭訖始迎尸入室乃有黍稷是其順也今此經先言肆肆是饋獻節次言。獻是朝踐節後言灌灌是最在先之事是於祫逆言之也言與下共文明六享俱然者既從下向上爲文即於下五享與上祫祭皆有灌獻肆三事矣故云六享俱然云祫言肆獻灌禘言饋食者著有黍稷互相備也者祫言肆獻灌明禘亦有之禘言饋食食是黍稷則祫亦有黍稷矣著明也明有黍稷互相備矣云魯禮三年喪畢而祫於大祖者此以周衰禮廢無文可明春秋左氏傳云周禮盡在魯即以春秋爲魯禮今言魯禮者指春秋而言也春秋三年喪畢而祫於大祖謂若文公二年秋八月大事於大廟躋僖公。僖三十三年薨至文二年秋八月於禮雖少四月猶是三年喪畢而爲祫祭也是魯禮三年喪畢而祫於大祖大祖謂周公廟周公廟中而爲祫祭也云明年春禘於羣廟者此明年春禘雖無正文約僖公宣公得知矣案僖公八年及宣公八年皆有禘文則知僖公宣公。二年春有禘可知何者以文公二年祫則知僖公宣公二年既爲祫則明年是三年春禘四年五年年六年秋祫是三年祫更加七年八年添前爲五年禘故僖公宣公八年皆有禘是明年春禘明矣故云明年春禘於羣廟也云自爾以後五年而再殷祭者公羊傳文殷大也除明年春從四年已後四年五年六年七年八年八年之中四年五年六年爲三年祫七年八年添前爲五年禘是五年再殷祭也云一祫一禘者是禮讖文謂五年之中爲一禘一祫也鄭言此者欲見肆獻祼及饋食三者爲祫禘從三年喪畢後爲始之意也從禋祀已下至此吉禮十二皆歆神始何者案大司樂分樂而序之云乃奏黃鍾歌大呂舞雲門以祀天神已下下復云圜鍾爲宮若樂六變天神皆降若樂八變地示皆出若樂九變人鬼可得而禮鄭云天神則主北辰地祇則主崑崙人鬼則主后稷先奏是樂以致其神禮之以玉而祼焉彼先奏是樂以致其神則天神地祇人鬼皆以樂爲下神始也彼鄭云禮之以玉據天地而祼焉據宗廟則此上下天神言煙地示言血此宗廟六享言祼是其天地宗廟皆樂爲下神始煙血與祼爲歆神始也又案禮器與郊特牲皆言郊血大享腥三獻爓一獻孰者皆是薦饌始也以其郊是祭天而言用血大享是祫祭先王而言用腥三獻是社稷而言用爓一獻是祭羣小祀而言用孰與此是其先彼是其後後爲薦饌可知故郊言血大享言腥三獻言爓一獻言孰也

以凶禮哀邦國之憂哀謂救患分裁凶禮之別有五【疏】以凶至之憂○釋曰此凶禮之目也邦國者亦如吉禮舉外以包內之義凡言哀者皆謂被凶災從後以物哀之也○注哀謂至有五○釋曰云哀謂救患分裁者此據左氏僖元年夏六月邢遷于夷儀諸侯城之救患也凡侯伯救患分裁討罪禮也引之者證哀者從後往哀之義言救患分災討罪者救患即邢有不安之患諸侯城之是救患也分災謂若宋災諸侯會於澶淵謀歸宋財是分災也討罪謂諸侯無故相伐是罪人也霸者會諸侯共討之是討罪也三者皆是相哀之法故并代引之

以喪禮哀死亡哀謂親者服焉疏者含襚○含戶暗反本亦作唅襚音遂【疏】注哀謂至含襚○釋曰諸經云亡者多是逃亡此經鄭不解亡則與喪爲一以其逃亡無可哀故也云哀謂親者服焉者據上文云哀邦國之憂則此亦據諸侯邦國之內而言但天子諸侯絶傍期傍期已下無服若始封之君不臣諸父昆弟亦有服今鄭云親者服焉疏者含襚者鄭廣解哀義不專據天子諸侯之身也案士喪禮親者不將命注云大功已上有同財之義無歸含法鄭云親者服焉據大功親以上直有服無含法若小功以下有含并有服也若然此據大夫已下而說

天子諸侯雖無服其含襚則有之故春秋王使榮叔歸含且賵士喪禮君使人襚明天子諸侯於臣子皆有含襚也

以荒禮哀凶札荒人物有害也曲禮曰歲凶年穀不登君膳不祭肺馬不食穀馳道不除祭事不縣大夫不食粱士飲酒不樂札讀爲截謂疫癘○札如字又音截縣音玄

疏注荒人至疫癘○釋曰云荒人物有害者經云荒以爲目下云凶札則荒中有凶是物有害荒中兼有札是人人有害案司服云大札大荒則素服注云札疫病荒飢饉者彼不以荒爲目以荒替凶處故彼注荒爲飢饉不爲物有害也曲禮曰以下案彼注不祭肺則不殺也馳道不除爲妨民取蔬食也皆自貶損若然君言不祭肺馬不食穀祭事不縣則大夫士亦然大夫言不食粱粱加穀士飲酒不樂則人君曰食黍稷稻粱亦貶於飲酒亦不樂君臣互見爲義也云札讀爲截謂疫癘者鄭讀從截絕之義故也春秋有夭昏札瘥是癘鬼爲疫病之事故云謂疫癘也

以弔禮哀禍烖禍烖謂遭水火宋大水魯莊公使人弔焉曰天作淫雨害於粢盛如何不弔○廞焚孔子拜鄉人爲火來者拜之士一大夫再亦相弔之道○爲火于僞反下茍偃爲同

疏注禍烖至之道○釋曰禍烖謂遭水火鄭知義然者以上下文驗之此禍災當水火二事爲證也案莊十一年秋宋大水魯人使弔之傳例雨三日已上爲淫廄焚孔子拜鄉人爲火來者事見禮記雜記云亦相弔之道者謂亦如魯莊公弔宋事也

以禬禮哀圍敗同盟者○合會財貨以更其所喪春秋襄三十年冬會于澶淵宋烖故是其類○禬劉戶外反徐古外反更更音庚下同喪息浪反澶善然反

疏注同盟至其類○釋曰此經本不定若馬融以爲國敗正本多爲圍敗謂其國見圍入而國被禍敗喪失財物則同盟之國會合財貨歸之以更其所喪也必知禬是會合財貨非會諸侯之兵救之者若會合兵當在軍禮之中故知此禬是會合財貨以濟之也故大行人云致禬以補諸侯之災小行人亦云若國師役則命犒禬之是其有財貨相補之驗故引左氏澶淵之會爲證也案左氏傳爲宋災諸侯之大夫謀歸宋財是以冬十月叔孫豹會晉趙武齊公孫蠆宋向戌衛北宮佗鄭罕虎及小邾之大夫會于澶淵既而無歸于宋故不

書其人君子曰信其不可不慎澶淵之會卿不書不信也又云書曰某人某人尤之也若然既而無歸宋財引者此取本謀歸宋財一邊義無嫌也以恤

禮哀寇亂恤憂也鄰國相憂兵作於外為寇作於內為亂疏注恤憂至為亂○釋曰云鄰國相憂者亦上云哀邦國之憂據諸侯為說故鄭以鄰國解之云兵作於外為寇作於內為亂者案文公六年魯惠伯云兵作於內為亂於外為寇又成公十七年長魚矯曰臣聞亂在外為姦在內為。軌御姦以德御軌以刑據此文既言寇亂當據惠伯之言為義也而云哀之者既不損財物當遣使往諮問安不而已

以賓禮親邦國親。謂使之相親附賓禮之別有八疏注親謂至有八○釋曰經既云親邦國故鄭還以使諸侯相親附解之卽下文相朝聘之義是也賓禮之別有八者卽下文八者皆以曰閒之者是也

春見曰朝夏見曰宗秋見曰覲冬見曰遇時見曰會殷見曰同此六禮者以諸侯見王為文六服之內四方以時分來或朝春或宗夏或覲秋或遇冬名殊禮異更遞而偏朝猶朝也欲其來之早宗尊也欲其尊王覲之言勤也欲其勤王之事遇偶也欲其若不期而。俱至時見者言無常期諸侯有不順服者王將有征討之事則既朝覲王為壇於國外合諸侯而命事焉春秋傳曰有事而會不協而盟是也殷猶衆也十二歲王如不巡守則六服盡朝朝禮既畢王亦為壇合諸侯以命政焉所命之政如王巡守殷見四方四時分來終歲則偏○曰朝直遙反注下不出者皆同遞音弟偏音遍下同猶朝張遙反疏注此六至則偏釋曰云此六禮者以諸侯見王為文者案此經文皆云見是下於上稱見故云諸侯見王為文也秋官大行人云春朝諸侯之等皆云朝覲諸侯是王下見諸侯為文故彼注云王見諸侯為文二者相對為文不同以彼是天子見諸侯之義故圖天下之事以比邦國之功皆據天子為主故以天子見諸侯為文此則諸侯依四時朝天子故以諸侯見天子為文云六服之內四方以時分來或朝春或宗夏或覲秋或遇冬者謂要服以內侯甸男采衛要之等云四時分來春東方六服當朝之歲盡來朝夏南方六服當宗之歲盡來宗秋西方六服

當覲之歲盡來覲冬北方六服當遇之歲盡來遇是其或朝春或宗夏或覲秋或遇冬之事也云朝之言朝也欲其來之早宗尊也欲其尊王覲之言勤也欲其勤王之事遇偶也欲其若不期而俱至者此鄭解其名也四方諸侯來朝覲天子豈有別意乎明各舉一邊互見爲義耳云時見者言無常期者。非。謂。時。常月直是事至之時故云時者言其無常期也言諸侯有不順服此解時之義也云王將有征。討之事者諸侯既不順服明知有征討之事也云則既朝覲王爲壇於國外合諸侯而命事焉者此司儀及覲禮所云爲壇合諸侯是也云命事者謂命以征討之事即大行人云時會以發四方之禁禁是九伐之法也云春秋傳曰有事而會不協而盟者此昭三年鄭子太叔曰文襄之霸也其務不煩諸侯令諸侯三歲而聘五歲而朝有事而會不協而盟引之者證時會之義但是霸者會盟諸侯非王者法引之者取一邊證爲壇會盟之事同若然當諸侯有不順王命者不來其順服者皆來朝覲天子一則顯其順服二則欲助天子征討故來也云既朝覲者若不當朝之歲則不須行朝覲於國中直壇朝而已其當朝之歲者則於國中春夏行朝宗於王朝受享於廟秋冬則一受之於廟也故鄭云既朝覲王爲壇於國外也云殷猶衆也十二歲王如不巡守則六服盡朝朝禮既畢王亦爲壇合諸侯以命政焉鄭知十二歲者案大行人云十二歲王乃巡守殷國若王無故則巡守王制及尚書所云者是也若王有故則此云殷見曰同及大行人云殷國是也云殷同者六服衆皆同來言殷國者衆來見於王國其事一也鄭知爲壇於國外者覲禮云諸侯覲于天子爲宮方三百步四門壇十有二尋深四尺加方明于其上鄭注云四時朝覲受之於廟此謂時會殷同也明知諸侯殷見亦爲壇於國外若巡守至方嶽然云所命之政如王巡守者巡守命政則王制所云命典禮考禮命市納價之類又尚書所云歲二月東巡守已下修五禮五玉及協時月正日之等皆是也云殷見四方四時分來終歲則偏者若四時服數來朝則當朝之歲大行人所云侯服年年朝甸服二年朝男服三年朝采服四年朝衞服五年朝要服六年朝各隨其年而朝若殷見曰同春則東方六服盡來夏則南方六服盡來秋則西方六服盡來冬

則北方六服盡來故云四方四時分來終歲則偏矣

時聘曰問殷覜曰視時聘者亦無常期天子有事乃聘之焉竟外之臣既非朝歲不敢瀆爲小禮殷覜謂一服朝之歲以朝者少諸侯乃使卿以大禮衆聘焉一服朝在元年七年十一年○覜他弔反一音他堯反竟音境疏注時聘至一年○釋曰此二經者是諸侯遣臣聘問天子之事鄭知時聘是無常期者以其與上文時見同言時則知此時聘亦無常期也云天子有事乃聘之焉者上時是當方諸侯不順服其順服者當方盡朝無遣臣來之法其餘三方諸侯不來諸侯聞天子有征伐之事則遣大夫來問天子故云天子有事乃聘之焉云竟外之臣既非朝歲不敢瀆爲小禮者瀆數也天子無事不敢數遣大夫聘問天子以是故有事乃遣大夫問也必知時聘遣大夫不使卿者以其經稱問案聘禮小聘曰問使大夫此經云曰問明使大夫也一云殷覜謂一服朝之歲以朝者少者以其周法依大行人諸侯服數來朝則有一服朝之歲諸侯既不自朝明使卿來聘天子故稱殷殷衆也若殷見然云朝者少卿來則衆也云諸侯乃使卿以大禮衆聘焉者鄭知使卿以大禮者見聘禮大聘使卿此既諸侯使臣代已來明不得使大夫故知使卿以大禮衆聘焉使卿爲大禮對使大夫爲小禮也云一服朝在元年七年十一年者鄭約大行人要服之內諸侯服數來朝一服朝當此三年以其侯服年年朝甸服二年朝四年朝六年朝八年朝十年朝十二年朝從天子巡守是甸服於元年七年十一年無朝法是使卿殷覜也男服三年朝六年朝九年朝十二年從天子巡守於元年七年十一年亦無朝法是亦使卿以大禮聘天子也采服四年朝八年朝十二年從天子巡守則元年七年十一年亦無朝天子之法是亦使卿以大禮聘天子也衞服五年朝十年朝則元年七年十一年亦無朝天子法是亦使卿以大禮聘天子也要服六年朝十二年從天子巡守則元年七年十一年亦無朝法是亦使卿以大禮聘也故知一服朝在元年七年十一年也

以軍禮同邦國同謂威其不協僭差者軍禮之別有五○僭子念反沈創林反差初佳反沈初宜反疏注同謂至有五○釋曰既云同邦國則使諸侯邦國和同故鄭云同謂威其不

協僭差者使之和協不僭差僭差謂若禮記郊特牲云宮縣白牡朱干設鍚之類皆是諸侯之僭禮也

大師之禮用衆也用其義勇 疏注用其義勇○釋曰云大師者謂天子六軍諸侯大國三軍次國二軍小國一軍出征之法用衆鄭云用其義勇者論語云見義不爲無勇也見義謂見君有危難當致身授命以救君是見義而爲勇故勇義兼言若朋友推刃是不義而勇

大均之禮恤衆也均其地政地守地職之賦所以憂民 疏注均其至憂民○釋曰此大均亦據邦國徧天下皆均之故云大均不患貧而患不均不均則民患故大均之禮所以憂恤其衆也鄭約地官均人云掌均地政均地守均地職彼注云政讀爲征地征謂地守地職之稅也地守衡虞之屬地職農圃之屬若然地征者與下地守地職爲目也此云之賦即彼注之稅一也此大均必在軍禮者謂諸侯賦稅不均者皆是諸侯僭濫無道致有不均之事當合衆以均之故在軍禮也

大田之禮簡衆也古者因田習兵閱其車徒之數○閱音悅 疏注古者至之數○釋曰此謂天子諸侯親自四時田獵簡閱也謂閱其車徒之數也云古者因田習兵者案書傳云戰者男子之事因蒐狩以閱之閱之者串之大司馬田法引論語不教民戰是謂棄之以證因田獵爲習兵之事云閱其車徒者田獵之時有車徒旗鼓甲兵之事故云閱其車徒也

大役之禮任衆也築宮邑所以事民力強弱 疏注築宮至強弱○釋曰鄭知有築宮邑者詩云築室百堵西南其戶是築宮也詩又云築城伊四是築邑也其靈臺隄防之等皆役民力鄭略之也云事民力強弱者論語云爲力不同科是事民力之強弱也

大封之禮合衆也正封疆溝塗之固所以合聚其民○疆居良反 疏注正封至其民○釋曰知大封爲正封疆者謂若諸侯相侵境界民則隨地遷移者其民庶不得合聚今以兵而正之則其民合聚故云大封之禮合衆也鄭兼言溝塗者古境界皆有溝塗而樹之以爲阻固則封人云爲畿封而樹之者是也

以嘉禮親萬民嘉善也所以因人心所善者而爲之制嘉禮之別有六 疏以嘉禮親萬民○釋曰餘四禮皆云邦國獨此云萬民者餘四

禮萬民所行者少故舉邦國而言此嘉禮六者萬民所行者多故舉萬民其實上下通也○注嘉善至有六釋曰云所以因人心所善者而爲之制者案禮運云飲食男女人之大欲存焉此嘉禮有飲食男女之等皆是人心所善者故設禮節以裁制之卽下經所云者皆是也

以飲食之禮親宗族兄弟親者使之相親人君有食宗族飲酒之禮所以親之也文王世子曰族食世降一等大傳曰繫之以姓而弗別綴之以食而弗殊百世而昏姻不通者周道然也○不別彼列反【疏】以飲至兄弟○釋曰此經云飲食亦尊卑通有下文別有饗燕則經云飲者非饗燕是私飲酒法其食可以通燕食俱有以其下不別云食故也○注親者至然也○釋曰言使之相親者止謂與族人行飲食卽是相親也云人君有食宗族飲酒之禮所以親之也者謂人君與族人行食禮幷飲酒之禮故並言之文王世子曰族食世降一等者鄭彼注云親者稠疏者稀假令親兄弟歲四度從父昆弟歲三度從祖昆弟歲二度族昆弟歲一度是其一世降一等云大傳曰繫之以姓而弗別者子孫雖有氏族不同皆繫之以正姓若魯姓姬子孫氏曰仲孫叔孫季孫之屬氏族雖異同是姓姬故云繫之以姓而不別也云綴之以食而弗殊者謂繼別爲大宗者與族人行食禮相連綴序以昭穆而不可殊異也云百世而昏姻不通者以繫之以正姓雖氏族異昏姻不得通行也云周道然也者對殷道則不然以其殷道氏族異則得昏姻也引之者證此經以飲食相親之事鄭注引文王世子據人君法引大傳據大夫士法則萬民亦有此飲食之禮也

以昬冠之禮親成男女親其恩成其性○冠古亂反【疏】以昏至男女○釋曰此一節陳昏姻冠笄之事上句直言昏冠專據男而言亦有姻笄故下句兼言男女也若然則昏姻之禮所以親男女使男女相親三十之男二十之女配爲夫妻是也冠笄之禮所以成男女男二十而冠女子許嫁十五而笄不許亦二十而笄皆責之以成人之禮也○注親其恩成其性○釋曰案昏義壻親迎御輪三周是壻親之親之也者使之親己是親其恩也云成其姓者冠義云禮始於冠既冠責以爲人父爲人子爲人臣之禮又內則云二十敦行孝弟是成其

性也

以賓射之禮親故舊朋友射禮雖王亦立賓主也王之故舊朋友爲世子時共在學者天子亦有友諸侯之義武王誓曰我友邦冢君是也司寇職有議故之辟議賓之辟

疏以賓至朋友○釋曰言以賓射之禮者謂若射人王以六耦射三侯三獲三容五正是賓射之侯也以此賓射之禮者謂行燕飲之禮乃與之射所以申歡樂之情故云親故舊朋友也○注射之禮至之辟○釋曰云射禮雖王亦立賓主也者案大射禮以大夫爲賓主案此云王以賓射之禮既行燕飲之禮明知王亦立賓主也云王之故舊朋友爲世子時共在學者若據位爲王以後亦有以臣爲朋友不得云故舊今云故舊朋友明據未爲王時案文王世子周公居攝成王與伯禽在學與學子同居又王制有王大子是爲世子時共在學者也云天子亦有友諸侯之義卽所引泰誓武王誓曰我友邦冢君是天子有友諸侯之義言此者欲見經云朋友亦含諸侯在其中案洛誥周公謂成王云孺子其朋彼以成王以臣爲朋友則此朋友之中可以兼之矣引司寇職有議故之辟議賓之辟者證諸侯爲賓及王之故舊皆在議限與此經故舊朋友並得爲賓射相親之事也

以饗燕之禮親四方之賓客賓客謂朝聘者

疏注賓客謂朝聘者○釋曰此經饗燕並言殊食於上者謂食無獻酢之法故別言於上與私飲同科此饗燕謂大行人云上公三饗三燕侯伯再饗再燕子男一饗一燕饗亨大牢以飲賓獻依命數在廟行之燕者其牲狗行一獻四舉旅降脫屨升坐無算爵以醉爲度行之在寢此謂朝賓若聘客則皆一饗其燕與時賜無數是親四方賓客也

以脤膰之禮親兄弟之國脤膰社稷宗廟之肉以賜同姓之國同福祿也兄弟有共先王者魯定公十四年天王使石尚來歸脤○脤上忍反膰音煩

疏注脤膰至歸脤○釋曰兄弟之國謂同姓諸侯若魯衛晉鄭之等凡受祭肉者受鬼神之佑助故以脤膰賜之是親之同福祿也鄭總云脤膰社稷宗廟之肉分而言之則脤是社稷之肉膰是宗廟之肉是以成十三年公及諸侯朝王遂從劉康公成肅公會晉侯伐秦成子受脤于社不敬注云脤宜社之肉也盛以蜃器故曰脤劉子曰國之大事在祀

與戎祀有執膰戎有受脤注云膰祭肉又案異義左氏說脤社祭之肉盛之以
蜃宗廟之肉名曰膰以此言之則宗廟之肉曰膰社稷之肉曰脤之驗也而公
羊穀梁皆云生居俎上曰脤熟居俎上曰膰非鄭義耳對文脤爲社稷肉膰爲
宗廟肉其實宗廟社稷器皆飾用蜃蛤故掌蜃云祭祀共蜃器之蜃注云飾祭
器是其祭器皆飾以蜃也云兄弟有共先王者謂若魯與周同承文王鄭與周
同承厲王如此之輩與周同立廟是共先王也云定公十四年天王使石尚來
歸脤者石尚天子之上士故稱名氏言來者自外之辭歸者不反之稱是天子
祭社使來歸脤引之證同姓有歸脤之事此文雖主兄弟之國至於二王後及
異姓有大功者得與兄弟之國同故僖九年夏王使宰孔賜齊侯胙曰天子有
事于文武使孔賜伯舅胙注云胙膰肉周禮以脤膰之禮親兄弟之國不以賜
異姓敬齊侯比之賓客又僖公二十四年宋成公如楚還入於鄭鄭伯將享之
問禮於皇武子對曰宋先代之後也於周爲客天子有事膰焉有喪拜焉是二
王後及異姓有大功者亦得脤膰之賜是以大行人直言歸脤以交諸侯之福不辨同姓異姓是亦容有非兄弟之國亦得脤膰也以賀慶之禮

親異姓之國異姓王昏姻甥舅疏以賀至之國○釋曰言賀慶者謂諸侯之國有喜可賀可慶之事王使人往以物賀慶之可施及異姓
之國所以親之也雖主異姓其同姓有賀慶可知故舉異姓包同姓也是以大行人云賀慶以贊諸侯之喜不別同姓異姓則兼同姓可知○注異姓至甥舅
○釋曰若據男女身則男曰昏女曰姻若以親言之則女之父曰昏壻之父曰姻言甥舅者嫁女與之則爲甥王娶女來則爲舅總是昏姻之國也以九

儀之命正邦國之位每命異儀貴賤之位乃正春秋傳曰名位不同禮亦異數疏以九至之位○釋曰此一經與下文爲總目以其大
宗伯掌五禮禮所以辨尊卑故以九儀之命正諸侯邦國之位使之不有僭差也○注每命至異數○釋曰云每命異儀貴賤之位乃正者下文從一命以至
九命各云所受賜貴賤不同即此經以九儀之命正邦國之位事義相成故云貴賤之位乃正正則不僭濫也引春秋傳曰名位不同禮亦異數者證每命異

儀也

壹命受職

始見命爲正吏謂列國之士於子男爲大夫王之下士亦一命鄭司農云受職治職事○見命如字下士相見同

疏注始見至職事○釋曰云始見命爲正吏者對府史胥徒非正吏以其府史胥徒皆官長所自辟除未得王之命故以士得王命者爲正吏也云謂列國之士者謂公侯伯爲列國下云七命賜國鄭注孝經云列土封疆謂之諸侯亦據公侯伯七命賜國則子男不得爲列國也典命公侯伯之士一命故鄭以列國之士解之也云於子男爲大夫者典命子男大夫一命是也云王之下士亦一命者無正文直以序官有上士中士下士之名又典命大夫四命之下空文宜有三命二命一命故以王之下士一命解之若然典命不見王之士三命已下者以其四命已上有出封之理故下云其出封皆加一等士無出封之理故不言以義推之則士有三命已下也先鄭云受職治職事者設官分職止爲治事故以治職事解之也

再命受服

鄭司農云受服受祭衣服爲上士玄謂此受玄冕之服列國之大夫再命於子男爲卿卿大夫自玄冕而下如孤之服王之中士亦再命則爵弁服

疏注鄭司至弁服○釋曰先鄭云受服受祭衣服爲上士者祭衣服雖不指斥服名以義推之先鄭云爲上士則服爵弁服也言爲上士者上一命先鄭雖不言王之中士下士同一命此言再命爲上士則王之中士下士同一命可知也玄謂此受玄冕之服者以司服云孤絺冕卿大夫同玄冕此云再命受服明據玄冕也云列國之大夫再命者亦據典命公侯伯之大夫同再命而知云於子男爲卿者亦據典命而言也云卿大夫自玄冕而下如孤之服者此亦據司服之文案玉藻注云諸侯之臣皆分爲三等其妻以次受此服則公之有孤之國孤絺冕卿大夫同玄冕若無孤之國則公侯伯子男卿絺冕大夫玄冕士皆爵弁若然此注云於子男爲卿卿當絺冕矣鄭云卿大夫自玄冕而下如孤之服者據司服之成文而言也云王之中士亦再命者上文已差訖云士則爵弁服者凡言士者無問天子士諸侯士例皆爵弁以助祭也若然司服不見爵弁者以其王吉服有九自公已下轉相如其爵弁於天子諸侯非吉所用故不言案士冠禮皆有爵弁服是士之助祭服故士以爵弁爲正

也案先鄭解此九儀皆先言王臣後鄭皆諸侯爲首以王臣亦之者後鄭見上云正邦國之位故以諸侯爲首後以王臣亦之得其理也

三命受位鄭司農云受下大夫之位玄謂此列國之卿始有列位於王爲王之臣也王之上士亦三命

【疏】注鄭司至三命〇釋曰先鄭云受下大夫之位先鄭意以上士二命下大夫三命上大夫四命案王制云次國之下卿位當大國之上大夫小國之下卿位當大國之下大夫則諸侯之五大夫有上下案序官有中大夫下大夫則中大夫亦得名爲上大夫故先鄭以下大夫三命上大夫四命卽典命大夫四命者是上大夫也後鄭不從者以侯伯子男名位不同侯伯猶同七命子男猶同五命況中大夫下大夫名位既同何嫌不得同命也是以典命唯見大夫四命是兼中下大夫故不從先鄭也玄謂此列國之卿始有列位於王爲王之臣者諸侯之卿大夫皆得聘天子今於三命乃云始有列位於王爲王之臣者以其再命已下卑雖得。言天子不得言位。于王朝是以據列國之卿而言故曲禮云列國之大夫入天子之國曰某士注引春秋晉士起亦據晉國之卿三命而於天子稱士與天子三命之士同稱士卽爲王臣也

四命受器鄭司農云受祭器爲上大夫玄謂此公之孤始得有祭器者也禮運曰大夫具官祭器不假聲樂皆具非禮也王之下大夫亦四命

【疏】注鄭司至四命〇釋曰先鄭云受祭器爲上大夫上已破訖玄謂此公之孤始得有祭器者也者曲禮云大夫有田者先爲祭服後爲祭器則儀禮少牢用成牲皆是有地大夫則自得造祭器今云公之孤四命始得有祭器者但未四命已前有地大夫雖得造祭器祭器未具猶假之使足至四命卽具有言始有祭器者據始得具祭器而言引禮運者證未四命已前祭器須假之意云王之下大夫亦四命者約典命文

五命賜則鄭司農云則者法也出爲子男玄謂則地未成國之名王之下大夫四命出封加一等五命賜之以方百里二百里之地者方。三百里以上爲成國王莽時以二十五成爲則方五十里合今俗說子男之地獨劉子駿等識古有此制焉〇以上時掌反

【疏】注鄭司至制焉〇釋曰先鄭云出爲子男者司農據典命而言玄謂則地未成國之名者對下文七

命賜國是成國此五命子男言則是未成國但成國之賦有三若以出軍言之春秋襄公傳云成國不過半天子之軍謂據公五百里而言以其侯伯爲次國二軍故也若以執圭爲成國而言可及伯卽下經七命賜國者是也若以千乘爲成國言之唯公及侯以其伯。二百里不得出千乘故鄭注論語云公侯之封乃能容之是也王之下大夫四命出封加一等五命亦是典命文云賜之百里二百里之地者大司徒職文云方三百里以上爲成國者此據下文七命賜國而言也云王莽時以二十五成爲則者此舉後代以況義二十五成與夏殷五十里國亦與周時百里二百里之國同名則故云則方五十里云合今俗說子男之地者時有孟子張包周及何休等並不信周禮有五百里已下之國以王制百里七十里五十里等爲周法故鄭指此等人爲俗說也云獨劉子駿等識古有此制焉者言劉子駿等則有馬融鄭司農及杜子春等皆信周禮有五百里已下之國周公大平制禮所定法故云識古有此制也引此諸文者證時有解則爲五十里者故也

六命賜官

鄭司農云子男入爲卿治一官也玄謂此王六命之卿賜官者使得自置其臣治家邑如諸侯春秋襄十八年冬晉侯以諸侯圍齊荀偃爲君禱河既陳齊侯之罪而曰曾臣彪將率諸侯以討焉其官臣偃實先後之○先悉薦反下先時同後胡豆反

疏注鄭司至後之○釋曰先鄭云子男入爲卿治一官此後鄭不從者案典命唯有出封加一等無入加之文則出有加入無加今以子男五命入加一等爲王朝六命卿於理不可且見此上下文所言賜受者皆是自外之事今言賜官則是此六命之人使已有之今以賜官爲賜當身治一官亦不可故後鄭皆不從也先鄭之義出加入亦加若毛君之義出加入減故晉詩云豈曰無衣六兮毛傳云天子之卿六命車旗衣服以六爲節是出加入減也後鄭不從者諸侯入爲王卿大夫其尊。如故以爲榮何得入則減之乎指如鄭武公桓公並入爲王之司徒詩人美之若減何美之有乎明入不減鄭君之義出加入不減依於在國若言六兮者以晉侯入爲王卿謙不敢必當七命之服故云六兮耳玄謂此六命之卿賜官者使得自置其臣治家邑如諸侯者案載師有小都大都大都謂三公王

子母弟所食邑小都王之卿六命所食邑如此六命已上賜之官使得自置其臣治家邑如諸侯此則大宰云施則於都鄙建其長立其兩已下是三公王子母弟得立官如畿外諸侯但少一卿不足於諸侯而已言家邑雖與大夫家邑同名此則大都小都也卿大夫稱家故言家邑以表大小都耳引春秋者證諸侯以臣爲官故荀偃自於晉侯稱官畿內諸侯臣亦稱官此經是也荀偃對河神故稱其君名諸侯於外事皆稱會臣言先後者先後謂左右謂荀偃左右晉侯也

七命賜國王之卿六命出封加一等者鄭司農云出就侯伯之國疏注王之至之國○釋曰此。後鄭。先鄭所云皆據典命而言以其王之卿六命出封加一等即七命是侯伯之國者也

八命作牧謂侯伯有功德者加命得專征伐於諸侯鄭司農云一州之牧王之三公亦八命疏注謂侯至八命○釋曰案曲禮云牧於外曰侯是牧本爵稱侯矣一州二百一十國選賢侯爲牧今鄭兼言伯者牧用侯伯不定其牧若有賢侯則用侯若無賢侯則用伯可也故鄭兼言伯其牧下二伯亦或用侯或用伯故詩旄丘責衞伯鄭云衞康叔之封爵稱侯今曰伯時爲州伯是牧下二伯亦用侯也云加命得專征伐於諸侯者侯伯七命今云八命作牧明是侯伯加命也云得專征伐者案王制云諸侯賜弓矢然後專征伐並據州牧而言以其弓矢之賜州內有臣殺君子殺父不請於天子得專征伐之先鄭云一州之牧牧養也即大宰一曰牧以地得民是也云王之三公亦八命典命文

九命作伯上公有功德者加命爲二伯得征五侯九伯者鄭司農云長諸侯爲方伯疏注上公至方伯○釋曰典命云王之三公八命是上公矣今云九命明有功德加。一命爲二伯也二伯之文出於曲禮案曲禮云五官之長曰伯是職方鄭引公羊傳云自陝以東周公主之自陝以西召公主之是東西二伯也云得征五侯九伯者僖公四年左氏傳云昔召康公命我先君太公曰五侯九伯汝實征之以夾輔周室賈服。之。等諸侯九州之伯若然與天子何殊而爲夾輔乎故鄭以爲五侯者九州有九牧牧即侯但二伯共分各得四侯半侯不可分故二伯皆言五侯也言九伯者九州有十八伯各得九伯故云九伯也此二伯其有違逆者

各征半天下故云五侯九伯汝實征之也引之者證二伯尊得征半天下之事也先鄭云長諸侯爲方伯者公羊傳云上無明天子下無賢方伯方伯可及州牧幷二伯故云方伯伯長也是一方之長也

以玉作六瑞以等邦國等猶齊等也

疏注猶齊等也○釋曰此經與下爲總目有此王之鎮圭而言邦國者以邦國爲主也言等猶齊等者案禮記雜記贊大行云博三寸厚半寸剡上左右各寸半其長短即玉人所云皆依命數是其圭法也既命諸侯當齊等之使不違法也

王執鎮圭鎮安也所以安四方鎮圭者蓋以四鎮之山爲瑑飾圭長尺有二寸

疏注鎮安至二寸○釋曰此鎮圭王祭祀時所執故典瑞云王晉大圭執鎮圭繅藉五采五就以朝日則餘祭祀亦執之云鎮安也所以安四方者以職方九州州有一大山以爲其州之鎮此鎮圭亦所以鎮安四方也云鎮圭者蓋以四鎮之山爲瑑飾者以其諸侯圭皆以類爲瑑飾此字爲四鎮之字明以四鎮之山爲瑑飾也無正文故云蓋以疑之四鎮者謂揚州之會稽青州之沂山幽州之醫無閭冀州之霍山是也云圭長尺二寸者案玉人云鎮圭尺有二寸天子守之是也

公執桓圭公二王之後及王之上公雙植謂之桓桓宮室之象所以安其上也桓圭蓋亦以桓爲瑑飾圭長九寸

疏注公二至九寸○釋曰此所執謂朝時案聘禮禮記及典瑞所云者是已下皆據朝時也云公二王之後者案孝經援神契云二王之後稱公大國稱侯皆千乘是二王後稱公云及王之上公者典命上公之禮及此上公九命作伯皆是王之上公也云雙植謂之桓者桓謂若屋之桓楹案檀弓云三家視桓楹彼注四植謂之桓者彼據柱之豎者而言桓若豎之則有四稜故云四植植即稜也此於圭上而言下二稜著圭不見唯有上二稜故以雙言之也云桓宮室之象所以安其上也者以其宮室在上須得桓楹乃安若天子在上須諸侯衛守乃安故云安其上也云桓圭蓋亦以桓爲瑑飾者以無正文故亦云蓋也云圭長九寸者案玉人云桓圭九寸公守之是也

侯執信圭伯執躬圭信當爲身聲之誤也身圭躬圭蓋皆象以人形爲瑑飾文有麤縟耳欲其愼行以保身圭皆長七寸○信音身行下

孟反疏注信當至七寸○釋曰鄭必破信爲身者古者舒申字皆爲信故此人身字亦誤爲信故鄭云聲之誤也云身圭躬圭蓋皆象以人形。象致飾者以
其字爲身躬故鄭還以人形解之云文有麤縟耳者縟細也以其皆以人形爲飾若不麤縟爲異則身躬何殊而別之故知文有麤縟爲別也云欲其愼行以
保身者此則約上下圭爲義既以人身爲飾義當愼行保身也云圭皆七寸者案玉人云信圭躬圭七寸侯伯守之是也子執穀璧男執蒲
璧穀所以養人蒲爲席所以安人二玉蓋或以穀。爲飾或以蒲爲瑑飾璧皆徑五寸不執圭者未成國也疏注穀所至國也○釋曰穀所以養人蒲爲
席所以安人二玉蓋或以穀。爲飾或以蒲爲瑑飾者此亦無正文故亦言蓋以疑之言或者非疑以其二玉用物不同故云或耳云璧皆徑五寸者案玉人爛
脫大行人有五寸之文也云不執圭者未成國也成國也者據上文五命賜則是未成國也以禽作六摯。以等諸臣摯之言至所執以自致○
摯音至本或作贄疏注摯之至自致○釋曰此亦與下爲總目案下文有孤執皮帛而此云以禽者據羔已下以多爲主也案莊公傳男贄大者玉帛小
者禽鳥尚書五玉亦云贄則玉亦是贄此上下文玉爲瑞禽云摯者此以相對爲文故王以下言瑞天子受瑞於天諸侯受瑞於天子。諸臣無此義故以摯爲
文鄭云摯之言至執之以自致者案士謁見新升爲士皆執摯乃相見卿大夫亦然至於五等諸侯朝聘天子及相朝聘皆執摯以自致及得見主人故以至
解摯也孤執皮帛卿執羔大夫執鴈士執雉庶人執鶩工商執雞皮帛者束帛而表以皮爲之飾
皮虎豹皮帛如今璧色繒也羔小羊取其羣而不失其類鴈取其候時而行雉取其守。介而死不失其節鶩取其不飛遷雞取其守時而動曲禮曰飾羔鴈者
以繢謂衣之以布而又畫之者自雉以下執之無飾士相見之禮卿大夫飾摯以布不言繢此諸侯之臣與天子之臣異也然則天子之孤飾摯以虎皮公之
孤飾摯以豹皮與此孤卿大夫士之摯皆以爵不以命數凡摯無庭實○介音界或作分扶問反衣於既反與音餘疏注皮帛至庭實○釋曰凡此所執天

子之臣尊諸侯之臣卑雖尊卑不同命數有異爵同則摯同此文雖以天子之臣爲主。文兼諸侯之臣是以士相見卿大夫士所執亦與此同但飾有異耳鄭云皮帛者束帛而表以皮爲之飾者案聘禮束帛加璧又云束帛乘馬故知此帛亦束帛者十端每端丈八尺皆兩端合卷總爲五匹故云束帛也言表以皮爲之飾者凡以皮配物者皆手執帛以致命而皮設於地謂若小行人圭以馬璋以皮皮馬設於庭而圭璋特達以升堂致命也此言以皮爲之飾者孤相見之時以皮設於庭手執束帛而。授但皮與帛爲飾耳云皮虎豹皮知者見禮記郊特牲云虎豹之皮示服猛且皮中之貴者勿過虎豹故知皮是虎豹皮也云帛如今璧色繒也者但玉有五色而言璧色繒蓋漢時有璧色繒故鄭舉。以言之故云如今璧色繒其璧色繒未知色之所定也云羔小羊取其羣而不失其類者凡羊與羔皆隨羣而不獨故卿亦象焉而不失其類也云鴈取其候時而行者其鴈以北方爲居但隨陽南北木落南翔冰泮北徂其大夫亦當隨君無背。云雉取其守介而死不失其節者但雉性耿介不可生服其士執之亦當如雉耿介爲君致死不失節操也云鶩取其不飛遷者庶人府史胥徒新升之時執鶩鶩即今之鴨是鶩既不飛遷執之者象庶人安土重遷也云雞取其守時而動者但工或爲君與其巧作商或爲君與販來去故執雞象其守時而動云曲禮曰飾羔鴈者以繢謂衣之以布而又畫之者鄭意以經所執天子之臣與諸侯之臣同欲見飾之有異耳云自雉下執之無飾者欲見天子士諸侯士同皆無布飾以其士卑故不異又引士相見已下者欲以天子諸侯卿大夫飾摯者異明天子孤諸侯孤皮亦不同此約卿大夫以明孤無正文故言與以疑之也云此孤卿大夫士之摯皆以爵不以命數者但天子孤卿六命大夫四命上士三命中士再命下士一命諸侯孤四命公侯伯卿三命大夫再命士一命子男卿再命大夫一命士不命但爵稱孤皆執皮帛爵稱卿皆執羔。爵大夫皆執鴈爵稱士皆執雉庶人已下雖無命數及爵皆執鶩天子諸侯下皆同故云皆以爵不以命數也云凡摯無庭實者案士相見皆不見有庭實對享私覿私面之等有庭實故此言無也

以玉作六器以禮天地四

方禮謂始告神時薦於神坐書曰周公植璧秉圭是也○坐才臥反後神坐放此植音值又時力反又音置疏注禮謂至是也○釋曰言作六器者此據
禮神則曰器上文人執則曰瑞對此文義爾若通而言之禮神雖不得言瑞人執者亦曰器故聘禮云圭璋璧琮凡四器者唯其所寶以聘可也尚書亦以五
瑞爲五器卒乃復是其人執亦曰器也云禮謂始告神時薦於神坐者此以玉禮神在作樂下神後故鄭注大司樂云先奏是樂以致其神禮之以玉而祼焉
是其以玉禮神與宗廟祼同節若然祭天當實柴之節也云書曰周公植璧秉圭是也者此金縢文彼以周公請天代武王死之說爲三壇同墠又爲壇於南
方周公於前立焉告大王王季文王故植璧於三王之坐秉。桓圭引之者證植璧於神坐之側事也以蒼璧禮天以黃琮禮地以
青圭禮東方以赤璋禮南方以白琥禮西方以玄璜禮北方此禮天以冬至謂天皇大帝在北極
者也禮地以夏至謂神在崐崘者也禮東方以立春謂蒼精之帝而太昊句芒食焉禮南方以立夏謂赤精之帝而炎帝祝融食焉禮西方以立秋謂白精之
帝而少昊蓐收食焉禮北方以立冬謂黑精之帝而顓頊玄冥食焉禮神者必象其類璧圜象天琮八方象地圭銳象春物初生半圭曰璋象夏物半死琥猛
象秋嚴半璧曰璜象冬閉藏地上無物唯天半見○琮才宗反璋音章琥音虎璜音黃混戶本反本又作崐音昆崘音倫本又作崘魯門反疏注此禮至
半見○釋曰云此禮天以冬至謂天皇大帝在北極者也者青圭已下有五天明此蒼璧禮天者是冬至祭圜丘者案大司樂云以靁鼓靁鼗雲門之舞冬日
至於地上之圜丘奏之若樂六變則天神皆降是也云禮地以夏至謂神在崐崘者也者崐崘與昊天相對蒼璧禮昊天明黃琮禮崐崘天地可知故大司樂
云以靁鼓靁鼗夏日至於澤中之方丘奏之若樂八變則地示皆出是也故鄭彼云天神則主北辰地示則主崐崘是即與此同也云禮東方以立春謂蒼精
之帝者此已下皆據月令四時迎氣皆在四立之日故以立春立夏立秋立冬言之也知皆配以人帝人神者亦據月令四時十二月皆陳人帝人神彼止爲

告朔於明堂及四時迎氣配天帝而言告朔於明堂告五人帝告五人神配以
文王武王必知迎氣亦有五人帝五人神者以其告朔入明堂至秋總享五帝
於明堂皆以五人帝五人神配天若然迎氣在四郊還是迎五天帝明知五人
帝五人神亦配祭可知以其自外至者無主不止故皆以人帝人神爲配也言
蒼精赤精白精黑精者皆據春秋緯運斗樞云大微宮有五帝座星文耀鈎亦
云靈威仰之等而說也云禮神者必象其類者卽璧圜已下是象其類也案爾
雅云肉倍好謂之璧好倍肉謂之瑗肉好若一謂之環是璧圜也云琮八方象
地者天圜以對地方地有四方是八方也云圭銳象春物初生者雜記贊大行
云圭剡上左右各寸半是圭銳也云半圭曰璋者案典瑞云四圭有邸以祀天
兩圭有邸以祀地兩圭半四圭又云圭璧以祀日月是一圭半兩圭又云璋邸
射以祀山川是璋又半一圭故云半圭曰璋公羊傳亦云寶者何璋判白亦半
圭曰璋云象萬物半死者夏時薺麥死是半死云琥猛象秋嚴者謂以玉爲琥
形猛屬西方是象秋嚴也云半璧曰璜者逸禮記文似半圭曰璋也云冬閉藏
地上無物唯天半見者列宿爲天文草木爲地文冬時草木枯落唯天上列宿
仍在故云唯天半見故用半璧曰璜也此六玉所用則上璧下琮案覲禮加方
明東方圭南方璋西方琥北方璜與此同唯上圭下璧與此違者鄭彼注云上
宜以蒼璧下宜以黃琮而不以者則上下之神非天地之至貴者也彼上下之
神是日月故陳玉與此不同也此經神不見中央含樞紐者此四時迎氣皆在
四郊小宗伯云兆五帝於四郊鄭注云黃帝亦於南郊是也易云天玄
而地黃今地用黃琮依地色而天用玄者蒼玄皆是天色故用蒼也皆有牲
幣各放其器之色幣以從爵若人飲酒有酬幣○放方往反疏皆有至之色○釋曰言皆則上六玉所禮者皆有牲與幣也言各放其器
之色則上蒼璧等六器所有牲幣各放此幣之色○注幣以至酬幣○釋曰知
幣是從爵非禮神者若是禮神當在牲上以其神幣與玉俱設若肆師云立大
祀用玉帛牲牷是帛在牲上今在下明非禮神者也云若人飲酒有酬幣者獻
尸從爵之幣無文故以生人飲酒之禮況之案聘禮饗時有酬幣明此幣既非

禮神之幣則獻尸後酬尸時亦有幣之從爵也以天產作陰德以中禮防之以地產作陽德以和樂防之鄭司農云陰德謂男女之情天性生而自然者過時則奔隨先時則血氣未定聖人爲制其中令民三十而娶女二十而嫁以防其淫泆令無失德情性隱而不露故謂之陰德陽德謂分地利以致富富者之失不驕奢則吝嗇故以和樂防之樂所以滌蕩邪穢道人之正性者也一說地產謂土地之性各異若齊性舒緩楚性急悍則以和樂防其失令無失德樂所以移風易俗者也此皆露見於外故謂之陽德陽德陰德不失其正則民和而物各得其理故曰以諧萬民以致百物玄謂天產者動物謂六牲之屬地產者植物謂九穀之屬陰德陰氣在人者陰氣虛純之則劣故食動物作之使動過則傷性制中禮以節之陽德陽氣在人者陽氣盈純之則躁故食植物作之使靜過則傷性制和樂以節之如是然後陰陽平情性和而能育其類○爲制于僞反其中丁仲反又如字令力呈反下同淫泆如字本亦作佚滌徒歷反邪似嗟反道人音導悍戶幹反劉音旱戚音胡板反

疏注鄭司至其類○釋曰天產地產與陰德陽德無正文故先鄭後鄭各以意解之不從先鄭天產是天生自然者以其天產地產相對產生也天生謂陰陽配合而生不由人之營造當是六牲地生謂由人營種即植物九穀之屬是也故天產地產皆不從先鄭也其陰德陽德後鄭又不從先鄭者但言德者謂在身爲德今先鄭以陽德爲分地利以致富以身外解之與陰德爲不露一見自相違即知陰德爲男女之情亦非故後鄭皆據人身陰陽之氣解之先鄭一說地產謂土地之性此說地產與天產天性而自然何異故後鄭亦不從也先鄭又云故曰以諧萬民以致百物者取下文釋此也玄謂天產者動物謂六牲之屬者馬牛羊豕犬雞並自然陰陽配合而生故謂之天產然萬物蠢動者皆自然配合獨言六牲者但以此經云以天產作陰德據人所膳食作動身中陰德故據六牲而言也云地產者植物謂九穀之屬者九穀並是人所種植故云植物然草木皆地產今獨言九穀亦據此經云作陽德謂食之作動人身中陽德故據九穀而言也云陰德陰氣在人者陰氣虛純之

則劣故食動物作之使動者以其陰主消物是虛純虛則劣動物大過是陽故須食
動物六牲作之使動也云過則傷性制中禮以節之者過謂氣大過則傷
性傷性則奢泰僭濫故制中禮以防之禮言中者凡人奢則僭上儉則逼下禮
所以制中使不奢不逼故以禮爲中也云陽德陽氣在人者陽氣盈純之則躁
故食殖物作之使靜者案禮記玉藻云顛實陽休是陽主盈滿故云陽氣盈純
之則躁者陽氣主動不兼陰氣純之則躁故食植物作之使靜知植物爲陰者
見聘禮致饔餼醯在碑東醢在碑西醯是穀之所爲是穀物爲陽之義也而此
云植物陰者此以動植相對故動爲陽植爲陰彼以醯醢相對故醯爲陽醢爲
陰也云過則傷性者謂太靜爲傷性樂爲陽故制和樂以節之陽氣盈案樂記
云樂盈而反以反爲文故樂能損盈陰氣虛樂記云禮減而進以進爲文故禮
記濟虛云如是然後陰陽平情性和者謂陰氣虛濟之使盈陽氣盈損之使
虛故云陰陽平情性和也云而能育其類者卽下文合天地之化已下是也以

以禮樂合天地之化百物之產以事鬼神以諧萬民以致百物禮濟虛樂損盈並行則四者乃得其和能生非類曰化生其種曰產○種章勇反

疏以禮至百物○釋曰上文云中禮和樂是禮樂教世法故此經以禮樂並行以教使之得所萬物感化則
能合天地之化謂能生非類也又能生其種故云百物之產又以禮樂事鬼神
則尚書云祖考來格之等是也云以諧萬民者則尚書云庶尹允諧是也云以
致百物者則尚書云百獸率舞之等是也○注禮濟至曰產○釋曰禮濟虛樂
損盈此樂記所云禮減而進以進爲文者是禮濟虛進謂濟益是禮當濟益其
虛使之實滿又云樂盈而反以反爲文者是樂損盈反謂自抑止是樂當自抑
止使盈而不放溢也云並行則四者乃得其和者言並行謂禮樂並行以教世
則天地之間使不盈不虛折中得所則四者乃得其和也言四者謂天地之化
百物之產共爲一以事鬼神爲二以諧萬民爲三以致百物爲四也知化產共
爲一者以其化與產氣類相似故爲一也云能生非類曰化者凡言變化者變
化相將先變後化故中庸云動則變變則化鄭云動動人心也變改惡爲善也

變之久則化而性善也又與鳩化爲鷹之等皆謂身在而心化若田鼠化爲鴽雀雉化爲蛤蜃之等皆據身亦化故云能生非類曰化也易云乾道變化亦是先變後化變化相將之義也云生其種曰產者卵生胎生及萬物草木但如本者皆曰產也

凡祀大神享大鬼祭大示帥執事而卜日宿眡滌濯涖玉鬯省牲鑊奉玉齍詔大號治其大禮詔相王之大禮

執事諸有事於祭者宿申戒也滌濯溉祭器也玉禮神之玉也始涖之祭又奉之鑊。烹牲器也大號六號之大者以詔大祝以爲祝辭治猶簡習也豫簡習大禮至祭當以詔相王羣。臣禮爲小禮故書涖作立鄭司農讀爲涖涖視也○省本又作告同息井反後省牲鑊皆同鑊戶郭反齍音咨下同詔相息亮反注下同後詔相皆放此溉古愛反本或作摡亨普庚反

【疏】凡祀至大禮○釋曰此亦法三才故享大鬼在其中帥執事而卜日者謂祭三者鬼神之時祭前十日大宗伯先帥執事有事於祭者共卜取吉日乃齊云宿眡滌濯者謂祭前一宿視所滌濯祭器看潔淨以否云涖玉鬯者天地有禮神之玉無鬱鬯宗廟無禮神之玉而有鬱鬯但宗廟雖無禮神玉仍有圭瓚璋瓚亦是玉故曲禮云玉曰嘉玉郊特牲云用玉氣是也云省牲鑊者當省視烹牲之鑊云奉玉齍者此玉還是上文所涖者齍謂黍稷天地當盛以瓦簋但齍與上鬯互見爲義皆始時臨之祭又奉之詔大號者謂大宗伯告大祝出祝辭也云治其大禮者謂天地人之鬼神祭禮王親行之爲大禮對下小宗伯治小禮爲小也詔相王之大禮者謂未至之時詔告之及其行事則又相之○注執事至視也○釋曰案大宰云祀五帝前期。卜日帥執事而卜日注云執事宗伯大卜之屬此注云執事諸有事於祭者二注不同者以其大宰不掌祭事故云執事大宗伯大卜之等卜日而已此大宗伯主祭祀之事故總諸有事於祭者也云滌濯溉祭器也者此滌濯。止是蕩滌以少牢有。摡祭器故據而言之摡即拭也云玉禮神之玉也者即蒼璧黃琮青圭赤璋之等及四圭兩圭之類皆是禮神置於神坐也案九嬪職云贊玉齍注云玉齍玉敦盛黍稷與此注玉爲禮神之玉齍即非玉敦所

飾注不同者彼九嬪所贊贊后設之據宗廟宗廟無禮神玉則玉齍不得別解故爲玉斂此據天地爲主有禮神玉故與齍別釋也大宰云祝五帝贊玉幣爵之事注云三者執以從玉至而授之彼所執據五帝此所奉據昊天與崑崙故不同云始湆之祭又奉之者鄭據上云湆湆臨視也直視看而已下云奉據手執授。玉故云祭又奉之云鑊亨牲器也者案特牲少牢鑊卽爨在廟門之外東壁也云大號六號之大者謂若大祝云辨六號一曰神號二曰示號三曰鬼號四曰牲號五曰齍號六曰幣號之等是六號之大者也云以詔大祝以爲祝辭者經云詔大號大祝是事神之人又辨六號故知所詔是詔大祝爲祝辭祝辭則祝版之辭是也云羣。臣禮爲小禮者則小宗伯小祝行者是也

若王不與祭祀則攝位王有故代行其祭事○與音預下同

疏注王有至祭事○釋曰攝訓爲代有故者謂王有疾及哀慘皆是也量人云凡宰祭與鬱人受斝歷而皆飲之注云言宰祭者冢宰佐王祭亦容攝祭此宗伯又攝者冢宰貳王治事宗伯主祭事容二官俱攝故兩言之

凡大祭祀王后不與則攝而薦豆籩徹薦徹豆籩王后之事

疏凡大至籩徹○釋曰天地及社稷外神等后夫人不與此言凡大祭祀王后不與謂后應與而不與又云大祭祀明非羣小祀則大祀者唯宗廟而已則攝而薦豆籩徹者鄭云薦徹豆籩王后之事是王后有故宗伯攝爲之凡祭祀皆先薦後徹故退徹文在下也

大賓客則攝而載果載爲也果讀爲祼代王祼賓客以鬯君無酌臣之禮言爲者攝酌獻耳拜送則王也鄭司農云王不親爲主○果音祼又古亂反出注小宗伯職放此○

疏大賓至載果○釋曰此大賓客對文則賓客異散文則通故大司徒云大賓客令野脩道委積是賓客爲諸侯通也大行人云大賓爲五等諸侯大客卽謂其臣是賓客異也案大行人云王。公一之禮再祼而酢此再祼者有后祼則亦攝爲之內宰贊之侯伯一祼而酢子男一祼不酢此皆無后祼王不親酌則皆使大宰宗伯攝而爲之○注載爲至爲主○釋曰知代王祼賓客以鬯者見鬱人宗廟及賓客皆以鬱實彝而陳之卽大行人所云祼與此祼皆用鬱鬯也云君無

酌臣之禮者見燕禮大射諸侯禮皆使大夫爲賓宰夫爲主人是諸侯君不酌臣此大賓客遣大宗伯代祼是天子君亦不酌臣也云言爲者攝酌獻耳拜送則王者以其言代而爲祼即是直祼不拜案鄉飲酒燕禮大射賓主獻酢皆拜送其送是王自爲之以其恭敬之事不可使人故也引司農在下者不親爲主即君不酌臣義合故引之在下也

朝覲會同則爲上相大喪亦如之王哭諸侯亦如之相詔王禮也出接賓曰擯入詔禮曰相相者五人卿爲上擯大喪王后及世子也哭諸侯者謂薨於國爲位而哭之檀弓曰天子之哭諸侯也爵弁絰紂衣○曰擯必刃反本或作賓同紂側其反

疏朝覲至如之○釋曰朝覲會同卽兼四時朝覲云則爲上相者此則大行人云上公之禮擯者五人侯伯四人子男三人是也云大喪亦如之者后及世子喪王爲此主哭及拜賓則宗伯亦爲上相也云哭諸侯亦如之者謂諸侯薨於本國赴告天子天子爲位哭之大宗伯亦爲上相與王爲擯耳○注相詔至紂衣○釋曰云相詔王禮也者經三事爲相皆是詔告王禮也云出接賓曰擯者據大行人云擯者五人四人三人而言也云入詔禮曰相者此據司儀云每門止一相及廟唯上相入是入廟詔禮曰相此對文義爾通而言之出入皆稱擯也云相者五人卿爲上擯者依大行人據上公而言此大宗伯爲上擯若大朝覲則肆師爲承擯四時來朝小行人爲承擯案覲禮嗇夫爲末擯若待子男則三人足矣若侯伯四人者加一士上公五人者加二士今鄭云相者五人卿爲上擯據此大宗伯是卿故指此上擯而言也云大喪王及后世子也者以其與王爲上相則王在矣而云大喪則是王后及世子矣亦得見大喪所相或嗣王則大喪中兼王喪也云哭諸侯者謂薨於國爲位而哭之者若來朝薨於王國則王爲之緦麻不應直哭之而已故引檀弓云天子之哭諸侯也爵弁絰紂衣案彼注云麻不加於采絰衍字以其遙哭諸侯著爵弁紂衣而已不合加麻絰於紂衣爵弁之上也

王命諸侯則儐儐進之也王將出命假祖廟立依前南鄉儐者進當命者延之命使登內史由王右以策命之降再拜稽首登受策以出此其略也諸侯爵祿其臣則於祭焉

○假音格至也依於豈反鄉許亮反策初革反【疏】注儐進至祭焉○釋曰云儐進之也者以命諸侯故知儐謂進使前以受策也云王將出命假祖廟者若諸侯命臣則因祭宗廟命之則祭統十倫之義五曰見爵賞之施焉故祭之日一獻君降立于阼階之南南鄉所命者再拜受書以歸又云古者於禘也發爵賜服順陽義。者諸侯命臣必於祭時若天子命臣不要在祭時欲命一臣當時。爲祭以命之故洛誥成王命周公後云烝祭歲文王騂牛一武王騂牛一王命作策逸祝策惟告周公其後注云告神周公宜立後謂封伯禽是非時而特假祖廟故文武各特牛也云立依前南鄉者此案司几筵云大朝覲大饗射凡封國命諸侯王位設黼依依前南鄉是立依前南鄉之事也云儐者進當命者延之命使登內史由王右以策命之降再拜稽首登受策以出者史由王右以策命之者此案觀禮天子使公與史就館賜侯氏命服時史由公右執策命之又案祭統云祭之日一獻君降立於阼階之南南鄉所命北面史由君右執策命之再拜稽首受書以歸天子無降立之事其餘則同命諸侯之史當王右以策命之云降再拜稽首登受以出約僖二十八年王命晉侯之事案彼傳云王命內史叔興父策命晉侯爲侯伯當時晉侯降再拜稽首登受策以出據彼文也云此其略也者但命諸侯其時威儀更有委曲今所言不載故云略也云諸侯爵祿其臣則於祭焉者祭統所云者是也

國有大故則旅上帝及四望

故謂凶烖旅陳也陳其祭事以祈焉禮不如祀之備也上帝五帝也鄭司農云四望日月星海玄謂四望五嶽四鎭四瀆【疏】注故謂至四瀆○釋曰此旅是祈禱之名是以知是凶烖凶謂年穀不熟烖謂水火也云旅陳也陳其祭事以祈焉禮不如祀之備者但祈謂祈請求福得福乃祠賽之祠賽則備而與正祭同故知禮不如祀之備也云上帝五帝也者案禮器云祀帝於郊而風雨寒暑時風雨寒暑非一帝之所能爲此祈請亦是求風雨寒暑時非一帝故知是五帝也鄭司農云四望日月星海後鄭不從者禮無祭海之文又山川稱望故尚書云望秩于山川是也玄謂四望五嶽四鎭四瀆知者祭山川既稱望案大司樂有四鎭五嶽崩四瀆又與五嶽相配故知四望中有此

三者言四望者不可一往就祭當四向望而爲壇遥祭之故云四望也

王大封則先告后土

后土土神也黎所食者疏注后土至食者○釋曰大封謂若典命公八命卿六命大夫四命其出封皆加一等是其大封之事對封公卿大夫爲采邑者爲小封云則先告后土者封是土地之事故先以禮告后土神然後封之也注云后土土神也黎所食者言后土有二若五行之官東方木官勾芒中央土官后土此等后土土官也黎爲祝融兼后土故云黎所食者若左氏傳云君戴皇天而履后土彼爲后土神與此后土同也若句龍生爲后土官死配社即以社爲后土其實社是五土總神非后土但以后土配社食世人因名社爲后土耳此注本無言后土社寫者見孝經及諸文注多言社后土因寫此云后土社故鄭答趙商云句龍本后土後遷爲社王大封先告后土玄云后土土神不言后土社也鄭又答田瓊云后土古之官名死爲社而祭之故曰后土社句龍爲土官後轉爲社世人謂爲后土無可怪此中后土不得爲社者聖人大平制禮豈得以世人之言著大典明后土土神不得爲社也

乃頒祀于邦國都家鄉邑

頒讀爲班班其所當祀及其禮都家之鄉邑謂王子弟及公卿大夫所食采地○頒音班疏注頒讀至采地○釋曰云頒讀爲班班者鄭於周禮所有頒皆讀爲班班謂布也云班其所當祀及其禮者但名位不同禮亦異數既班其祀明亦班禮與之故連言禮也班禮謂若諸侯不得祭天地唯祭社稷宗廟五祀之等二王後與魯唯祭天仍不得祭地大都亦與外諸侯同其禮者若獻尸上公九侯伯七子男五皆大牢之屬是也其小都與家則依卿大夫之獻亦大牢也云都家之鄉邑謂王子弟以下者鄭恐經鄉邑六鄉六遂非都家之內鄉邑故以明之謂都家之內鄉邑耳其都家之內鄉邑未必一如六鄉六遂家數但采邑之內亦有二十五家爲里以上以相統領故一成之內得有革車一乘士十人徒二十人發兵及出稅之法即謂之鄉邑也謂王子弟者以親疏分。於大都小都家邑三處食采地言及公卿大夫采地者謂若載師職公大都卿小都大夫家邑也

附釋音周禮注疏卷第十八

周禮注疏卷十八校勘記　阮元撰盧宣旬摘錄

附釋音周禮注疏卷第十八

大宗伯

掌建邦之天神人鬼地示之禮　釋文地示音祇本或作祇按經作示注作祇通書準此

以佐王建保邦國　唐石經諸本同釋文佐王本或作左按葉鈔本作本或作佐則陸本正作左也○按依說文左者正字佐者今俗字

目吉禮於上　余本閩監毛本同嘉靖本目作自者誤也

吉禮之別十有二　毛本二誤三○按注詳言此者以證其卷首注所云其別三十有六也

以槱燎祀司中司命　釋文槱本亦作楢按羊人注作禉燎說文木部云槱積火燎之也从木从火酉聲周禮以槱燎祠司中司命又禉柴祭天神或从示然則此經槱字當以從木從火爲正楢者禉之譌體禉者槱之或字

云三祀皆積柴實牲至焉　按至爲體之譌閩監毛本改作玉誤

鄭義大陽不變　惠棟云依詩正義大陽當作天陽

是土十爲木八妻　惠棟云三統厤曰木以天三爲土十牡金以天九爲木八牡陽奇爲牡陰耦爲妃此當云土十爲木三妻八與十皆地數不得爲耦也

則北官好奥南官好暘閩監毛本奥改燠浦鏜云官誤臣非也古云天官猶云官舍作亰非

五星左旋爲緯浦鏜云右誤左

大微宮有五帝座星惠校本座作坐

其名汁光紀閩本同監毛本汁作叶

常居傍兩星巨辰子位惠校本同閩監毛本常誤帝浦鏜云巨疑距字誤

紫之言中浦鏜云當作紫之言此宫之言中脱四字

鄭注云天皇北辰耀魄寶此鄭注文耀鉤也上引文耀鉤可證因文承爾雅之下而或云鄭有爾雅注誤讀此疏矣

又名大一常居惠校本同閩監毛本常居作帝君

歐陽說曰欽若昊天按此下當脱春曰昊天四字

直是人逐四時五稱之浦鏜云五疑互字訛

鄭君則以北星也按北爲此之誤

則郊祭幷祭日月可知浦鏜云禮記疏作郊祭天並祭日

依虞書禋于六宗禮惠校本作虞喜○按喜誤

張融許從鄭君惠校本許作評此誤

以疈辜祭四方百物說文刀部云副判也从刀畐聲周禮曰副辜祭又疈籒文副按鄭司農從故書作罷鄭君蓋從今書作疈

故書祀作禩釋文作爲禩九經古義云小祝保郊禩于社杜子春讀禩爲祀說文云祀或從異作禩

疈爲罷禮說云西京賦置互擺牲古文擺作罷

不見四竇者釋文四竇音獨本亦作瀆○按竇者瀆字之假借也

疈疈牲胷也毛本胷作胸

謂磔攘及蜡祭余本閩監毛本同釋文嘉靖本惠校本攘作禳余本載音義作攘

八蜡以記四方余本岳本嘉靖本同閩監毛本記作祀疏云八蜡以記四方不作祀作祀者誤

湯遷杜而以周棄代之閩監毛本杜誤社

周國在雍州時無西嶽閩本同監毛本無誤爲

云不見四竇者四竇五嶽之匹閩監毛本竇改瀆

宗祝亦執勺以先之惠校本同閩監毛本勺誤爵

是其順性之含藏也惠校本作順其此誤倒

率五年而再殷祭 余本閩監毛本同嘉靖本無率字按釋文大書率五二字爲音是陸本有率字釋曰云自爾以後五年而再殷祭者公羊傳文是賈本無率字也

以玉爵酌體齊以獻尸 浦鏜云醴誤體

如向所說具先灌訖 惠校本同閩監毛本如誤知具誤其

次言獻是朝踐節 盧文弨云當從通考重一獻字

皆有灌獻肆三事矣 惠校本同閩監毛本矣改耳

僖三十三年薨 惠校本僖上有以字此脫

則知僖公宣公二年春有禘可知 浦鏜云三誤二

天神言煙 閩監毛本煙改禋非此從注讀禋之言煙下煙血同

大夫不食粱 監毛本同誤也嘉靖本閩本粱作粱當據正疏中同監毛本疏中作粱

札讀爲截謂疫厲 余本閩監本同毛本厲改癘宋本嘉靖本重截字與賈疏本同○按札者古文假借字也故注易其字作截截者斷也至字林乃有⿰歹乚字从歹乚聲

截謂疫厲者 閩監毛本厲改癘

廞焚惠校本作廞焚疏同

此禍災當水火二事爲證也惠校本水火下有故引水火四字此脫

以禬禮哀圍敗唐石經諸本同釋曰此經本不定馬融以爲國敗正本多爲圍敗

同盟者合會財貨余本岳本嘉靖本同閩監毛本合會作會合與賈疏本同

在內爲軌惠校本軌作宄

親謂使之相親附嘉靖本謂作者蓋非

欲其若不期而俱至余本岳本嘉靖本同閩監毛本俱作偶按賈疏引注亦作俱

非謂時常月按疑當作謂非常時月

云王將有征討之事者閩本同監毛本討改伐

同謂威其不協余本嘉靖本毛本同閩監本協作恊

朱干設錫之類閩監毛本錫誤鍚設毛本誤詖

是不義而勇惠校本下有也

大田之禮簡衆也唐石經諸本同釋文閱衆音悅按釋曰簡閱也此或音注閱其車徒之數而誤涉經文

其民庶不得合聚閩本剜改其爲則監毛本承之

今以兵而正之閩監毛本而改往

以昬冠之禮余本嘉靖本同唐石經閩監毛本昬作昏疏同○按昬字依說文从氏省爲正其云一曰民聲者淺人所增竄也

若據位爲王已後惠校本位上有即此脫

鄭總云賑膰惠校本閩本同監毛本云誤名

王使人異往以物賀慶之異字誤閩本改夫監毛本人異改大夫

使之不有僭差也惠校本作僭濫

列士封疆謂之諸侯閩監本同毛本士作士浦鏜云士誤士非也按釋曰云謂列國之士者謂公侯伯爲列國故引孝經注列士謂之諸侯證之當從毛本作士此本閩監本作土誤也

則爵弁服諸本同浦鏜云則上脫士字按釋曰云士則爵弁服者凡言士者無問天子士諸侯士例皆爵弁以助祭也此賈疏本有士字之明證

雖得言天子不得言位于王朝閩監毛本作聘天子此作言誤于當爲於

賜之以方百里二百里之地者方三百以上爲成國臧禮堂云春秋襄十四年正義引此注云賜之

國者唯里二公侯三百里之地者方四百里以上爲成國今本二百里下脫公地五三字百侯里作三百里誤甚當據此訂正按正義又云如鄭之言成以方百與百里耳伯雖與侯同命地方三百里未得爲成國也考大司徒職三百里里四百地四百里伯地三百里故鄭云方四百里以上據公侯言之

以其伯二百里　浦鏜云三誤二

其尊如故　閩本剜改如字作加監毛本承其誤

此後鄭先鄭所云　惠校本同閩監毛本改作先鄭後鄭

加一命爲二伯也　閩監毛本一誤二

賈服之等諸侯九州之伯　閩本上之字剜擠作云五二字監毛本承之誤甚○按閩監毛本是也

有此王之鎮圭　補毛本有此作此有

蓋以四鎮之山爲瑑飾　嘉靖本瑑作琢下同釋文爲瑑瑑直轉反

王晉大圭　閩監毛本晉改搢

文有麁縟耳　嘉靖本閩本同余本監毛本麁作麤疏同按釋文作麤○按从三鹿者正字也麄者俗字也

蓋皆象以人形象致飾者　浦鏜云爲瑑誤象致

二玉蓋或以縠爲飾　段玉裁云爲下脫瑑字

以禽作六摯唐石經諸本同釋文六摯本或作贄按廣韻六至下引以禽作六贄云本亦作摯

雉取其守介而死釋文守介音界或作分扶問反按雉介鳥或作分非

謂臣無此義補監毛本謂作諸

文兼諸侯之臣浦鏜云文當亦字誤或改作又

手執束帛而授惠校本下有之此脫

故鄭舉以言之漢制考以作而

其大夫亦當隨君無背閩毛本同此本及監本背誤皆今訂正

爵大夫皆執鴈惠校本爵下有稱

故植璧於三王之坐秉桓圭補毛本桓作植

靈威仰之等而說也浦鏜云而說字疑衍○按而說二字直跟上文皆據二字句太長故鏜惑之耳

云象萬物半死者惠校本作夏物此誤

以其神幣惠校本神上有禮

所以滌蕩邪穢釋文作蕩滌今本誤倒

鑊烹牲器也余本閩監毛本同釋文賈疏嘉靖本烹皆作亨當據正烹俗亨字

羣臣禮爲小禮漢讀攷云羣臣乃羣神之誤對大神大鬼大祇言也小宗伯注云小禮羣神之禮亦可證賈疏依誤立說不可從

前期卜日浦鏜云十誤卜

此滌濯止是蕩滌以少牢有撫祭器閩本上句同監毛本止誤此閩監毛本概誤槪

三者執以從玉浦鏜云王誤玉下授王同

二曰示號三曰鬼號浦鏜云今經文示鬼字互易

王公之禮浦鏜云上誤王

爵弁經紂衣釋文作純衣

云大喪王及后世子也者惠校本作王后及世子此誤

則是王后及世子矣惠校本作明是此誤

發爵賜服順陽義者浦鏜云也誤者惠校本誤皆

當時爲祭以命之監毛本同誤也閩本時作特當據正

以親疏分於大都小都家邑惠校本閩本同此本尬誤殷監毛本改爲今訂正

周禮注疏卷十八校勘記

附釋音周禮注疏卷第十九

鄭氏注　　賈公彥疏

小宗伯之職掌建國之神位右社稷左宗廟庫門內雉門外之左右故書位作立鄭司農云立讀爲位古者立位同字古文春秋經公卽位爲公卽立【疏】小宗至宗廟○釋曰建立也言立邦之神位者從內向外故據國中神位而言對下經在四郊等爲外神也言右社稷左宗廟者案匠人亦云左宗廟右社稷彼掌其營作此掌其成事位次耳案禮記祭義注云周尚左又案桓公二年取郜大鼎納於大廟何休云質家右宗廟尚親親文家右社稷尚尊尊若然周人右社稷者地道尊右故社稷在右是尚尊尊之義此據外神在國中者社稷爲尊故鄭注郊特牲云國中神莫大於社祭義注周尚左者據內神而言若據衣服尊卑先王袞冕先公鷩冕亦貴於社稷故云周尚左各有所對故注不同也○注庫門至卽立○釋曰鄭知庫門內雉門外者後鄭義以雉門爲中門周人外宗廟故知雉門外庫門內之左右也先鄭云古者立位同字者是古者假借字同也云古文春秋者藝文志云春秋古經十二卷是此古文經所藏之書文帝除挾書之律此本然後行於世故稱古文

兆五帝於四郊四望四類亦如之兆爲壇之營域五帝蒼曰靈威仰太昊食焉赤曰赤熛怒炎帝食焉黃曰含樞紐黃帝食焉白曰白招拒少昊食焉黑曰汁光紀顓頊食焉黃帝亦於南郊鄭司農云四望道氣出入四類三皇五帝九皇六十四民咸祀之玄謂四望五嶽四鎭四竇四類日月星辰運行無常以氣類爲之位兆日於東郊兆月與風師於西郊兆司中司命於南郊兆雨師於北郊○仰如字劉五郎反熛必消反樞昌朱反紐女久反拒居禹反沈又音巨汁音叶劉子集反【疏】兆五至如之○釋曰自此以下云外神從尊至卑故先云五帝此不云大帝者此文上下唯論在四郊以對國中右社稷左宗廟其大帝與崐崘自相對而在四郊之內有自然之

圓丘及澤中之方丘以其不在四郊故不言也○注兆爲至兆郊○釋曰云兆爲壇之營域者案封人云社稷之壝謂壝土爲之卽此壇之營域一也不言壇者舉外營域有壇可知云五帝蒼曰靈威仰之等此於大宗伯釋訖但彼據禮神。五帝而言此據壇域處所而說故兩處各言之也司農云四望道氣出入者案上注司農以爲日月星海後鄭不從矣今此云道氣出入與上注不同者以無正文故兩注有異若然云道氣出入則非日月星海謂五嶽之等也故後鄭就足之還爲五嶽之屬解之先鄭云四類三皇五帝九皇六十四民咸祀之者案史記云九皇氏沒六十四民興六十四民沒三皇興彼雖無三。皇五帝之文先鄭意三皇已祀之明幷祭五帝。三。王可知後鄭不從者以其兆五帝已下皆據外神大昊句芒等配祭而已今輒特祭人帝於其中非所宜故不從是以取五嶽之屬易之也後鄭注云四類日月星辰者以其言類明以氣類而爲位以祭之故知是日月之等知兆日於東郊者案祭義云大明生於東故覲禮亦云拜日於東郊玉藻又云朝日於東門之外也又知兆月於西郊者月生於西知風師亦於西郊者以其五行金爲暘土爲風風雖屬土秋氣之時萬物。燥落由風故風亦於西郊也云兆司中司命於南郊者以其南方盛陽之方司中司命又是陽故司中司命在南郊也云兆雨師於北郊者以其雨是水宜在水位故知雨師在北郊天子四望諸侯三望境內山川案僖三十一年夏四月猶三望服氏云三望分野星國中山川又上文先鄭云四望日月星海後鄭必知望祭中無天神者案哀六年云初楚昭王有疾卜曰河爲祟王弗祭大夫請祭諸郊王曰三代命祀祭不越望江漢雎漳楚之望也爾雅又云梁山晉望又案尚書云望於山川則知望祭中無天神可知若天神日月之等當入四類之內也若然尚書云望於山川必知四望非山川是五嶽四。竇者以其下云兆山川丘陵之等山川既在下故知此四望是五嶽之屬山川之大者也

兆山川丘陵墳衍各因其方

順其所在【疏】兆山至其方○釋曰案大司徒職地有十等此不言林澤原隰亦順。所可知故略不言。也

掌五禮之禁令與其用等

用等牲器尊卑之差鄭司農云五禮

吉凶。軍。賓嘉 疏 注用等至軍嘉〇釋曰云用等牲器尊卑之差者謂若天子大夫已上大牢士少牢諸侯之大夫少牢士特牲之等其器謂若少牢四敦特牲二敦士二豆。三俎大夫四豆五俎諸侯六豆七俎天子八豆九俎其餘尊罍爵勺及饗食之等各依尊卑之差先鄭云五禮吉凶。賓。軍嘉者大宗伯職文

辨廟祧之昭。穆 祧遷主所藏之廟自始祖之後父曰昭子曰穆〇昭常遙反 疏 辨廟祧之昭穆釋曰案禮記王制云天子七廟三昭三穆與大祖之廟而七諸侯二昭二穆與大祖之廟而五大夫一昭一穆與大祖之廟而三士一廟案祭法適士二廟王制不言之者取自上而下降殺以兩故略而不言二廟者故此總云廟祧之昭穆諸侯無二祧謂始封大祖廟爲祧故聘禮云不腆先君之祧是大祖爲祧也〇注祧遷至曰穆〇釋曰案祭法注祧之言超超然上去意以其遠廟爲祧故云上去意也周以文武爲二祧文王第稱穆武王第稱昭當文武後穆之木主入文王祧昭之木主入武王祧故云遷主所藏之廟曰祧也云自始祖之後父曰昭子曰穆者周以后稷廟爲始祖特立廟不毀卽從不窋已後爲數不窋父爲昭鞠子爲穆從此以後皆父爲昭子爲穆至文王十四世文王第稱穆也

辨吉凶之五服車旗宮室之禁 五服王及公卿大夫士之服 疏 辨吉至之禁〇釋曰云吉凶之五服者皆據人數而云五也又云車旗宮室之禁者謂若典命云國家宮室車旗衣服禮儀以九以七以五爲節言禁令者謂五服及車旗宮室皆不得上僭下逼當各依品命爲法〇注五服至之服〇釋曰案尚書。五服五章才。鄭注云十二也九也七也五也三也又云予欲觀古人之象日月星辰注云此十二章天子備有公自山而下孝經云非先王之法服注云先王制五服日月星辰服諸侯服山龍云云皆據章數而言今此注五服以爲王及公卿大夫士之服不據章數爲五者以其喪服自天子達於士唯一而已不得數服爲五則知吉之五服亦不得數服故皆據人爲五也

掌三族之别以辨親疏其正室皆謂之門子掌其政令 三族謂父子孫人屬之正名喪服小記曰親親以三爲五以五爲九正室適子

也將代父當門者也政令謂役守之事○適丁歷反疏掌三至政令○釋曰此三族謂父子孫一本而言推此而往其中則兼九族矣云辨親疏者據己上至高祖下至玄孫傍至緦麻重服者則親輕服者則疏也云正室皆謂之門子者還據九族之內但是適子正體主皆是正室亦謂之門子○注三族至之事○釋曰云三族謂父子孫者此據已上親父下親孫是父子孫此卽親親以三是也云以三爲五者謂此父子孫之三以父親祖以子親孫則五也云以五爲九者謂以祖親曾高以孫親曾玄卽是以五爲九也若然不言以五爲七乃云以五爲九者齊衰三月章云爲曾祖鄭注云服之數盡於五則高祖宜緦麻曾祖宜小功也據祖期則曾祖宜大功高祖宜小功也高祖曾祖皆有小功之差則曾孫玄孫爲之服同也重其衰麻尊尊也減其日月恩殺也以此而言曾祖高祖服同齊衰三月則爲曾孫玄孫服同緦麻三月以尊卑服同故經云以五爲九不須言以五爲七也云政令役守之事者案諸子職云掌國子之倅若有甲兵之事致於大子惟所用之是其役事案宮伯職云掌士庶子又有八次八舍宿衛之事是其守之事故總云政令役守之事也

毛六牲辨其名物而頒之于五官使共奉之毛擇毛也鄭司農云司徒主牛宗伯主雞司馬主馬及羊司寇主犬司空主豕○毛六戚如字劉莫報反疏毛六至奉之○釋曰言辨其名物者若六牲皆有名若馬牛羊豕犬雞物色也皆有毛色若宗廟用騂之等云頒之于五官者六卿應言六官而云五者以其天官貳王治事尊而不使奉牲故五官也云使共奉之者謂充人養之至祭日之旦在廟門之前頒與五官使共奉之助王牽入廟卽祭義所云卿大夫贊幣而從之彼雖諸侯法可況天子也○注毛釋至主豕○釋曰先鄭云司徒奉牛已下皆案職知之若大司徒有牛人郞云奉牛牲宗伯職有雞人郞云供雞牲司馬職有羊人校人掌馬郞云共羊牲奉馬牲司寇職有犬人郞云奉犬牲是以先鄭依而用焉唯司空職亡先鄭知主豕者五行傳聽之不聽則有豕禍是豕屬北方司空冬官故奉豕牲也

辨六齍之名物與其用使六宮之人共奉之齍讀爲粢六粢

謂六穀黍稷稻粱麥苽○苽音孤【疏】辨六至奉之○釋曰六穀云名物者謂六穀各有名其色異故云名物也云與其用者六穀所用若六牲六彝所用不同故須辨之云使六宮之人共奉之者黍稷簠簋是婦人所奉之事故使六宮之人奉之六宮之人謂若世婦職云女宮之宿戒者也○注齍讀至麥苽○釋曰讀齍為粢者爾雅釋草粢稷也粢字從米以次為聲其齍字從皿以齊為聲從皿不如從米故讀粢也云六粢黍稷稻粱麥苽者約食醫和王六食云黍稷稻粱麥苽而言

辨六彝之名物以待果將六彝雞彝鳥彝斝彝黃彝虎彝蜼彝果讀為祼○斝音假又音嫁蜼音誄又盧水反【疏】注六至為祼○釋曰上二經皆云使共奉之此及下經不云使共奉之而云以待文不同者上二者官衆故云使共奉此及下文並是司尊彝一職之事又是春官當司所主故直云以待也祼言將者將送也謂以圭瓚酌之送與尸及賓故云將六彝之名出司尊彝也云果讀為祼者諸文皆云祼故讀從之其賓祼更讀為灌

辨六尊之名物以待祭祀賓客待者有事則給之鄭司農云六尊獻尊象尊壺尊著尊大尊山尊○獻素何反著直略反大音泰【疏】辨六至賓客○釋曰案司尊彝唯為祭祀陳六彝六尊不見為賓客陳六尊此兼言賓客則在廟饗賓客時陳六尊亦依祭禮四時所用唯在。外。野饗不用祭祀之尊故春秋左傳云犧象不出門也若然案鬱人云掌祼器凡祭祀賓客之祼事則上六彝亦為祭祀賓客而辨之而不言祭祀賓客者舉下以明上故略而不言○注待者至山尊○釋曰云待者有事則給之者所須則祭祀賓客是也上經六彝亦云以待鄭不言者上經不言祭祀賓客先鄭亦略而不言亦就此以待祭祀賓客而解之先鄭解六尊亦據司尊彝而言也

掌衣服車旗宮室之賞賜王以賞賜有功者書曰車服以庸【疏】掌衣至賞賜○釋曰衣服謂若司服袞冕以下唯有大裘不可以賞賜以其諸侯不合用之是以魯祭天用袞冕則二王後祭天亦不得用大裘也云車旗者謂若巾車金路象路革路木路及夏篆已下亦得依所乘者賜之唯玉路不得賜與大裘同是以魯用殷之大路也○注王以

至以庸○釋曰引書者尚書舜典文孔云賜以車服旌其能用

掌四時祭祀之序事與其禮序事卜日省牲視滌濯饔爨之事次序之時疏注序事至之時○釋曰云序事卜日省牲之等者此以經云掌四時祭祀之。事。序謂次第先後故取上大宗伯凡祀大神享大鬼祭大祇帥執事而卜日已下之事下亦有省牲已下故取以證序事唯饔爨之言出於特牲卽大宗伯云牲鑊一也

若國大貞則奉玉帛以詔號神號幣號鄭司農云大貞謂卜立君卜大封疏若國至詔號○釋曰此國大貞則大卜所云凡國大貞卜大遷之等視高作龜者是也○注號神至大封○釋曰此言卜事而云神號者案大祝有神號幣號又案下天府職云季冬陳玉以貞來歲之媺惡鄭云問事之正曰貞謂問於龜大卜職大貞之屬陳玉陳禮神之玉龜有天地四方則玉有六器者與此既言玉帛明亦有六幣以禮神也先鄭云大貞謂卜立君卜大封大卜文不言大遷者引文略也

大祭祀省牲眡滌濯祭之日逆齍省鑊告時于王告備于王逆齍受饎人之盛以入省鑊視亨腥。孰時薦陳之晚早備謂饌具○饎昌志反亨普庚反劉普孟反疏大祭至于王○釋曰此云省牲眡滌濯省鑊與大宗伯文同謂佐大宗伯其大宰。省。牲者祭其不如法其逆齍卽大宗伯涖玉齍者是也大宗伯涖之小宗伯迎之是相佐也其告時告備是其事職耳○注逆齍至饌具○釋曰知齍受饎人之盛以入者案少牢饎爨在廟門之外明天子諸侯饎爨亦在廟門外今言迎齍明於廟門之外迎入向廟堂東實之於簠簋也云省鑊視亨腥孰者案禮運云腥其俎孰其殽鄭云腥其俎豚解而腥之孰其殽體解而爓之此謂祭宗廟朝踐饋獻節彼下文更有體其犬豕牛羊謂之室中饋孰亦須鑊鄭不言略也云時薦陳之晚早者陳謂祭前陳饌於堂東薦謂薦之於神坐皆有晚早云備謂饌具者此饌具卽堂東所陳陳備卽告告王祭時已至當行事也

凡祭祀賓客以時將瓚果。將送也猶奉也祭祀以時奉而授王賓客以時奉而授宗伯天子圭瓚諸侯璋瓚○瓚才但反疏注將送至璋瓚○釋曰云祭祀

以時奉而授王者案小宰職云凡祭祀贊王幣爵之事祼將之事注云又從大宰助王也將送也祼送送祼謂贊王酌鬱鬯以獻尸以人道宗廟有祼此小宗伯又奏而授王者此據授王彼小宰據授尸謂瓚既在王手小宰乃贊王授尸故二官俱言也云賓客以時奉而授宗伯者大宗伯云大賓客攝而載祼者是也云天子用圭瓚者玉人云祼圭尺有二寸者是也云諸侯用璋瓚者此謂未得圭瓚之賜者故王制云諸侯賜圭瓚然後爲鬯未賜圭瓚則資鬯於天子是用璋瓚謂未得圭瓚賜者也是以祭義云君用圭瓚大宗用璋瓚亞祼鄭云大宗亞祼容夫人有故是諸侯亦用圭瓚也若然天子用大圭瓚則后亦用璋瓚也其諸侯未得圭瓚者君與夫人同用璋瓚也

詔相祭祀之小禮。凡大禮佐大宗伯。小禮羣臣之禮

疏 詔相至宗伯○釋曰云詔相祭祀之小禮者謂王有故不親行事使臣攝祭則爲小禮故鄭云羣臣之禮云凡大禮佐大宗伯者大宗伯所云者小宗伯佐之也此經所云既未至職末輒言此者此已下皆小宗伯事行事不佐大宗伯故於中言之以結上也

賜卿大夫士爵則儐。賜猶命也儐之如命諸侯之儀春秋文元年天王使毛伯來錫公命傳曰錫者何賜也命者何加我服也

疏 賜卿至則儐○釋曰諸侯尊故大宗伯儐卿大夫士卑故小宗伯儐之○注賜猶至服也○釋曰云賜猶命也者但命謂以簡策以辭命之弁加以服賜自是以車馬賜之則賜命別矣而言賜猶命者欲見賜命相將之物故覲禮賜侯氏以車馬及命書與篋服同時也云如命諸侯之儀者儀法雖同禮數則異也引公羊傳者欲見賜命相將之事

小祭祀掌事如大宗伯之禮。大賓客受其將幣之齎。謂所齎來貢獻之財物○齎子兮反本又作資

疏 小祭至之禮○釋曰小祭祀謂王玄冕所祭則小宗伯專掌其事其法如大宗伯也○注謂所至財物○釋曰此謂諸侯來朝覲禮畢每國於廟貢國所有行三享之禮諸侯以玉幣致享既訖其庭實之物則小宗伯受之以東云受其將幣之齎也

故若大師則帥有司而立軍社奉主車有司大祝也王出軍必先有事於社

及還廟而以其主行社主曰軍社遷主曰祖春秋傳曰軍行祓社釁鼓祝奉以從曾子問曰天子巡守以遷廟主行載于齊車言必有尊也書曰用命賞于祖不用命戮于社社之主蓋用石爲之奉謂將行○祓孚物反劉音廢從才用反齊車側皆反【疏】若大至主車○釋曰言大師者大起軍師以征伐云師有司而立軍社者謂小宗伯帥領有司大祝而立軍社載於齊車以行云奉主車者謂遷主亦載於齊車以行也○注有司至將行○釋曰鄭知有司是大祝者見大祝職云大師設軍社故也鄭知王出軍必先有事於社及遷廟而以其主行者見大誓及王制將出軍皆云類於上帝宜於社又曾子問云以遷廟主行載於齊車故知也云社主曰軍社者以其載社在於軍中故以軍社言之云遷主曰祖者此經直云奉主車雖不云祖鄭意欲取尚書賞於祖爲證故先言遷主曰祖也引春秋者定四年召陵之會將會衛子行敬子言於靈公曰會同難其使祝佗從祝佗曰君以軍行祓社釁鼓祝奉以從若君行師從卿行旅從祝不出境祝佗言此者欲見召陵之會是朝聘吉行大祝不合行意時靈公抑遣行祝佗遂行引者欲見此經有司立軍社是大祝之事也引曾子問者欲見軍行天子諸侯皆用遷廟木主行之意也尚書者是甘誓啓與有扈戰於甘之野誓士衆之辭引之者欲見軍行須軍社遷主也云社之主蓋用石爲之者案許慎云今山陽俗祠有石主彼雖施於神祠要有石主主類其社其社既以土爲壇石是土之類故鄭注社主蓋以石爲之無正文故云蓋以疑之也云奉謂將行者以曾子問云載於齊車又尚書用命賞於祖故知奉謂將行也

若軍將有事則與祭有司將事于四望

軍將有事將與敵合戰也鄭司農云則與祭謂軍祭表禡軍社之屬小宗伯與其祭事玄謂與祭有司謂大祝之屬蓋司馬之官實典焉○與音預注則與與其祭與祭與執事同【疏】若軍至四望○釋曰其四望者謂五嶽四鎮四瀆王軍將有事與敵合戰之時則小宗伯與祭有司大祝之等祭四望之神以求福但四望之神去戰處遠者不必祭之王之戰處要有近之者祭之故以四望言之也○注軍將至典焉○釋曰先鄭以與祭以上絕讀之若然則與祭者與祭何神乎其

有司將事於四望則有司自有事於四望矣不干小宗伯輒於此言之見何義也於義不然故鄭合爲一事解之也鄭知有司是大祝者案大祝職云大師國將有事於四望與此義同故知有司大祝知司馬實典之者以其軍事是司馬所掌故知司馬實典主其事也無正文故云蓋以疑之也若大甸則帥有司而饁獸于郊遂頒禽甸讀曰田有司大司馬之屬饁饋也以禽饋四方之神於郊郊有羣神之兆頒禽謂以予羣臣詩傳曰禽雖多擇取三十焉其餘以予大夫士以習射於澤宮而分之○甸音田出注下甸役同饁于輒反劉于法反

【疏】若大至頒禽○釋曰言大甸者天子四時田獵也云則帥有司而饁獸于郊者謂田在四郊之外田訖以禽獸饋於郊者將入國過四郊四郊皆有天地日月山川之位便以獸薦於神位以歆神非正祭直是野饁獸於郊云遂頒禽者因事曰遂以在郊饁獸訖入至澤宮中而射以主皮行班餘獲射之禮故云遂頒禽○注甸讀曰田有司大司馬之屬饁饋也以禽饋至分之○釋曰甸者以郊外曰甸獵在甸地故云甸今讀曰田者義將兩兼非直獵在甸地亦得取田義以其似治田去不秀實故以田言之云有司大司馬之屬者以其軍事是司馬之事故大司馬職云徒弊致禽饁獸於郊故知大司馬之屬但小宗伯不可帥大司馬身故知所帥者司馬之屬官故以之屬言之也云四方之神者即天地山川之等云郊有羣神之兆者上文兆五帝於四郊四類四望亦如之兆山川丘陵各於其方是羣神之兆也引詩傳者證頒禽之義書傳亦云焉大烖及執事禱祠于上下神示執事大祝及男巫女巫也求福曰禱得求曰祠讄曰禱爾于上下神祇鄭司農云小宗伯與執事共禱祠○讄音誄

【疏】大烖及執事禱祠于上下神示○釋曰云大烖者謂國遭水火及年穀不熟則禱祠於上下天地神祇○注執事大祝及男巫女巫至禱祠○釋曰鄭知執事之中大祝及男巫女巫者見大祝職云國有大故天烖則彌祀社稷司巫云國大烖則帥巫而造巫恆男巫職中雖無事其司巫所帥者即帥男巫也女巫職云凡邦之大烖歌哭而請是以鄭君歷而言焉以充事也云求福曰禱得求曰祠兩言之者欲見初

禱後得福則祠之也王崩大肆以秬鬯渳鄭司農云大肆大浴也杜子春讀渳爲泯以秬鬯浴尸玄謂大肆始陳尸伸之○渳亡婢反杜音泯亡忍反李亡辨反【疏】注鄭司至伸之釋曰先鄭與子春所解皆不釋肆字故後鄭就足之特解肆爲始陳尸伸之者肆訓爲陳爲伸故也必用秬鬯者以死者人所惡故以秬鬯浴尸使之香也大祝職云大喪始崩以肆鬯渳尸小祝又云大喪贊渳彼二官已掌之此言之者察其不如儀也及執事涖大斂小斂帥異族而佐執事大祝之屬涖臨也謂斂者蓋事官之屬爲之喪大記曰小斂衣十九稱君大夫士一也大斂君百稱大夫五十稱士三十稱異族佐斂疏者可以相助○斂力驗反下及注同稱尺證反【疏】注執事至相助○釋曰鄭注執事是大祝之屬者案大祝職云大喪贊斂明大祝執事小宗伯涖之云親斂者蓋事官之屬爲之者以其諸處更不見主斂事者事官又主工巧之事以無正文故疑事官之屬爲之也引喪大記者以天子之喪大小斂稱數無文故約諸侯法推出天子斂之稱數也案喪大記注小斂十九稱法天地之成數故尊卑同至於襲與大斂乃異大斂五等諸侯同百稱天子蓋百二十稱也天子大夫士約與諸侯之卿大夫士同以其執贄同故祿與廟數及襲斂亦無嫌也云異族佐斂疏者可以相助者此異族據姓而言之縣衰冠之式于路門之外制色宜齊同○縣音玄衰七雷反○【疏】縣衰至之外○釋曰式謂制及色故鄭云制色宜齊同知式中兼有色者案禮記問喪云斬衰貌若苴齊衰貌若枲齊斬之衰其色亦如貌故鄭知式中兼有色也但冠不據色是以喪服傳云冠六升鍛而勿灰明不色如苴也縣衰冠大僕云縣喪首服之法于宮門注云首服謂免髽笄總廣狹長短之數與此不同故彼別縣之也及執事眡葬獻器遂哭之執事蓋梓匠之屬至將葬獻明器之材又獻素獻成皆於殯門外王不親哭有官代之○【疏】及執至哭之○釋曰此文承衰冠之下卜葬之上謂既殯之後事故禮記檀弓云既殯旬而布材與明器云執事眡葬獻器遂哭之謂獻明器之時小宗伯哭此明器哀其生死異也○注執事至代之○釋

曰鄭知執事是梓匠之屬者以其明器所爲是工巧之事梓人匠人見主工巧故知是梓匠也言之屬者冬官總主人工事故以之屬兼之但無正人文故云蓋以疑之也云至將葬獻明器之材者亦約檀弓云既殯旬而布材故知將葬獻材也又知獻素獻成皆於殯門外者見士喪禮云獻材于殯門外西面北上績主人徧視之如哭椁獻素獻成亦如之注云形法定爲素飾治畢爲成是其事也云王不親哭有官代之者按士喪禮主人親哭以無官此王不親哭以其有官有官卽小宗伯哭之是也

卜葬兆甫竁亦如之

兆墓塋域甫始也鄭大夫讀竁皆爲穿杜子春讀竁爲毳皆謂葬穿壙也今南陽名穿地爲竁聲如腐脃之脺○竁昌絹反李依杜昌鋭反鄭大夫音穿腐房甫反脃之脃七歲反舊作脺誤劉清劣反或倉没反字書無此字但有膬字音千劣反今注本或有作膬字者則與劉音爲協沈云字林有脺音卒脺者牛羊脂膬者耎易破恐字誤案如沈解義則可通聲恐未協脺已下皆非鄭義

疏卜葬至如之○釋曰王喪七月而葬將葬先卜墓之塋兆故云卜葬兆也云甫竁者既得吉而始穿地爲壙故云甫竁也云亦如之者亦如上明器哭之但明器材哭於殯門外○此卜葬地在壙所則哭亦與在殯所哭之相似故云亦如之○注兆墓至之脺○釋曰孝經云卜其宅兆注兆以爲龜兆解之此兆爲墓塋兆者彼此義得兩合相兼乃具故注各據一邊而言也鄭大夫讀竁皆爲穿當此經唯有一竁而云皆在下冢人甫竁皆爲穿也杜子春讀竁爲毳毳亦是穿當時有此語後鄭從之故云皆謂葬穿壙也云今南陽名穿地爲竁聲如腐脃之脺者時南陽郡人名穿地爲竁竁之聲如腐脃之脺則以竁爲脃也

既葬詔相喪祭之禮

喪祭虞祔也檀弓曰葬日虞弗忍一日離也是日也以虞易奠卒哭曰成事是日也以吉祭易喪祭明日祔于祖父○離力知反○

疏注喪祭至祖父○釋曰鄭知喪祭是虞祔也者以文承卜葬之下成葬之上其中唯有虞祔而已故以虞祔解之也檀弓曰葬日虞弗忍一日離也者自始死至葬前未忍異於生故無尸而設奠象生時薦羞於坐前也既葬送形而往迎魂而反日中而虞虞者鄭注士虞禮云虞安也所以安神是也葬之朝爲

大遣奠反日中而虞是不忍一日使父母精神離散故云不忍一日離也云是日也以虞易奠者以士虞禮云男男尸女女尸爲神象鬼事之是以虞易奠也云卒哭曰成事是日也以吉祭易喪祭者案士虞禮三虞卒哭俱用剛日云哀薦成事故檀弓記人解士虞禮云卒哭曰成事祭以吉爲成故云是日也以吉祭易喪祭虞祭是也云明日祔於祖父者引之證經喪祭爲虞祭又爲祔祭士之禮葬用柔日假令丁日葬葬日第一虞隔戊日己日爲第二虞後虞改用剛用庚日卒哭亦用剛日隔辛日壬日爲卒哭祭其祔祭又用柔日則癸日爲祔祭是士從始虞至祔日總用七日以此差之大夫五虞諸侯七虞天子九虞相次日數可知耳此喪中自相對虞爲喪祭卒哭卽爲吉祭以卒去無時哭哀殺故爲吉祭若喪中對二十八月復平常爲吉祭則禫祭已前皆爲喪祭也若然喪中自相對虞爲喪祭卒哭爲吉祭而鄭云喪祭虞祔幷祔祭亦爲喪祭者此鄭欲引檀弓幷祔祭總釋故喪中之祭總爲喪祭而言其實卒哭既爲吉祭祔祭在卒哭後是吉祭可知也○

成葬而祭墓爲位

成葬丘已封也天子之冢蓋不一日而畢位壇位也先祖形體託於此地祀其神以安之冢人職曰大喪既有日請度甫竁遂爲之尸○

疏成葬至爲位○釋曰云成葬者謂造丘壙已訖以王之靈柩託於此土故祭后土之神使安祐之當設祭位於墓左也○注成葬至之尸○釋曰成葬丘已封也者案冢人以爵等爲丘封之度據彼有丘封之文故依而言之云天子之冢蓋不一日而畢者案檀弓云有司以几筵舍奠於墓左反日中而虞注云所使奠墓有司來歸乃虞也則虞祭在奠墓後以其王之壙蓋高四尺故日中虞祭待奠墓有司來歸此上文既云詔相喪祭則虞祭訖矣於下乃云成葬祭墓爲位則虞祭不待奠墓有司來歸者由天子之冢高大蓋不一日而畢故設經喪祭在成葬之上也引冢人職者證祭墓爲位時冢人爲尸以祭后土也○

凡王之會同軍旅甸役之禱祠肄儀爲位

肄習也故書肄爲肆儀爲義杜子春讀肆當爲肄義爲儀若今時肄司徒府也小宗伯主其位○肄以志反習也沈音四李似二反

疏凡王至爲位○釋曰言王有會同軍旅甸役之

事皆有禱祠之法云肆儀爲位者數者禱祠皆須豫習威儀。乃爲之故云肆儀也當習威儀之時則小宗伯爲位也國有禍烖則亦如之謂有所禱祈○【疏】國有至如之○釋曰禍烖謂國遭水火凶荒則有禱祈之事故云亦如之凡天地之大烖類社稷宗廟則爲位禱祈禮輕類者依其正禮而爲之○【疏】凡天至爲位○釋曰天烖謂日月食星辰奔殞地災謂震裂則類祭社稷及宗廟則亦小宗伯爲位祭之○注禱祈至爲之○釋曰凡言類者皆謂依事類而爲之但求福曰禱。禱輕得求曰祠祠禮重則祠者依正祭之禮也則禱禮輕者雖依正禮祭饌略少凡國之大禮佐大宗伯凡小禮掌事如大宗伯之儀【疏】凡國至之儀○釋曰凡言大禮者王親爲之者小禮者羣臣攝而爲之者小禮小宗伯專掌其事。是法如大宗伯之儀但非王親行則謂之小禮也

肆師之職掌立國祀之禮以佐大宗伯佐助也○【疏】肆師至宗伯○釋曰肆師是宗伯之考每事皆佐宗伯此經與下爲目其立國祀之禮則下經所云立大祀已下是也○立大祀用玉帛牲牷立次祀用牲幣立小祀用牲鄭司農云大祀天地次祀日月星辰小祀司命已下玄謂大祀又有宗廟次祀又有社稷五祀五嶽小祀又有司中風師雨師山川百物○牷音全【疏】立大至用牲○釋曰此則佐宗伯之事案大宗伯有禋祀已下并宗廟六享之事此肆師陳用玉帛牲牷之等○注鄭司至百物○釋曰司農云大祀天地至司命以下先鄭據大宗伯直據天神大次小而言唯天神中兼言地而已其於地示不言次小人鬼之中又不言大次小故後鄭就足之耳後鄭云大祀又有宗廟者以其先鄭於大祀中無人鬼故後鄭特舉之云次祀又有社稷五祀五嶽者此後鄭特舉社稷已下者以先鄭次祀中不言血祭社稷已下故也云小祀又有司中風師雨師山川百物者此後鄭見先鄭天神小祀中唯云司命以下其言不備故具之山川百物就足先鄭地示小祀耳若然後鄭直云大祀又有宗

廟更不言宗廟次小祀者但宗廟次祀即先公是也不言之者已於酒正云次祀鷩冕毳冕所祭已具於彼故也又不言宗廟小祀者宗廟小祀其神不明焉君雖云宗廟小祀殤與無後無明文故後鄭亦不言也經言立大祀用玉帛牲牷者天神中非直有升煙玉帛牲亦有禮神者也地示中非直瘞埋中有玉帛牲亦兼有禮神玉帛牲也宗廟中無煙瘞埋直有禮神幣帛與牲又不見有禮神之玉或可以灌圭爲禮神之玉亦通一塗立次祀用牲幣者天神日月星辰地示血祭社稷五祀五嶽是也宗廟次祀已下與大祀同亦直有禮神幣帛而已

以歲時序其祭祀及其祈珥

序第次其先後大小故書祈爲幾杜子春讀幾當爲祈。珥當爲餌。玄謂祈當爲進禨之禨珥當爲衈禨衈者釁禮之事雜記曰成廟則釁之雍人舉羊升屋自中中屋南面刲羊血流于前乃降門。夾室皆用雞其衈皆於屋下割雞門當門。夾。室中室然則是禨謂羊血也小子職曰掌珥于社稷祈于五祀是也亦謂其宮兆始成時也春秋傳十九年夏邾人執鄫子用之傳曰用之者何蓋叩其鼻以衈社也○及其祈及注禨同巨既反或區依反珥而志反注衈同封苦圭反俠室古洽反劉古協反

疏

以歲至祈珥○釋曰言歲時序其祭祀者即上立大祀已下至小祀皆依歲之四時次序其大小先後也及其刉珥謂禮之事用毛牲即曰刉用羽牲即曰衈○注序第至社也○釋曰云序第次其先後者不必先大後小天地人之鬼神各有大次小或小而應先或大而應後各自當其時以祭之故云第次其先後也云故書祈爲幾杜子春讀幾當爲祈珥爲餌者皆無義所取故鄭不從之也玄謂祈當爲進禨之禨者案禮記玉藻沐畢云進禨鄭以爲沐而飲酒曰禨彼禨爲禨福之義此直取音讀不取其義云珥當爲衈者經言珥是玉珥非取血之義故讀從雜記下血傍爲之也云雜記曰成廟則釁之雍人舉羊升屋自中者謂升上其屋當屋脊之中央云門夾室皆用雞者謂廟門及兩廂夾室三處皆用雞其衈皆於屋下者謂三處皆不升屋而在屋下殺雞也云割雞門當門夾室中室者中謂當室中央云然則是禨謂羊血也者鄭既引雜記之衈欲破經珥及子春餌之意也云小子職曰掌珥于社稷祈于五祀

是也者引證血傍爲之以證衈義也其祈字猶不從故彼注引秋官士師曰凡刉衈則奉犬牲毛牲曰刉羽牲曰衈此刉衈正字與若然刉既正字而讀從進禨者且從故書禨音耳至士師別爲正解也云春秋傳曰者公羊傳文引之者謂證衈是取血以釁之事

大祭祀展犧牲繫于牢頒于職人

展省閱也職讀爲樴樴可以繫牲者此職人謂充人及監門人○職劉之弋反樴音弋注樴同監古銜反

【疏】大祭至職人○釋曰肆師以將有天地宗廟大祭祀牧人以牲與充人之時肆師省閱其牲看完否及色堪爲祭牲乃繫于牢頒付于職人也○注展省至門人○釋曰鄭讀職爲樴者但三百六十官皆有職司若言職則無所指斥若爲樴爲聲謂置臯之時樴樴然作聲故讀從樴可以繫牲者也云此樴人謂充人及監門人者案充人云祀五帝繫于牢芻之三月凡散祭祀之牲繫于國門使養之故知樴人是此二官也言此樴人對彼樴人不要是充人監門人也牛人所云樴人者彼鄭注充人幷牧人在其中矣此有監門人者謂兼祭諸神司中之等

凡祭祀之卜日宿爲期詔相其禮眡滌濯亦如之

宿先卜祭之夕

【疏】凡祭至如之○釋曰言凡祭祀之卜日謂天地宗廟之等將祭前有散齊七日致齊三日十日矣若然卜日吉則齊今云祭祀之卜日宿爲期則是卜前之夕與卜者及諸執事者以明旦爲期也云詔相其禮者謂肆師詔告相助其卜之威儀及齊戒之禮云眡滌濯亦如之者謂祭前之夕眡滌濯祭器亦詔相其禮故云亦如之

祭之日表齍盛告絜展器陳告備及果築鬻相治小禮誅其慢怠者

粢六穀也在器曰盛陳陳列也果築鬻者所築鬻以祼也故書表爲剽剽表皆謂徽識也鄭司農云築鬻築香草鬻以爲鬯○果古亂反下同鬻音煑相息亮反下相其禮及注同剽芳遙反或枋遙反識式志反又昌志反

【疏】祭之至怠者○釋曰云祭之日表齍盛告絜者當祭之日具其黍稷等盛於簠簋陳於廟堂東又以徽識表其名又告絜淨云展器陳告備者謂祭日且於堂東陳祭器實之既訖則又展省視之而告備具故云展器陳告備也云及果築

鬱者謂於宗廟有祼案禮記雜記築鬱臼以椈杵以梧而築鬱金煑以和秬鬯之酒以泲之而祼矣云相治小禮者謂羣臣行事則肆師相治之云誅其慢怠者謂執事之人有惰慢懈怠者則誅責之○注粢六至爲鬯○釋曰爾雅云粢稷也彼特訓粢爲稷者以稷爲五穀之長其總而言之六穀皆是粢故此經據六穀爲粢故鄭云粢六穀也案食醫和王六食黍稷稻粱麥苽六食即膳夫云六穀一物故鄭云六穀也鄭司農云築煑築香草煑以爲鬯者此言築鬻鬱人云祼事和鬱鬯謂取鬱金煑和秬鬯之酒泲以祼神及賓客故二鄭俱言之云皆謂徽識也者以剽表字雖不同俱是徽識也於六粢之上皆爲徽識小旌書其黍稷之名以表之餘饌不表獨此表之者以其餘器所盛各異覩器則知其實此六穀者簠盛稻粱簋盛黍稷皆有會蓋覆之覩器不知其實故特須表顯之也但鬱人有掌鬱此又掌之者彼官正職此肆師察其不如儀者也○

掌兆中廟中之禁令兆壇塋域疏掌兆至禁令○釋曰案小宗伯云兆五帝於四郊已下則四郊之上神兆多矣皆掌不得使人于犯神位七廟亦然故云掌其禁令也○注兆壇塋域○釋曰凡爲壇者四面皆塋域圍之若宮牆然故云兆壇塋域也

凡祭祀禮成則告事畢大賓客涖筵几築鬻此王所以禮賓客○疏大賓至築鬻○釋曰案大行人云上公再祼而酢侯伯一祼而酢子男一祼不酢大宗伯云大賓客攝而載祼則此官主以築鬱金煑之和鬯酒也筵几云涖謂司几筵設之肆師臨之也○注此王至賓客○釋曰言此以對彼彼則上經築鬻禮宗廟神也○

贊果將酌鬱鬯授大宗伯載祼○疏注酌鬱至載祼○釋曰此據大宗伯職而言案小宰亦云賓客贊祼者容有故相代也○

大朝覲佐儐爲承儐○疏注爲承儐○釋曰此言大朝覲爲承儐謂大會同朝覲時若四時常朝則小行人爲承儐小行人所云者是也

共設匪罋之禮設於賓客之館公食大夫禮曰若不親食使大夫以侑幣致之豆實實于罋簋實實于筐匪其筐字之誤與禮不親饗則以酬幣致之或者匪以致饗○罋於貢反食音嗣下同誤與音餘下侯與同疏共設至之禮○

釋曰此肆師不掌飲食而共設者肆師主禮事謂依禮使掌客之等及諸官告設之也○注設於至致饗○釋曰鄭知設於賓客之館者凡待賓客之禮饗食在廟其器不用匪𦉪今言共設篚𦉪明是王不親饗食於賓館設之可知引公食禮者欲見此經與彼同同是不親食之事又欲破篚從筐之事也云字之誤與者無正文約同彼故云與以疑之也云禮不親饗則以酬幣致之者此亦公食大夫禮文云或者匪以致饗者鄭君向引公食大夫須破匪從筐又言饗禮者饗禮亡無妨致饗時用匪不用筐但無正文故云或以疑之也

饗食授祭授賓祭肺

【疏】注授賓祭肺○釋曰饗大牢以飲賓獻依命數食者亦亨大牢以食賓舉依命數云授祭者祭謂祭先造食者案膳夫云授王祭則此授祭者非授王可知故鄭云授賓祭肺也必知祭肺者有虞氏祭首夏后氏祭心殷祭肝周祭肺肺周所祭故知祭者祭肺也

與祝侯禳于畺及郊侯禳小祝職也畺五百里遠郊百里近郊五十里

【疏】與祝至及郊○釋曰侯者候迎善祥禳者禳去殃氣故肆師與小祝為此侯禳二事于畺及郊○凡侯禳從內向外應先言郊後言畺今先言畺到言之者可遠則遠可近則近任當時之宜故到文以見義也○注侯禳至十里○釋曰知畺五百里者王畿千里中置國城面五百里故大司馬云方千里曰國畿也知遠郊百里者司馬法文知近郊五十里者案尚書君陳序云分正東郊成周鄭彼注云成周在近郊五十里案今河南洛陽相去則然以其漢法於王城置河南縣於成周置洛陽縣相去見五十里是近郊五十里故云東郊也

大喪大渳以鬯則築鬻築香草煮以為鬯以浴尸香草鬱也

【疏】大喪至築鬻○釋曰上小宗伯大喪以鬯渳則肆師與之築鬻金香草和鬯酒以浴尸使之香也

令外內命婦序哭序使相次秩

【疏】令外至序哭○釋曰案下注六鄉以出及朝廷卿大夫妻皆為外命婦其內命婦即下經內命女是也謂三夫人已下至女御也○注序使相次秩○釋曰哭法以服之輕重為先後若然則內命婦為王斬衰居前諸臣之妻從服齊衰者居後也

禁外內命男女之衰不中灋者且授

之杖外命男六鄉以出也內命男朝廷卿大夫士也其妻爲外命女喪服爲夫之君齊衰不杖內命女王之三夫人以下不中法違升數與裁制者鄭司農云三日授子杖五日授大夫杖七日授士杖此舊說也喪大記曰君之喪三日子夫人杖五日既殯授大夫世婦杖無七日授士杖文玄謂受杖日數王喪依諸侯與七日授士杖四制云○衰七雷反注同中丁仲反注同爲夫于僞反下爲取同

【疏】禁外至之杖○釋曰外內命男女爲王雖有齊斬不同其衰皆有升數多少及裁制故禁之使依法也云且授之杖者外內命男及內命女皆爲王斬者有杖授之其外命女爲王齊衰無杖故云且見不定之義也○注外命至制云○釋曰云內外男女者無正文鄭以意言之以王宮爲正朝廷在王宮內爲內命男故以六鄉六遂及公邑大夫等皆爲外命男其妻總爲外命女者此對三夫人已下既爲內命女則此朝廷及六鄉以外卿大夫妻爲外命女可知云喪服爲夫之君齊衰不杖者是喪服不杖齊衰章文云內命女王之三夫人以下者通九嬪二十七世婦八十一御妻皆爲王斬衰而杖也云不中法違升數與裁制者諸臣妻爲夫之君義服衰六升諸臣爲王義服斬衰衰三升半冠六升三夫人已下爲王正服斬衰衰三升是其數也言裁制者據喪服云凡衰外削幅裳內削幅幅三袧已下具有裁制司農所云三日授子杖五日授大夫杖七日授士杖雖云舊說仍是四制之文也玄謂王喪依諸侯者王喪諸臣等無授杖之日數以諸侯之臣與王之臣同斬衰杖竹故授杖日數亦宜同也以檀弓云天子崩三日祝先服鄭注云祝佐含斂先病明子與夫人亦服矣則天子之子及后亦服矣五日官長服注官長大夫士明天子三公已下及三夫人已下亦服矣但服杖俱時有服卽杖矣唯天子服授杖亦當七日矣是以王喪約同諸侯之法也

凡師甸用牲于社宗則爲位社軍社也宗遷主也尚書傳曰王升舟入水鼓鍾亞觀臺亞將舟亞宗廟亞故書位爲涖杜子春云涖當爲位書亦或爲位宗謂宗廟○甸音田下大甸同

【疏】凡師至爲位○釋曰師謂出師征伐甸謂四時田獵二者在外或有祈請皆當用牲社及宗時皆肆師爲位祭也○注社軍至宗廟○釋曰云社軍社

也者在軍不用命戮於社又君以軍行祓社釁鼓故名軍社也鄭知宗遷主者曾子問云師行必以遷廟主行載于齊車故知遷主也尚書傳曰王升舟已下者謂說武王於文王受命十一年觀兵之時武王於孟津渡河升舟大水在前鼓鍾亞亞王舟後觀臺亞者觀臺可以望氣祥亞鼓鍾後將舟亞者以社主主殺戮而軍將同故名社主爲將將舟亞在觀臺後宗廟亞者宗廟則遷主也亞在將舟後引之者證在軍有社及宗之意也異義公羊說天子有三臺有靈臺所以觀天文有時臺以觀四時施化有囿臺所以觀鳥獸魚鼈諸侯卑無靈臺不得觀天文有時臺囿臺左氏說天子有靈臺諸侯有觀臺若然文王時已有靈臺今武王而曰觀臺者鄭君之意觀臺則靈臺對文有異散文則通

類造上帝封于大神祭兵于山川亦如之

造猶即也爲兆以類禮即祭上帝也類禮依郊祀而爲之者封謂壇也大神社及方嶽也山川蓋軍之所依止大傳曰牧之野武王之大事也既事而退柴於上帝祈于社設奠於牧室○造七報反注造猶同牧戚音目劉音茂

【疏】類造至如之○釋曰上經用牲於社宗據在軍下云師不功據敗退後即此經據剋勝後事告天及社之事○注造猶至牧室○釋曰諸文皆云造于禰類于上帝造屬於禰此以類造同云于上帝則造與類同屬于上帝故鄭云造猶即與造門之造同也云爲兆以類禮即祭上帝者若依國四郊則自有尋常兆域今戰訖而祭故須新爲壇兆故鄭云爲兆也鄭知類禮依郊祀而爲之者此直是告祭非常非是禱祈之所祭故知依正禮郊祀而爲之謂四時迎氣於四郊皆是也云大神社及方岳○知者以其命所報告皆是出時告者以出時類于上帝宜于社造於禰今大神文在上帝下而云封祭之明是社也知兼有方○岳者見小宗伯云軍將有事于四望謂將戰時今戰訖所告明兼祭方岳方岳即四望也云山川蓋軍之所依止者以其山川衆多不可並祭軍旅思險阻軍止必依山川故知祭軍所依止者也云大傳者禮記大傳篇云牧之野武王之大事也者牧誓序云時甲子昧爽武王與受戰於牧野鄭注云紂近郊三十里名牧是武王伐紂之事故云大事云既事而退者武王與紂於牧地戰紂敗退入紂都自

焚於宣室武王入紂都既封建乃退向牧地而柴於上帝者以實柴祭帝卽此
經類于上帝一也云祈于社者卽此經封于大神一也云設奠於牧室者謂祭
行主文王於牧野之室於此文無所當連引之者欲見此經亦當有祭行主不言者文不備也凡師不功則助牽主車助助大司馬也
故書功爲工鄭司農工讀爲功古者工與功【疏】凡師至主車釋曰師不功謂戰
同字謂師無功肆師助牽之恐爲敵所得敗云助牽主車者主中有二爲
社之石主遷廟木主也○注助助至所得○釋曰知助助大司馬也者案大司
馬職云若師不功則厭而奉主車故知此肆師助大司馬也若然案小宗伯云
立軍社奉主車謂未敗時若敗卽大司馬奉之凡四時之大甸獵祭表貉則爲位貉師祭也貉讀爲十百之百於所立表之
處爲師祭造軍法者禱氣勢之增倍也其神蓋蚩蚘【疏】凡四至爲位○釋曰案
或曰黃帝○貉莫駕反鄭音陌後表貉皆同蚘音尤大司馬仲冬教大閱教
戰訖入防將田既陳乃設驅逆之車有司馬表貉于陳前此時肆師爲位而祭
也○注貉師至黃帝○釋曰知貉師祭也者爾雅云是類是禡故知貉爲師祭
也云貉讀爲十百之百者鄭以聲讀之必名此祭爲貉者以其取應十得百爲
十倍之義云祭造軍法者凡言祭者祭先明是先世創首造軍法者也云禱氣
勢之增倍也者謂禱祈使師有氣勢望得所獲增益十倍還釋貉字之意也云
其神蓋蚩尤或曰黃帝者案史記黃帝與蚩尤戰于涿鹿之野俱是造兵之首
案王制云天子將出類乎上帝注云帝謂五德之帝是黃帝以德配類則貉祭
祭蚩尤是以公羊說曰師出曰祠兵入曰振旅祠者祠五兵矛戟劍楯弓鼓及
祠蚩尤之造兵者謹案三朝記曰蚩尤庶人之强者何兵之能造故鄭云或曰
黃帝也故禮說云黃帝以德行蚩尤與黃帝戰亦是造兵之首故漢高亦祭黃
帝蚩尤於沛庭也嘗之日涖卜來歲之芟芟芟草除田也古之始耕者除田種穀嘗者嘗新穀此芟之功也卜者問後歲宜芟不詩
云載芟載柞其耕澤澤【疏】嘗之至之芟○釋曰秋祭曰嘗以其物新熟可嘗而
○芟色銜反柞側百反爲祭名也正當嘗祭日肆師涖卜來歲之芟者以其

餘事卜則大宗伯涖卜或大卜涖卜此及下三事皆肆師涖卜也則陳龜貞龜命龜示高作龜使卜師卜人之等爲之○注芟芟至澤澤○釋曰芟芟草對柞是殺木引詩者欲見載芟卽此經芟也云載柞者柞是除木於經雖無所當欲見有草則芟之有木則柞之皆是治田以稼種故幷言之也云其耕澤澤者旣除草木則耕之澤澤和柔也

獮之日涖卜來歲之戒秋田爲獮始習兵戒不虞也卜者問後歲兵寇之備○獮思淺反

疏獮之至之戒○釋曰謂肆師正當出獮田之日則卜來歲之戒不虞之事○注秋田至之備○釋曰秋田曰獮大司馬職文云始習兵戒不虞者鄭解不於春茇夏苗涖卜來歲之戒必於秋獮之日爲戒者以其春教振旅夏教茇舍非正習兵秋教治兵之日故於是戒不虞。世言不虞者虞度也以兵寇之事來否不可億度當豫戒備之故鄭云卜者問後歲兵寇之備也

社之日涖卜來歲之稼社祭土爲取財焉卜者問後歲稼所宜

疏社之至之稼○釋曰類上文嘗獮是秋則此社亦是秋祭社之日也言涖卜來歲之稼者祭社有二時謂春祈秋報報者報其成熟之功今卜者來歲亦如今年宜稼以不但春稼秋穡不言穡而言稼者秋穡由於春稼故據稼而言之○注社祭至所宜○釋曰案郊特牲云社祭土而主陰氣也取財於地取法於天又孝經緯云社者五土之總神故云社祭土而取財焉

若國有大故則令國人祭大故謂水旱凶荒所令祭者社及禜酺○禜音詠酺音蒲又音步

疏注大故至禜酺○釋曰知大故是水旱凶荒者以其命國人祭明大故是天下皆有故知水旱凶荒凶荒謂年穀不熟知所命祭是社及禜酺者經云命國人祭案地官州祭社黨祭禜族祭酺於六遂之中亦縣祭社鄙祭禜酇祭酺皆是國人所祭之事也

歲時之祭祀亦如之月令仲春命民社此其一隅

疏歲時至如之○釋曰云歲時之祭祀者上經據禱祈非時祭故此經見其常祭也云亦如之者亦命國人祭也○注月令至一隅○釋曰凡言歲時者謂歲之四時月令唯見一時故鄭云此其一隅也若然月令唯言春者特舉春祈而言舉一隅可以三隅反則餘三時亦祭也

凡

卿大夫之喪相其禮相其適子【疏】注相其適子○釋曰鄭知相適子者庶子無事適子則有拜賓送賓之事且卿大夫適子爲天子斬衰故知所相者適子也

凡國之大事治其禮儀以佐宗伯治謂如今每事者更奏白王禮也故書儀爲義鄭司農云義讀爲儀古者書儀但爲義今時所謂義爲誼【疏】凡國至宗伯○釋曰案小宗伯已云佐宗伯此又言之者但肆師與小宗伯中下大夫命數是一故二人同佐宗伯無嫌也案大宗伯云治其大禮小宗伯云相治小禮此又云治其禮儀者謂佐大小宗伯治之謹習其事也

凡國之小事治其禮儀而掌其事如宗伯之禮【疏】凡國至之禮○釋曰此一經於職末總結之也

鬱人掌祼器祼器謂彝及舟與瓚【疏】注祼器至與瓚○釋曰知祼器中有彝及舟者此經下文云和鬱鬯以實彝又見司尊彝云春祠夏禴祼用雞彝鳥彝皆有舟秋冬及追享朝享皆云焉故知有彝舟也知有瓚者案禮記王制云諸侯賜圭瓚然後爲鬯尙書序云平王錫晉文侯秬鬯圭瓚皆與秬鬯相將卽下文祼玉是也故知祼器中有瓚瓚則兼圭瓚璋瓚也

凡祭祀賓客之祼事和鬱鬯以實彝而陳之築鬱金煮之以和鬯酒鄭司農云鬱草名十葉爲貫百二十貫爲築以煮之鐎中停於祭前鬱爲草若蘭○鐎中子遙反劉似消反本又作鐎音同李又卽條反【疏】凡祭至陳之○釋曰天地大神至尊不祼至於山川及門社等事在鬯人亦無祼事此云祭祀唯據宗廟耳其賓客祼則大行人云公再祼之等是也云和鬱鬯者謂和鬯人所造秬黍之鬯酒也爲宗廟賓客用鬱者則肆師築鬱金草煮之以和鬯酒更和以盎齊泲之以實彝陳於廟中饗賓客及祭宗廟之處也○注築鬱金煮之以和鬯酒至若蘭○釋曰鄭知築鬱金草煮之者見肆師云築鬻故知之也司農云十葉爲貫百二十貫爲築者未知出何文云以煮之鐎中停於祭前者此似直煮鬱停之無鬯酒者文略其實和鬯酒也云鬱爲草若蘭者蘭則蘭芝以其俱是香草故比類言之案王度記云天子以鬯諸

侯以薰大夫以蘭芝士以蕭庶人以艾此等皆以和酒諸侯以薰謂未得圭瓚之賜得賜則以鬱耳王度記云天子以鬯及禮緯云鬯草生庭皆是鬱金之草
以其和鬯酒因號爲鬯草也 凡祼玉濯之陳之以贊祼事 祼玉爲圭瓚璋瓚 【疏】凡祼玉濯之陳之以贊祼事○釋曰此祼
玉卽圭瓚是也故玉人典瑞皆云祼圭尺有二寸禮記郊特牲云灌以圭璋用玉氣也○注祼玉謂圭瓚璋瓚○釋曰案禮記祭統云君用圭瓚祼尸太宗用
璋瓚亞祼鄭云太宗亞祼容夫人有故攝焉然王用圭瓚后用璋瓚可知故鄭并言之也 若詔祼將之儀與其節 節謂王奉玉送祼早
晏之時 【疏】詔祼至其節○釋曰云祼將之儀者卽是奉玉送祼之威儀云節者卽早晚時節故兩言之○注節謂至之時○釋曰云奉玉謂王與后祼時
奉瓚而酌鬱鬯云送祼者謂送之以授尸尸得祭之嚌之奠之不飲故上文司農云停於祭前也 凡祼事沃盥 【疏】凡祼事沃盥○釋曰凡言
非一若賓客則大宗伯祼若祭祀王后祼皆鬱人沃以水盥手及洗瓚也 及大喪之渳共其肆器 肆器陳尸之器喪大記曰君設大盤
造冰焉大夫設夷盤造冰焉士併瓦盤無冰設牀襢第有枕此之謂肆器天子亦用夷盤○造七報反下同併薄冷反襢章善反沈又音但第側几反 【疏】
注肆器至夷盤○釋曰肆訓爲陳故鄭云謂陳尸之器也云喪大記云君設大盤造冰焉大夫設夷盤造冰焉者此謂二月已後至八月鄭注喪大記造猶內
也引漢禮大盤廣八尺長丈二深三尺赤中夷盤小焉云士併瓦盤無冰者則減水以寒尸士喪禮君賜冰用夷盤云設牀襢第有枕者此謂陳尸之牀設冰
於其下云天子亦用夷盤者凌人職云大喪共夷盤冰此夷盤則諸侯大盤之類與大夫夷盤同名耳大小則異也 及葬共其祼器遂貍
之 遣奠之彝與瓚也貍之於祖廟階間明奠終於此○貍亡皆反遣棄戰反 【疏】注遣奠至於此○釋曰知葬共祼器據遣奠時者以葬時不見有設奠之
事祖祭已前奠小不合有彝器奠之大者唯有遣奠故知於始祖廟中厥明將彝之時設大遣奠有此祼器也此卽司尊彝云大喪存奠彝者是也以奠無尸

直陳之於奠處耳言貍之於祖廟階間者此案曾子問無遷主者以幣帛皮圭
以爲主命行反遂貍之於祖廟兩階之間此大遣奠在始祖廟事訖明亦貍之
於階間也云明奠終於此者自此已前不忍異於生設奠食象生而無尸自此
已後葬訖反日中而虞則有尸故士虞禮云男男尸女女尸以神事之謂之祭
異於生故云明
奠終於此也

大祭祀與量人受舉斝之卒爵而飲之

斝受福之嘏聲之誤也
王酳尸尸嘏王此其卒
爵也少牢饋食禮主人受嘏詩懷之卒爵執爵以興出宰夫以籩受嗇黍主人
嘗之乃還獻祝此鬱人受王之卒爵亦王出房時也必與量人者鬱人贊祼尸
量人制從獻之脯燔事相成○斝古雅
反嘏古雅反酳侯吝反又音胤燔音煩

疏 大祭至飲之○釋曰此大祭祀云受
嘏謂祭宗廟者也云與量人受舉嘏
之卒爵而飲之者謂王酳尸後尸嘏王之節也○注斝受至相成○釋曰鄭知
斝是受福之嘏非天子奠斝殷爵名者案郊特牲云舉斝角詔妥尸其時無鬱
人量人受爵飲之法唯有受嘏時受王卒爵飲之禮故破斝爲受福之嘏也云
王酳尸尸嘏王此其卒爵也者此約少牢特牲禮故鄭引少牢以爲證也云
少牢饋食禮主人受嘏詩懷之卒爵者天子諸侯祭有二灌朝踐饋獻大名二
獻之事乃有陰厭迎尸入戶尸食訖王酳尸大夫士無饋獻已前之事直有陰
厭已後酳尸之事天子諸侯祭禮亡故陰厭已後取少牢特牲續之今獻鬱人
量人之節當大夫獻祝及佐食之時云主人受嘏詩懷之者謂陰厭後迎尸入
升席坐尸食訖主人酳尸尸酢主人在戶東西面受尸酢時尸命祝嘏主人以
大福遂以黍稷肺授主人詩承也主人承之內於懷中挂於季指乃拜而飲卒
爵也云執爵以興出宰夫以籩受嗇黍者嗇黍即所斂聚黍稷肺授之者也云
主人嘗之乃還獻祝此鬱人受王之卒爵亦王出房時也者大夫士有獻祝及
佐食無獻鬱人量人法天子有獻鬱人量人之禮無祝及佐食之事但其節同
故引爲證也云必與量人者鬱人贊祼尸者即上文贊祼事詔祼將之儀是也
云量人制從獻之脯燔者案量人云凡祭祀饗賓制其從獻脯燔
之數量是也云事相成者前祼後獻祭事乃成故云事相成也

鬯人掌共秬鬯而飾之秬鬯不和鬱者飾之謂設巾【疏】鬯人至飾之○釋曰云掌共秬鬯者此直共秬黍之酒無鬱也故注云不和鬱者也鄭知飾之謂設中者此上下雖無設巾之事案冪人云以疏布巾冪八尊以畫布巾冪六彝凡王巾皆黼凡尊皆有巾冪明秬鬯之酒尊亦設巾可知故知所飾者設巾也

凡祭祀社壝用大罍壝謂委土為墠。壇所以祭也大罍瓦罍○壝唯癸反劉欲鬼反罍音雷或郎追反墠音善又音禪【疏】注壝謂至瓦罍○釋曰壝謂委土為墠壇所以祭者謂四邊委土為壝於中除地為墠墠內作壇謂若三壇同墠之類也此經云社壝謂若封人及大司徒皆云社壝皆直據外壝而言也知大罍是瓦罍者。瓬人為瓦簋據外神明此罍亦用瓦取質略之意也

禜門用瓢齎禜謂營酇所祭門國門也春秋傳曰日月星辰之神則雪霜風雨之不時於是乎禜之山川之神則水旱。疫。癘之不時於是乎禜之魯莊二十五年秋大水鼓用。牲于門故書瓢作剽鄭司農讀剽為瓢杜子春讀。齎為。粢瓢謂瓠蠡也粢盛也玄謂齎讀為齊取甘瓠割去柢以齊為尊○禜音詠瓢婢遙反齎音齊在兮反杜音資鄭作管反瓠匹召反蠡力兮反或郎戈反去起呂反柢音帝【疏】注禜謂至為尊○釋曰鄭知禜謂營酇者欲見祭神非一取營酇而祭之義故也鄭知門是國門者禮記祭法云天子祭七祀有國門故知也春秋傳者昭元年子產辭彼先云山川後云日月此先云日月者鄭君所讀春秋先日月與賈服傳不同故也彼無不時此有之者鄭以義增之非傳文引之者證禜是營酇而祭之義引莊二十五年傳者證有門之義但彼譏伐鼓用牲其大水祭門是也玄謂齎讀為齊者以其劃齊為尊亦取質略之意故不從子春也

廟用脩。凡山川四方用蜃凡祼事用概。凡疈事用散祼當為埋字之誤也故書蜃或為謨杜子春云謨當為蜃書亦或為蜃蜃水中蜃也鄭司農云脩謨概散皆器名玄謂廟用脩者謂始禘時自饋食始脩蜃概散皆漆尊也脩讀曰卣卣中尊謂獻象之屬尊者彝為上罍為下蜃畫為蜃形蚌曰。合。漿尊之象概尊以朱帶者無飾曰散○脩音卣羊久反又音由中鐏也

祼音埋出注概古愛反疈孚逼反散素旱反注及下注同獻素何反蚌步項反曰合音含本亦作含漿如字本又作將【疏】注祼當至曰散○釋曰鄭破祼爲埋者若祼則用鬱當用彝尊不合在此而用概尊故破從埋也埋謂祭山林則山川用蜃者大山川司農云脩讀概散皆器名者先鄭從古云讀後鄭亦不從之矣玄謂廟用脩者謂始禘時者謂練祭後遷廟時以其宗廟之祭從自始死已來無祭今爲遷廟以新死者木主入廟特爲此祭故云始禘時也以三年喪畢明年春禘爲終禘故云始也云自饋食始者天子諸侯之祭自灌始有朝踐饋獻乃有饋食進黍稷大夫士禮無饋獻已前事直有饋食始卽特牲少牢皆云饋食之禮是也今以喪中爲吉祭不可與吉時同故略同大夫士禮且案大宗伯宗廟六享皆以祼爲始當在鬱入用彝今不用鬱在鬯人用卣尊故知略用饋食始也若然鄭知義遷廟在練時者案文二年穀梁傳云作主壞廟有時日於練焉壞廟壞廟之道易檐可也改塗可也。爾時木主新入廟禘祭之是以左氏說凡君薨祔而作主特祀主於寢畢三時之祭朞年然後烝嘗禘於廟許慎云左氏說與禮同鄭無駮明用此禮同義與穀梁傳合賈服以爲三年終禘遭烝嘗則行祭禮與前解違非鄭義也鄭知脩蜃概散皆漆尊也者以稱散凡物無飾曰散直有漆明概蜃之等漆外別有飾故知皆尊也鄭以脩從卣者詩與尚書及爾雅皆爲卣脩字於尊義無所取故從卣也云卣中尊謂獻象之屬者案下司尊彝職云春祠夏礿祼用雞彝鳥彝朝踐用兩獻尊饋獻用兩象尊皆有罍諸臣之所酢是尊者彝爲上罍爲下獻象之屬在其中故云中尊獻象之屬更云彝爲上罍爲下者欲推出卣爲中尊之意也云之屬者秋冬及追享朝享皆彝爲上罍爲下著尊壺尊之等在其中也云蜃畫爲蜃形者亦謂漆畫之云蚌曰。合漿尊之象者蚌蛤一名含漿含漿則是容酒之類故畫爲蜃而尊名也云概尊以朱帶者玄纁相對既是黑漆爲尊以朱帶落腹故名概概者橫概之義故知落腹也云無飾曰散者以對概蜃獻象之等有異物之飾此無故曰散云疈事者卽大宗伯云疈辜祭四方百物者也

大喪之大渳設斗共其釁鬯斗所以沃尸也釁尸以鬯洒使之香美者

鄭司農云釁讀爲徽○設斗儀注音主【疏】注斗所至爲徽○釋曰鄭云釁尸以鬯酒使之香美者案肆師云大喪築鬻則此鬯酒中兼有鬱金香草故得香美也司農云釁讀爲徽者以鬯釁尸故以徽爲莊飾義也

凡王之齊事共其秬鬯

給淬浴○淬七內反【疏】注給淬浴○釋曰鄭知王齊以鬯爲洗浴以其鬯酒非如三酒可飲之物大喪以鬯浴尸明此亦給王洗浴使之香美也

凡王弔臨共介鬯

以尊適卑曰臨春秋傳曰照臨弊邑鄭司農云鬯香草王行弔喪被之故曰介玄謂曲禮曰。摯天子鬯王至尊。介爲。執。致之以禮於鬼神與檀弓曰臨諸侯畛於鬼神曰有天王某父此王適四方舍諸侯祖廟祝告其神之辭介於是進鬯○介音界被豆彼反又皮尊反爲執于僞反與音餘畛之忍反致也父音甫本又作甫【疏】凡王至介鬯○釋曰介副也王弔臨諸臣則有副使從行者天子所往停在諸侯之廟祝致辭告廟介使則進此鬯於神前故云介鬯○注以尊至進鬯釋曰云以尊適卑曰臨者欲解臨非如雜記云上客臨彼謂哭臨也此王弔諸侯諸臣故以以尊適卑解之引春秋者昭二年齊晏嬰辭引之者證以尊適卑稱臨之義司農云鬯香草者見王度記云天子以鬯諸侯以薰禮緯亦云鬯草生庭故知鬯香草也此直是秬鬯無香草故後鄭不從也云王行弔喪被之故曰介者先鄭之意以介爲被似若春秋被練之義故云被之後鄭亦不從玄謂曲禮曰者下曲禮文云摯天子鬯者彼摯下與天子鬯諸侯圭卿羔已下爲目此天子以鬯爲摯。君卿羔之類但天子至尊不自執使介爲。摯致之以禮於鬼神與者無正文蓋置於神前故云與以疑之云檀弓曰者此亦下曲禮文言檀弓者誤案彼注云畛致也謂使祝告至于鬼神王至尊臣不名君故云某父。且字也

附釋音周禮注疏卷第十九

周禮注疏卷十九校勘記　阮元撰盧宣旬摘錄

附釋音周禮注疏卷第十九

小宗伯

兆五帝於四郊　說文土部云垗畔也爲四時界祭其中周禮曰垗五帝於四郊从土兆聲按許君蓋讀兆爲垗說文兆分也周禮故書用假借字故作兆漢讀考云於當作于○按許所據周禮實作垗非改字今亦未辨兆爲故書與今書凡若此類不可肊決

彼據禮神五幣而言　惠校本作玉幣此誤

彼雖無三皇五帝之文　監毛本皇誤王此本此頁補刻亦誤王今從閩本訂正

明幷祭五帝三王可知　盧文弨云此三王二字當衍

萬物燥落　閩本同監毛本燥誤熛惠校本作躁

是五嶽四竇者　閩監毛本竇改瀆

亦順所可知故略不言也　毛本脫也字順所下有在字

五禮吉凶軍賓嘉　余本閩監毛本同嘉靖本軍賓作賓軍此本疏中標起訖云注用等至軍嘉與大宗伯注合今本非○按說見卷十七

士二豆三俎惠校本閩本同監毛本三改四

先鄭云五禮吉凶賓軍嘉者閩監毛本賓軍誤倒

辨廟祧之昭穆葉鈔釋文作之䢸

案尚書五服五章才此本五誤云據閩監毛本訂正才古哉字閩監毛本改哉

唯在外野饗閩監毛本外野誤倒

掌四時祭祀之事序惠校本作序事此誤倒

凡國大貞卜大遷之等盧文弨云通考引作大封此作遷誤○按今疏不誤通考誤也大卜本職可證況下文云不言大遷者文略也注不妨略疏何妨補其略

視亨腥孰余本岳本嘉靖本閩本同監毛本孰改熟疏同

其大宰省牲者盧文弨云大宰無省牲之文疑仍是大宗伯之誤

以時將瓚果唐石經岳本嘉靖本同余本閩監毛本果改祼非上以待果將注云果讀爲祼

贊王幣爵之事浦鏜云玉誤王

以人道宗廟有祼孫志祖云據小宰注以當作惟

小祭祀掌事如大宗伯之禮 惠校本於此分節小祭至之禮一節疏在此經下

受其將幣之齎 釋文齎本又作賫按賫俗字

謂遷主亦載於齊車以行也 惠校本遷下有廟此脫

以其載社在於軍中 補案在疑是主字之誤

故鄭注社主蓋以石之 惠校本注作云閩監毛本石下有爲按注作蓋用石爲之

郊有羣神之兆 余本岳本閩監毛本神同誤臣宋本嘉靖本作神賈疏引注同弁有申釋之義今據以訂正

親斂者 此本及余本親作謂嘉靖本閩監毛本作親按賈疏亦作親斂者且云以其諸處更不見主斂事者云云是本作親字今據訂正

鄭注執事是大祝之屬者 閩本同監毛本注作知

西面北上績 惠校本閩本同監毛本績誤請

鄭大夫讀竁皆爲穿 漢讀考竁作毳按皆字涉下誤衍禮說云說文竁穿地也漢書王莽掘平共王母丁姬故冢時有羣燕數千銜土投穿中師古曰穿謂壙水經注引漢書穿中作竁中則竁讀爲穿信矣

杜子春讀竁爲毳 漢讀考作讀毳爲竁謂經文亦本作甫毳

聲如腐脆之脺 余本閩監毛本同誤也岳本作腐脃之脃嘉靖本作腐脆之脆當訂正此上作脆下作脺誤疏中同釋文腐脃之脃舊作

脺誤今注本或有作臞字者經義雜記曰注疏本作腐脆之脺正從舊本作脺其上一字作脆乃依陸本竄改耳古人多以聲借通用不得以字書未收而疑爲誤也

以卒去無時哭哀殺　惠校本卒作共此誤閩監毛本改爲以卒哭更誤

若今時肄司徒府也　嘉靖本若上有謂與漢制考所引正合此脫

皆須豫習威儀乃爲之　此本乃誤尸因形相近也據儀禮通解續訂正閩監毛本改作而爲之

但求福曰禱禱輕　浦鏜云禱下脫禮

是法如大宗伯之儀　閩本剜改是作其監毛本承之

肆師

珥當爲衈　禮說云雜記釁廟衈於屋下東山經曰祠毛用一犬祈聅注云聅音餌以血涂祭爲聅也公羊傳蓋叩其鼻以聅社今本公羊誤作血社穀梁作衈社周禮皆作珥古文少假借多

門夾室皆用雞　葉鈔釋文作俠室余本載音義同

夾室中室　余本岳本嘉靖本閩本同監毛本誤夾屋葉鈔釋文作俠室○按漢人多假俠爲夾

此職人謂充人及監門人　余本閩監毛本同誤也嘉靖本及惠校本作樴人賈疏引注同當據正

若爲樴爲聲〇按樴爲聲上當有从木从戠四字

謂祭日且於堂東陳祭器實之 浦鏜云旦誤且

築鬱臼以掬 浦鏜云椈誤掬

小行人所云者是之也 補案之字誤衍

簋實實于筐匪其筐字之誤與 毛本二筐字誤篚

則以酬幣致之 嘉靖本酬作醻俗體

今言共設篚䕲 閩本作共設筐䕲筐即篚之訛監毛本共誤如篚作匪

又欲破篚從筐之事也 閩監毛本篚作匪此本下亦皆作匪

不中法 余本嘉靖本閩本同監毛本法改灋疏及下祭表貉注同

祝佐含斂先病 浦鏜云服誤病

但服杖俱時 浦鏜云同誤俱從儀禮通解校

鼓鍾亞 嘉靖本同余本閩監毛本鍾作鐘按尚書大傳亞作惡鄭注云惡讀爲亞彼既破惡爲亞故此直引作亞下同

觀臺可以望氣祥 閩監毛本氣作氛是

類造至之事閩本同誤也監毛本改作至如之

云大神社及方岳知者閩本同監本改作也者毛本又誤爲也方

知兼有方岳者閩本同監毛本岳改嶽下同

爲師祭造軍灋者孫志祖云爾雅疏引注重一祭字較明

其神蓋蚩蚘諸本同釋文作蚩蚘賈疏作蚩尤○按蚘俗字也

故於是戒不虞世浦鏜云也誤世

案郊特云補案云上當有牲字

社及禜酺釋文出酺也二字今本脫也

治謂如今每事者更奏白王禮也諸本同閩本剜改者作著浦鏜云著誤者○按者是著非

鄭司農云義讀爲儀嘉靖本無云漢制考所引同今本衍

鬱人經義雜記曰說文鬯部鬱芳艸也从臼冂缶鬯彡其飾也一曰鬱鬯百艸之華遠方鬱人所貢芳艸合釀之以降神鬱今鬱林郡也又林部鬱木叢生者从林鬱省聲是鬱鬱不同郊特牲釋文云鬱字又作鬱知經典本與說文合也

掌祼器唐石經諸本同按大宗伯小宗伯肆師三職皆經作果注作祼此亦當同今經不作果者蓋因注言祼器淺人遂據注以改經矣

十葉爲貫百二十貫爲築以煑之鐎中諸本同釋文作焦中云本又作鐎漢讀考云說文鬯部鬱字下曰芳艸十葉爲貫百廿貫築以煑之爲鬱許說同先鄭此築上爲字誤衍且周禮經文言築鬻多矣安得云百二十貫爲築也

設牀禫第余本岳本嘉靖本同釋文亦作禫毛本第誤第

鬯人

案冪人云此本冪誤幕據閩監毛本訂正

壝謂委土爲墠壇釋文作壇墠此倒

瓬人爲瓦簋浦鏜云旊誤瓬

則水旱疫厲之不時余本岳本閩本同監毛本誤倒嘉靖本作疫癘此作癘亦非也〇按今左傳作厲疫

鼓用牲于門余本嘉靖本閩本同監毛本用牲下增于社二字非考賈疏亦祇有于門也

杜子春讀齎爲粢釋文齎杜音資漢讀考云據釋文則知注本作資資盛也者資取藉意謂藉以盛酒也

廟用脩嘉靖本脩作修

凡祼事用概唐石經諸本同葉鈔釋文概作摡〇按从手者非

蚌曰合漿余本嘉靖本閩監毛本同釋文作合將云本又作含漿按賈疏作含漿惠校本同〇按今爾雅作含漿

爾時木主新入廟 惠校本同閩監毛本爾改是

云蚌曰合漿 閩本同監毛本合作含此本下亦作含按賈疏云是容酒之類則當本作含○按合含一語之轉

摯天子鬯 嘉靖本閩本同余本岳本監本摰作摯毛本訛擊

介爲執致之 余本閩本監本同毛本致誤政嘉靖本作以介爲摯致之按釋文出爲執二字賈疏云天子至尊不自執使介爲執致之則余本爲是嘉靖本衍以字執誤摯非也

君卿羔之類 浦鏜云若誤君

使介爲摯致之 閩本剜改摯爲執監毛本承之

故云某父且字也 閩監本且改某毛本改其誤甚○按且者薦也凡表德必以一字爲伯仲之薦去伯仲而單舉下一字云某甫謂之且字見於儀禮禮記公羊傳注皆段玉裁類列之作且字攷

周禮注疏卷十九校勘記

附釋音周禮注疏卷第二十

鄭氏注　賈公彥疏

雞。人掌共雞牲辨其物物謂毛色也辨之者陽祀用騂陰祀用黝○黝於糾反疏注物謂至用黝○釋曰陽祀用騂陰祀用黝者牧人文彼注云陽祀祭天於南郊及宗廟陰祀祭地北郊及社稷也鄭舉此大二者其望祀各以其方色牲及四時迎氣皆隨其方色亦辨其毛物可知也

祭祀夜嘑旦以嘂。百官夜夜漏未盡雞鳴時也呼旦以警起百官使夙興○嘑火吳反本又作呼嘂古弔反警音景疏注夜夜至夙興○釋曰漏未盡者謂漏未盡三刻已前仍為夜則呼旦也漏刻之義具挈壺氏

凡國之大賓客會同軍旅喪紀亦如之凡國事為期則告之時象雞知時也告其有司主事者少牢曰宗人朝服北面曰請祭期主人曰比於子宗人曰旦明行事告時者至此旦明而告之○朝直遙反比毗志反疏注象雞至告之○釋曰引少牢曰者謂祭前之夕宗人主禮官請主人祭期主人曰比於子者謂次比其日數時節由子子則宗人也宗人即告期曰旦明行事其實祭期由宗人宗人請主人者敬主人若不敢自由然故讓之也案庭燎詩注王有雞人之官凡國事為期則告之以時王不正其官而問夜早晚非也案齊詩東方未明序云東方未明刺無節也朝庭興居無節號令不時挈壺氏不能掌其職焉注云挈壺氏掌漏刻者彼不云雞人者案挈壺氏云凡軍事懸壺無告期之事則天子備官挈壺直掌漏刻之節雞人告期彼齊詩是諸侯兼官故挈。壺氏兼告期也。

凡祭祀面禳釁共其雞牲釁釁廟之屬釁廟以羊門夾室皆用雞鄭司農云面禳四面禳也釁讀為徽○禳如羊反疏凡祭至雞牲○釋曰云凡祭祀面禳者祭祀謂宗廟之屬面禳謂祈禱之屬○注釁釁至為徽○釋曰鄭云釁釁廟之屬者言之屬則釁鼓釁甲兵皆在其中釁廟以羊

已下雜記文司農云面禳四面禳則侯禳禳謂禳去惡祥也云釁讀爲徽者亦謂以徽爲飾治之義也

司尊彝掌六尊六彝之位詔其酌辨其用與其實位所陳之處酌沛之使可酌各異也用四時祭祀所用亦不同實鬱及醴齊之屬〇泲子里反下同齊才計反下文注除齊語齊人並同

疏司尊至其實〇釋曰此經與下文爲目直云六彝六尊案下兼有罍尊不言者文略也〇注位所至之屬〇釋曰云位所陳之處者此下經不見陳尊之處案禮運云玄酒在室醴醆在戶粢醍在堂彼是禘祭陳四齊此下時祭陳二齊設尊亦依此也云酌沛之使可酌各異也者此下文鬱齊獻酌醴齊縮酌之等是各異也云用四時祭祀所用亦不同者即下文春祠夏禴已下所用不同是也云實鬱及醴齊之屬者醴齊之中有三酒也

春祠夏禴祼用雞彝鳥彝皆有舟其朝踐用兩獻尊。其再獻用兩象尊皆有罍諸臣之所昨也秋嘗冬烝祼用斝彝黃彝皆有舟其朝獻用兩著尊其饋獻用兩壺尊皆有罍諸臣之所昨也凡四時之閒祀追享朝享祼用虎彝蜼彝皆有舟其朝踐用兩大尊其再獻用兩山尊皆有罍諸臣之所昨也祼謂以圭瓚酌鬱鬯始獻尸也后於是以璋瓚酌亞祼郊特牲曰周人尙臭灌用鬯臭鬱合鬯臭陰達於淵泉灌以圭璋用玉氣也既灌然後迎牲致陰氣也朝踐謂薦血腥酌醴始行祭事后於是薦朝事之豆籩既又酌獻其變朝踐爲朝獻者尊相因也朝獻謂尸卒食王醋之再獻者王醋尸之後后酌亞獻諸臣爲賓又次后酌盎齊備卒食三獻也於后亞獻內宗薦加豆籩其變再獻爲饋獻者亦尊相因饋獻謂薦孰時后於是薦饋食之豆籩此凡九酌王及后各四諸臣一祭之正也以今祭禮特牲少牢言之二祼爲奠而尸飲七矣王可以獻諸臣祭統曰尸飲五君洗玉爵獻卿是其差也明堂位曰灌用玉瓚大圭爵用玉琖加用璧角璧散又鬱人職曰受舉斝之卒爵而飲之則王酳尸以玉爵也王酳尸用玉爵而再獻者用璧角璧散可知也雞彝鳥彝謂刻而畫之爲雞鳳皇之形皆有舟皆有罍言春夏秋冬及追享朝享有之同昨讀爲酢字之誤也諸臣獻者酌罍以自酢不敢與王之神靈共尊鄭司農云舟尊下臺若今時承槃獻讀爲犧犧尊飾以翡翠象尊以象鳳皇或曰以象骨飾尊明堂位曰犧象周尊也春秋傳曰犧象不出門尊以裸神罍神之所飲也詩曰缾之罄矣維罍之恥斝讀爲稼稼彝畫禾稼也黃彝黃目尊也明堂位曰夏后氏以雞彝殷以斝周以黃目爾雅曰彝卣罍器也著尊者著略尊也或曰著尊著地無足明堂位曰著殷尊也壺者以壺爲尊春秋傳曰尊以魯壺追享朝享謂禘祫也在四時之閒故曰閒祀蜼讀爲蛇虺之虺或讀爲公用射隼之隼大尊太古之瓦尊山尊山罍也明堂位曰泰有虞氏之尊也山罍夏后氏之尊故書踐作餞杜子春云餞當爲踐玄謂黃目以黃金爲目郊特牲曰黃目鬱氣之上尊也黃者中也目者氣之清明者也言酌於中而清明於外追享謂追祭遷廟之主以事有所請禱朝享謂朝受政於廟春秋傳曰閏月不告朔猶朝于廟蜼禺屬卬鼻而長尾山罍亦刻而畫之爲山雲之形○兩獻本或作戲注作犧同素何反注及下注汁獻同斝音稼著直略反注同朝享直遙反注朝享朝受政猶朝及下文朝用同蜼音誄又以水反兩大音泰注同盎烏浪反琖莊產反酢才洛反卣音酉又音由本亦音攸蛇虺上音蛇下許偉反射隼食亦反下荀尹反禺音遇劉音溤卬魚丈反又五剛反

疏春祠至昨也○釋曰此六者皆據宗廟之祭但春夏同陽秋冬同陰○其追享朝享又是四時之閒祀以類附從故可同尊也彝與齊尊各用二者鬱鬯與齊皆配以明水三酒配以玄酒故禮記郊特牲云祭齊加明水三酒加玄酒依鄭志云一雞彝盛明水鳥彝盛鬱鬯是以各二尊罍尊不言數者禘祫與時祭追享朝享等皆同用三酒不別數可知也若然依酒正云大祭祀備五齊據大祫通鬱鬯與三酒幷配尊則尊有十八禘祭四齊闕二尊則尊有十六此經時祭二齊闕六尊則尊十有二矣其祫在秋禘在夏則用當時尊重用取足而已此經彝下皆云舟尊與罍下皆

不云所承之物則無物矣故禮器云天子諸侯廢禁其此之謂也○注祼謂至之形○釋曰言祼謂以圭瓚酌鬱鬯始獻尸也者宗廟之祭先作樂下神則大司樂云若樂九變人鬼可得而禮鄭注云先奏是樂而祼焉是祼有二此言圭瓚者據王而言故鄭即云后於是以璋瓚酌亞祼是也后祼之時內宰贊之故內宰職云后祼獻則贊瑤爵亦如之若然非直贊祼而已至於后之朝踐饋獻及酳用瑤爵皆贊之引郊特牲者證祼以鬱鬯又用圭璋也云既灌然後迎牲致陰氣也者祼是陰氣故郊特牲又云周人先求諸陰求諸陰灌是也此注引郊特牲后亞王祼後王乃出迎牲案內宰注云王既祼與此違者彼注取王事自相亞故先言王既祼出迎牲后乃後祼其實以此注為正也王出迎牲之時祝延尸向戶外戶牖之間南面后於是薦朝事八豆八籩王迎牲入廟卿大夫贊幣而從牲麗於碑王親殺大僕贊王牲事取血以告殺取毛以告純解而腥之為七體薦於神坐訖王以玉爵酌醴齊以獻尸后亦以玉爵酌醴齊以獻尸此謂經朝踐用兩獻尊也禮器云郊血大饗腥則享祭宗廟無血此云薦血腥者謂肉非謂如別薦血也云后於是薦朝事之豆籩既又酌獻者先薦後獻祭禮也其實薦豆籩在王獻前今在王獻後乃言后薦豆籩者鄭欲說王事訖乃說后事故後言薦豆籩也云變朝踐言朝獻者尊相因也朝獻謂尸卒食王酳之者此朝獻於經當秋冬之祭鄭既未解春夏再獻先釋秋冬朝獻者以其朝獻是王酳尸因朝踐之尊醴齊故鄭先通解之云再獻者王酳尸之後后酌亞獻諸臣為賓又次后酌盎齊備卒食三獻也者此言再獻即經春夏之祭云再獻用兩象尊尸食後陰厭王酳尸后與賓長為再獻此亦在饋獻後先言再獻者后與賓酳尸因饋獻盎齊之尊故變饋獻云再獻云內宗薦加豆籩者案醢人及籩人有朝事之豆籩有饋食之豆籩有加豆籩之實故鄭於此取朝事當朝踐節饋食當饋獻節食後重加故加豆加籩當酳尸節案內。宰職云贊后薦加豆籩故知內宗薦之云其變再獻為饋獻者亦尊相因饋獻謂薦熟時者此言饋獻當經秋冬祭之節其春夏言再獻至此秋冬言饋獻據文為先後故云變再獻言饋獻其實先饋獻後再獻也以其饋獻在朝踐後亦在當尸未入室再獻是王酳尸後節也是以云饋獻謂薦熟時也此即禮運云熟其殽鄭注云體解而爓之是也云后於是薦饋食之豆籩者此即醢人籩人饋食之豆籩者也云此凡九酌王及后各四諸臣一者九謂王及后祼各一朝踐各一饋獻各一酳尸各一是各四也諸臣酳尸一并前八爲九云祭之正也者此九獻是正獻案特牲少牢仍有衆賓長兄弟之長嗣子舉奠上利洗散爲加獻彼並非正故此云祭之正也云以今祭禮特牲少牢言之者天子諸侯祭禮亡雖檢禮記及周禮而言其文不具故取特牲少牢見在禮而言以其特牲少牢惟有酳尸後三獻天子諸侯酳尸後亦三獻與彼同故取以爲說也云二祼爲奠而尸飲七矣王可以獻諸臣者王獻諸臣無文此又約祭統而言故即引祭統曰尸飲五君洗玉爵獻卿是其差也者彼據侯伯禮宗廟七獻二祼爲奠不飲朝踐已後有尸飲五獻卿即天子與上公同九獻二祼爲奠不飲是尸飲七可以獻諸臣若然子男五獻者二祼爲奠不飲是尸飲三可以獻卿故鄭云是其差皆當降殺以兩大夫士三獻無二祼直有酳尸三獻獻祝是也云明堂位曰灌用玉瓚大圭爵用玉琖加用璧角璧散者彼賜魯侯祭周公用天子之禮故以爲證言灌用玉瓚者謂以玉飾瓚以大圭爲柄此大圭非謂玉人大圭長三尺者直是以玉爲柄謂之大圭也爵用玉琖者謂君與夫人朝踐饋獻時所用獻也加用璧角璧散者此即內宰所云瑤爵一也以瑤玉爲璧形以飾角散爵是通名故得瑤爵璧角璧散之名也又鬱人職曰受舉斝之卒爵而飲之者引之欲證王酳尸與前同用玉爵之意也云則王酳尸以玉爵也王酳尸用玉爵而再獻者用璧角璧散可知也者再獻謂后與諸臣亦以明堂位云爵用玉琖加用璧角璧散差之推次可知也云雞彝鳥彝謂刻而畫之爲雞鳳皇之形者案尚書云鳴鳥之不聞彼鳴鳥是鳳皇則此鳥彝亦是鳳皇故云畫雞鳳皇之形也云皆有舟皆有罍言春夏秋冬及追享朝享有之同者即文自具故知有之同也云昨讀曰酢者主人主婦賓長獻尸皆有酢報不得爲昨日之字故從酬酢之字也云諸臣獻者酌罍以自酢不敢與王之神靈共尊者王酳尸。因朝踐之尊醴齊尸酢王還用醴齊后酳尸用饋獻之尊盎齊尸酢后還用盎齊以王與后尊

得與神靈共尊今賓長臣卑酳尸雖得與后同用盎及尸酢賓長卽用罍尊三
酒之中清酒以自酢是不敢與王之神靈共酒尊故也鄭司農云舟尊下臺若
今時承槃者漢時酒尊下槃象周時尊下有舟故舉以爲況也云獻讀爲犧犧
尊飾以翡翠者翡赤翠青爲飾象尊以鳳皇此二者於義不安故更解以象骨
飾尊此義後鄭從之其云飾以翡翠後鄭猶不從之矣引明堂位犧象周尊也
者證飾尊有非周制者引春秋傳者是左氏定十年夾谷之會孔子之言引之
者證犧象是祭祀之尊不合爲野。享之義也云尊以裸神者司農解犧象不出
門之意其實獻尸而云裸神者尸神象尸飲卽是裸神若云奉觴賜灌之類非
謂二灌用鬱鬯也云罍臣之所飲也者經云皆有罍諸臣之所酢故知諸臣所
飲者也引詩者證罍是酒尊之義云斝讀爲稼稼彝畫禾稼也者以諸尊皆。物
爲飾今云斝於義無取故破從稼也云黃彝黃目尊也者依明堂位文引明堂
位者證雞彝是夏法斝彝是殷法黃彝是周法引爾雅者欲見此經有彝爲上
卣是犧象之屬爲中罍爲下與爾雅同也云著尊者著略尊也者義不安云著
地無足於義是也云春秋傳者昭十五年左傳云六月乙丑王太子壽卒秋八
月戊寅王穆后崩十二月晉荀躒如周葬穆后籍談爲介以文伯宴尊以魯壺
是其義也引之者證壺是祭祀酒尊司農云追享朝享謂禘祫也在四時之間
故曰間祀者案大宗伯祫禘在四時之上當如酒正大祭祀備五齊何得在四
時之下故後鄭不從也鄭司農讀蜼爲蛇虺之虺或讀爲公用射隼之隼者無
所依據故後鄭皆不從也又云大尊大古之瓦尊者此卽有虞氏之大尊於義
是也故皆以明堂位爲證也玄謂黃目以黃金爲目者無正文鄭以目既爲眼
目黃又爲黃金字同故爲黃金釋之也引郊特牲者解黃目之義也云追享謂
追祭遷廟之主以事有所請禱者此追享知祭遷廟主者案祭法云去廟爲壇
去壇爲墠壇墠有禱焉祭之無禱乃止是追祭遷廟之主故知也云朝享謂朝
受政於廟者謂天子告朔於明堂因卽朝享朝享卽祭法謂之月祭故祭法云
考廟王考廟皇考廟顯考廟祖考廟皆月祭之二祧享嘗乃止諸侯告朔於大
廟因卽朝享祭法云諸侯考廟王考廟皇考廟皆月祭之顯考祖考享嘗乃止

告朔天子用牛諸侯用羊月祭皆大牢也春秋傳者文公六年左氏傳云閏月不告朔猶朝於廟若然天子告朔於明堂則是天子受政於明堂而云受政於廟者謂告朔自是受十二月政令故名明堂爲布政之宮以告朔訖因即朝廟亦謂之受政但與明堂受朔別也春秋者彼譏廢大行小引之者見告朔與朝廟別謂若不郊猶三望與郊亦別也云蜼禺屬卬鼻而長尾者案雞彝鳥彝相配皆爲鳥則虎彝蜼彝相配皆爲獸故爾雅在釋獸中爾雅云蜼禺屬彼注云蜼似獮猴而大黃黑色尾長數尺似獺尾末有歧鼻露向上雨即自縣於樹以尾塞鼻或以兩指今江東人亦取養之爲物捷健云山罍亦刻而畫之爲山雲之形者罍之字於義無所取字雖與雷別以聲同故以雲雷解之以其雷有聲無形但雷起於雲雲出於山故本而釋之以刻畫山雲之形者也異義第六罍制韓詩說金罍大器天子以玉諸侯大夫皆以金士以梓古廷說罍器諸臣之所酢人君以黃金飾尊大一石金飾口目蓋取象雲雷之象謹案韓說天子以玉經無明文罍者取象雲雷故從人君下及諸臣同如是經文雖有詩云我姑酌彼金罍古廷說云人君以黃金則其餘諸臣直有金無黃金飾也若然向來所說雞彝鳥彝等皆有所出其虎彝蜼彝當是有虞氏之尊故鄭注尚書云宗彝宗廟之中鬱尊虞氏所用故曰虞夏以上虎蜼而已也

凡六彝六尊之酌鬱齊獻酌醴齊縮酌盎齊涗酌凡酒脩酌

故書縮爲數齊爲齏鄭司農云獻讀爲儀儀酌有威儀多也涗酌者涗拭勺而酌也脩酌者以水洗勺而酌也醆讀皆爲齊和之齊杜子春云數當爲縮齊讀皆爲粢玄謂禮運曰玄酒在室醴醆在戶粢醍在堂澄酒在下以五齊次之則醆酒盎齊也郊特牲曰縮酌用茅明酌也醆酒涗于清汁獻涗于醆酒猶明清與醆酒于舊澤之酒也此言轉相泲成也獻讀爲摩莎之莎齊語聲之誤也秬鬯以醆酒摩莎泲之出其香汁也醴齊尤濁和以明酌泲之以茅縮去滓也盎齊差清和以清酒泲之而已其餘三齊泛從醴緹沈從盎凡酒謂三酒也脩讀如滌濯之滌滌酌以水和而泲之今齊人命浩酒曰滌明酌酌取事酒之上也澤讀曰醳明酌清酒醆酒泲之皆以舊醳之酒凡

此四者祼用鬱齊朝用醴齊饋用盎齊諸臣自酢用凡酒唯大事于大廟備五齊三酒○獻酌素何反司農音儀涚舒銳反李一音雪脩酌直歷反注同數音朔下同爲盛子令反挩飾舒銳反飾或作拭勺上酌反下同齊和胡臥反醆莊產反粢才計反記作齊音同緹音體舊澤音亦下曰醳音同摩莎素何反去滓起呂反浩胡老反或古老反

[疏]凡六至脩酌○釋曰云凡六彝之酌與鬱齊爲目六尊之酌與醴齊盎齊爲目下有凡酒脩酌上不言罍者亦是文不具也凡言酌者皆是泲之使可酌也○注故書至三酒○釋曰司農云獻讀爲儀已下後鄭皆不從者此經爲泲酒之法而司農皆不爲泲酒法其言無所據依故皆不從也司農云齊讀皆爲齊和之齊鄭注酒正爲度量解之則齊和義亦通也子春爲粢於義不可後鄭於酒正已破訖玄謂引禮運者欲破彼醆從此盎也彼云玄酒在室者據配鬱鬯之尊故在室若配鬱鬯當云明水而云玄酒者散文通云以五齊次之則醆酒盎齊也者於此經及酒正言之盎次醴禮運醆次醴以醆當盎處即一物明醆酒盎齊也盎齊云酒則酒齊亦通引郊特牲白縮酌用茅明酌至醆酒者彼記人意以經泲酒法難解故釋此經泲酒之法也此云醴齊縮酌彼記人取此縮酌二字於彼重解之云此言縮酌者縮酌當用茅也又云明酌者醴齊濁還用事酒之清明者和醴齊然後用茅泲之使可酌故爲明酌也云醆酒涚于清者醆酒即盎齊盎齊差清亦不言縮則不用茅涚謂新亦謂泲之也彼記人亦取此盎齊涚酌解之以盎齊欲泲之時則以清酒和而泲涚使可酌故直云涚于清也云汁獻涚于醆酒者記人亦取此經鬱齊獻酌釋之云汁獻者獻讀摩莎之莎也云涚于醆酒者以鬱鬯尊不用三酒而用五齊中盎齊差清者和鬱鬯泲之故云涚于醆酒也云猶明清與醆酒于舊醳之酒也者此記人復恐不曉古之泲酒之法故舉。常時泲酒之法以曉人也云明清者明謂事酒清謂清酒醆謂盎齊也三者皆於舊醳之酒中泲之但云醳酒即事酒也今云舊醳則醳中之舊冬釀接春而成故云舊是昔酒也云此言轉相泲成已下皆鄭重釋記人之言也云醴齊尤濁和以明酌泲之者醴齊對盎齊已下三者爲尤濁上仍有泛齊更濁於醴齊也盎齊差清和以清酒

泲之而已者以不用茅故云泲之而已云其餘三齊泛從醴緹沈從盎者以泲三者無文故鄭約同此三齊以泛齊濁不過與醴齊同緹沈清無過與盎同故略爲二等泲五齊也云凡酒謂三酒也者以上文列彝卣罍三等之尊此見泲鬱與三齊凡酒事相當故凡酒謂三酒非一故稱凡也云脩讀爲滌濯之滌者讀從宗伯視滌濯之滌欲解滌爲水之意必知以水者曲禮曰水曰清滌且鬱鬯用五齊五齊用三酒三酒用水差次然也云明酌酌取事酒之上也者重解縮酌用茅明酌也云澤讀曰醳明酌清酒醆酒泲之皆以舊醳之酒者重解當時之法以曉人者也云凡此四者祼用鬱齊朝用醴齊饋用盎齊諸臣自酢用凡酒者此以上列尊及泲酒次第爲先後祭禮有祼有朝踐饋獻酳尸次第爲先後推次可知也云唯大事於太廟備五齊三酒者此據酒正云祭祀共五齊三酒下有大祭中祭小祭此時祭用二齊禮運四齊據禘祭明大事祫祭備五齊三酒可知三酒時祭亦備亦於大事言之者連言挾句耳文二年大事於太廟公羊傳大事者何大祫也即此大事是祫可知也

大喪存奠彝存省也謂大遣時奠者朝夕乃徹也

疏注存省至徹也〇釋曰大喪之奠有彝尊盛鬱鬯唯謂祖廟厥明將向壙爲大遣奠時有之故鄭云謂大遣時云奠朝夕乃徹也者此大奠徹之早晚無文案檀弓云朝奠日出夕奠逮日則朝奠至夕徹之夕奠至朝乃徹是朝夕乃徹其大遣亦朝設至夕乃徹言此者欲見所奠彝尊朝夕酒存省之意也

大旅亦如之旅者國有大故之祭也亦存其奠彝則陳之不即徹

疏注旅者至即徹〇釋曰鄭知旅是大國有故之祭者見宗伯云國有大故則旅上帝及四望故知也云亦存其奠彝者以其祭云亦如之明亦如大遣奠存省之云則陳之不即徹者云不即徹則與上注奠者朝夕乃徹義異但上經據人鬼日出逮日放其去來於陰陽此天神無此義但不即徹不必要至夕也且案小宰注天地至尊不祼此得用彝者此告請非常亦如大遣奠之而已亦非祼耳

司几筵掌五几五席之名物辨其用與其位五几左右玉彫彤漆素五席莞藻次蒲熊用位所設之席及其處〇

彤徒冬反莞音官又音丸藻本又作繅音早【疏】注五几至其處○釋曰云五几左右玉彤彤漆素者其玉彤已下數出於下文云左右者唯於王馮及鬼神所依皆左右玉几下云左右玉几祀先王酢席亦如之但受酢席未必有几故不云几筵其彤几已下非王所馮生人則几在左鬼神則几在右是以下文諸侯祭祀云右彤几國賓云左彤几諸侯自受酢亦無几故不言几也漆素並云俱右是爲神也云五席莞繅次蒲熊者亦數出下文仍有葦萑席不入數者以喪中非常故不數直取五席與五几相對而言耳云用位所設之席者即下凡大朝覲已下是也云及其處者王受朝覲席在廟牖間大射席在虞庠祀先王在廟奥及堂酢席王在廟室西面自諸侯已下亦皆在廟惟熊席漆几設在野所征之地耳經云名物鄭不解之者義在可知故略之也

凡大朝覲大饗射凡封國命諸侯王位設黼依依前南鄉設莞筵紛純加繅席畫純加次席黼純左右玉几

斧謂之黼其繡白黑采以絳帛爲質依其制如屏風然於依前爲王設席左右有几優至尊也鄭司農云紛讀爲豳又讀爲和粉之粉謂白繡也純讀爲均服之均純緣也繅讀爲藻率之藻次席虎皮爲席書顧命曰成王將崩命大保芮伯畢公等被冕服憑玉几玄謂紛如綬有文而狹者繅席削蒲蒻展之編以五采若今合歡矣畫謂雲氣也次席桃枝席有次列成文○朝覲直遙反下注來朝朝者同後朝覲朝見之類放此黼音甫依於豈反下及注同鄉許亮反下及注同純章允反劉之閏反司農音均下同爲王于僞反下爲布同豳彼貧反緣悅絹反率音律下同馮皮冰反蒻音弱編必緜反【疏】凡大至玉几○釋曰此經及下文見王有事設席三重之義言凡大朝覲非四時常朝常朝則春夏受贄於朝秋冬受贄於廟不常在廟也此朝覲言大則因會同而行朝覲之禮謂春秋來時若冬夏來則曰大宗遇也云大饗者謂王與諸侯行饗禮於廟即大行人云上公三饗之屬是也大射謂王將祭祀擇士而射於西郊小學虞庠中云凡封國命諸侯者此即典命云其出封皆加一等之屬是也云王位設黼依者案爾雅牖戸之間曰扆於扆之

處設黼黼卽白黑文而爲斧形此斧以大板爲邸卽掌次皇邸一也故鄭彼注云邸後板以此斧板置於扆卽以黼扆爲總名也云依前南鄉設莞筵已下以席三重也凡敷席之法初在地者一重卽謂之筵重在上者卽謂之席已下皆然故鄭注序官云敷陳曰筵藉之曰席○注斧謂至成文○釋曰鄭云斧謂之黼者案禮記明堂位云天子負斧扆彼及諸文多爲斧字者若據績人職則云白與黑謂之黼據采色而言之若據繡於物上則爲金斧文近刃白近銎黑則曰斧取金斧斷割之義故鄭以斧釋黼云其繡白黑文者績人職文鄭知以絳帛爲質者鄉射記云凡畫者丹質此黼畫之故知絳帛絳帛卽丹質也云其制如屛風然者屛風之名出於漢•世鄭以今曉古故舉屛風而爲況也孔注顧命其置竟戶牖間竟終也戶牖間狹故置之終滿戶牖間也云左右有几優至尊也者此經所云王皆立不坐既立又於左右皆有几故鄭注大宰云立而設几優至尊據立而言此據左右皆有而言故注相兼乃具也司農云紛讀爲豳於義不安故更云又讀爲和粉之粉謂白繡也純讀爲均服之均者案僖五年左傳卜偃云均服振振取號之旂買服杜君等皆爲均均同也但司農讀爲均均卽準音與純同故云純緣也云繅讀爲藻率之藻者讀從桓二年臧哀伯云藻率鞞鞛鞶厲斿纓此並取彼義也云次席虎皮爲席者此見下有熊席故爲虎皮後鄭不從也引尙書者證王憑玉几之義也玄謂紛如綬有文而狹者此見漢世綬是薄帔有文章而狹以爲席之緣故言之也鄭知繅席削蒲蒻展之編以五采若今合歡矣者漢有合歡席如此故還舉漢法況之也云畫謂雲氣也者鄭於經但單言畫皆以畫雲氣解之蓋五色雲爲之文也云次席桃枝席有次列成文者鄭亦見漢世以桃枝竹爲席次第行列有成。其文章故言之也

祀先王昨。席亦如之鄭司農云。昨席於主階設席王所坐也玄謂昨讀曰酢謂祭祀及王受酢之席尸卒食王酳之卒爵祝受之又酌授尸尸酢王於是席王於戶內后諸臣致爵乃設席

疏祀先至如之○釋曰祀先王謂宗廟六享皆用上三種席酢席謂王酳尸尸酢王王受。酢之席亦如上三種席故云亦如之○注鄭司農至設席○釋曰司農云酢席於主階設席

王所坐也者此約鄉飲酒禮主人在阼階賓在戶牖主人受酢王行飲酒禮亦然此酢文承祀先王下即是祭禮受尸酢不得爲凡常飲酒禮故後鄭不從也後鄭知王有授尸酢法者謂若鬱人注引特牲少牢此注亦取彼義故云尸卒食王酳之卒爵祝受之又酌授尸尸酢王於是席王於戶內也案特牲少牢主人受酢之時未設席夫婦致爵乃設席今王於受酢即設席者優至尊與大夫士禮異知席王在戶內者約特牲主人受酢時在戶內之東西面也云后諸臣致爵乃設席者此亦約特牲夫婦致爵之時有席若然王於酢有席與彼異至於后即與彼同者禮有損之而益故后不得與王同宜同士禮案特牲無致爵於賓長之法而此言諸臣致爵者此王於諸臣亦無致爵禮此致爵謂酳尸訖主人獻賓長於西階之上謂之致爵也特牲主人致爵於主婦席於東房中此后亦然其諸臣案特牲獻賓長於西階上無席獻訖以薦俎降設於西階下亦無席此諸臣有席者亦是王之臣尊宜設席乃以薦俎降設於席東也諸

侯祭祀席蒲筵繢純加莞席紛純右彫几。繢畫文也不莞席加繅者繅柔嚅不如莞清堅又於鬼神宜○繢胡內反嚅本或作懦又作擩同如兗反【疏】諸侯至彫几○釋曰此經論諸侯禘祫及四時祭祀之席皆二種席也○注繢畫至神宜○釋曰上文畫純者畫雲氣此云繢即非畫雲案繢人職對方爲繢是對方爲次畫於繒帛之上與席爲緣也云不莞席加繅者繅柔嚅不如莞清堅又於鬼神宜者案上文天子祭祀席與酢席同此下文諸侯受酢席下莞上繅今祭祀席下蒲上莞以是故鄭以下文決此今諸侯祭祀席不亦如下文莞席加繅者以其繅柔嚅不如莞清堅於鬼神宜即於生人不宜故下文生人繅在上爲宜也又不以繅在莞下者繅尊不宜在莞下故用蒲替之也又昨席莞筵紛純加繅席畫純筵國賓于牖前亦如之左彤几昨讀亦曰酢鄭司農云禮記國賓老臣也爲布筵席於牖前玄謂國賓諸侯來朝孤卿大夫來聘後言几者使不蒙如也朝者彤几聘者彤几【疏】昨席至彤几○釋曰諸侯酳尸尸酢主君亦於戶內之東西面設此二席及筵國賓在牖前亦如之亦如同二種席也几席雖同但上文鬼神則右几此文生人則左几也又別云左彤几者謂國賓之中有諸侯來朝亦有孤卿大夫來聘若朝者則彤几蒙亦如之聘者席雖與同几則用彤故別云左彤几使不蒙如也○注昨讀至彤几○釋曰先鄭云禮記國賓老臣也者案禮記王制有四代養國老庶老於學之事彼國老謂卿大夫致仕庶老謂士之致仕者先鄭據此文而云國賓老臣也後鄭不從者未見朝聘之賓而言己國老臣於義不可故不從也玄謂國賓諸侯來朝孤卿大夫來聘者案大小行人及司儀賓謂諸侯客謂其臣今此經唯云賓而兼云孤卿大夫者對文賓客異通而言之賓客一也以大司徒云大賓客令野脩道委積小司徒云小賓客令野脩道委積是賓客通用之義也案公食大夫禮云司宮具几與蒲筵加萑席又云上大夫蒲筵加萑席其純皆如下大夫彼注云謂公食上大夫孤為賓則莞筵紛純加繅席畫純聘禮云將賓宰夫徹几改筵注云徹神几改神席更布也賓席東上又引公食大夫云云此筵上下大夫也又引此筵國賓下至彤几云筵孤彤几卿大夫其漆几與以此而言則筵諸侯與孤用莞筵繅席而卿大夫則用蒲筵萑席今總云國賓孤卿大夫同莞繅者此廣解國賓之義其實如公食大夫及聘禮之注也若然此注云朝者彤几聘者彤几亦謂孤也依彼聘禮注卿大夫用漆几也者以其天子用玉諸侯用彤孤用彤卿大夫用漆几差次然也案禮記禮器云天子之席五重諸侯三重今天子唯三重諸侯二重者彼云五重者據天子大祫祭而言若禘祭當四重時祭當三重皆用此三重席耳故此唯見三重席也諸侯三重上公當四重亦謂大祫祭時若禘祭降一重諸侯二重禘與特祭同卿大夫已下特牲少牢唯見一重耳若為賓饗則加重數非常法故不與祭祀同也

甸役則設熊席右漆几。謂王甸有司祭表貉所設席○甸音田注同

【疏】甸役至右漆几○釋曰甸役謂天子四時田獵案大司馬大閱禮教戰訖入狩田既陳有司表貉於陳前是時設熊席右漆几也

凡喪事設葦席右素几其柏席用萑黼純諸侯則紛純每敦一几喪事謂凡奠也萑如葦而細者鄭司農云

柏席迫地之席葦居其上或曰柏席載黍稷之席玄謂柏椁字磨滅之餘椁席藏中神坐之席也敦讀曰燾燾覆也棺在殯則椁燾既窆則加見皆謂覆之周禮雖合葬及同時在殯皆異几體實不同祭於廟同几精氣合○柏鄭音椁劉依司農音迫萑音丸敦音道劉音疇藏才浪反燾音導

疏注喪事至氣合○釋曰云喪事謂凡奠也者以其言凡非一之義士喪禮始死之奠乃至小斂之奠亦設於地未有席至大斂奠乃有席殯後則有朝夕奠朔月奠大夫已上兼有月半奠并有薦新奠葬時又有遷奠祖奠大遣奠葬乃廢奠而虞祭也故鄭云謂凡奠也云萑如葦而細者詩云萑葦淠淠同類之物但麤細為異耳先鄭以柏席為迫地或為載黍稷其言無所依據故後鄭不從也玄謂柏椁字磨滅之餘椁席藏中神坐之席也者謂於下帳中坐設之云敦讀曰燾燾覆也者謂若覆燾持載者也云棺在殯則椁燾者檀弓云天子菆塗龍輴以椁是也云既窆則加見者既夕下棺訖則加見見謂道上帳帷荒將入藏以覆棺言見者以其棺不復見唯見帷荒故謂之見也云皆謂覆之者此解經敦字以其二處皆當覆故云敦也云周禮雖合葬者檀弓云古者不合葬周公蓋附附謂合葬是周禮合葬也云及同時在殯者禮記曾子問云父母之喪偕鄭云同月死是同時在殯也云皆異几體實不同者解經每敦一几之義云祭於廟同几精氣合者案禮記祭統云敷筵設同几鄭云同之言詷讀言語相詷之詷即共詷也故破從詷則以某妃配某氏以其精氣合故也言祭於廟者謂言祭時以其禫月吉祭猶未配故知至二十八月乃設同几也

凡吉事變几凶事仍几

故書仍為乃鄭司農云變几變更其質謂有飾也乃讀為仍仍因也因其質謂無飾也爾雅曰儴仍因也書顧命曰翌日乙丑成王崩癸酉牖間南鄉西序東嚮東序西嚮皆仍几玄謂吉事王祭宗廟祼於室饋食於堂繹於祊每事易几神事文示新之也凶事謂凡奠几朝夕相因喪禮略○翌音翼劉音育祊補耕反

疏注故書至禮略○釋曰先鄭云變更其質謂有飾又以仍几為因其質謂無飾後鄭不從者以司農就几體解之所引尚書仍几乃是前後相因不得為几體故不從也且上文云右素几於凶几無飾已有文何

須此亦云仍几爲無飾乎皆其書不經故不從也引顧命者案彼經云牖間南嚮華玉仍几西序東嚮文貝仍几東序西嚮彫玉仍几西夾南嚮漆仍几孔云因生時几皆有飾而先鄭引之者先鄭意直取仍因之義不須無飾也玄謂吉事祭宗廟祼於室者洛誥云王入大室祼是也云饋食於堂繹於祊者案禮器云設祭于堂爲祊乎外是直云饋食於堂謂饋獻節據有熟故言饋食其實未有黍稷又不言朝踐者朝踐與饋獻同在堂故略而不言也又饋獻後更延尸入室進黍稷尸食之事不言者以其還依祼於室之几故亦略而不言也云凶事謂凡奠者即上文凡喪事右素几是也此文見凡奠几相因不易之意案檀弓云虞而立尸有几筵者據大夫士而言案士喪禮大斂即有席而云虞始有筵者以其几筵相將連言其實虞時始有几其筵大斂即有也天子諸侯禮大初死几筵並有故上云凡喪事設葦席右素几也凡几之長短阮諶云几長五尺高。三尺廣二尺馬融以爲長三尺舊圖以爲几兩端赤中央黑也

天府掌祖廟之守藏與其禁令 祖廟始祖后稷之廟其寶物世傳守之若魯寶玉大弓者○守藏上手又反下才浪反傳直專反 疏 天府至禁令○釋曰所守藏者即下文玉鎮已下是也禁令謂禁守不得使人妄入之等也○注祖廟至弓者○釋曰案王制云天子七廟三昭三穆與大祖之廟而七大祖即始祖廟也周立后稷廟爲始祖以其最尊故寶物藏焉云其寶物世傳守之若魯寶玉大弓者案春秋定八年盜竊寶玉大弓公羊傳云寶者何璋判白弓繡質是世傳守者也

凡國之玉鎮大寶器藏焉若有大祭大喪則出而陳之既事藏之 玉鎮大寶器玉瑞玉器之美者禘祫及大喪陳之以華國也故書鎮作瑱鄭司農云瑱讀爲鎮書顧命曰翌日乙丑王崩丁卯命作冊度越七日癸酉陳寶赤刀大訓弘璧琬琰在西序大玉夷玉天球河圖在東序胤之舞衣大貝。鼖鼓在西房兌之戈和之弓垂之竹矢在東房此其行事見於經○鎮珍忍反又音珍瑱他見反琬於阮反琰以冉反球音求鼖扶云反兌徒外反垂如字劉音瑞見賢遍反 疏 凡國至藏之○釋曰云玉鎮大寶器藏焉

者若典瑞掌其凡瑞器故典瑞云掌玉瑞○玉器之藏辨其名物與其用事設其服飾其美者天府掌之○注玉鎮至於經○釋曰鄭知玉鎮大寶器是玉瑞玉器之美者此云玉鎮即大宗伯云以玉作六瑞鎮圭之屬即此寶鎮也彼又云以玉作六器蒼璧禮天之屬即此寶器也知是美者以別入此天府故知簡取美者來入也鄭知禘祫者經云大祭祀故知也先鄭云顧命曰翌日乙丑王崩者謂上文云甲子王被冕服馮玉几出顧命下云翌日乙丑是甲子明日也云丁卯命作冊度者謂乙丑至丁卯是三日小斂之日也大保命史官作冊書法度擬傳顧命之事云越七日癸酉者越於也於丁卯後七日則通死日乙丑爲九日是除死日七日大斂之明日總九日也云陳寶赤刀大訓弘璧琬琰在西序者陳寶是總目語即赤刀已下是也赤刀者鄭注云武王誅紂赤刀爲飾大訓者禮法先王禮教即虞書典謨是也弘璧弘大也大璧琬琰皆尺二寸者云大玉夷玉天球河圖者鄭云大玉華山之球夷玉東北之璞天球雍州所貢之玉色如天三者皆璞未見琢治故不以器名之河圖圖出於河水帝王聖者所受云胤之舞衣大貝鼖鼓兌之戈和之弓垂之竹矢者鄭注云胤也和也垂也皆古人造此物者之名鼖鼓大鼓也此鼖非謂考工記鼖鼓長八尺者若是周物何須獨寶守明前代之物與周鼖鼓同名耳大貝者書傳曰散宜生之江淮之浦取大貝如車渠是也云此其行事見於經者此經云大喪出而陳之不見行事故引顧命爲行事見於經也此經有大祭祀出寶器無行事見於經故不引也

凡官府鄉州及都鄙之治中受而藏之以詔王察羣吏之治察察其當黜陟者鄭司農云治中謂其治職簿書之要○治直吏反下及注同中丁仲反下注同

疏凡官至之治○釋曰此自王國以至四疆皆有職司治事文書不言六遂及四等公邑之官者於文略其實皆有也都鄙則三等采地云詔王察羣吏之治者告王據此治中文書而行黜陟也○注察察至之要○釋曰云治職簿書之要者謂各有職掌皆司有文書案簿書功狀之要故據而告王也經雖言治中兼有不中在其間中者陟之不中黜之經直言中偏舉一邊而言也

上春釁

寶鎮及寶器上春孟春也釁謂殺牲以血血之鄭司農云釁讀爲徽或曰釁鼓之釁

疏注上春至之釁○釋曰云上春孟春也者謂建寅之月也殺牲取血釁之若月令上春釁龜筴等也云釁讀爲徽者周禮先鄭皆讀釁爲徽徽取飾義云或曰釁鼓之釁者讀從定四年祝佗云君以軍行祓社釁鼓釁皆以血血之也

凡吉凶之事祖廟之中沃盥執燭吉事四時祭也凶事后王喪朝于祖廟之奠○盥音管朝直遙反

疏注吉事至之奠○釋曰謂他官在祖廟中沃盥與時則天府之官與之執燭爲明他官在祖廟中沃盥者謂小祝云大祭祀沃尸盥小臣大祭祀沃王盥此二官所沃盥在祖廟中則天府爲之執燭其若士師云祀五帝沃尸盥非祖廟事則不與執燭也云吉事謂四時祭也者略言之禘祫亦在焉云凶事王后喪朝于祖廟之奠者王及后喪七月而葬將葬當朝六廟後乃朝祖廟祖廟中日側爲祖奠厥明將去爲大遣奠皆有沃盥之事故鄭云焉

季冬陳玉以貞來歲之媺惡問事之正曰貞問歲之美惡謂問於龜大卜職大貞之屬陳玉陳禮神之玉凡卜筮實問於鬼神龜筮能出其卦兆之占耳龜有天地四方則玉有六器者與言陳者既事藏之不必埋之也鄭司農云貞問也易曰師貞丈人吉問於丈人國語曰貞於陽卜○與音餘

疏季冬至媺惡○釋曰季冬謂夏之季冬歲終當除舊布新故此時當有卜筮來歲之美惡者將卜筮之時先陳玉以禮神然後卜筮也○注問事至陽卜○釋曰云問事之正曰貞者禮記少儀云問卜筮曰義與志與注云義正事也志私意也是問卜筮有不正之事故云問事之正曰貞即此經云貞者問事之正也云問歲之美惡謂問於龜大卜職大貞之屬者彼大貞之屬即卜立君卜大遷卜大封是也今此卜來歲之美惡亦彼類故云之屬兼此也云陳玉陳禮神之玉者玉於卜筮無所施明以禮神也云凡卜筮實問於鬼神龜筮能出其卦兆之占耳者案易繫辭云精氣爲物游魂爲變是故知鬼神之情狀與天地相似注云精氣謂七八游魂謂九六則筮之神自有七八九六成數之鬼神春秋左氏傳云龜象筮數則龜自有一二三四五生數之鬼神則知吉凶者自是生成

鬼神龜筮直能出外兆之占耳案易繫著龜神物士冠禮注云筮不。以廟堂者嫌著之靈由廟神若然著龜亦自有神而云出卦兆者但所禮者禮生成之鬼神神之尊者無妨著龜亦自有神也云龜有天地四方則玉有六器者與者龜有天地四方龜人職文龜既有六明玉亦有六無正文故云與以疑之六器之言若大宗伯云以玉作六器之類故以六器言之也云言陳者既事藏之不必貍之也者七八九六及一二三四五之鬼神並非天地之鬼神故云陳言陳則藏之不必貍也先鄭云貞問也者亦是問事之正曰貞也云易曰師貞丈人吉問於丈人者此師卦象辭彼云師貞丈人吉無咎注云丈之言長能御衆。衆有朝。正人之德以法度爲人之長吉而無咎謂天子諸侯主軍者云國語曰貞於陽卜者此吳語黄池之會董褐云周室既卑諸侯失禮於天子請貞於陽卜收文武之諸侯注云貞正也問卜内曰陰外曰陽言吳以諸侯失禮於天子當問於龜言我當收文武之諸侯矣引此。三文者證問事之正曰貞也

若還寶則奉之奉猶送也疏若還寶則奉之○釋曰此還寶謂王者遷都若平王東遷則寶亦還天府奉送之於彼新廟之天府藏之如故也

若祭天之司民司祿而獻民數穀數則受而藏之司民軒轅角也司祿文昌第六星或曰下能也祿之言穀也年穀登乃後制祿祭此二星者以孟冬既祭之而上民穀之數於天府○數穀數上所主反下所具反下能他來反上時掌反疏若祭至藏之○釋曰此主祭祀者祭天之司民司祿在孟冬之時則主民之吏獻民數穀數則小司寇受而獻之者於王王得之登於天府受而藏之○注司民至天府○釋曰云司民軒轅角也者案武陵大守星傳云軒轅十七星如龍形有兩角角有大民小民傳又云文昌宮有六星第一爲上將第二爲次將第三爲貴相第四爲司命第五爲司中第六爲司祿是其司民在軒轅角司祿在文昌第六星也或曰下能也者此案石氏星傳云上能司命爲大尉中能司中爲司徒下能司祿爲司寇是司祿在下能也以其二處並有司祿故舉二文以見義也云祿之言穀也年穀登乃後制祿言此者欲見祭司祿在孟冬則制祿之意也鄭知祭此二星在孟

冬者見月令孟冬云祈來年於天宗即日月星是知祭在孟冬也其獻穀數者則小司寇職也

典瑞掌玉瑞玉器之藏辨其名物與其用事設其服飾人執以見曰瑞禮神曰器瑞符信也服飾服玉之飾謂繅藉○藏才浪反見賢遍反下見於時見殷見同藉在夜反下同

【疏】典瑞至服飾○釋曰言掌玉瑞玉器之藏者玉之美者入天府藏之凡平者仍在典瑞藏之故亦言藏也人執之則曰瑞即下文鎮圭之等是也禮神曰器則下文四圭之等是也云辨其名物者圭璧之等各有名弁物色有異云與其用事者為事而用圭璧謂朝聘朝日祭祀之等皆是也云設其服飾者謂繅藉在玉若人之衣服之飾也○注人執至繅藉○釋曰人執以見曰瑞禮神曰器者據此文及大宗伯相對而說散文則人執亦名器故聘禮記云圭璋璧琮凡此四器者唯其所寶以聘可也又尚書云五器卒乃復皆是人執而名器也云瑞符信也者若天子受瑞於天諸侯不得受瑞於天唯受瑞於天子故名瑞瑞即符信者也云繅藉即下文繅五采五就之等也

王晉大圭執鎮圭繅藉五采五就以朝日繅有五采文所以薦玉木為中幹用韋衣而畫之就成也王朝日者示有所尊訓民事君也天子常春分朝日秋分夕月覲禮曰拜日於東門之外故書鎮作瑱鄭司農云晉讀為搢紳之搢謂插於紳帶之間若帶劍也瑱讀為鎮玉人職曰大圭長三尺杼上終葵首天子服之鎮圭尺有二寸天子守之繅讀為藻率之藻五就五帀也一帀為一就○以朝直遙反注及後放此韋衣於既反搢紳如字下同一音箭插初洽反或初輒反杼除汝反

【疏】王晉至朝日○釋曰搢插也謂插大圭長三尺玉笏於帶間手執鎮圭尺二寸繅藉五采五就者謂以五采就繅藉玉也以朝日者謂以春分朝日於東郊也○注繅有至一就○釋曰云繅有五采文者釋繅字以其繅者雜采之名故云繅有五采文所以薦玉也云木為中幹用韋衣而畫之就成也者鎮圭尺二寸廣三寸則此木版亦長尺二寸廣三寸與玉同然後用韋衣之乃於韋上畫之一采為一帀五采則五帀一帀為一就就成也

是采色成者也案聘禮記云絢組尺彼組不問尊卑皆用五采長尺以爲繫所以東玉使不落絢組繫亦名繅藉者則曲禮云其有藉者則裼聘禮云上介屈繅以授賓是亦名繅藉者也云王朝日者示有所尊訓民事君也者王者父天母地兄日姊月故春分朝日秋分夕月以王者至尊猶朝日夕月況民得不事君乎是訓民事君也云天子常春分朝日秋分夕月知者案祭義云祭日於東祭月於西又玉藻云玄端而朝日於東門之外又覲禮春拜日於東門之外既春拜日於東明秋夕月於西故知春分朝日秋分夕月也司農云晉讀爲搢紳之搢者瀵有搢紳之士亦謂搢笏於紳故讀從之云謂插之於紳帶之間者凡帶有二者大帶大夫已上用素士用練即紳也又有革帶所以珮玉之等今插笏者插於紳之外革之內故云紳帶之間也云若帶劍也者劍在紳帶之間同處也云玉人職曰大圭長三尺杼上終葵首天子服之者案彼注云杼殺也終葵首謂大圭之上近首殺去之留首不去處爲椎頭齊人名椎爲終葵故名圭首爲椎頭者爲終葵首也案玉藻云天子搢珽方正於天下即此大圭也云鎮圭尺有○二天子守之者亦玉人文引之證經大圭與鎮圭之義也云繅讀爲藻率之藻者桓二年臧哀伯諫辭也藻是水草之文故讀從之也云五就五帀也一帀爲一就者下文有三采者亦一采爲一就下云二采一就者據臣行聘不得與君同是以二采采爲一行二采共爲一就凡言就者或兩行名爲一就卽此上下文是也或一采一帀二行爲二就就卽等也故聘禮記云所以朝天子圭與繅皆九寸又云繅三采六等朱白蒼注云以三色再就謂三色色爲再就就亦等也三色卽六等禮記雜記亦云三采六等注云三采六等以朱白蒼畫之再行行爲一等是等爲一行行亦爲就據單行言之也各有所據故其文有異也

公執桓圭侯執信圭伯執躬圭繅皆三采三就子執穀璧男執蒲璧繅皆二采再就以朝覲宗遇會同于王三采朱白蒼二采朱綠也鄭司農云以圭璧見于王覲禮曰侯氏入門右坐奠圭再拜稽首侯氏見于天子春曰朝夏曰宗秋曰覲冬曰遇時見曰會殷見曰同○信圭音身

【疏】

注三采至曰同○釋曰鄭知三采朱白蒼二采朱綠也者聘禮記文司農引覲禮曰侯氏入門右坐奠圭再拜稽首者彼謂秋覲禮受贄受享皆在文王廟中侯氏入門右者諸侯不敢自同賓客故入門右行臣禮侯擯辭之乃更向門左升自西階授玉云春曰朝已下皆大宗伯文義具於彼也

諸侯相見亦如之鄭司農云亦執圭璧以相見故邾隱公朝於魯春秋傳曰邾子執玉高其容仰

疏注鄭司至容仰○釋曰先鄭云亦執圭璧以相見者亦如上文公執桓圭以下案大行人云諸侯之邦交歲相問殷相聘世相朝司儀所云凡諸公相爲寡侯伯子男之相爲寡如公之儀又諸公之臣相爲國客伯子男之臣云亦如之若不敵則有小國朝大國大國聘小國皆是諸侯相朝之法故邾隱公朝於魯引春秋傳者左氏傳云邾子執玉高其容仰魯侯執玉卑其容俯高仰驕也卑俯替也此二君不獲朝容之正引之以證諸侯相朝有執玉之法也

瑑圭璋璧琮繅皆二采一就以覜聘璋以聘后夫人以琮享之也大夫衆來曰覜寡來曰聘鄭司農云瑑有圻鄂瑑起○瑑直轉反覜他弔反圻魚斤反鄂魚各反

疏瑑圭至覜聘○釋曰此遣臣行聘問之所執者若本君親自朝所執上文桓圭之等是若遣臣聘不得執君之圭璧無桓信躬與蒲璧之文直瑑之而已故云瑑圭璋璧琮此謂公侯伯之臣也若子男之臣豈得過本君用以圭璋乎明子男之臣亦用瑑璧琮也云皆二采一就以覜聘者謂朱綠二采共爲一就也○注璋以至瑑起○釋曰云璋以聘后夫人以琮享之也者鄭欲見此經遣臣聘法有聘天子幷有自相聘二者俱見故云璋以聘后夫人而琮享之也明知圭以聘天子與諸侯而璧享之鄭不言圭璧於天子諸侯者以聘后夫人文隱故特舉以言之天子諸侯可知也云大夫衆來曰覜寡來曰聘者此亦據大宗伯云殷覜曰視謂一服朝之歲卽此覜也故云衆來彼又云時聘曰問亦無常期卽此聘也故云寡來曰聘也司農云瑑有圻鄂瑑起是不爲桓信躬等之文也

四圭有邸以祀天旅上帝鄭司農云於中央爲璧圭著其四面一玉俱成爾雅曰邸本也圭本著於璧故四圭有邸圭末四出故也或說四圭有邸有四

角也邸讀爲抵欺之抵上帝玄天玄謂祀天夏正郊天也上帝五帝所郊亦猶五帝殊言天者尊異之也大宗伯職曰國有大故則旅上帝及四望○邸丁禮反又音帝著直略反疏四圭至上帝○釋曰此祀天謂夏正郊天也旅上帝者上帝五帝也國有故而祭故稱旅也○注鄭司農至四望○釋曰司農云於中央爲璧圭著其四面一玉俱成者云於中央爲璧謂用一大圭琢出中央爲璧形亦肉倍好爲之四面琢各出一圭璧之大小圭之長短無文天子以十二爲節蓋四。廟圭各尺二寸與鎮圭同其璧爲邸蓋徑六寸總三尺與大圭長三尺又等故云一玉俱成也云或說四圭有邸有四角也者此說四角角即桓矣以無正文故兩釋之也云邸讀爲抵欺之抵音讀之也云上帝玄天者與大宗伯注同司農意與孔王等無六天之義也玄謂祀天夏正郊天也者凡天有六案大宗伯云蒼璧禮天據冬至祭昊天於圜丘者也彼又云青圭禮東方赤璋禮南方白琥禮西方玄璜禮北方據四時迎氣及總享於明堂之等祭五方天也彼惟不見夏正郊所感帝故知此四圭是夏正郊天易緯云三王之郊一用夏正各郊所感帝即郊特牲云兆日於南郊就陽位於郊故謂之郊是也云上帝五帝者案宗伯青圭之等已見祭五方天帝此又言者彼據常祭此據國有故而祭曰旅用玉與郊天同四圭有邸故言之也。天所郊亦猶五帝殊言天者尊異之也者王者各郊所感帝若周之靈威仰之等即是五帝而殊言天是尊異之以其祖感之而生故也引大宗伯者證旅上帝是國有故而祭也但旅四望下文與地同用兩圭今此言之者連引之耳

兩圭有邸以祀地旅四望同。

兩圭者以象地數二也僢而邸祀地謂所祀於北郊神州之神○僢昌絹反邸音帝疏注兩圭至之神○釋曰云僢而同邸者案王制注臥則僢彼僢謂兩足相向此兩圭亦兩足同邸是足相向之義故以僢言之則上四圭同邸者亦是各自兩足相向但就此兩足相向而言之也云地謂所祀於北郊神州之神者以其宗伯所云黃琮禮地謂夏至祭崑崙大地明此兩圭與上四圭郊天相對是神州之神案河圖括地象崑崙東南萬五千里神州是也但三王之郊一用夏正未知神州用何月祭之或解郊用三陽之月

神州既與郊相對宜用三陰之月當七月祭之祼圭有瓚以肆先王以祼賓客鄭司農云於圭頭為器可以挹鬯祼祭謂之瓚故詩曰卹彼玉瓚黃流在中國語謂之鬯圭以肆先王祼先王祭也玄謂肆解牲體以祭因以為名爵行曰祼漢禮瓚槃大五升口徑八寸下有槃口徑一尺○肆如字又他歷反注同挹於十反又於集反卹音恤又作䘏

疏祼圭至賓客○釋曰祼圭即玉人所云祼圭尺有二寸者也以肆先王謂祭先王則宗伯六享皆是也以祼賓客者則大行人云上公再祼侯伯一祼之等是也○注鄭司至一尺○釋曰先鄭云於圭頭為器器即瓚是也云可以挹鬯祼祭謂之瓚者鬯即鬱鬯也言祼言祭則祼據賓客祭據宗廟也詩曰卹彼玉瓚黃流在中者彼詩是美王季為西伯受殷王圭瓚之賜言黃流在中即與玉人云黃金勺鼻等同也云國語謂之鬯圭者案國語云臧文仲以鬯圭與磬如齊告糴是也云以肆先王灌先王祭也先鄭不解肆字故後鄭釋之玄謂肆解牲體以祭因以為名者案大司徒云祀五帝奉牛牲羞其肆是祭時肆解牲體因即以肆為祭名也云爵行曰祼者此周禮祼皆據祭而言至於生人飲酒亦曰祼故投壺禮云奉觴賜灌是生人飲酒爵行亦曰灌也云漢禮瓚槃大五升口徑八寸下有槃口徑一尺者此據漢禮器制度文叔孫通所作案玉人職云大璋中璋邊璋下云黃金勺青金外朱中鼻寸衡四寸鄭注云三璋之勺形如圭瓚玉人不見圭瓚之形而云形如圭瓚者鄭欲因三璋勺見出圭瓚之形但三璋勺雖形如圭瓚之形即此漢禮文其形則大三璋之勺徑四寸所容蓋似小也

圭璧以祀日月星辰圭其邸為璧取殺於上帝○殺色界反劉色例反下同

疏圭璧至星辰○釋曰祭日月謂若春分朝日秋分夕月幷大報天王日配以月其星辰所祭謂小宗伯四類亦如之注云禮風師雨師於郊之屬又月令云祈來年於天宗鄭云天宗日月星亦是也其祭法埋少牢已下祭日月星辰謂禱祈而祭亦用此圭璧以禮神也○注圭其至上帝○釋曰云圭其邸為璧者上文四圭兩圭及下璋邸皆言邸鄭皆以邸為璧但此圭云璧不言邸故鄭還以邸解璧也云取殺於上帝者但郊天及神州之神雖相對

但天尊地卑故四玉有異鄭直云象不言殺也今日月星天神故以殺言之也言殺者取降殺以二爲節也

璋邸射以祀山川以造贈賓客

璋有邸而射取殺於四望鄭司農云射剡也○射食亦反

【疏】璋邸至賓客○釋曰此祀山川謂若宗伯云兆山川丘陵各於其方亦隨四時而祭則用此璋邸以禮神玉人云璋邸射素功以祀山川以致稍餼注云邸射剡而出也致稍餼造賓客納稟食也先鄭云素功無瑑飾也以此而言則造贈賓客謂致稍餼之時造館贈之言贈則使還之時所贈賄之等亦執以致命耳

土圭以致四時日月封國則以土地

以致四時日月者度其景至不至以知其行得失也冬夏以致日春秋以致月土地猶度地也封諸侯以土圭度日景觀分寸長短以制其域所封也鄭司農說以玉人職曰土圭尺有五寸以致日以土地以求地中故謂之土圭○度待洛反下度地度日同中如字劉丁仲反

【疏】注以致至土圭○釋曰鄭云以致四時日月者度其景至不至以知其行得失也又引馮相氏云冬夏致日春秋致月者依通卦驗冬至立八尺之表晝漏半度之表北得丈三尺景又依大司徒云日至之景尺有五寸謂之地中是其景至也若不依此或長或短則爲不至也云以知其行得失也者景之至否皆由人君之行所致若景不依道度爲不至至是人君之行失若景依道度爲至是人君之行得故云知行得失若春秋致月之法亦於春分秋分於十五日而望夜漏半而度之但景之長短自依二分爲長短不得與冬夏日景同景之至否亦知行之得失也云以土圭度日景觀分寸長短以制其域所封也者日景一寸其地千里則一分百里今封諸侯無過五百里已下止可言分而言寸者語勢連言之其實不含有寸也先鄭玉人職而云以求地中故謂之土圭者所用惟置洛邑而求地中自餘或致四時之景或封諸侯所用不必要求地中而先鄭言求地中者據大司徒而言耳

珍圭以徵守以恤凶荒

杜子春云珍當爲鎮書亦或爲鎮以徵守者以徵召守國諸侯若今時徵郡守以竹使符也鎮者國之鎮諸侯亦一國之鎮故以鎮圭徵之也凶荒則民有遠志不安其土故以鎮圭鎮安之玄謂

珍圭王使之瑞節制大小當與琬琰相依王使人徵諸侯憂凶荒之國則授之執以往致王命焉如今時使者持節矣恤者閻府庫振救之凡瑞節歸又執以反命○守劉守又反注徵守同使之所吏反下今使者亦王使於使者皆同閻音開

疏注杜子至反命○釋曰子春云鎮者國之鎮者若職方每州皆云其鎮山鎮是國之鎮據山而言玄謂珍圭王使之瑞節謂若掌節云山國土國有人節虎節是諸侯使人之瑞節此珍圭等是王使之瑞節也云制大小當與琬琰相依者案玉人琬圭九寸此珍圭玉人不言故約與琬琰同鄭云如今時使者持節矣者即子春所云竹使符也云恤者閻府庫振救之者凶荒年穀不熟百姓困乏故知開府庫振救之府庫所以藏財貨故禮記大學云未有府庫財非其財者也若然開府庫出賞明亦開倉廩出米粟出給之也云凡瑞節歸又執以反命者此無正文要王使人執瑞節往反須反命於王明此已致命王乃歸還典瑞節也

牙璋以起軍旅以治兵守

鄭司農云牙璋瑑以爲牙牙齒兵象故以牙璋發兵若今時以銅虎符發兵玄謂牙璋亦王使之瑞節兵守用兵所守若齊人戍遂諸侯戍周

疏注鄭司農至戍周○釋曰先鄭云牙璋瑑以爲牙牙齒兵象故以牙璋發兵者此無正文以意言之以其言牙即以牙齒解之云若今時以銅虎符發兵者案漢文帝本紀云二年九月初與郡國守爲銅虎符竹使符應劭曰銅虎符從第一至第五國家當發兵遣使者至郡國合符符合乃聽受之竹使符皆以竹箭五枚長五寸鐫刻篆書第一至第五張晏曰以代古圭璋從簡易便其事也然銅虎竹使符漢時皇帝使者之瑞節則司農之意鎮圭牙璋之等亦王使之瑞節也但先鄭不言之故後鄭皆云王使之瑞節增成之也云節者即掌節云守邦國者用玉節則王用玉節可知玉人云璋邸射素功以祀山川以致稍餼與此中所用同明此牙璋亦素功若然案玉人云牙璋中璋七寸射二寸厚寸以起軍旅以治兵守此不云中璋者中璋比於牙璋殺文飾總而言之亦得名爲牙璋以其鉏牙同也以此而言此文云牙璋亦兼中璋矣若然大軍旅用牙璋小軍旅用中璋矣云若齊人戍遂者莊公十三年春齊侯會諸侯于北杏夏六月齊人滅遂傳曰遂人不

至夏齊人滅遂而戍之也云諸侯戍周者昭二十七年十二月晉籍秦致諸侯之戍于周是其事也璧羨以起度鄭司農云羨長也此璧徑長尺以起度量玉人職曰璧羨度尺以爲度玄謂羨不圜之貌蓋廣徑八寸袤一尺○袤音茂疏注鄭司至一尺○釋曰先鄭云羨長也此璧徑長尺其義是也但語不足故後鄭增成其義也玄謂羨不圜之貌蓋廣徑八寸袤一尺者案爾雅肉倍好謂之璧則璧體圜矣今云璧羨羨是引聲而言是爲長意故先鄭後鄭皆爲不圜也云蓋者此璧本徑九寸今言羨則減傍一寸以益上下故玉人云以爲上下一尺則橫徑八寸矣無正文故云蓋以疑之也駔圭璋璧琮琥璜之渠眉疏璧琮以斂尸鄭司農云駔外有捷盧也駔讀爲駔疾之駔疏讀爲沙謂圭璋璧琮琥璜皆爲開渠爲眉瑑沙除以斂尸令汁得流去也玄謂以斂尸者於大斂焉加之也駔讀爲組與組馬同聲之誤也渠眉玉飾之溝瑑也以組穿聯六玉溝瑑之中以斂尸圭在左璋在首琥在右璜在足璧在背琮在腹蓋取象方明神之也疏璧琮者通於天地○駔音祖斂力驗反注同令汁力呈反下令爲同疏注鄭司農至天地○釋曰先鄭讀駔爲駔牙之駔故云外有捷盧捷盧若鋸牙然後鄭不從之也云駔讀爲駔疾之駔此蓋當時有駔疾之語故言焉云疏讀爲沙已下後鄭皆不從者以其王之襲斂百五十稱有餘何得更有使汁流去乎玄謂以斂尸者於大斂焉加之也者以其六玉所與王爲飾明在衣裳之外故知在大斂後也駔讀爲組與組馬同聲之誤也者詩有執轡如組聲之誤爲駔若然後鄭讀駔本與組同聲不爲駔牙之音故得爲聲誤若本爲駔牙之音與組聲異何得爲駔也云渠眉玉飾之溝瑑也者此六玉兩頭皆有孔又於兩孔之間爲溝渠於溝之兩畔稍高爲眉瑑故云以組穿聯六玉溝瑑之中以斂尸也云圭在左已下皆約大宗伯云青圭禮東方之等以尸南首而置此六玉焉云蓋取象方明神之也者案覲禮設方明上圭下璧無璧琮此云象者彼注上下之神非天地至貴謂日月之神故上下不用璧琮此中有璧琮者象天地若然此言象方明者直取置六玉於六處不取玉形之義又案宗伯璧禮天琮禮地今此璧在

背在下琮在腹在上不類者以背爲陽腹爲陰隨尸腹背而置之故上琮下璧也云疏璧琮者通於天地者天地爲陰陽之主人之腹背象之故云疏之通天地也

轂圭以和難以聘女

轂圭亦王使之瑞節轂善也其飾若粟文然難仇讎和之者若春秋宣公及齊侯平莒及郯晉侯使瑕嘉平戎于王其聘女則以納徵焉○難乃旦反注同郯音談瑕音遐本又作瑕亦作假皆同

【疏】注轂圭至徵焉○釋曰難謂兩諸侯相與爲怨仇王使人和之則執以往也轂善也故執善圭和之使善也聘女亦是和好之事故亦用善圭也知飾若粟文者以其稱轂若轂粟然也云難仇讎者仇爲怨讎爲報有怨當報若調人和仇讎之類也云若春秋宣公及齊侯平莒及郯者時莒與郯不和宣公四年左氏云公及齊侯平莒及郯是也云晉侯使瑕嘉者成公元年左氏傳云晉侯使瑕嘉平戎於王是也其聘女則以納徵焉昏禮有六五禮用鴈納徵不用鴈以其有束帛可執媒氏職庶民用緇帛五兩士昏禮用三玄二纁天子加轂圭諸侯加以大璋大夫與士同故知納徵也昏禮言納徵徵成也納此則昏禮成春秋謂之納幣以春秋通異代指幣體以質之言也

琬圭以治德以結好

琬圭亦王使之瑞節諸侯有德王命賜之及諸侯使大夫來聘既而爲壇會之使大夫執以命事焉大行人職曰時聘以結諸侯之好鄭司農云琬圭無鋒芒故治德以結好○好呼報反注同

【疏】注琬圭至結好○釋曰云亦王使之瑞節亦上文也云諸侯有德王命賜之者解經治德也云及諸侯使大夫來聘既而爲壇會之使大夫執以命事焉者解經結好也此即大宗伯時聘無常期一也故引大行人時聘以結諸侯之好以證之若時見曰會諸侯來與之會時聘使大夫來王還使大夫往會也焉先鄭云琬圭無鋒芒者對下文琰圭有鋒芒者也

琰圭以易行以除慝

琰圭亦王使之瑞節鄭司農云琰圭有鋒芒傷害征伐誅討之象故以易行除慝易惡行令爲善者以此圭責讓喻告之也玄謂除慝亦於諸侯使大夫來覜既而使大夫執而命事於壇大行人職曰殷覜以除邦國之慝○易行下孟反注同慝吐得反

【疏】注琰圭至之慝○釋曰玄謂除慝亦於諸侯使大夫來覜既而使大

夫執而命事於壇者此即大宗伯云殷覜曰視謂一服朝之。職也故引大行人云殷覜以除邦國之慝爲證也但上文治德與此經易行據諸侯自有善行惡行王使人就本國治易之結好與除惡皆諸侯使大夫來聘亦王使大夫爲壇命之爲異也鄭知使大夫來皆爲壇者約君來時會殷國爲壇明臣來爲壇可知也

大祭祀大旅凡賓客之事共其玉器而奉之

玉器謂四圭祼圭之屬

疏大祭至奉之○釋曰大祭祀兼有天地宗廟大旅中兼有上帝四望等故鄭云四圭祼圭凡賓客謂再祼一祼之等亦云奉之者送向所行禮之處也○注玉器至之屬○釋曰鄭知玉器謂四圭祼圭者上已釋禮神曰器經云玉器故知非瑞是禮神者也云之屬者兼有兩圭璧圭璋邸之等也

大喪共飯玉含玉贈玉

飯玉碎玉以雜米也含玉柱左右齻及在口中者雜記曰含者執璧將命則是璧形而小耳贈玉蓋璧也贈有束帛六幣璧以帛○飯扶晚反注同含戶暗反柱張注反顛如字儀禮作齻音同

疏大喪至贈玉○釋曰大喪謂王喪兼有后世子在其中以其更不見共后世子之故也飯玉者天子飯以黍諸侯飯用粱大夫飯用稷天子之士飯用粱諸侯之士飯用稻其飯用玉亦與米同時此即禮記檀弓云飯用米貝不以食道鄭云食道褻米貝美是也含玉者則有數有形雜記云天子飯九貝諸侯七大夫五士三貝者鄭云夏時禮以其同用貝故也周天子諸侯皆用玉亦與飯俱時行之贈玉者案既夕禮葬時柩入坎贈用玄纁束帛即天子加以玉是贈先王之物也○注飯玉至以帛○釋曰鄭知飯玉碎玉以雜米者以其與米同內於口中故知碎之與米同知含玉柱左右齻及在口中者案士喪禮云主人飯米置尸三加貝左中亦如之既言左右及中明知柱左右齻及口中鄭彼注象生時齒堅以此而言士喪禮用三復以雜記差之則天子用九玉諸侯用七玉大夫用五玉若然大夫已上不徒柱左右與中央耳云雜記曰含者執璧將命則是璧形而小耳者彼是諸侯薨鄰國遣大夫來弔并行含襚賵之禮諸侯用璧天子雖用玉其形無文故取諸侯法以況之天子亦爲璧形而小以其入口故知小也云贈玉蓋璧也者以既夕禮云贈

用束帛明天子亦有束帛也而小行人合六幣璧以帛故知贈既用帛明以璧配之鄭言此者恐天子與士異士用帛天子用玉嫌不用帛故言之也案玉府已云大喪共含玉此又言之者蓋玉府主作之此官主其成事而共之

凡玉器出則共奉之玉器出謂王所好賜也奉之送以往遠則送於使者疏注玉器至使者○釋曰云玉器出謂王所好賜也者天府云遷寶謂徙國都此不言遷直言出故知王所好賜之者也云遠則送於使者者謂王使人就國賜之則往就使者付之故云送於使者也

附釋音周禮注疏卷第二十

周禮注疏卷二十校勘記　阮元撰盧宣旬摘錄

附釋音周禮注疏卷第二十

雞人　葉鈔釋文作鷄人○按从隹者小篆从鳥者籀文

夜嘑旦以嘂百官　釋文作以嘂唐石經余本嘂作嘂字從丩此誤

故挈壺氏兼告期也　惠校本同閩本刊落也監毛本承之又監本壺誤壼

司尊彝

其朝踐用兩獻尊　釋文獻本或作戲說文酉部云醆酒器也周禮六尊首犧尊鄭司農云獻讀爲犧義本說文鄭志云或有作獻字者齊人之聲誤耳○按仲師卒於章帝建初八年說文上於安帝建光元年仲師未嘗見說文謂說文本仲師則可考古必按其時代非可妄語也據叔重自序云說文成於和帝永元十二年上距仲師卒之年凡十八年

罍神之所飲也　余本閩監毛本同誤也嘉靖本神作臣釋曰云罍臣之所飲也者經云皆有罍諸臣之所酢故知諸臣所飲者也當據以訂正

蜼讀爲蛇虺之虺　岳本爲作曰毛本蜼誤蛇

案內宰職云贊后薦加豆籩　浦鏜云內宗誤內宰

王酳尸因朝踐之尊醴齊 浦鏜云用誤因

不合爲野享之義也 惠校本享作饗

以諸尊皆物爲飾 惠校本物上有異此脫

以爲刻畫山雲之形者也 閩監毛本無者

異義第六罍制 惠校本閩本同監毛本第改弟

古廷說罍器 按詩卷耳正義作古毛詩說爾雅釋器正義同此作廷誤下同

金飾亡目 浦鏜云口誤亡從儀禮通解續校按詩正義作龜目○按口字非

經文雖有詩云 閩監毛本雖改惟誤

則其餘諸臣直有金 詩正義金作罍此誤

齊爲齏 葉鈔釋文作爲齎

稅栻勺而酌也 閩監毛本同誤也余本嘉靖本作挩拭當據正釋文作挩飾云本或作拭

齊讀皆爲粢 漢讀考齊作齏本故書也此誤

猶明清與醆酒于舊澤之酒也 余本岳本嘉靖本閩本同監毛本澤改醳非釋文作舊澤

獻讀爲摩莎之莎　葉鈔釋文作摩沙

脩讀如滌濯之滌　余本嘉靖本閩監毛本同賈疏引注作讀爲漢制考同當訂正

故舉常時泲酒之法以曉人也　浦鏜云當誤常

無過與盎同　惠校本盎下有齊

推次可知也　惠校本作推此

三酒時祭亦備　惠校本下有之

朝夕酒存省之意也　按酒蓋須之誤○按朝夕酒句絕不誤

鄭知旅是大國有故之祭者　浦鏜云大字當在故上

司几筵

莞藻次蒲熊　釋文莞藻本又作繅按經作繅司農讀爲藻鄭君則仍用繅字今本作藻非

酢席王在廟室西面　惠校本無王此衍

設莞筵紛純　唐石經筵作席涉下文誤

其繡白黑采　余本嘉靖本監毛本同閩本采作文按賈疏引注亦作文

純讀爲均服之均漢讀考云此讀如擬其音今本作讀爲誤按賈疏亦云均即準音與純同

憑玉几余本閩監毛本同嘉靖本憑作馮按釋文賈疏皆作馮下加心者俗作〇按說文引周書凭玉几凭者正字馮者假借字

有成其文章盧文弨云通考無其

祀先王昨席亦如之唐石經原刻作胙席後磨改作昨下昨席同

王受酢之席閩本同監毛本酢改昨非

右彫几唐石經諸本同惠校本彫作雕云余本仍作彫下注同按釋文几部引周禮五几作雕几

繅柔嚅閩監毛本同誤也余本岳本嘉靖本嚅作𥗬當訂正〇按𥗬本礝之誤借𥗬爲今人輭弱字也葉鈔釋文及余本載音義皆作𥗬

繅柔𥗬不如莞清堅閩監毛本𥗬改嚅下柔𥗬同

不亦如下文莞席加繅者此本不字剜擠閩監毛本排入

先鄭據此文而云惠校本云作言此誤

右漆几說文几部引周禮作髤几按桼部云髤桼也从桼髟聲與桼字義同而文異音異漢讀考云當是杜子春賈侍中衛次仲等說而許從之

即共詷也閩監毛本共改其〇按此條鄭注亦由以注改經復以經改注而誤耳說詳禮記校勘記

謂言祭時浦鏜云吉誤言

牖閒南鄉閩監毛本同余本岳本嘉靖本鄉作嚮按釋文音上經南鄉云下及注同則此亦當並作鄉字此本及閩監毛本惟南鄉字作鄉下仍作東嚮西嚮非○按鄉正字嚮俗字嚮亦見漢碑

爲祊乎外閩本同監毛本乎改於

几長五尺高三尺閩監毛本作高二尺

天府

蕢鼓在西房釋文蕢作蕢

師貞丈人吉問於丈人諸本同按下四字當衍司農訓貞爲問故引易師貞丈人吉及國語貞於陽卜以證之疏中亦有此四字浦鏜云當爲衍文○按此四字乃大鄭說易之語非衍文也易之言貞者多矣獨此以貞丈人連讀訓爲問於丈人大鄭恐人惑故附見其解如王弼及孔氏疏中所引注皆以正釋貞況彖傳曰貞正也仲師此證蓋非是

筮不以廟堂者監本以作於

能御衆衆有朝正人之德浦鏜云衍一衆按朝當爲幹字之誤

引此三文者惠校本三作二此誤

典瑞

晉讀爲搢紳之搢謂插於紳帶之間 余本閩監毛本同宋本嘉靖本插下有之釋文搢紳作薦申插作函按賈疏引注作謂捶之於紳帶之間此脫之字○按插者正字函者假借字

鎮圭尺有二寸 嘉靖本圭作王蓋玉之誤

釋曰搢捶也 閩監毛本搢改晉按疏依本注讀

云鎮圭尺有二 浦鏜云下脫寸

瑑有圻鄂瑑起 嘉靖本作瑑有沂鄂瑑起按此本疏中引注亦作沂鄂釋文作圻鄂○按古通用

蓋四廟圭各尺二寸 浦鏜云廂誤廟從儀禮通考續校

天所郊亦猶五帝 浦鏜云云誤天

僢而同邸 釋文作僢而同柢此誤○按此作邸爲是上經四圭有邸注中不改作柢字則此亦不當改況爾雅曰邸本也今爾雅作柢司農自據當時爾雅且司農邸有兩說惟作邸斯二說可該倘作柢則不能該後說矣

卹彼玉酇 余本同嘉靖本閩監毛本酇作瓚從邑蓋訛釋文卹彼又作邲○按說文有邲字在卩部从卩又卹字在血部亦从卩

灌先王祭也 岳本嘉靖本同余本閩監毛本灌改祼惠校本作灌先王祭也按賈疏引注亦作灌○按祼灌古今字注爵行曰祼依疏亦可作灌

下有槃口徑一尺嘉靖本作二尺

此據禮器制度文漢制考禮作漢

以土地以求地中嘉靖本作所求地中

先鄭玉人職補毛本玉上有引字

以恤凶荒唐石經余本岳本嘉靖本閩本同監毛本恤改卹○按卹當从卩

故玉人云以爲上下一尺惠校本無云此衍

先鄭讀駔爲駔牙之駔漢讀考云當作鉏牙之鉏玉人注牙璋有鉏牙之飾

穀圭以和難唐石經脫以

宣公及齊侯平莒及郯余本嘉靖本閩本同監毛本郯誤剡按釋文賈疏皆作郯

晉侯使瑕嘉平戎于王釋文作叚嘉云本又作瑕亦作假○按叚音假古字也

故治德以結好岳本作以治德結好

使大夫執以命事焉者惠校本同閩監毛本以改而

時聘無常期一也閩本同監毛本一改故

謂一服朝之職也浦鏜云歲誤職

柱左右巔及在口中者余本岳本嘉靖本惠校本同監毛本巔作顛閩本誤巔按釋文作顛云儀禮作巔○按巔字不古當是儀禮本作顛謂齒之盡處牙車也

彼注象生時齒堅○按齒當作齧

周禮注疏卷二十校勘記

附釋音周禮注疏卷第二十一

鄭氏注　賈公彦疏

典命掌諸侯之五儀諸臣之五等之命五儀公侯伯子男之儀五等謂孤以下四命三命再命一命不命也或言儀或言命互文也故書儀作義鄭司農義讀爲儀疏注五儀至爲儀○釋曰云五儀公侯伯子男之儀者此五儀有三等之命命雖有同者其儀皆異若然大宗伯注云每命異儀貴賤之位乃正是命異儀即異此則命同儀有異於義乖者但大宗伯經云九儀之命據九等之命爲九儀故注每命異儀是命異儀即異經云掌諸侯之五儀即是據五等之爵爲五儀是以命同儀有異此乃各有所據於義無乖也云五等謂孤以下四命三命再命一命不命也鄭知義然者此經諸臣五等在諸侯之下則還據諸侯之下臣有五等而言諸侯之下既無四命以至五命明臣有五等通不命也是以諸侯及諸臣皆據下文諸侯諸臣而充此上之數也故下文諸侯下說大國孤四命其卿三命大夫再命士一命侯伯之卿已下如公國五命三等云或言儀或言命互文也者謂或言儀者亦有命此則諸侯之命也或言命者亦有儀此乃臣之儀也今若據爵而言則孤卿大夫士四等之儀也若據命而說則通不命爲五儀

上公九命爲伯其國家宮室車旗衣服禮儀皆以九爲節侯伯七命其國家宮室車旗衣服禮儀皆以七爲節子男五命其國家宮室車旗衣服禮儀皆以五爲節上公謂王之三公有德者加命爲二伯二王之後亦爲上公國家國之所居謂城方也公之城蓋方九里宮方九百步侯伯之城蓋方七里宮方七百步子男之城蓋方五里宮方五百步大行人職則有諸侯圭藉冕服建常樊纓貳車介牢禮朝位之數焉○樊步干反介音介疏注上公至數焉○釋曰鄭云上公謂王之

三公有德者加命爲二伯者案下文三公八命出封皆加一等謂若周公大公
有德封於齊魯身雖在王朝使其子就國亦是出封加命爲上公九命者此上
公則爲二伯分。陝者也故大宗伯云九命作伯是也云二王之後亦爲上公者
案孝經緯援神契云二王之後稱公大國稱侯故知也若然宋公爲殷之後稱
公春秋之代杞爲夏後或稱侯或稱伯或稱子者杞君無道或用夷禮故貶之
而不稱公也若虞公號公非王之三公出封亦得稱公者此殷時稱公武王滅
殷虞號無過可退無功可進雖周之親戚仍守百里之地而稱公也自外雖是
周。之同族有出封惟稱侯伯而已是以魯晉鄭衛等皆稱侯伯鄭注巾車云王
子母弟雖爲侯伯畫服如上公乘金路是也云國家國之所居謂城方也者若
孝經諸侯稱國大夫稱家今此文無卿大夫則國家總據諸侯城方者也云公
之城蓋方九里云云此經國家及宮室車旗以下皆依命數而言既言國家宮
室以九以七以五爲節以天子城方十二里而言此九七五亦當爲九里七里
五里爲差矣但無正文故言蓋以疑之也案書無逸傳云古者百里之國九里
之城玄或疑焉周禮匠人營國方九里謂天子之城今大國與之同非也然大
國七里次國五里小國三里之城爲近可也或者天子實十二里之城諸侯大
國九里次國七里小國五里如是鄭自兩解不定鄭必兩解者若案匠人營國
方九里據周天子而言則公宜七里侯伯宜五里子男宜三里爲差也若據此
文九命者以九爲節七命者以七爲節五命者以五爲節又案文王有聲箋云
築城伊洫適與成方十里等小於天子大於諸侯以其雖改殷制仍服事殷未
敢十二里據此二文而言則周之天子城方十二里公宜九里侯伯宜七里子
男宜五里也若周天子十二里則匠人云九里或據異代法以其匠人有夏殷
法故也鄭不言異代者以其無正文不敢斥言也是以隱公元年祭仲云都城
不過百雉雉長三丈百雉五百步大都三之一則鄭是伯爵城有一千五百步爲
五里是公七里侯伯五里子男三里矣此賈服杜君等義與鄭玄一解也鄭又
云鄭伯之城方七里大都三之一方七百步實過百雉矣而云都城不過百雉
舉子男小國之大都以駮京城之大其實鄭之大都過百雉矣又是天子城十

二里而言也引大行人之職者經云國家宮室車旗衣服禮儀不可具言故引大行人爲證欲見彼具見車旗以下之數也案大行人云上公之禮執桓圭九寸繅藉九寸冕服九章建常九斿樊纓九就貳車九乘介九人禮九牢其朝位賓主之間九十步侯伯於上公降殺以兩子男比於侯伯又降殺以兩爲差故鄭云數焉耳

王之三公八命其卿六命其大夫四命及其出封皆加一等其國家宮室車旗衣服禮儀亦如之四命中下大夫也出封出畿內封於八州之中加一等褒有德也大夫爲子男卿爲侯伯其在朝廷則亦如命數耳王之上士三命中士再命下士一命

疏王之至如之〇釋曰云王之三公八命其卿六命其大夫四命皆是在朝者云及其出封皆加一等者三公八命者爲九命上公六命卿爲七命侯伯四命大夫爲五命子男云其國家宮室車旗衣服禮儀亦如之者亦如上經以命數爲差也〇注四命中至一命〇釋曰云四命中下大夫也者見序官有中下大夫於此唯見四命大夫是知中下大夫同四命也云出封出畿內封於八州之中者其王朝公卿大夫亦有舊在畿內有采地之封是封畿內者也今乃封於畿外在八州之中諸侯也云加一等褒有德也者王朝公卿大夫無功可進無過可退者不得出封以知加一等爲南面之君者是褒有德也卿爲侯伯大夫爲子男也鄭不言三公者雖出封加命爵仍是公不異故不言也云其在朝廷則亦如命數耳者若先鄭出加入亦加若毛君則出加入減若鄭君出加入則不加不減其義已備宗伯職也云王之上士三命中士再命下士一命者經既不言而鄭言之者此與命所以主命數序官有三等之士此文不見故以意推之必知士有三命以下者見經以大夫四命四命以下唯有三等之命序官有上士中士下士故以三等之命而說之也然公卿大夫以八命六命四命爲陰爵者一則擬出封加爲陽爵二則在王下爲臣是陰官不可爲陽爵故也士下既無出封之理又極卑賤故有三命一命爲陽爵無嫌也

凡諸侯之適子誓於天子攝其君則下其君之禮一等未

誓則以皮帛繼子男誓猶命也言誓者明天子既命以爲之嗣樹子不易也春秋桓九年曹伯使其世子射姑來朝行國君之禮是也公之子如侯伯而執圭侯伯之子如子男而執璧子男之子與未誓者皆次小國之君執皮帛而朝會焉其賓之皆以上卿之禮焉○適子丁歷反則下遐嫁反射姑音亦

疏注誓猶至禮焉○釋曰鄭以誓爲命者諸侯世子皆往朝天子天子命之爲世子故以誓爲命也云言誓者明天子既命以爲之嗣樹子不易也者實是命而經云誓者謂既命以爲繼嗣使爲樹子不可改易義取公羊僖公三年齊桓公會于陽穀管仲命諸侯云無易樹子無以妾爲妻是也引桓九年曹伯使其世子射姑來朝行國君之禮者證經誓於天子攝其君事也云公之子如侯伯而執圭侯伯之子如子男而執璧者以其稱朝是行國君之禮引者以其上公九命侯伯七命子男五命經云下其君一等明依命數爲降以知義然也若公之子如侯伯在侯伯下侯伯子如子男在子男下也云子男之子與未誓者皆次小國之君執皮帛者以經云下一等子男身五命執璧明子雖未誓者同執皮帛朝會可知也云其賓之皆以上卿之禮焉者此亦約曹世子射姑來朝賓之以上卿之禮而言之也若行朝禮擯介依諸侯法其饔餼饗一與卿同也此經誓與未誓皆據父在而言若父卒後得誓者皆得以諸侯序以無父得與正君同故也是以雜記云君薨大子號稱子待猶君也注引春秋葵丘之會宋襄公稱子而與諸侯序又定四年二月癸巳陳侯吳卒三月公會劉子晉侯宋公蔡侯衛侯陳子鄭伯以下於召陵陳子在鄭伯上則是得誓者與諸侯序也若未誓則亦當執皮帛也

公之孤四命以皮帛眂小國之君其卿三命其大夫再命其士一命其宮室車旗衣服禮儀各眂其命之數侯伯之卿大夫士亦如之子男之卿再命其大夫一命其士不命其宮室車旗衣服禮儀各眂其命之數視小國之君者列於卿大夫之位而禮如子男

也鄭司農云九命上公得置孤卿一人春秋傳曰列國之卿當小國之君固周制也玄謂王制曰大國三卿皆命於天子下大夫五人上士二十七人次國三卿二卿命於天子一卿命於其君下大夫五人上士二十七人小國二卿皆命於其君下大夫五人上士二十七人【疏】注視小至七人○釋曰云視小國之君者列於卿大夫之位而禮如子男也知義然者案大行人云大國之孤執皮帛以禮小國之君出入三積不問壹勞朝位當車前不交擯。廟中無相以酒禮之其他皆眡小國之君鄭注云此以君命來聘者也孤尊既聘享更自以其贄見執束帛而已豹皮表之爲飾繼小國之君言次之也其他謂貳車及介牢禮賓主之間擯將幣祼酢饗食之數以此而言則以皮帛者亦是更以贄見若正聘當。執圭璋也若然彼云繼小國之君謂執皮帛次小國君後則與此注列於卿大夫位一也此言眡小國之君注云而禮如子男則彼其他眡小國君幷彼注貳車及介以下是也司農云九命上公得置孤卿一人春秋傳曰列國之卿當小國之君固周制也者案昭二十三年左傳云叔孫婼爲晉所執晉人使與邾大夫坐訟叔孫曰列國之卿當小國之君固周制也寡君命介子服回在是其事也若然先鄭引魯之卿以證孤者孤亦得名卿故匠人云外有九室九卿朝焉是幷六卿與三孤爲九卿亦得名卿者以其命數同也魯是侯爵非上公亦得置孤者魯爲州牧立孤與公同若然其孤則以卿爲之故叔孫婼自比於孤也玄謂王制曰大國三卿皆命於天子以下者案王制之文多據夏殷此命卿。亦是夏殷法故彼下文大國之卿不過三命下卿再命小國之卿與下大夫一命鄭注云不著次國之卿者以大國之下互明之此卿命則異大夫皆同以此言之則大國卿三命次國卿與大國下卿同再命小國卿與大夫同一命彼注即引此周禮命卿大夫之法以證與古不同之義若然此引彼夏殷命臣法周禮諸侯卿大夫命雖與古不同五等諸侯。同國皆有三卿得天子命者與夏殷同故引之若然云大國三卿皆命於天子者上卿則命數足矣中卿天子再命已君加一命亦爲三命下卿天子一命若夏殷已君加一命二命足矣周則已君加二命爲三命。命足矣云下大夫五人不言命數者並不得天子命夏殷並已君加一命周則大國之大夫再命也云上士二十七人者夏殷之士不命其二十七士亦應有上九中九下九而皆云上士者亦是勉人爲高行故總以命上士言之也云次國三卿二卿命於天子者上卿天子二命已君不加中卿天子一命已君加一命下卿天子不命已君亦加二命爲再命故云一卿命於其君是次國之卿皆再命也若周禮次國卿並三命亦下大夫五人上士二十七人義與大國同也云小國二卿皆命於其君者案彼鄭注云此文似誤脫者類上文大國次國則此小國亦當有三卿宜云小國三卿一卿命於天子二卿命於其君則是脫亦三卿一卿命於天子九字矣云誤者次國云二卿命於天子不言皆此小國云二卿皆命於其君而言皆是誤故云蓋誤也若依此三卿解之則三卿之內一卿命於天子爲一命二卿命於其君亦各一命亦下大夫五人上士二十七人義與上同也若周禮小國三卿皆再命亦一卿命於天子一命已君加一命爲再命二卿命於其君不得天子命並已君再命矣又周法次國五大夫亦與大國五大夫同再命小國下大夫五人各一命其士公侯伯之士同一命子男之士不命與夏殷同此文是也大司馬云大國三軍次國二軍小國一軍軍將皆命卿者謂得天子之命者得爲軍將也若然諸侯之臣有四命三命再命一命不命而經云各眡其命數者謂宮室之等四命者四百步貳車四乘旗四斿冕服四章三命者以三爲節再命一命者亦以命數爲降殺也但大夫玄冕一命者一章裳上刺黻而已衣無章故得玄名也則冕亦象衣無旒其上服爵弁並無章飾是以變冕言爵弁也諸侯之大夫一命已上卽有貳車士雖一命亦無貳車天子之士再命已上可有貳車也

司服掌王之吉凶衣服辨其名物與其用事用事祭祀視朝甸凶弔之事衣服各有所用【疏】司服至用事○釋曰此一經與下文爲總目王吉服有九大裘已下是也凶服卽下文凶事與弔是也云辨其名物者衣服有名則物色有異同也○注用事至所用○釋曰云用事祭祀視朝甸凶弔之事者是其事各異云衣服各有所用者謂若祀昊天用大裘之等是也

王之吉服祀昊天上帝則服

大裘而冕祀五帝亦如之享先王則袞冕享先公饗射則鷩冕祀四望山川則毳冕祭社稷五祀則希。冕祭羣小祀則玄冕六服同冕者首飾尊也先公謂后稷之後大王之前不窋至諸盩饗射饗食賓客與諸侯射也羣小祀林澤墳衍四方百物之屬鄭司農云大裘羔裘也袞卷龍衣也鷩裨衣也毳罽衣也玄謂書曰予欲觀古人之象日月星辰山龍華蟲作繢宗彝藻火粉米黼黻希繡此古天子冕服十二章舜欲觀焉華蟲五色之蟲繢人職曰鳥獸蛇雜四時五色以章之謂是也希讀爲絺或作黹字之誤也王者相變至周而以日月星辰畫於旌旗所謂三辰旂旗昭其明也而冕服九章登龍於山登火於宗彝尊其神明也九章初一曰龍次二曰山次三曰華蟲次四曰火次五曰宗彝皆畫以爲繢次六曰藻次七曰粉米次八曰黼次九曰黻皆。希以爲繡則袞之衣五章裳四章凡九也鷩畫以雉謂華蟲也其衣三章裳四章凡七也毳畫虎蜼謂宗彝也其衣三章裳二章凡五也。希刺粉米無畫也其衣一章裳二章凡三也玄者衣無文裳刺黻而已是以謂玄焉凡冕服皆玄衣纁裳○鷩必滅反劉府弊反毳昌銳反劉清歲反希本又作絺陟里反劉猪履反注下皆同窋張律反盩直留反或音冑裨婢支反又方支反罽居例反繢胡對反黹張里反刺七亦反劉七賜反沈此擊反下同

【疏】王之至玄冕○釋曰王之吉服弁下三者亦是今尊其祭服且言六矣○注六服至纁裳○釋曰云六服同冕者首飾尊也者六服服雖不同首同用冕以首爲一身之尊故少變同用冕耳下經五服同名弁亦是首飾尊鄭不言者義可知也冕名雖同其旒數則亦有異但冕名同耳云先公謂后稷之後大王之前不窋至諸盩者但后稷雖是公不諡爲王要是周之始祖感神靈而生文武之功因之而就故特尊之與先王同是以尚書武成云先王建邦啓土尊之亦謂之先王也是以鄭云后稷之後大王之前不數后稷不窋后稷子諸盩大王父二者之間並爲先公矣周本紀云后稷卒子不窋立不窋卒子鞠立鞠卒子公劉立卒子慶節立卒子皇僕立卒子差弗立卒子毁榆立卒子公非立卒子高圉立

卒子亞圉立卒子公祖類立卒子古公亶父立古公亶父則大王亶父也公祖
類卽紺亦曰諸盩也大祫於大祖后稷廟中尸服袞冕王服亦袞冕也案中庸
注云先公組紺以上至后稷天保詩注先公謂后稷至諸盩天作詩注云先公
謂諸盩至不窋經皆云先公注或言后稷或不言后稷者中庸云周公成文武
之德追王大王王季上祀先公以天子之禮后稷既不追王故注先公中有后
稷也天保詩云禴祠烝嘗是四時常祭故注先公中有后稷天作詩是祫之祭
○禮在后稷廟中不嫌不及后稷故注不言后稷各有所據故注不同也云饗射
饗食賓客與諸侯射也者饗食則大行人云上公三饗三食之等是也但饗食
在廟故亦服鷩冕也與諸侯射者此大射在西郊虞庠中亦服鷩冕也若燕射
在寢則朝服若賓射在朝則皮弁服云羣小祀林澤墳衍四方百物者此據地
之小祀以血祭社稷爲中祀埋沈已下爲小祀也若天之小祀則司中司命風
師雨師鄭不言者義可知鄭司農云大裘羔裘也者司裘文先鄭注云大裘黑
羔裘然則凡祭之皆同羔裘義具於司裘也云袞卷龍衣也者鄭注禮記云卷
俗讀其通則曰袞故先鄭袞卷幷言之也云鷩禆衣也者案禮記曾子問云諸
侯禆冕覲禮侯氏禆冕鄭注云禆之言埤也天子大裘爲上其餘爲禆若然則
禆衣自袞以下皆是先鄭獨以鷩爲禆衣其言不足矣云毳罽衣也者案爾雅
云毛氂謂之罽則續毛爲之若今之毛布但此毳則宗彝謂虎蜼而先鄭以爲
罽衣於義不可故後鄭不從也玄謂書曰至希繡而云此古天子冕服十二章
舜欲觀焉者欲明舜時十二章至周無十二章之意也然古人必爲日月星辰
於衣者取其明也山取其人所仰龍取其能變化華蟲取其文理作繢者繢畫
也衣是陽陽至輕浮畫亦輕浮故衣繢也宗彝者據周之彝尊有虎彝蜼彝因
於前代則虞時有蜼彝虎彝可知若然宗彝是宗廟彝尊非蟲獸之號而言宗
彝者以虎蜼畫於宗彝則因號虎蜼爲宗彝其實是虎蜼也但虎蜼同在於彝
故此亦幷爲一章也虎取其嚴猛蜼取其有智以其卬鼻長尾大雨則懸於樹
以尾塞其鼻是其智也藻水草亦取其有文象衣上華蟲火亦取其明粉米共
爲一章取其絜亦取養人黼謂白黑爲形則斧文近刃白近上黑取斷割焉黻

黑與青爲形則兩色相背取臣民背惡向善亦取君臣有合離之義去就之理
也希繡者孔君以爲細葛上爲繡鄭君讀希爲黹黹紩也謂。刺。繒爲繡次但裳
主陰刺亦是沈深之義故裳刺也云華蟲五色之蟲孔君注以爲華象草華蟲
雉也義亦通以其草華有五色故引繢人爲獸蛇雜四時五色以章之爲證也
華蟲名鷩者以其頭似鷩以有兩翼。即曰鳥以其體有鱗似蛇則曰蛇以其有
五色成章則曰雉故鄭注考工記云蟲之毛鱗有文采者也云希讀爲絺或作
黹字之誤也者本有此二文不同故云誤當從絺爲正也云王者相變至周而
以日月星辰畫於旌旗者若孔君義虞時亦以日月星畫於旌旗與周同鄭意
虞時無日月星畫於旌旗若虞時日月星畫於旌旗則衣無日月星也云所謂
三辰旂旗昭其明也者所謂桓公二年哀伯辭彼三辰則此日月星辰旂旗者
謂蛟龍爲旂熊虎爲旗不畫日月星連引之耳引之者證周世日月星畫於旌
旗之意也云而冕服九章者據周法而言既去日月星三章明有九章在也云
登龍於山登火於宗彝尊其神明也者鄭知登龍於山者周法皆以蟲獸爲章
首若不登龍於山則當以山爲章首何得猶名袞龍乎明知登龍於山取其神
也又知登火於宗彝者宗彝則毳也若不登火在於宗彝上則毳是六章之首
不得以毳爲五章之首故知登火於宗彝取其明也云九章初一日龍至凡五
也此無正文並鄭以意解之以其衣是陽從奇數裳是陰從偶數云希刺粉米
無畫也者衣是陽應畫今希冕三章在裳者自然刺繡但粉米不可畫之物今
雖在衣亦刺之不變故得希名故鄭特言粉米也然則毳冕之粉米亦刺之也
云玄者衣無文裳刺黻而已者以其祭服衣本是玄今玄冕一章仍以玄爲名
明衣上無畫一章者刺黻於裳而已是以謂玄焉云凡冕服皆玄衣纁裳者六
冕皆然故云凡以該之知玄衣纁裳者見易繫辭黃帝堯舜垂衣裳蓋取諸乾
坤乾爲天其色玄坤爲地其色黃但土無正位託於南方火赤色赤與黃即是纁色故以纁爲名也

凡兵事韋弁服

韋弁以韎韋爲弁又以爲衣裳春秋傳曰晉郤至衣韎韋之跗注是也今時。伍伯緹衣古兵服之遺色○韎劉音妹又莫拜反衣於既反跗芳符反又音附注音之樹反緹音體

疏

凡兵至弁服○釋曰以兵事有侵戰伐圍入滅非一故云凡云韋弁服者以韋爲冕又以爲服故云韋弁服○注韋弁至遺色○釋曰韎是舊染謂赤色也以赤色韋爲弁云又以爲衣裳者左氏傳成十六年楚子曰韎韋之跗注君子也使工尹襄問郤至以弓若賈服等說跗謂足跗注屬也袴而屬於跗若據鄭雜問志則以跗爲幅注亦爲屬以韎韋幅如布帛之幅而連屬以爲衣而素裳既與諸家不同又與此注裳亦用韎韋有同者異者鄭君兩解此注與賈服同裳亦用韎韋也至彼雜問志裳用素者從白舄之義若然案聘禮云卿韋弁歸饔餼注云韋弁韎韋之弁蓋韎布爲衣而素裳與此又不同者彼非兵事入廟不可純如兵服故疑用韎布爲衣也言素裳者亦從白屨爲正也以其屨從裳色天子諸侯白舄大夫士白屨皆施於皮弁故也云今時。伍伯緹衣古兵服之遺色者鄭取韎爲赤色韋猶以爲疑故舉漢事以爲況言伍伯者伍行也伯長也謂宿衞者之行長見服纁赤之衣是古兵服赤色遺象至漢時是其兵服赤之驗也

眡朝則皮弁服

視朝視內外朝之事皮弁之服十五升白布衣積素以爲裳王受諸侯朝覲於廟則衮冕○眡音視

疏注視朝至衮冕○釋曰天子三朝外朝二內朝一二皆用皮弁故經總云眡朝則皮弁服也知皮弁之服十五升白布衣積素以爲裳者案禮記雜記云朝服十五升士冠禮云皮弁素積故知義然也云王受諸侯朝覲於廟則衮冕者案覲禮云天子衮冕負黼扆節服氏云祭祀朝覲衮冕六人維王之大常注云服衮冕者從王服故知朝覲在廟王服衮冕若然春夏受贄在朝則是眡朝皮弁服也其受享於廟與覲同衮冕故於廟連言朝也

凡甸冠弁服

甸田獵也冠弁委貌其服緇布衣亦積素以爲裳諸侯以爲視朝之服詩國風曰緇衣之宜兮謂王服此以田王卒食而居則玄端○甸音田注同

疏注甸田至玄端○釋曰言凡者田獵非一故以凡廣之不言事者朝是朝日比於田獵爲數故凡事皆不言也云冠弁委貌者士冠禮及郊特牲皆云委貌周道鄭注士冠云委猶安也言所以安正容貌故云委貌若以色言則曰玄冠也云其服緇布衣亦積素以爲裳者士冠禮云主人玄冠朝服緇帶素韠注云衣不言色者衣與冠同

裳又與韠同色是其朝服緇布衣亦如皮弁積素以爲裳也云諸侯以爲視朝之服者士冠禮云玄冠朝服注云天子與其臣玄冕以視朔皮弁以日視朝諸侯與其臣皮弁以視朔朝服以日視朝是也引詩國風曰者是鄭緇衣之詩引之證鄭伯是諸侯服緇衣爲朝服之義也云王卒食而居則玄端者案玉藻韠君朱大夫素士爵韋鄭注云天子諸侯玄端朱裳以其云朱韠韠同裳色故也鄭因朝服而說玄端者以朝服與玄端大同小異以其玄冠緇布衣皆是正幅爲端則同但易其裳耳故因說玄端也若然大夫素韠則素裳其士韠言爵爵是不純之名以其士冠禮上士玄裳中士黃裳下士雜裳雜裳者前三幅玄後四幅黃故爵韠也言凡甸冠弁服據習兵之時若正四時則當戎服是以月令季秋天子乃教於田獵以習五戎司徒搢扑北面以誓之天子乃厲飾執弓挾矢以獵注云厲飾謂戎服尚威武也以此觀之習五戎司徒誓之不戎服著冠弁可知是以襄十四年夏四月左傳云衛獻公戒孫文子甯惠子食而射鴻於囿二子從之公不釋皮冠則皮弁韋弁同且色異耳故以韋弁爲皮弁是其正田用韋弁也○

凡凶事服弁服

服弁喪冠也其服斬衰齊衰○衰七雷反下皆同齊音咨

【疏】注服弁喪至齊衰○釋曰弁服於上下文不類者以是喪服故變其文也天子諸侯絕傍期正統之期猶不降故兼云齊衰其正服大功亦似不降也大功章曰適婦注云適子之婦傳曰何以大功也不降其適也既無指斥明關之天子諸侯也又服問云君所主夫人妻大子嫡婦既言君所主服不降也如是則爲適孫之婦又當小功今注止云斬衰齊衰者以其正服齊衰是不降之首然則王爲適子斬衰其爲適孫適曾孫適玄孫適來孫則皆齊衰不杖章云適孫傳曰何以期也不敢降其適也有適子者無適孫孫婦亦如之玄謂凡父於將爲後者非長子皆期然則王禮亦適子死有適孫適孫死有適曾孫向下皆然也又案喪服傳云始封之君不臣諸父昆弟封君之子不臣諸父而臣昆弟天子之義亦當然若虞舜之與漢高皆庶人起爲天子蓋亦不臣諸父昆弟而有服也

凡弔事弁絰服

弁絰者如爵弁而素加環絰論語曰羔裘玄冠不以弔絰大如緦之絰其服錫衰緦衰疑

衰諸侯及卿大夫亦以錫衰爲弔服喪服小記曰諸侯弔必皮弁錫衰則變其冠耳喪服舊說以爲士弔服素委貌冠朝服此近庶人弔服而衣猶非也士當事弁經疑衰變其裳以素耳國君於其臣弁經他國之臣則皮弁大夫士有朋友之恩亦弁經故書弁作絻鄭司農絻讀爲弁而加環經環經卽弁經服〇近附近之近絻音弁

【疏】凡弔事弁經服〇釋曰弔事言凡者以其弔事非一故亦云凡以廣之也弁經其服則錫衰緦衰疑衰之等也〇注弁經至經服〇釋曰云弁經者如爵弁而素者爵弁之形以木爲體廣八寸長尺六寸以三十升布染爲爵頭色赤多黑少今爲弁經之弁其體亦然但不同爵色之布而用素爲之故云如爵弁而素云加環經者凡五服之經皆兩股絞之今言環經卽與絞經有異矣謂以麻爲體又以一股麻爲體糾而横纏之如環然故謂之環經加於素弁之上故言加環經也云論語曰羔裘玄冠不以弔者彼謂小斂之後主人已改服客則不用玄冠羔裘朝服以弔之引之者證凡弔服及弁經皆施之於小斂已後也云經大如緦之經者弔服環經大小無文但五服之經緦經最小弔服之經亦不過之是以約同緦經故云經大如緦之經也云其服錫衰緦衰疑衰者此文弔事之經下文陳三等弔服錫衰以下明上下相成故據下文而說也云諸侯及卿大夫亦以錫衰爲弔服知者案服問云君爲卿大夫錫衰當事則弁經大夫相爲亦然故知之也云喪服小記曰諸侯弔必皮弁錫衰則變其冠耳者不言君而言諸侯則是弔異國之臣法不著弁經而云皮弁故云則變其冠耳云喪服舊說以爲士弔服素委貌冠朝服此近庶人弔服而衣猶非也者此引舊說而破之庶人弔服首服素委貌冠而素裳其衣裳當疑衰故喪服鄭注云士疑衰素裳冠則皮弁之經庶人不爵弁則其弔冠素委貌也若然士與庶人服同冠弁則異也云國君於其臣弁經者服問云當事則弁經是也云他國之臣則皮弁者喪服小記文是也云大夫士有朋友之恩亦弁經者喪服記云朋友麻故知大夫於士士自相於有朋友之恩者服麻也大夫相於不假朋友恩以其服問卿大夫相爲亦錫衰弁經不言朋友也凡弔服天子之服於此上下文具矣其諸侯弔服亦應三衰俱有知者以天子自大裘以下至素服上

公自衮冕以下如王之服侯伯自鷩冕而下如公之服子男自毳冕而下如侯伯之服皆相如明諸侯三衰皆有但所用據文唯有服問云爲卿大夫錫衰以居出亦如之當事則弁經其用緦衰疑衰則文王世子注同姓之士緦衰異姓之士疑衰以其卿大夫已用錫衰故以二衰施於同姓異姓之士也案士喪禮注云君弔必錫衰者蓋士有朋友之恩者加之與大夫同用錫衰耳大夫相於必用錫衰者以大夫雖已降服仍有小功降至緦麻則不得以緦衰爲弔緦衰既不弔明疑衰亦不可爲故以錫衰爲弔服也士之弔服不用錫衰者避大夫疑衰不用疑裳者鄭注喪服云避諸侯也凡弔服皆既葬除之其大夫妻亦與大夫同故喪服云大夫弔於命婦錫衰命婦弔於大夫亦錫衰注云弔於命婦命婦死也是也服問云爲其妻出則不弔與大夫小異耳

凡喪爲天王斬衰爲王后齊衰王后小君也諸侯爲之不杖期○爲于僞反下及注注除爲害一字皆同【疏】注王后至杖期○釋曰云凡喪者諸侯諸臣皆爲天王斬衰王后齊衰故云凡以廣之鄭云王后小君也者解經臣爲王后著齊衰之意鄭又云諸侯爲之不杖期者案喪服不杖章云爲君之母妻傳曰何以期也從服也但諸臣亦爲王斬衰爲后期鄭特言諸侯者以喪服斬衰章云臣爲君諸侯爲天子及至不杖章直云爲君之母妻不別見諸侯爲后之文故鄭解之本不見諸侯爲后者以其諸侯爲后與臣爲之同故不別見也其卿大夫適子爲君夫人亦與諸臣同士之子賤無服當從庶人禮服問云諸侯之世子不爲天子服注云遠嫌也與畿外之民同服服問又云大夫之適子爲君夫人大子如士服注大夫不世子不嫌也士爲國君斬小君期大子君服斬臣從服期天子卿大夫適子亦當然故云如士服也

王爲三公六卿錫衰爲諸侯緦衰爲大夫士疑衰其首服皆弁經君爲臣服弔服也鄭司農云錫麻之滑易者十五升去其半有事其布無事其縷緦亦十五升去其半有事其縷無事其布疑衰十四升衰玄謂無事其縷。哀在內無事其布哀在外疑之言擬也擬於吉○易以豉反去起呂反下同【疏】王爲至弁經○釋曰天子臣多故三公與六卿同錫衰諸侯五等同緦衰大夫與士同疑衰不見三孤者與六卿同又不辨同姓異姓亦以臣故也云首服皆弁絰者三衰同皆弁絰○注君為至於吉○釋曰君為臣服弔服也者欲見臣為君斬君為臣無服直弔服既葬除之而已鄭司農解錫衰緦衰者喪服傳文其緦衰疑衰無文先鄭當更有所見後鄭皆從但增成其義耳鄭注喪服破升皆為登布八十縷為登登成也今云十五升則千二百縷去其半則六百縷也云有事其縷及有事其布者皆謂以水濯治去其垢者也玄謂疑之言擬也擬於吉者以其吉服十五升今疑衰十四升少一升而已故云擬於吉者也凡弔皆不見婦人弔服者以婦與夫同故喪服云大夫弔於命婦錫衰命婦弔於大夫錫衰是婦與夫同其首服卽鄭注喪服云凡婦人弔服吉笄無首素總是也

大札大荒大烖素服

大札疫病也大荒饑饉也大烖水火為害君臣素服縞冠若晉伯宗哭梁山之崩○縞古老反劉剛操反【疏】注大札至之崩○釋曰知大札疫病者以春秋傳有天昬札瘥之文故知札為疫病也云大荒饑饉也者爾雅穀不孰曰饑蔬不孰曰饉卽曲禮云歲凶年穀不登是也云大烖水火為害者謂若春秋宋災謂有水災為害又孔子世家云哀三年孔子云桓僖災又公羊云雉門災之類皆火災也云君臣素服縞冠若晉伯宗哭梁山之崩者事在成五年引之者證服此素服首服縞冠之意若然梁山崩非大札大荒大烖引為證者欲見山崩與大札大荒服同是以大司樂云凡日月食四鎮五嶽崩令去樂下文云大札大凶大烖令弛縣弛縣與去樂互相明則去樂是同梁山崩又是四鎮五嶽之類則大札大荒素服縞冠與哭梁山崩同可知若然此言素服案玉藻云年不順成則天子素服乘素車食無樂義與此合彼又云年不順成大夫不得造車馬君衣布搢本義與此違者彼衣布謂常服謂禱祈義與此同也

公之服自袞冕而下如王之服侯伯之服自鷩冕而下如公之服子男之服自毳冕而下如侯伯之服孤之服自希冕而下如子男之服卿大夫之服自玄冕而下如

孤之服其凶服加以大功小功士之服自皮弁而下如大夫之服其凶服亦如

之其齊服有玄端素端自公之袞冕至卿大夫之玄冕皆其朝聘天子及助祭之服諸侯非二王後其餘皆玄冕而祭於已雜記曰大夫冕而祭於公弁而祭於已士弁而祭於公冠而祭於已大夫爵弁自祭家廟唯孤爾其餘皆玄冠與士同玄冠自祭其廟者其服朝服玄端諸侯之自相朝聘皆皮弁服此天子日視朝之服喪服天子諸侯齊斬而已卿大夫加以大功小功士亦如之又加緦焉士齊有素端者亦為札荒有所禱請變素服言素端者明異制鄭司農云衣有襦裳者為端玄謂端者取其正也士之衣袂皆二尺二寸而屬幅是廣袤等也其袪尺二寸大夫已上侈之侈之者蓋半而益一焉半而益一則其袂三尺三寸袪尺八寸○其齊側皆反注士齊同有襦音儒本亦作襦屬音燭廣古曠反後廣袤同袪起呂反上時掌反侈昌氏反

疏公之至素端○釋曰陳天子吉凶之服訖自此已下陳諸侯及其臣之服貴賤不同之事也但上具列天子之服此文以上公自袞冕以下差次如之上得兼下下不得僭上也大夫云凶服加以大功小功者天子諸侯自旁期已下皆絕而不為服大夫加以大功小功謂本服大功小功者其降一等小功降仍有服緦者其本服之緦則降而無服云士之服自皮弁而下者士之助祭服爵弁不言爵弁者以其爵弁之服惟有承天變時及天子哭諸侯乃服之所服非常故列天子吉服不言之今以次轉相如不得輒於士上加爵弁故以皮弁為首但皮弁亦是士助君視朔之服也云其凶服亦如之者亦如大夫有大功小功但士無降服則亦有緦服故鄭增之也其齊服有玄端素端者則士冠上士玄裳中士黃裳下士雜裳特牲士之享祭之服也素端者即上素服為札荒祈請之服也○注自公至八寸○釋曰云自公袞冕至卿大夫之玄冕皆其朝聘天子及助祭之服者此上公袞已下既非自相朝聘之服又非己之祭服案曾子問云諸侯裨冕出視朝鄭云為將廟受謂朝天子時也春夏受享於廟秋冬一受之於廟是受享受覲皆在廟是受朝之事及助祭在廟理當裨冕也若卿大夫聘天子受

之在廟及助祭亦用冕服可知故鄭君臣朝聘並言也云諸侯非二王後其餘皆玄冕而祭於己知之者案玉藻云諸侯玄端而祭注云端當爲冕是諸侯玄冕自祭於己也案玉藻云諸侯祭宗廟之服惟魯與天子同此注云諸侯非二王後其餘皆玄冕祭於己彼不言二王後此不言魯者彼此各舉一邊而言其實相兼乃具也魯雖得與天子同惟在周公。又王廟中得用袞冕故明堂位云季夏六月以禘禮祀周公於大廟云天子之禮是也若餘廟亦玄冕或可依公羊傳云白牡周公牲騂犅魯公牲羣公不毛魯公既與羣公列牲而用騂犅則其服宜用鷩冕可也其二王後惟祭受命王得用袞冕其餘廟亦得用玄冕也云雜記曰大夫冕而祭於公弁而祭於己士弁而祭於公冠而祭於己大夫爵弁自祭家廟惟孤爾其餘皆玄冠與士同者鄭引雜記者上已說諸侯祭於己訖更明孤已下自祭不得申上服之意也云其餘皆玄冠與士同者諸侯除孤用爵弁之外卿大夫祭皆用玄冠與士同故少牢是上大夫祭用玄冠朝服特牲是士禮用玄冠玄端是其餘皆玄冠與士同也其天子大夫四命與諸侯之孤同亦以爵弁自祭天子之士宜與諸侯上大夫同用朝服也云玄冠自祭其廟者其服朝服玄端者朝服據少牢大夫禮玄端據特牲士禮而言也云諸侯之自相朝聘皆皮弁服者欲見此經上服惟施於入天子廟不得入諸侯廟之意必知諸侯自相朝聘用皮弁者見聘禮主君及賓皆皮弁諸侯相朝其服雖無文聘禮主君待聘者皮弁明待諸侯朝亦皮弁可知且曾子問云諸侯朝天子冕而出視朝爲將廟受及彼下文諸侯相朝云朝服而出視朝鄭云爲事故據此上下而言明自相朝不得與天子同即用皮弁可知也云此天子日視朝之服者此解皮弁非諸侯常服之物惟於朝聘乃服之意也云喪服天子諸侯齊斬而已者欲見大夫言大功小功天子諸侯不言之意也天子諸侯絶旁期此云齊者據爲后夫人而言若然天子於適孫承重亦期周之道有適子無適孫若無適子自然立適孫若無適孫立適曾孫亦期及至適玄孫皆然也既爲適孫有服而適子之婦大功若於適孫已下之婦承重者皆小功矣今特言齊者舉后夫人重者而言云卿大夫加以大功小功者是據正服大功小功若緦則降而無服故不言云士亦如之又加緦焉者士不降服明知更加緦也云士齊有素端者亦為札荒有所禱請者然上文已云素服士既轉相如已有素服矣今於經別云玄端素端為士設文者以其大夫已上侈袂同惟士不得侈袂以端為之故經別見端文也若然士之素端言齊者見禱請也則上文素服亦是齊服禱請可知也云變素服言素端者明異制者鄭解士別見文素意也鄭司農云衣有襦裳者為端者此端據正幅不據襦裳故後鄭不從也玄謂端者取其正也者端正也故以正幅解之也云士之衣袂皆二尺二寸而屬幅是廣袤等也者云衣袂二尺二寸喪服記文故彼云衣二尺有二寸注云此謂袂中也言衣者明與身參齊是玄端之身長二尺二寸今兩邊袂亦各屬一幅幅長二尺二寸上下亦廣二尺二寸故云屬幅廣袤等袤則長也言皆者皆玄端素端二者同也云其袪尺二寸者據玉藻深衣之袪尺二寸而言也云大夫已上侈之侈之者蓋半而益一焉半而益一則其袪三尺三寸袪尺八寸者此亦無正文案禮記雜記云凡弁絰服其衰侈袂少牢主婦衣綃衣亦云侈袂侈大也鄭以侈為大卽以意為半而益一以解之也孔子大袂單衣亦如此也凡天子冕服有章者舊說天子九章據大章而言其章別小章章依命數則皆十二為節上公亦九章與天子同無升龍有降龍其小章章別皆九而已自餘鷩冕毳冕以下皆然必知有小章者若無小章絺冕三章則孤有四命六命卿大夫玄冕一章卿大夫中則有三命二命一命天子之卿六命大夫四命明中有小章乃可得依命數

凡大祭祀大賓客共其衣服而奉之

奉猶送也送之於王所○【疏】注奉猶至王所○釋曰云大祭祀則中兼有次小祭祀以其皆是王親祭故舉大而言賓客言大者據諸侯來朝也王者不敢遺小國之臣則其臣來聘亦有接待之法亦略舉大而言皆當奉衣服而送之於王王服之以祭祀及接賓客也

大喪共其復衣服斂衣服奠衣服廞衣服皆掌其陳序

奠衣服今坐上魂衣也故書廞為淫鄭司農云淫讀為廞廞陳也玄謂廞衣服所藏於椁中○斂衣力驗反廞虛今反【疏】大喪至陳序○釋曰云大喪王

喪其中兼小喪也復衣服謂始死招魂復魄之服案雜記云復者升屋西上則皆依命數天子則十二人諸侯九人七人五人大夫士亦依命數人執一領天子袞冕已下上公亦皆用助祭之上服云歛衣服者小歛皆十九稱大歛則士三十稱大夫五十稱諸侯皆百稱天子蓋百二十稱○注奠衣至椁中○釋曰云奠衣服今坐上魂衣也者案下守祧職云遺衣服藏焉鄭云大歛之餘也至祭祀之時則出而陳於坐上則此奠衣服。也。者云玄謂廞衣服所藏於椁中者此則明器之衣服亦沽而小者也

典祀掌外祀之兆守皆有域掌其政令。外祀謂所祀於四郊者域兆表之塋城疏典祀至政令○釋曰云掌外祭祀之兆守皆有域掌其禁令者謂遮列不得有人來入域中故云禁令也○注外祀至塋域○釋曰云所祀於四郊者域兆表之塋域者此卽小宗伯所云兆五帝於四郊四類四望亦如之兆山川丘陵已下皆是典祀掌之也言兆域據壇外爲溝渠爲表塋域者也

若以時祭祀則帥其屬而脩除徵役于司隸而役之屬其屬胥徒也脩除芟。埽之徵召也役之作使之疏若以至役之○釋曰云以時祭祀者謂天地山川祭祀皆有時也○注屬其至使之○釋曰鄭知其屬是胥徒者以其典祀身是下士其下惟有胥徒故知也不言府史者府史非役者也徵召也以其司隸主衆隸主供役使故云作使之也

及祭帥其屬而守其厲禁而蹕之鄭司農云遮列禁人不得令入○蹕音畢遮章奢反令力呈反疏注鄭司至令入○釋曰其屬還是胥徒厲是遮列蹕是止行人故云遮列禁人不得令入也

守祧掌守先王先公之廟祧其遺衣服藏焉廟謂大祖之廟及三昭三穆遷主所藏曰祧先公之遷主藏于后稷之廟先王之遷主藏于文武之廟遺衣服大歛之餘也故書祧作濯鄭司農濯讀爲祧此王者之宮而有先公謂大王以前爲諸侯疏注。廟。謂至諸侯○釋曰

云廟謂大祖之廟及三昭三穆者王制云天子七廟三昭三穆與太祖之廟而七又祭法云王立七廟曰考廟曰王考廟曰皇考廟曰顯考廟曰祖考廟皆月祭之有二祧享嘗乃止據周而言是知廟祧中有三昭三穆與太祖之廟也云遷主所藏曰祧者以祭法云遠廟爲祧去祧爲壇既言去祧爲壇明遷主先入祧乃至壇耳故知祧是遷主所藏云先公之遷主藏於后稷之廟者先公謂諸盩已前不追謚爲王者先公之主不可下入子孫廟故知向上入后稷廟案聘禮云不腆先君之祧既拚以俟諸侯無二祧先祖之主皆藏於大祖廟故名祧若然后稷廟藏先公不名祧者以有大祖廟名又文武已名祧故后稷不名祧也若然大王王季之主不可入文武祧亦當藏於后稷廟也云先王之遷主藏於文武之廟者當周公制禮之時文武在親廟四之内未毀不得爲祧然文武雖未爲祧已立其廟至後子孫文武應遷而不遷乃爲祧也其立廟之法后稷廟在中央當昭者處東當穆者處西皆别爲宮院者也案孔君王肅之義二祧乃是高祖之父高祖之祖與親廟四皆次第而遷文武爲祖宗不毀矣鄭不然者以其守祧有奄八人守七廟幷姜嫄廟則足矣若益二祧則十廟矣奄八人何以配之明其義非也云遺衣服大斂之餘也者案士喪禮云小斂十九稱不必盡服服則小斂亦有餘衣必知據大斂之餘者小斂之餘至大斂更用之大斂餘乃留之故知其遺衣服無小斂餘也先鄭云此王者之宮而有先公謂大王以前爲諸侯者謂不窋已後諸盩已前爲諸侯者后稷雖不謚爲王以其爲始祖故祫祭在焉從先王例也

若將祭祀則各以其服授尸尸當服卒者之上服以象生時

【疏】注尸當至生時○釋曰尸服卒者之上服士虞記文鄭引之者欲見天子已下凡尸皆服死者大斂之遺衣其不服者以爲奠衣服者以鄭云象生也既言卒者上服則先王之尸服衮冕先公之尸服鷩冕也若然士爵弁以助祭祭宗廟服玄端而士虞特牲尸不服爵弁者爵弁是助祭諸侯廟中乃服之士尸還在士廟故尸還服玄端爲上服也曾子問云尸弁冕而出卿大夫士皆下之注云弁冕者君之先祖或有爲大夫士者則是先君之先祖爲士尸服卒者上服不服玄端而服爵弁者爵弁本以

助祭在君廟君先祖雖爲士今爲尸還在君廟中故服爵弁不服玄端

其廟則有司脩除之其祧則守祧黝堊之廟祭此廟也祧祭還主有司宗伯也脩除黝堊互言之有司恆主脩除守祧恆主黝堊鄭司農云黝讀爲幽。幽黑也堊白也爾雅曰地謂之黝牆謂之堊○黝於糾反司農音幽堊烏路反或爲洛反本或作惡同疏注廟祭至之堊○釋曰云廟祭此廟也者凡廟舊皆脩除黝堊祭更脩除黝堊示新之敬也今將祭而云脩除知祭此廟也云祧祭還主者以還主藏於祧故也案上司尊彝有追享鄭云追祭遷廟之主謂禱祈則此祭遷主之謂也云有司宗伯也者以其宗伯主立國祀又。涖滌濯脩除亦是絜靜之事故知有司是宗伯爲之云脩除黝堊互言之者鄭以二者廟祧並有而經廟直言脩除祧直言黝堊故互而通之明皆有也以鄭云有司恆主脩除祧亦脩除之守祧恆主黝堊廟亦黝堊之先鄭讀黝爲幽幽是北方北方其色黑欲見地謂之幽取黑義也知堊是白者以其堊與幽黑白相對故知堊是白即掌蜃之白盛之蜃故引爾雅證之

既祭則藏其隋與其服鄭司農云隋謂神前所沃灌器名玄謂隋尸所祭肺脊黍稷之屬藏之以依神○隋許恚反劉相恚反疏注鄭司至依神○釋曰案特牲少牢及會子問皆有惰祭之事今先鄭以隋爲神前沃灌器故後鄭不從也玄謂隋尸所祭肺脊黍稷之屬者案特牲禮。祝命。挼祭尸取菹。梗于醢祭于豆間佐食取黍稷肺祭授尸尸祭之注云肺祭則肺是其隋者彼不言脊似誤所以誤有脊者特牲禮云佐食舉肺脊以授尸尸受振祭嚌之是以於此誤有脊但彼是尸食而舉者故有脊此隋祭不合有也云藏之以依神者此義與祭地埋之同故云依神也

世婦掌女宮之宿戒及祭祀比。其具女宮刑女給宮中事者宿戒當給事豫告之齊戒也比次也具所濯。摡及粢盛之爨鄭司農比讀爲庀庀具也○比本亦作庇鄭毗志反注及下同司農匹氏反劉芳美反沈又上二反疏注女宮至具也○釋曰此世婦是宮卿之官也言女

宮刑女給宮中之事者古者從坐男女沒入縣官男子爲奴隸女子入宮給使役故云刑女也云宿戒當給事豫告之齊戒也者此亦祭前十日戒之使齊祭前三日又宿之故宿戒並言知比具所濯溉及粢盛之爨者濯溉粢盛皆婦人之事二十七世婦職云帥女宮而濯溉爲齍盛儀禮特牲云主婦視饎爨饎爨亦女宮之事故知也先鄭云庀庀具也者先鄭周禮內有比皆爲庀具釋之

詔王后之禮事薦徹之節疏注薦徹之節〇釋曰知此詔王后之禮事是薦徹之節者見外宗云爲王后薦徹故知詔告是薦徹籩豆之節

帥六宮之人共齍盛帥世婦女御〇齍音咨下文同疏注帥世婦女御〇釋曰知帥六宮之人是世婦女御者案二十七世婦職云帥女宮爲齍盛女御職云凡祭祀贊世婦鄭注云助其帥涖女宮是以知齍盛世婦女御之事也

相外內宗之禮事同姓異姓之女有爵佐后者〇相息亮反疏注同姓至后者釋曰鄭以同姓異姓之女有爵以解外內宗者序官云內宗凡內女之有爵者是同姓之女有爵又云外宗凡外女之有爵者是異姓之女有爵故知之也知相是佐后者外宗云佐后薦徹豆籩內宗云及以樂徹則佐傳豆籩注云佐外宗故知外內宗轉相佐后此官相之也

大賓客之饗食亦如之。比帥詔相其事同疏大賓至如之〇釋曰賓客饗食王后亦有助王禮賓之法故內宰凡賓客之祼獻瑤爵皆贊注云謂王同姓及二王之後來朝覲爲賓客者祼之禮亞王而禮賓獻謂王饗燕亞王獻賓也瑤爵所以亞王酬賓也是其饗有后事也彼不言饗食之禮亦當有后助王之事故此言之也〇注比帥至事同〇釋曰此總說上文四經所云比帥詔相言相取同其事則同故云亦如之耳

大喪比外內命婦之朝莫哭不敬者而苛罰之苛譴也〇莫音暮下同苛胡何反譴棄戰反疏大喪至罰之〇釋曰大喪謂王喪王喪則殯後有朝夕哭事外命婦朝廷卿大夫士之妻內命婦九嬪已下以尊卑爲位而哭而有不敬者則呵責罰之

凡王后有操。事於婦人則詔相鄭司農云謂爵婦人玄謂拜拜謝之也喪大記曰夫

人亦拜寄公夫人於堂上【疏】注鄭司至堂上○釋曰先鄭云謂爵婦人者此經自以爲一義不達上大喪之事言爵婦人者天子命其臣后亦命其婦是一爵命婦人也言王后有拜事於婦人謂受爵命之時有拜謝王后也後鄭不從者上言大喪下言后之拜事則所拜者爲大喪而拜故引喪大記爲證但喪大記所云者是諸侯之喪主人拜寄公於門西夫人亦拜寄公夫人於堂上其寄公與主人體敵故也明知天子之喪世子亦拜二王後於堂下后亦拜二王後夫人於堂上可知是以僖公二十四年左氏傳云宋公過鄭鄭伯問禮於皇武子武子對曰宋於周爲客天子有事膰焉有喪拜焉謂王喪二王後來奔嗣王拜之明二王後夫人來弔后有拜法若然二王後夫人得有赴。王喪者或夫人家在畿内來歸寧值王喪則弔赴也

凡内事有達於外官者世婦掌之主通之使相共授【疏】注主通至共授○釋曰王后六宮之内有徵索之事須通達於外官者世婦宮卿主通之使相共給付授之也

内宗掌宗廟之祭祀薦加豆籩加爵之豆籩故書爲籩豆鄭司農云謂婦人所薦杜子春云當爲豆籩【疏】内宗至豆籩○釋曰婦人無外事惟有宗廟祭祀薦加豆籩以豆籩是婦人之事故薦之○注加爵至豆籩○釋曰鄭知加豆籩是加爵之豆籩者以其食後稱加特牲少牢食後三獻爲正獻其後皆有加爵今天子禮以尸既食後亞獻尸爲加此時薦之故云加爵之豆籩卽醢人籩人加豆加籩之實是也○

及以樂徹則佐傳豆籩佐傳佐外宗○傳直專反注同【疏】注佐傳佐外宗○釋曰鄭知佐外宗者見外宗云佐王后薦。玉豆籩故云佐外宗也但籩豆后於神前徹之傳與外宗外宗傳與内宗内宗傳與外者故知佐傳也

賓客之饗食亦如之王后有事則從大喪序哭者次序外内宗及命婦哭王○從才用反【疏】注賓客至如之○釋曰饗食賓客俱在廟饗食訖徹器與祭祀同亦后徹外内宗佐傳故云亦如之○

王后有事則從○釋曰內宗於后有事皆從故。於此總結之也○注次序至哭王○釋曰知次序外內宗者見外宗云大喪則敘外內朝莫哭者故知所次序有外內宗也知有命婦者上世婦職已云大喪比外內命婦之朝莫哭者故序哭中有命婦也

哭諸侯亦如之凡卿大夫之喪掌其弔臨王后弔臨諸侯而已是以言掌卿大夫云疏哭諸侯亦如之○釋曰此諸侯來朝薨於王國王爲之緦衰者也若檀弓云以爵弁純衣哭諸侯彼謂薨於本國王遙哭之則婦人不哭之婦人無外事故也○注王后至夫云○釋曰云王后弔臨諸侯而已是以言掌卿大夫云者諸侯爲賓王后弔臨之卿大夫已臣輕故王后不弔故遣內宗掌弔臨之事明爲后掌之若然天官世婦云掌弔臨于卿大夫之喪者彼爲主故彼注云王使往弔也此后不弔臨大夫之喪案喪大記諸侯夫人弔臨卿大夫者諸侯臣少故也

外宗掌宗廟之祭祀佐王后薦玉豆眡豆籩及以樂徹亦如之。視視其實疏外宗至如之○釋曰云佐王后薦玉豆者凡王之豆籩皆玉飾之餘文豆籩不云玉者文略皆有玉可知若然直云薦豆不云籩者以豆云玉略籩不言義可知也云眡豆籩者謂在堂東未設之時眡其實也云及以樂徹亦如之者亦佐后也猶仍有內宗佐傳也

王后以樂羞齍則贊贊猶佐也○齍音咨疏王后至則贊○釋曰羞進也齍黍稷也后進黍稷之時依樂以進之言則贊者亦佐后進之案九嬪職云凡祭祀贊。玉齍贊后薦徹豆籩則薦徹俱言玉齍玉敦盛黍稷言贊不言徹則后薦而不徹也其徹諸官爲之故楚茨詩云諸宰君婦廢徹不遲黍稷宰徹之若然豆籩與齍此官已贊九嬪又贊者以籩豆及黍稷器多故諸官共贊

凡王后之獻亦如之。獻獻酒於尸疏注。獻。獻。酒。於。尸○釋曰云獻獻酒於尸者則朝餞饋獻及酳尸以食後酳尸亦是獻獻中可以兼之亦贊可知也

王后不與則贊宗伯后有故不與祭宗伯攝其事○與音預注同疏注后有至其事○釋

曰案宗伯云凡大祭祀王后不與則攝而薦徹豆籩若然宗伯非直攝其祼獻而已於后有事豆籩及簠簋等盡攝之耳

小祭祀掌事賓客之事亦如之小祭祀謂在宮中疏注小祭至宮中○釋曰知小祭祀謂在宮中者以其后無外事故知謂宮中宮中小祭祀則祭法王立七祀七祀之中行中霤司命大厲是外神后不與惟有門戶竈而已案小司徒云小祭祀奉牛牲注云小祭祀王玄冕所祭者彼兼外神故以玄冕該之也云賓客之事亦如之者饗食亦掌事如小祭祀也

大喪則敘外內朝莫哭者哭諸侯亦如之內內外宗及外命婦疏注內內至命婦釋曰經直云外內鄭云內外宗及外命婦則內中以兼外宗外中不兼內命婦也經不云內外宗內外命婦者意欲見內是內宗舉內以見外其外中則不得舉外以見內以其內命婦九嬪敘之也故九嬪職云大喪帥敘哭者注云后哭衆乃哭是內命婦九嬪敘之故鄭亦不言內命婦也

附釋音周禮注疏卷第二十一

周禮注疏卷二十一校勘記　阮元撰盧宣旬摘錄

附釋音周禮注疏卷第二十一

典命

此乃臣之儀也　浦鏜云乃下疑脱諸

則爲二伯分陝者也　監本陝作陜○按从二入合說文

自外雖是周之同族　閩本同監毛本之誤公

其士一命　余本閩監毛本同唐石經岳本嘉靖本一作壹下同當據正

廊中無相　浦鏜云廟誤廊

當執圭璋也　惠校本同閩監毛本執改以

此命卿亦是夏殷法　監本亦字空缺

五等諸侯同　閩本同監毛本同誤國

爲三命命足矣　按下命字疑衍

即有貳車　閩監毛本貳改二非

司服

祭社稷五祀則希冕唐石經諸本同釋文希冕本又作絺

毳罽衣也余本嘉靖本同釋文亦作罽衣閩監毛本作罽訛

希讀爲絺或作黹字之誤也賈疏引書注鄭君讀希爲黹黹紩也漢讀考據此謂當云希讀爲黹或作絺字之誤也以作絺爲字誤鄭所不從也下文希以希刺二希皆當作黹

今尊其祭服閩監毛本今誤令

天作詩是袷之祭禮閩監毛本禮誤祀

謂刺繒爲繡次此毛本繒誤繪○按刺當作㓨七迹切凡注疏中刺繡字同

以有兩翼卽曰鳥閩監毛本卽改則

今時伍伯緹衣余本嘉靖本同閩監毛本伍改五按賈疏引注作伍伯云伍行也伯長也然則今本作五伯非

故書弁作絣毛本絣誤絣

鄭司農絣讀爲弁而加環絰宋本嘉靖本疊弁字

云佗國之臣則皮弁者閩監毛本佗誤陀

爲其妻出則不弔浦鏜云服誤弔

衰在內閩監毛本同誤也余本嘉靖本衰作哀當據以訂正下哀在外同○今訂正

大荒饑饉也余本嘉靖本同閩監毛本饑作飢賈疏引注亦作飢非○按作饑則合於說文字恉

士之衣袂此本及監本袂誤袂今訂正

大夫已上侈之葉抄釋文作以上袳之

惟在周公又王廟中閩監毛本同此本缺一頁浦鏜云文誤又○缺頁今補

不得申上服之意也宋本申作由

則此奠衣服也者浦鏜云也者蓋誤倒按疑作是也

所藏於椁中者閩本同監毛本椁改槨

典祀

掌其政令余本閩本同疏標起訖亦云典祀至政令唐石經嘉靖本監毛本作禁令按釋曰掌其禁令者謂遮列不得有人來入域中故云禁令則賈本亦爲禁令此作政誤

典祀至政令閩本同監毛本改禁令是也

芟掃之徵召也余本嘉靖本掃作埽此從手者俗作

守祧

注守祧至諸侯閩監毛本守祧改廟謂是也○今依訂正

士虞記文閩監毛本記誤禮

黝讀爲幽幽黑也諸本同漢讀考謂當作幽讀爲黝黝黑也以上經注黝字皆當作幽○按此亦以注改經復以經改注之一

又湆滌濯惠校本同閩監毛本湆改謂非

祝命挼祭尸取菹梗于醢監毛本祝誤祀閩監毛本挼誤授按梗爲㨨之誤

世婦

比其具釋文比本亦作庀按注云比次也又司農讀爲庀庀具也作庀非

具所濯摡及粢盛之爨余本岳本嘉靖本同閩監毛本摡作溉非疏同

比帥詔相其事同閩本岳本嘉靖本同閩監毛本比誤此○按比帥詔相上文四事也

凡王后有擩事於婦人余本同唐石經嘉靖本擩作擩當據正閩本作捹監毛本作摻皆訛

得有赴王喪者此本王字剜擠閩監毛本遂排入

内宗

佐王后薦玉豆籩　閩監毛本玉誤王

故於此總結之也　惠校本同閩監毛本於改以

外宗

視視其實　余本嘉靖本同閩監毛本上視作眂○按注易經古字爲今字則第一字已改淺人乃以經改注

凡祭祀贊玉齍　閩監毛本玉誤王

獻獻酒於尸　閩監毛本同余本嘉靖本於改于非

注獻獻酒於尸○釋曰　閩本同監毛本脫上六字

周禮注疏卷二十一校勘記